星火文化

神秘經驗知識論的兩盞明燈

聖女大德蘭及聖十字若望

關永中教授——著

CONTENTS

推薦序一

一道神祕知識曙光顯露展現

劉錦昌牧師
（前台灣基督長老教會聖經學院院長）

十字若望在《靈歌》的序言裡頭曾提到，有關靈魂與上主的內在交往，他是以士林神學的觀點來述說，即使這樣的方法，對已由愛而領悟神祕神學的人，也能有所領悟，並享受其中的愉悅；聖師認為他的詮釋是有聖經權威的確認。這是十字若望堪為教會聖師的緣故，他的靈修不只基於他個人的經驗，且在神學的方面有穩固的建基根據，這樣的呈現在《攀登加爾默羅山》的詩文詮釋中，尤其清楚述說出來。

在十六世紀歐洲拉丁教會面臨宗教改革的震撼中，十字若望的靈修教導顯得十分特殊！十六世紀歐洲宗教改革的大家中，路德和加爾文對士林學術尤其哲學，流露排斥的態度，而十字若望卻有意讓他的讀者們知道，士林神學方法對於靈修神學、靈修指導的領域可有其貢獻。如果我們仔細閱讀十字若望的作品，一定會發現他所表達的方式、思維反省，自然帶出士林神學的觀點、立場，且對吾人的靈修知識相當有益。在這樣的寫作背景下，能為我們點出十字若望「聖師」級的功力所在的，關老師便是不二人選了，雖然相隔五百多年的時代差距，然而，就在關老師的導引說明中，讀者可以輕鬆進入聖十字若望的靈修生命和神學逍遙自在漫遊的境界。

關老師是台灣哲學界在知識論方面，不論教學和著作貢獻甚大的專家，對台灣的士林哲學闡述，關老師功不可沒；對郎尼根的知識論思想，關老師帶出多位專研的門生，使郎尼根知識論受到當有的重視和發揮。關老師尤其擅長將複雜的思想，以簡單圖表予以勾勒出來，這樣的學術能力，老師也運用到十字若望作品的理解和介紹上，並為我們整理了聖女大德蘭的作品。在關老師自己的作品中，他常用「懇談」這一字眼和方式，和聖女大德蘭，聖十字若望聖師，以及和馬賽爾也是如此，進入這些思想大師的生命世界，與他們的心靈交談對話，大師們的靈魂深處每一城堡為我們打開，使我們體會他們的探尋追索的奧妙。

在對神祕主義、神祕經驗知識論的省思上，關老師曾就類型來介紹，並以莊子與造物者遊的境界，讓我們品嚐那真妙滋味，在對西班牙神祕經驗的闡述上，關老師多次以「默觀」此一主題，用來宏觀聖女大德蘭和十字若望他們的境界，也以此顯出基督信仰，天主教靈修的恩寵德能。基督徒的靈修特殊的見證在於默觀澆灌，如甘霖從天而降豐沛賜予靈修者生命的提昇。從知識論的分析，等級的闡述，使人無法不顧此一超驗的恩寵臨到於吾人生命內；關老師也提醒讀者J. Maritain在《知識的等級》書中的架構和等級。

在知識論的探索中，關老師注意到極少受關注的超越（超驗）幅度，神學博士論文便就聖十字若望在超驗知識論上的生命體會加以探討；在當代新士林哲學的發展中，超驗方法的使用和成果，也是關老師所重視的，這些當代的成果對理解十六世紀西班牙的靈修內在生命十分可貴，可以加深闡述的高度和基礎。同時，大德蘭和十字若望的靈修佳境也可助長吾人在知識形上學方面的拓展。我們在此可以看到關老師對台灣哲學、神學界，可有的重要地位，使得神哲學，以及靈修人學、神學獲得更深刻的理論和典範實例。關老師數十年來，默默耕耘的靈修理論和知識論領域將有深度的聯結，使當代神學和哲學間，在理性與信仰間有更顯著的溝通，彼此受到滋潤而有所成。

十六世紀歐洲的思想，宗教信仰方式受到頗大的變革，而這些變革不論在西班牙、德國、法國，皆和歐洲人民心靈深切的渴望攸關，在宗教改革家路德、加爾文身上，都有濃郁神祕主義的要素在：十六世紀西班牙三大靈修家依納爵、大德蘭、十字若望也都具神祕主義的要素在內。他們都渴慕來自基督的恩寵、默觀的灌注、內在生命的長成，與上主結合（union），靈魂的改革、皈依、悔改絕非外在制度的更換而已，其實，所切慕的無非內在生命的提昇。

十字若望是大德蘭的靈修指導，前者確認士林神學並非過時的理論，這些神學的確可施用在解說基督徒的靈修生命，尤其自我認識上。關永中老師已將十字若望的神祕經驗知識論架構清楚勾勒出來，這一靈修的知識論在今日是可向世人表達人類知識過程中，可以依靠內在傾向及恩寵的灌注，使靈魂生命不斷超越上昇，對現代人而言是一大福音。加爾文在他的靈修神學和人學理論中，「上升」是他努力闡述的主題，尤其信徒在聖餐（聖體聖事）中，因聖神的恩寵屬靈生命上升，這樣的境界，和當代 J. Zizioulas、J. L. Marion 等神哲學家對聖體聖事的舉揚，不是指向相同的方向嗎？

在許多相異中，關老師對十字若望、大德蘭靈修思想的闡述，為我們指出一種趨向，這些和十六世紀的士林神學、馬雷夏、新士林哲學的超驗方法、郎尼根、馬里旦等神祕經驗知識論，基本上有共同的要素，並且可以相互滲入彼此的理論中，使得多種思想有了共融、互得滋長。期待關老師在這些密契大師的統整後，為台灣的基督徒和世上所有關心靈命發展的上主子民，架構更寬廣的對話平台，在基督恩寵所滋養的默觀中，我們同心邁向更深刻圓滿的生命，讓基督愛充滿我們的生命，使我們出黑暗入光明。

推薦序二

神交、默觀，和愛：為一個熟悉的人作序

黃懷秋
（輔大宗教系退休教授）

為人作序難，還是為那個人的新書作序比較難呢？

也許都不是難，而是有點尷尬吧！尤其當這個人是與自己結縭快五十年的丈夫的時候！

五十二年前與先生相識的時候，我十九歲。我們是香港中文大學中文系的同班同學。那時候，他已經在台灣唸過兩年哲學了，遂毫不含糊地一頭鑽進哲學的叢林裡，以中文系學生的身分選修哲學系的課。也不奇怪，是多少人夢寐以求卻求之不得的大師啊！那裡有唐君毅先生、牟宗三先生、徐復觀先生，只要你聽得懂他們那帶有濃重家鄉口音的「國語」的話，準會和他一樣入迷的吧。但是對一個十九歲的女孩子來說，哲學太高深了，詩詞歌賦比較好混一點，更難得的是也浪漫一些，於是我也毫不猶豫地唸了四年中文，獨留他一個人在他的天地裡日夜尋找他的天國。

但緣份這兩個字有時也是挺稀奇的。南轅北轍的兩個人走在一起，大概也不需要什麼理由的吧。婚後的我們去了魯汶。我依舊老老實實的讀我的神學，選擇了一板一眼一針一線的聖經詮釋，一天到晚背誦那些艱澀而「變幻無窮」的希臘文生字，弄懂那些與中文那幾乎沒什麼文法可言的圖像語八桿子都打不上關係的希臘語法。而他，依舊用他神學生的身分津津

有味地去旁聽他的哲學，彷彿這才是他的主修科目，而神學，卻只是個副業而已。兩不相干，各自在自己圖書館的小房間內，楊關道與獨木舟（沒有錯，不是「獨木橋」）。

記得在魯汶的時候，他就已經表現出對宗教中某種「神祕」的不可知元素的興趣了。他選擇了秘魯的人類學者（有人說是迷幻小說家）卡斯塔尼達（Carlos Castaneda）的薩滿式入神經驗做研究，後者跟隨他的印第安巫師唐璜的啟蒙，嘗試透過某種靈魅植草進入宗教的「超凡實體」（nonordinary reality）。其後，他又對宗教的「神話議題」感到興趣。神話，通常都是以故事的形構，企圖透過日常事物的非常發展（時間層面），如同傑克的豌豆一樣，最後超出凡塵，進入宗教最不可思議的神聖境界（空間層面）。

宗教是「可見的」與「不可見的」交集的地方。沒有「可見的」，「不可見的」便無從為人所知悉；但是，若沒有那「不可見的」，「可見的」也勢必失去了它的根底，無可立之地，搖搖曳曳，最後只有變得弱不禁風，甚至俗不可耐。

本書收錄多篇與神祕經驗相關的文章，企圖用哲學的明晰帶領讀者進入宗教的核心境界。天主教的兩位神祕大師，聖十字若望神父，和大德肋撒修女（編按，即大德蘭），更是本書徵引最多的人物。前者以其男性的洞透筆力，透過知識論來分辨一般常人無法予以釐清的各種「靈異」中的正邪面向，原來「靈」與「魔」只是一線之間。而擁有女性特質的大德蘭，並不如十字若望那樣愛做純理智的定義分析，卻總是專注於默觀的歷程發展，告訴我們如何從口禱、心禱、而至灌注的結合祈禱。後者，人完全進入神裡面，為天主的純愛所擁抱，在神交中幾乎分不出彼此。

這是我，作為一個與作者最為熟悉的個體，對本書的一點感想。我不懂得神交、靈修和神祕經驗，但是這個我十分熟悉的人卻懂得。所以我也順帶告訴你們這個我所熟悉的人一些你們不大熟悉的小故事。

黃懷秋
輔大宗教系退休教授
2021.5.29

推薦序三

燈臺上的明燈——盼望的平信徒時代

陳新偉神父OCD

在菲律賓修道的時候，我看見了一群在俗團體，自掏腰包的到西班牙研究加爾默羅靈修，回到團體成為了培育導師，他們也為修士們上課，他們也教授靈修課程，這是我所看到的最活躍的團體，這是我盼望的加爾默羅，不只是加爾默羅在俗平信徒團體的樣貌，而是所有平信徒的樣貌，是使命性的，不是只為了神慰，或最後成為了一個相互取暖的俱樂部。

在台灣的聖教會的氣氛裏，每次我提問有個加爾默羅修會或加爾默羅會的聖人時，我發覺教友對這修會團體是陌生的。然而，一單提點：苛林隱修院長，深坑隱修院，馬上眼睛一亮說：聖衣會？苦修會？怎麼還有男修會呢？誰是大德蘭，誰是十字若望，他們心中似乎聖衣會只有一個聖人，那就是聖女小德蘭。

如果不是為了慶祝聖女大德蘭的五百年誕辰紀念，加爾默羅隱修院修女將大德蘭和十字若望的靈修著作，教會的重要靈修寶藏，走向天國大道的恩寵——修行祈禱之路，默觀之路，一字一句的，花上畢生的生命譯成中文，為五百年誕辰舉辦一場又一場的靈修講座，讀書會，親自為靈修書籍導讀，我相信，至今許多擁有「德蘭」聖名的教友，還不知道自己的主保聖人，是大德蘭？還是小德蘭？也因著開始認識大德蘭，十字若望也浮出了水面。

加爾默羅在台灣已經近七十年了，他們竟然是完全被遺忘的教會聖師。二位聖師，兩盞教會神祕恩寵的明燈，當一盞燈為之熄滅的時候，我們該將他們的二人的明燈高掛在燈臺上。

十字若望是我靈修生命的神師，雖然沒有見過他，但卻在我的信仰，靈修和聖召旅途中，他成為了永遠的神師！也就是說，他的著作，對靈魂的召喚，對信望愛恩寵的教導，對基督至聖人性和超越理性的特殊恩寵，神婚及天人合一真福的默觀境界的指導，幫助了一直祈求的恩典——靈性分辨。亦師亦友的關係，在大德蘭身上，不斷的在黑夜中，讓我們看到了，得到了神類分辨的恩寵：什麼是來自天主的，是來自魔鬼的，還是心中謀取的。二位教會聖師身上，化解了多少靈修學上的誤解和恐懼。

這些年的靈修推廣中，我看到許多人從認識大德蘭，開始接觸十字若望的靈修，而我卻恰恰相反，我是先認識了十字若望，後認識了赤足加爾默羅修會及大德蘭，再後來，從聖女小德蘭的小小靈魂，小小的生命中，我才真正認識了——一個成全的愛，靈性的愛是如何孕育在一個不成全的生命。

教會的這二位大聖，也就是教會的聖師，大德蘭，十字若望的靈修著作，談的不是一般人與人的感性及愛情，而是有關靈魂的事理，有關祈禱，有關默觀，有關超理性的世界，永恆的生命及神祕的恩寵，這是超越人理智，肉身所能理解，所能承受的，這天人合一及主耶穌基督聖愛的奧祕。小德蘭的靈魂內充分的彰顯十字若望的超脫及大德蘭的謙卑，他們對主耶穌全然的敬畏和愛的教導。在這小小的靈魂內小德蘭成就了這份聖愛，感動了許許多多的靈魂。但要能在塵務俗世裏，也能夠被大德蘭和十字若望感動的靈魂，能找到這二位大師的知己，不只是知己，更是被天主揀選的靈魂，如大德蘭所言：不只是領受了，而還領悟了，同時還能將天主賜予的特殊恩寵，用人的言語表達，這是天主我們的寶貝呀！還是借用大德蘭的話語，如果天主賜給了我們這樣具有靈性蒙主恩賜此愛的人，我們應當極力讚美上主，因為這人必定已經達到至高的全德。

今天收到了一本即將出版的大書——《神祕經驗知識論的兩盞明燈》，我說的「大」，不是指厚度，而是指那一個具備勇氣的靈魂，「大」指的那個勇氣，絕對是來自那獲得主耶穌賜予至深恩寵的靈魂。當我一面閱讀的時候，一面讚美天主的恩賜，也一面回憶去年十二月份，在聖十字若望的靈修三日課程——〈與十字若望談攀登加爾默羅山〉為主題的講臺上，我心中喜悅的稱謝上主，讓我能認識，並聆聽到他的講課。關永中教授，不是神父，他就是大德蘭心中所謂的「博學者」守護著教會的平信徒，這個靈性生命城堡的指揮官。大德蘭常為這些平信徒的恩寵，不停的祈禱，求主守護著他們。而我也相信，里安修女和修院的修女們也一直為平信徒能專研靈修祈禱。修女多次表達了，一直都為教會，像厄里亞先知一樣：憂心如焚，何時我們成聖之路，不是只為聖職人員鋪成？修女痛心著，看不到平信徒的召喚，擔憂著，教會忽略了對年輕族群的關注。何時我們年輕人可以享受著靈修閱讀，我們具有龐大資源的退休老師及教友能有勇氣投入靈修學習，並擔當靈修指導？

那年，在修女決定將她的努力成果交在我手中的時候，她叮嚀著：我不是為了加爾默羅靈修而完成翻譯，而是因為這是教會的瑰寶。我希望成立聖衣天使，是為了下一代，我希望看到是教會，不是一群只是陶醉在靈修的人。

如果說關教授這本書是聖神催促下的一本書，我絕對第一個舉手贊成——聖神對平信徒的呼召時代，結出了果實。誰說年齡是一回事，誰說身體狀況是一回事，如果我們都認識二位大聖的神祕恩寵，該明白，是那份愛，那份愛，永遠都是那份對主耶穌敬畏之愛，可以超越一切。為之奉獻到生命的終點。

我也感謝聖神聆聽到了我的祈禱！想起當年我在修道期間就渴望大德蘭和十字若望的靈修巨著能翻成中文版本，而修女真的完成了這艱巨的任務。修女在世時多次與我的交談中，我也向她表達一個期許，希望她能為大德蘭和十字若望的著作做一份整理，而當我收到這份《神祕經驗知識論的兩盞明燈》的手稿是，這兩盞明燈，讓我靈魂的雙眼一亮，這是多麼令我狂喜的時刻，我深刻的感受到這本書作者的企圖：兩盞明燈，永不熄滅。而最好的那一盞就是下一個你！感謝你，關教授，你願意首先為靈性生命成為了燈臺上的那一盞燈！你為神祕的恩寵表達了最真實的領受。

大德蘭在《自傳》中提到她這本書最恰當的名字就是《天主慈悲之書》。我深刻的體會到這關教授在新書中所榮獲天主的慈愛：幫助更多的靈魂能划向靈性深處的城堡，在主的活焰恩寵內燃燒起無限的愛，這本書，字字句句都表達了天主的愛。

兩盞明燈，理性與感性的燈；理智和信德的燈；在基督愛內永不熄滅的燈！這是我期盼已久的明燈，二位大聖，聖女大德蘭與聖十字若望，他們的留下的兩盞明燈，因關教授而讓我也獲得天主的款待，領受天主的奇異恩寵。感謝前有真福瑪利尤震的《我要見天主》與《我是教會的女兒》；後有關教授的《兩盞明燈》。感謝天主賜給聖教會的禮物！一份愛的禮物！

2022.8.18. 凌晨04.41

作者自序

兩盞明燈

談到西方神祕靈修高峰，我們就馬上想到大德蘭（St. Teresa of Avila, 1515–1582）和十字若望（St. John of the Cross, 1542–1591）二聖；他們不單是共同改革聖衣會的摯友，尚且在理論和實踐上共同形成一個更大的體系；談及其一，則不得不兼論其二，否則會掛一漏萬、顧此失彼。有鑑於此，我們就有必要把他們連合起來等量齊觀，以收相得益彰之效。

在企圖敘述二聖神祕靈修的共同脈絡以前，看來須率先交待個人的寫作緣起。記得在負笈海外攻讀神、哲學之時，藉著各種因緣際會，讓我在選擇神學畢業論文題目上，落實到從知識論角度闡釋聖十字若望的神祕神學。待歸國後，也因應著在臺灣大學哲學系任教的機會，開設了「神祕經驗知識論」一課。

然而，為求釐清備課及反思上的一些困惑，我總察覺到聖十字若望在解釋神祕經驗上、尤在「默觀」的焦點上，呈現著若干的保留，未及暢所欲言。內心正在狐疑之際，剛好藉著與聖衣會神長及修女們切磋，發現聖人在寫作之時，往往會考量與聖女大德蘭在書寫相同議題上避免過度重複；再者，神祕經驗本身又難以表述，更增加其曖昧的程度；為了要追根究底的緣故，於是大德蘭的著作又成了我致力研究的目標。欣逢國內聖衣會計畫把大德蘭和十字若望二聖的全集翻譯成中文，並邀請本人為二聖個別著作書寫導讀，以讓讀者較有頭緒進入情況。加上輔仁大學為慶祝聖女大德蘭誕生五百週年而連續三屆舉辦國際學術研討會，邀請各國學者濟濟一堂互相交流，又得各期刊的熱情邀約，於是不同的論文相繼寫就，到了可以蒐集成書的時機。

也許我個人的思路曾在書寫神學論文之時已提供了一個雛形，即以知識論作為反思的出發點，而聖十字若望《攀登加爾默羅山》一書也著重在眾認知功能上分析各種靈異經驗；再者，十字若望對認知分析的注意也相當程度影響了大德蘭《靈心城堡》的寫作，以致容許我們把二聖知識論心得串連起來。

此外，不論是十字若望或大德蘭，他們在體證神祕經驗方面，都異口同聲地指向「默觀」作為整個系統的高潮。雖然二聖各自形成獨立體系，到底他們的經驗卻互相照應，須同時聆聽兩者心得來取得全貌。

還有，當我們愈專注神祕經驗的核心，就愈察覺人神間「愛」的冥合這主題；唯有在「愛」的前提下，其他的美善——如真、善、美、智、仁、勇等德行，才獲得圓滿的句點。依循著這一條思路，我們遂有以下的行文架構。

我們將列出三大單元，再以各章內容分布其中：

第一單元被命名為「神祕經驗知識論」，其中含括了三個篇章，率先以〈明鑒洞照、趣機若響〉為題，討論了聖十字若望對靈異經驗的分類，再聆聽聖女大德蘭所談論的「理智與神見」，繼而比較二聖對「理智與神見」的解說。

第二單元則集中在二聖對「默觀」的體證。其中劃分了三章。先後以〈黑夜與黎明〉、〈心堡與神婚〉、〈熾愛與明慧〉來命名，以處理十字若望、大德蘭、以及二聖合觀的心得。

第三單元主要探討聖十字若望對愛與詩心的體會，但融合了聖女大德蘭對《雅歌》的詮釋，並附之以《雅歌》經文釋義以作對照。我們所附錄的《雅歌》釋義一文，起因於二聖皆以《雅歌》作為愛的典範，故以之作為全書的終結。

雖然上述各章內容都曾個別出現在不同之刊物內，但全書脈絡有著一個系統的連貫，期望藉此編排，可讓讀者得較整全的條理與視野。

謹在此感謝劉里安修女、張淑玲老師、馮鳳儀老師在電腦建檔上的大力協助，星火文化及其他期刊編輯的收納與包容，以及多位師生好友的鼓勵與支持。

第一部
神祕經驗知識論

第一章

明鑒洞照、趣機若響——
與聖十字若望懇談神祕經驗知識論

神祕修行固然旨在與道冥合，然在冥合於道當下，修行者尚且達致空靈明覺，以致道家稱之為「明鑒洞照、趣機若響」①。聖十字若望談默觀，固然也強調與神在愛中的結合，然在結合當下，也定義默觀為「祕密的愛的知識②」。在《攀登加爾默羅山》中，聖人探討神祕經驗之知③，幾乎占用了四分之三的篇幅，他的論述因而成了西方古典神祕經驗知識論的典型。

作為本文的開端，茲讓我們首先聆聽聖十字若望以下的一段綱要：

理智能以二種方式得到認識和理解，即本性與超性的。本性的認識，包括理智由身體的感官，或藉反省能瞭解的一切事物。超性的認識，包括所有以超越本性的能力和本領給予理智的一切。

這些超性的認識，有些是身體的，有些是心靈的。身體的超性認識有二種：一種是得自

1. 語出自成玄英疏《莊子·大宗師 》「夫道有情有信」一句。成疏：「明鑒洞照，有情也；趣機若響，有信也。」許慎《說文》釋云：「趣，疾也。」「機，主發謂之機。」段玉裁註許氏《說文》，稱「若」為「順也，假借為如」， 如其所如之意，以致「趣機若響，有信也」一語，寓意著迅速疾發、鏗鏘有聲、信實非虛。從道之本體上言，道通情達理，信實無妄；從人立場言，修行者一旦冥合於道，則明心見性，體證真如。

身體的外感官；另一種是得自身體的內感官，能夠理解想像能領悟、構造和設想的一切。

心靈的超性認識也有二種：一是清楚和個別的認識；另一是模糊、黑暗和普遍的認識。在清楚和個別的超性認識中，有四種特別的領悟，其傳達給心靈，不必經過任何的身體感官，這些是：神見、啟示、神諭、心靈的感受。黑暗、普遍的認識，只有一種，亦即默觀，這是在信德內給予的。我們必須帶領靈魂進入這個默觀，引導靈魂越過其他所有的認識，從一開始就剝除它們。（《山》2・10・2–4）

上述的綱要可方便地涵括在以下的四個綱目之內：

其一、被知視域（the horizons）—其中包括「本性界」（the natural）與「超性界」（the supernatural），人在普通認知中把握「本性界」，但在超性運作中，卻接觸到「超性界」。

其二、外感官功能（the exterior senses）—外感官包話「眼、耳、鼻、舌、身」五官，蘊含「視、聽、嗅、嚐、觸」五功能，可掌握「色、聲、香、味、觸」五境④。其普通運作，引出日常感官知覺經驗，其超越運作，則可引致感性面的靈異經驗⑤。

其三、內感官功能（the interior senses）—內感官功能包括「想像力」（imagination）與「幻想力」（phantasy）⑥；「想像力」能再表呈所經驗過的事象；「幻想力」則能把先前印象改頭換面。內感官在普通運作中，可引申日常之想像與幻想，在超越運作中，卻能引致「想像神見」（imaginative vision）⑦。

2. 《愛的活焰》（*The Living Flame of Love*）（3・3），中譯本由星火文化出版。
本文主要參閱英譯St. John of the Cross, *The Collected Works of St. John of the Cross*. Translated by Kieran Kavanaugh & Otilio Rodriguez（Washington, D.C.：ICS,1979 ）。在下文，聖十字若望的作品簡稱如下：
Subida del Monte Carmelo／The Ascent of Mount Carmel／《攀登加爾默羅山》：《山》
Noche Oscura del Alma／The Dark Night／《心靈的黑夜》：《夜》
El Cántico Espiritual／The Spiritual Canticle／《聖十字若望的靈歌》：《靈歌》
Llama de Amor Viva／The Living Flame of Love／《愛的活焰》：《焰》

其四、靈功能（spiritual faculties）——靈功能包括「理智」（intellect）：理解能力；「意志」（will）：意欲能力；「記憶力」（memory）：記取回憶能力。它們分別有其普通與超越運作：「理智」的普通運作，引致人對日常事理之理解與判斷；其超越運作則產生「理智神見」（intellectual vision）等經驗⑧。「記憶力」的普通運作，引致人對日常往事的回憶；其超越運作，則引致人對超性經驗的回憶⑨。站在認知面上言，「意志」的普通運作，干預人對日常知識的接受與排斥；其超越運作，則是聯同理智功能而成就「默觀」（contemplation）⑩。

這四個綱領，以前者為被知視域，後三者則屬認知功能。茲首先扣緊被知視域，來展開聖十字若望的知識論脈絡。

被知視域：本性界和超性界

聖人談被知視域，劃分出「本性界」（the natural）與「超性界」（the supernatural）二者。按《山》2．10．2之提示，本性知識包括理智透過感官與反省，而理解一切事物。「本性界」，意謂日常生活所呈現的普通現象，即人藉普通經驗所接觸的大自然世界。《山》2．10．2也提示：超性知識，包括一切超越本性能力而傳送給理智的知識。廣義地言，「超性界」乃是認知功能之超越運作而接觸的超越境界。較狹義地說，聖人從來源的前提上分辨三個層級⑪：

超自然界（the preternatural）

偶性超性界（the accidentally supernatural）

實質超性界（the substantially supernatural）

3. 《山》2．10–3．45。
4. 《山》1．3．1–3。
5. 《山》2．11．1–13。
6. 《山》2．12．3。
7. 《山》2．16．2。
8. 《山》2．23–32。
9. 《山》3．1–15。
10. 《焰》3．49。

茲分述如下：

超自然界

Δ**引申自神以外的其他靈體**：凡由上主以外的其他靈體（包括善靈與邪靈）、所導致的一切超乎尋常的現象、通稱作「超自然界」[12]。換言之，靈異界的呈現，其來源若不出自神本身，而出自其他靈體，則被聖十字若望歸類為超自然現象。聖人只簡短地提及善的根源，因為它們緊密地與上主有著聯繫，以致不必多所論述[13]。但他卻對惡的根源有著詳細分析，惟恐我們泥足深陷、不能自拔；聖十字若望曾多次警戒我們，切勿沉迷於神見（visions）、神諭（locutions）、啟示（revelations）等奇蹟，以免我們墮進惡靈的圈套[14]。

Δ**辨別神類之道**：聖十字若望覺得不容易分辨奇蹟的來源，所以，往往勸告我們不要注意它們，而只用信德眼光來生活；不過，他有時也會提出辨別神類（discernment of spirits）的方法，來教我們避免受騙；為分辨善、惡來源之道，聖人提出了下列的七重比對：

⑴**神枯比對神慰**（aridity vs. devotion）：來自邪靈的經驗，使人覺得與上主溝通淡而無味；反之，上主的靈觸，卻能使人增進對神的愛火（《山》2・24・7）。

⑵**虛榮比對謙虛**（vanity vs. humility）：來自魔鬼的惡源，引人傾向自大；反之，從上主來的撫慰，卻引人謙卑自下（《山》2・24・6－7）。

⑶**粗略比對精細**（roughness vs. delicacy）：惡靈所傳送的印象粗略浮淺，而上主所留下的烙印，卻是細膩湛深（《山》2・24・7）。

⑷**短暫比對永久**（transiency vs. permanency）：邪惡之源給予的印象，效力短暫，瞬間只

11. 此三層級之名由來已久；學者專家們在整理聖十字若望著作中，往往採用此三名詞來命名。例如：J. J. McMahon, *The Divine Union in the Subida del Monte Carmelo & the Noche Oscura of Saint John of the Cross: An Analysis of its Nature & Structure*.（Washington: C.U.A., 1941）, p.56, note 14.
12. 《山》2・17・4；2・24・2；《焰》3・63。
13. 例如，聖十字若望只簡短地在《山》2・24・2中，提及聖者及天使可引致超乎尋常的顯現。
14. 《山》2・26・17；2・11・2；2・16・6。

剩下普通記憶（《山》2·24·6）。反之，至善之源卻感染力深厚，歷久彌新，叫人終身難忘（《山》2·24·5–7）。

⑸回憶乏味比對回味無窮（unproductive memory vs. fruitful remembrance）：回憶來自惡靈的神視，相當乏味而無良好效果；反之，回憶上主的神視，卻增進愛德與謙虛（《山》2·24·7）。

⑹浮華比對崇高（imitated grandeur vs. imcomparable sublimity）：人若直接碰觸到上主的臨在，所獲得的超性知識與體會如此崇高，以致魔鬼無法假冒。魔鬼只能在感官上，給人某種程度的豪派浮華（《山》2·26·5–6）。

（7）依然故我比對煥然一新（stagnation vs. spontaneous renewal）：上主的靈觸直接深入人心，使人靈性地煥然一新，充滿愛火與恩寵。此點惡靈無法辦得到（《山》2·26·6）。

綜合地說，來自惡源的經驗，無助於與神契合，對靈修毫無助益。反之，來自善源的經驗，卻促進人神融通，有益於靈性修德；總之，聖十字若望一般的勸告是：靈異經驗不易辨認，切勿沉迷，以免受騙（《山》2·11·2）⑮。

偶性超性界

除了超自然界的靈異事象外，聖十字若望尚且論述了有關那引發自神本身的超性經驗，並從中分辨偶性超性界與實質超性界二者：前者只藉形象來透露神的臨在，後者則是神本質赤裸裸的呈現⑯。茲首先述說前者的底蘊如下。

「偶性超性界」意謂來自神，但不顯露神本質（God's Essence）的一切靈觸與事象，即藉

15. 聖依納爵（St. Ignatius Loyola, 1491–1556）《神操／*The Spiritual Exercises*》§ 313–336談辨別神類規則，可供參考對照。

16. 《山》2·4·2：「The attainment *supernatural transformation* manifestly demands a darkening of the soul……Insofar as he is capable, a person must void himself of all, so that, however many *supernatural communications* he receives, he will continually live as though denuded of them and in darkness.」斜體字由筆者強調。McMahon解釋如下：「After declaring that the soul must

形象來透露神的臨在。例如：《舊約．出谷紀》第三章第二節，記載上主藉著燃燒灌木的形象，與梅瑟／摩西（Moses）對談；又《舊約．戶籍紀》九章十五節中，敘述上主白天用雲柱、晚上用火柱的形象，來引導選民走向福地；這些事象，一方面作上主臨在的標記，另一方面卻隱藏上主的本來面目（《山》2．23．4）。聖十字若望解釋道：上主有時容許人的感官獲得神視，見到天界的聖者，或其他聖物，嗅到芬芳香味，聽到神諭，或在感官上獲得很大的快慰；神有時還刺激人的想像力，使人產生想像神見；但這些經驗都不顯露上主的本質，而只是神臨在的標記而已（《山》2．17．4）。

聖十字若望對這些奇異經驗的一貫態度是：我們小心，不要沉迷其中，且盡量加以拒絕，以提防惡魔的倣效；他並且替我們分析其中的利與弊如下。

⑴ **沉迷的弊**

人若沉迷追逐這些靈蹟，將會遭遇以下的六種弊端（《山》2．11．7）：

- 減少信德
- 阻礙神修進展
- 養成貪戀神蹟心態
- 失去內心收斂
- 本末倒置，疏遠了神
- 更容易受騙上當

⑵ **不沉迷的利**

反之，人若不理會此等靈蹟，他至少可獲得以下的兩種益處（《山》2．11．6 & 8－9；2．16．10）：

attain "*supernatural transformation*", the soul declares a few lines further down that it must ever remain detached from "supernatural things". In the first place it is clearly a question of the essential supernatural (“*supernaturale quoad substantiam*”), while in the second it is equally clearly a question of the accidental supernatural (“*supernaturale quoad modum*”)。J. J. McMahon, *The Divine Union in the Subida del Monte Carmelo & the Noche Oscura of Saint John of the Cross: An Analysis of its Nature & Structure*. (Washington: C.U.A., 1941), p.56, note 14.

- 保有上主在人靈中所留下的善果，類比火之烙印，不加理會，仍深受影響（《山》2．11．6）；
- 免除辨別神類的辛勞費神，不必擔心陷於惡靈的圈套。

總之，有關偶性超性界的事象，聖人提示我們應有的態度，要求我們以信德生活，以與上主心靈契合，而不要分心追求奇蹟，以免捨本逐末（《山》2．23．3）。

實質超性界

根源於上主的經驗，除了偶性超性界之外，尚有實質超性界本身。對此，聖人的提示是：凡上主本質的直截呈現，而不必靠其他事象來作標記者，則歸類為「實質超性界」。神修人在極崇高的神祕結合當中，體證到神如其所如的本來面目，聖十字若望指出，這樣的知識是上主純粹的本質面對赤裸裸的人靈（《山》2．16．9－10）。若從《聖經》上找例子，我們可列舉以下數則：神不再藉其他形象，而把自己的本質赤裸裸地顯現給梅瑟（《出谷紀》三十三章18－23節）；神在清風徐來中，自我顯現給厄里亞（Eliah）（《列王紀上》十九章13節）；神把聖保祿提昇至三重天，與祂會晤（《格林多人後書》十二章2－4節）。聖十字若望也引證這三個例子（《山》2．24．3）。

提及這份經驗，聖人尚且指出其中的一些特性如下：

(1) **極具震撼**：一般而論，除非神特別的保護，否則普通人無法以現有的生命，面對這樣劇烈的顯現。聖十字若望引用《出谷紀》三十三章二十節指出：人不能見到上主本身，尚能生存在世（《山》2．24．2）。他的意思是：人不能以目前的生命狀態，承受如此大的震撼，以致需要上主特別的蔭庇，免遭喪亡。

⑵**曇花一現**：這樣的經驗，不只極其罕有，即使有，一旦發顯，也只曇花一現，瞬息即逝，如同閃電，瞬間掠過，復歸幽暗（《山》2．24．3＆5）。

⑶**只賞賜有大德之特殊使命者**：再者，這樣的經驗，上主只賞給那些非常有聖德、且在救恩史上扮演極重要角色的人物，如梅瑟、厄里亞、保祿等（《山》2．24．3）。換言之，唯有那些達到與上主深度冥合的聖賢，兼具特殊使命者，始獲得如此崇高的體證。

⑷**惡魔無法倣冒**：這種與神坦誠相對的經驗，極為崇高壯麗，其中的湛深結合與認知，誠非筆墨所能形容，甚至連魔鬼也無法倣冒，換言之，其中的高超，就連魔鬼也無能力複製（《山》2．26．5）。

對上主本質呈現的經驗，聖十字若望一反常態，表現得相當積極。他認為：只有上主的本質，才是我們追求的最終目標，我們應捨棄其他一切，來達到這目標（《山》2．26．10）。為此，聖人不單提議，我們要設法獲得這類知識，還建議說：一旦獲得這份體認後，我們要珍惜地回憶它，以重燃對上主的愛火（《山》3．14．2）。固然，這份知識並非人力所能及，人無法揠苗助長，人唯一能做的，就是做好準備，煉淨個人心靈（《靈歌》39．12），行走信、望、愛三超德的途徑（《山》2．6．2）。

靈魂的認知功能：兩個前提

在檢討了被知視域的義蘊後，我們可進而聆聽聖十字若望對認知功能的說法，其中包括了他對外感官、內感官和靈功能的分析。談及認知功能，看來我們須率先交待以下的兩個提要：

其一是、人的認知能力意謂靈魂的認知能力；

其二是、感性功能仍隸屬於靈魂。

茲申述如下：

人的認知能力意謂靈魂的認知能力：不論是外感官或內感官的作用，它們仍然由靈魂操縱，若缺少靈魂的充滿，則肉體的感官無從運作。聖十字若望在靈魂這前提上，至少提示了五個要點如下：

◎**靈魂是精神體**。在《愛的活焰》1．10，聖人有這樣的一段話：

首先須知，靈魂是精神體，不像定量的身體，有其存有的高低深淺。既然沒有部分，對於其內與外也就無所分別；他沒有定量性深度的等級，全部都是一樣的。他不像物質性的身體，能在某處接受比其他地方更明亮的光照，而是以同一種強或弱的程度接受光照。彷彿空氣之被光照，是按照其所受光照的程度⑰。

按聖人的見解，靈魂並不像肉身般分部分；靈魂沒有什麼裏外、高低、深淺之分。較積極地說，靈魂是精神體，其本身是獨立的個體，是一個不可分割的存有整體；是靈魂使人的肉體成為活的身體，而不至於被貶抑為無靈的尸身。借用當今的術語說：人是「成肉體之靈」（incarnate spirit），也是「被靈魂充滿的肉體」（besouled body）。

◎**靈魂是人意識功能的控制中心**。人意識功能包括「認知功能」（cognitional faculties）與「意欲功能」（volitional faculty），而靈魂是此等功能的核心，聖十字若望給予以下的提示：

1. 認知功能：「靈魂本身……知道如何使用感官與推論反省的方法來行動（《焰》3．66）。」以靈魂作為核心，人懂得如何透過感官運作和思辯反思來進行認知。

17. 中譯採自聖十字若望著，台灣加爾默羅隱修會譯，《愛的活焰》（台北：上智，2000年），第7頁。

2. 意欲功能：靈魂也是人發顯意欲的中心，藉著靈魂，人是為意欲的主體。「靈魂有如空虛的器皿，有待被裝滿，或相似懇求食物的飢民，或像一位哀求健康的病患（《靈歌》9．7）。」總之，靈魂「除了天主外，找不到任何滿足⑱。」

◎**靈魂可透過分享神而被神化**。聖人也指出：人在神祕冥合當中，其靈魂更肖似神；人靈尤在「轉化結合」（transformed union）的程度上，臻至「神化」（Deification），是為「分享的神」（God by participation）（《山》2．5．7）。

◎**靈魂最深處是神**：雖然靈魂個體不分裏外，但類比地說，他有一個中心，這中心有其最深處，而靈魂的最深處是神。聖人說：

我們以某物體的「至深中心點」來象徵它的存有與能力，以及它的作用與行動能達到的最遠之點（《焰》1．11）。

靈魂的中心點是天主，當他使用其存有的一切能力，以及其作用與傾向的一切力量，達到了天主時，他必會達到他在天主內最後與最深的中心點，他必會以全部的能力認識、愛慕和享受天主（《焰》1．12）。

◎**靈魂仍與神有別**：人靈一旦深度地冥合於神而臻至神化，那被轉化的靈魂，在被神所充滿當下，尚且完整地保留其個體性，不因造就為分享的神而失去其本質，就如同窗戶那澄明如鏡的玻璃一般，不因徹底地被陽光所滲透，而導致其個體存有的消失（《山》2．5．7）。

功能仍隸屬於靈魂：固然肉體不等同於靈魂，而感官功能也不等同於靈功能，到底靈魂與肉

在體會了人的認知能力是為靈魂的認知能力後，我們仍須進一步確認另一前提，即**感性**

18. 中譯採自聖十字若望著，台灣加爾默羅隱修會譯，《靈歌》（台北，上智，2001年），第103至104頁。

體並不構成為兩個個體，而是同一個個體的兩元（duality）；人一方面可被體認為「成肉體之靈」（incarnate spirit），另一方面可被體認為「受靈充滿之肉體」（animated body）；其感性功能仍屬於靈魂。人以靈魂作為意識核心，以致那植根於肉體的感官，也由靈魂操控。聖十字若望肯定人靈的認知與感性經驗有著密切關係。首先是人日常的普通認知起於感官經驗；而部分的超性知識也與感性作用相連。

作為士林哲學家的一員，聖十字若望贊同亞里斯多德（Aristotle，384–322 B.C.）與聖多瑪斯（St. Thomas Aquinas，1225–1274）所體證的前提：在普通經驗之知上，除非經過感官，否則沒有東西可被心智理解⑲。為此，聖十字若望強調：靈魂被囚禁在肉體內，以感官作為其牢獄之窗；本性地說，靈魂除了感官以外，沒有其他途徑可讓他知覺傳遞過來的訊息（《山》1．3．3）。

在記取了上述的提要後，我們可較穩妥地聆聽聖十字若望對眾認知功能的分析。先引述聖十字若望對外感官的看法。

有關外感官功能的運作，聖人分別從其**本性作用**與**超性作用**上給予反思。

外五官——眼、耳、鼻、舌、身，蘊含五功能——視、聽、嗅、嚐、觸，本性地把握五境——色、聲、香、味、觸（《山》1．3．1–3）。普通經驗之知起於外感官；人以外感官作為靈魂之窗，攝取本性界事象（《山》1．3．3）。

面對外感官的本性運作，聖十字若望分別從靈魂的觀點與上主的觀點，來談論人對外感官本性經驗所應採取的態度。

站在靈魂面對神的觀點上說，聖十字若望提示了這樣的辯證：

19. "*Nihil est in intellectu quod non prius in sensu.*" Aristotle, *Metaphysics*, I, 1, 981a 2; Aristotle, *Posterior Analytics* II, 19, 100a3; St. Thomas Aquinas, *Summa Theologiae* Ia, Q84, a. 6。

正：人對上主的尋覓起於感官（《山》1·3·3；3·24·4－5）

反：感官不是把握上主的近途徑（《山》2·12·3－4）

合：感官可作為接觸上主的遠途徑（《山》2·12·5）

茲分述如下。

正：人對上主的尋覓起於感官

人首先透過感官而開始發現神的蹤影；人靈如同肉身的囚徒，須靠感官之窗來接觸世界，包括體會上主（《山》1·3·3）。人靈透過感官而開始投奔上主，特別是那些步入靈修的初學者（《山》3·24·4－5）。

反：感官不是把握上主的近途徑

聖人認為感官事物並不是接觸上主的充分工具（《山》2·12·3）；所有受造物都不相稱於上主，都不能作為結合於神的近途徑（《山》2·12·4）。雖然有人透過聖樂、聖像、圖畫等物來增進對神的熱愛，但到底它們都不能與上主的美善相比於萬一。若過於執著它們，反而妨礙進步（《山》3·24·4）。

合：感官可作為接觸上主的遠途徑

然而，聖人又指出：既然本性之知起於感官經驗，那麼，初學者可方便地借助感官事物、作為接觸上主的遠途徑，即以感官事物作為到達神的踏腳石或梯子，一旦達到目的，則須把它們放下（《山》2·12·5），如同莊子所言之「物物而不物於物」。

站在上主面對人靈的觀點上說，神從感官開始帶領人。上主起始會利用人的感官，來引導我們認識祂、歸向祂。但隨後，神會引導我們離開感官事物，而進一步達到更靈性的境界（《山》2．17．3）。總之，神是從人性最低、最外在的層面上，引導人靈走往更高、更內在的境域（《山》2．17．4），好與人在更超性的層次上會晤。

在探討了外感官的本性運作後，茲讓我們進而體會其超性作用。如果外五官本性地攝取色、聲、香、味、觸五境，則也可超性地導致神見（vision）、神諭（audition）、異香（fragrance）、美味（exquisite savor）、快慰（delight）五類靈異經驗（《山》2．11．1－13），如下圖所示：

五官	功能	本性經驗	靈異經驗
眼	視	色	神見
耳	聽	聲	神諭
鼻	嗅	香	異香
舌	嚐	味	美味
身	觸	觸	快慰

按《山》2．1．11的提示：

人的**視覺**可見到另一境界的影像與人物，如聖人、天使、魔鬼，甚至超凡的光芒等。

人的**聽覺**，可聽到不尋常的說話，有時來自異象顯現中的人物，有時只聆聽到聲音而看不到講者。

人的**嗅覺**，有時嗅到異常的香氣，而不知其來源。

人的**味覺**，可以不尋常地經驗超凡的美味。

人的**觸覺**，可感受到極度的快慰，它深入骨髓地、強烈地滲透了身體的每部位；這樣的快感，時而被稱為靈性的傅油（spiritual unction），意謂著潔淨的靈魂、其心靈的神慰滿溢至感官，讓感官也感受到內心的甘飴。

總之，人可透過外五官而攝取不尋常的經驗；我們可反過來說，靈異事象藉著外感官而傳達給人，異常地薰陶著人的個體，茲藉下圖示意：

外感官靈異經驗的特性

按《山》2．10．2－4的分析，屬外感官的靈異經驗，其所蘊含的特性如下：

1. **超自然**（praeternatural）：感官的不尋常感受，使人接觸到一般情況所無從接觸的異常境域與事物。
2. **外在的**（exterior）：此等奇異的感受，是透過外感官的管道獲致，即外感官的異象，是藉著接收外來的異常刺激而產生。
3. **形軀的**（corporal）：這些經驗屬有形的物理事象，透過肉體而獲得。
4. **分明的**（distinct）：主體地言，外感官功能運作分明；客體地言，所呈現事象有其特定時空與樣貌。
5. **個別的**（particular）：影像個別而具體，人可辨別它們，即使有時筆墨難以形容。
6. **被動的**（passive）：人無從藉普通經驗的途徑攝取，而須藉由靈界傳送過來。

若較之於外感官的本性經驗，則本性經驗也擁有上述2至5項目的特點；其所異者則是第1與第6項目：即本性經驗是「自然的」（natural），和「主動的」（active），是為人力所能達致的自然現象；反之，靈異經驗是「超自然的」、「被動的」，即人力無法透過一般日常管道導致。換言之，二者之異，意謂著視域之不同，與刺激來源之差異。

面對著外感官的靈異經驗，聖十字若望一貫的態度是——忽略掉它們（《山》2．11．2–7）。若是例外個案，仍須接受神師指導，並小心處理（《山》2．11．13）。聖人之所以如此地建議，原因分述如下：

關於經驗，愈外在，愈難確定其來源（《山》2．11．2）；愈外在，對靈魂益處愈少（《山》2．11．4）；愈外在，愈容易被邪靈利用（《山》2．11．3）。

關於人靈：愈沉迷，愈容易引致自大、虛榮、謬誤（《山》2．11．4–5）；愈沉迷，愈減弱信德與內斂、愈貪心、愈本末倒置而疏遠神（《山》2．11．7）。

關於上主：若來源出自上主，而你又把它退去的話，並不會因而減弱其中的影響力，類比著皮膚接觸到火，不論你渴願與否，也必然被灼傷；同樣地，上主若賜與異象，不論你接受與否，也必然獲得正面的迴響（《山》2．11．6）。

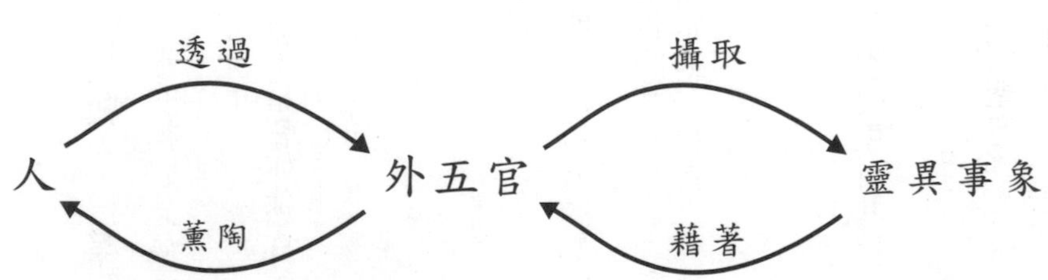

20. 前人著述如阿文齊那（Avicenna，980–1037）之*De Anima* IV, 1，及聖多瑪斯之*Summa Theologiae* Ia, Q78, a. 4，曾劃分多個內感官功能如：統合力（*sensus communis*）、想像力、幻想力、估量力（estimative power）、記憶力（memory）；茲因篇幅所限，於此從略。參閱拙作《知識論（一）：古典思潮》（台北，五南，2000年）第259至263頁。

21. 有關推理默想的議題，已經另文論述，於此從略。參閱本書第二部第四章〈黑夜與黎明：與聖十字若望懇談默觀〉，尤聚焦於其中之第184至187頁。

內感官功能

在談論了外感官功能與經驗後，聖十字若望進而反思內感官功能的運作。

聖十字若望至少凸顯了兩個內在感官：「想像力」（imagination）與「幻想力」（phantasy）二者（《山》2．12．3）：

（一）想像力——意謂著、以圖像來協助思辨事理，讓人能夠想及有關現世事物的圖像與動靜；例如：想像與友人在鳥語花香的園地散步。

（二）幻想力——寓意著、以攝取過的圖像、加以改頭換面，藉此產生新形像；例如：美人魚、獨角獸。

聖十字若望提示：他不準備詳細辨明二者的分別（《山》2．12．3）。言下之意是：兩者彼此密切牽連，可以是一體兩面，或同一功能的兩種操作⑳。

聖人在靈修的前提下指示：人在本性運作上，可利用內感官功能來作推理默想（discursive meditation），以求日進於德；例如：在祈禱中，想像主耶穌基督的某些言說與行實，藉此點燃起對吾主的愛火（《山》2．13）㉑。

內感官的超性作用——想像神見

在超性運作方面，聖十字若望尤替內感官功能凸顯了「想像神見」。簡言之，想像神見寓意著靈界透過人的想像力，把超性影像傳送給人（《山》2．16．2）。

為了作較有系統的交待，茲首先提示傳統神哲學對「神見」的論述。按聖奧斯定（St. Augustine，354–430）與聖多瑪斯的分析㉒，「神見」至少可分為三大類——感性神見

22. St. Augustine，*De Genesi ad litteram* 12, 6,15–12, 16,33; 聖多瑪斯之*Summa Theologiae* II–II, Q175, a. 3, ad.4。

（sensible vision）、想像神見（imaginative vision）、理智神見（intellectual vision）三者：

△感性神見意指透過外感官接觸超性界；

△想像神見意謂想像力收到超性事象；

△理智神見則寓意著超性事理直接藉由理智來把握。

我們容後討論理智神見的究竟。茲先借用《聖經》的例子來比對感性神見和想像神見二者。

《舊約．達尼爾先知書》五章1–30節，有以下的記載：

> 貝耳沙匝王為大員千人擺設了盛筵，……命人將他父親拿步高從耶路撒冷殿中劫掠的金銀器皿取來，給君王和他的大員並自己的妻妾用來飲酒。……正在此時，忽然出現了一個人的手指，在燈台後面王宮的粉牆上寫字，君王也看見了那寫字的手掌。……巴比倫所有的智者都來了，卻沒有一個人能閱讀那些文字，……太后……啟奏說：「……你國內現有一個人，具有至聖神明的精神，……現在就召達尼爾前來，他必能說出其中的意義。」於是達尼爾被引到王前，……達尼爾回答君王說：「……你……命人將他（天主）殿宇的器皿給你拿來，供你和你的大臣並你的妻妾用來飲酒，……為此，他使一隻手掌出現，……寫出來的這些字是：「默乃，默乃，特刻耳，培勒斯。」這些字的含義是：『默乃』，天主數了你的國祚，使它完結；『特刻耳』，你在天秤上被衡量了，不夠分量；『培勒斯』，你的國被瓜分了，給了瑪待人和波斯人。」於是貝耳沙匝下令，給達尼爾披上絳袍，帶上金項鏈，並宣布他位居全國第三。當夜加色丁王貝耳沙匝

> 即為人所殺。（思高本）

上述例子顯示：現場眾人用肉眼看到一個異象——一隻手掌用指頭在牆上寫字（《達尼爾先知書》五5），字跡清晰可見，只是一般人看不懂其中的義涵而已。

藉上述例子，我們大概可體會感性神見如下的特性：

(1) **外在的**（exinterior）：藉外感官接觸；
(2) **有形的**（corporal）：對象有形可見；
(3) **分明的**（distinct）：在特定時空架構內出現；
(4) **個別的**（particular）：被見到的境象個別而具體；
(5) **被動的**（passive）：由超性界傳送；
(6) **超性的**（supernatural）：所見事象屬靈異事件。

在體會了感性神見的特性後，我們可轉而注視想像神見的究竟。

《舊約．依撒意亞先知書》六章1–8節，有這樣的記述：

> 烏齊雅王逝世那年，我看見吾主坐在崇高的御座上，他的衣邊拖曳滿殿。「色辣芬」侍立在他左右，各有六個翅膀：兩個蓋住臉，兩個蓋住腳，兩個用來飛翔。他們互相高呼說：「聖！聖！聖！萬軍的上主！他的光榮充滿大地！」由於呼喊的聲音，門限的基石也震撼了；殿宇內充滿了煙霧。我遂說：「我有禍了！我完了！因為我是個唇舌不潔的人，住在唇舌不潔的人民中間，竟親眼見了君王——萬軍的上主！」當時有一個「色辣芬」飛到我面前，手中拿著鉗子，從祭壇上取了一塊火炭，接觸我的口說：「你看，

這炭接觸了你的口唇，你的邪惡已經消除，你的罪孽已獲赦免！」那時我聽見吾主的聲音說：「我將派遣誰呢？誰肯為我們去呢？」我回答說：「我在這裏，請派遣我！」（思高本）

上述見聞蘊含世間事物的改頭換面，誠屬想像力所孕育的境象（《山》2．16．3），只是其中內容並非由當事人主動幻想，而藉由靈界傳送；為此，它是想像神見的一個典型。

上述例子讓我們瞥見想像神見如下的特性（《山》2．10．2－3）：

(1) **內在的**（interior）：透過內感官想像力而呈現；境象跟默想所想像的內容有相同的結構，只是比一般想像成果更清晰生動。

(2) **有形的**（corporal）：形像往往是世物的改頭換面。

(3) **分明的**（distinct）：在腦海中，以想像時空浮現，仍區分內在視覺、聽覺等活動與境況。

(4) **個別的**（particular）：所現圖像為個別而具體

(5) **被動的**（passive）：刺激來源出自靈性，不主動由人本性能力獲得。

(6) **超性的**（supernatural）：由超性界傳送，訊息含超性涵義。

兩類神見之異同

若將想像神見與感性神見作一比對，我們可獲悉以下同與異。同：剋就其同而言，二者皆屬有形的、分明的與個別的。異：剋就其異來說，我們可凸顯兩點：

(1) **感官層面**

a. 感性神見屬外在感官的超性運作

b. 想像神見屬內在感官的超性運作

(2) **效果的深淺**

想像神見比感性神見更內在，更具影響力，它在人靈內產生更深刻的印象（《山》2．16．3）。

凡出自善靈的想像神見，皆蘊含了知識、愛與甘飴的神益；人靈不必主動接受，而神益也自然而然地被灌注（《山》2．16．10－11）。談及面對想像神見應具備的態度，聖十字若望的勸諭是：不留戀、不沉迷、不渴求，以免捨本逐末。較細緻地說，聖人的訓誨是：

△不依戀，謙受益：凡不主動地依戀想像神見，將會引致更豐盛的收獲（《山》2．16．11）；

△若留戀，反受綑綁：凡著意留戀此等經驗者，則心靈會被束縛，反而有礙進步。人若拘泥於想像事理，理智就沒有機會作進一步的發展（《山》2．16．11）。

△不理會無礙於神益：即使拒絕想像神見，也不會因而減弱所引致的神益；神益早已隨神見灌注於人靈（《山》2．17．7）

△拒絕可免於費神辨別：加以拒絕，可免於費時與費神去辨別神類（《山》2．17．7）。

△處理不當反而誤入歧途：我們沒有能力處理上主的神見，處理不當，反而容易誤入歧途。最安全的作法，還是明智地謙辭（《山》2．19．14）。

△渴求之則本末倒置：人越出本性常規，渴求超性的異象，聖人認為這是本末倒置的作

為，把上主貶抑成次要地位，反而不中悅於神（《山》2・21・1）。

△渴求之則易受騙：邪靈也可以利用內感官來導致神見；人若迷戀異象，則會把自己曝露於惡神的矇騙（《山》2・21・7）。

△注視基督而非另求新知：上主已在主耶穌基督內啟示一切奧祕。在基督以後，再沒有新的啟示。凡不注視基督而企圖另求新知者，反而招惹上主的不悅（《山》2・22・5－6）。

總之，人靈最主要的目標是為求結合上主；而奇異經驗是次要的；人不應捨本逐末。

在處理了內外感官的脈絡後，茲讓我們進而專注於靈功能。

為聖十字若望而言，靈功能有三：理智（intellect）、記憶力（memory）、意志（will）㉓。

理智意謂著理解能力（《山》2・23－32）。

記憶力乃是收藏先前所見聞的庫存（《山》3・2－15）。

意志寓意著意欲、好惡的核心（《山》3・16－45）。

此三者乃靈魂最中樞的功能。茲首先敘述理智及其運作的來龍去脈。

莫蘭奴（Antonio Moreno, O.P.）評論得有理：大多數靈修作家通常只標榜人的其他面向，如嗜好、愛欲等事項，很少提及理智，而聖十字若望的著作，如《攀登加爾默羅山》是其劃時代的創舉㉔。聖十字若望在此書中，就用了十大章的篇幅來探討理智（《山》2・23－32），可見其對此功能的重視。聖人的分析可權宜地首先劃分為理智的本性作用及其超性作用兩者。

人為求認知世事並瞭悟其中義蘊，理智是最重要的功能，其他的認知能力，如感官知覺

23. 聖十字若望是按聖奧斯定的分法，把靈功能作三分法處理。Cf. St. Augustine, *De Trinitate*, 10, 11, 18。此點容後討論。

24. Antonio Moreno, "St. John of the Cross, Revelation, and the Message of Christ ", in *Review for Religious* 40, (Sept./ Oct., 1981), p. 708, "Since the majority of spiritual writers usually emphasize other aspects of man, such as the needs of the appetite and love and say little of the intellect, St. John's book (I.e., *the Ascent*) is one of the most original of his time."

與想像力，都只提供與件和圖像，讓理智達致理解而已，以致理智是臻至洞察事理的關鍵因素。提及理智的本性認知，聖十字若望常常把理智連貫至感官知覺和想像力來談論。

1. 理智與感官知覺的連繫

緊隨著士林哲學一貫的傳統，聖十字若望強調本性知識始於感官經驗（sense experience）。外五官攝取有關現象世界的影像和與件，以容許理智有東西去理解。換言之，除非有事物首先被經驗，否則理智便空洞地把握不到任何事理。為此，聖人指出：本性知識，來自理智藉身體的感官攝受的一切物象、所產生的理解（《山》2．10．2）。理智與外感官的聯繫，可藉下圖示意：

理智除了直截引用外感官攝受的成果達致理解外，尚且仰賴想像力所孕育的圖像來思考，以求作更深刻的明瞭（《山》2．16．2）。誠然，理智往往需要借助想像活動，來補充外五官的感性內容，好讓理解變得更精密，這就是「返回影像」（*conversio ad phantasmata*／conversion to phantasms）㉕。那就是說，想像力提供影像（images／phantasms），讓理智在理解前，有圖像作「憑藉」來把握更

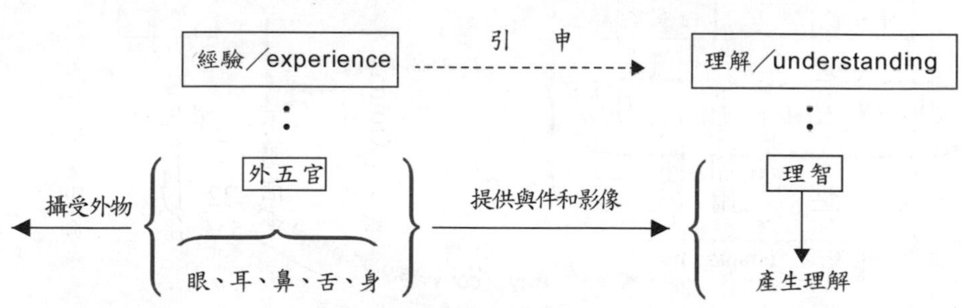

25.　參閱聖多瑪斯*Summa Theologiae* II–II, Q180, a.6。

細緻的線索，此其一；也讓它們在理解中，以圖像作為「依歸」，來獲得光照，此其二；又讓它在理解後，藉圖像來「落實」於實際事象，此其三；亦讓它在講授時，有圖像可供作「範例」，此其四；再者，尚且讓它為求更充分的理解，而有圖像可作「回顧」，此其五㉖。理智與想像力的聯繫，可藉下圖示意：

談及理智本身的能力，聖十字若望仍秉持古典傳統的分析，在理智的前提上分辨「主動理智」（agent intellect）和「被動理智」（possible intellect），用以凸顯其中的主動面與被動面。「被動理智」又名「可能理智」（possible intellect），寓意著其有彰顯事物觀念的潛能。聖十字若望在《靈歌》39．12說：

> 哲學家稱依賴形式、幻像、肉身感官的領悟為主動的理智。……可能的或被動的理智……沒有接受這些形式……，只被動地接受實體的認識，……㉗

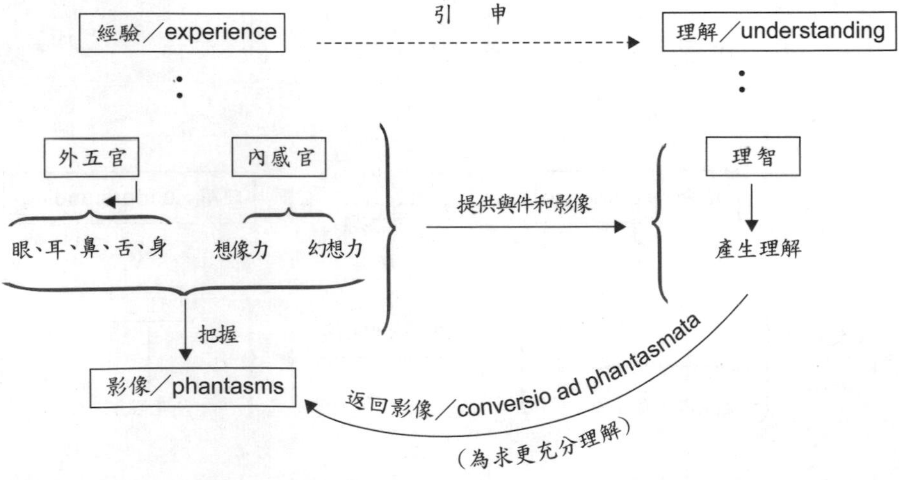

經驗／experience
引　申
理解／understanding
外五官
內感官
眼、耳、鼻、舌、身
想像力
幻想力
提供與件和影像
理智
產生理解
把握
影像／phantasms
返回影像／conversio ad phantasmata
（為求更充分理解）

26. 參閱拙作《知識論（一）：古典思潮》（台北，五南，2000年）第286至288頁。
27. 中譯本採自加爾默羅隱修會譯《靈歌》，第290至291頁。

聖人的意思是：在本性運作的前提上，「主動理智」依賴著感性經驗所獲得的圖像、影像與攝受成果，而有所領悟；至於「被動理智」（又名「可能理智」），其任務並不負責接應感官經驗所提供的與件來產生洞察，而是被動地接受主動理智所達致的光照而呈現事物本質／觀念。

此外，十字若望藉著凸顯「哲學家」一辭來表示：其用語有著士林哲學一貫的道統（即亞里斯多德——多瑪斯傳統）來作為理論後盾，以致我們須首先著眼於其哲學背景的脈絡，來體會聖人所欲表達的涵義㉘：

按亞里斯多德的說法：凡事物皆有其主動面與被動面，連理智也不例外（*De Anima* III, 5, 430^a 10–14）；「主動理智」是為那「能製造一切的理智」，而「被動理智」是為那「能成為一切者」（*De Anima* III, 5, 430^a 14–19）。按多瑪斯派學者的解讀：

> 「能製造一切的理智」。意思是說，它能使任何在潛能上可理解的對象（即想像力中之意象）成為現實上可理解的。士林哲學把它稱為「主動理智」（agent intellect），因為它能主動地從意象中抽出可理解之心象（*species intelligibilis*），也就是說，它會主動地把意象（個別的、物質的）轉變為普遍的心象，印入「被動理智」，使之產生普遍知識。所以這種理智具有抽象能力。……
>
> ……「能成為一切的理智」。所謂一切是指一切可理解的事理。士林哲學把它譯為「被動理智」，因為它不能產生認識作用，除著被動地受到其他原因的影響。這種理智也稱謂「可能理智」（possible intellect），因為它本身沒有什麼先天知識，但是條件一完全就可以產生認識作用㉙。

28. 聖多瑪斯一向尊稱亞里斯多德為「唯一的哲學家」（the Philosopher）；在此，聖十字若望則隱然地以「哲學家」一辭來尊奉聖多瑪斯為士林哲學的一代宗師。

落實在聖多瑪斯的《神學大全》（*Summa Theologiae* Ia, Q.85, a.1,ad.4），我們聆聽到這樣的詮釋：「主動理智」從感官經驗與想像活動所提供的個別「感性圖像」（*species sensibilis*）之上獲得「光照」（*illuminatio*），引申出普遍的「可理解心象」（*species intelligibilis*），再把它印入「被動理智」內，而印入的剎那被稱為「印入的心象」（*species impressa*）；「被動理智」在接收心象的剎那作出反應，把它發顯為「表達的心象」（*species expressa*），亦名「心語」（*verbum mentis*），即我們慣常所稱謂之「觀念」（*idea*）。其中的來龍去脈，可藉下圖示意。

值得標榜的是有關「可理解心象」（*species intelligibilis*）一辭，多瑪斯《神學大全》（Ia Q85, a.2）如此解釋：「可理解心象」並不是那被理解的涵義（≠ *id quod intelligitur*／≠ that what is understood）而是理解出現的剎那（= *id quo intelligitur*／= that by which understanding takes place：= *id quo intelligit intellectus*／= that by which the intellect understands）㉚換言之，與其說「可理解心象／*species intelligibilis*」意謂著被理解的本質義（essential meaning），不如說它是本質義被洞察的時分，是靈光（*illuminatio*）乍現的瞬間。

如此說來，「可理解心象」、「印入的心象」、「表達的心象」三名詞並非意謂著三個不同的觀念，而是同一個觀念，在被瞭悟的過程中之三個不同時分；那就是說：

「可理解心象／*species intelligibilis*」意指普遍本質義被洞察的剎那。

「印入的心象／*species impressa*」意指本質義被印入於「被動理智」的剎那。

「表達的心象／*species expressa*」意指本質義被建構為觀念的剎那。

相應地，「主動理智」與「被動理智」二詞也可因而獲得進一步的澄清：為聖多瑪斯而言，「主動理智」與「被動理智」，並不是兩個不同的理智，而是同一個理智的兩個不同面向：

29. 引文出自袁廷棟《哲學心理學》（台北：輔大出版社，1985），第306頁。
30. 聖多瑪斯《神學大全》（Ia Q85, a.2）：「species intelligibilis se habet ad intellectum sicut species sensibilis ad sensum, sed species sensibilis non est illud quod sentitur, sed magis id quo sensus sentit. Ergo species intelligibilis non est quod intelligitur, sed id quo intelligit intellectus.」Paul Durbin (trans.)，「a species has the same relation to the intellect as a sensible image to

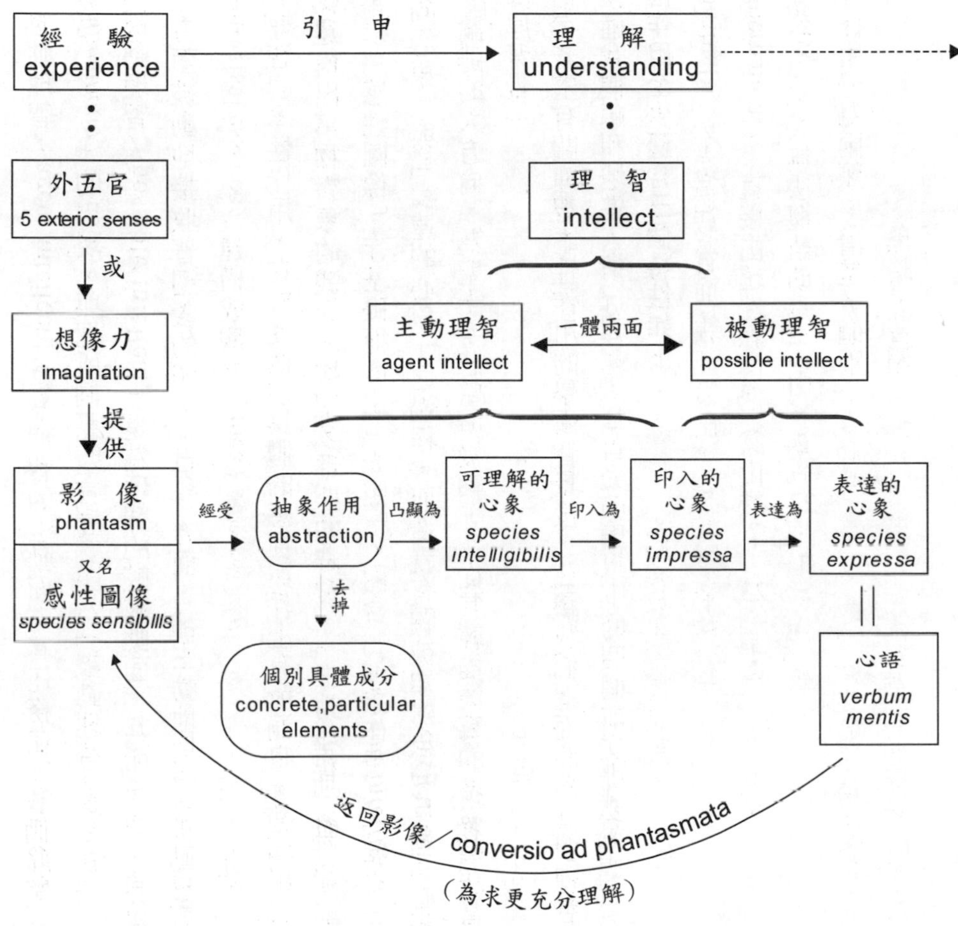

the senses. But sensible images are not what is sensed; they are rather that by which sensation takes place. Therefore the species is not what is understood, but that by which the intellect understands.」拉丁文及英文翻譯錄自：St. Thomas Aquinas, *Summa Theologiae*, Vol. 12, Human Intelligence（Ia. 84–89）, Paul Durbin (trans.) (London: Eyre & Spottiswoode, 1968）, pp.58–59。

——「主動理智／agent intellect」是為理智的主動面，其任務在於掌管洞察（insight／*illuminatio*）的出現，與把所洞察的普遍義印入「被動理智」㉛；

——「被動理智／possible intellect」是為理智的較被動面，其所扮演的角色，在乎一方面被動地接收普遍義的印入，另一方面，卻主動地把所接受的普遍本質（universal essence）建構成觀念（idea）㉜。

概括地說，理智的本性作用，在於從個別具體的感性與件上有所洞察，凸顯出其中的普遍抽象義，藉此建構出事物對象的觀念。按聖多瑪斯的辭彙，「主動理智」與「被動理智」是為一體兩面，以「感性圖像」作基礎而產生「光照」，內含「抽象作用」，歷經「可理解心象」、「印入的心象」與「表達的心象」之過程，而造就有關被知對象的普遍「心語」。這是古典士林哲學論述的大方向，為聖十字若望所接納，並從其輕描淡寫的寥寥數語當中，吐露出其學理的深厚背景。

交待了聖十字若望有關理智本性作用的學術背景後，茲讓我們進而聆聽其對理智超性作用的分析。為預備我們順利地進入情況起見，茲首先凸顯以下的四個前文提要：

理智的超性作用至少蘊含三個特性如下：

靈性的（spiritual）：不透過感官而產生（《山》2．23．1）

超性的（supernatural）：直接由超性界傳送（《山》2．23．1）

被動的（passive）：人無法揠苗助長（《山》2．23．1）

理智的超性作用分為兩類：清楚／個別

黑暗／普遍

31. 按Paul Durbin的詞語附錄（Glossary）：「agent intellect（*intellctus agens*）, a faculty of the soul, according to St. Thomas; its function is rendered potentially.

32. 有關亞氏與多瑪斯對理智的進一 步討論，參閱拙作《知識論（一）：古典思潮》（台北，五南，2000年）第151至167頁，及270至307頁。

第一類兩個名詞：清楚／個別分別說明如下：

i）清楚（distinct）：較從「能知」面向立論，意謂靈功能運作分明：

- 靈的視覺——孕育「理智神見」（visions）（《山》2．24）
- 靈的聽覺——孕育「神諭」（locutions）（《山》2．28－31）
- 靈的觸覺——孕育「靈性感受」（spiritual feelings）（《山》2．32）
- 靈的瞭悟——把握「啟示」（revelations）（《山》2．25－27）

ii）個別（particular）：較從「所知」面向立論，意謂被把握之靈、境、事、物仍「個別」而「具體」。

第二類兩個名詞：黑暗／普遍說明如下。

①黑暗（dark）：較從「能知」面立論，意謂消極地本性認知功能暫被吊銷，以致積極地引出超性運作的「明心見性」：智的直覺朗現，此謂「明心」；體證神的本性，此謂「見性」。

②普遍（general）：較從「所知」之境立論，投射出證得境界的滂沛浩瀚，以致

「小我」被「大我」包容、

「時間」被「永恆」取代、

「空間」被「全在」統攝[33]。

清楚／個別的理智超性經驗，再分為「神見」、「啟示」、「神諭」、「靈觸」四者；廣義地說，此四者可通稱為「理智神見」（《山》2．23．2）；狹義地說，此四者各有特色（《山》2．23．3）。

33. 上述論點，請參閱本書第二部第四章<黑夜與黎明——與聖十字若望懇談默觀>，第195至196頁。

黑暗／普遍的超性經驗只有一種 它就是「默觀／contemplation」（《山》2．10．4）㉞。

以上述提要作前導，我們可以進而探究聖十字若望對理智超性運作的種種分析。茲先引述其對「理智神見」的看法。

「理智神見」一辭，意謂著理智接受到一種類似感性視覺所感受的顯現，只是它不經歷感官，而直截藉由理智來接收而已（《山》2．23．3），以致它一方面被稱作「神見」，另一方面又被冠上「理智的」（intellectual）這形容詞來落實其究竟。在「理智神見」的前提上，聖十字若望分辨了兩類，其一是「有形體事物的理智神見」（intellectual vision of corporal substances），其二是「無形體事物的理智神見」（intellectual vision of incorporal substances）。

茲先闡述前者「有形體事物的理智神見」。「有形體」（corporal）一辭，寓意著有形可見的物體，它可以是塵世間的物質事物，也可以是靈界的有形之物。為此，聖十字若望不厭煩地在「有形事物」的前提上，再分辨「世界的有形體事物」（corporal substances of the earth），與「天界的有形體事物」（corporal substances of the heaven）兩者。茲分述如下。

簡言之，當理智直截地接收關於現世有形可見事物的景象時，這份體認就被稱為「對世界的有形體事物的理智神見」（《山》2．24．1 & 7）。

站在主體立場言，這份神見並非藉由肉眼，而藉由理智來攝取，即純粹透過靈智之「眼」（靈眼）來達致（《山》2．23．2）。

站在客觀立場言，神見中接觸的對象，是物理形軀國度的世物。十字若望引用《瑪竇福音》四章8－10節（參閱《路》四5－8），「耶穌受誘惑」的例子來說明㉟：

34. 有關聖人對默觀的引介，參閱本書第二部第四章<黑夜與黎明——與聖十字若望懇談默觀>全文。

35. 十字若望在《山》2．24．7引用此例；他在《山》2．14．1則引用聖本篤（St. Benedict）在神視中瞥見普世的相關例子。

魔鬼又把祂（耶穌）帶到一座極高的山頂上，將世上的一切國度及其榮華指給祂看。對祂說：「你若俯伏朝拜我，我必把這一切交給你。」那時，耶穌就對他說：「去吧！撒殫！因為經上記載：『你要朝拜上主，你的天主，唯獨事奉祂！』」

這份神見的特徵有以下數點：

其一、是有形體的：它屬物理界限的財寶權勢；

其二、它關乎世界的：展示現世王國的榮華富貴；

其三、它是純智性的。

消極地說，感官無法一下子掌握普世境界，

積極地說，唯有理智能頓時領悟全體國度。

為此，聖人以此例作為「世界的有形體事物理智神見」的典型，以與「天界的有形體事物理智神見」作一劃分。

至於人對天界的有形體事物能有的理智神見，聖十字若望則引用《新約．默示錄》二十一章——若望宗徒瞥見新天新地、新耶路冷聖城——的例子（《山》2．24．1）：

……我看見了一個新天新地，……耶路冷聖城，……城的光輝，好似極貴重的寶石，像水晶那麼明亮的蒼玉；城牆高而且大，有十二座門，守門的有十二位天使，……城是四方形的，……長、寬、高都相等；……城是純金的，好像明淨的玻璃。城牆的基石，

> 是用各種寶石裝飾的：……每一座門是由一種珍珠造的；城中的街道是純金的，好似透明的玻璃。在城內我沒有看見聖殿，因為上主……和羔羊就是她的聖殿。那城也不需要太陽和月亮光照，因為有天主的光榮照耀她；……天使又指示給我一條生命之水的河流，……從天主和羔羊的寶座那裏湧出，流在城的街道中央；……天主和羔羊的寶座必在其中，他的眾僕要欽崇他，……上主天主要光照他們；他們必要為王，至於無窮之世。（《默示錄》21-22章／思高本）

這例子看來為我們凸顯了以下的特徵：

其一、它是有形的：有關新聖城的金碧輝煌；

其一、它是屬天的：是超越塵寰的天界事象；

其一、它是屬靈的：直截由理智接收。

莫理艾（George Morel）反思十字若望著作，對上述例子作了以下的分析：這段記載半「寓言」（allegorical）、半「象徵」（symbolic）[36]；初步地說，這種神視大抵以象徵來寓意天堂的全福境界，它超越現世，以致與現世事物大異其趣，但它不與現世隔絕，而是今世生活的徹底轉化（transformation），以致可引用世物作象徵，來寓意其真實無妄。

較細緻地說，當莫理艾以「寓言／allegory」和「象徵／symbol」二辭來反思天堂實況之時，他大致上有以下的義理作背景：

「寓言／allegory」是為用以鋪陳意義的意象；它是先有意義被領悟，再用意象來鋪陳。例如：伊索先領悟「驕兵必敗」的意義，再用「龜兔賽跑」的意象來鋪陳。所鋪陳的意義一

36. George Morel, *Le sens de l'existence selon St. Jean de la Croix, II–Logique*（Paris: Aubier, 1960–61）, p. 101, *"Ce teste biblique est en partie allégorique, en partie symbolique."*

37. Paul Ricoeur, *Symbolism of Evil*（Boston: Beacon Press, 1967）, pp. 14–18。參閱拙作《神話與時間》（台北：台灣書站，1997），第10至13頁。

38. 瑪利尤震神父（P. Marie – Eugène, OCD, 1894–1967）以十字若望系統來整理聖女大德蘭（St. Teresa of Avila, 1515–1582）論著，以聖女邂逅基督至聖人性為有形實體理智神見的例子（參閱

旦被把握，則意象可以被遺忘；此所謂「得意而忘象」。但「象徵」則反是。

「象徵／symbol」是為蘊含「雙重意向」（double intentionality）的「記號／sign」，例如：「汙點」，從「第一重義／表層義」（literal meaning），例如：「有物被汙染」，再指向「第二重義／潛伏義」（latent meaning），例如：「靈性的罪業」，如圖示：

「潛伏義」透過「象徵」而被傳遞，被傳遞的「潛伏義」不能脫離象徵來被陳述，否則無從被把握，「象徵」與「潛伏義」同進退，而不能「得意而忘象」㊲。

莫理艾以《默示錄》二十一章的敘事是為部分地「寓言」、部分地「象徵」，他的意思是：它一方面如同寓言般地寓意，另一方面，又如同象徵般地傳遞隱義。它是半寓言：若望宗徒先在神魂超拔中體證天堂境界，再以意象來鋪陳。它是半象徵：意義透顯自象徵，深義無法脫離象徵來被陳述，人一旦脫離象徵，則深義也一併隱蔽不彰。其中的「寶石流川」意謂著「第一重義／表層義」：事物的美崙美奐；再意向著「第二重義／潛伏義」：天界的圓滿和諧。誠然，金碧輝煌的牆垣、上主羔羊的位居中央以取代日月、流川的湧溢、與生命樹的結實纍纍，這一切的一切，都在在地意象著神的光榮與勝利、得救者的德備功全與福樂、人類與大自然的臻至完美、並浸潤於神的生命與聖愛下。

以莫理艾的詮釋作依據，則「天堂的有形實體」一語可圈可點。聖十字若望所意謂的「天堂」，固然不是現象世界的天空，而是聖者與神同在的榮福境界，我們甚至不必把它理喻為一個與塵世隔離的樂土，反而應首要地把它理解為全福的生命狀態。至於「天堂的有形體實物」，它固然也不是現象世界能找到的物理實體，但它仍有「物體」可被體認；新聖城的琱麗寶石和奇花異草，是用來交待一真實無妄的視野，象徵著那既逾越、又連貫現世理想的

《聖女大德蘭自傳》27·2；及《靈心城堡》6·8·2），藉此意謂天界事物有其形跡可尋，而復活基督的體性即其一例。P. Marie – Eugène, *I am a Daughter of the Church* (Allen, Texas: Christian Classics, 1955), pp.252–253。

再者，按大德蘭的經歷，理智直截把握靈界事物當兒，偶爾受想像力泛濫，遂多少與想像活動合作，而孕育理智神見與想像神見的混合（《自傳》28·9）。

請參閱本書第一部第二章與本書第一部第三章。

究極圓滿。換言之，「天堂的有形體實物」意謂著有信實不虛的成全境況，擁有其本相本體，可被心智證得。

若將「天界有形體事物的理智神見」，較之於「想像神見」，則後者較扣緊想像力，而前者則維繫理智；「想像神見」是靈界引用人想像功能所孕育的圖像來寓意；反之，「天堂有形實體理智神見」則是人理智體證天界事理後，再藉圖像作象徵，來寓意其中奧祕。總之，天界事物並非全無體相，只是它超越塵世而仍有其本體實相，可讓心智體證，並藉象徵來讓世人參悟[38]。

然則，理智如何在神視中瞥見地上和天堂的有形物質？按聖十字若望的看法，有關「有形實體理智神見」之兌現，我們可分消極與積極兩面向來被體會（《山》2·23·1）：

消極地說，此等神視不從普通途徑來被認知，也不透過外感官、或內感官的超性運作來被把握。為此，「感性神見」或「想像神見」不足以與之比擬。

積極地說，它是藉由超性界靈體直截地影響人的理智而成就；也就是說，它是人心智直截地接收到來自靈界力量所引發的靈異景象。

我們可較細緻地再分別站在理智、景象、光照三立場來闡釋其積極義（《山》2·24·5）：

站在理智立場上說，其接收活動，即使是在心智上靈性地產生，到底在某程度上，它類比著肉眼本性地觀看外物一般，因為它有畫面被把握，只是理智不藉由本性能力，而借助超性光照來獲致；況且它並非往外觀看，而是心內孕育出映像。

站在景象立場上說，其中所顯示的事物是因為透過「超性光照」（supernatural light）來呈現，以致所見的物體，要比肉眼所看到的現象更清晰、更細緻、甚至更輕而易舉地被瞥見。

至於景象是否臨在現場，這已經無關重要，而且事物的實際臨在與否，也不妨礙神視的通達。

站在光照立場上說，聖十字若望即使沒有詳細交待何謂「超性光照」，到底他在強調：這種光照是一份特殊的賜予，遠超出其他樣式的洞察；而其中的明澈清晰，非比尋常，只是為時短暫，彷彿閃電掠過漆黑長空，曇花一現，讓理智驚鴻一瞥，再復歸暗昧，畢竟令人印象深刻，歷久難忘（《山》2．24．5）。

理智對地上與天堂有形實體的神視，其究竟可藉下圖示意：

理智一旦獲得有形事物的神視，聖十字若望教我們如何從效果上分辨其來源：

由上主所引致的效果：它能在人靈中產生安寧、光照、喜悅、內心清潔、愛火、謙遜、更渴慕天主（《山》2．24．6）。

由魔鬼所引致的效果：人反而對與上主溝通方面感到枯燥無味，有自高自大傾向，人靈並不因而產生謙虛、愛德；而神視的印象，也遠不及上主所給予的神見、那麼清晰細緻（《山》2．24．7）。

於是乎，面對有形事物的理智神見，聖人勸諭我們採以下態度：

i）**不留戀**：這些神見不能是結合上主的「近途徑」，因為它們牽涉受造物；受造物無法與上主的本質相比（《山》2．24．8）。

ii）**活於信德**：人甚至在回憶起它們時，即使能激發起對上主的熱

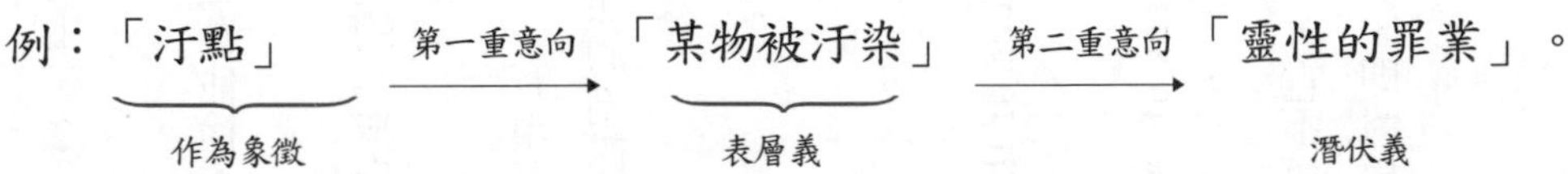

例：「汙點」 —第一重意向→ 「某物被汙染」 —第二重意向→ 「靈性的罪業」。

（「汙點」：作為象徵；「某物被汙染」：表層義；「靈性的罪業」：潛伏義）

愛，也應以謙遜、信德的心情來面對上主，因為信德更能提升人靈（《山》2．24．8）。

總之，凡留戀這些神視的人，他的神修進展反而受阻（《山》2．24．9），因為他捨本逐末，得不償失。

在探討了「有形體事物的理智神見」後，茲讓我們進而聆聽聖十字若望所述說的「無形體事物的理智神見」。

簡言之，「無形體事物的理智神見」（intellectual vision of incorporeal substances），意謂著上主（或靈體）不再假借任何其他形像來寓意自己的臨在，而以其本質作如其所如的剖露，讓人心智直截證得（《山》2．24．2－4）㊴。

比較起先前所引述的其他一總神見，其他者都只呈現被知對象的有形事象而已：

——**感性神見**（sensible vision）：只透過外感官而把握靈異事象；

——**想像神見**（imaginative vision）：靈界利用人想像力而傳送表象；

——**地上有形體事物的理智神見**（intellectual vision of corporal substances of the earth）：理智直截把握世間現象事物；

——**天堂有形體事物的理智神見**（intellectual vision of corporal substances of the heaven）：理智透過象徵素材而把握天國事理。

反之，關於「無形體事物理智神見」（intellectual vision of incorporeal substances），它不再如先前般，只顯示實體的表象而已，而是神（或靈體）本質（essence）的直截顯現，即對象不再借助現象的表徵來透露自己，而是靈體實相本質赤裸裸的展陳。

39. 在這類議題上，十字若望緊隨聖奧斯定及聖多瑪斯的說法。Cf. St. Augustine，*De Genesi ad litteram*，xii；聖多瑪斯之*Summa Theologiae* II–II, Q175, aa. 3&4; Q. 180, a. 5; De Veritate, Q. 10, a. 11; Q. 13, aa. 2, 3&4. Cf. C. Butler, *Western Mysticism*（London: Constable & Co., Ltd., 1922, reprinted 1951）, pp.36–62。

聖十字若望從聖經上抽出例子以作說明（《山》2．24．3），它們是：《出谷紀》三十三22：上主本質顯現給梅瑟

《列王紀上》十九13：厄里亞領受神見

《格林多人後書》十二2、4：保祿在三重天的神視

茲以梅瑟事件為例（《出谷紀》三十三18–23）以作申述：

梅瑟又說：「求你把你的榮耀顯示給我。」上主答說：「當我在你前呼喊『雅威』名號時，我要使我的一切美善在你面前經過。我要恩待的就恩待，要憐憫的就憐憫。」又說：「我的面容你決不能看見，因為人見了我，就不能再活了。」上主又說：「看，靠近我有個地方，你可站在那塊磐石上。當我的榮耀經過時，我把你放在磐石縫裏，用我的手遮掩你，直到我過去。當我縮回我的手時，你將看見我的背後，但我的面容卻無法看見。」（思高本）

若分析地談論「無形實體理智神見」的特性，以梅瑟個案為例，聖十字若望尤給我們從「神」、「人」、「經驗」三個角度分列出八個要點（《山》2．24．2–4）。茲先提綱挈領如下：

a. 神的角度

①神不再藉象徵而本質地呈現（《山》2．24．3）

②神本質仍顯露得不夠徹底（《山》2．24．4）

b. 人的角度

③人肉軀徒然無法承受這震撼（《山》2·24·2）

④人須神特別保護且為時短暫（《山》2·24·3）

c. 經驗角度

⑤它消極地是為普通功能的暫時吊銷（《山》2·24·3）

⑥它積極地是為特殊光照的頓然瞥見（《山》2·24·2）

⑦它極為稀有且屬特選人物（《山》2·24·3）

⑧它深印人靈而永誌不忘（《山》2·24·4）

茲較細緻地分述這三角度、八特點如下：

a. 神的角度

①**神不再藉象徵而本質地呈現（「把你的榮耀顯示」）**：梅瑟要求上主啟示祂自己的本質（Essence）。梅瑟不再滿足於見到上主只透過象徵、如火的荊棘（《出》三2）、雲彩雷電（《戶》九15）等形像來顯示臨在，而要求與上主面對面地邂逅，即要求上主本質地、赤裸裸地、如其所如地作實體呈現（《山》2·24·3）。

②**神本質仍顯露得不夠徹底（從石縫看神背後）**：神固然答應並履行梅瑟的要求。但聖十字若望給我們強調（《山》2·24·4）：上主甚至在願意顯現自己本質的時候，祂也不能清晰地作徹底的顯露，人只有在另一生命中，即在死後的全福狀態中，在

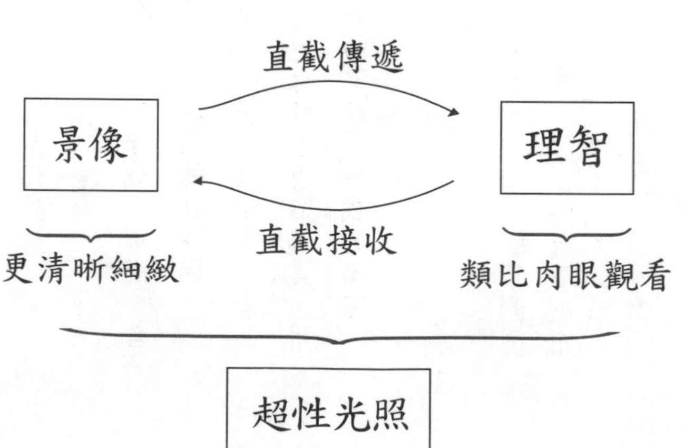

純靈的方式下，才能夠清楚地、全然地、無障礙地見到天主，為的是人現時的生命狀況有其限度，無從被逾越。

b.人的角度

③人肉軀徒然無法承受這震撼（「人看見我就不能再活」）：按舊約猶太選民的理解：人不能見到上主而繼續生存，因為人受不了這樣激烈的衝擊。聖十字若望為我們指出：這樣的神視給現世肉軀帶來無法承受的震撼，人的肉身不是用來承受這種經驗；上主的本質太宏偉崇高，一旦啟示給人，其身體將忍受不了刺激而暴斃（《山》2．24．2）。聖人引《出谷紀》二十章19節以佐證，以色列子民說：「不要天主同我們說話，免得我們死亡。」

④人須神特別保護且為時短暫（「用我的手遮掩你……」）：為此，除非上主暫時地特別保護，否則人不能用現時形軀的生活方式來繼續生存。聖十字若望指出：一般而論，這種神視不在此世出現，除非是一些很例外的例子；即使它一旦出現，也為時十分短促，有如「白駒過隙」般一閃而過。換言之，神須在其顯現的短暫時分中，額外保護人的自然生命免受損害（《山》2．24．3），以致它是一份非常特殊的經驗。

c.經驗角度

⑤它消極地是為普通功能的暫時吊銷：這種經驗，在某種意義下，是死亡經驗（《山》2．24．3）；雖然它不是人肉身徹底的死亡，到底它至少是一份「瀕死經驗」。即人須暫時停止他的感官作用，及其理智的普通運作；他的心智要遠離感官與影像，好讓超越功能抬頭。人要在這短暫的際遇中得見神的本體，這本是聖者在天堂上才能兌現的「全福神見」（beatific vision）；這份靈光乍現，無疑地，就是人在預嚐死後的全福之境。

⑥**它積極地是為特殊光照的頓然瞥見**：要接受這份經驗，人不單須有神的特殊保護，且須有神的特殊光照。聖十字若望稱之為更高的光照，光榮的光照（the light of glory）（《山》2．24．2）．它有別於其他神視中獲得的光照；它暫時局部地，接收天堂上聖者永恆地領受的徹底光照，在世間是絕無僅有的一回事。

⑦**它極為稀有且專屬特選人物**：按《聖經》的記載，它只賜給梅瑟、厄里亞、保祿宗徒；那就是說，它的出現率極為稀少，且只顯現給幾位特選人物，他們在教會中極有地位，也是極為堅貞的份子（《山》2．24．3）。

⑧**它深印人靈而永誌不忘**：然而，即使它極短暫又極稀有，到底它已足夠深印人靈，使人深深體味上主臨在的甘飴，也叫人永久不能遺忘（《山》2．24．4）

談及人面對這種神見應有的態度，聖十字若望在此一反常態地認為：既然人生存的最終目標，是為了面對面接觸到上主，那麼，人一旦獲得這份經驗，就應好好地珍惜它（《山》2．26．10）。且時時在記憶中回憶它（《山》3．14．2）。反正這種經驗是留給信德最堅強、最有聖德的人，所以應珍視它。總之，聖十字若望不完全反對所有的超性經驗；他要我們忽視一切不顯露神本質的靈異現象，但至於那些剖露神本質的體認則是例外。

在聆聽了聖十字若望對「理智神見」的見解後，我們可進而探討其對理智的另一運作——「啟示」。

扼要言之，「啟示」（revelation）乃是靈界向人吐露「隱密真理」（hidden truth）或稱「奧祕」（secret／mystery），好讓其理智領悟某些奧理實情、或上主古往今來的化工（《山》2．25．1）。這誠然是先知（prophet）領受的特恩，使人能預言、並為神代言（《山》2．25．1；《山》2．26．11）。

概括地說，聖十字若望把「啟示」分為兩種：

其一是「理智認識」（intellectual knowledge）——即接近成全的修行者，因與天道湛深冥合，以致對「赤裸裸真理」（naked truth）有明察秋毫、先知先覺的領悟（《山》2．26）；

其二是「祕密」（secrets）——即靈界藉言說、圖像等的灌注而向理智揭露有關神的奧祕及其化工，甚至有關世間、家、國、人物等之隱情（《山》2．27）。

聖人強調，究其實，後者比前者更適合被稱為「啟示」（以「啟示」之名來稱呼前者並不十分貼切），但二者既有密切關連，意義有時甚至會部分地重疊或滲透，況且為避免分得過於繁瑣起見，聖人乾脆把它們歸併一起來討論（《山》2．25．2）。

較細緻地說，上述二者又分別細分為兩小範疇，即在「理智認識」的前提上分辨「對造物主的認識」（knowledge of the Creator）與「對受造物的認識」（knowledge of the creatures）（《山》2．26．3）；也在「祕密」的前提上分辨為「關於上主的祕密」（secrets concerning God）與「關於上主作為的祕密」（secrets concerning God in His works）（《山》2．27．1），茲提綱挈領地表列如下：

啟示（revelation）
- （1）理智認識（intellectual knowledge）
  - a）造物主（of the Creator）
  - b）受造物（of the creatures）
- （2）祕密（secrets）
  - a）關於上主（concerning God）
  - b）關於上主作為（concerning God in His works）

茲按上圖脈絡論述如下。

聖十字若望以「理智認識」是為人對「赤裸裸真理的認識」

（《山》2・26・1）。從知識論立場上說，它是真理的綻放，即「真理為理智而揭露」（《山》2・25・2）；從神的立場上說，它是上主對人的賞賜，讓人不單清晰地洞察現世的事，而且還明晰地體會靈性的事（《山》2・25・2）；從人的立場上說，它是心靈潔淨精微、聖德超卓、與神冥合當中，對超性或本性事理的洞悉，即人靈在冥合天道中，因觸及神而致明鑒洞照（《山》2・26・5）；從辭彙的設定上說，「理智認識」雖然屬廣義「理智神見」的範疇（《山》2・23・2），但它並不等同於狹義的「理智神見」（《山》2・26・2）；狹義的「理智神見」（《山》2・24）牽涉有形、無形實體，而「理智認識」則意謂著理智純粹的理解、或謂對神真理之體證、或對古今世事之認證，極為近似先知精神的湧溢（《山》2・26・2）。

「理智認識」再細分為「對造物主的認識」與「對受造物的認識」，茲先述說前者。有關「對造物主的理智認識」，我們可分別站在以下的角度來體會：

從神的角度上說：這是神「本質」（essence）與「屬性」（attributes）的體現，即神就是直截被體證的對象；人在體證神親臨當下，尤湛深地把握到神的某個「屬性」（例如神的「全能／omnipotence」、「勇德／fortitude」、「美善／goodness」、「甘飴／sweetness」等）（《山》2・26・3）。作為範例，聖十字若望（《山》2・26・4）特別舉《聖詠》十八首10－11節：「上主的訓誨是純潔的，永遠常存；上主的判斷是真實的，無不公允；比黃金，比極純的黃金更可愛戀；比蜂蜜，比蜂巢的流汁更要甘甜。」以及《出谷紀》三十四章6－7節：「雅威，雅威是慈悲寬仁的天主，緩於發怒，富於慈愛忠誠，對萬代的人保持仁愛，寬赦過犯、罪行和罪過。」（思高本）

從人的角度上說：它並不發生在任何人身上，而只出現於有高超聖德，接近成全的靈修人身上，因為它本身就是一種冥合（union）（《山》2．26．5），唯有充滿謙遜、愛、不留戀世物的聖賢才獲得這份恩賜。

從經驗的角度上說：它是純默觀的融通（this communication is pure contemplation）（《山》2．26．3）。言下之意是：它與默觀屬同一個「完型」（*gestalt*）。「默觀」被聖十字若望定義為「祕密的愛的知識」（《焰》3．49），以致對上主的奧祕有所體證[40]。換言之，它是人與神在愛的冥合中孕育的知識，類比人間愛侶愈活在愛中，就愈認識對方。借用存在現象學的用語，這份認識是在「主體互通」（intersubjectivity）中、藉愛而萌生的深層知識，而非徒然站在「主客對立」（subject－object polarity）狀態、來泛泛得悉有關某人的資訊而已，以致說這是「存在地」（existentially）「認識」（to know……），而非「認識有關……」（to know about……）[41]。有趣的是，十字若望把「默觀」界定在「黑暗／普遍」（dark／general）的項目，而把「啟示」（包括「對神的理智認識」）安放在「清楚／個別」（distinct／particular）的行伍內（《山》2．10．4）。

讀者可能質疑道：這豈不是一種混淆嗎?!筆者個人的詮釋是：人可以在默觀那「黑暗／普遍」的浩瀚中——即在神那滂沛的愛的氛圍中，仍能藉愛的融通而對神獨具慧眼，直指神本心，以致能「清楚／個別」地洞悉神的「超性屬性」（transcendental attributes），所以聖人不怕引用語言上的弔詭，企圖點化那難以名狀（ineffable）的底蘊。

我們可從十字若望的闡釋，歸納出以下的特徵：

①**崇高**（sublimity）：神既是被體證的直截對象，所以其莊嚴聖潔超乎萬物，以致魔鬼

40. 參閱本書第二部第四章〈黑夜與黎明：與聖十字若望懇談默觀〉，第174頁。
41. 參閱拙作《愛、恨與死亡——一個現代哲學的探索》第九章：<愛與真——與馬賽爾懇談>（台北：台灣商務，1997），第304至332頁。

無從仿冒（《山》2．26．5），就連其最微弱的程度，也遠遠高出無數涉及「受造物與化工而來的認識和思想（《山》2．26．8）。」

②**被動**（passivity）：它是神的恩賜，人不能強求；它能在任何時候發生，甚至在無預警的狀態下出現，人無法揠苗助長（《山》2．26．9）。

③**狂喜**（incomparable delight）：人被神觸及，孕育出無可比擬的喜悅，連魔鬼也無法灌輸（《山》2．26．5）。

④**不可名狀**（ineffability）：它既是愛的體證，以致非筆墨所能形容，沒有任何言說可充分表達（《山》2．26．3）。

⑤**恆久印象**（lasting impact）：它一經獲得，其印象深入人靈，永不磨滅（《山》2．26．6）。

人一旦有此經驗，即可有以下的效用：

①**增進聖德、消除缺陷**：上主的接觸使人靈充滿恩寵與德行，也消除很多難以改去的缺失；這點是魔鬼所無法引致得到的效果（《山》2．26．6）。

②**勇於面對痛苦考驗**：這種經驗足以彌補很多痛苦；人靈甚至渴願為上主的緣故而受苦（《山》2．26．7）。

面對這種經驗應採取的態度，聖人有以下的建議：

③**謙虛、辭讓**：它既不由人所控制，我們應以謙虛、辭讓的心去面對上主（《山》2．26．9）

④**接受、感恩**：人不要渴望這種恩寵，但當它一旦來臨，我們應以感恩的心去接受

（《山》2．26．10）。

在談論了「對造物主的理智認識」後，茲讓我們進而聆聽聖人所陳述的「對受造物的理智認識」。

雖然「對受造物的認識」也是理智超性運作上的一份明察秋毫，但相較於「對造物主的理智認識」，它就顯得遜色得多，因為其直截認識的對象，不是「造物主」，而是「受造物」。剋就其涵義而言，它洞察事物自身（things in themselves）的真相，以及人行為事件（deeds & events of men）的究竟，也是保祿宗徒《格林多人前書》十二章8－10節所指的先知精神、預言、解釋方言、辨別神類等恩賜（《山》2．26．11－12）。換言之，它對一總人、地、事、物有先知之明，以致直透隱微：

人——它可使人徹底洞悉他人的心意與隱密情念（《山》2．26．14）；例如：上主啟示耶肋米亞（Jeremiah）先知，有關巴路克（Baruch）先知的愁苦煎熬，好去幫助他（《耶肋米亞先知書》四十五3）。

地——人不須身歷其境，即能對他國的隱情瞭若指掌（《山》2．26．15）；例如：厄里叟（Eliseus）向以色列王的告密，透露阿蘭王密室中的商議與設陷（《列王紀下》六11－12）。

事——他人儘管隱瞞真相，掩飾實情，也會被識破，而無所遁形（《山》2．26．15）；例如，厄里叟的僕人革哈齊，暗中收受納阿曼禮金，先知對此事知道得一清二楚（《列王紀下》五25－26）。

物——凡對天文地理、宇宙微塵、雲行雨施、山川草木、飛禽走獸、風土人情、根莖藥效，事無大小，皆瞭然於胸（《山》2．26．12）；聖十字若望還以《智慧書》七章17－21節為範本，詳列一系列的知識。

總之，其中的真理灌注，儘管未及撒羅滿王（king Solomon）的恆常智慧，到底在相當程度上，可與之比擬（《山》2．26．12）。

按聖人的提示，這份睿智辨識有其本性及超性兩個面向，可被凸顯：

①本性面

凡達致成全或接近成全的人，身心經歷高度的煉淨，以致內心潔淨精微，處事明察秋毫；聖經稱它為「智德」（prudence）（《箴言》十23；二十七19）（《山》2．26．13）。人能單從別人外表直覺其心境，此所謂心情敏銳、鑑貌辨色、善解人意（《山》2．26．14）。這誠然是人經歷深厚修行而孕育的習性。

②超性面

然而聖善而具智德者，並不就此「事無大小」，能一切「全知」，人即使養成鉅細靡遺的明智，到低仍有賴上主的賜予，來體證個別真理的底蘊（《山》2．26．13）。上主往往無預警地給予灌注，讓人當下瞭悟陌生方言的意義，或曉得世事的隱情（《山》2．26．16）。人既是心靈高潔，神遂給他通達他人意念的力量，好去幫助有需要的人（《山》2．26．17）。

藉超性灌注而獲得的認識，它給人留下深刻印象（《山》2．26．17），效果極其顯著，使人深信不疑，連別人的質疑也無法動搖他的信念（《山》2．26．11）。

面對這種認識所應採取的態度是：小心魔鬼的矇騙。魔鬼在這方面也很有本領；為此，我們最好忽略這種認識（《山》2．26．14；《山》2．26．17）。第二，不留戀/走信德的道路：若留戀這種經驗，則會妨礙我們結合天主；為此，應小心忽略它，轉而走向普通信德的道路（《山》2・26・18）。第三，服從神師：透過神師的指導，穩走信德的途徑（《山》2・26・11），如此一來，我們可免去繁瑣的神類分辨（《山》2・26・18）。

在體會了「理智認識」的究竟後，接踵而來的相關論題是「祕密」（secrets）。「祕密」作為「啟示」而言，意謂著理智接收到由靈界傳遞的訊息——或藉言說，或藉象徵，或兩者兼備——吐露出有關上主或其作為，或宇宙間奧祕，涵括一總人、地、事、物的隱情（《山》2・27・1）。

較細緻地說，「祕密」可細分為「有關上主的祕密」，以及「有關上主作為的祕密」二個範疇。

①有關上主的祕密

所謂「有關上主的祕密」（secrets concerning God）它寓意著展露有關上主本身的奧祕，包括三位一體的奧跡，或其他在聖經中述及關乎上主自身的啟示。換言之，其中的內涵，等同於「信經」（Apostle's Creed）中所提示的第一項信理——提及關乎上主自己的信條，被教會宣佈為「公啟示」（public revelations），要求信友去相信（《山》2・27・1）。（嚴格地說，它是舊啟示的重提。）

至於「有關上主作為的祕密」（secrets concerning God in His works）顧名思義，它寓意著展示上主對創世、贖世的奧跡，也就是「信經」所提示的第二項信理——上主的救贖工程，其中包括聖經所記載的關於神對世人的預言、許諾、斥責、訓誨，以及過往和今後對世界的計劃，隸屬其中的事項，尚涵括著宇宙的奧妙和國、家、人物的隱私等等（《山》2・27・1）。

較之於「理智認識」，與祕密其中的分辨可方便地被詮釋如下：

「理智認識」（intellectual knowledge）——它意謂接近成全的靈修者，在深度愛的冥合中「存在地」（existentially）體證到神與造化，類比著情侶在愛的融合中，對愛者的認識（to know）；即以「主體互通」孕育親證。

「祕密」（serets）——相較地說，「祕密」看來是較站在「主客對立」的層面，來接收靈界所傳送的符號言說，藉此智悟「有關於」（to **know about**）天、地、人間的隱祕。

在雙提並論中，我們至少可聯想到以下的「同」與「異」：

同：剋就其中的「同」而言——

二者皆是奧祕的啟示；

二者皆分「上主」與「上主作為」兩個範疇；

二者皆由超性界傳送；

二者皆由理智被動地接受。

異：剋就其「異」而言，我們至少可列舉兩點——

①牽涉上主本身方面——

「理智認識」直截啟示神本質與屬性，是為愛的親證；

「祕密」只藉言說與象徵作媒介，以啟示有關神的信理；

②相信的程度——

「理智認識」叫人深信不疑；

「祕密」叫人費神辨別來源。

按聖十字若望的看法，不論是「有關上主的祕密」（如聖三），或「有關上主作為的祕密」（如救贖），都是曾啟示過的信理，自基督降生以後，不再有「公啟示」（public revelations）的出現，一切「私人啟示」（private revelations）充其量都只是舊啟示的覆述而已（《山》2．27．2；《山》2．27．4）；既是如此，我們又何必費神理會。聖人對此的建議，可歸納為以下數點：

①忽略舊啟示的重提

有關信理的重新發表，既是舊事重提，已算不上是真正的啟示（《山》2．27．2），我們只須聆聽教會的宣講即可，因為上主已向教會充分啟示了自己（《山》2．27．4）。

②拒絕異於舊啟示的新意

魔鬼善於利用言說與象徵來迷惑大眾，人若獲得有關信仰的新訊息，切勿贊同它，以免受騙。聖人尚引保祿宗徒之言（《山》2．27．3）：甚至假若天使傳播異於我們（正統）所宣講的信理，讓他受絕罰（《迦拉達人書》一8）。

③慎防伴隨啟示而來的附帶知識

我們不單須推辭信仰的新啟示，甚至須慎防那伴隨著啟示而來的一總附帶的雜類知識；魔鬼很有技巧，牠可先利用真理作為引誘的小鉤，再設陷來引人誤入歧途（《山》2．27．4）。

④保持信仰的純淨

為保持信仰的純淨，我們只須一心聽從教會的訓令即可。理智不必煩心啟示的新包裝；即使內容不含欺騙成分，也不足介懷（《山》2．27．4）；反正奧祕有理說不清，人也不必費神作無謂的好奇，與其思辯地尋求有關信條的更多資訊，不如安走心靈的黑夜，以與神冥合而孕育愛的知識（《山》2．27．5）。

在反省了啟示的涵義後，茲讓我們進而分析理智超性運作的另一項目——神諭（locutions）。

簡括地說，超性理智神諭意謂著、靈修人士並非透過外感官的聽覺，而是藉由理智超性地聆聽到靈界的心聲（《山》2．28．2）。聖十字若望把其中繁多的現象濃縮為三大類型：「連續神諭」（successive locutions）、「正式神諭」（formal locutions）、「實質神諭」（substantial locutions）。

連續神諭

「連續神諭」（successive locutions）一辭，寓意著人靈在收斂心神的狀態下，演繹出一些語言及思考（《山》2．28．2）。

較細緻地說，這份經驗蘊含以下的特質：

①**收斂**：它出現在人心神收斂，專注於沉思默想之時（《山》2．29．1）。

②**出自個人的演譯**：但個人不費吹灰之力，內心便輕易地引申出一番言語，好像有人在旁邊暗示他一樣（《山》2．29．1）。

③**延續式**：整個經驗有其推展的過程；個人為自己引申出的言語，好像是在述說給別人聽一般，其中一字一句，思想與思想之間，有其先後次序（《山》2．29．1）。

概括地說，這份神諭有時是出自個人的理智運作，有時則是**靈界與個人理智**在進行合作（《山》2．29．3）；超性界的靈體提供有力量的推動，但個人的理智作用，不一定追得上超性界的提供，以致所得的結果是有缺陷的；換言之，即使是聖靈或天使給予精緻而靈性的指引，讓人靈呈現出向善的傾慕，到底人的理智有其限度，未能在互動合作當中，免於字句的疏漏或意思的走失，以致涵義未能絕對精準（《山》2．29．3）。

導致這份經驗來源的可能有三——上主、個人、魔鬼，聖人教我們作辨別如下：

①**來自上主**：凡來自上主的徵兆是：領受者因而充滿著愛、謙遜、敬畏，內心充滿了神慰；經驗過後，仍渴慕著神，並誠心向善（《山》2．29．11）。

②**來自個人**：若這份經驗純粹出自個人的理智，則缺少德行的灌注；人在沉思後，其意志仍感到枯燥（《山》2．29．11）。

③**來自魔鬼**：引申自魔鬼的徵兆是：意志對愛慕上主一事提不起勁，意志處在枯燥中，個人傾向自滿與虛榮（《山》2．29．11）。

然而，以上的徵兆也並非絕對的。有時上主不給予人安慰，為的是要保持他的謙遜；有時候，上主沒有灌注德行，但神諭本身仍然是美善的（《山》2．29．11）。反之，來自魔鬼的神諭，有時會產生假謙遜、假敬畏，但它們的根源是自愛；魔鬼可以透過假德行的灌注而企圖矇騙（《山》2．29．11）。

關於面對這種神諭所應採取的態度，聖人有以下的建言：

①**不要理會**：聖人叫我們用懷疑的目光來面對它，並勸勉我們，最好加以忽略；他認為它可以給人嚴重的靈修障礙，阻擋人結合上主；若過於在意它，則會讓人本末倒置，偏離純淨的信德，以致得不償失（《山》2．29．5）。

②**活於信德**：聖人認為，理智沒有比在信德中找到更好的收斂，也沒比活在信德中、更能獲得聖靈的光照。聖人的意思是：這樣的神諭，充其量只傳遞一、兩個訊息而已，反之，

活於信德，卻讓我們浸潤在神的普遍智慧、與聖子心神合一無間（《山》2．29．6）。

在反省「連續神諭」的大略後，我們可繼而考量「正式神諭」的義蘊。

正式神諭

「正式神諭」（formal locutions）意謂著、人靈超性地接受清晰而正式的語言，它不經由外感官的管道，而直接傳達於理智；人不必然處在心神收斂的狀態下，而清楚地知道它不來自自己，而是出自另一來源（《山》2．28．2）。

較細緻地說，這種神諭具備以下的特質：

①**不必收斂**：人可在心神收斂以外，在無預警狀態下，突然聆聽到話語；它有別於「連續神諭」，因為「連續神諭」須在默想沉思中出現（《山》2．30．1）。

②**出自另一個體**：它是由另一個體超性地、正式地向人的心智述說（《山》2．30．1）。人靈清楚地知道、這聲音不出自自己個人（《山》2．30．4）。

③**正式**：這是正式的演講，有別於個人的推理；即由另一個體向人靈述說，而個人的理智並不牽涉在演講辭的推展中。所陳述的內容長短不一，因個別經驗而異（《山》2．30．1－2）。

然而「連續神諭」與「實質神諭」的特質，時而可以彼此混淆；「正式神諭」能同時是「連續神諭」，而「連續神諭」能給人一個由他人講述的印象（《山》2．29．2）。

談及「正式神諭」能有的來源，聖人教我們作這樣的分辨：

①**來自上主**

凡來自上主的「正式神諭」，會出現以下的徵兆：

光照：人的理智會獲得光照，了解某真理，讓人有能力施教（《山》2．30．3）。

對榮譽反感：上主為了叫人謙遜，往往會讓人靈覺得反感；即對履行能導致榮譽的事感到反感；相反地，卻喜歡履行謙卑自下的工作（《山》2．30．3）。例如：梅瑟對被差遣到法老王面前一事，感到反感不安，直至上主也派遣亞郎一同分享被差遣的榮譽為止（《出》三章10–22節；四章1–18節／《山》2．30．3）。

②**來自魔鬼**

反之，引申自魔鬼的感受則剛好相反，來自魔鬼的話，讓人靈一方面傾向虛榮，另一方面又害怕受屈辱，並且對卑賤的職務，望之卻步（《山》2．30．4）。

關於面對著「正式神諭」應持有的態度，聖十字若望給予以下的建議：

①**勿注意它**：不論來源是出自善靈或惡靈，皆一律置之不理，否則容易受魔鬼欺騙（《山》2．30．5）。

②**聆聽有經驗的神師**：把經驗告知有經驗的神師，或明智的人，聽從他們的指導（《山》2．30．5）。但如果找不到這樣的人，最好守口如瓶，以免引致不良後果（《山》2．30．5）。

在反省了「正式神諭」的義蘊後，茲讓我們轉而注視「實質神諭」。

實質神諭

「實質神諭」（substantial locutions）涵括著一份言語，超性地傳送自另一個體，人心智可在無預警狀態下被觸及，而產生極湛深的影響（《山》2．28．2）。

較細緻地說，它擁有「正式神諭」的一總特質，另外加上「實質」（substantial）這一特性。換言之，其特質可被歸納為四者：i）**不必收斂**、ii）**出自另一個體**、iii）**正式**、iv）**實質**。為求簡潔起見，茲只闡述第四特質——「實質」——之義。

iv）**實質**：所傳送的言語，對人靈具有實質的影響，即人靈會因著話語所指的涵義，立竿見影地獲得相應的實際效果（《山》2·31·1）。例如：主說，「成善／Be good」，人馬上實質地成善；「愛我／Love Me」，人立即實質地在心內燃起愛火；「不要害怕／Do not fear」，人隨即充滿勇毅與安寧（《山》2·31·1）。福音中，充滿這些例子，例如，主耶穌只須一句話，即叫病人痊癒，起死回生。

總之，「實質神諭」同時是「正式神諭」；但「正式神諭」則不一定是「實質神諭」（《山》2·31·1）。

「實質神諭」保有極深遠的效果，它給予人靈無可比擬的祝福、德行、生機。一個「實質神諭」能給人靈帶來的益處，超越人靈一生的自我耕耘（《山》2·31·1）。

聖十字若望很積極地看待這種神諭，他肯定「正式神諭」對結合上主方面，有很大的幫助；它愈充滿實效，對人靈則愈有利。為此，聖人說，凡聽到上主這樣蘊含實質話語的人靈，是有福的（《山》2·31·2），所以，人應有的態度是：

①**不行動**：不採取行動，因為這是上主的工程（《山》2·31·2）。

②**不渴求**：不必主動渴求它，它不由我們操控，人靈唯有全心隨從上主的安排（《山》2·31·2）。

③**不拒絕**：不必拒絕；無論如何，其效果必然深印於人靈（《山》2·31·2）。

④**不懼怕**：我們不必害怕受騙，因為魔鬼或人理智都無法干預它。魔鬼無法製造這種

神論的效果，除非人自願獻身給祂（《山》2．31．2）。

為給神論之三型態作出比對，茲藉下圖示意：

在體會了「神諭」的意義後，讓我們轉向最後一種理智超性經驗——「感受」（feelings）。

顧名思義，「感受」一辭意謂著心靈有感於神的觸動，發而為湛深的歡愉。站在人的角度言，它是發自內心的感動；站在神的角度言，它是上天賜予的「靈觸」（spiritual touches）；站在人神邂逅的角度言，它是心情合一所導致的欣悅，類比著戀人的「相看兩不厭」，而致「兩情相悅」（《山》2．32．1－2）。

嚴格地說，它更屬於「意志」（will），但意志的感觸泛濫至理智，讓理智也有所領會，以致聖十字若望認為，有需要在理智的前提上，為它作探討（《山》2．32．3）。

型　　態	1）連續神諭	2）正式神諭	3）實質神諭
a）特質	i）收斂心神 ii）出自個人理智 iii）連續	i）不必收斂 ii）出自另一個體 iii）正式	i）不必收斂 ii）出自另一個體 iii）正式 iv）實質
b）來源分辨 i）來自上主	愛、謙遜、敬畏	受光照、 對榮譽反感	
ii）來自理智	無德行灌注、 本性的愛與光照		
iii）來自魔鬼	對神乏味、虛榮心	虛榮心、怕受辱	
c）應有態度	忽略它 活於信德	忽略它 聆聽明智神師	不行動、不渴求、 不拒絕、不懼怕

按聖十字若望的體會，神的靈觸型態繁多，其中有較「分明而短暫的」（distinct and short duration），也有較「不分明而持久的」（indistinct and last longer）（《山》2．32．2）。言下之意，它們橫跨「清楚／個別」（distinct／particular）與「黑暗／普遍」（dark／general）兩大類型。但為簡潔論述起見，聖人只把它們分辨為兩種：其一為「在意志情感中的感受」（feelings in the affection of the will），可方便地簡稱「志悅靈觸」；其二為「在靈魂實體內的感受」（feelings in the substance of the soul），可方便地簡譯「實體靈觸」。

二名稱看來較意謂著感觸程度的高低，而非實質上的差別。聖人指出後者在程度上高出於前者：當上主觸及意志，其中的感受，固然非常磅礡欣悅；但那觸及靈魂實體的感受，卻是最為美善崇高，無與倫比（《山》2．32．2）。它不由人力所引致，而純粹是神無預警下的寵幸（《山》2．32．2）。

面對上主的靈觸，聖十字若望提示，人應有的態度有三：辭讓、謙遜、被動（《山》2．32．4）。

①**辭讓**（resignation）：信賴上主的引領，把生命獻托於神。不要刻意追求這種感受，否則理智會營造自以為是的知識，魔鬼也會找到灌輸假訊息的機會（《山》2．32．4）。

②**謙遜**（humility）：承認自己在主面前一無所有，也承認這份恩典、並非藉由個人功勞賺來的，而是神白白的賞賜，尚有眾多人更堪當領受而未領受；總之，人須謙卑自下，以免妨礙與神冥合的神益（《山》2．32．4）。

③**被動**（passive）：人既無法揠苗助長，全由上主採取主動；理智唯有被動地接收，且避免用本性能力來干預（《山》2．32．4）。聖十字若望尚且在此標榜「被動理智」（possible intellect）的超性任務（《山》2．32．4）[42]。

聖十字若望並未對「靈觸」這份經驗作詳細論述，所持理由是：

①**更維繫意志**：這份經驗更屬於意志，我們須在意志項目上多作說明，只因它也牽涉理智，故在此略為提及（《山》2．32．2）。

②**讀者已有能力作適當判斷**：聖人先前對其他經驗所作的分析，已足夠讓讀者舉一反三、引申恰當的見解，並深究其詳；換言之，聖十字若望認為：至此，讀者已具備充分的資料與訓練、來作合宜的考量與判斷（《山》2．32．5）。

③**理智超性經驗都與之相關**：再者，先前所探討的任何理智超性運作與經驗，都或多或少與「靈觸」有關連；聖人既已從其他理智經驗上有相應的訓誨，所以他認為、已沒有必要再三叮嚀（《山》2．32．5）。

綜合理智超性運作的各式各樣表現，我們至少可從聖十字若望的眾多建言上，歸納出兩個重點：

其一是，凡不揭露上主本質的靈異經驗，一概置之不理，以免受騙。

其二是，珍惜一總直接剖露上主本質的經驗。

屬於後者的經驗，到此為止，計有四個項目：

——揭露上主本質的理智神見（《山》2．24）

——揭露上主本質與屬性的啟示（《山》2．26）

——實質神諭（《山》2．28）

——實體靈觸（《山》2．32）

42. 士林哲學以主動理智和被動理智是為一體兩面。在普通經驗當中，主動理智先孕育洞察，被動理智則接收其普遍本質，藉此建構成觀念。反之，在超性經驗當中，被動理智先接收靈界的觸動，而主動理智進而把握光照，以致有所領悟。

聖人還建議我們常在記憶中回味它們（《山》3．14．2）。

關於記憶的歷史背景

在探討了靈功能中的「理智」後，茲讓我們進而聆聽聖人對「記憶力」的看法。

聖十字若望對「理智」作了詳細的分析後，相對地只對「記憶力」（memory）作較簡略的說明；他認為其對「理智」的反思，已足夠讓讀者舉一反三，曉得如何面對其他靈功能的運作，因為它們彼此連繫，共同隸屬於同一個整體（《山》3．1．1）。

談及「記憶力」，西方古典哲學家會涉及這樣的一個疑問：「記憶力」、究竟是否為一個獨特的靈功能（a distinct spiritual faculty）？抑或只是「理智」的一個作用（a function of the intellect）而已？從傳統上追溯，我們主要分別有聖奧斯定與聖多瑪斯兩套說法：

聖奧斯定把「理智」、「意志」、「記憶力」分為三個不同的靈功能，並以天主聖三作為類比，來說明同一個人也有三個不同的精神能力（*De Trinitate*, 10, 11, 18）。

聖多瑪斯主張，「記憶力」不限止於靈功能範圍，尚且在感性範圍內出現，以致有所謂「感性記憶」（sensory memory）與「智性記憶」（intellectual memory）：

a）**感性記憶**：為回應阿文齊那（Avicenna, 980–1037）談內感官的分法，多瑪斯尤強調「感性記憶」為「想像力」（imagination）的一份作用，即有收藏並重現先前感性影像的作用（*Summa Theologiae* Ia, Q78, a. 4）[43]。

b）**智性記憶**：為詮釋亞里斯多德（Aristotle, *De Anima*, III, 4, 429a 27）的論點，多瑪斯又強調，靈功能範圍內有所謂「智性記憶」（intellectual memory）：例如，人可記憶抽象的學

43. 較進一步的引介，參閱拙作《知識論（一）：古典思潮》（台北，五南，2000年）第259至263頁。

問如數學、邏輯等，那些曾藉由理智經歷抽象作用而理解的學問；多瑪斯並且把「記憶力」隸屬於「被動理智」（*Summa Theologiae* Ia, Q79, aa.6–7）；換言之，為多瑪斯言，「智性記憶」並非為一個獨立的靈功能，而只是理智的一個作用而已。

聖十字若望的回應

有趣的是，經歷歷史的沿革後，聖十字若望仍然繼承聖奧斯定的說法，以「記憶力」為一個獨特的靈功能，與「理智」和「意志」有同等的地位，並且把「信」、「望」、「愛」三德分配給「理智」、「記憶力」、「意志」三者（《山》2．6．1）。不過，聖十字若望仍採納聖多瑪斯的若干論點，從聖十字若望對「記憶力」本性作用的分析上，我們多少可察覺到多瑪斯理論的痕跡。

有關聖十字若望對「記憶力」本性作用的論述，其重點可被歸納如下㊹：

1. **感性記憶：**記憶力能記憶起先前感官經驗攝取的感性與件（sense data），及感性運作的過程（《山》3．2．4）。

2. **想像記憶：**記憶力也能記憶起先前的想像活動，以及所獲得的圖像與幻像（images and phantasms）（《山》2．16．2）。

3. **智性記憶：**記憶力也能記憶起理智所產生的觀念（《山》3．3．5；3．7．2；3．6．4）。附帶一提的是，聖十字若望談智性記憶，尚作出這樣的提示：以它蘊含著若干的思辯行動（discursive acts of the memory），可以被邪靈利用來欺騙（《山》3．4．1）。此提示頗具意思，它指出、「記憶力」不單只儲藏和重提先前的資料而已，它尚且有其思辯

44. 十字若望並未實際地引用「感性記憶」、「想像記憶」、「智性記憶」三名詞，筆者只為釐清聖人的原義而附加。此三附加名詞並非意謂三個不同的功能，而意謂同一個靈功能——記憶力——的三個作用。

性，即多少具備思辯推理的能力。然而聖人並未在此多所著墨，我們也不便妄作揣測。

在略述了「記憶力」的本性運作後，茲進而考量聖人對「記憶力」超性作用的反思。

在「記憶力」超性運作的前提上，聖十字若望分辨兩種型態：

其一是，超性想像記憶（supernatural imaginative memory）

——即記憶一總有圖像的超性經驗

其二是，靈性記憶（spiritual memory）

——即對一總不牽涉圖像的智性體證的記憶。

茲引述如下。

聖十字若望提示：凡記憶到超性經驗如神見、啟示、神諭、感受等，在想像力或靈魂內留下圖像者，都涵概在這個項目下，它們時而極為靈活且扣人心弦（《山》3．7．1）。聖人的提示牽涉甚廣，包括著一切與有形事物和圖像有關連的靈異經驗，橫跨了感性的、想像的、甚至（有關形體的）理智之體證；再者，聖人不準備詳加分析，他認為先前的論述已足夠讓讀者舉一反三。我們唯有作這樣的說明：

站在**主體立場**上說，「超性想像記憶」，意謂著記憶藉由人各階層認知運作功能（包括內、外感官和理智）所孕育的一總超性經驗。

站在**客體立場**上說，它意謂著記憶那些牽涉有形事物與圖像的靈異感受。

綜合主、客兩面而言，凡記憶藉由內、外感官，甚至理智所導致的對有形事象的超性體驗者，皆歸併在「超性想像記憶」的名目下；而聖人所強調的焦點是「有形事象」。

關於面對這項目所應採態度，聖人的叮嚀是：

a）不要儲藏：要忽略這方面的記憶，只以純樸的信德、望德來生活（《山》3．7．2）。

b）刻意記憶的害處：凡刻意記憶者，會產生五種害處如下（《山》3．8．2）：

①常誤把本性事理當作超性事理；

②陷於自滿與虛榮；

③給魔鬼更多機會欺騙；

④阻礙與上主結合；

⑤對上主的評價無法提升。

c）忽略的好處：凡忽略之，則更接近上主，且獲得與以上五種害處相反的益處（《山》3．13．1）。

靈性記憶

在述說了「超性想像記憶」之義後，讓我們轉至「靈性記憶」。「靈性記憶」、意謂記憶藉由理智管道所引申的理智神見（**廣義的**）。聖人尤特別強調其在《攀登加爾默羅山》卷二第二十六章所談論的「理智認識」（intellectual knowledge）（《山》3．14．2）。相應地聖人遂細分二者：a）對受造物理智神見的記憶；b）對造物主理智神見的記憶。並建議我們面對此二者的應有態度。

a）對受造物理智神見的記憶：假如在記憶中能保持及喚起人對上主的愛心，人可記憶它們；反之，若沒有良好效果，則不要理會（《山》3．14．2）。

b）**對造物主理智神見的記憶**：此指記憶那些剖露神本質的超性經驗；聖人的建議是，應常常記憶它們，因為它們在人靈上產生顯著的效果。這種知識是在與上主結合中獲得的靈性感受，而結合天主是人靈所追求的目標（《山》3．14．2）。

先後談論了靈功能中的「理智」和「記憶力」後，剩下來的尚有「意志」這一能力。心靈能力中，「理智」和「記憶力」主要彰顯其認知功用，而「意志」則主要發顯其為意欲功能，牽涉著靈智上的喜好與憎厭（《山》3．16－45），但這也不妨礙其仍有認知的面向；到底人沒有缺乏意欲的認知，也沒有缺少認知的盲目衝動。聖十字若望尤在超性運作中凸顯「意志」、作為導引出「默觀」（contemplation）的重要功能，並把「默觀」定義為「祕密的愛的知識」。茲因「默觀」是為聖十字若望靈修所標榜的核心，而「意志」在「默觀」中又扮演如此重要的角色，以致我們須另作專文來詳細交待，以免在此掛一漏萬㊺。

綜合地說，聖十字若望即使無意要創立一套神祕經驗知識論，到底靈修是維繫著有心智意識的人而進行，以致談默觀修行也必然牽涉心識認知，而與上主間的神祕冥合，也相應地意謂著心智更高的靈性開發。談及聖十字若望在這方面所論的項目，我們可從被知視域上分辨「本性界」與「超性界」，也從「超性界」上劃分出「超自然界」、「偶性超性界」與「實質超性界」。至於認知運作方面，除卻普通經驗的本性運作外，尚有神祕經驗的超性運作，從中凸顯靈魂的三重功能，分別是「外感官」、「內感官」、「靈三司」。「外感官」牽涉視、聽、嗅、嚐、觸的靈異效用。「內感官」的想像與幻想導致「想像神見」的出現。「靈三司」以「理智」引發智性的神視、神論、啟示與靈觸。「記憶力」讓人回顧一總的靈異經驗。「意志」在配合著「理智」而向「默觀」的路途邁進，以孕育「祕密的愛的知識」。其中的來龍去脈，可藉下圖示意㊻。

45. 請參閱本書第二部第四章<黑夜與黎明：與聖十字若望懇談默觀>，第175至180頁。
46. 此圖與第二部第四章<黑夜與黎明>第200頁註16之圖表相同。

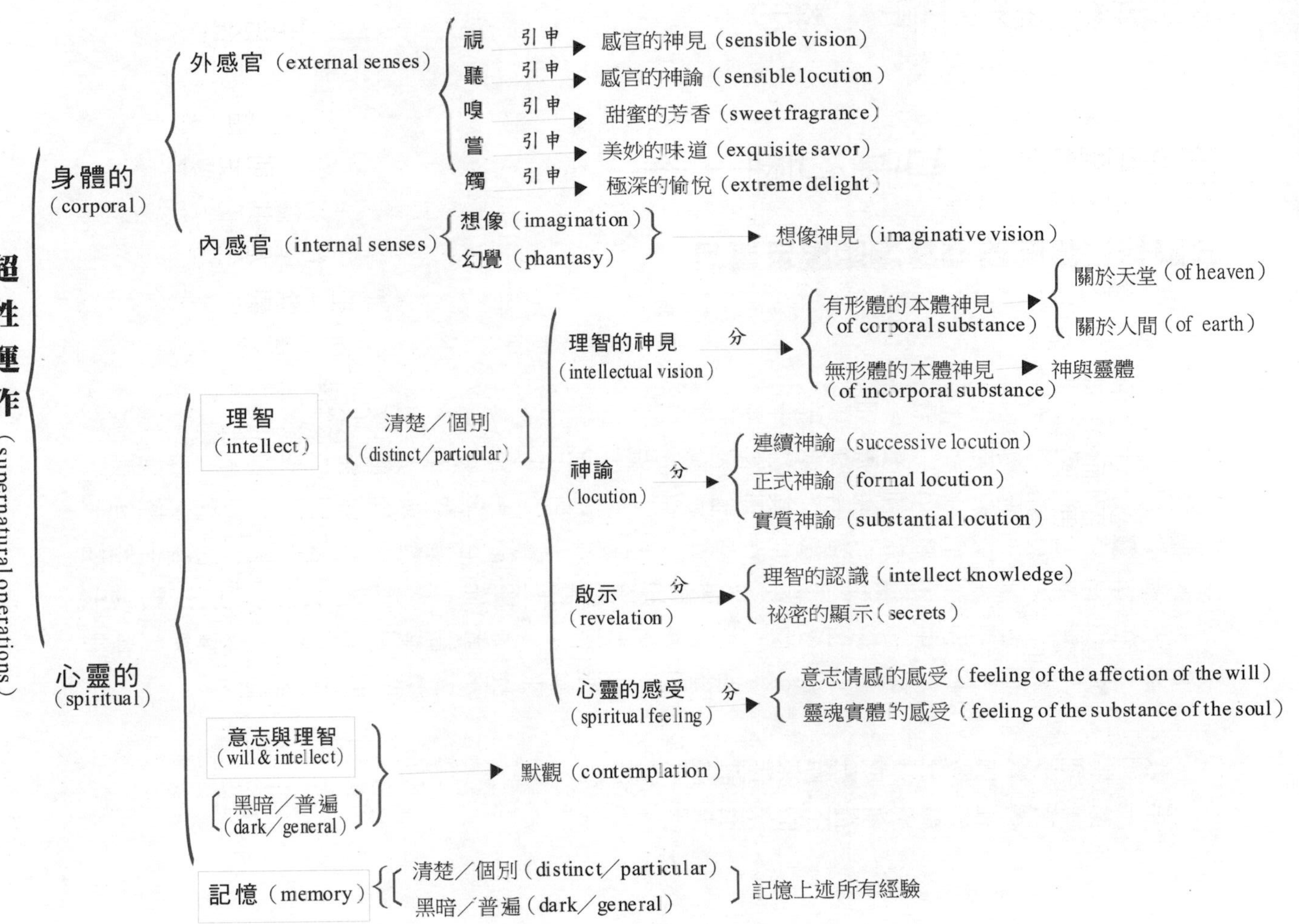
超性運作（supernatural operations）
身體的（corporal）
外感官（external senses）
視 引申 感官的神見（sensible vision）
聽 引申 感官的神諭（sensible locution）
嗅 引申 甜蜜的芳香（sweet fragrance）
嘗 引申 美妙的味道（exquisite savor）
觸 引申 極深的愉悅（extreme delight）
內感官（internal senses）
想像（imagination）
幻覺（phantasy）
想像神見（imaginative vision）
心靈的（spiritual）
理智（intellect）
清楚／個別（distinct／particular）
理智的神見（intellectual vision）
分
有形體的本體神見（of corporal substance）
關於天堂（of heaven）
關於人間（of earth）
無形體的本體神見（of incorporal substance）
神與靈體
神諭（locution）
分
連續神諭（successive locution）
正式神諭（formal locution）
實質神諭（substantial locution）
啟示（revelation）
分
理智的認識（intellect knowledge）
祕密的顯示（secrets）
心靈的感受（spiritual feeling）
分
意志情感的感受（feeling of the affection of the will）
靈魂實體的感受（feeling of the substance of the soul）
意志與理智（will & intellect）
黑暗／普遍（dark／general）
默觀（contemplation）
記憶（memory）
清楚／個別（distinct／particular）
黑暗／普遍（dark／general）
記憶上述所有經驗

第二章

四巡澆灌、七重心堡——

與聖女大德蘭懇談神祕經驗知識論

從知識論的前提上看，如果聖十字若望以其理論分析著稱，聖女大德蘭則以其經驗實踐見長。十字若望述說了一套周延的神祕經驗知識論而很少提及個人的靈性經驗，大德蘭則在陳述個人的心路歷程當中卻隱含了其理論走向。若借用十字若望所鋪陳的認知理論來整理大德蘭的靈修心得，我們將相得益彰地從聖女身上獲得大量的具體實例來補足與印證聖十字若望的洞察體證。誠然、祈禱生命必然會與認知活動拉上關係，人是以其認知心識來邂逅天主，人在與神心靈相通中摩擦出愛的火花與智的光芒，人需要藉著認知功能來接觸神並與祂冥合。為此，我們又何必忌諱借用十字若望的認知理論來提示大德蘭的祈禱經驗?!

我們將把本章內容分辨成三節來作討論，它們是：

第一節：祈禱在知識論前提下的來龍去脈

第一節：祈禱在知識論前提下的來龍去脈

為大德蘭而言，祈禱意謂著人神間的邂逅、相戀與結合，類比著摯友間的相識、親在與融合。她在《自傳》8．5提示，祈禱，尤其是心禱，就如同與上主作朋友間的分享：

心禱：無非是朋友之間親密的分享；亦即找時間常常和祂獨處，…為了使愛真實，且友誼持久，朋友雙方的意志必須和諧一致。①

借用聖經的用語，去「愛」一個人，就等於去「認識」她；當兩人相愛而致身心合一之際，就如同亞當在愛厄娃中認識了她（《創世紀》四1）。同樣地，人神間的相愛，就可以用知識論的辭彙來代入；愛、智、與靈修遂隸屬於同一個「完型」，以其中的語詞互相兌換。我們可不厭其煩地強調：用十字若望的知識論來提點大德蘭的論著是一個合法的措施，人總無法逃避人所共有的認知結構來談靈修，況且、大德蘭和十字若望在靈修、神學、哲學的脈絡上又隸屬同一體系，彼此貫通，以致無論用知識論或靈修學的眼光來觀察二聖，都若合符節。

1．中譯文採自：大德蘭著，加爾默羅聖衣會譯《聖女大德蘭自傳：信仰的狂喜》（台北：星火文化，2010年），頁100；以下簡稱《自傳》。

共時性地看（synchronically speaking），按十字若望《攀登加爾默羅山》卷2．10章2－4節的綱要，知識論主要落實於兩個大項目：「被知視域」和「認知心識」；

「被知視域」計有「本性界」與「超性界」，
「認知心識」包括「外感官」、「內感官」、「靈三司」；

「被知視域」方面，

「本性界」意謂人日常接觸的人、地、事、物，
「超性界」意指人意識轉變中所連繫的靈異事象，包括
「超自然界」——由善靈或惡靈所凸顯的情況，
「偶性超性界」——神以象徵出現而不顯露其本相，
「實質超性界」——神赤裸地不露其本質。

「認知心識」方面，

「外感官」即「眼、耳、鼻、舌、身」五根，「視、聽、嗅、嚐、觸」五識，開出「色、聲、味、觸」五境。
「內感官」即重構影像的「想像力」與「幻想力」；
「靈三司」即「理智」用以理解事物，「意志」用以作抉擇、好惡、取捨，「記憶力」用以庫存過往事理。

其中的應對，可方便藉下圖示意：

如果以大德蘭的祈禱經驗來印證這套「能知」與「所知」的綱領，我們可以找到以下的實例來作比對。

超自然界方面：

人可在意識轉變中接觸到靈界，其中有善靈及其際遇、或惡靈及其境況：

由善靈所呈現的光景，可舉國瑞．費爾南德斯（Gregorio Fernández）靈魂昇天的例子（《自傳》38．27）：

> 當我盡所能地為此（國瑞神父靈魂安息）懇求上主時，我覺得有個人從地下的深處冒出來，就在我的右邊，我看見他充滿至極的幸福上升天堂。他該是個上了年紀的人，但我看見他如同只有三十歲，我想甚或更年輕，他的面容光輝燦爛。這個神見瞬間即逝；然而我極受安慰。他的死絕不會使我哀傷。

反之，由惡靈所引申的境況恰好相反，例如：《自傳》38．24－25，有提及一個亡靈的遭遇：

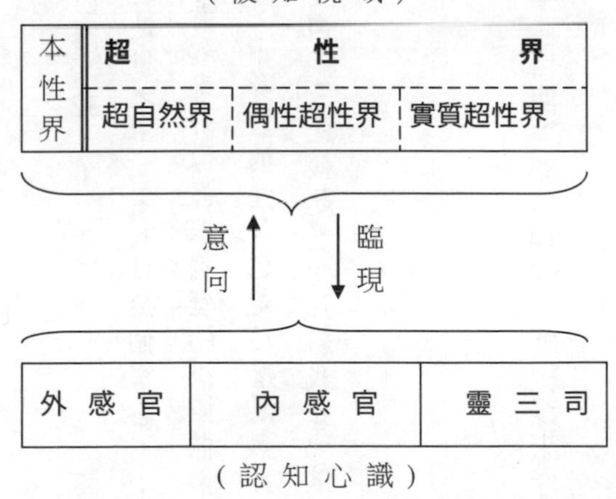

在某地，那裏有個亡者，⋯這個人許多年來度著惡貫滿盈的生活，⋯他沒有辦告解而逝世，⋯死者身穿壽衣，⋯許多魔鬼拿著死去的身體，⋯用很大的鉤子，將屍體⋯拖來拖去，⋯葬禮很體面，且又行禮如儀，⋯當他們把屍體放進墳墓時，裏面有一大群魔鬼，等著要拿這身體，⋯我沉思著，對這不幸的死屍，魔鬼有這樣大的操控權，那麼對於靈魂更將如何呢？

這還不算最恐怖，大德蘭還有個人經歷地獄的見聞（《自傳》32．1－5）

有一天，當我在祈禱時，我突然發現，⋯我彷彿被置於地獄之中。⋯入口像個窄巷，⋯黑暗又狹窄，⋯散發出汙穢的惡臭，⋯盡頭有個洞，看起來好像嵌入牆壁的小櫥櫃；我看到自己置於擠壓中。⋯我在靈魂內體驗到一種火，⋯身體的痛苦已是這麼忍無可忍。⋯最糟的是內在的火和絕望。⋯魔鬼用鉗子撕下皮肉，⋯比較起忍受片刻我在地獄那裡受的苦，我覺得一切都容易接受，⋯

偶性超性界方面：

吾主可透過象徵事物來凸顯其臨在，我們可借用大德蘭《自傳》33．14的一則紀錄來作實例：

有個出神突然臨於我，⋯我看見聖母在我的右邊，聖父若瑟在我的左邊，是他們為我穿上這（潔白光輝的）衣服的。⋯聖母她在我的頸上戴一條非常美麗的金項鍊，項鍊上有著珍貴無比的十字架。

在這個經驗中，大德蘭雖未親眼享見主耶穌的聖容，但聖母給她所戴上的十字架項鍊，卻象徵著主基督的臨在與聯繫；而聖母和聖若瑟所授予的白衣，則象徵著天主的寬恕和煉淨。

實質超性界方面：

為大德蘭而言，神的實質呈現，包括人而天主的耶穌基督之顯靈，以及天主三位一體之丕露②。茲首先借用《自傳》27．2-3的例子作參考：

> 在祈禱之中，…我覺得基督就在我旁邊，…開始時，這令我極其驚駭；除了哭，我什麼也做不了。然而，上主只向我說了一句擔保的話，…就使我感到寧靜、受寵惠和毫不害怕。…這個神見是最高超的，…這也是魔鬼最不能加以干預的神見。…我不是用身體或靈魂的眼睛看見的，…這個神見經由給予靈魂知識而呈現，這比陽光還要明亮。…這道光照亮理智，…這個神見帶著至極的福份。

我們也可以從《靈心城堡》7．1．6中聆聽到人靈在成全中對天主聖三的體證③：

> 當靈魂被帶進那個（第七重）住所，經由理智的神見，…至聖聖三三位完全顯示給靈魂，首先臨於心靈的是一片灼然焚燒，就像一朵至極明亮的雲，這三位顯然不同，但透過賜給靈魂的一個極美妙的認識，她徹悟了至高的真理，即聖三三位是一個實體，一個能力，一個智識，是唯一的天主；就像這樣，我們經由信德把握的，在這裏，我們能說，靈魂的了悟是經由看見，雖然不是用身體或靈魂的眼睛，因為不是想像的神見。在這裏，聖三三位全部通傳給靈魂，對她說話，說明上主在福音中說的那些話：祂與聖父

2. 在神的實質呈現中，聖十字若望主要強調的是「唯一真神」本質赤裸裸的顯現，而且慣用舊約聖經記載作範例。反之，聖女大德蘭則同時在自己的經歷中陳述主耶穌個體的臨現，以及天主三位一體的鑒臨，藉此提示聖女靈修以基督的人性及聖三的神性作核心。
3. 中譯文採自大德蘭著，加爾默羅聖衣會譯《聖女大德蘭的靈心城堡》（台北：星火文化，2013年），頁219；以下簡稱《城堡》。

及聖神，要居住在那愛祂並遵守祂誡命的靈魂裏。

（《若望福音》十四23）

總之，被體證的超性視域，可藉用大德蘭的例子來表圖如下：

繼而，和「所知視域」對應的「能知心識」，涵括著「外感官」、「內感官」、與「靈三司」。

外感官方面：

落實在大德蘭行實，我們聆聽到以下的寥寥數語、但意義深長的句子：「觀看田野、流水和花朵也有助於我。這些事物使我想起創造主。」（《自傳》9·5）聖女的意思是：

眼看田野——讓她想起造化的壯麗，

耳聽流水——讓她念及造化的柔美，

鼻涉花香——讓她察覺造化的溫馨，等等…

總之、感官所接觸的色、聲、香、味、觸，都讓她舉心向上，聯想起造物主和祂的化工。

內感官方面：

想像力與幻想力能引領人漸次進入祈禱狀態，達致和上主深入晤談。昔日，大德蘭的父親害病，慘受肩痛之

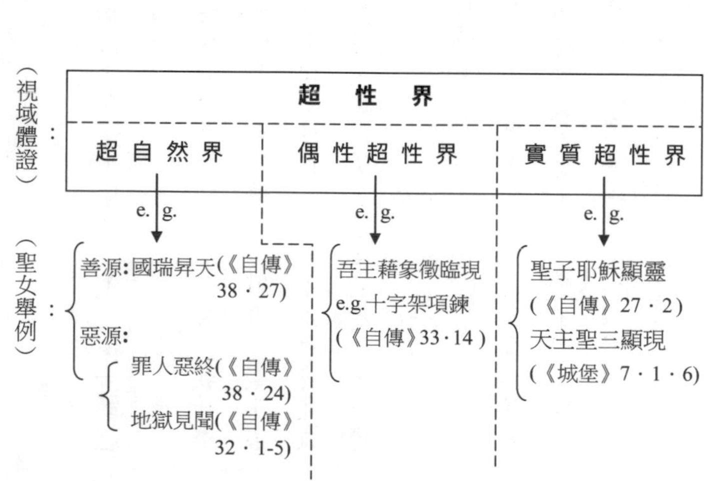

苦，聖女遂建議他聯想和翕合基督背負十字架的境象而激發善情、歸心向主（《自傳》7．16）。

靈三司方面：

靈功能涵括「理智」、「意志」、「記憶力」。

理智容許人理解事物的本質義；

意志促使人作出抉擇取捨；

記憶力讓人庫存先前的所見所聞、所思所繫。

作為具有心智意識的個體，大德蘭就不得不在日常生活、或在祈禱之中，提及靈三司的運作。例如：《自傳》10．1有云：

> 當我看聖書時，一種天主臨在的感受會意外地臨於我，我毫不懷疑祂就在我內、或我完全沉浸在祂內。……意志在愛，記憶，我認為，已經幾乎失去了；理智不作推論；按我的見解，卻沒有失去。因為，如我所說，理智雖然不工作，卻好似驚奇於她所了解的一切，因為天主願意她了解，關於至尊陛下顯示給她的事物，她則什麼也不了解。

大德蘭所舉實例，可繪成本頁下圖來示意：

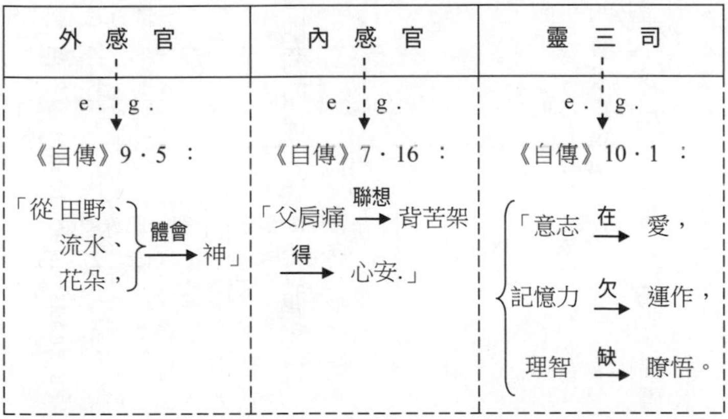

外感官	內感官	靈三司
e.g. 《自傳》9·5： 「從田野、流水、花朵，→（體會）神」	e.g. 《自傳》7·16： 「父肩痛 →（聯想）背苦架 →（得）心安.」	e.g. 《自傳》10·1： 「意志 →（在）愛， 記憶力 →（欠）運作， 理智 →（缺）瞭悟。

第二節：祈禱的心識演繹過程

然而，人如何從普通經驗邁進神祕經驗？大德蘭至少貫時性地（diachronically speaking）在《自傳》以「四巡澆灌」、和在《靈心城堡》以「七重心堡」來比況其中的來龍去脈。為此、本節將再分辨①「四巡澆灌」與②「七重心堡」兩個小節來辨悉。

第1小節：四巡澆灌

在《自傳》中、大德蘭把祈禱的四個境界比喻成澆灌園地的四種方式（《自傳》11·7）：

「你可從井裏打水，」

「也可以用水車和水管，轉動水車的把柄取水，」

「或者，可以從河流或水溪引水，」

「或者、也可來自豐沛的雨水；上主親自灌溉花園。」

簡言之，靈修進境，彷如靈心園地的巡迴澆灌，漸次經歷四層級的演繹：

其一是個人主動努力專務祈禱，如同向井裏打水般耗時費力、成果有限；此之謂初學階段的辛勤艱苦。

其二是持之以恆後，漸能持續凝視神的臨在而收心斂性，恰如轉動水車灌溉般較省力氣又收效較大；此之謂踏上明路的進階。

其三是日久有成，較少借助心識的主動運作，更受靈性引力加持，即使未曾失卻本性功力，也熟能生巧地與神契合，如同借助溪河導引，水到渠成，此之謂邁入合路的肇始。

其四是靈魂獲致神主動的灌注，而致人神往還密切，如同天降甘露、雨水充沛，讓心田開發、百花盛放，此之謂合路的佳境。

從知識論的觀點上看，靈修進境愈低，則心識運作愈主動；反之、進境愈高，則本性功能愈被動，而神的灌注愈顯著，只不過人無法揠苗助長，仍有賴神的操作，人仍未全消失其本性功能。

其中過程，可較細緻地分析如下：

澆灌的第一層級，意謂著初學者辛勤努力，革面洗心，慎行靈修，專務祈禱，主動地運用心識本性功能，嘗試各種方法，包括：

感官借助聖書圖像、細心推敲；

想像置入聖經奧跡、與主偕行；

理智誠心思維福音處境，默想奧理；

記憶存念聖教事象、回顧先賢訓誨；

意志竭力熱愛聖道、嚮往神國。

大德蘭提示：「祈禱的初學者，⋯須辛勞地努力收斂感官。⋯修行定時的祈禱，⋯處在獨居和退隱中，深思他們過去的生活，⋯努力思想基督的生活——理智這樣做會感到疲累的。」（《自傳》11．8）言下之意是：初級階段固然舉步維艱，到底上主會因應我們的忠誠，而加以提拔，得以進昇。作為過來人，大德蘭在修行之初也經歷過無數挫折，茲讓我們聆聽她所述說的一些辛勞：

我從不敢不帶一本聖書開始祈禱，…有了這個依靠，就如有了一個伴或盾牌，可以抵擋許多思想的襲擊，…有本聖書在，我開始精神集中，我的靈魂受吸引而收心斂神（《自傳》4．9）。

我努力在我內想像基督，…我努力作祂的陪伴者。…只要我的思想容許，我一直陪伴著祂，因為很多折磨我的分心走意（《自傳》9．4）。

我只能設想基督，祂是一個人，但我總無法在我內生動地想像祂，…我就像一個瞎子（《自傳》9．6）。

到底、在一切艱辛當中，大德蘭仍給了我們一個非常值得記取的建議如下：

我們一點也不該掛慮沒有熱心——如我已說過的——而是應該感謝上主，祂容許我們渴望悅樂祂，即使我們的工作可能是微薄的，這個保持基督臨在於我們的方法，在所有的階段中都是有益的；而且是處在初步的祈禱境界中，非常安全的進步方法，可在短短的時間內，達到第二個等級，並且安全地對抗魔鬼能在後來的等級中放置的危險（《自傳》12．3）

在探討了澆灌的第一層級後，茲讓我們踏進其第二層級：

澆灌的第二層級，曾被大德蘭引用過不同的稱謂：在《自傳》14－15章中被稱為「寧靜祈禱」；在《全德之路》28－29章中卻被稱為「收心祈禱」；及至《靈心城堡》4．3．

8中則被稱為輕微的「寧靜祈禱」。為避免混淆起見，茲權宜地稱之為「主動收心／active recollection」。按《全德之路》的解釋，它是「主動的」，也是「自修的」：所謂「主動的／active」，意即人仍能主動地迎接它，或左右它的進展；所謂「自修的／acquired」，意指人可藉若干鍛鍊而獲得的，而尚未有上主明顯的「灌注／infusing」。人儘管可較少採用感官運作而能直截收斂心神；他只須安靜下來，即體會吾主在內心的臨在。此時，理智不須主動推理，記憶力也不須主動聯想，即能釋放意志的愛火，得蒙上主臨現的甘飴。

固然「收心」狀態也有分不同程度的深淺；開始時，身心會不適應而分心走意，但若持之以恆，人會逐漸習慣而收斂於神的鑑臨，而且可能持續多天。

在此階段中，「靈三司」的互動並不諧協一致，相反地，它們在運作上會彼此分歧，大德蘭遂如此地描述：

> 在此祈禱中，感官齊集於內，為能更欣悅地享有這個滿足。…只有意志這樣地專注。…意志只是同意天主，讓天主把它囚禁起來，…成為其愛人的俘虜。耶穌啊！…除了愛祢，無法愛其它任何一切（《自傳》14．2）。
>
> 另外兩個官能（理智、記憶力）是毫無幫助的。…意志不該注意它們；反之，它該留守於其喜樂和寧靜中。…記憶或想像願意把它們喜歡的事物呈現給意志，它們使意志遭到損失（《自傳》14．3）。祈禱不會令人疲累，即使祈禱持續好長一段時間亦然。在這裏，理智工作的步調非常緩慢，比起從井中打水，得到的水更多（《自傳》14．4）。意志…處於結合和寧靜中，理智卻漫無目標，到處招搖。意志最好不去理會理

智，這比跟隨理智好（《自傳》15．6）

在此，大德蘭給予這樣的一份忠告：「處於此一境界，我們不必完全放棄推論的心禱，或不用一些話語；甚至，如果還有渴望和能力，連口禱都不必放棄。」（《自傳》15．9）

再者，大德蘭還教我們作神類的辨別如下：

如果寧靜來自天主，「這個祈禱是上主真愛的一個小火花，祂開始在靈魂內點燃起來，…這愛伴隨著愉悅，…這個小火花是不能憑己力得到的，…如果這個寧靜、收心和火花是來自天主的神，…無論多麼微小，也會覺察出來。」（《自傳》15．4）

如果寧靜「來自我們自己的謀取，…一旦天主開始賜與熱心，…我們就想靠自己的努力，踰越進入這個寧靜。…這寧靜生不出果效，而且很快就消逝，留下來的是乾枯。」（《自傳》15．9）

「如果寧靜來自魔鬼，…其所導致的是擾亂和缺乏謙遜，也沒有準備好接受來自天主的祈禱所產生的好效果，牠不會留給理智光明，也不會不變地處於真理之中。」（《自傳》15．10）

靈魂若持之以恆、克盡己職，接踵而來的將是澆灌的第三層級。

澆灌的第三層級，在某意義下、是第二層級的深化與濃厚化。人靈雖非全不操作，卻比先前省力而見效得多，上主的作為也相對地顯著得多。神更主動地大力幫忙人進行靈修任務，恩寵如同河川般湧流而至，灌溉心田，讓園地百花盛開，五光十色；大德蘭稱之為「功能睡眠／sleep of the faculties」（《自傳》16．1），顧名思義，意謂著本性功能的憩息，運作雖未吊銷，卻自然而然地承受了上天的誘導，順利地歸心向主，不單湛深地體會神的臨在，也顯著地日進於德，甚而須反過來竭力讓自己分心走意，以求較正常地處理日常事務（《自傳》16．3）。大德蘭說：

> 官能既非完全不作用，也不明瞭它們怎樣作用。神慰、甜蜜和愉悅，無可比擬地、遠甚於先前祈禱所體驗的（《自傳》16．1）。

> 除了祢（上主），再也沒有什麼能給她（人靈）愉悅的；因為她不再渴望生活於自己，而是生活於祢，她覺得，自己過的不是本性的生活（《自傳》16．4）。

有關此層級的心識運作，大德蘭尤在「意志」的描述上著力頗深，她說「意志」被（上主）緊緊地抓住，而且歡欣喜悅（《自傳》17．4），夾雜著「惶惑和陶醉」（《自傳》16．1），嚮往中「渴願全然化為唇舌，好能讚美上主」（《自傳》16．4）。她繼續說：

> 我知道有個人（即大德蘭自己），雖然不是詩人，突然間寫下一些感觸深刻的詩句，動人地表達出她的痛苦。這些詩句不是運用理智寫成的；更好說，為了享有這賜給她的，這麼一個充滿愉悅之痛苦的光榮，她以此方式向天主抱怨此事。她渴望全身全靈皆撕成碎片，以證明從這個痛苦中感受到的歡愉。…我清楚地看見，殉道者受折磨時，他們自己並沒有做什麼，因為靈魂深知其剛毅不屈來自另一位（《自傳》16．4）。

聖女又從「意志」的前提上帶出「理智」、「記憶力」、「想像力」和「外感官；」她說：

> 天主為祂自己佔有意志，甚至連理智也佔有，我覺得，為了使之不做思考，而只專注於天主，…記憶是自由的，不過，似乎和想像連合在一起。…想像和記憶引發的戰爭是夠瞧的——多麼努力地騷擾一切。…我覺得記憶很累人，也很討厭（《自傳》17．5）。

想像和記憶繼續那樣的戰爭，導致靈魂無能為力。由於其他的感官已停止作用，這兩個也會沒什麼用的，甚至也做不了什麼惡事（《自傳》17．6）。記憶不能為自己聚集其他的官能；反而，其他的官能往往毫不費力地招來記憶。有時天主樂於同情記憶，…會讓它在神性的燭火中燃燒起來。在那裏，其他的官能已化為灰燼，因為它們已失去其本性的存有，在它們享受這麼崇高的降福時，它們幾乎都成了超性的（《自傳》17．7）

綜合地說，「官能幾乎全都和天主結合，不過，還沒有專注到失去作用」；（《自傳》16．2）「看不出來有那個官能敢動一動，我們也不能使之搖動，除非我們勉強自己分心」。（《自傳》16．3）「由於這麼強烈的喜樂，他有時覺得靈魂處在正要離開肉身的極致，那是個怎樣幸福的死亡啊！」（《自傳》17．1）

簡言之，在第三層級的心識運作描述上，大德蘭給予「意志」極大的比重，卻對外感官少做論述；而眾功能的互動，則時而諧協時而分歧，有待上主對人靈的誘導。附帶地值得一提的是：大德蘭喜歡把「記憶力」和「想像力」相提並論，而沒有把它們強作分辨，她會認為回憶往事通常會帶點想像，彼此有密切的連繫（參閱《自傳》17．6–7。）。在交待了澆灌第三級大略後，茲讓我們進而檢討第四等級的內蘊。

澆灌的第四層級，被大德蘭稱為「結合祈禱」。「結合／union」意謂著兩者合成一體，（《自傳》18．3），如同一塊被煉成火紅的鐵似的那樣，鐵已與火連成一體，彼此融貫（《自傳》18．7）。「結合」的光景，往往出現在一個在神修上已作適當預備的靈魂身上，他無預警地被神所充滿，而全然地浸潤在神的愛與撫慰當中。神的引力是如此地強烈，以致個人在享有上主臨在的當兒，忘懷了一切，一心只欣喜地體證著我在神內、神在我內，互相地心心相印（《自傳》20．1）。不過，人神結合，仍可有不同程度的濃烈；大德蘭至少在《自傳》18．7中辨別了「結合／union」與「心靈提升／elevation」二者，並謂二者雖然本質上一致，（就如小火與大火都是火一般），但在現象上卻有其分別，她說：

> 小火就像大火，我們可以從以下的例子看出來，結合和心靈的提升，其間的不同。在小火之中，一塊鐵需要許多時間才能燒成赤紅，可是，如果火勢旺盛，即使是一大塊鐵，也能在瞬間焚化歸於烏有——或看來是如此（《自傳》18．7）。

大德蘭還對「提升」一詞，給予不同的稱謂如「出神／rapture」、「心靈飛越／flight of the spirit」、「神移／transport」、「神魂超拔／ecstasy」等，並補充說：

> 如何解釋結合與出神之間的不同？……心靈的提升或飛越、或神移，……後面這些語詞，雖有不同，但所指的是同一件事；也叫做「神魂超拔」。……出神產生許多更強的效果，導致許多其他的現象。結合在開始、當中和結束時，似乎都一樣；而且結合發生在神魂的內在深處，不過，……其他的這些現象……同時產生內在和外在的效果（《自傳》20．1）。

> 在結合中，由於我們仍然處於塵世，仍有補救的方法；雖然可能需要痛苦和費力，一個人總是可以常常加以抗拒的。然而，在此出神中，……沒有任何預先的思想或任何幫助，時常出來一股這麼飛快且強大的能力，一個人看見或感受到這個雲朵，或強勢的天鷹，把他舉起，載在翅膀上。（《自傳》20．3）

剋就其本質義而言，「結合」與「出神」皆是人心與天心的緊密相連，以至玄同彼我。從知識論的辭彙上說，那就是靈三司與神的翕合：「意志」與上主愛火交融，蔓延為「理智」的明心見性，波及「記憶力」的暫時憩息；心識超離了肉體的權限，失卻了對時間的意識，以致無從辨析時辰的差距，和空間的隔離；只是「記憶力」在獲得短暫憩息後，會盡快活躍起，帶動理智進行干預。大德蘭如此地描述：

當靈魂這樣地尋求天主時，他覺得充滿最神妙和溫柔的愉悅。由於一種昏沉的陶醉，所有的事物幾乎都在逐漸消逝，呼吸和全身的體力漸漸失去。⋯如果不是要費一番力氣，甚至連手都動不了。眼睛閉起來，但並非刻意地想要閉起來；或如果眼睛是張開的，他幾乎什麼也看不到，⋯他聽到，但不了解所聽到的。⋯他想說話，也是徒然，⋯靈魂的能力反而增強，使之更能享有天主的光榮。（《自傳》18．10）。

大德蘭尤集中在靈三司的互動上作如此的描繪：

由於沒有感官的意識，⋯這個祈禱發生時，只有很短的時間，官能沒有返回己身。高舉旗子的是意志；另外兩個官能（理智和記憶力），很快就返回，煩擾不休。由於意志保持寧靜，那兩個官能會再休止一會兒，然後又再回到生活中（《自傳》18．12）。這樣，一個人在祈禱中能夠，事實上也真是休止幾小時。一旦兩個官能開始品嚐神性的美酒，且沉醉於其中。它們很容易再度著迷，以獲得更多；它們陪同意志，三個官能一起歡享喜樂（《自傳》18．13）。

⋯這隻煩人的小飛蛾，亦即記憶，在此燒掉了翅膀；牠再不能動了。意志完全專注於愛，但是它不明白自己是怎麼愛的。理智，如果它了解，卻不懂是如何了解的（《自傳》18．14）。

如果「結合」和「出神」都本質地吻合在感官運作的休止和靈功能的欣愉，則「出神」更熱烈地把心靈的狂喜泛濫至肉體，以致由先前的「形如槁木」，轉化為「容光煥發」、「肉體騰空」，甚至「五傷印記」等奇異跡象；大德蘭還作這樣的描述：

> 我記得，身體變得這麼輕，失去了全身的重量。⋯我幾乎不曉得怎樣把腳放在地面上。當身體處在出神中，身體好像是死了一般，常是什麼也不能做。他一直保持出神時被攝住的姿態（《自傳》20．18）。

在眾多「出神」經驗中，最廣為人知的個案，莫過於小天使鏢箭穿心的一幕，貝里尼（Gian Lorenzo Bernini）還為這一典故雕塑了一座雪白晶瑩的大理石像，安放在羅馬勝利之后聖母堂（Santa Maria della Vittoria）祭台左側④。大德蘭如此地描述（《自傳》29．13）：

> 我看見靠近我的左邊，有位具有人形的天使。⋯天使並不大，而是小小的。他非常美，面容火紅，好似火焰，看起來好像是屬於最高品級的一位天使，⋯所謂的智品天使（Cherubim），⋯我看見在他的手中，有一隻金質的鏢箭，矛頭好似有小小的火花。我覺得，這位天使好幾次把鏢箭插進我的心，插到我內心最深處。當他把箭拔出來的時候，我感到他把我內極深的部份也連同拔出；他使我整個地燃燒在天主的大愛中。這個痛苦之劇烈，使我發出呻吟。這劇烈的痛苦帶給我至極的甜蜜，沒有什麼渴望能帶走靈魂，靈魂也不滿足於亞於天主的事物。⋯這個發生在靈魂和天主之間的愛的交換，如此甜蜜。

4.　有關貝里尼雕塑大德蘭神魂超拔一事，參閱：https://en.m.wikipedia, “Ecstasy of Saint Teresa” – wikipedia。

大德蘭的這一份經驗，不單活靈活現地繪畫了「神魂超拔」的箇中現象，而且還叩人心弦地把「濃烈結合」的內心景況充分剖露，讓靈魂當下所感受的複雜內蘊——包括苦、樂、狂喜、愛慕、嚮往、謙遜、勇毅等——熔冶一爐，若分析地鋪陳，約略可展現以下元素：

欣喜——「這個祈禱和結合，給靈魂留下至極的溫柔，竟致使他願意為之銷毀，……是由於喜樂的眼淚，……賦予靈魂很大的愉悅。」（《自傳》19．1）

勇毅——「靈魂變成勇氣十足，……為天主粉身碎骨，都會感到無比欣慰」。（《自傳》19．2）

謙遜——「他的謙遜更有深度，……靈魂清楚地看到他是最不堪當的。」（《自傳》19．2）

苦樂——「這個經驗相似臨終的極苦，……隨著這個痛苦來的是這麼的幸福，……這是個艱辛、愉悅的致命。」（《自傳》20．11）

渴慕天主——「一旦靈魂達到這個境界，他對天主懷有的不只是渴望；……只要他認為是為主效勞的事，他無不勇往直前。」（《自傳》21．5）

視萬物為媒介——「過去常常對我有害的事，現在反而有助於我。天地萬物都成為使我更認識、更愛慕天主的媒介。」（《自傳》21．10）

然而，在這層級上，神修人尚須謹慎為上，大德蘭還給予我們以下的建議：

其一、**可失足、勿灰心**——人即使臻至這層級，他仍有失足的可能，但不可因而灰心喪志，藉天主的力量，重新站起來繼續前行；「所有使靈魂失足的一切，由於天主的溫良慈善，都有助於靈魂，向前做個大躍進，更加侍奉上主。」（《自傳》19．4）

其二、**勿放棄祈禱**——勿聽信魔鬼的騙言，以為自己既一再失足而又故態復萌，以致祈禱無濟於事；大德蘭提示：「如果一個人放棄祈禱，不改善他的惡行，事情才會變得更糟。然而，如果他不放棄祈禱，他可以相信，祈禱會帶他抵達光明的港口。」（《自傳》19．4）「當我不祈禱的期間，我的生活更是每況愈下。」（《自傳》19．11）

其三、**勿自我信靠，須迴避失足場合**——即使人從天主那裏獲得眾多恩寵，也不可因而信賴自己而重蹈險境，該謙遜承認自己還沒有剛強到足以抵抗誘惑；聖女說：「單憑自己，什麼事也做不到。…（即使）懷著對天主很深的信靠，但卻缺乏謹慎明智，…自己仍是一隻羽毛未豐的小鳥。」（《自傳》19．14）

其四、**虛心接受神師指導**——與其獨立抗戰，不如聆聽智者與有經驗之士。大德蘭說：「摧毀我的，即是這個自我信靠，為此理由，也為了所有的理由，必須有神師及商討的神修人士，我確實相信，天主不會不賜下恩惠給達到此境的靈魂；祂也不會容許他喪亡，除非他完全捨棄至尊陛下。」（《自傳》19．15）

其五、**注重基督的人性**——大德蘭不厭其煩地再三叮嚀：勿忽略基督的人性，「祂是一個真正的朋友。…如果我們要悅樂祂，領受祂的大恩惠，我們必須經由基督的至聖人性，如果我們渴望至尊陛下指示我們崇高的奧祕，我們必須經由此門而入。」（《自傳》22．6）「即使你

井中取水 （口禱心禱）	水車引水 （主動收心）	河川導水 （功能睡眠）	天雨降水 （結合祈禱）
心識操作 舉步維艱	身心靜候 靈光漸露	人愈被動 嚮往日深	神愈主動 明心見性

已處於默觀的巔峰，也不該想望其他的途徑；…我細心觀察一些聖人和偉大默觀者的生活，他們並沒有採取別的道路；聖方濟以他的五傷證實這條道路，巴杜阿的聖安東尼則以耶穌聖嬰，…還有其他的許多人，…這些靈魂…顯然必須經過受造物來尋求造物主。凡事都有賴於上主賜給每個靈魂恩惠；…基督的至聖人性必不能和其他有形體的事物相提並論。」（《自傳》22．7–8）

其六、**不可全放棄其他層級的祈禱方式**——「結合祈禱」不是由人來操控，他無法揠苗助長，一切須全由天主來照顧。為此，靈魂須因應機緣而適時轉換其他各層級的祈禱方式，以免徒勞無功。大德蘭如此地建言：「上主願意我們認識自己的無用，我們變成好像小驢子一般，轉動我所說的水車；…牠們卻比園丁用盡辛勞得到更多的水，…如果至尊陛下願意提拔我們，成為祂的密友，並分享祂的祕密，我們該欣然接受；如果不是，我們就該以謙卑的工作服事，…天主比我們更細心，祂知道什麼適合每一個人。」（《自傳》22．12）

也許我們可概括地借用上頁下圖來綜合「四巡澆灌」在心識運作上的演繹：

從四巡澆灌到七重心堡

巡迴澆灌的四個層級，是大德蘭著作中較早期的引喻，當她的著作進入後期的成熟階段，便更全面地繪劃一個更博大精深的視野，以《靈心城堡》為題，把靈修比喻成往內進入心靈深處以與主結合的境象，以致有「七重心堡」的說法。

第2小節：七重心堡

大致上說，《靈心城堡》所寓意的「七重心堡」，有很多地方是與《自傳》的「四巡澆灌」重疊，只是內容更全面深入而已；為交待其中的脈絡，看來我們有必要先對《城堡》作一簡略的提要，以求在知識論的前提上串連起「四巡澆灌」與「七重心堡」的思路。

《靈心城堡》一書⑤，是聖女大德蘭的代表作，完成於一五七七年；此書是她最成熟的作品，是其神祕學的最好綜合。然而，實際上她只斷續地花了兩個月的時間來撰寫完成，可謂神來之筆，一氣呵成。大德蘭以她的一個神視作為全文的開端：

我們的靈魂如同一座城堡，完全由鑽石，或非常明亮的水晶造成的，其中有許多房間，就像天堂上有許多的住所（《城堡》1．1．1）。

顧名思義，《靈心城堡》一書標題，意謂以城堡象徵人靈的內修生命，城堡內分七重住所（*7 moradas*／7 dwelling places）⑥，一重比一重深入，城堡之君王就寓居於最核心地帶，這寓意著人神關係之進境，終於臻至人神之密切結合，達致人靈的「神化」（divinization）。

為考慮《城堡》所提及的七重住所如何與《自傳》的四巡澆灌彼此重疊與互相闡發，以達到一個更全面的視野，茲讓我們對這七重住所作一提示如下。

第一重住所：

心堡的第一重住所寓意著有寵愛的人靈被內心的君王感召，即使自己渴願跟隨吾主，甚至偶爾作祈禱，到底他仍太受金錢名利所支配，以致舉棋不定，無力破除障礙以全心侍奉神（《城堡》1．1–2）。

第二重住所：

此謂人靈較前更能聆聽吾主的呼喚，更敏銳地意識邪惡勢力的干擾，也較有規律地進行祈禱，並且也較能藉著聖書、聖像、好友、世間考驗等機緣而體會神意，但仍礙於若干的執著，尚未能順利地邁進於德（《城堡》2．1）。

5. 作為初步引介，參閱拙作〈聖女大德蘭靈心城堡簡介〉《神思》第79期2008年11月，頁69–86。
6. 大德蘭引用*moradas*（居所或住處／dwelling places ）一辭來談論「心堡」內的房舍，並在《靈心城堡》1·1·1中映射《若望福音》十四2之「在我父家有許多住處。」為此，中譯為「住所」看來比「樓台」(mansions）較貼切，較恰當地傳達聖女的原意。參閱Kieran Kavanaugh 在其英譯本卷二，第484頁註1的看法：*The Collected Works of St. Teresa of Avila,* Vols. I–III.Translated by Kieran Kavanaugh & Otilio Rodriguez （Washington, D. C.: ICS, Publications, 1976–1985）.

第三重住所：

此階段意謂著人靈繼續努力日進於德，專務祈禱，勉力成為虔誠的信徒，如同福音中那位年青人之守好誡命而欲邁向成全一般，聆聽到吾主進一步的召喚——變賣一切，分施給窮人，而來跟隨吾主，卻繫於心念上的進退兩難，尚未能慷慨地捨下一切，而致可因而灰心喪志，裹足不前（《城堡》3．1－2）。

《城堡》的前三重住所共屬一組，象徵著「克修學」（asceticism），意謂著「自修的」（acquired）、「主動的」（active）、「本性的」（natural）、人力所能及的靈修階段。《城堡》的第一、二重住所，在若干程度上類比著《自傳》的澆灌的第一層級，即祈禱的功夫舉步維艱，困難重重；從知識論立場上說，人靈主要限止在普通經驗狀態上運用口禱、心禱，主動地採用外感官的觀察、內感官的想像，及靈功能的思辨推理等默想。至於《城堡》的第三重住所，看來則在相當程度上相似《自傳》的祈禱第二層級進階，祈禱比較熟能生巧，只是尚未完全穩定下來而已；但若持之以恆，則可愈來愈接近神祕默觀的「主動收心」狀態，心境愈趨平靜安寧，愈能以愛的心情冥想上主。

若要給第三重住所這時段找一個較恰當的範例，看來《城堡》本身並沒有提供什麼顯著的例子，相反地，大德蘭卻在《全德之路》教我們從口禱作默想而又快速地進入「主動收心」狀態的一個示範⑦；《全德之路》在第二十七章至第四十二章正題地把〈天主經〉作默想題材，從中有意無意地以知識論眼光提示人心智意識的轉變，茲聆聽聖女心得，並按〈天主經〉口禱文句作分述如下：

7. 大德蘭著，加爾默羅聖衣會譯，《聖女大德蘭的全德之路》（台北：星火文化，2011年），以下簡稱《全德》。

我們的天父／*Pater noster*

主耶穌為教導我們如何祈禱，就直截了當地給我們唸了一首〈天主經〉，以「父／*Pater*」作為首語。大德蘭隨即接著說：「上主，如果這話出現在禱文的結尾，就不會顯得這個恩惠那麼的大，⋯從一開始，祢就裝滿了我們的手，⋯使得理智充滿洋溢，因而佔有意志，以致無法說出話語。」（《全德》27．1）聖女提示了四個關鍵詞——「父」、「理智」、「意志」、「話語」。

「父」——主耶穌願我們一開始即馬上舉目向神，以祂為「父」，因為主基督願意父神以父親的名義把我們當作子女，「如果我們回頭歸向祂，如同浪子一般，祂一定寬恕我們，在我們受磨難時，祂必定安慰我們，必定支持我們，就像這樣的一位父親必會做到的。」（《全德》27．2）

「理智、意志、話語」——在祈禱的法門上，一般導師會教我們從「口禱」入手，再運用心識本性功能來接觸天道；大德蘭說：「雖然我們口誦這句禱詞，卻不求理智上的理解，因為看到祂那樣的愛，會使我們的心化成碎片，現在妳們想想看，這是合理的嗎？那麼，世上有哪個兒子，若有父親非常好，又有這麼大的尊威和統治權，怎麼會不力求認識他的父親是誰呢？」（《全德》27．5）人與父神在祈禱的邂逅中深深維繫著親密的父子關係，「理智」加深了對「父」的認識，這不是光用推理來探討「有關父／about the Father」資訊，而是「理智」配合起「意志」的愛火來體認父親的個體內蘊，在呼喚一聲「*Abba*、父」中，勝過千言萬語，超過最強有力的咒語（mantra），以致開啟了神靈結合的天門。

「天」父／*Pater..., qui es in coélis*

有關〈天主經〉首句「天父」之「天」，大德蘭警醒說：「天主在哪裏，哪裡就是天堂。」（《全德》28．2）並且提示奧斯定的經歷：「聖奧斯定在許多地方尋求祂，最後終於在自己內找到了祂（《懺悔錄》27章）。」為此，「我們也不必插上雙翼去尋找祂，而是要置身於獨居之中，在自己內注視祂。」（《全德》28．2）聖女指這是約束心智，使靈魂收斂的一個好方法。如此一來，「我們對待祂如同父親、或兄弟、或如同主人、或淨配；……了悟這個真理：上主就在我們內，我們也要在那裏和祂相守。」（《全德》28．3）

從方法論的觀點上看，「這種祈禱方式，雖然是口禱，能非常快速地收斂理智，……稱之為『收心的祈禱』（*oración de recogimiento*），因為靈魂收斂所有的官能，進入自己內，和天主在一起。他的神性老師，更加快速地教導他，賜給他寧靜的祈禱（*oración de quietud*），這不是用其他方法可以達到的。」（《全德》28．4）

從知識論的角度上看，大德蘭的評語是：

> 此收心有深淺不同的程度，……如果我們努力收心，修行一些時日，成為習慣，……感官內斂，靈魂和意志得以掌有這個主權。靈魂只要發出想要收斂的訊號，感官全都服從而收心斂神（《全德》28．7）。……神性的愛火更快速地點燃，因為用理智輕輕地吹動，他們就像在這愛火的近旁，小小的火星一觸碰，燒盡一切。由於沒有外在的障礙，靈魂和他的天主獨處；為了這個燃燒，他已有了徹底的準備（《全德》28．8）

願祢的名受顯揚，願祢的國來臨／*Sanctificetur nomen tuum, adveniat regnum tuum*

大德蘭體會到，〈天主經〉繼呼喚「天父」聖名後的兩個句子，應該連結在一起來被考量：「在天國裏，最大及許多的福份，…是在我們內有一種寧靜和光榮，…因為看見萬有都崇敬、讚頌上主，讚美祂的聖名，…像這樣，我們在今世愛祂，雖然不是這樣完美，…然而，如果我們認識祂，我們愛祂的方式會很不一樣。」（《全德》30．5）

大德蘭附帶地談及「口禱」的功效：

凡不懂的人，會以為口禱和默觀各行其道，而我知道，兩者是走在一起的。…我知道有許多人誦念口禱時被天主提拔，達到崇高的默觀，…我認得一個人⑧，她除了口禱之外，總不能做別的祈禱，…卻能得到所有的體驗，…她已有了純默觀，而上主舉揚她，在結合中與她共融（《全德》30．7）。

大德蘭還用知識論的眼光來陳述其中心識的轉變，她說：「所有的官能都已靜息。透過一種遠非外感官能瞭解的方式，靈魂領悟出來，他已經很靠近他的天主。」（《全德》31．2）聖女尚且以西默盎的經驗（《路加福音》二21-32）作類比：「義人西默盎看見的榮耀聖嬰，…能夠斷定祂是…天父的聖子；…像這樣，…靈魂甚至不懂自己是怎樣懂得的。」（《全德》31．2）

大德蘭更進一步描述「外感官」和「靈三司」的狀態：

在身體上，他感受至極的愉悅，靈魂感到很大的滿足。…官能並非這樣的失去作用；因為它們能意會所靠近的是誰，另兩個官能（理智和記憶力）是自由的。意志在此已著了迷，…理智不想了解比這還多的事，記憶也不願佔有更多什麼。在此，他們明白，只

8.　於第一抄本中，她更明確指出：這是位年長的修女。參閱《全德》中譯本頁164註214。

有一件事是必須的，其餘的一切都會擾亂他們。他們不願身體搖動，因為他們以為動一動就會失去那平安，因而連動也不敢動。說話使他們痛苦；才唸一遍〈天主經〉，一個小時就過去了。……他們看出來，就在這裏，祂已經開始將祂的國賜給他們。（《全德》31．3）

願祢的旨意奉行在人間，如同在天上／*Fiat voluntas tua sicut in caelo et in terra*

接下來的這一句經文，在乎強調：「不論我們喜歡與否，祂的旨意必定會實現，會奉行在天上，也在地上。」（《全德》32．4）此語深藏著一份勉力與教誨：激勵我們盡所能翕合主旨，務使「成就吧／*fiat*」一辭成為我的助佑銘，好讓我與上主不單達至情通理契，而且還能以祂的旨意作為我生活的全部指標，以致「死於自己、活於天主」。

大德蘭還補上這樣的一句話：「祢的旨意奉行與否，如果係取決於我，那我必須很好才行！現在，我自由地獻我的意志給祢。」（《全德》32．4）大德蘭的意思是：天主願意有我們的積極參與來完成祂的旨意，而不是以無靈之物的身分與角色來實現；換言之，〈天主經〉此語在乎讓我們在誦念中獲得感召去順服於神的意志，讓祂屬天的計劃能順利承行於地，使大地煥然一新，轉化為地上天國。誠然、天主願意在改進世界的推展上，有我們合作的一份子，以致我們的積極參與與否，可以左右神計畫的進行，可以加速甚至可以延遲或阻撓其神國之臨現於地。

昔者，聖母的答應：「主，婢女在此，照你的話成就於我吧！」（《路加福音》一38）瑪利亞的承諾成了救主降世去完成救贖的一個重要里程碑，而我們每天所誦念的「爾旨承行於地」，也應是讓上主計畫拓展的各個機緣，世界聖化的工程，少不了我們的承諾與參與。

然而，奉行神的旨意，往往不是一件易事，我們往往要放棄很多私見，也甚而付出很大的代價，正如《孟子．告子下十五》所言：「天將降大任於斯人也，必先苦其心志，勞其筋骨，餓其體膚，空乏其身，行拂亂其所為，所以動心忍性，增益其所不能。」

大德蘭以耶穌山園祈禱為例，主耶穌說：「父啊！祢如果願意，請給我免去這杯罷！但不要隨我的意願，惟照祢的意願成就吧！」（《路加福音》二十二42）

大德蘭評道：

> 光榮的聖子，當祂在山園中祈禱時，就是這樣說的。那些話是以堅定的決心，及完全的甘心情願說出的，請看，經由給予祂的磨難與痛苦，凌辱與迫害，直到祂的生命告終，死在十字架上，天主的旨意是否完全應驗於祂？（《全德》32．6）

大德蘭的告誡是：

> 我們能負荷的十字架，其大或小取決於我們的愛。……如果妳們愛祂，當妳們和這麼偉大的上主說話時，努力不要只說恭維的話，而要堅強有力地承受至尊陛下要妳們忍受的。（《全德》32．7）

總之，「爾旨承行於地，如於天焉」這一句口禱，不單給予我們與聖女連結的機緣，而且為我們開展了通往全德之路的門徑，尤標榜了「服從」之德。修道人所發的三願，其一是「服從」，即與合法長上或神師一起合作找尋天主聖意。當神透過長上所給予的旨意並不與我的意願相諧，除非其意違背上主法律，否則我應勉力而為。「服從」的內涵：消極地意謂棄絕自私，積極地寓意著遵行天道，以展望整體的圓滿造就。

再者，「死於自己、活於天主」，為默觀生活是極為重要的一個環節，大德蘭的意思是：既然「口禱」可以導致「默觀」，而「默觀」程度越高，我們的作為變得愈被動，神的旨意變得愈顯著，以致個人任何的干預，「所有其餘的都會阻礙、干擾我們們說『*fiat voluntas tua*』（爾旨承行）；」（《全德》32．10）聖女尚且如此地祈求：

> 願祢的旨意以祢、我的上主，所願意的任何方法和方式實現在我身上。如果祂要的是磨難，請賜我堅強有力，並使磨難來臨；…祢的聖子既以眾人的名義，把我的意念給了祢，我沒有理由不在其中。…由於祂已為我祈求了，請處置我，一如對待祢之所有，全隨祢的旨意。（《全德》32．10）。

也許我們可以附帶地站在知識論的前提上說：「爾旨承行」無疑可以引致心智上的一份掙扎：意即「意志」為矢志奉行主旨，「理智」則須放棄一己之私見；固然，為成全的聖者而言，翕合神意而勉力行之，可心安理得，並樂意接受所帶來的磨難。

求祢今天賞給我們日用的食糧／*Panem nostrum quotidiánum da nobis hódie*

從「日用糧」這句話開始，禱詞進而把重點放在一系列的祈求之上，我們可以將此看作是禱文的第二分段；然而大德蘭仍然把整首經文看成為一個連貫的整體，並且馬上從「爾旨承行」一語接續至「日用糧」來發揮；她提示：「奉行天父的旨意很是困難，就像生活享受又富有的人…應當節制飲食，使其他的人至少有麵包可吃。」（《全德》33．1）

9. 大德蘭在《全德》36．4補充說：「魔鬼…也在修道院中揑造牠的榮譽，設置牠的法律，亦即在高貴職位上的升貶，如同世人一般。雖然，學者必須隨著他們的學位級級上升，…已經升為神學教授的人，一定不能降為哲學教授，因為這是面子的問題。」

10. 《全德》37．2：「對於默觀者和極其獻身事主的人，他們已不想望世物，所祈求的是天上的恩惠，因著天主的慈惠，在今世就能獲得賜予。至於仍生活在世上的人，度著合乎其身分的生活是很好的，他們也祈求食糧；他們必須維生，並且供養家人，而這是非常正義和聖善的，同樣，祈求其他相稱於其需求的事物亦然。」

大德蘭言下之意看來是：父神對我們自然照顧有加，但祂也要求世人合作，把資源分享，切勿獨占濫用、或隨意丟棄；究其實、主賜的日用糧足夠我們使用，連曠野的選民也有其「瑪納」可吃，問題卻在乎富庶的人是否懂得分施與協助而已。

從上主手上領取「日用糧」，可推而廣之將其體會為在神手中接受個人受委派的職務與責任，以治理大地，共同耕耘，互相照料；也消極地意謂著勿因為慣於接受高職而輕忽庶務，勿慣於當長上而拒絕下放，換言之，「習慣於自由和舒適的會士，…守願時就不可拐彎抹角。」（《全德》33．1）⑨

祈求衣、食、住、行平順，是普羅大眾的心聲⑩，但大德蘭還進一步給修道人提示：我們本來就一無所有，一切皆源自於神，尤其當會士發了「神貧」聖願後，尚須勇於割捨世物，就如同發了「服從」聖願後，須勇於放下己見、仰合神意、為整體著想而接受安排一般。⑪

以天主作為表樣，聖父為我們給出了聖子（《全德》33．3）；聖子為救贖人類而捨身致命，死在十字架上，還藉著建立聖體聖事，賜給我們「神糧」即使不惜受到惡人的褻瀆（《全德》33．3-4）。這樣，神既然毫無保留地給出了聖子，祂又怎麼不給予我們其他所需！主基督尚且勸諭我們先尋求天主的國，其他一切皆不虞匱乏。（《瑪竇福音》六33）。此勸諭不單適用於修道人，也適用於所有人。安於接受天主的一切安排，安貧樂道，以此為提攜我們神靈進步的契機。

總之，以〈天主經〉作為「口禱」而言，它不單讓我們與聖父緊密連繫，也給了我們進修聖德的諸多訓誨與激勵。

11.　《全德》36．4：「如果是服從出的命令，他還是會視之為侮辱，而且也總有人袒護他，…曾經擔任過院長的人，一定不能擔任其他較低的職務；所顧慮的是誰的資歷比較深。」

求祢寬恕我們的罪過，如同我們寬恕別人一樣／*Et dimitte nobis débita nostra, sicut et nos dimittimus*

繼而，為了把話題從「日用糧」轉向「寬恕」，大德蘭說：「有了這天上的食糧，凡事對我們都是容易的（若非如此，係因我們的罪過），……現在（主耶穌）祂告訴父寬免我們的罪債，因為我們也寬恕別人。」（《全德》36．1）大德蘭這句引語看來至少蘊含了以下的幾個重點：

其一、主耶穌以身作則地進行了寬恕——祂捨身在十字架上成了我們的生命之糧，為救贖我們，「榮譽喪盡，受辱至死」（《全德》36．5），又在死前禱告說：「父啊，寬赦他們罷！因為他們不知道他們做的是什麼。」（《路加福音》二十三34）聖子既為我們而死、致使我們的罪債獲得寬恕，我們就沒有理由不效法祂的榜樣。

其二、我們以寬恕別人為前提來獲得神的寬恕——禱文中的「如同我們寬恕別人一樣」這徧詞，即提醒我們自己須先懂得寬恕別人，好能更適當地也獲得神對我的寬恕，否則我們無法名正言順地要求神的寬免；主耶穌奉勸我們寬恕他人「七十個七次」（《瑪竇福音》十八22），之後還講了惡僕被主人寬恕而自己卻不肯寬免同伴的故事，並且告誡說：「如果你們不各自從心裏寬恕自己的弟兄，我的天父也要這樣對待你們。」（《瑪竇福音》十八35）

其三、對寬恕他人一事感到困難者，是因了我們的不成全——聖女表示：我們如果是大德之士，會因了耶穌的表樣而勇於寬恕；反之，如果我們對寬恕一事感到困難，那應該是因為我們的不成全，以致我們須多所修煉。大德蘭分別從「成全」與「不成全」兩個面向來陳述修道人對寬恕的難與易。

聖女首先從修道人的「不成全」狀態上說起：會士在修院中通常沒遇到什麼大敵人、大仇人，所遇到的都是一些芝麻瑣事，例如：抱怨自己沒有犯錯而遭譴責（《全德》36．2），或埋怨長上分派一個與自己不相稱的職份等（《全德》36．4）。在此，大德蘭的感言是：「如今在（上主）祢的眼前，我看見自己這麼該受譴責，而所有人對我的譴責都是不足的，雖然凡不知道我是怎樣的人，就是那些不像祢那般認透我的人。」（《全德》36．2）言下之意是：在天主眼中，我的真實面目恐怕比別人所責難的過錯還要醜陋，上主認識我最深，別人任何譴責都不為過。再者，作為修道人，天主已把我們從世俗精神解救出來，我們就勿因榮譽受損而心有戚戚焉（《全德》36．3），勿再陷進魔鬼在修道院中所捏造的榮譽和法律，勿再如同世俗精神般在意職位的升貶，以服從命令視之為侮辱（《全德》36．4）。

聖女再從修道人的「成全」狀態上作討論：例如、聖者如十字若望，遭受長上解職，又被同會修士囚禁，卻甘之如飴。又例如，聖女曾眼見一位「曾擔任院長者，後來是最謙虛的。」（《全德》36．6）不因去職而難受。聖女說：「我們是雙手空空來到（上主）祢面前的；祢之寬恕我們是因著祢的仁慈。…要不是因著祢聖子的祈求，…看不出來我有什麼值得呈獻於祢，請祢賜給我們這麼大的恩典。」（《全德》36．6）

其四、恕道有其正面義與背面義——為邁向成全之人而言，寬恕之道有其「正面義／obverse side」與「背面義／reverse side」；其「正面義」在乎下決心去履行寬恕，而致從內心徹底地寬恕他人（《全德》36．8）；其「背面義」在乎勇於接受羞辱與磨難，最後甚至樂於接受磨難多過榮譽（《全德》36．9）。

在「正面義」方面，大德蘭的評語是：「（耶穌）祂這樣說：『如同我們寬恕』；好像是已做到的事，⋯成全默觀的祈禱中，若有靈魂蒙受天主的恩賜，卻沒有顯出寬恕的決心，⋯不要太相信他的祈禱。」（《全德》36．8）

在「背面義」方面，大德蘭的反省是：「若遇有一個很大的侮辱和磨難，最初的反應是痛苦，但是，痛苦還尚未完全徹入時，理智已前來相助，好似高舉旗幟，懷著喜樂，幾乎滅絕那痛苦。⋯就好像別人珍視黃金珠寶，他們看重磨難，也渴望受磨難，因為他們知道，磨難必會使他們致富。」（《全德》36．9）

其五、恕道是勇者之德——大德蘭肯定，決心寬恕與接受磨難，是由於上主給予靈魂的恩惠與助力而達致（《全德》36．11），「當上主賞賜這些恩惠，靈魂不是立刻就有這個剛毅，但⋯如果祂繼續賜恩，在很短的時間內，靈魂就會有剛毅，即使在別的德行上沒有，在寬恕人方面必會有剛毅。⋯從中看到大愛的標記。」（《全德》36．12）

作為這句禱詞的結語，大德蘭說：「把我們的意志交給天主和寬恕，這兩件事，適用於眾人。⋯成全者會以其成全的方式獻出意志，也會以我所說的成全方式去寬恕；⋯好耶穌教我們一個這麼崇高的祈禱方式，⋯使我們在此流放之所，能夠宛如天使一般。」（《全德》37．3）聖女還補上一句：「為了不使我們因不了解自己而受迷惑，對我們仍生活在此流放之地的所有人，祂做了這麼要緊的祈求：『不要讓我們陷於誘惑，但救我們免於凶惡。』」（《全德》37．5）

不要讓我們陷於誘惑，但救我們免於凶惡／*Et ne nos indúcas in tentatiónem, sed libera nos a malo.*

大德蘭直截地接著說：「已達到成全境界的人，不會祈求上主免除磨難、誘惑、迫害或戰鬥。⋯⋯他們反而加以渴望、要求和喜愛。他們有如軍人，戰爭愈多，就愈高興，因為有希望得到更大的收穫。」（《全德》38．1）「專務祈禱的，時時處於備戰狀態；面對公開的敵人，他們從不會非常懼怕。」（《全德》38．2）

但聖女把話題一轉而指出：我們仍有可怕的敵手需要祈求上主解救，就是那裝作光明天使的邪靈，偽裝前來，致使我在不知不覺間受到傷害後才加以識破，我們就須懇求上主免於陷進這些誘惑。（《全德38．2》）接著，聖女列舉一些需要防備但又隱而不顯的誘惑：

例一、魔鬼能在我們內偽造靈悅（spiritual delights／*gustos*）和欣慰來誤導我們（《全德》38．3）；我們須努力避免沉溺其間而沾沾自喜（《全德》38．4），勿自鳴得意地以為已蒙主寵幸而鬆於防備（《全德》38．5）。

例二、魔鬼可假借神貧的名義來教唆我們去接受一些超過我們所須的資產（《全德》38．5）；我們須小心勿陷進唯利是圖的陷阱。

例三、魔鬼牠可讓我們誤信自己已修得謙遜而疏於防範（《全德》38．5），不自覺地高估自己、自以為是。

例四、有時誘惑可能出於自己的過分自信，認為因先前的努力而認定上主已賜給了我某些德行、如忍耐、勇毅、刻苦等；這可能是真的，但可勿忘記上主仍可以再把它們拿走；應切記人若缺少了上主的護佑，我們是一貧如洗，什麼善事都不能作（《全德》38．6－7）。

總之，例子林林總總、不勝枚舉，我們須祈求上主免讓我們陷於諸如此類的圈套而擺脫不了。大德蘭勸說：我們切勿單打獨鬥，要「和能開導妳們的人談論這些恩惠和愉悅，什麼事都不要隱瞞。也要留意這事：無論是多麼崇高的默觀，常要以認識自己作為祈禱的開始和結束。」（《全德》39．5）

為給「救我們免於凶惡」作句點，大德蘭這樣注釋道：

> 這是個怪事！就好像，不走祈禱之路的人，魔鬼也不誘惑他。對於近乎成全者的一個過錯，眾人的驚異，遠超過目睹成千上萬人的公開過錯和罪行！這些公開的惡行，我們不必細看是好、或是壞，因為從一千里格（*Legua*）⑫以外，就能看穿是撒旦（《全德》39．7）。

言下之意，當我們愈前進於祈禱和靈修，就愈引起仇敵們的注目，愈加以阻撓，詭計愈不容易被識破；當我們一旦行差踏錯，我們的過錯就愈被廣傳，我們須懇切祈求上主護佑，因為眾多仇敵的後盾不是別人，而是那個「凶惡者／the Evil One」——撒旦！單憑我一個人之力，絕對不是牠的對手。

綜合地說，《全德之路》一書以聖女大德蘭所詮釋的〈天主經〉作為高潮；〈天主經〉禱詞為首數語，提供給聖女機會，去標榜祈禱意謂著與天父親密晤談，建立愛的連繫，讓我們從「內心」體會父神的臨在，進而藉其助佑來獲得力量去承行主旨、接受神糧、勇於寬恕、謙卑自下，並從凶惡中獲得解救，全書以「克修」為主，我們即使未能進行「心禱」，也可以藉「口禱」來與父神融通，進德修業，臻至「主動收心」，直截往「結合祈禱」邁進。

賈培爾神父（Father Gabriel, OCD）還從知識論眼光來評述大德蘭對〈天主經〉的注釋⑬：

12. 按《全德》中譯頁208，註286：「*Legua* 西班牙里程單位，大約3英里，相當於5.572公尺，通行於歐洲和拉丁美洲。」
13. 賈培爾神父（Gabriel of St. Magdalen OCD）著，加爾默羅聖衣會譯〈詮譯聖女大德蘭的《全德之路》〉頁291，收錄於大德蘭著，聖衣會譯《全德之路》（台北：星火文化，2011年）頁273–296作為導讀2.

和天主在一起，和祂親密交談，對大德蘭來說，這就是心禱的全部內涵。的確，許多時候、用理智作推理默想是很有幫助的；事實上，這樣做有助於激發愛；但這完全附屬於情感的修練。在祈禱中，意志是皇后，因為愛是從意志來的；去祈禱就是去向我們的主說：我們愛祂。

從《全德之路》轉回《靈心城堡》

至此、我們借用了《全德》所詮釋的〈天主經〉來給《城堡》的「第三重住所」作為具體例子，以闡明「克修」階段的「口禱」，可順利地讓我們進入「主動收心」，以給予「第四重住所」作準備。

或許有讀者認為《全德》所談的〈天主經〉會分散我們對「七重心堡」脈絡的連貫；但我個人則認為《城堡》的「第三重住所」篇幅過於簡略，（其中只含兩章而已），而且沒有給出具體例子來示範，而《全德》的〈天主經〉則可適當地派得上用場；況且《全德》所詮釋的禱文是一份不可多得的傑作，值得我們回味再三。

在引用了《全德》〈天主經〉作「第三重住所」的實例後，我們可較穩妥地進一步接手討論《城堡》的「第四重住所」。

第四重住所：

「第四重住所」開始了神祕默觀（mystical contemplation）的經歷⑭，神主動灌注的現象愈趨顯著。此歷程又稱作「寧靜祈禱」（prayer of quiet）（《城堡》4．2-2），內分三個階段，可分別被命名為（一）「灌注收心」（prayer of infused recollection）、（二）「寧靜正境」（quiet proper）、與（三）「功能睡眠」（sleep of the faculties）三者，茲畧釋如下：

14. 為大德蘭言，「默觀」（contemplation）意謂「灌注的祈禱」（infused prayer）。首先，「默觀」是「祈禱」，即人神間精神上愛的交往、融通、與契合（《全德》30．5；《城堡》4．1．7）；再者，「默觀」是「灌注的祈禱」，即由神所帶動，人只能預備好身心，而不能「揠苗助長」（《城堡》6．7．7）。

1、灌注收心

大德蘭以「靈悅」（*gustos*／spiritual delights）的始現作為「灌注收心」⑮的明顯徵兆（《城堡》4·1·4）。「靈悅」，有別於一般的「欣慰」（*contentos*／consolations）；「欣慰」（*contentos*）可藉由勤習默想（meditations）⑯與修德而獲致，並經由意識的本性功能（包括內、外感官，與靈三司：理智、意志和記憶力的普通運作）而引申，其中的感受，就如同與失散的親人重逢般的欣喜。（《城堡》4·1·4）。反之，「靈悅」（*gustos*）則是藉由神直接灌注給人；人在無預警下被觸動（《城堡》4·3·4），心靈被動地靜下來，意志的「愛」已然覺醒，在神的帶動下深入地受感動，只是理智無從理解其來龍去脈而已，靈魂只一心愛慕著吾主，並在愛中認出祂來（《全德》30·5），神主動地撫平了我的功能，讓我預嘗了天國的甜蜜（《全德》30·6）。相較之下，「欣慰」是由本性激情所導致，能引申某些輕微的副作用，例如：我可因默想耶穌苦難而痛哭不止，竟招致頭痛（《城堡》4·1·6）。反之，「靈悅」是打從心底裏湧溢而出的喜悅，讓人心曠神怡，整個內外都深受感動，甚至深入骨髓；開始時雖然輕微，然其中的細膩，誠非人力所能複製（《城堡》4·2·6），它叫人身心振作，甚至連原有的頭痛也消失無蹤（《城堡》4·3·8–9）；祈禱更深入，更遠離罪惡，更有信心在神內喜悅，不再害怕做補贖或接受考驗，信德更為活躍，更渴望為主服務，更認識自己的虛無，視世間快慰如塵土、日進於德。但大德蘭警醒我們；人在此階段仍可退步，為此我們仍須努力而不可鬆懈（《城堡》4·3·9）。如此一來，「灌注收心」可指望深化為「寧靜正境」（quiet proper）。

2、寧靜正境

15. 大德蘭在《靈心城堡》之「第四重住所」所指的「收心祈禱」（《城堡》4·3·8），意謂著神灌注的恩寵已明顯地被察覺，它有別於《全德之路》第二十八至二十九章所談的「主動的」、「自修的」收斂心神和專注於主。為此，我們權宜地稱謂《靈心城堡》之「收心祈禱」為「灌注收心」（infused recollection），以辨別《全德之路》所謂的「自修、主動收心」（acquired, active recollection）。

大德蘭以「灌注收心」為輕微的「寧靜祈禱」，以「寧靜正境」為濃密的「灌注收心」（《城堡》4．3．8）；其中只意謂著程度上的深淺，而非性質上的差異。「寧靜祈禱」，又名「靈悅於神的祈禱」（oración de los *gustos* de Dios／prayer of spiritual delight of God）（《城堡》4．2．2）。顧名思義，就是神把人放在祂的親臨下，使之獲享安寧，人受到神的吸引而沉靜，整個地被浸潤於喜悅與平安之中，此時，人靈別無他求，只醉心於愛的凝視（《全德》31．2–3）。這份寧靜有時可持續一兩天，但它來去自如，是人所不能掌控的（《全德》31．4）。

人的本性意識功能是整體的凝聚收斂，但未入眠，也沒有被吊銷，只是進展不同步而已（《自傳》14．2）。意志首先受到感動而充滿著對神的愛（《城堡》4．1–3），但理智會分心走意，不過，理智偶爾也會和意志和諧一致，處在愛的光照中，只是這並不是一般的思辯理解而已（《全德》31．8）。「寧靜正境」可深化而為「功能睡眠」（*sueño de las potencias*／sleep of the faculties）。

3、功能睡眠

顧名思義，「功能睡眠」一辭⑰，意謂著所有的功能深受神的吸引而專注於神，以致對日常生活心不在焉，人須費力地分心、才能料理事務（《自傳》16．2–3；17–7）。但所有功能只是「睡眠」，而未被吊銷，在日常的事務上，它們無法順暢地運作，理智也無從理解要如何運作，然而意志所領受的靈悅，卻遠超過「寧靜正境」。大德蘭認為，「功能睡眠」本質上無異於「寧靜祈禱」（《自傳》17．4），只是在程度上更湛深、更卓越而已（《自傳》16．2）。此階段有以下的特徵值得強調：

16. 「默想」（meditation）又名「心禱」（mental prayer），是人主動地藉思辯推理方式來反思聖經或神學的一端奧理，藉此能在心神上專注於吾主，對神孕育一份愛意（《自傳》11–12）；《城堡》4・1・6；《城堡》6・7・7）。人藉此為自己預備適當身心，以迎接上主進一步所給予的灌注恩寵。
17. 「功能睡眠」一辭主要出自大德蘭之《自傳》，但其中所描述的境況，因相應《靈心城堡》「第四重住所」的義蘊，故把《自傳》的內容一併納入此處來討論。

修德方面——人靈會發覺，自己在德性方面的路途自然而然地增長，尤在謙遜上長進，清楚地意識到，若沒有神的助佑，我們什麼也不能做（《自傳》17．3．8）。

功能運作方面——不同的功能仍未能和諧地匯合起來而形成一體的共振，它們各自有不同步的演繹。人的意志湛深地翕合於上主，能專注凝神，在神內愉悅（《自傳》17．4－5）。理智比先前有較多時間和意志同步，能藉著專注於神而獲得光照，從愛中孕育直覺（《自傳》17．4－5）。至於記憶力，它看來最難馴服，自由而放蕩不羈（《自傳》17．4－6）。而想像力是連貫著記憶力，也染有記憶力的自由與放蕩（《自傳》17．6）。外感官會間接受到意志的影響，而在肉體上有所感觸，並分享著靈魂的喜悅（《自傳》17．8）。簡括地說，所有的功能尚未聯合一致來接受神的徹底的薰陶。大德蘭在此給予的建議是：把自己完全交付給神，由祂來帶領（《自傳》17．2），好讓我們能跨越這門限，進入「結合祈禱」（prayer of union）的境界。

大德蘭所稱謂之「結合祈禱」（《城堡》5．1－4），意指神已全然佔據了人的心靈，人神彼此在愛中心心相印，神在愛的灌注中，使人功能的普通運作暫時吊銷，並處在被動狀態下。神祕結合本身具有不同程度的深淺，在大德蘭的體認下，劃分三個重要階段：「單純結合」（simple union）、「超拔結合」（ecstatic union）和「轉化結合」（transforming union）三者，在《靈心城堡》中稱為「第五、第六和第七重住所」。

第五重住所：

「第五重住所」所象徵的「單純結合」，意謂著默觀者在其心靈深處（《自傳》20．1），體證到人在神內，神在人內，兩者合而為一（《城堡》5．1．9）。這份經驗常在無預警的狀態下發生（《自傳》18．9），類比著突如其來的傾盆大雨，人靈整個地被神所浸透（《自傳》19．1）。人在其中所獲致的喜悅、滿足與平安，遠超過世間事物所能提供的程度，它深入骨髓、直透心底、讓人終身難忘（《城堡》5．1．6－10）。人靈十分確定自己與神結合（《城堡》5．1．5．9），但這份經驗並不持續，它通常不超過半小時（《城堡》5．1．9；2．7）；人無法保留它，因為神是來去自如的（《城堡》5．1．12）。這份結合經驗牽涉意識的轉變，即所有功能的普通運作暫時被吊銷（《城堡》5．1．4），與超越運作之呈現，其中究竟，可較細緻地述說如下。

意識功能的超越運作會有以下的表現：意志充滿著對神的感動與愛火（《城堡》5．1．4）；理智的普通思辯功能已暫時停止運作（《城堡》5．1．4），它在開始時較處在暗昧中、不知其所以然，不過也時而會與意志同步，在愛中獲得智慧的光照（《自傳》19．2；18．3）。想像力作為內感官功能，在結合祈禱中通常停止活動，但它並不是持久地被吊銷，它會與記憶力一起在短促的時間內反過來干擾意志（《自傳》18．13）。外感官的普通功能已暫時被吊銷（《城堡》5．1．4），但這並不意謂著人已失去知覺（《城堡》5．1．5），他仍意識到靈魂尚處在肉身內，只是手腳不能輕易地活動而已（《城堡》5．1．4），所有外感官被動地閉上，即使張開，眼睛也視而不見、耳朵會聽而不聞（《城堡》5．1．4－5）。

人只須經歷一次「單純結合祈禱」，即印象深刻，歷久不能磨滅（《城堡》5．1．9－10），今後會引致更深的對神之渴慕（《城堡》5．2．10），這會使人在修德的路途上更精進，然大德蘭仍勸勉人仍須戒慎、努力、謙虛修德與祈禱（《自傳》19．3－4），事事仰賴神，而不要信任自己（《城堡》5．4．9），因為人仍有後退的可能，仍須勉力日進於德（《城堡》5．4．10）。在探討了「單純結合」的內涵後，我們可進而討論「超拔結合」（ecstatic union），它在《靈心城堡》中稱作「第六重住所」。

第六重住所：

大德蘭論述「超拔結合」（《城堡》6．1–11），以「神魂超拔」（ecstasy）一辭為關鍵詞（《城堡》6．4．2），引申自希臘文*ek-stasis*之意謂著「外溢」（standing out），即靈的濃烈之愛，外溢至肉體身上而呈現異狀如容光煥發、肉體騰空等，被旁人發覺（《自傳》20．1）。此階段以「神訂婚」（spiritual betrothal）作稱號，為下一階段的「神婚」（spiritual marriage）作前奏（《城堡》5．4．4–5；6．4．4）。為了要讓人成為純潔無瑕的淨配，神特別給人一段最徹底的煉淨，其中蘊含著極度的身心煎熬，與濃烈的愛戀情傷（《城堡》6．1．3–15）。這段煉淨過程將持續地進行，直至人靈完全神化為止。

這階段充溢著人神間極具震撼的經驗，以致感官與靈三司的普通功能全然地被吊銷，個人已不再察覺外在時空的轉移，只一心專注於上主。此階段可有三個不同的濃烈程度，分別被大德蘭命名為（1、）「濃烈結合」（intense union）、（2、）「出神」（rapture）、（3、）「心靈飛越」（flight of the spirit）；茲述說如下：

1、濃烈結合

「濃烈結合」是人在無預警下發生，突如其來被神所吸引（《城堡》6．2．1–8），以致一切普通心識功能皆暫被全然吊銷，呈現「形如槁木，心若死灰」狀態（《城堡》6．2．2–4）。反之，心靈的超越意識一下子被喚醒（《城堡》6．2．2 & 8）。意志燃燒著對神的愛火（《城堡》6．2．2－4），理智清晰地直覺到神，並毫不懷疑自己受騙，深知魔鬼無法仿冒其深厚與細緻（《城堡》6．2．3；5－6）。

若拿「單純結合」來比較其中的差異，人在「單純結合」中、其普通意識尚未徹底地被吊銷，只是肉體難以動彈而已。反之，「濃烈結合」時之普通功能則徹底休止，人靈已暫時神移至上主的懷抱。有關超越功能的運作，人在「單純結合」中的意志有觸發愛火，只是理智的光照較未能與意志同步。反之、「濃烈結合」則較多蘊含意志愛火與理智光照的互相照應，在意識轉變的速度上，「單純結合」較來得緩和漸進。反之、「濃烈結合」卻來得突然，以致人靈起初會驚慌失措，再而轉為欣喜。「濃烈結合」可演繹為更激烈的「出神」。

2、出神

「出神」凸顯更激烈狀態：心智被神帶走時，不單「形如槁木、心若死灰」，意志的愛火愈發激烈（《城堡》6．4．14），理智的「明心見性」愈發覺醒（《城堡》6．4．3－4）；心靈猶如老鷹一樣展翅高飛，連肉體也騰空昇起（《自傳》20．3）。人不再意識時間的流逝，但經驗並不持續，只是曇花一現而已（《城堡》6．4．13）。人出神後，會更精進地邁進於德（《城堡》6．4．15），但他仍可跌倒，不可不慎（《城堡》6．4．12）。

大德蘭以燒紅的鐵做類比：「結合」類比火鐵交融，而「出神」卻像溶鐵隨火飛舞，往上爆裂，甚至噴射（《自傳》18．2）。德奧菲勒神父（Fr. Theophilus）替大德蘭詮釋說：神魂超拔狹義化為「出神」，則是其更湛深的程度，為此，「出神」不是神祕經驗的附屬現象，所附屬的只是肉身的反應而已⑱。

18. Fr. Theophilus, OCD, “Mystical Ecstasy according to St. Teresa” in *St. Teresa of Avila: Studies in her Life, Doctrine and Time.* Edited by Fr. Thomas and Fr. Gabriel（Westminster, Maryland: The Newman Press, 1963）, p.143.

3、心靈飛越

按大德蘭的體認，「出神」和「心靈飛越」、兩者實質地相同（substantially the same），而經驗地相異（experientially different）（《城堡》6．5．1）。人在「出神」中是慢慢地死於外物而活於天主，以致肉體漸漸地往上提昇；反之，「心靈飛越」卻是突然高速地向上飛越，靈的「高層部分」彷佛迅速地被捲離肉身，一下子被帶到神的境界（《城堡》6．5．1 & 7 & 12）。人起初雖驚惶失措，但後來所帶來的卻是深度的平安、喜樂與前所未有的光照（《城堡》6．5．7），而且終生難忘，德行突飛猛進（《自傳》21．8 & 10）。但到底我們還是旅途之人，可進步，也可跌倒；況且，我們還須邁進到「第七重住所」——「轉化結合」。

第七重住所

大德蘭談「第七重住所」（《城堡》7．1．3），意謂人靈已經歷徹底的煉淨，適合做吾主的淨配，以致從「靈性訂婚」邁進到「神婚」，靈修學家引用「轉化結合」（transforming union）、「成全結合」（perfect union）、「神化結合」（divinized union）等名詞來給這個階段命名[19]。顧名思義，此階段的種種命名都在指示人已達到前所未有的冥合，即使「第六重住所」與「第七重住所」間沒有關閉門戶，到底「第七重住所」尚蘊含若干境界是「第六重住所」尚未達致的（《城堡》6．4．4）。「神婚」就是人神間極度湛深的結合，按大德蘭的意象說法，人靈就如同雨水滴進江河般，與神融化在一起；又如同兩支蠟燭般、在燃燒中合併為一；也如同兩扇窗戶所透入的陽光，在空間內化作一道光芒一樣（《城堡》7．2．4）。

19. Fr. Ermanno, OCD, "The Degrees of Teresian Prayer" in *St. Teresa of Avila: Studies in her Life, Doctrine and Time.* Edited by Fr. Thomas and Fr. Gabriel（Westminster, Maryland: The Newman Press, 1963）, p.98.

若與前一階段的「超拔結合」相較，則「轉化結合」相對地缺少了很多的「出神」現象（《城堡》7．3．12）。原因是人既已脫胎換骨地轉化，甚至肉身的功能也連帶地被神化，以致他整個人，包括靈魂與肉體、可以在日常生活的狀況中結合神，也可以全心做外務工作，而不影響他對神持續的結伴（《城堡》7．1．8）。

人會有短暫的時候活在本性的狀態之下（《城堡》7．4．1），此時的他仍可權宜地做推理默想等修持，也會在本性的狀態中受邪靈干擾與攻擊。上主之所以如此容許，為的是要讓人保持謙虛（《城堡》7．4．1），藉此提醒他，現時尚未絕對安全，仍須戒慎處事（《城堡》7．2．9；7．4．2）。到底、我們仍是在世的「旅人」，向著最終極的「全福」（beatitude）邁進，仍等待著將來天鄉的大團圓。

小結：至此、我們已按聖十字若望「神祕經驗知識論」的理論作基礎，配合聖女大德蘭的生平行實作例子，也聆聽了聖女在《自傳》、《全德之路》、《靈心城堡》所談的祈禱發展。目前我們可方便地把《自傳》的「四層級澆灌」和《城堡》的「七重住所」兩套脈絡作一連貫，藉此看看其中的重疊、吻合和差距，茲以下頁列的圖表示意：

《自傳》成書在先，在祈禱發展的討論上較《城堡》為簡略，尚未提及「轉化結合」的究竟，須留待《城堡》的補充。

在反省了「四巡澆灌」與「七重心堡」的脈絡後，我們尚察覺《靈心城堡》仍有若干論點有待申說和澄清。聖女在書寫《城堡》時，因早已從十字若望的分享中得悉眾多思緒，並對神祕經驗的底蘊作了更深入的發揮，以致我們不得不再從《城堡》的「第六重住所」上進一步的探索，尤從大德蘭對「理智神見」的體證上作一較充足的交待⑳。

20. 我們將在下文兼採近期英譯本對大德蘭句子的看法，以求達致一個更圓融的理解。

四巡澆灌	心識演繹	七重心堡
第一層級	口禱	第一重住所
	心禱	第二重住所
第二層級	主動收心	第三重住所
第三層級	寧靜祈禱 灌注收心 寧靜正境 功能睡眠	第四重住所
第四層級	單純結合	第五重住所
	超拔結合 濃烈結合 出神 心靈飛越	第六重住所
	轉化結合	第七重住所

第三節：理智神見——聖女大德蘭的提示

為求對大德蘭「理智神見」作一個較周延的看法，茲把《城堡》6．1－11的內容分辨為兩個小節來加以闡釋：

首先、我們將在「第1小節」中用較「圓融的觀點／synthetic viewpoint」來涵括「理智神見」的大略與整體義、綜合義；

隨著，我們會在「第2小節」中以較「分析的觀點／analytic viewpoint」來分辨其中的核心義與連帶義。

茲交待如下。

第1小節：較圓融的觀點

聖女大德蘭《靈心城堡》卷六以十一章的漫長篇幅來書寫「第六重住

21 "Vision" 一辭可譯作「神視」或「神見」。「神視」一名看來較側重認知主體的視覺活動，而「神見」之名則看來較能兼顧主體視覺活動與客體對象的自我呈現。為此，筆者較傾向採用「神見」一辭作譯名；但不排斥「神視」這譯法，也承認「神視」這譯法較為普遍。為此我們將參差地活用此二譯名，而會按著行文脈絡所欲強調的焦點而作考量。趙雅博神父譯聖女大德蘭著作就以「神見」一辭來作 vision 之譯名，例如：《七寶樓台》，第六樓台，第八章（台北：光啟，1993年再版），頁. 179談神見種類，即可作例子。

22 借用Tanquerey的詮釋：默觀是為人靈對神之單純直覺的凝視。人在愛慕上主當中孕育出對神奧所」（the 6th dwelling place）——「默觀」（contemplation）的「超拔結合」（ecstatic union）；在其中，她交待了「理智神見」（intellectual vision）㉑的來龍去脈，藉此寓意著「理智神見」須在「默觀」的議題上被考量，也往往可在「神魂超拔」（ecstasy）的景況內被體會。再者，她還在探討「理智神見」的同時一併地討論「想像神見」（imaginative vision）、「祕密」（secrets）、「神諭」（locutions）等經驗，以彰顯其中的錯綜複雜。有見及此，我們看來有必要首先澄清以下的幾個要點：

其一、理智神見連繫著默觀；

其二、理智神見連繫著其他神見；

其三、理智神見連繫著祕密與神諭；

其四、上述經驗在理智神見前提下共屬一整體。茲分述如下。

其一、理智神見連繫著默觀

「默觀」（contemplation）㉒是西方修道者自古以來所致力的靈修核心；靈修學家如聖奧斯定、聖十字若望、甚而聖女大德蘭等都曾分別直接或間接地把默觀定義為人神間祕密的愛的知識㉓。人靈對神在愛的冥合中，其中的濃情蜜意讓她對愛者「出神」（rapture），叫她因而在與神結合中「神魂超拔」（ecstasy）。聖女大德蘭尤在《靈心城堡》㉔「第六重住所」中對默觀者所達致的濃烈的「超拔結合」與「理智神見」相提併論㉕，藉此凸顯二者的緊密相繫。誠然，人靈在超拔結合的狀態下，她不單在愛的專情中與上主心心相繫，並且還在心智的體證上獲得超性的光照，讓她洞悉神的奧祕。這份智的洞察，往往是與「理智神見」混合

祕的空靈明覺。A. Tanquerey, *The Spiritual Life: a Treatise on Ascetical and Mystical Theology* (Tournai: Desclee, 1930), p. 649, "(Contemplation is) a simple, intuitive gaze on God and divine things proceeding from love and tending thereto."

23. 聖奧斯定定義默觀為人對神的愛與知識（St. Augustine, *Enarration in Psalm* CXXXV, 8）。聖十字若望把默觀定義為理智與意志共同保有的對神的祕密的愛的知識（St John of the Cross, *The Living Flame of Love* 3, 49）。聖女大德蘭即使沒有對默觀給予一個完整的定義，到底在字裡行間有相同的看法；例如：她以默觀肇始於人對神的一份愛的靈悅（*gustos*）（《城堡》4·1·4），繼而在愛的出神中孕育心智上的光照（《城堡》6·2·3 & 5–6）。

在一起。談及默觀的超拔結合，自然就缺少不了對「理智神見」這一環節作討論。

其二、理智視見連繫著其他神見

繼而，按基督宗教傳統的分辨，「神見」主要分為「感性神見」（sensible vision）、「想像神見」與「理智神見」三者[26]；「感性神見」藉外感官（尤藉視覺）而被傳遞，「想像神見」則藉想像活動而呈現，而「理智神見」則不經感官或想像而直截由理智把握；三者皆經由超自然運作的管道而接觸到異象[27]。聖女大德蘭也作出同樣的分類（《自傳》28・4 & 9）；她尤強調：後二者還時而混雜在一起出現（《自傳》28・9；靈修見證／*Spiritual Testimonies* 53・2–3；65・3）；為此，談及「理智神見」，則須對前二者有所認識，尤須對「想像神見」作體認。

其三、理智神見連繫著祕密與神諭

再者，「理智神見」又往往與「祕密」（《城堡》6・10・2；《自傳》40・9）和「神諭」（《城堡》6・3・12–8）糾纏在一起，提及前者，則不得不交待後二者，否則不足以窺探整個事象的全貌。「祕密」、又名「啟示」，意謂著神的奧祕從掩蔽中向人開啟；大德蘭比較傾向採用「祕密」一名，藉此凸顯奧祕之從幽蔽中獲得揭露。至於「神諭」一詞，意謂著心靈聆聽到神的話語、而深受撼動、以致產生實質的效果（《城堡》6・3・5），恰如癱瘓者在聆聽到主耶穌的命令而實際地站立起來走路一般。按大德蘭的體會，不論是「祕密」或「神諭」，如果是根源自神，則會直截或間接地與「理智神見」拉上關係，因為「理

24. 有關聖女大德蘭原文之分段，本文主要根據 *The Collected Works of St. Teresa of Avila*, translated by Kieran Kavanaugh & Otilio Rodriguez （Washington, D. C.: ICS, 1976–1985） Vols. I–III.
25. 《城堡》6・8.
26. 聖奧斯定和聖多瑪斯也曾作過如此的分類。St. Augustine, *De Genesis ad Litteram* 12, 6, 15–12, 16, 33. St. Thomas Aquinas, *Summa Theologiae* II–II, Q. 175, a. 3, ad. 4.

智神見」本身到底蘊含著對上主奧祕的啟示、以及對上主話語的實質把握。換言之，「理智神見」、「祕密」的啟示、以及「神諭」的被把握三者彼此蘊含，實際地互相糾纏，三者即使理論地可容許分辨，但實際地彼此糾纏不清，原因是：它們共屬一整體，可被統攝在「理智神見」的前提下。

其四、上述經驗在理智神見的前提下共屬一整體

在此，我們考慮到這樣的一份疑慮：如果我們在同一篇文章內討論超過一個核心論題的話，這篇文章就會有很高的機率變成為一篇失敗的文章，因為其中的內容會呈現一份「不集中」、「鬆散」、甚至「零碎」、「混亂」的傾向，帶給人一份「東拉西扯」、「拉雜成軍」的感受，除非我們能從一開始即把眾多的議題融匯入一個中心脈絡，讓不同的焦點都可在一個有機的整體內容各安其份、互相照應。有見及此，我們須在這裡一再強調：「神見」、「祕密」、「神諭」等現象並不是多個彼此毫無關連的事件，而是屬同一個核心議題的不同面向，以致我們一方面會把此等事象涵括在一個整體完型來考慮，另一方面也會顧慮到它們有其個別精要無法彼此取代或約化，否則我們就無從體會其中的多姿多采。讀者若能夠意會到這一份考量，我們就可以較為放心地從多個焦點上反思同一個整體的個別因素。

第2小節：較分析的觀點

為讓我們順利地討論聖女大德蘭所體證的「理智神見」，我們可分析地把思路放入以下的反思序列：

27. 聖經中的具體例子計有——
感性神見——《達尼爾先知書》*Daniel* 5: 1–30.
想像神見——《依撒意亞先知書》*Isaiah* 6: 1–9.
理智視見——《格林多人後書》2 *Corinthians* 12: 2・4.

一、理智神見的基本義涵；
二、理智神見與想像神見的連繫；
三、理智神見與祕密的連繫；
四、理智神見與神論的連繫。茲分述如下。

理智神見的基本義涵

若要從理智神見的本質義上作探討，我們可以首先從較消極的面向上凸顯理智神見之所不是，然後再從較積極的面向上反思理智神見之所是。談及理智神見之所不是，我們所強調的重點有三：

A. 理智神見不牽涉外感官
B. 理智神見不牽涉想像力
C. 理智神見甚至不牽涉靈的視覺

A. 理智神見不牽涉外感官

聖女大德蘭首先把理智神見與感性神見二者劃清界限（《城堡》6．8．3）；顧名思義，感性神見牽涉感官，它是外感官的超越運作，即人主要藉肉眼等外感官而接觸到異象，如《達尼爾先知書》第五章的一至卅節的例子一般：眾人藉肉眼而看到一隻手指在牆壁上寫字（《達尼爾先知書》五：5）。反之，大德蘭強調：理智神見並不是藉肉眼來看見的（《城堡》6．8．2；《自傳》7．67）；況且，聖女並不看重感性神見，她以它為最低等級的神見，最能被魔鬼利用（《自傳》28．4），因為任何靈體都可以透過干預個人的外感官而引

28 "…it (the soul) will feel Jesus Christ, our Lord, beside it. Yet, it does not see Him, either with the eyes of body or with those of soul. This is called intellectual vision." （《城堡》6．8．2）
29 "I saw or, to put it better, I felt Christ beside me; I saw nothing with my bodily eyes or with my soul, but it seemed to me that Christ was at my side——I saw that it was He, in my opinion, who was speaking to me. … It seemed to me that Jesus Christ was always present at my side; but since this wasn't an imaginative vision, I didn't see any form. Yet I felt very clearly that He was always present at my right side and that He was the witness of everything I did." （《自傳》27．2）

致靈異經驗，以致不容易讓人分辨它的來源。為此，大德蘭對感性神見一事著墨不多，她只一語帶過地說它有別於想像神見（《自傳》28．4）。

B. 理智神見不牽涉想像力

大德蘭又指出：想像神見（imaginative vision）雖然時而伴隨著理智神見而出現，到底二者也不互相等同（《自傳》28．4）。想像神見是想像力的超性運作，讓人透過被想像的畫面而被動地接收到靈界的訊息（《自傳》28．4）；例如，《依撒意亞先知書》第六章一至九節所陳述的異象即是如此：上主高坐皇座、有眾天使環繞、熾愛者天使擁有六個翅膀等有形事象，就如同我們藉想像力而想像出來一般，只是境象是被動地接收，且內含深意而已。反之，為大德蘭而言，理智神見、嚴格地說、並不是藉想像運作的方式來被把握的，雖然二者時而糾纏在一起（《自傳》28．9）。換言之，狹義的理智神見並不是用想像之「眼」來看到境象。

C. 理智神見甚至不牽涉靈的視覺

大德蘭甚至在《靈心城堡》第六重住所第八章2節指出：理智神見甚至不是用靈眼來看到的，例如：人靈體會到主耶穌基督就在她身旁，只是她並不是用肉眼或靈眼來看到而已，到底她毫不懷疑地意識吾主的顯現㉘。聖女還在《自傳》第二十七章2節補充說：理智神見為「非想像神見」（non-imaginative vision），即不含想像力所提供的圖像㉙。總之，理智神見不是用肉眼、也不是用想像之眼、也不是用靈眼來接觸，它不含圖像「形式」㉚。

在我們從較消極的面向上探討理智神見不是什麼後，茲讓我們從較積極的面向上體會理智神見是什麼。

30　大德蘭理智神見，在範圍上看來甚至比聖十字若望在《攀登加爾默羅山》（2·24）的見解更狹義化。有關此點，我們將在另文作出比較。

從較積極的面向上談理智神見，大德蘭有下列的見解。

A. 理智神見義蘊的初步界定

較籠統地說，大德蘭對理智神見有以下的初步界定：

1. 理智神見是對神臨在的一份體證（《城堡》6・8・2 & 4 & 6）
2. 理智神見是對神的一或多個屬性的體證（《自傳》28・9－10）
3. 理智神見包括對主耶穌基督至聖人性臨在的體證（《城堡》6・8・2）
4. 理智神見包括對其他聖者如聖母瑪利亞等之臨在的體證（《城堡》6・8・5－6）
5. 廣義地言，理智神見也包括對一般靈體臨在的體證（《靈修見證》／*Spiritual Testimonies* 20）[31]
6. 理智神見是人在對神臨在的體證中蘊含著對神的熾愛與認知（《城堡》6・8・4 & 6）

總括起上述的話語，我們可權宜地替聖女大德蘭對理智神見的見解下這樣的一個初步的定義：

理智神見主要是對神臨在、包括對基督至聖人性之臨在的體證，在體證中孕育著對神及其奧祕的愛的知識。它較廣義地蘊含著對其他聖者、甚至一般靈體的體證。

或許我們可藉著聖女所給予的某些具體例子而能進一步體會聖女所指的義蘊：

例一、對天主聖三的理智神見（《靈修見證》13・1）

這份神見是聖女在一五七一年五月二十九日的經歷，其內容大略是：聖女大德蘭的靈魂在愛火燃燒中獲得一份智性的體會，在其中、她清晰地領悟到聖三整體的臨在，她的靈魂藉

31. 聖女大德蘭之*Relación*被Kavanaugh & Rodriguez譯名為*Spiritual Testimony*，其中之第20號之英譯文在*The Collected Works of St. Teresa of Avila,* Vol. I, pp. 329–330.

某種靈性的提示而知悉天主如何是三位一體；三位格似透過某種表象而呈現，而祂們向聖女說話。聖女認為這是人靈在有寵愛的狀態下對聖三能有的體證㉜。

例二、對聖三的另一次灌注經驗（《靈修見證》29．1－3）

我們可引用聖女在一五七二年九月二十二日所獲得有關聖三臨現的灌注經驗來補充例一的說法：聖女在當天領會到天主聖三清晰而彼此分明的位格，她瞻仰聖三每一位格，並且和每一位格個別交談。固然只有聖子降生成人，而聖三的真理藉此而被世人獲悉，但到底這並不妨礙我們進一步對三位格的體證。再者，聖女意識到這三位格彼此愛慕、融通、認識；三者位格分明，但心情合一，擁有同一本質、同一意志、同一功能，以致任何一位格都不即亦不離其他二位格。類比地說，存在界不論有多少受造物，到底只有一個造物主，而萬物的存在都不即亦不離造物主的存有而得以存在；同樣地、聖三每一位格都不即其他二位格、亦不離其他二位格而獨存。聖子能否沒有聖父而創造一隻螞蟻？聖子又能否缺乏聖神的光照而宣道？聖三一既然只有一份權能、一份智慧，那麼，聖父、聖子、聖神就不彼此或缺。存在界只有一個全能者天主，而三位格是一個至高者上主。

我們能愛著聖父而不同時愛著聖子及聖神嗎？聖父能缺少聖子或聖神而獨有嗎？神既以愛為其本質，而愛意謂著愛者與被愛者在互相愛慕中合而為一；那麼、聖三彼此相愛、以致祂們在愛中合而為一，是為一體；再者，愛也意謂著愛者們互相肯定彼此的存有，以致在相愛中容許彼此個別的位格更形彰顯；那麼、聖三也在互愛中彼此欣賞與肯定彼此間不同的位格，以致祂們是三位，三位格彼此分明、即使祂們相融在同一個愛的團體內。這是聖女在另一次對聖三的理智神見中所獲得的體證㉝。

32. 見Kavanaugh & Rodriguez英譯文*The Collected Works of St. Teresa of Avila*, Vol. 1, pp.326–7. 此外，《城堡》7·1·6也有類似的提示。

33. 見Kavanaugh & Rodriguez英譯文*The Collected Works of St. Teresa of Avila,* Vol. 1, p.334。

例三、對有寵愛與陷溺罪惡的人靈的理智神見（《靈修見證》20）

約在一五七一年於亞味拉（Avila）、聖女在祈禱中體會自己在天主聖三的臨現下，與神一起同在於普世；吾主讓她藉理智神見體證到有寵愛的靈魂的境況，並讓她瞭悟《雅歌》四16之言：「讓我的摯愛進入其花園，並品嚐其中的珍菓」（"*Veniat dilectus meus in hortum suum et comedat.*"）言下之意是：聖女體會到活在寵愛的靈魂如同活在馨香的花圃般、結實纍纍，神可安息其中、並安享其中的美菓。

此外，聖女也體會到陷於罪惡中的靈魂之慘況，他失去了力量，如同身體全被捆綁、眼睛全被掩蓋一般地無奈。他無論如何渴望看見，仍無法觀看、無法聽聞、無法走路，他處在極度的黑暗中而不由自主。聖女非常可憐處於如此境況的靈魂，以致嘆息道：自己若能釋放其中之一個，則至少會部份地減輕她個人沈重的負擔；她不欲任何人失去如此眾多的美善而滯留在罪惡的深淵內。

聖女指出這樣的領會是超出筆墨所能形容，但仍是一份清晰的光照、因應神的心境來實現，而不是依靠人普通的思辯推理與感性經驗來被造就㉞。

對照著上述的三份相關經驗，我們或許可多少作這樣的補充：理智神見是一份對神及其奧祕的智性直覺，它讓人在愛的光照中對神及與神相關的奧祕（包括對其他靈體的內蘊）獲得直截的體證，而其中的清晰程度、要比任何感性或想像圖像來得清楚；但人在理智神見的凝視中似把握到某種「表象」，只不過它不是藉一般本性的能力而獲得，而是藉由神灌注給人而達致的實質體認。換言之，人在理智神見的體證中看來多少帶有其「表象」，只是它既不是藉肉眼、想像之眼、甚至靈眼來獲致，而是超出此三者而有的直截接觸，其中究竟、要

34. *Ibid.*, p. 329。

比任何其他接觸來得清晰。

B. 理智神見的連帶特徵

如果我們把理智神見聚焦在對神臨在之體證上，我們可以有以下的連帶特徵：

1. 人靈極肯定這份神見來自神或基督（《城堡》6．8．2－3）；
2. 人靈在獲得此經驗之初會感到害怕（《城堡》6．8．2－3）；
3. 所獲得的印象會停留多日、甚至年餘，不如「想像神見」般地印象快速退卻（《城堡》6．8．3）；
4. 人不能對它揠苗助長，不能掌控其去來（《城堡》6．8．5）；
5. 其經驗之湛深是為魔鬼所無法仿冒（《城堡》6．8．5；《自傳》28．10）；
6. 它會連同「實質神論」（substantial locution）[35]一併出現（《城堡》6．8．3）；
7. 它有時會連同「想像神見」出現（《自傳》28．9；《靈修見證》53．2－3；65．3）。

C. 理智神見所帶來的效果

凡體證神臨在的理智神見都給人靈帶來以下的效果：

1. 內心平安（《城堡》6．8．3）
2. 渴願取悅神（《城堡》．8．3）
3. 輕視世物、如果世物不導引我們歸向神（《城堡》．8．3）
4. 深深地結合於神（《城堡》．8．4）
5. 明悉神益根源自神而起戒慎恐懼之心（《城堡》．8．4）

35. 「實質神論」意謂聆聽到神的話語而產生實質效果，例如：聆聽到吾主說「不用害怕」、而馬上勇毅起來。此點容後討論。

6. 面對神的大恩惠而引申湛深的慚愧與謙遜（《城堡》6．8．4＆6）
7. 對神孕育特殊的認識（《城堡》．8．4）
8. 對神有著湛深的愛慕，並渴願犧牲一切來事奉神（《城堡》6．8．4）
9. 良心潔淨精微、心存神的臨現、並在主內注視一切世間事功，也在一切事上體認神的親在。

D. 建議事項

在戒慎的前提下，聖女建議我們找兼有學問與有靈修的人訴心，若二者不可兼得，聖女則提議我們找有學問之士請益（《城堡》6．8．8＆9），以免被不明智的人誤導。

綜合上文的論述，我們或許已經留意到，理智神見主要出現在默觀中的超拔結合的時分，與超拔結合共屬一個原型，（雖然我們並不排斥神可在其他時份灌注這份經驗）；人在出神狀態中孕育較高程度的愛的知識，對神及其奧祕明察秋毫。更好說、理智神見是超拔結合的認知面向，以致其中的特徵和效用都與超拔結合互相重疊與貫通，我們只是為了理論上的分析而把它們作分辨，而實際上二者內涵彼此糾纏不清，無法完全互相分割。再者，我們尚須進一步提示說：理智神見不單與超拔結合內蘊一致，而且也時而連繫著想像神見、並往往與它一起出現。

理智神見與想像神見的連繫

為澄清理智神見與想像神見二者間的連繫，我們所須考量的是：

（一）想像神見的本質義

（二）理智神見與想像神見的異同與貫通

茲按聖女的心得作反思如下：

（一）想像神見的本質義

我們可權宜地把大德蘭所體認的想像神見濃縮為這樣的一個定義：想像神見意謂著人靈被動地接收到鮮明活圖像。我們從中分辨四個要點：

A. 想像神見牽涉想像活動之「圖像」

B. 想像神見牽涉「活」的圖像

C. 想像神見是「被動地」接收

D. 想像神見的圖像比人所能營造的更為「鮮明」

茲分述如下：

A. 想像神見牽涉想像活動之「圖像」

顧名思義，想像神見意謂著牽涉有形可見之感性圖像、藉著想像力而呈現（《自傳》28．4）；例如：它呈現耶穌基督的人性，彰顯出主耶穌在福音中的某個行實、或凸顯復活後的基督（《城堡》6．9．1＆3）。

B. 想像神見牽涉「活」的圖像

想像神見所顯示的圖像並非靜態的圖畫、而是活的景象（《城堡》6．9．4），且給人一份身歷其境的感受；有時人靈甚至可跟所邂逅的基督或其他人物交談、並接受啟示，以致印象深刻．

在我們初步地確定想像神見之為被動地接收鮮明的形像後，可進而把它與理智神見相提並論。

（二）理智神見與想像神見的異同與貫通

若比對理智神見與想像神見二者間的來龍去脈，我們可獲得以下的重點：

A. 理論地二者不互相等同

從理論分析的層面上考量，理智神見與想像神見二者並不互相等同（《自傳》28．4）。從被把握的途徑上說，理智神見是直截由理智體證，而想像神見則牽涉感性圖像的轉折（《城堡》6．8）。從其持久性上言，理智神見叫人感動多日、甚至年餘（《城堡》6．8．3），反之，想像神見雖然叫人印象深刻，但相對地不如前者耐久（《城堡》6．9．4 & 7）。

B. 實際地彼此糾纏不清

然而、從實際的表現上說，二者彼此糾纏不清，它們時而一起出現，共屬同一個原型；其中混和的情況、可從下面數點中予以體會：

1. 若干相通特徵：

a）常與出神掛勾——它們通常都在「超拔結合」（ecstatic union）（即《靈心城堡》所指謂的第六重住所）中一起出現（《城堡》6．9．4）。

b）常是灌注的——它們都是被動地、無預警地突然出現，由靈界所引致（《城堡》6．9．10）

c）感受相若——凡由神所導致的神見，都使人靈在感受上初次感到驚恐，但隨後會達致心靈上的深度平安（《城堡》6．9．5）。

d）效用相通——凡出自神的神見，都叫人深受教益（《城堡》6．9．10），在其中神清楚地啟示自己（《城堡》6．9．5），讓人因而獲得智慧；此外，它們都給人引致戒慎、謙遜、勇毅等德行（《城堡》6．9．4 & 6；6．9．11）。

2. 優勝點比對：

a）從益效上說——凡根源自神的想像神見、似比理智神見更迎合人性（《城堡》6．9．1），似較容易讓人受益；到底人是成肉身的存有者，受感性支配。

b）從來源上說——理智神見肯定地根源自神，而魔鬼無法仿冒及複製如此湛深的經驗（《城堡》6．8．2－3 & 5；《自傳》28．10）；反之，想像神見因牽涉感性圖像，以致魔鬼較能干預而讓人因而產生疑慮（《城堡》6．9．1 & 10）。

3. 建議上的同與異：

從大德蘭面對此二者的分別建議上看同與異：

a）剋就其同方面——聖女都建議我們請教有學問、有靈修之士（《城堡》6．8．8 & 9；6．9．11）

b）剋就其異方面——聖女鼓勵我們珍惜玩味理智神見，因為人靈可肯定其來源（《城堡》6．8．2－3）；反之，聖女卻勸我們不應渴求想像神見，以免捨本逐末而失卻謙遜，反而給魔鬼機會欺騙，掃祿（Saul）就是前車之鑑（《城堡》6．9．15）。

綜合地談論理智神見與想像神見之連繫，它們理論上本質各異，而實際上則時而一起出現，以致感受相若、效用相通，在益效上各有其優勝，而大德蘭在建言上分別有其同與異，到底它們屬同一個整體，都可放在超拔結合的前提上被考量。

大德蘭除了強調理智神見與想像神見的連繫外，也強調理智神見與祕密的連繫。

理智神見與祕密的連繫

「祕密」又名「啟示」，同寓意著上主奧祕從幽蔽中揭露，剋就這一個面向而言，大德蘭較喜歡用「祕密」一詞多於「啟示」一字。在《自傳》（40・9）及《靈心城堡》（6・10・2）中、聖女分別強調：「祕密」與「理智神見」二者實際上混合在一起而難以分割。按《自傳》（40・9）的描述，理智神見蘊含超性光照，讓人洞察上主的祕密，以致祕密的揭露不離理智神見的呈現。此外、《靈心城堡》（6・10・2）補充說：在理智神見中，人靈因為接觸到上主，以致在祂內一併地體認到屬於祂的一切奧祕，包括宇宙萬物的祕密，也在宇宙萬物內體認上主；為此，祕密無異於理智神見，祕密與理智神見同屬一個原型。

大德蘭在《靈心城堡》中引用了三個較具體的例子來作解釋：

①當人融入神的氛圍內，他同時體認到一端真理——人犯罪就等於在主的氛圍內犯罪，如同在殿宇內面對著君主而犯罪一般。這份體認是實際地在體證神的臨在之同時被證得，它不是透過推理、而是透過直截的光照、並在神內獲得的把握（《城堡》6・10・5）。

②人在心智上體證神的存有之當兒，也一併體證到神的超越屬性如「真」、「善」、「美」等。這也是實際的證得、而非思辯地藉普通推理獲得，雖然所證得的成果並不違反理

性的推論（《城堡》6．10．5）。

③人心智在體證神的圓善當中、也一起深入地體會自己在上主面前的卑微與虛無，以致在更認識神之同時也更認識自己、更明瞭自己若缺少了神的助佑則什麼也不能做、甚至不能發一善念（《城堡》6．10．7）。

總之，正因為理智神見蘊含祕密的彰顯，而祕密的揭露不離理智神見，以致大德蘭並未刻意地把二者絕對分開來陳述，反而把它們相提並論、以吐露一個更完整的整體義。

理智神見與神諭的連繫

我們也可以在「神諭」的議題上看到類似的連繫。

廣義地說，「神諭」一詞意謂著靈界向人說話，人聆聽到靈界的語音；神諭可出自神，也可來自神以外的靈體、包括善靈或惡靈。

《靈心城堡》6．3．1－18的論點主要環繞著神諭這主題而展開；1至11節單獨討論神諭本身的義蘊，12至18節則把神諭與理智神見相提並論，以凸顯其中的緊密連貫。茲分述如下。

有關神諭的究竟

聖女大德蘭首先籠統地指出：我們可有各式各樣的神諭（《城堡》6．3．1）[36]；在一般情況而言，我們可不必理會它們，以免受邪靈或自己的想像所欺騙（《城堡》6．3．2－4）。即使部份的神諭可來自上主，到底我們也不應因此而自大，我們仍須考量自己如何藉此獲致神益；再者，如果其內容不吻合聖經，可別理會它（《城堡》6．3．4）。然而，

36.　聖女大德蘭沒有詳細地替神論分門別類，但聖十字若望卻對它有較詳細的分辨；參閱其《攀登加爾默羅山》（2·28–31）.。

我們仍可藉「辨別神類」（discernment of spirit）來分辨它是否來自神。為大德蘭而言，凡來自神的神諭可有以下的徵兆。

①**實質效用**——為首而最確定的徵兆是：來自神的神諭充滿力量與權威，讓人聽之而獲得實質上的效果，例如：一句「不必憂慮！」就讓我從困擾中馬上獲得平安喜樂與振奮；一句「是我，不用怕！」馬上使我完全從恐懼中釋放出來而獲得安慰（《城堡》6．3．5）。

②**內心深度平安**——來自神的神諭使人靈產生一份湛深的寧靜平安，其中蘊含著虔誠、和平的收心、與意願隨時讚頌上主；為此，有此特徵則表示：如果它不直接出自神，也至少是從善源（例如：天使、聖人）而來（《城堡》6．3．6）。

③**深印腦海**——神的話語讓人深印腦海，歷久不忘，有人甚至終生難忘（《城堡》6．3．7）。

④**確信不疑**——神的話語還使人在獲得不可磨滅的印象中確信不疑，甚至願意以死來為它作見證（《城堡》6．3．7）。再者，即使其中的預言延遲實現（例如亞巴郎子嗣預許的延遲實現）（《城堡》6．3．8）、或永不實現（例如尼尼微人因悔改而不遭降罰）（《城堡》6．3．9），人靈也不會因此而失去對神的信任。

反之，靈異的語音若出自惡源或只出自個人的想像，則不會有上述的特徵（《城堡》6．3．10）。

在聆聽到神諭的事象上，大德蘭還作了這樣的建議：若所獲得的神諭事關重大、或牽涉第三者、則應請教有學問而明智的神師，以免個人在這事上出差錯（《城堡》6．3．11）。

聖女繼而在《靈心城堡》6・3・12－18中把神諭與理智神見連貫在一起，並指出神諭可以出現在理智神見內、而成為後者的一個因素。在理智神見中兌現的神諭，它是為在人心靈深處所聆聽到的訊息，本身祕密而清晰，並且給予人一份湛深的確定，肯定它不出自個人的想像（《城堡》6・3・12）、或出自其他來源。有關於連同理智神見而出現的神諭，我們可藉以下的徵兆而判定它來自神。

徵兆①**清晰**——當人靈接受來自神的神諭，他會發覺到它是如此地清晰，以致能記得起每一字每一句說話。反之，凡來自個人的想像者，則我們是無法如此清楚地記起它們，反而覺得它們好像是在半睡夢的迷糊狀態中被完成似的（《城堡》6・3・12）。

徵兆②**無預警**——來自神的神諭、是人在無預警的狀態下出現；它往往出乎人意料之外，尤其是當它預言將來的事象時，人會察覺它誠然是一些連想也沒有想過的預象，往往超出人所能想像或創作的範圍以外（《城堡》6・3・13）。

徵兆③**聆聽**——出自神的神諭，是人藉著內心的傾聽而獲得。反之，若只出自個人的想像者，則人會發覺到自己是逐漸地創作他所欲接收的語句（《城堡》6・3・14）。

徵兆④**頓悟**——凡來自神的話語，人會從中獲得頓時而湛深的了解；反之，人理智若光靠自己的功能，他是無法達致如此迅速而清澈的頓悟（《城堡》6・3・15）。

徵兆⑤**藉話語而瞭悟**——人靈藉所獲得的話語而往往對其中的內容有更深更廣的理解，而理解的程度要比沒有話語來得更湛深（《城堡》6・3・16）。為此，大德蘭稱之為一本活的書，比普通的書優勝得多（《自傳》26・5）。

徵兆⑥**人靈無法抗拒**——凡出自神的神諭，人靈是無法抗拒的；當它出現時，人靈其他思想會暫時停頓，只一心一意地專注於其中的語句，而對其他聲音會聽而不聞。這一份被動的停頓、讓人愈發確定是神在主管著自己的心堡（《城堡》6．3．18）。大德蘭還補充說：當理智神見與神諭一起出現時，人的普通功能被吊銷，人處在出神（rapture）狀態（《自傳》25．5；26．5）。

徵兆⑦**話語含實質化工**——出自神的神諭，不論它是否連結著理智神見而一起出現，都蘊含著實質效用（《自傳》25．3；《城堡》6．3．5），讓人聽之而按所示內容獲得振作，例如：一句「不要怕！」就讓人馬上不再驚恐。聖十字若望稱之為「實質神諭」（substantial locution）（《攀登加爾默羅山》2．31）。

徵兆⑧**無法仿冒**——根源自神的神諭是如此地細膩，以致邪靈無法仿冒，因為祂無法給予人如此湛深的平安與光照；人靈若保持著謙遜，魔鬼是難以傷害他的（《城堡》6．3．16）。

徵兆⑨**對修德上的進益**——凡獲得來自神的神諭，人靈除了察覺其中的實質效用外，尚且在修德上獲得大的助益：人靈會因而更謙遜、更全心尋求上主的榮耀、更忘我；反之，若人因獲得話語而自高自大、自以為高人一等，則這樣的心態反而顯出它不來自神、而來自惡源（《城堡》6．3．17）。

上述（《城堡》6·3·12–18）的特徵，可與先前（《城堡》6·3·1–11）所提示的有關神論單獨出現的徵兆一併考量，以讓我們有更完整的反思。誠然，我們已發覺其中的重點彼此重疊與互補。換句話說，神的話語可單獨出現，也可與理智神見一起出現、而成為後者的一個因素；但無論如何，凡來自神的神諭，都有其一貫的特質可被辨認，其中尤以所含的實質效用是為極其顯要的徵兆，讓我們認得出是神的綸音。

聖女大德蘭《靈心城堡》「第六重住所」第八章談理智神見，把它連貫至默觀之超拔結合來作分析，藉此寓意著理智神見是默觀中高程度事象㊲；在其中，人在天人之愛中獲得智性光照，瞭悟神的奧祕。

消極地說，理智神見不牽涉肉眼、不透過想像之眼、甚至不藉著「靈」眼來獲得任何圖像；積極地說，它是理智對神本體及其奧祕的直截體證。為此、理智神見誠然凸顯了默觀中的認知面：默觀作為「祕密的愛的知識」㊳，蘊含著神對人靈之智慧的灌注、以及人靈在愛中對神奧祕的洞察。在認知的角度上言，它與其他靈修學派所意謂的「見道」（enlightenment）、「光照」（illumination）等辭義相通、或至少有異曲同工之妙，只是在大德蘭的體證中、它更是人神相戀中的一份神祕之愛的瞭悟，類比著男女相愛中所孕育的愛的互相認識與臨在。

我們也聆聽到聖女大德蘭在理智神見的前提下一併討論想像神見、祕密、與神諭，用以顯示它們彼此間的緊密連繫：

首先、理智神見的蘊藏時而泛濫至想像領域而與想像神見混合，以致其中內容會以想像的活圖像出現。

37. 聖女大德蘭《靈心城堡》除了在「第六重住所」（《城堡》6·8）中談理智神見外，也在「第七重住所」（《城堡》7·1·6 & 8）談人靈在神婚（mystical marriage）中對聖三奧跡所把握到的理智神見。

38. 這是聖十字若望在《愛的活焰》（3·49）中對默觀所下的定義。

此外，理智神見讓人以心智參透神的奧祕，為此、它是為一份祕密的啟示，與祕密的本義無異。

再者，理智神見往往牽涉神的話語，其中蘊藏著實質效用、讓人辨認出神的臨在，也就是說，它與神諭掛勾。

總之，理智神見即使理論地與想像神見、祕密、及神諭有別，但圓融地它們相繫相通，在高程度默觀中共屬一個整體，共同綻放出其中內涵的豐盈與多姿多采。

茲把大德蘭對「理智神見」的體證表述如下：

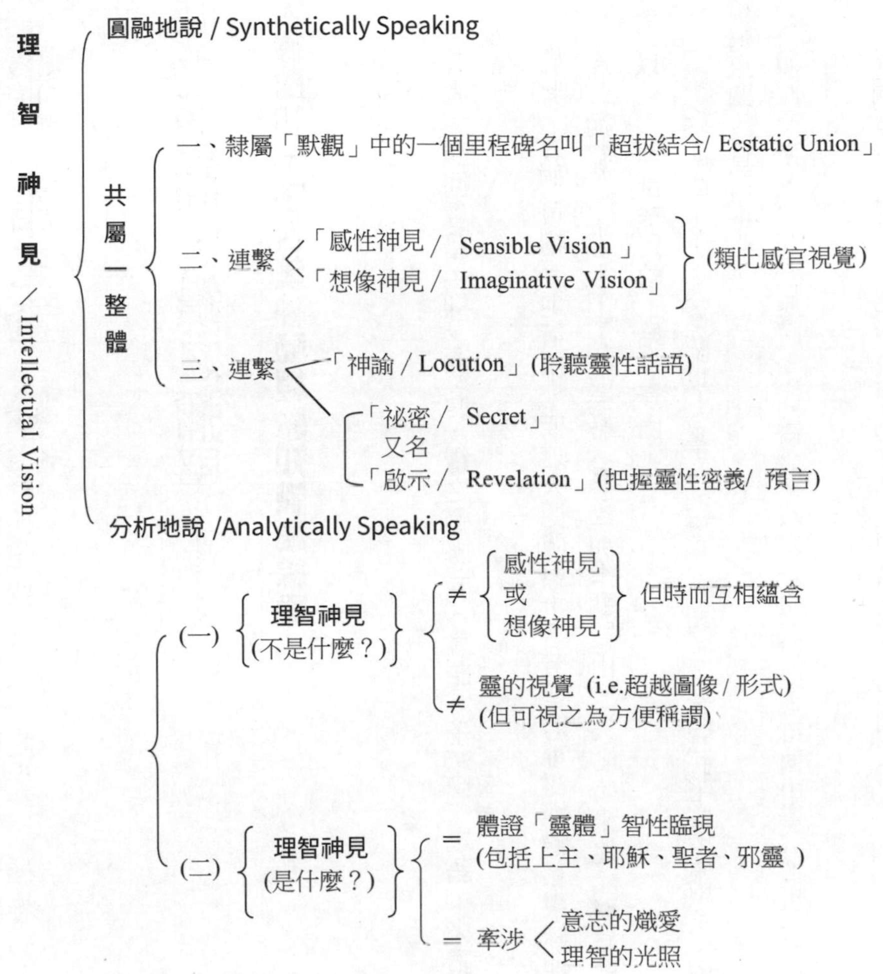
理智神見／Intellectual Vision
圓融地說 / Synthetically Speaking
共屬一整體
一、隸屬「默觀」中的一個里程碑名叫「超拔結合/ Ecstatic Union」
二、連繫
「感性神見 / Sensible Vision」
「想像神見 / Imaginative Vision」
(類比感官視覺)
三、連繫
「神諭 / Locution」(聆聽靈性話語)
「祕密 / Secret」
又名
「啟示 / Revelation」(把握靈性密義/ 預言)
分析地說 /Analytically Speaking
(一)
理智神見
(不是什麼？)
≠
感性神見
或
想像神見
但時而互相蘊含
≠
靈的視覺 (i.e.超越圖像 / 形式)
(但可視之為方便稱謂)
(二)
理智神見
(是什麼？)
=
體證「靈體」智性臨現
(包括上主、耶穌、聖者、邪靈)
=
牽涉
意志的熾愛
理智的光照

第三章

仰之彌高、鑽之彌堅——

大德蘭和十字若望神祕經驗知識論綜瞰

昔者，顏回曾藉「仰之彌高、鑽之彌堅」（《論語．子罕》）之語，來讚譽孔子學問淵博、聖德高超。

於此，我們可權宜地借用來描述大德蘭與十字若望的神祕經驗和靈修理想。「仰之彌高」——十字若望以《攀登加爾默羅山》為名，來比喻靈修路途崎嶇、高聳入雲，以致人須割捨迷執、始得登山。「鑽之彌堅」——大德蘭以《靈心城堡》為題，來寓意我主深居內室、屏障堅厚，有待人鑽越重圍、直指本心。

如此一來，「仰之彌高」、「鑽之彌堅」兩語合璧，可適用來綜瞰二聖對神祕經驗知識論的互相印證。

提綱挈領地說，本章內容將劃分為三節來闡釋，它們是：

第一節：二聖談祈禱生活所牽涉的「所知」與「能知」；

第二節：二聖在祈禱進境上所引述的心路歷程；

第三節：二聖在體證「理智神見」上的異同與互補。

第一節：二聖談祈禱生活所牽涉的「所知」與「能知」

如前述，十字若望以其理論鋪陳著稱，大德蘭以其實踐經歷見長，若相提并論，則若合符節，互相補充。

十字若望在「被知視域」上劃分「本性界」與「超性界」；而「超性界」中再細分為「超自然界」、「偶性超性界」、「實質超性界」；再者、又在「認知心識」上分辨「外感官」、「內感官」、「靈三司」。

相對應地、大德蘭則逐一補之以個人實例來印證。聖女雖然沒有刻意劃分「能」「所」之別，也沒有條理分明地排列名目與面向，到底二者心得卻能配合無間、水乳交融，以致理路與實例相應，思想與行動相諧，好讓我們方便地為二聖構想繪圖如下：

若加追問：二聖的理念和經驗為何能彼此配合？我們所能想及的回應至少有兩點：

其一是，二聖靈修上的互相切磋——十字若望是大德蘭的神師，聖女在訴說中會談及一己的經驗，聖人在言談間也會在理論上給予提示，以致他們情通理契，言行相符。

其二是，人有共同的認知架構——我們作為人類的一份子，都具有相同的認知功能，展望著整體存有視域，其中涵括著本性界與超性界，類比著相應的鑰匙配合著相應的門鎖一般；固然門鎖可以透過特殊的管道來開啟，例如：請配鎖師傅來處理，類似靈界可藉由神明來揭幕一般。

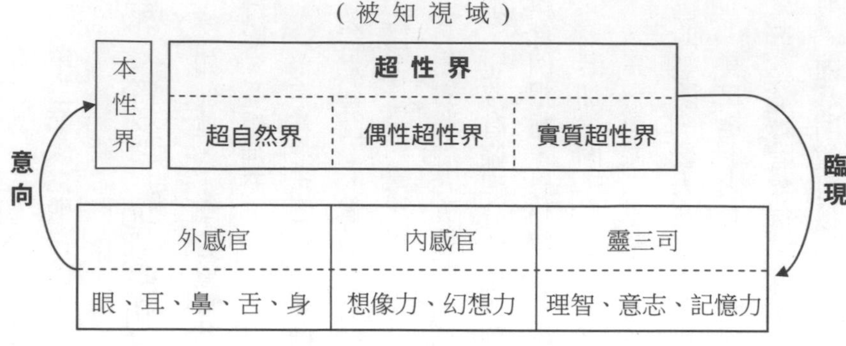

換句話說，為人而言，我們的認知功能有分普通運作與異常運作；普通運作容許認知功能開放於日常自然事象；反之，非常運作則讓認知功能接觸靈異境界。多瑪斯（Thomas Aquinas）曾有條理地分析人的認知結構及其所指望的存有視域①；十字若望則接力地把多瑪斯知識論演繹為神祕經驗知識論（《山》卷二和卷三）；大德蘭雖然沒有接受神哲學訓練，但當她談個人經驗之時，仍脫離不了人的認知框架來展開，即使她承認超性界須經由上主或靈體傳送，人無法揠苗助長；換言之，人的認知能力尚有很多潛能有待開發，也有待聖靈加持來開悟。

借用馬雷夏（Joseph Maréchal）《神祕家心理探討》②之洞察來補充：人的認知功能之所以能展開神祕經驗的向度，是因為人除了普通經驗運作外，尚且有超越圓滿的嚮往，渴慕全福（beatitude）的臨現，以致與彼岸產生呼應而獲得連繫與提昇，恰如聖奧斯定所言，我的心靈除非安息在主懷中，則永遠得不到安息③，何況上主比我們更懇切與我們在愛中交匯！

1. Cf. Thomas Aquinas, *Summa Theologiae Ia 84-89*（*Human Intelligence*）. Translated by P.T. Durbin. Blackfriars in conjunction with Eyre & Spottiswoode, London, and Mc Graw-Hill Book Co., New York. Latin text and English translation, volume 12.（London: Eyre & Spottis woode, 1968）.
   Cf. Bernard Lonergan, *Verbum: Word and Idea in Aquinas*. Ed. By David B. Burrell（London: Darton, Longman & Todd, 1968）.
2. Joseph Maréchal, *Studies in the Psychology of the Mystics*. Trans. by Algar Thorold（London: Burns Oates & Washbourne, 1927）.
   參閱拙作〈當代士林哲學所提供的一套神祕經驗知識論——與馬雷夏懇談〉《哲學與文化》第二五卷第三期（Vol. 286），中華民國八十七年三月，頁212-231。

第二節：二聖在祈禱進境上所引述的心路歷程

二聖在情通理契、互相切磋下共同奠定了聖衣會靈修，也開拓了神祕主義的高峰。他們在個別談論修行過程之時，總離不開「煉、明、合三路」的分法，皆保持「開始、前進、完成三階段」的分際，但卻各自引用不同的意象來表陳。固然，靈性事理可藉多套象徵來申述，且可互補闡發，只不過可能會因而呈現繁簡不一、參差不齊的狀態，時會發人深省，也時會引申困惑。

有關靈修所能經歷的演繹，大德蘭曾以「四巡澆灌」（《自傳》11－22）與「七重心堡」（《城堡》1－7）的比喻來描述④，簡括地可按下圖來示意⑤：

至於十字若望的看法，我們可根據他在《靈歌》全書所提及的鴿子與雄鹿間的「尋踪、相戀、結合」，以及《山》和《夜》所聯合描述的「黃昏、黑夜、黎明」，來理解其所影射的「煉、明、合」三路，並可藉下頁圖來概括⑥：

我們會在此產生這樣的疑問：二聖談靈修歷程究竟須如何比對才能配合得宜？又有關煉、明、合三路各自的起迄時分，二聖看法是否一致？看來我們須在此賣一下關子，因為我們須先檢討了「默觀」的義涵後、才可有餘地作一個更充分的交待，暫且留待下回分解⑦。

四巡澆灌	心識演繹	七重心堡
第一層級	口禱、心禱	第一、二重住所
第二層級	主動收心	第三重住所
第三層級	寧靜祈禱	第四重住所
第四層級	結合祈禱	第五、六重住所
	轉化結合	第七重住所

3. Augustine, *Confessions.* Edited by Sheed and Ward（London: Sheed & Ward, reprinted 1943）, I,1.
4. 參閱上文第二章。
5. 此圖是上一章圖表的簡化。
6. 我們將在下文作較詳細的交待。參閱本書第四章、第九章、第十章。
7. 參閱本書第六章。

換句話說，談及祈禱的進境，大德蘭因引用個人的具體實踐作範例，以致述說起來較為細緻多姿；反之，十字若望則著重理論分析，只整合地把脈絡統攝在「初階、進階、完成」三分段來鋪陳，以致驟眼看來，並非如此地引人入勝。姑勿論如何，二聖各自的劃分，即使表面上並不是完全配合無間，也至少大同小異，容許我們往後詳加檢討。

然而、最值得我們作較詳細考量的，應該是「理智神見」這一議題；一方面是十字若望在《山》有精細的分析，另一方面大德蘭也在《城堡》中有顯著的發揮，讓我們不得不慢下步伐來把二者看法作一比較與檢示。

第三節：二聖在體證「理智神見」上的異同與互補

從神祕經驗知識論的前提上作探討，神祕家尤以心智對絕對本體的體證作為重要的議題，西方靈修學派尚且會聚焦在「理智神見」（intellectual vision）⑧這事象上作反思，而我們還是能從聖十字若望和聖女大德蘭的共同見證上略窺究竟⑨。二聖既是靈修夥伴，不論經驗上、或在理論的鋪陳上都相互闡發，提及其中一人，則無法不聯想到另一人。

有關聖十字若望所談的理智神見，我們可用他的《攀登加爾默羅山》第二卷第廿三至卅三章的陳述作為主要根據，至於聖女大德蘭在這方面的心得，我們則主要採用其《自傳》（25－29）與《靈心城堡》（6．3－10）等相關內容作反思資料。於此，茲讓我們首先概略地分別檢討二聖對理智神見的看法，

靈修歷程	煉 路	明 路	合 路
《靈歌》	尋 蹤	相 戀	結 合
《山／夜》	黃 昏	黑 夜	黎 明

8. 參見第二章註釋21。
9. 雖然大德蘭著作出現在先，然因十字若望論點較具條理系統，故在此先陳述後者之理論，再以前者的說法應和。

然後再藉著比較來企圖獲致一個較深入的體會。

第1小節 十字若望的提示

聖十字若望開宗明義地指出（《山》2．23．1－2），「理智神見」有其**廣義**面及**狹義**面。

廣義地說，「理智神見」一辭可泛指一總純由理智活動所把握的超性經驗，其中包括狹義的理智神見、啟示、神諭、靈觸（spiritual feelings）四者。所謂純由理智所把握的超性經驗，乃寓意著它們並不是透過外感官或想像力作媒介、而是直截由超性界傳送至理智，以致人靈只好被動地接收而不能揠苗助長（《山》2．23．1）。

概略地說，聖十字若望對啟示、神諭等事象的論述（《山》2．27－32），是與聖女大德蘭的鋪陳意義相通、即使互有增補與闡發，於此不另作討論⑩，我們目前所關懷的是聖十字若望所指的狹義的理智神見。

狹義地言，理智神見尤指一總類似「視覺」的超性顯現（《山》2．23．2），純由理智所領悟，而不經由其他管道如外感官之「肉眼」、或內感官之「想像之眼」所把握，因而對應地不含實際的感官映像或想像圖像（《山》2．23．3）。聖十字若望還稱理智為「靈眼」（the spiritual eye of the soul）（《山》2．23．2），它容許人靈性地「看見」一超性對象，只是其中的管道與成果有別於內外感官所孕育的成果而已。

在這意義下的理智神見，從其所把握的對象上體會，被十字若望辨為兩大類（《山》2．24），其一為把握形軀實體（corporal substance）的理智神見，其二為把握靈實體（spiritual

10　有關聖女大德蘭對啟示、神諭等事象的分析，參閱本書第二章。

substance）的理智神見，後者尤指對神實體的體證；茲分述如下。

A. **把握形軀實體的理智神見**：所謂對形軀實體的理智神見，乃意謂著理智直截地把握存在界的有形事象，只是不蘊含眼官與想像力的觀看而已（《山》2．24．1－7）。十字若望以《瑪竇福音》第四章第八節、以及《路加福音》第四章第五節作例子（《山》2．24．7）：耶穌被魔鬼帶至高山而一下子「看見」世間國度的榮華富貴；其迅速無間的情況，是無法藉由內外感官的運作方式來把握得到的。我們目前不準備詳論這一類的神見，而更關注其所談論的對靈實體的理智神見⑪。

B. **把握靈實體的理智神見**：談及理智直截地把握靈的實體（《山》2．24．2－4），聖十字若望尤重視心智對神實體的直接體證，其中尤凸顯《出谷記／出埃及記》33：18－23一例以茲說明（《山》2．24．3）：梅瑟／摩西（Moses）不再滿足於只是見到上主徒然透過荊棘之火、雲彩、雷電等形像來顯示自己，而要求祂赤裸裸地呈現其靈的實體，於是神叫他從石頭的縫隙間窺視祂的背影，而上主尚以右手部份地掩蓋其視線。

以梅瑟的個案為例，我們可以凸顯以下的特點：

1. 神本質的顯露

所謂對神本質實體的把握，它意謂著神不再藉由感性形像來作為其臨現的標記，而是赤裸裸地呈現其本質實相，並讓人心智直截地獲得體證（《山》2．24．3）。

2. 神的顯露仍不徹底

然而，相較於來世的全福神見（beatific vision）——即人神在天國的圓滿結合，人現

11. 聖十字若望尚在「把握形軀實體的理智神見」這前提下再分辨1. 把握現世有形事物之理智神見、以及2. 把握天堂有形事物之理智神見二者，（《山》2·24·1–8）聖人以《瑪竇福音》4: 8作前者之例子，以《默示錄》21章作後者之例。茲因篇幅所限，於此從略。有關這方面較詳細的分析，cf. George Morel, *Le sens* de *l'existence selon* st. *Jean de la Croix*（Paris: Aubier, 1960–61）, p. 101.

世能有的理智神見仍然是不絕對地徹底。以上述經驗為例，梅瑟須藏身在石隙後，再由神右手掩護，他只能窺見神的背影，這一切都象徵地寓意著神實體實相顯露的不徹底（《山》2．24．3－4）。

3. 人肉軀無法承受這震撼

人現世在普通意識狀態中、其現有的肉軀構造是無法用來承受理智神見所導致的震撼。換言之，神的本質一旦如實地顯露，人的軀體會因無法接受如此強烈的刺激而死亡（《山》2．24．2）。為此聖經《出谷記》20．19提示：以色列子民向梅瑟說：請勿讓神直接跟我們說話，免得我們死亡。

4. 人肉軀須神特別保護，而神見須為時短暫

聖十字若望又引《出谷記》（32：20）語「無人能看見我（神）而（繼續）生存」，並解釋道：一般而論，這種神見不在此世出現；假如它真的發生了，也只是一些很例外的例子，而且為時十分短促。在它出現的時份內，神須特別保護人的自然生命以免因過份受震撼而致死（《山》2．24．3）。

5. 它消極地意謂著人普通功能的暫時被吊銷

在某意義下，這份經驗可算得上是人肉軀的暫時死亡，因為人會在此時暫時地停止他一般日常生活的普通感官作用、以及其理智的普通思辯運作（《山》2．24．3）；人心智須遠離藉普通管道所導致的認知，但人並非因而失去知覺，它反而是靈功能超越運作的湧現；它雖然為時短暫，但可因而直截接觸到上主的本性本體；這誠然是天堂上聖者才接觸得到的全福境界之瞥見，換言之，它等於是人死後全福神見的預嚐。

6. 它積極地意謂著人心智接收到特殊的光照

人除了普通認知功能的暫時吊銷外，尚且需要接受神特殊的光照。聖十字若望指出這是一份更高的光照，他稱之為「光榮的光照」（the light of glory）（《山》2．24．2），這份光照有別於其他神見所獲得的光照，這是天堂上全福神見的某程度的呈現。

7. 它極端稀有、且只給予救恩史上幾位重要人物

在現世、它發生的機率非常低，且只為少數幾位救恩史上的重要人物而設，聖經上就只記載過梅瑟／摩西（《出谷紀》33：22）、厄里亞／以利亞（Eliah）（《列王紀上》19：13）、和聖保祿／保羅（St. Paul）（《格林多人後書》12：2．4）有過如此的經驗（《山》2．24．3）。換句話說，這份經驗極度稀有，而且只給予教會上幾位特選的靈魂，因為他們在救恩史上擁有特殊的使命，也是選民中的極為堅貞的份子、以致特別被上主所親近，並獲享特殊的恩寵。

8. 它深印人靈

上主雖然並未如同全福神見般地徹底呈現其本質，然而這份理智神見、已足夠讓人靈獲得極深刻的體會，其經歷就如同烙印般地深印人靈，叫人歷久難忘（《山》2．24．4）。

面對著顯露神本質的理智神見，聖十字若望一反常態地建議：好好地珍惜這一份經驗（《山》2．26．10），並且在記憶中珍重地回憶它（《山》3．14．2），原因是：人生的最終目標既然在乎面對面地接觸上主，我們就理應珍惜一切顯露上主本質的經驗。換句話說，聖人並不全反對我們去理會所有的超性經驗，他只是要求我們忽視一

切不顯露神本質的異象而已。

第2小節　大德蘭的提示

反觀聖女大德蘭談論理智神見的論點⑫，我們可濃縮地替聖女作以下的略述。

（一）為理智神見下定義

大德蘭所體會的理智神見，可從以下的定義中被窺見：理智神見主要是理智超性地對神臨在、包括對耶穌基督至聖人性臨在的體證（《城堡》6．8．2），並在體證中孕育出對神及其相關奧祕的愛的知識（《城堡》6．8．4），它較廣義地蘊含著對其他聖者、甚至一般靈體的體證（《靈修見證》／*Spiritual Testimonies* 20）⑬。

在這定義的帶動下，我們可附加以下的闡釋。

A.純理智的體證

大德蘭標榜理智神見是為純粹理智上的體證。我們可分別從消極與積極兩面來把握她的意思。

1.從消極面上說，它不含感性圖像：

a）主體地言，它不牽涉外感官的視覺作用、也不牽涉想像功能的想像活動（《城堡》6，8，3；《自傳》28．4）、甚至不牽涉靈眼的視覺（《城堡》6．8．2）；

b）客體地言，它不牽涉任何圖像，包括感官物理形像、或想像圖像、或靈性意象（《城堡》6．8．2；《自傳》27．2）。

12.　較細緻的分析，參閱本書第二章。
13.　聖女大德蘭之*Relación*被Kavanaugh & Rodriguez譯名為*Spiritual Testimony*，其中之第20號之英譯文在*The Collected Works of St. Teresa of Avila,* Vol. 1, pp. 329–330.

2. 從積極面上說，它純粹是理智的超性光照：

a）主體地言，它是一份純粹的智的直覺或光照，超越一般普通經驗的思辯推理的洞察（《城堡》6．8．2；《自傳》28．9－10）；

b）客體地言，它是神的直截臨現，或較廣義地是為靈界事理的直截傳遞（《城堡》6．8．2）。

B. 被動的體證

理智神見是直截從靈界傳遞過來，人理智是在無預警的狀態下被動地接收，況且人靈無從揠苗助長，也無從控制它的去來（《城堡》6．8．5）。

C. 理智神見是在默觀的前提下兌現

默觀是為「祕密的愛的知識」⑭，而人在理智神見中獲得對神及其奧祕的愛的知識，如此一來，理智神見是在默觀經驗中兌現，而且在高程度的默觀經驗中出現，即它至少須在「超拔結合」（ecstatic union）的出神（rapture）狀態下湧現，以致人的感性與心智的普通功能會暫時被吊銷，好讓靈的超越功能得以被釋放而達致光照（《城堡》6．4．3－4）。

D. 牽涉神臨現之理智神見應被珍惜

當神直截臨現在理智的神見中，其中的湛深感受是無法被邪靈所仿冒，而人靈也極為確定其來源（《城堡》6．8．5），為此，大德蘭極為看重這份經驗，也鼓勵我們珍惜它。

14. 這是聖十字若望為默觀所下的定義（《焰》3, 49），其義與大德蘭的見解吻合。
15. P. Marie-Eugéne, OCD, *I Am A Daughter of the Church: A Practical Synthesis of Carmelite Spirituality, Vol. II.* Translated by M. Verda Clare, C. S. C.（Allen, Texas: Christian Classics, reprinted 1997）, pp. 251-264. 中文暫譯為《我是教會的女兒》。
16. 在《自傳》40, 9，聖女藉理智神見而體會到一切在神內，沒有任何東西逃出祂的掌握。"Once while in prayer I was shown quickly, without my seeing any form——but it was a totally clear representation——how all things are seen in God and how He holds them all in Himself."

（二）理智神見分類

談及理智神見的形形色色，大德蘭雖然沒有如同十字若望般有條理地分門別類，到底她在敘述個人的經驗時，也隱然地作了若干的分辨。按瑪利尤震神父（Fr. Marie–Eugéne, OCD）的整理⑮，我們若因應著聖十字若望的理論架構作基礎，也不難看出聖女大德蘭在其鋪陳上仍可隱然地在理智神見的議題上分辨出「把握形軀實體的理智神見」與「把握靈實體的理智神見」二者，只不過她是落實在個人的親身體驗來印證而已，茲分述如下。

大德蘭以她的經歷作依據，而指出：人透過理智神見而直截接觸神當兒，也一併瞭悟一切屬於神的奧祕⑯，包括宇宙生物，其中固然包括世間的一總隱密情境，它一方面可以是在空間上牽涉一些遠距離的事件，另一方面也可以是在時間上涉及將來無法測知的預見⑰。此外，人藉理智神見也可以與主耶穌基督的至聖人性邂逅（《自傳》27，2），即使祂已是復活了的基督（《城堡》6．8．2），到底祂仍不缺乏經受轉化的形軀。為此，瑪利尤震神父就以基督人性的顯現作為聖女大德蘭把握有形實體的理智神見的一個實例⑱。

再者，在大德蘭個人的經驗中，理智神見可純然地牽涉靈實體的顯現；例如：它可以是呈現有寵愛的靈魂、或陷溺罪惡的人靈之實際光景（《靈修見證》20），或牽涉一些有關於靈性面的真理⑲。固然，大德蘭最看重的是神實體的臨現（《城堡》6．8．2 & 4 & 6），其中包括聖女對天主聖三的體證（《靈修見證》13．1；29．1－3），以及從中所獲悉的有關神的屬性如真、善、美等（《自傳》28．9－10）

總之，以聖十字若望的理論架構作藍本，我們可方便地替大德蘭在理智神見類型的分辨上劃分「把握形軀實體的理智神見」與「把握靈實體的理智神見」二者；再者，我們可從這

17. 在《自傳》40, 13–14中，聖女藉理智神見而得悉某修會的發展狀況，包括將來該修會將要出現的某些殉道者的犧牲。

18. P. Marie–Eugéne, OCD, *I Am A Daughter of the Church: A Practical Synthesis of Carmelite Spirituality, Vol. II*. Translated by M. Verda Clare, C. S. C.（Allen, Texas: Christian Classics, a Division of RCL, reprinted 1997）, pp. 252–253.

19. 例如：當人在神見中融入神的臨在下，也一併地體認到：人若犯罪，就無疑等同於在主的鑑臨下犯罪，恰如在殿宇內面對著君王犯罪一般（《城堡》6, 10, 5）。

二前提上作較細緻的分辨如下圖所示：

（三）理智神見與其他超性經驗的連繫

聖女還在理智神見的前提上連繫著其他相關的超性經驗而一併地論述，她尤凸顯了理智神見與想像神見（imaginative visions）、祕密（secrets）、和神諭（locutions）的關連⑳。分解地言，它們並不互相等同；然圓融地言，它們卻彼此糾纏不清，茲分別約略地為它們作一辨釋。

A.理智神見與想像神見的連繫

1.分解地言：
- 理智神見不牽涉圖像
- 想像神見牽涉感性圖像

2.圓融地言：理智神見的體證可泛濫至想像領域而兼含想像圖像（《自傳》28・29；《城堡》6・9・4）。

B.理智神見與祕密的連繫

1.分解地言：
- 理智神見是人對神及萬物的智性體證
- 祕密是神與其奧祕的啟示

2.圓融地言：人在理智神見接觸到上主的當兒也一併地瞥見其相關奧祕的揭露（《自傳》40・9；《城堡》6・10・2）。

理智神見
- 把握形軀實體 —包括→
  - 把握基督的人性
  - 把握世間時空上的隱事
- 把握靈實體 —包括→
  - 神的實體與聖三奧祕
  - 神的屬性如一、真、善、美
  - 其他靈體如善靈、罪靈的境況

20. 參閱本書第二章。

C. 理智神見與神諭的連繫

1. 分解地言：
- 理智神見是理智對神及相關事理的洞悉
- 神諭是靈界話語的傳遞

2. 圓融地言：人在理智神見與神邂逅當中也會聆聽到祂的言談（《城堡》6．3．12－18）。

總之，理智神見即使理論地與想像神見、祕密、及神諭有別，到底實際地它們往往相繫相通，在高程度默觀中融貫在一起。

第3小節　二聖在理智神見反思上的異同與互補

在先後概略地聆聽了十字若望和大德蘭對理智神見的論點後，我們可在此對他們的看法作一比較，以看出其中的異同與互補。

首先，在「同」的面向上說，二聖在理智神見的論述上有以下的共通點。

（一）從理智神見的本質義上看

A. 直截由理智接收：二聖都異口同聲地指出，狹義的「理智神見」有以下的消極面與積極面。它消極地不牽涉感性圖像（《山》2．23．3；《城堡》6．8．3），而積極地是理智直截的超性體證（《山》2．23．2；《城堡》6．8．2）。

B. 被動接收／人不能助長：二聖都如此地見證，理智的超性體證、意謂著它是被動地接收，亦即由靈界直截傳遞過來，人靈無法揠苗助長（《山》2·23·1；《城堡》6·8·5）。

（二）從默觀的歷程上看

C. 在超拔結合程度以上出現：兩位聖者都贊同說，理智神見至少須在超拔結合的程度上出現，人在神魂超拔的狀態下獲得智性的光照，洞察靈界的奧祕；大德蘭稱之為「第六重住所」的觀照（《城堡》6·4·3–4），十字若望稱之為「神訂婚」的靈暉（《靈歌》14–15·17；《夜》2·1）。在其中、人的心智既已經歷了相當程度的煉淨，她可以接受神在靈智上所給予的明鑒洞照，而人在普通功能被吊銷的情況下，超性的直覺得以破繭而出，造就理智神見（《山》2·24·3；《城堡》6·4·3–4）。換言之，二聖都主要站在神訂婚的階段上面討論理智神見，並且強調其為出神狀態下的經驗。但兩人都暗示：人在神婚（spiritual marriage）、即轉化結合（transformed union）階段的時候，人靈會更持續地體證神的臨在。

（三）從理智神見的分類上看

D. 形軀實體與靈實體的分辨

我們以聖十字若望的分類作借鏡（《山》2·24），來比對聖女大德蘭的陳述（《自傳》27–28；《城堡》6·8·2–6），則不難看出二人都分別涉及兩主類的理智神見：

其一是、把握形軀實體的理智神見（《山》2・24・1 & 7；《自傳》40・13–14）

其二是、把握純靈實體的理智神見（《山》2・24・2–4；《城堡》6・8・2–6）

前者主要是意謂著對物理事物的洞悉、或對經歷靈化的形軀事物之瞥見；後者則意指對純靈體或與靈體事理相關之屬性的體察。二聖在個別的分析上都有涉獵上述的兩主類神見，雖然在陳述上、及在更細緻的分辨上各有偏重。

（四）有關理智神見與其他超性經驗的連繫

二聖都把理智神見與其他超性經驗與「想像神見」、「祕密」、「神諭」等相提併論。為十字若望言，「理智神見」廣義地包括狹義的「理智神見」、「想像神見」、「啟示/祕密」、「神諭」等經驗，因為它們都廣義地與心智活動拉上關係（《山》2・23・1）。相應地，為大德蘭言，聖女在陳述「理智神見」之同時、強調「理智神見」在理論的分辨上，雖與「想像神見」、「祕密」、和「神諭」有別，但實際上它們彼此糾纏在一起而形成一個更大的整體（《自傳》28・4 & 9；《城堡》6・3 & 10）。換言之，二聖都分別見證著「理智神見」有其廣義與狹義之分，即狹義地分辨在理論分析的前提下，即使廣義地它們實際上互相牽涉，共同維繫在心智活動的踐行下，而二聖也在理智超越運作的前提下對「想像神見」、「祕密」、「神諭」三者作以下的共同體認。

E. 想像神見

想像神見是超性界透過人的想像功能而傳遞靈界的訊息，它往往在超拔結合中與理智神智混合，並且在訊息的傳遞中讓理智一併地有所體認（《山》2・16・2–3；《城堡》6，8–9）。

F. 祕密

超性界與人靈接觸而向心智傳遞訊息，以致實踐上理智神見往往蘊含神靈的祕密啟示（《山》2・25–27；《城堡》6，10）。

G. 神諭

人與神超性地接觸，人靈除了有類似視覺的「神見」外，也往往不缺乏類似聽覺的「神諭」。人靈體認神的臨在，也一併地聆聽到祂的心聲（《山》2・28–31；《城堡》6・3・1–18）。

（五）所珍惜的經驗

二聖均珍惜一總牽涉神本質顯現的超性經驗，並毫不懷疑此類經驗的優勝效用。茲分二點作陳述如下。

H. 珍惜神本質顯現的經驗

二聖雖然強調我們不要貪戀靈異經驗，但都異口同聲地鼓勵我們珍惜並回憶一總牽涉神本質顯現的超性經驗，其中包括涉及神實體的理智神見（《山》2．24．2–4；《城堡》6．8．2）、洞察上主本質的啟示（《山》2．26．3–10；《城堡》6．10．2）、實質神諭（《山》2．31；《城堡》6．8．3）、及對上述經驗之回憶（《山》3．14．2）。

I. 神本質顯現的經驗含優勝效用

二聖都確定神本質顯現的經驗必含優勝效果，因為邪靈無法仿冒（《山》2．24．6；2．26．10；2．31；《城堡》6．8．5；《自傳》28．10）。

其次談到互補：

（一）有關廣義與狹義之排序

A. 聖十字若望：從廣義到狹義（《山》2，23–32）

——先扣緊廣義之理智神見義

再分辨狹義之理智神見、啟示、神諭等。

B. 聖女大德蘭：從狹義到廣義（《城堡》6．8–10）

——主要先扣緊理智神見本身作為討論的前提

再從較廣義的面向上融貫想像神見、神諭、祕密。

（二）有關例子之應用

A. 聖十字若望：主要用聖經人物作例子（《山》2．24．1–3）。例如梅瑟、厄里亞、保祿。雖然也提及聖本篤。

B. 聖女大德蘭：主要以個人經驗為例子（《城堡》6．8．2–6；《靈修見證》13．1；29．1–3；20）

（三）從時間觀點上談顯露神本質之理智神見

A 聖十字若望：從實際顯現之時間上言，顯露神本質的理智神見的出現只是曇花一現、瞬即消逝（《山》2．24．3）。

B. 聖女大德蘭：從受感動的效驗上言，顯露神本質的理智神見，其在感受的深刻上可申延至一年，甚至歷久難忘（《城堡》6．8．3）。

（四）從徹底性上言

聖十字若望較站在全福神見（beatific vision）立場談論現世的理智神見之不徹底性（《靈歌》22．4；36．40；《焰》2．32）；反之，聖女大德蘭卻不特別站在全福神見上作考量。

（五）從圖像的涉及上言

理智神見雖不涉及圖像，但二聖卻分別有以下的補充。

A. 聖十字若望：理智把握對象，類比感官把握圖像（《山》2．23．2）。

B. 聖女大德蘭：理智神見可被想像神見所泛濫，也就是說，二者可彼此掛鉤與混淆，以致理智神見也可被感性圖像所沾染（《城堡》6．9．4）。

接著探討二聖的差異：

（一）從領受理智神見之人物上言：

A. 聖十字若望：顯露神本質的理智神見只給予救恩史上的重要人物（《山》2．24．3）。

B. 聖女大德蘭：她並不強調此限制，即使她也不予以否定；聖女主要以自己的經驗為例，而聖女還自謙地不以自己為教會上的重要人物，她只以自己為教會的女兒。言下之意，她似乎暗示、只要有上主的眷顧，則任何人都有可能接受此經驗（《城堡》6，8，2–6）。

（二）有關「靈眼」一辭：

A. 聖女大德蘭：她強調理智神見甚至不牽涉靈眼（《城堡》6．8．2）。

B. 聖十字若望：他認為理智與靈眼是同義辭（《山》2．23．2）。

二聖的說法表面上看來彼此似乎矛盾，但實際上、他們的見解是可以互相融貫。首先，聖女大德蘭看來認為「靈眼」一辭意義曖昧，有其不恰當性，因為「眼」字多少牽涉感官意涵，容易引致誤解，使人把理智與想象功能混淆。反之，聖十字若望站在理智的洞察上立論，以理智神見對神本質的洞察類比感官清徹視覺的明察秋毫，故此以「靈眼」一辭稱之（《山》2．23．2–3）。

二聖綜合心得，可藉下圖示意：

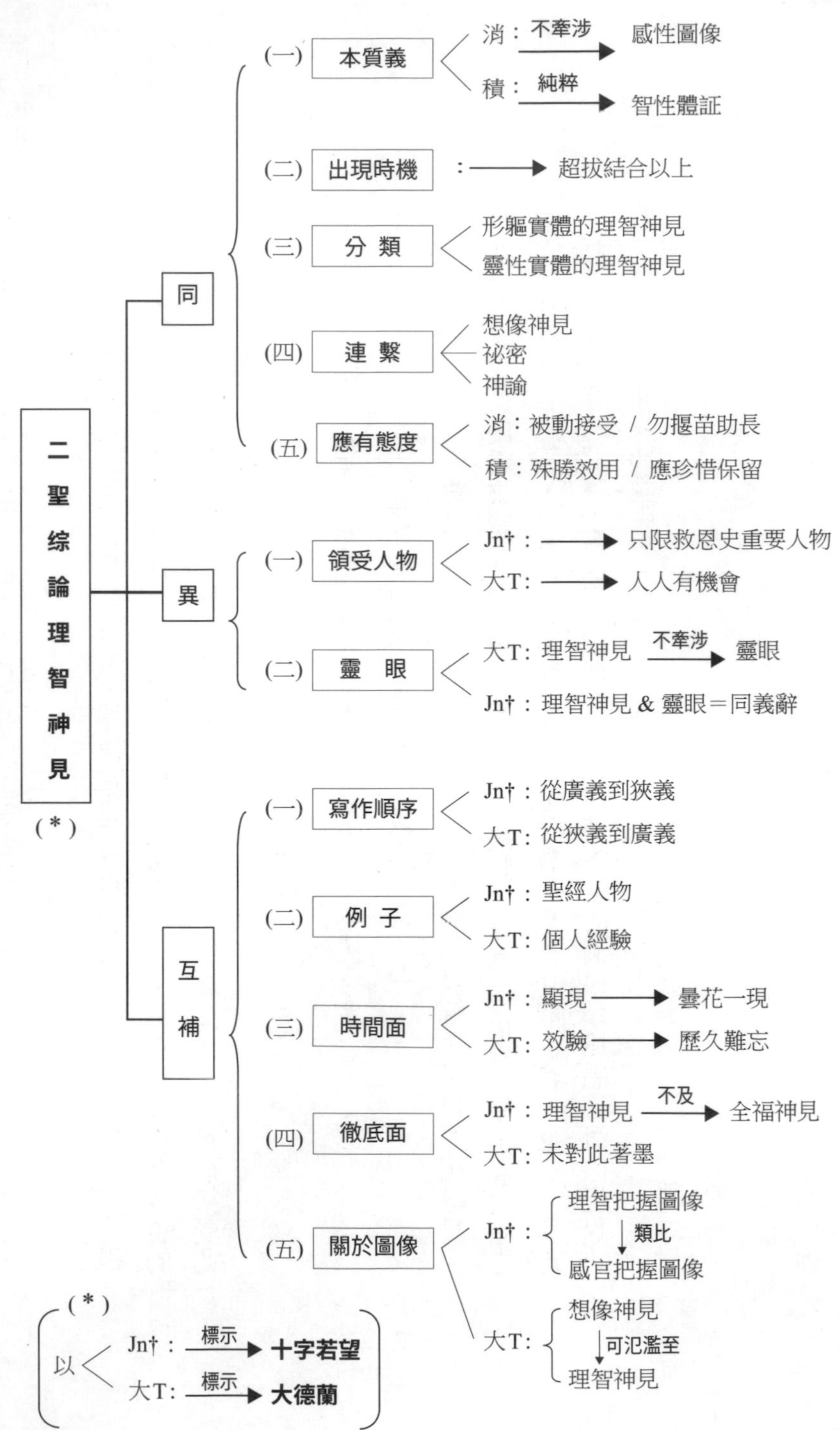
二聖综論理智神見
(*)
同
(一) 本質義
消：不牽涉 感性圖像
積：純粹 智性體証
(二) 出現時機
：超拔結合以上
(三) 分 類
形軀實體的理智神見
靈性實體的理智神見
(四) 連 繫
想像神見
祕密
神諭
(五) 應有態度
消：被動接受 / 勿揠苗助長
積：殊勝效用 / 應珍惜保留
異
(一) 領受人物
Jn†：只限救恩史重要人物
大T：人人有機會
(二) 靈 眼
大T：理智神見 不牽涉 靈眼
Jn†：理智神見 & 靈眼＝同義辭
互補
(一) 寫作順序
Jn†：從廣義到狹義
大T：從狹義到廣義
(二) 例 子
Jn†：聖經人物
大T：個人經驗
(三) 時間面
Jn†：顯現 曇花一現
大T：效驗 歷久難忘
(四) 徹底面
Jn†：理智神見 不及 全福神見
大T：未對此著墨
(五) 關於圖像
Jn†：理智把握圖像 類比 感官把握圖像
大T：想像神見 可氾濫至 理智神見
(*)
以
Jn†：標示 十字若望
大T：標示 大德蘭

一個有待商榷的問題：轉化結合VS.理智神見

讀者可能會發現以下的一個疑問：人在轉化結合中對神的湛深體證是否等同於理智神見本身？

面對這問題，我們有這樣的一個體認。

聖十字若望在《愛的活焰》中指出，轉化結合是為人靈的神化，意謂著人靈藉深度分享神而達致與神合一，他稱之為「藉分享而神化」（divinization by participation）（《焰》1．9；《靈歌》22．3－4）。至於聖女大德蘭，她在《靈心城堡》第七重住所上也強調：當人靈進入神婚階段，他時常活在對天主聖三臨在的體會；而這並非理智的普通思辨理解，而是人在見道中的實際體證，只不過此階段通常缺少出神狀態，有別於超拔結合的情狀（《城堡》7．3．12）。聖十字若望也對此有相同的看法（《夜》2．1．2）。

按二聖上述的思路，人在轉化結合中對神的體證，看來必然是廣義的理智神見（凡一切與心智有關的超性經驗，都屬廣義的理智神見）。但問題是，人在轉化結合中對神的體證、是否有別於人靈在出神狀態中對神本質的神見？這點是值得進一步商榷。看來二聖都不在轉化結合中稱人靈對神的體證為狹義的理智神見。狹義的理智神見一辭看來是專門用來稱謂神訂婚（第六重住所）的典型現象，也就是說，理智神見一詞專門在乎意謂著人靈在出神的光景內對神本質的體認。

此外，聖十字若望又分辨兩大類神祕經驗（《山》2．10．4），其一是清楚而個別（distinct and particular）的經驗，例如：狹義的理智神見；其二是黑暗而普遍（dark and general）的經驗，在此他單指默觀經驗。此點指出，聖人看來並不把狹義的理智神見與最高程度的默觀作絕對的等同。只不過聖女大德蘭並沒有在這方面多所著墨而已。

值得我們再三反思的另一議題：超拔結合VS.理智神見

大德蘭在默觀的前提下談理智神見，以理智神見為超拔結合的一個典型現象、以超拔結合為默觀的高階段，其崇高程度僅次於「轉化結合」而已。這表示大德蘭認為理智神見屬默觀中的一事象。

反之，十字若望在分辨「清楚／個別」、「黑暗／普遍」二類經驗的同時，卻把理智神見放在前者，而把默觀放在後者。這寓意著十字若望認為理智神見不是默觀的核心事象。換言之，十字若望雖然定義默觀為「祕密的愛的知識」（《焰》3．49），並以體證神本質的理智神見是一份充滿愛與洞察的智慧，到底「黑暗與普遍」義的經驗、其特色在乎蘊含著「小我被大我所包容」、「時間被永恆所取代」、「空間被全在所統攝」㉑、標榜著人徹底的「神化」、以致在分享神生命中與神結合為一。也就是說，當十字若望談默觀之為「黑暗／普遍」類型的經驗時，他主要是站在現世默觀的最高成就上來指認默觀，也在「黑暗／普遍」的前提下把默觀與理智神見分開。如此說來，大德蘭從兼容並蓄的態度下把理智神見涵括在默觀的歷程上，而十字若望卻從精細分辨的處理中凸顯最高程度默觀之與較低程度有別，以致不把理智神見與默觀之極致等同。

然而，在「綜合」與「分辨」的不同處理中，大德蘭與十字若望都共同承認轉化結合之缺少神魂超拔，以致人靈不必在出神狀態下孕育理智神見來邂逅神，反而可持續地在一般日

21. 參閱拙作〈默觀在神祕修行前提下所蘊含的煉淨與結合——聖十字若望的提示〉《輔仁宗教研究》第十七期（2008年夏），頁113-117。也參閱本書第一章。

常生活狀態中、深深地與神精神契合，雖然神不排除採用理智神見的方式來與人靈相遇。

依作者個人的判斷，成全的人在轉化結合當中對神的體證，已超越了超拔結合的程度，我們不再恰當地以超拔結合的辭彙來稱謂轉化結合的情狀。為此，狹義的理智神見一辭應較恰當地用來稱謂超拔結合階段的經驗，雖然轉化結合在程度上以及在經驗上同時既超越又涵蓋超拔結合的效用。

結語

十字若望與大德蘭固然屬同一個修會，擁有相同的理想與修行方法。在神祕經驗的體證上也彼此有所貫通。到底，他們二人是兩個不同的個體，他們在對神祕經驗的體認與陳述上自然有其殊異之處。我們可以在他們對理智神見的體證上見證到二人的差別，只不過二聖的說法在差異上只是次要的因素而已，反而我們能從比較中看到二人有其更深廣的融貫與互補。

第二部

懇談默觀

第四章

黑夜與黎明——

與聖十字若望懇談默觀

與神結合之旅如同入夜。（《山》1・2・1）

恰如自然的夜有三個時分。
第一時分是感官的夜，相似黃昏，
當事物逐漸自視野中消逝的薄暮時。
第二時分是信德，有如深夜，完全是黑暗的。
第三時分是接近夜盡天明，
亦即天主，黎明的曙光即將出現。（《山》1・2・5）

一、引言：從默觀字義說起

「默觀」（contemplation），拉丁文動詞為*contemplāre* / *contemplari*，意謂著察視、觀看、持續注目（to survey / to observe / to look at with continued attention），其名詞為*contemplātus*，*contemplātiō*，稱謂著觀看、察視的活動（act of viewing / act of surveying），其原初義，乃意指預言家在占卜前騰出空間，以便觀察；*contemplātus*一辭中的*templ*，尤寓意著劃定界限，以此為聖域，供做觀想之用，遂引申為temple（廟宇）一字，與希臘文之*témnein*（to cut / 割開）在意義上接近，暗喻著聖與俗之界線分隔，讓神修人有其靜觀之所。此辭漸而演繹為修行者經過持續的專注功夫，培養虛靜心態，好能靜觀超越界域。基督宗教靈修傳統遂定義之為「對神之單純直覺的凝視，以致在聖愛中孕育出空靈明覺」[1]。它是「單純的」（simple），即繁複思辯推理已經沉寂；它是「直覺的」（intuitive），即揚棄了感性知覺而讓「智的直覺」（intellectual intuition）湧現；它是一「凝視」（a gaze），意即非肉眼的觀看，而是靈智上的開悟；其中的見道/光照（illumination / enlightenment）是環繞在人神間的愛之契合中兌現。

中文譯名「默觀」，看來相當有啟發性。按許慎《說文》：「默」，「犬暫逐人也，從犬黑聲，讀若墨。」表面義指惡犬守門，生人勿近，以致鴉雀無聲；段玉裁注：「段借為人靜穆之偁。」即消極地寓意著沉潛寂息。《說文》談「觀」，釋為「諦視也。」並連貫至《說文》之「宷，悉也；知宷，諦也。」藉此積極地寓意人從仔細觀看中辨悉真諦。「默」、「觀」兩字合併，投擲出一份「空靈明覺」之義，消極地意謂著沉潛止息，此謂「空靈」，積極地意指明心見性，此謂「明覺」。

以「默觀」一辭來註釋*contemplātus*一字，多少能讓我們連貫至西方中世紀神祕主義傳

1. A. Tanquerey, *The Spiritual Life : a Treatise on Ascetical and Mystical Theology* (Tournai : Desclee, 1930), p. 649, "(Contemplation is) a simple, intuitive gaze on God and divine things proceeding from love and tending thereto".

統，並容許我們正面地聆聽聖十字若望對默觀所下的定義。

二、聖十字若望為默觀下定義

聖十字若望談神祕靈修經驗，尤特別重視「默觀」，還以它作為神修人在現世須努力的最高目標（《山》2．10．4）。

十字若望在不同的篇章，為因應不同的需要，而給「默觀」下各式各樣的定義；但較具有代表性的定義有以下三者。

首先，「默觀」被定義為「理智的祕密而較高程度的知識」（secret higher knowledge for the intellect）（《山》2．8．6；《靈歌》27．5；39．12）

再者，「默觀」又被定義為「神對意志的祕密的愛的傾注」（secret inflow of Divine love on the will）（《夜》1．10．6）。

末了，「默觀」又總括地被定義為「理智與意志共同保有的對神的祕密的愛的知識」（secret loving – knowledge of the Divine, pertaining to both the intellecty and the will）（《焰》3．49）。

看來第三個定義最為完整，且涵括前兩個定義的要點。三個定義共同指出「默觀」是「祕密的」（secret），即屬神祕冥契的範疇；它聯繫著「神」（the Divine），即以體證神為其最高職志；它是「意志」（will）上「愛的傾注」（inflow of love），意謂著人神間的相愛，人的「意志」作為心靈的意欲功能，一方面體會神愛的傾注，另一方面對著神而發顯其嚮慕與投奔，而臻至心靈的結合；再者，它也是「理智」（intellect）上的「較高知識」（higher knowledge），「理智」作為靈的智悟功能，一方面領受神智慧的灌注，另一方面，在愛的昇華中、洞察神的內蘊。以上述提示為基礎，我們可權宜地把定義調整如下：

默觀是人神間之祕密的愛的知識，維繫著意志與理智間的互動。

我們再從所整理出的定義凸顯出下列三個重點：

首先，默觀維繫著意志與理智間的互動

繼而，默觀是實現人神間愛的知識之歷程

再者，默觀是祕密的：消極地蘊含著「煉淨」

積極地蘊含著「結合」

雖然這三個重點的意義糾纏在一起，為方便解釋，我們分別闡述如下：

三、默觀維繫著意志與理智間的互動

聖十字若望主要是站在「意志」與「理智」間互動的立場來談論默觀（《山》3．16）。「理智」（intellect）作為「認知能力」，推動著「意志」（will）的好惡；「意志」作為「意欲能力」，其好惡也反過來影響「理智」的認知。兩者相輔相成，而在默觀中造就「愛的知識」。為此，「意志」雖然主要地是意欲渴求的功能，但配合著「理智」時，也彰顯其認知面向，以致我們可分別體會其欲望面（appetitive perspective）與認知面（cognitive perspective）。

A.意志的欲望面

十字若望認為人的「意志」包含四種主要的情緒反應：喜悅、希望、恐懼、悲哀（joy, hope, fear, sorrow）（《山》3・16・2；3・17・1）。

▼欲而獲得者引致喜悅
▼欲而未獲者引致希望
▼不欲而瀕臨引致恐懼
▼不欲而至者引致悲哀

聖人更進一步從產生喜悅的對象上，歸納出六種善（《山》3・17・2）：

▼暫世的善（temporal good），如金錢、地位（《山》3・18・1）
▼本性的善（natural good），如美貌、健康、才智（《山》3・21・1）
▼感性的善（sensory good），即中悅內外感官的事物，如美的顏色、音樂（《山》3・24・1）
▼道德的善（moral good），即德行、好習慣（《山》3・27・1）
▼超性的善（supernatural good），例如撒羅滿王的智慧、保祿宗徒所說的特恩，如信德、治病能力、行奇跡、講預言、辨別神類、講方言（《格林多人前書》十二9-10；《山》3・30・1）
▼靈性的善（spiritual good），指的是與神結合。這是終極的善（《山》3・33・1）

面對前五種善所應有的心態是：不留戀、不執著，否則心靈受束縛，不能自由高飛。至於第六種善，則是我們必須追求的終極目標，在默觀中逐步實現。

B.意志的認知面

意志除了有其欲望面外，尚有其認知面，凡缺乏認知面的意志，則無異於盲目的衝動。換言之，知識不單是理智的事，且是理智與意志互動、共同孕育的事；Jure Kristo 提示得很有意思：「腦」不能缺少「心」而有所洞見[2]。言下之意：意志的好惡，能左右理智的認知；厭惡某對象，等於拒絕以正面眼光去面對它；反之，喜愛某對象，則容許人以積極心態去體會它。為此，聖十字若望說：「理智不能缺乏意志的干預來接受或排拒任何事物／The intellect....cannot admit or deny anything without the intervention of the will。」（《山》3．34．1）在此，讓我們先看看理智與意志互動的「本性運作」（natural operation），然後再檢討其「超性運作」（supernatural operation）。

C.理智與意志互動的本性運作

在普通日常生活中，理智與意志的配合可有以下幾點值得彰顯：

①初遇一對象時理智先發動

當人初次與一對象接觸時，因為還沒有任何成見的因素，所以理智會搶先行動，為此，十字若望說：「意志無法去喜愛某對象，如果理智不首先認識它。」（《靈歌》26．8）

②意志繼而直接干預人的認知

當理智一旦認識某物後，意志馬上尾隨地產生反應，而直接影響理智今後對同樣事物的認知。如上所述，理智並不缺乏意志來接納或拒絕任何事物（《山》3．34．1）；意志會對理智的認知作干預，叫人喜愛適合自己旨趣的東西，與厭惡不討自己歡喜的事件。

2. Jure Kristo, " The Interpretation of Religious Experience: What Do Mystics Intend when They Talk about Their Experience? " in *Journal of Religion* 62, (Jan, 1982), p. 29, " Mind does not see until it sees with heart. "

③有關意志的積極干預

有關意志對所喜愛之事物的積極干預，可以提出以下幾點：

a）意志推動理智去進一步認識某對象

面對所悅納的對象，意志會主動地引導理智作更進一步的認識。聖十字若望引用依撒意亞先知的話作例證：「如果你不相信，你就不會明白。」（《依撒意亞先知書》七9；《山》2·3·4）去相信，就是意志以積極接納的態度去正視某物，因而容許理智有力量去進一步理解，就如同你必須先相信幾何的原初定理，才可以進一步深入探討幾何一般。

b）意志使理智從一新的眼光去認識某物

進一步說，意志對一物的「同意」（consent）與附和，無疑是歡迎了此物進入個人的生命中，致使理智以同情的心態去「贊同」（assent）它，讓它參與並轉化一己的生命，以致聖十字若望說：「信德是…靈魂的一份贊同，透過聽取而達致。」（《山》2·3·3）藉此讓生命獲得轉化。

c）意志以愛的心態去認識一個人

當意志積極正視的對象是一個有靈性位格（personhood）的主體（subject），則容許人以愛的眼光去透視對方；我愈去愛一個人，就愈對他認識得愈深。聖十字若望稱之為「愛的認知」（loving – knowledge）（《焰》3·49）。雖然聖人指的是人神間的愛，但也同樣適用在人與人之間的主體際性關係（intersubjectivity）。人在愛的認知中，會達到一種超乎普通主客對立的認知程度；我不再以一個「他」（he

／she／it）的立場來認識對方，而是把愛者體認為一個「你」（thou），一個能與我（I）融通的「你」。借用巴斯卡（Blaise Pascal, 1623–1662）《深思錄》（*Pensées*, § 277）的名句：「心有其理性，為理性所不識。」（The heart has its reasons, which reason does not know.）③，言下之意是：愛心有其認知，是普通的思辯理智無法達致的。這是我們從本性運作的角度來體會意志與理智的配合。然而意志與理智的互動，尚可從超性運作（supernatural operation）的面向上探討。

D. 意志與理智互動的超性運作

意志與理智的互動，可在人神間神祕冥合的過程中窺見。神祕家在接觸上主而經歷意識轉變的狀態下，其意志與理智超越了一般日常生活的本性作用，進而孕育「超性運作」，造就了人神間「愛的知識」，被稱為「默觀」。我們在對此作較詳細的分析之前，可預先提示以下的三個要點：

①**默觀肇始中、意志比理智首先被觸動**

人在祈禱中，或在無預警狀態下，可被神觸及而深受感動，意志突然萌生起對神的愛慕，雖然理智尚不明其所以。聖十字若望說：「本性上，沒有事先瞭解所愛的，就不可能去愛，但在超性方面，天主能輕易地傾注並增加愛情，卻不用傾注或增加個別的認識。」（《靈歌》26・8）意志的超性觸動，讓人可以開始進行其默觀的歷程。

②**默觀進行中，意志與理智含三種配合**

聖十字若望進一步指出，人進入默觀後，其意志與理智在合作中會有以下的三種形態：

3.　英譯本取自Blaise Pascal, *Pensées*, § 277, in *European Philosophers from Descartes to Nietzsche* (New York: Random House, 1960), p. 124.

其一，理智獲得光照，意志卻枯燥無味（《夜》2．12．7；《焰》3．49）

其二，理智處在黑暗中，意志卻充滿愛火（《夜》2．12．7；《靈歌》26．8）

其三，理智獲得光照，意志也充滿愛火（《夜》2．13．2）

此三種形態，可列表如下：

	一	二	三
理智（intellect）	光照　（light）	黑暗（dark）	光照（light）
意志（will）	枯燥（dry）	愛火（love）	愛火（love）

③默觀程度的不同，引致意志與理智的互動各異

在較低程度的默觀，第二種形態比較常見。

在較高程度的默觀，第三種形態比較常見。

理由是：「除非理智經受煉淨，否則不能接受赤裸而被動的知識，靈魂在全煉淨之前，在獲得超性知識的經驗上，獲得愛的感受較少，因為人的意志不須經受徹底的煉淨即可感受到對上主的愛火。」（《夜》2．13．3）

雖然理智與意志的合作有以上的三種形態，兩者間的功用仍是彼此貫通的。《靈歌》的一貫思想是：在默觀中，知識引致愛火，愛火導致更豐盛的知識。我們將在下文發揮這點，在此，為了要更湛深地體認其中要領，我們須較細緻地反思默觀之為人神間愛的知識這一歷程。

四、默觀是實現人神間愛的知識之歷程

在這個前提上，我們可扣緊三個重點來反思：

A.默觀是為人神間的戀愛
B.默觀是為人神間在愛中孕育知識
C.默觀之愛的知識經歷一段發展的歷程

茲分述如下。

A.默觀是為人神間的戀愛

默觀無異於人神間的戀愛，以達致深度契合為宗旨。在天人相愛的向度內，我們可權宜地首先分別從「人對神的愛」及「神對人的愛」上去體會，再綜合地認證兩者是為一整體完型。

①人對神的愛

從「人對神的愛」之角度上言，如十字若望所詠嘆般，人可從山河大地的美中，體會造物者的美（《靈歌》5），也可從人間倫常有限的愛，洞察人神間無限的愛（《靈歌》7），也可藉神祕靈觸的邂逅，嚮慕永恆的愛者（《靈歌》1）。種種機緣，叫人深深地察悉、內裡的一份空缺、惟有神始能填補，以致聖奧斯定《懺悔錄》．卷一、第一章有言：「祢是為了祢的緣故而創造我，我的心除了安息在祢的懷抱內，就再尋找不到安息。」而聖十字若望《靈歌》開宗明義的詩句，首語就蘊含著同樣的歎息：「祢隱藏在那裏？心愛的，留下我獨自嘆息，祢宛如雄鹿飛逝，於創傷我之後；我追隨呼喚，卻杳無蹤跡。」

②神對人的愛

然而，神又何嘗不在深愛著人！聖十字若望說：「如果靈魂在尋求天主，天主更是在尋找靈魂。」（《焰》3．29）借用普羅提諾（Plotinus, 205–270）「流出說」（Theory of

Emanation）來寓意，「愛渴望施予。」（*Enneads* 4・8・6）「太一」為「愛」而致傾流自己，與被愛者化作同一份鴻流，藉此讓被愛者回歸愛的本源。誠然，吾主就以身作則地「愛我們到底」（《若望福音》十三1）又說「最大的愛，不會超過為朋友犧牲性命。」（《若望福音》十五13）。

③圓融地看人神間的愛

整體地看人與神之間的相戀，馬賽爾（Gabriel Marcel, 1889–1973）對聖十字若望的體認，作了一個很好的詮釋：圓融地談「神對人愛的呼喚」，與「人對神愛的渴慕」，其實是同一個完型（*gestalt*）的兩面；上主在人心坎內播下了嚮往的種子，好讓人在切慕中尋獲祂④。人作為神的肖像（*Imago Dei*），乃肖似神地以愛作為其屬性，以致惟有在愛上增長始能達致圓滿，而人際間的愛，也惟有在人神間的愛上臻至完成。

純全的愛也蘊含著湛深的知識，在默觀中呈現。

B.默觀是為人神間在愛中孕育知識

人在與神邂逅、相愛、而至結合當中，人愈愛著上主，則愈發在愛中認識到上主。借用佛洛姆（Erich Fromm, 1900–1980）的話語：「知識有許多層面，惟獨藉愛而獲致的洞察不停留在表面，而直指本心。」⑤而謝勒（Max Scheler, 1874–1928）也說：「真愛開啟人的靈眼，讓我們發現被愛者的更高價值。它容許人有洞察，而不叫人盲目。」⑥哲人們的見證向我們提示：愛不意謂著盲目，而意謂著以正面的眼光洞察被愛者的心靈，也容許對方在愛的滋潤下，綻放其最深底蘊。這提示不單適用於人與人之間的愛，也同樣適用於人與神之間的愛。

4. Gabriel Marcel, *Being and Having* （New York: Harper, reprinted 1965）, pp.208–209.
5. Erich Fromm, *The Art of Loving* （New York: Bantam, 1956）, p.24, “There are many layers of knowledge; the knowledge which is an aspect of love is one which does not stay at the periphery, but penetrates to the core. “
6. Max Scheler, *The Nature of Sympathy* （New Heaven: Yale University Press, 1954）, p. 157, “…..true love opens our spiritual eyes to ever – higher values in the object loved. It enables them to see and does not blind them……”

為此，一方面《創世紀》四章1節及十九章8節稱男女間愛的結合為認識對方；另一方面，《申命紀》卅四章10節也以梅瑟和上主間的往還作寫照，彰顯出人神間在愛中孕育知識，而成全的愛蘊含著圓滿的知識。

為神而言，神對人的愛是如此地徹底，以致祂完全地認識了人。但為人而言，人對神的愛始終可以增加，以致在默觀的路途上、其「愛的知識」也經歷著一段發展的歷程。

C. 默觀之愛的知識經歷一段發展歷程

在默觀發展的歷程上，聖十字若望也按照傳統的分法，把它分為「煉路、明路、合路」（purgative way、illuminative way、unitive way），用以凸顯初學、進展、完成三個時份，寓意著人神間的互相認識、神訂婚、神三程度，展望著「全福」（beatific state）的來臨。（《靈歌》．主題1－2）若把默觀的進程放在「愛的知識」這前提來體會，我們則須首先交待下列的三個重點：

1）默觀肇始中的三徵兆及其中的愛與知識

2）默觀進展中的愛與知識

3）默觀成全中的愛與知識

茲分述如下：

1）默觀肇始中的三徵兆及其中的愛與知識

十字若望分別在《山》（2．13）和《夜》（1．9）中談默觀肇始的三個徵兆。他指出：人從「默想」（meditation）到「默觀」（contemplation）的轉捩點上，若碰到以下的三個徵兆，則須停止一般日常思辯性的推理默想⑦，可以開始作默觀，即空掉身心之普通運作，而開始把自己開放在主的臨在面前，靜靜地體會其親在與愛的傾注。按（《山》2．13）的次序，這三個徵兆作如下的排列：

a）默想時感到神枯

第一個徵兆是：人在作默想時，感到神枯（desolation），即在進行例行的推理默想當中，不論是思辯性地推論一端經文或義理的涵義，或利用想像置身於聖經中吾主的某一奧跡行實，都大不如前地不再感到曾經有過的神慰（consolation），反而感到厭煩乏味。導致枯燥的原因可以是多方面的，它可以是由於身體不適，或怠惰不忠等。但為忠於上主的靈魂而言，其中的原因主要有三：

i）人已取盡默想所帶來的益處

一般而論，當人尚能透過默想而獲取神益的話，當然會感到慰藉；反之，則可表示他已取盡了其中的益處，而再無引用的必要（《山》2．14．1）。

ii）已習慣地形成了對上主愛的嚮往

人在忠誠持續地作默想後，久而久之，已養成了對神有習慣性的愛的專注與嚮慕；他只須稍一收斂心神，即可感受到在上主跟前的平安與喜悅。此時，推理默想不單是多餘的，而且還有礙於人對神的一份寧靜的融通（《山》2．14．2）。

iii）一種適合默觀的認知方式開始出現

上主開始引領人靈以單純的默觀來與祂溝通，它不牽涉理智的思辯推理，也不與外五官或內感官（i.e.想像力）拉上關係（《夜》1．9．8）。

7. 十字若望沒有詳細地對「默想」（meditation）作分析，只簡略地稱之為以形像作推理（discursive act built upon forms）（《山》2·12·3）。籠統地說，它是引用理智作思考，以及引用想像力來構想景像以幫助思考；它引用理智的思辯性思考（speculative reasoning）來反省一端道理或經文，企圖理解其中的意義，藉此引申對上主的嚮往；或引用想像來思念主耶穌或聖經人物的事跡行實，並想像自己生活其中，與他（們）相遇、晤談、觀察、聆聽，藉此激發對吾主的愛火。參閱（《山》2·12–13）。

b）對圖像或受造物乏味

第二個徵兆是：對於引用想像來構想神的形像，人靈感到索然乏味，也不被受造物吸引（《山》2．13．3；《夜》1．9．2）。其中的原因，不是由於個人不忠、不成全或犯罪，否則人靈會傾向貪戀受造物（《夜》1．9．2）。

c）對上主有愛的掛念

第三個徵兆是最有力的徵兆，叫我們停止用推理作默想。亦即人靈喜歡停留在對上主的愛的注視中，而不願作任何推理（《山》2．13．4）；他很介懷自己有沒有好好的事奉上主（《夜》1．9．3）。

有趣的是：在三個徵兆次序的排列上，《夜》（1．9）有別於《攀登加爾默羅山》（2．13）。《夜》以《山》的第一個徵兆作為其最後一個徵兆，而把《山》的第二、三個徵兆作為其第一、二徵兆，原因看來是《山》較站在前進者（proficient）而言，而《夜》則較站在開始者（beginner）立場上立論；為此，在「對上主有愛的掛念」這一徵兆上，《山》指前進者在對神愛的注視中孕育一份安全感；反之，《夜》則凸顯開始者對上主愛的掛念，並懷疑自己可能對神不忠，以致體會不出神慰。不過，十字若望強調：忠誠的開始者發覺，自己對有關上主的圖像感到乏味，這明顯地不來自個人神修上的鬆懈，因為半冷不熱的人並不關心自己有沒有好好事奉神（《夜》1．9．3）；前進者的安全感不在開始者身上出現。這種轉變是內心一種細密的轉變，人心靈發覺到上主的臨現，而他的感官卻處在乏味的狀態，這會使開始者懷疑自己是否不忠於上主；反之，前進者則不被過分懷疑所困擾。

於此值得一提，兩作品都談三徵兆，這至少指出：默觀可開始於任何時刻，包括初學及進展階段；到底人不能限制神的化工，也無法為神指定任何時分。

十字若望認為我們須兼顧以上三個徵兆，始可調整或終止默想、而開始進入默觀（《山》2．13．5－6）。徒有第一徵兆，那可能是由於個人靈修上鬆懈所致；若只有第一和二徵兆，則可能是因為人在鬧情緒，或身體不適（《夜》1．9．2）；三者俱備，始可轉而導向默觀之途。

站在意志與理智的互動上看此一時機，意志在人的收心（recollection）中傾向上主，牽掛地愛著吾主，而理智卻處在黑暗中，罔然若失：意志不等理智的推理作前奏，即點燃愛火；反之，理智暫且無力運用思辯思考，而又尚未喚醒更高的直覺，以致黑暗無光，無所洞察。在此時機上，十字若望認為：三個徵兆既然齊備，其中包括意志對上主所發顯的善情，即使理智不能推理，也可安於對上主的投奔，在黑暗中體認上主在我內的臨在，而不要勉強持續地作思辯推理，意志只須在收心中持續地愛著上主，把這份愛心帶進日常生活中，愛火將帶動理智漸獲光照。總之，時機未成熟，不要揠苗助長；時機一旦成熟，則須當機立斷、停止推理、安於收心、持守心內的吾主、靜候吾主進一步的引動。

撮要地說，三徵兆分別維繫著「對己、對世、對神」三面向：

「對己」意謂著思辯運作不管用；

「對世」寓意著不再受有形事象吸引；

「對神」呈現著一份愛的純情與牽掛。

三者俱備，則讓意志的愛火先行，暫勿介懷理智的黑暗，久而久之，默觀會愈發進展，而愛與光照將會互相牽引。

附帶地值得一提的是：三徵兆出現的時機，看來尚未明顯地彰顯出上主「灌注」（infused）的化工，而人對神所發顯的善情，還只是人力所能及的「自修」（acquired）運作而已⑧。相等於聖女大德蘭所談的「主動收心祈禱」（prayer of active recollection）（《全德》28–29），有別於寧靜祈禱（prayer of quiet）的「灌注收心」（infused recollection）（《城堡》4．3．8）。這是由「默想」轉捩至「默觀」的灰色地帶；為大德蘭言，這還不能嚴格地算是狹義默觀的正式開始，而只是臨近「灌注」狀態的門限而已，但十字若望已把這一時機劃分為默觀的肇始；為此，有部分的神修學家在對照兩人的說法後，權宜地稱此時機屬「自修的默觀」（acquired contemplation），意謂著「灌注」因素尚未如此明朗。但人若從三徵兆上把握時機，而轉向「收心」，並存念吾主的臨在，則默觀會有進展，而「愛」與「知識」會進一步彼此牽動。

2）默觀進展中的愛與知識

如上所述，意志與理智在超性運作中的互動，因形態不同，而致「愛」與「知識」的配合情況各異，歸納為三種狀態：

其一，理智獲得光照，而意志處於枯燥；

其二，理智處於黑暗，而意志點燃愛火；

其三，理智獲得光照，而意志點燃愛火。

換句話說，理智與意志間的互動，有時是「各自為政」，有時是「彼此吻合」，有時是「互為因果」：

所謂「各自為政」（《夜》2．13．3），那就是理智與意志間缺乏配合，以致不同步，如上述之第一、二種狀態般；在較低程度的默觀中，第二種形態比較常見。理由是：除非理

8.. 神修學以「灌注」一辭寓意著上主明顯地在人身上呈現的「超性」（supernatural）工程，它純粹是神的賜予，人只能「被動」（passive）接受，不應也不能揠苗助長。反之，「自修」一辭意指自己的努力作為所能「主動」造就的活動與成果。

智經受煉淨，否則不易接受被動的知識；相反地，意志則不須經受徹底的煉淨，即可感受到上主的愛火。

所謂「彼此吻合」（《夜》2．12．6；《靈歌》27．5），那就是指在較成全的默觀中，上述的第三種形態比較常出現。人靈在愛中認知，也在認知中熱愛。換言之，意志在充滿愛火中蘊含光照，而理智在獲得智慧之光中，浸潤於愛火；理智與意志的運作彼此吻合，人靈被愛的光照所浸透。

所謂「互為因果」，那就是說，人靈在達到高度的成全以前，他不一定常經驗到理智與意志的結合；甚至在達到高度的結合之後，理智與意志有時會分開來產生作用。當它們不彼此吻合時，則最低限度是互為因果，即在默觀中、認知產生愛，愛引致更豐盛、更湛深的知識。

理智與意志間互動的不同情況，已多少隱晦著默觀的不同程度。有關默觀的進展程度，我們須首先交待「從上而下」與「從下而上」的兩個向度。誠然，默觀只有一種，「從上而下」地看，它常常是上主灌注於人靈的愛的知識（inflow of loving – knowledge from God）；反之，「從下而上」地看，它是人靈有進展地融貫於上主的愛，而產生智慧的明辨。不過，站在人靈的立場言，因不同的人有不同成全的程度，以致我們可以把默觀分為三個主要的階段：

a）**開始階段**——如上述，神修人碰到三個徵兆（i.e. ①神枯、②對圖像乏味、③對上主有愛的掛念）、而停止推理默想，並開始作默觀。在開始階段，理智常處於黑暗之中，而意志則較多感受到愛與安寧，因為此時期的理智尚未完全煉淨，況且人靈尚未完全習慣默觀。

9. （《山》2·14·11）：The soul … knows only God without knowing how it knows him. For this reason the bride in *the Song of Songs*, when she states that she went down to him, numbers unknowing among the effects this sleep and oblivion produced in her, saying: *Nescivi*（I knew not） [Sg. 6:12].／這靈魂好似…只知道天主，卻不知道自己如何知道天主。為此緣故，新娘在《雅歌》裏說，從這個睡眠與遺忘在她內產生的效果中，她一無所知，當她下到祂那裡時，她說：「我不知也不覺。」（《雅歌》六10–11）。

理智與意志的感受都較微弱，人還在適應本性的運作及學習配合被動的灌注（《山》2．13．7）。

b）**中期階段**——默觀的經驗愈來愈強化，理智與意志之間在互動上彼此牽引：

i）經驗的強化：十字若望指出，人愈習慣默觀的定與靜，經驗就會愈為深刻，愛的知識愈增長，不需要特別操勞，就可感受到平安、憩息、甘飴、喜悅（《山》2．13．7）。

ii）理智與意志彼此引領：初級階段過後，理智愈來愈意會默觀的精妙。有時理智有光照，而意志不發覺有愛火，有時則相反，有時則兩者同時有感應（《夜》2．12．7；2．13．1－3）；但無論如何，當其中一個官能受推動，另一官能也至少受到間接的神益。超性智慧的增長也引致愛的延伸；而愛的加強，也連帶地使理智受到進一步的煉淨，使之更傾向於領受上主的知識。

c）**高級階段**——理智與意志的超性運作常彼此吻合，愛的知識達到非常強烈的程度：

i）理智與意志常吻合：十字若望以「神婚」（spiritual marriage）一辭來稱謂高度的默觀，在其中，人與神心心相印，而人的理智與意志在運作上，也常常互相吻合，即人靈在認知上主中熱愛上主，也在愛的熾烈中孕育更豐盛的超性知識（《靈歌》26．11）。

ii）愛的知識達到高度的強烈：這份愛的知識是如此熾烈，以致人靈不知如何去稱呼它、形容它（《山》2．14．11；《靈歌》7．1；7．9）⑨；再者，人發覺自己對上主的體證是無止境的，人愈深入體驗上主的愛，就愈自覺有進一步的餘地、去開拓這份愛的知識（《靈歌》7．9；36．10）。

（《靈歌》7·1）：Because this immensity is indescribable she calls it an "I-don't-know-what."／因為這個無限是不可名狀的，她稱之為「我不知什麼」。
（《靈歌》7·9）：a lofty understanding of God that cannot be put into words. Hence she calls this something "I-don't-know-what."／對天主的某種高貴理解，無法訴諸言詞。因此，她稱這些為「不知什麼」。

3）默觀成全中的愛與知識

從高階而成全的默觀上看愛與知識的典型，聖十字若望有這樣的描述：

正如暢飲擴散達及全身的肢體和血管，同樣，這個通傳實體地（substantially）擴散，達及整個靈魂，或更好說，靈魂在天主內被神化（transformed）。在此神化中，她暢飲天主於她的實體和靈性官能中。她以理智暢飲智慧和認識；以意志暢飲最甜蜜的愛情；在榮福的記憶和感受中，她以記憶暢飲舒暢和歡愉。（《靈歌》26．5）

聖人並且強調：此時，人與神常深密地結合，即使其所有的官能不是經常處在結合當中，其心靈已實質地與神在一起（《靈歌》26．11）。在「愛」方面言，人對神的愛，比先前來得更湛深、甜蜜而持續（《靈歌》25．7–8）。在「知識」方面言，人因了愛而更充滿智慧，但人並不因為充滿著神的智慧，而抹殺其自修的科學知識，世間的學問由於融入神灌注的超性知識，得到了滋潤而成全，即使世間的知識在神的智慧面前、顯得如此微不足道（《靈歌》26．16）。然而，當人還活在現世，他仍未達致最後而絕對的圓滿，以致其心靈官能的運作與成果，仍有若干瑕疵有待改善（《靈歌》26．18）。

在先後分析了默觀維繫著意志與理智的互動，以及默觀之為人神間愛的知識後，讓我們進入聖十字若望在定義中所標榜的默觀之為「祕密的」（secret）經驗這個因素。

五、默觀是祕密的經驗，蘊含著煉淨與結合

對十字若望來說，「祕密」（secret）一辭，幾乎與「神祕」（mystical）一辭劃上等號，即

10.（《夜》2·17·2）：it calls this dark contemplation "secret" since, … contemplation is mystical theology, which theologians call secret wisdom and which St. Thomas says is communicated and infused into the soul through love. This communication is secret and dark to the work of the intellect and the other faculties.／稱黑暗的默觀為「祕密」，…默觀是神祕神學，神學家稱之為祕密的智慧，聖多瑪斯說，此乃經由愛通傳且灌注給靈魂的。這個通傳對於理智和其他官能的工作是祕密和黑暗的。

使兩者不一定是同義辭，到底我們不能脫離「神祕」（mysticism）之前提來對「祕密」有所體認⑩；要瞭悟「祕密」之義，我們須在「神祕」一辭上著手探討。

在此，我們權宜地劃分以下的脈絡來作反思：

A.神祕一辭的字義

B.聖十字若望在神祕前提下談默觀特質

C.默觀在神祕修行前提下所蘊含的煉淨

D.默觀在神祕修行前提下所蘊含的結合

茲分別敘述如下：

A.神祕一辭的字義

從語言學上而言，外文mysticism（神祕主義）和mystery（奧祕）二字，同源於希臘文之*mysterion*一辭。*myst*（es）這名詞意指「神祕家」（mystic）或「領受入門者」（the initiated）而-*erion*這偏詞則意謂「藉入門禮儀而被引進一奧祕以與之冥合」。此外，*myst*之動詞*myeo*、*myo*有其消極意含——「隱閉」、「閉目」，即謝絕外道窺探，並揚棄對心、物之執著，也有其積極寓意，即全心投入所皈依的道，並在努力修行中與「道心」契合。為此，有部分學者譯之為「密契」⑪或「冥契」⑫，以顯其義理及音義。然「神祕」一辭之譯名，卻行之有年，最被廣用。「神」，許慎《說文》釋之為「天神引出萬物者也，從示申聲。」甲骨文、金文尤重其「申」義，寓意著「開顯」、「引出」、「心馳神往」等義。「祕」，《說文》釋之為「神也，從示必聲。」字裡行間，尤隱括著「隱蔽」、「幽奧」、「退藏於密」等義。「神」、

11. 參閱傅佩榮譯，杜普瑞（Louis Dupré）著，《人的宗教向度》（*The Other Dimension*）（台北：幼獅，1986），ch. 2, 頁 473 ff.。

12. 參閱楊儒賓譯，史泰司（Walter Terence Stace）著，《冥契主義與哲學／*Mysticism and Philosophy*》（台北：正中，1998），譯序，頁10–11。

「祕」兩字合璧，尤相應神祕經驗那份「出神」（*ekstasis*）與「內凝」（*enstasis*）的雙面體會[13]，以及祕密宗教之「謝絕外道窺探」與「全心融入正道」等義。總之，「神祕主義」或「神祕經驗」等辭，其核心義在乎人與絕對本體「冥合」（union），在「冥合」中，或出神地跳出小我而投奔大我，或「內凝」地返回自我深處，以與其絕對淵源相遇，也在「冥合」的路途上「煉淨」自己，以相稱於「道」。

B. 聖十字若望在神祕前提下談默觀特質

聖十字若望談神祕經驗，曾分門別類地劃分不同的類別與等級。從中分辨各式各樣的因素（《山》2・10・2–4）[14]。

1）靈性經驗的分類

從林林總總的經驗當中，聖人卻首要地把其中靈性經驗劃分為兩大類：

第一大類為「清楚／個別」（distinct／particular）類

第二大類為「黑暗／普遍」（dark／general）類

> 在清楚（distinct）和個別（particular）的超性認識中，有四種特別的領悟（apprehensions），無須經過身體的感官而傳達給心靈：神見、啟示、神諭、心靈的感受（visions, revelations, locutions, and spiritual feelings）。
>
> 黑暗、普遍的認識（dark and general），亦即默觀（contemplation），這是在信德內給予

13. 參閱聖文德（St. Bonaventura）《心靈向主之旅程》（*Itinerarium mentis in Deum*）等著作。
14. 十字若望在《攀登加爾默羅山》2・10・2–4及後文各章節中談論的超自然經驗種類多，須另作專文處理。

的，只有一種。我們必須引導靈魂達到此默觀，引導靈魂越過其他所有的認識，而且要在一開始就完全剝除它們。（《山》2．10．4）

2）兩大類經驗的異同

茲讓我們分辨此兩大類經驗的異同：

a）**同**：從《山》卷二第十章的分類上言，這兩大類經驗之「同」，則它們都至少具備以下的三個特性：

i）靈性的（spiritual）——不透過感性內、外感官而產生，而透過心智的靈官能。

ii）超性的（supernatural）——直接由超性界傳送過來。

iii）被動的（passive）——既出自超性界，人無法操縱。

b）**異**：第一類有別於第二類，在於前者是「清楚／個別」，而後者則是「黑暗／普遍」。茲闡釋如下：

i）第一類：「清楚」與「個別」，這兩個辭投射出以下的涵義：

甲、「清楚」（distinct）一辭，比較是從「能知」（subject knowing）方面來說的，心靈官能（spiritual faculties）之運作仍「清楚」，即我們仍可分辨以下的四種領悟：

靈的視覺——孕育出「理智的神見」（visions）

靈的聽覺——孕育出「神諭」（locutions）

靈的觸覺——孕育出「心靈的感受」（spiritual feelings）

靈的瞭悟——把握到「啟示」（revelations）

乙、「個別」（particular）一辭，是較從所知（object known）方面說及被把握的境界，從中指出仍有「個別」（particular）「具體」（concrete）之靈、境、事、物被把握。

ii）第二類：「黑暗」與「普遍」

此二辭寓意著一種經驗，那就是默觀經驗。對比著前者之「清楚」而「個別」，則後者投擲出的意義是：

甲、「黑暗」（dark）一辭，乃較從「能知」的面向上立論，消極地，意指認知官能的普通本性作用被吊銷，因而說是「黑暗」；但這並非表示人失去知覺。

此外，尚有其積極義，積極地指示「明心見性」，即超性運作的出現，一方面，這是朗現更高的智的直覺（intellectual intuition），這就是「明心」；另一方面，則是體證神的本體實相，這就是「見性」。

乙、「普遍」（general）一辭，乃較從「所知」之境而言。或許我們在此不宜以「普遍觀念」（universal idea）的「普遍性」（universality）來作聯想；「觀念」之「普遍」（universal）意謂某核心本質（essence）（例如：人之為「理性動物」）可在同類事物內（例如：在人類中）放諸四海皆準。但十字若望在此處所引用之「普遍」義，看來投射出一份滂沛、浩瀚、涵括一切、淹沒一切的義蘊，叫人在一整體氛圍內無從分辨彼我、來去、長、闊、高、深等對立狀態；在其中，一切都冥合在一個絕對「太一」之境內，而「玄同彼我」。為此，它至少蘊含三重意義：

——「小我」被「大我」銷鎔

——「時間」被「永恆」取代

——「空間」被「全在」統攝

茲分述如下：

第一義：「小我」被「大我」銷鎔

消極地說，這是人的「小我」被淹沒在神的浩瀚「大我」中，以致人神間的「主客對立」（subject－object polarity）被吊銷；

積極地說，它實現了神人間的結合，只不過，人在結合神當中，並不消失其個體自我，而只是完全被神充滿；聖十字若望以玻璃窗被陽光充滿為比喻，玻璃在被充滿中，仍不抹殺其個體，只不過玻璃不再與陽光對立，而是彼此融合在一起（《山》2．5．7）。

第二義：「時間」被「永恆」取代

消極地說，人在湛深的默觀經驗中，已不再體會與分辨現世普通時間的來去，為他，這經驗寓意著時間的消失。

積極地說，「永恆」（eternity）就在其中湧現。「永恆」寓意著時間的過去、現在、將來被兌現為一個充實圓滿的「永恆當下」（eternal now）。借用史泰司（Walter Terence Stace）在《時間與永恆》一書的話語：

永恆並不是時間的無止境延伸，它與時間無關。永恆是神祕經驗的一個特性。…這份永恆的體驗是非時間的，因為在其中再沒有先後的關聯與分割⑮。

為此，十字若望提示：人在湛深默觀中「出神」（rapture），他不再感到時間的流逝；旁

15. Walter Terence Stace, *Time and Eternity*（ New York: Greenwood Press, reprinted 1969 ）, p. 76。

人看他已神魂超拔了一段時間，他自己卻以為只過了幾秒鐘而已（《山》2·14·10－11）。

第三義：「空間」被「全在」統攝

消極地說，當默觀達到湛深濃烈的地步時，人已不再分辨世上空間的「地點」（situation）或「場地」（field）；

積極地說，在深入的默觀中，現世空間已被「全在」取代，即人已融入那「無所不在、處處都在」的神的氛圍（Divine milieu）。為此，十字若望借用保祿宗徒被提昇至三重天的經驗為例（《格林多人書》十二2），當事人已無從分辨自己究竟在一己之內、或之外，即普通空間經驗已被吊銷，取而代之者，是與「全在的神」共同充塞於宇宙萬物之間（《靈歌》13·6）。

或許，我們須在此作這樣的說明：聖十字若望在引用「黑暗」與「普遍」二辭來描述默觀的特質時，他並沒有刻意地解釋這兩個語辭的意思，一方面，因為日常語言已不足以達意，另一方面，有默觀經驗的人，不須解釋，也可從個人的體證中把握要領。然而，十字若望既把默觀從其他「清楚」而「個別」的經驗中區隔開來，我們也可從對比這兩套名詞中窺見其詳；況且，若參照和印證其他神祕家的理論與實踐，多少可發現「他山之石，可以攻錯」，或至少「雖不中，不遠矣」。

我們既已從「祕密／神祕」義的前提來體認默觀，並從中凸顯其「黑暗」與「普遍」之特性，到底尚未明顯地道破其兩個更基本的本質：「煉淨」（purgation）與「結合」。換言之，要達到圓滿的人神間之神祕「結合」，人須經歷一段「煉淨」過程，甚至在高程度的「結合」當中，「煉淨」的因素仍會繼續存在，以致他們是神祕默觀經驗的一體兩面。「煉淨」是默觀的較消極／否定面，寓意著破除執著；「結合」則是默觀的較積極／肯定面，意謂著翕合真道。而十字若望也按著默觀的這兩個面向、而在其不同作品中、呈現出闡釋上的不同比重：

《山》較注重主動的煉淨

《夜》較強調被動的煉淨

《靈歌》較敘述結合的歷程

《焰》較扣緊結合的究竟

四者合起來是一個互相貫通的整體，內容互相浸透與涵括。

茲讓我們首先探討默觀的較消極面——煉淨。

C. 默觀在神祕修行前提下所蘊含的煉淨

為達到成全階段的默觀，人靈須經歷一段徹底的煉淨（purgation／purification），十字若望稱之為「黑夜」，以寓意神修人的「死於自己，活於天主」。聖人以意象的方式陳述「黑夜」，它蘊含著「黃昏、深夜、黎明」三個時分，象徵著默觀的初階、進階、高階三者（《山》1·2·5）。在其間，人須經歷的煉淨，分為四個面向（《山》1·1·2；1·13·1），分別稱為：

1）主動的感官之夜（active night of the senses）

2）主動的心靈之夜（active night of the spirit）

3）被動的感官之夜（passive night of the senses）

4）被動的心靈之夜（passive night of the spirit）

如標題所示，感官與心靈的官能（意志、理智、記憶）各有其「主動」與「被動」的煉淨；「主動」意謂人能藉本性的能力（natural power）而作主動修行的克修（asceticism）。「被動」則意謂人能力有所不及，必須經由神的超性力量（supernatural power）來施行滌淨的工作，人只能配合，而不能助長（《山》1．13．1）。

提綱挈領地說，此四者呈現以下的骨幹：

1）主動的感官之夜
　a）其消極義在克制情欲，以防微杜漸
　b）其積極義在遵主聖範，以步履芳蹤
2）主動的心靈之夜
　a）其消極義在揚棄對靈異經驗的執迷
　b）其積極義在惟獨活於信、望、愛三超德
3）被動的感官之夜
　a）其消極義在於神給人克勝三仇，破七罪宗
　b）其積極義在於引領人從推理默想轉入默觀
4）被動的心靈之夜
　a）消極地滌淨各種不成全
　b）積極地讓人靈爐火純青

大致說來，這四者都會普遍、反覆地並存在默觀的所有階段；但默觀程度愈初步，則主動的夜比重愈多（《山》1．1．2–3）；反之，默觀程度愈湛深，則被動的夜比重就愈激

烈，尤其是心靈的被動之夜，會愈來愈白熱化，直至人靈徹底地煉淨為止（《夜》2．9．3）。茲較細緻地反思此四種煉淨的底蘊。

1）主動的感官之夜

聖十字若望主要是在《攀登加爾默羅山》卷一論述「主動的感官之夜」。他開宗明義地指出：神修人最終的目標，在於與神在相愛中結合（《山》序）。為達到這目標，我們須在靈修的路途上剷除一切障礙，連最小的羈絆也要清理淨盡，否則徒勞無功。聖人以繩子繫鳥作比喻（《山》1．11．4）：小鳥不論是被粗繩或細線綁住，一樣不能高飛。為初學者而言，為首的步驟，尤須在感官上克制欲望（mortification of appetites）。

a）消極面：克制情欲，以防微杜漸

人若縱情聲色，貪戀世物，則被世俗同化，而致生命沉淪，對最後宗向麻木（《山》1．3．1；1．13．8）。借用老子《道德經》第十二章語：「五色令人目盲，五音令人耳聾，五味令人口爽，馳騁畋獵，令人心發狂，難得之貨，令人行妨。」欲望若不根治，則「星星之火可以燎原」（《山》1．11．5）。為防微杜漸起見，須緊守五官，克制欲望，使之進入感官的夜（《山》1．3．2）。誠然，修行如同逆水行舟，不進則退（《山》1．11．5），我們不可不慎。然而，光是消極地克己復禮，尚嫌不足；我們仍須積極地效法基督。

b）積極面：遵主聖範，以步履芳蹤

所謂近朱者赤，修德最重典範，以吾主及聖者們作芳表，則知所取法。若在行事作為上，常感念吾主耶穌，以祂為師，努力效法，則可穩走成德之路。為此，聖十字若望勸勉我們，要習慣性地渴望效法基督，並為愛主的緣故，克制欲望（《山》1．13．3–4）；也以吾主為榜樣，處處承行天主的旨意，以奉行主旨作生命之糧（《若望福音》四34），久而久之，將愈與基督認同，愈肖似基督（《山》1．13．4）。

初學者（beginner）若能盡忠職守，克制欲望，遵主聖範，並持之以恆，則可跨越「第一個夜」，邁入進修者（proficient）專注的「第二個夜」（《山》1．1．3），稱之為「主動的心靈之夜」

2）主動的心靈之夜

人不單須在內、外感官上對治其欲望，也須在其心靈的官能（spiritual faculties）上修持，使之達於正軌。心靈的官能包括：「理智」作為「認知官能」；「意志」作為「意欲官能」，及「記憶」作為「庫存官能」。對治此三官能的消極面，在於揚棄對靈異經驗的執著。

a）消極面：揚棄對靈異經驗的執迷

心靈的三官能，除了有其日常生活的本性運作（natural operations）外，尚且會發顯其超能力，而引申各式各樣的超性運作（supernatural operations）。按十字若望在《攀登加爾默羅山》卷二與卷三的整理，人的一切官能，包括內外感官及心靈的三官能，所能引申的超性運作，可提綱挈領地表列如第七十九頁⑯：

談及眾多的超自然經驗，聖十字若望的建議大多數勸勉我們不要執著它們，他從一開始就警惕地指出：除非情況例外，且須由明智的神師分辨（《山》2．11．13），否則我們應忽略它們（《山》2．11．2–7），理由是：

16. 茲因其中項目種類繁多，須另行探討，於此暫且存而不論。原典脈絡參閱《攀登加爾默羅山》卷二與卷三。專題論述參閱 George Morel, *Le sens de l'existence selon saint Jean de la Croix*（Paris: Aubier, 1960–61）。在心靈的三官能前提下，十字若望之所以談各種經驗（包括感性超越運作），那是因為一切經驗都經由理智所理解。再者，聖人在「三官能主動運作」 的前提下談超性經驗，即使超性經驗含「被動」因素，（即被超越力量推動），到底人仍可「主動地」拒絕或接納它們。

其一、關於經驗本身

——愈外在，則愈難確定來源

——愈外在，對人靈的好處愈少

——愈外在，愈容易被邪靈利用

其二、關於人靈

——愈沉迷，愈容易引發自大、虛榮、錯謬

其三、關於上主

——如果超性經驗從神而來，即使你把它退去，也不會減少其影響力，類比著皮膚接觸火一般，不論你渴求與否，也同樣被神的愛火灼熱（《山》2．11．6）

然而，聖人並不叫我們放棄所有的超性經驗，他至少鼓勵我們珍惜六種體證神本質的經驗：

其一是「揭示神本質的理智神見」（intellectual vision of the incorporal substance of God）（《山》2．24．2－4；2．16．9－10）。這意謂著神本質的自我顯現，被人靈所瞥見。此時，神不再借助外物現象來表象，或藉想像圖像來象徵自己，而是神的靈體赤裸裸地展現。十字若望還從聖經引用三個例子說明，分別為上主對梅瑟的顯現（《出谷紀》三18－22）、上主顯現給厄里亞（《列王紀上》十九13）、顯現給聖保祿宗徒（《格林多人後書》十二2，4）。

其二，「有關造物主之智性認知的啟示」（revelation of intellectual knowledge of the Creator）（《山》2．25．2－3；2．26．1－10）。在各種類的啟示中，十字若望特別珍惜這份「神

本質的啟示」，它是理智對造物主之本質（essence）與其屬性（attributes）有清晰的認知（《山》2．26．3－10）；即人對神的其中一個特性，如愛、善、美、全能或甘飴等有湛深的體會（《山》2．26．5），人在此體會中，還經驗到上主的臨在，因而整個心靈充滿喜悅；上主這種啟示是如此崇高，以致非筆墨所能形容。

其三是「實質神諭」（substantial locution）（《山》2．31．1）。此指人靈之聽覺接受到神清晰而有實質效力的言語；例如，聽到上主說：「成善／Be good！」，而實質地成善；或說：「不要怕／Fear not！」，馬上就充滿勇毅與安寧，如同福音中主耶穌向病人說：「治癒！起來！」病者馬上被治好而起死回生。

其四是「靈魂實體的感受」（feeling in the substance of the soul）（《山》2．32．2－4）。此為靈的觸覺實質地碰觸到神，在極度崇高的喜悅中，體會神的臨在，因而獲得脫胎換骨的轉變；人惟有在信賴神的引領中、把生命獻托給神。

其五是「默觀」（contemplation）。如前述，它是人神間祕密的愛的知識，維繫著意志與理智的互動。（我們仍繼續在闡釋默觀）

其六是對上述五種經驗的記憶（memory）。十字若望勸告我們，不要保留其他超性經驗的回憶，惟獨上述五者是例外。因為它們都給我們揭露了神的本質，而我們在回憶中，重溫這份人神間的結合（《山》3．14．2）。

概括地說，除了上述的六種經驗外，對於一般的靈異經驗，十字若望勸我們勿執著、勿沉迷，以免本末倒置，阻礙進步。這份消極的破執，其實同時蘊含著一份積極的作法——活於信、望、愛。

b）積極面：惟獨活於信、望、愛

聖人的意思是，讓心靈的三個官能進入黑夜，人主動能辦到的步驟是——理智惟馴服於「信」，記憶惟生活於「希望」，意志惟致力於「愛主愛人」（《山》2．6．1–4）。

i）理智惟馴服於「信」——理智走進黑夜，意謂人不再執著於思辯智巧，而只藉「信」來連結神及其奧跡。十字若望引用依撒意亞先知（《依撒意亞先知書》七9）的話說：「如果你不相信，你不會明白。」（《山》2．3．4）意思是：人信了才會理解；這份瞭解是首要地建基在人神間愛的融通，其中蘊含著人對神的信任與忠信，而非首要地把它約化為信條予以贊同。借用馬賽爾的分辨：「信及」（believing that／*croire que*）有別於「信任」（believing in／*croire en*）[17]；「信及」只處在「主客對立」的觀點，把奧祕（mystery）約化為「問題」（problem），企圖作肯定；反之，「信任」則處在「主體互通」的關係中，體證其「奧祕」的豐盈，在互愛中孕育出「信」與「忠信」（faith & fidelity），在「玄同彼我」中，獲得洞見[18]，而並不首要地在乎智巧辯證上的「澄清」（《山》2．6．1），卻在智巧的「黑暗」中認證，以致聖十字若望稱之為「信的黑暗」（《山》2．6．1）。

「信」固然勾連著「愛」，但也勾連著「望」，十字若望還引用聖保祿之言：「信是所希望之事的擔保，是未見之事的確證。」（《希伯來人書》十一1；《山》2．6．1），為此，我們有餘地體認記憶之藉望德而進入黑夜。

ii）記憶惟生活於「望」——記憶走進黑夜，意謂著它不再執著於過去，而寄望於神

17. 馬賽爾對「信及」與「信任」做了很深入的分析，很能發揮十字若望這論點。Gabriel Marcel, *Creative Fidelity* （ New York: Noonday Press, 1964; reprinted 1967 ）, p. 134。
18. 有關馬賽爾對「信與忠信」的分析，參閱拙著「馬賽爾筆下的信與忠信」，收錄於《愛、恨與死亡》（台北：商務，1997）頁 377–431。

所許諾的將來（《山》2·6·1），如同聖保祿宗徒所說：「忘盡我背後的，只向我在前面的奔馳，為達到目標，為爭取天主在基督耶穌內召我向上爭奪的獎品。」（《斐理伯人書》三13－14）十字若望把「記憶」與「希望」相提並論，是件明智之舉，他藉此向我們表示：「記憶」在意識「過去」的同時，也讓我們意識到「時間性」這回事；只是我們通常只注意到「記憶」所存念的「過去」，而不留意其所展望的「將來」。就在這份意會上，聖十字若望勸我們不要把自己牢固在過去，而讓自己向未來釋放；若把自己封閉在過去，就無法進步；人與其執著過去的事理，包括曾經有過的靈異經驗，倒不如一心盼望末世的圓滿，讓最高的目標帶動我去力求上進。然而，當我們扣緊「希望」一事，就會體會到「希望」本身有其幽暗面，要求我們去面對。借用馬賽爾的提示：生活在「希望」中，就是還生活在幽暗中，如果我們已擁有所渴望的圓滿，就不用去「希望」了。為此，「希望」蘊含著一份困境有待救援⑲。聖十字若望深明此理。以致他引用保祿宗徒（《羅馬人書》八24－25）的話來強調：「我們得救，還是在於希望。所希望的若已看見，就不是希望了；那有人還希望所見的事物呢？但我們若希望那未看見的，必須堅忍等待。」（《山》2·6·3）固然，只消極地停留在困境本身，並不構成希望，希望的積極義在於主動地迎向那尚未顯露的光芒。人神間圓滿的結合，就是那份仍隱而未顯的光，有待在末世圓滿的全福中實現，其來臨與否，不由我來操縱，而我也不容揠苗助長，我惟有以謙虛、忍耐的心，去迎向所期待的恩賜。誠然，愈意識自己的卑弱，就愈能叫我懇切地活在對上主的希望中。

19. Gabriel Marcel, *Homo Viator : Introduction to a Metaphysic of Hope* （ New York : Harper Torchbook, reprinted 1962 ）, pp. 30–31.

望德不單如上述般勾連著對上主的信，也以愛主愛人作為其根基，以致我們有餘地體會意志所致力的愛。

iii）意志惟致力於「愛」——意志走進黑夜，意謂著它不再執著於「亂情」（inordinate affections），而死於對世物的貪戀，一心惟愛天主在萬有之上，並為主的緣故，愛人如己，也只以神的愛心作基礎，去愛宇宙萬物。

所謂不執著於「亂情」，就是意志不再本末倒置，把世物偶像化，作為自己追求的最終目標，而惟主至上，以結合於神為第一要務（《山》2．16．2）。在這個前提上，十字若望引用《路加福音》十四章33節說：*人若不捨棄他的一切所有，就不能做我的門徒*（《山》2．6．4）。如前所述，意志面對著六種善而應知所先後，擇「至善」而固守（《山》3．17．2）；面對前五種善：暫世的善、本性的善、感性的善、道德的善、超自然的善，都須以割捨的心態來退讓給第六種善——靈性的／究極的至善：與神結合；惟有投奔向神、與神結合、才是我們的最後宗向（《山》3．33．1-2），人須放下其他一切來賺得這塊珍寶。

然而，聖十字若望也意會到這樣的一份吊詭：我們是透過愛德工作，在愛近人中，發顯與實踐愛主至上之舉。聖人引用《雅各伯書》二章20節來指出：若無愛德工作，則人的信德是死的（《山》3．16．1）；只不過，愛世人須建基在愛主至上的前提上，關於這事，十字若望還引用《申命紀》六章5節的最大誡命佐證。至於人如何在愛主、愛人，以至愛世物的次序上拿捏得當，而不本末倒置，或矯枉過正，那就是我們需要終身學習的課題。

3）被動的感官之夜

十字若望主要藉《黑夜》一書探討「被動之夜」。借用聖艾笛．思坦（St. Edith Stein）的提示：進入「主動之夜」，如同背負十字架（carrying the cross），處於「被動之夜」，則意謂神主動的參與，好讓我們完成「被釘十字架」（crucifixion）的工程⑳。在「被動的感官之夜」方面，聖十字若望的主要反思是，神如何介入我們的感官層面，幫助我們「克勝三仇」，及「破七罪宗」。

「三仇」，即「魔鬼、世俗、肉身」㉑。神在協助我們克勝此三仇的同時，要求我們作自己的責任分擔，好讓我們不至於阻撓神在這方面的化工。在此，我們所須負的責任是：活於「信、望、愛」：我們活於「信」，有如穿上白色內衣，耀眼奪目，不單叫「理智」不能正視，就連「魔鬼」也無從觀看，或敢於攻擊（《夜》2．21．4）；活於「望」，有如套上綠色外衣，讓「記憶」不再寄望於「現世」，而轉目盼望「將來」永恆的至善（《夜》2．21．6）；活於「愛」，好比加上紅色長袍，保護「意志」免於「肉身」上的私慾偏情，好把「亂情」轉化為對神的戀慕（《夜》2．21．10）。如此一來，天主會因應著我們的配合，而一方面協助我們，從外克勝三仇，從內煉淨心靈的三官能（理智、記憶、意志），使我們不論裡外都能翕合神的心意（《夜》2．21．11）。

至於破「七罪宗」（seven capital sins），參照《若望壹書》二16的提示，人的敗德（vices）有七，總歸三類：

第一類是「生活的驕傲」，統攝著「驕傲」（pride）、「嫉妒」（envy）、「忿怒」（anger）；

第二類是「肉身的貪慾」，涵括了「貪饕」（gluttony）、「迷色」（lust）、懶惰（sloth）；

第三類是「眼目的貪婪」，那就是「吝嗇」（avarice）。

此七者寓意著人根深蒂固的劣根性，不因獻身於修道而徹底根治（《夜》1．1－7）。

20. St. Edith Stein, *The Science of the Cross*, Hilda Graef, trans.（London: Burns & Oates, 1960）p. 33。

21. 十字若望主要在《黑夜》卷二第廿一章內反思「克勝三仇」。在此之前。他已暢談「被動的心靈之夜」，但聖人早已在《黑夜》卷一為首的「註解」（Explanation 2）中提到神主動地出擊，對治三仇，並指出這是在感官層面開始著手。為此，我們可確定聖人的意思是：「克勝三仇」的工程，始於「被動的感官之夜」，而延伸到「被動的心靈之夜」，它同時連貫了肉身與心靈官能的煉淨過程。

例如：「驕傲」，神修人即使除去了世俗人的妄自尊大，到底仍免不了喜歡教訓別人、多於接受教導；又例如「吝嗇」，修道人即使放棄了私有財產，還是不免傾向於搜羅聖物，據之為己有。凡此種種不勝枚舉；如果神不來幫我們清理，把劣根連根拔起，我們終究無能為力。在此，我們惟有被動地接受神在感官層面給予的挫折與磨練，好能因而死於自己，活於天主；這是「被動感官之夜」的較消極面向。而其較積極義則是，我們有待神的引領、好能逐步離開較感性的默想，踏上靈性的、神祕的默觀。（有關此點，我們先前既已提及，於此從略）。

「被動之夜」，除了感官方面的煉淨外，還有心靈方面的煉淨，聖十字若望稱之為「被動的心靈之夜」。

4）被動的心靈之夜

「被動的心靈之夜」，意謂著神容許人靈進入痛苦的心靈磨練，以滌除內在各種的不成全，好使心智在高度煉淨中得以純全。其中的苦難，包括意識自己的卑微（《夜》2．5．5）、被世俗遺棄、被友人誤解（《夜》2．6．3）、感覺被神捨棄（《夜》2．7．7），使得人靈求救無門，甚至無力舉心向上等等（《夜》2．8．1）。此等痛苦極度湛深劇烈，並且持續不斷，直至人靈徹底被煉淨為止（《夜》2．9．3）。在苦難中，人靈惟一的支柱是他自覺乃能深深地愛著吾主（《夜》2．19–20），以此作為微弱的燈火，支撐起他在黑夜中所走的步伐。

在此，尤值得提及的是：人對神的愛與情傷，被十字若望比喻為攀上十個梯階的煉苦（《夜》2．19–20）。於此，我們不必逐一分析每一梯階的個別景況；在某意義下，十梯階共同構成一個主題——愛的鄉愁；人愈親嘗到神的愛，就愈渴望與神在一起，但人現時始終是在世上流徙的「旅途之人」（*homo viator*），尚未到達天鄉與上主圓滿地團圓，以致他目前不論如何密切地與神冥合，到底這份結合是不恆常地持續。正因為尚未臻至圓滿，以致人對神國的鄉愁無從間斷；這份愛的鄉愁，甚至會與人神結合的濃度成正比，也構成了「被動的心靈之夜」中，一份極度湛深難耐的煎熬，類比著煉獄的靈魂對天鄉的懇切渴望（《夜》2．12）。

聖十字若望還以「火燒木柴」為比喻，寓意神賦予人靈的「被動之夜」（《夜》2．10．1－2）。神的愛彷彿烈火，尚未成全的人靈如同潮溼的木柴，受到神的愛火燃燒時，經歷了重重痛苦的煉淨，好似溼的木柴經歷了水分的蒸發、臭味的擴散、黑煙的冒出、木柴的炭化等等，承受著各式各樣的鍛鍊與煎熬，直至與烈火化為一體、在愛內脫胎換骨為止。十字若望說：當所有的不成全被燃燒淨盡後，人靈的痛苦將轉變為喜樂（《夜》2．10．5），並達到現世所能享有的成全結合，十字若望稱之為「神婚」（spiritual marriage）（《靈歌》22．3）。誠然，默觀的積極目標在於「結合」（union），「煉淨」（purgation）只是它的消極面而已，所以，從神祕修行的前提下，我們可轉而談論默觀所蘊含的結合義。

D. 默觀在神祕修行前提下所蘊含的結合

專家們談論神祕主義，大致上都體會到這樣的一個重點：神祕主義即使派別眾多，到底可聚焦於一個核心義，那就是——「結合」。例如，柏連達（G. Parrinder）說：「神祕主義這概念的基本涵義在於結合。」㉒齊那（R. C. Zaehner）說：「以基督宗教的辭彙言之，神祕

22. Geoffrey Parrinder, *Mysticism in the World's Religions* （London: Sheldon Press, 1976）, p. 13, " Basic to the idea of mysticism is union. "
23. R. C. Zaehner, *Mysticism: Sacred and Profane——An Inquiry into some Varieties of Praeternatural Experience* （London: Oxford University Press, reprinted 1978）p. 32.
24. Evelyn Underhill, *Mysticism: A study in the Nature and Development of Man's Spiritual Consciousness* （London: Methuen & Co. Ltd., 1911; revised 1930）, p. 4.

主義意謂著與神結合。在神教以外的場合言之，意謂著與某原理或境界結合。那麼，它是一冥合的經驗：與某個體或一己以外的某事物合而為一。」㉓艾德豪（Evelyn Underhill）說：「神祕家成功地在心靈與『惟一實體』之間建立起直接的溝通，這『惟一實體』就是那非物質而究極的本體，有些哲學家稱之為絕對者，而多半的神學家稱之為神。」㉔聖十字若望的作品，乃西方中世紀神祕主義的高峰，也呈現著相同的看法，只不過他落實在「默觀」經驗上談論這份「結合」而已。從「默觀」立場談人神間的「結合」，我們至少可從十字若望的作品整理出以下幾個重點：

1）初步分辨：本性結合與超性結合

初步言之，人神間的結合可分「本性結合」（natural union）與「超性結合」（supernatural union）兩者（《山》2·5·3–4）：

a）**本性結合**——「本性結合」又被命名為「本質結合」（essential union）（《山》2·5·3）㉕，意謂神內在於萬物，也內在於每一個人（包括惡貫滿盈的大罪人），以保持其存在，免化為烏有。然而，聖十字若望所指的神祕結合，並不是這一種「本性結合」，而是「超性結合」。

b）**超性結合**——「超性結合」意謂人生活於寵愛的境地（state of sanctifying grace），與神建立起友誼，向著高度的愛之認同中邁進，以「肖似結合」（union of likeness）為最高的理想（《山》2·5·3）。「肖似結合」後來在《靈歌》及《焰》（3·24）中，被稱為「神婚」（spiritual marriage）。然而，人對神愛得愈深，所兌現的結合就愈發濃烈，以致我們可在超性結合、神祕結合上，分辨不同程度之深淺。

有關神祕主義的初步說明，參閱拙作「神祕主義及其四大型態」《當代》第三十六期，4月1日，1989，頁39-48。

5. 十字若望在（《山》2·5·3）中，也稱「本性結合」為「實質結合」（substantial union），但他後來卻把「實質結合」寓意為神祕結合的高峰，例如：（《靈歌》39·6），為避免混淆，我們不在此處採用此名。

2）超性結合可從寵愛境地延伸至神祕結合

十字若望指出：凡生活於寵愛中的靈魂，與神就有著愛的關係，但每人的愛與恩寵有程度上的不同深淺，有活於較低程度的愛，也有活於較高程度的愛。愛的程度愈高，意志就愈吻合神的意願，與神有著愈湛深的融通；一個完全在愛中翕合主旨的人，也達到完全的神祕結合，而徹底地在神內獲得轉化（《山》2．5．4）。

3）神祕結合前提下分辨煉路、明路、合路

聖十字若望按傳統的分法，在《靈歌》中，分辨煉路、明路、合路三個主要的程度，以寓意默觀路途上的開始者、前進者、成全者三個階段（《靈歌》．主題1－2）。

a）**煉路**（《靈歌》1－12）寓意著開始者一旦體會了神的愛，而展開對神的追逐，在世物的美善中，尋找神的至善（《靈歌》4－6），在世人的靈智中，回溯神的全智（《靈歌》7）；然而，沒有任何人、地、事、物足以彌補神在人心靈內留下的空缺，致使人在渴慕神當中，黯然神傷（《靈歌》8－11），惟有活在「信」的黑暗中，靜待神的臨現（《靈歌》12）。此階段是人與神的邂逅、追求、戀慕、傷情，人在思念中，尚未達到與神更親密的結合。

b）**明路**（《靈歌》13－21）寓意著前進者進一步對神的深情與愛的鄉愁。人對神濃烈的嚮慕，獲得了神靈光的回應，人在體會神的偉大當中，引致「出神」（rapture），在神魂超拔（ecstasy）中投奔牽繫心中的愛者（《靈歌》13）；這份濃烈的愛戀與切慕，被聖十字若望稱為「神訂婚」（spiritual espousal）（《靈歌》14－15），類比著世間男女的相戀，而致山盟海誓、至死不渝，只是尚未臻至圓滿的結合。此階段尚且是心靈最波動的時刻，而三仇的攻擊也最為激烈（《靈歌》15－16）。不過，大自然最昏暗的剎那，也就是曙光初現的前奏。當人持續地受黑夜的煉淨後，他的愛將會變得更為純全，而人神的結合也將達到更高度的轉化。

c）合路（《靈歌》22－40）寓意著成全者身心已經歷徹底的煉淨，獲得深度的神化，而人神間的融通也達到高潮，類比著男女間戀愛已成熟，終於從「神訂婚」進而為「神婚」（spiritual marriage）（《靈歌》22．3），在其中人神間在愛的彼此施與和接受內，深深地結合為一。人的整個心靈，不論在認知（cognitive）或情感（affective）的意識上，已藉分享（participating）著神，而被神化（divinized）（《靈歌》22．3），雖然人仍保留其個體，其身心卻因被神浸透而更肖似神（《山》2．5；《靈歌》22．3），其思言行為雖不致被神取代，畢竟已翕合了神的心智，所以能如同保祿宗徒所說的，「我生活己不是我生活，而是基督在我內生活。」（《迦拉達人書》二20）

4）明路中神訂婚的深究

從「默觀肇始」至「神訂婚」之間的一段距離，十字若望並沒有刻意地給它劃分不同的階段，他只約略地作了一點點交待，就隨即反思「神訂婚」的內蘊。看來，我們有必要在此作以下的提示。

a）從自修默觀到神訂婚

聖十字若望曾閱讀過聖女大德蘭的著作，及指導她的靈修，以致得悉聖女大德蘭對默觀階段的詳細劃分；聖人在認同之餘，覺得沒有必要重覆；為此，他只一語帶過地向我們推薦大德蘭的作品（《靈歌》13．7）。言下之意是：他與大德蘭的理論與實踐同屬一個更大的整體，彼此互相闡發與補足。（此點容後討論）

有關從自修默觀到神訂婚之間的一段歷程，十字若望只簡括地指出所須做的事是：權宜地停止推理默想，而致力於對神純情地發顯一份「愛的專注」（loving attention）（《焰》3．33；《夜》2．1．1）；此時，人在感性上雖尚未被煉淨，至少比以前進步，以致較易引發一份單純的靈悅（《夜》2．1．2），而安於接納上主愛的牽動。附帶地說，他還敬告神師們，勿盲目地在此處勉強弟子繼續推理默想，以免妨礙進展（《焰》3．33）。當人在「愛的專注」上讓神帶動，假以時日，內心的愛火會愈來愈增強，意識會愈來愈轉變，甚而神魂超拔。

b）神魂超拔之為神訂婚

湛深程度的默觀，可引致「神魂超拔／出神」的狀態（《靈歌》13．1－12），在其中，人神結合的濃烈，聖十字若望命名為「神訂婚」（《靈歌》14－15．17；《夜》2．1），類比著男女間的海誓山盟。十字若望還借用《約伯傳》的話語來描述其震撼（《靈歌》14－15．17－18）：

> 我竊聽到一句話，我耳聽見細語聲。當人沉睡時，夜夢多幻象；我恐怖戰慄，全身骨頭發抖，寒風掠過我面，使我毛髮悚然，他停立不動，但我不能辨其形狀；我面前出現形像，我聽見一陣細微的的風聲。（《約伯傳》四12－16）

在此，我們可分別從i）本質、ii）型態、iii）官能、iv）建議等項目上，聆聽聖十字若望的見解：

i）本質

「神魂超拔/出神」的狀態，寓意著人神間心靈上的濃烈結合（intense union），導致人的身體出現某些附屬的現象，如「形如槁木」、身體騰空等等；它本質地是人神間深度結合的表現，人靈強烈地被神吸引，心靈驟然飛昇至神的懷抱，暫時脫離了身體的牽制（《靈歌》13．6）；這狀況可在無預警下出現，使人因這突如其來的經驗，剛開始時懼怕不已（《靈歌》13．2）。神為了保護人的身體，使之不致過於震撼而受損傷，因而暫時吊銷人的普通官能，使人的外表看似「形如槁木、心若死灰」，彷彿死了一般（《靈歌》14－15．19）。誠然，神魂超拔中的人神結合，嚴格地說，是為靈魂與身體間一份不和諧的張力（《靈歌》14－15．30），即人靈須在身體的官能被吊銷下，達致與神結合，雖然結合經驗可以有時反過來影響到身體，使之容光煥發、肉體騰空，到底身體在出神當中，不能隨意走動，甚至不察覺週遭的環境變動。為此，人自覺這份人神結合並不徹底，因而產生一份更強烈的渴慕與情傷，憂慮失卻與神同在的機緣（《靈歌》13．5）。

ii）十字若望用不同的辭彙來凸顯神魂超拔的不同類型，即在神魂超拔（ecstasy）總名目下，分辨了「出神」（rapture）、「心靈飛越」（spiritual flight）、「骨骼脫節」（dislocation of bones）等名詞（《靈歌》13．4；14－15．18－19）。他並未對「出神」與「心靈飛越」作分析，只提及大德蘭作品有較細緻的論述（《靈歌》13．7）。於此，十字若望只著墨在「骨胳脫節」這型態，而在《靈歌》14－15．19中給予以下的提示：顧名思義，它意謂著所有骨骼都感受到懼怕或困擾，甚至於搖動與脫節。十字若望借用達尼爾先知的話（《達尼爾先知書》十16）來形容，達尼爾見到天使而驚懼地說：我骨頭的關節都鬆掉且脫落。聖人也借用《約伯傳》四章12至16節的語句，如「恐怖戰慄」、「骨頭發抖」、「毛髮悚然」等來說明，企圖描述其中的激烈與震撼。

iii）官能

有關神魂超拔中各官能的表現，聖人的提示如下：

①靈官能方面——意志與理智的互動愈頻繁，人對神「愛的知識」也愈增長。意志在愛的濃烈中，引導理智獲得超越的光照（《焰》3．5－6）；理智則類比著熟睡後眼睛的豁然開朗，也如同獨處時的小鳥般，只舉目向天、展翼高飛、在深情的專注中體察神的心意，並清唱著惟獨愛者才可懂悟的美妙綸音（《靈歌》14－15．24－26）。

②感性官能方面——人因尚未全被煉淨，以致所有的感官未能與靈官能和諧配合，但指望著「神婚」的完成（《靈歌》14－15．30）。換言之，感性的普通運作必須暫時被吊銷，使靈的超性運作獲得釋放（《靈歌》13．6）。為此，十字若望引述保祿宗徒（《格林多人後書》十二2）的出神經驗，強調其身體官能的沉寂，不能分辨是在身內或身外，無從知覺空間場所。

iv）建議

聖十字若望在此提醒我們：靈修必然牽涉靈的戰爭；人與魔鬼的交峰會因著人靈

的進步而愈發激烈，而魔鬼的詭計也愈來愈高明。牠一方面會以假亂真，企圖仿冒，另一方面，又會以真亂假，製造困擾（《夜》2．2．3）。在此，十字若望所給予的建議是：惟獨活於「信」，不要執迷於靈異經驗，以免受騙上當。（《夜》2．2．5）。

5）合路中神婚的深究

在對明路中「神訂婚」作了較細緻的說明後，我們可繼而對合路中的「神婚」作進一步的體會。

a）神訂婚與神婚的分別

有關神訂婚與神婚的分別，十字若望有以下的提示：

i）關於出神現象（《夜》2．1．2）：

神訂婚多出神現象：身體感性面尚未煉淨，神須吊銷感性官能來結合人靈；**神婚**少出神現象：身體感性面已被煉淨，人靈與身體可和諧配合來結合神。

ii）關於神與人溝通的方式（《靈歌》13．6）：

神訂婚意謂神必須用激烈的方式，把人靈從身體內牽扯出來，以達到結合；**神婚**則意謂神採用平和溫柔的方式與人相處，而不必用強力的手法，暫時隔離靈魂與身體的連繫。

iii）關於感官與心靈的煉淨（《靈歌》14－15．30）：

除非感性與靈性上的陋習缺點被馴服，否則達不到神婚；為此，**神訂婚**意謂感官與心靈的煉淨深入，但仍未徹底；**神婚**則意謂心靈與身體達到徹底的煉淨，仍等待著全福的完成。

iv）關於愛之結合的程度（《焰》3．24）：

神訂婚類比男女間的海誓山盟，但尚未圓滿結合；神婚則類比男女間的婚配，彼此互相給予而合為一體。

b）神婚本義

有關「神婚」中那份深度的結合，聖十字若望以充滿陽光的玻璃作比喻，類比其中的究竟（《山》2．5．6–7）：玻璃已清理乾淨，一塵不染，陽光穿透玻璃本身，毫無阻礙，讓我們徹視無間地體會著太陽的光與熱，玻璃即使不會因而失卻其個體，畢竟已徹底被陽光浸潤，顯得與陽光合而為一。從這個比喻，我們多少可以類比地意會神婚中的幾個特性：

i）人神充分結合

兩者結合為一（《靈歌》26．4）；人與神在互愛中彼此給予，以致兩者結合成一體（《焰》3．79）

ii）人靈神化而不抹殺個體

人充分地結合於神，不因此而失去其個體性（《靈歌》22．4）；但人神的結合如此徹底，以致人已被「神化」（divinized；deified），他藉分享而取得神性（divinization by participation），獲得與神一致（《山》3．2．8；《靈歌》22．3；39．6；《焰》1．9）。人靈比先前更持續地接受灌注（《靈歌》35．6），他做任何事都離不開神的臨在（《靈歌》37．6）。

iii）眾官能獲轉化

人的神化，可從官能的「轉化」（transformation）上體察出來（《夜》2．4．

2；《靈歌》3；《焰》2．34）：

① 人的理智（intellect）完全吻合神的心智，而能內在地洞悉神的奧祕（《靈歌》26．11、16）；

② 人的「意志」（will）完全吻合神的意志，因而愛神所愛的一切，願意神所願意的一切（《靈歌》26．11）；

③ 人的「記憶」（memory）只一心仰望永恆的光芒（《夜》2．4．2；《焰》2．34）；

④ 人的本性欲望（natural appetites）完全翕合神的旨意，而能如同《論語》第二為政篇．4節所指的「從心所欲，不踰矩」（《夜》2．4．2；《焰》2．34）。

iv）正面效用

成全的默觀引致以下的五個效用（被稱為「五福」／5 blessings）（《靈歌》40．1）：

① 人靈不再執著任何世物

② 魔鬼被戰勝而遁逃

③ 情欲被壓服，本性的欲望被克制

④ 感性部分更新與淨化

⑤ 感性適應理性

v）體證聖三

人靈灌注地體證聖三奧祕（Trinity），有別於普通的信與推論（《焰》1．15；2．1－22）。

vi）神化之為實質結合

人在成全的默觀中，所達到的神化（Divinization），是為人神間的「實質結合」（substantial union），此乃來世「全福」（beatitude）的預嘗（foretaste）（《靈歌》39．6）。

6）神婚的實質結合內分慣性結合與當下結合

然而，神婚即使讓人與神間達致「實質結合」（substantial union），但仍不是最究極的圓滿，人仍須等待來世的最終極「全福神見」（beatific vision），及與神在天國中最後的大團圓。在此點上，聖十字若望分辨「慣性結合」（habitual union）與「當下結合」（actual union）兩者（《焰》4．14－15；《靈歌》26．11）：

a）**慣性結合**——此指人靈如此地被「神化」，以致他無時無刻不被浸潤在（immersed in）神的氛圍內（《靈歌》26．10）；人神間的神婚是如此地親密與崇高，以致人的心靈常常在超性的意識狀態中與神同在。然而，聖人又強調：人即使已實質地（substantially）、慣性地（habitually）與神在一起，但這並非意謂人已絕對恆久地處在無間斷的「當下結合」、彷彿聖者在天國所享有的全福一般。在今世，到底人神的結合不論如何崇高，也至少與將來的「全福」有相當程度的落差（《靈歌》26．11）；為此，十字若望也在「慣性結合」／之外凸顯了「當下結合」一辭（《靈歌》26．11）。

b）**當下結合**——乃指人在成全的神祕默觀中，處在超性意識內，心靈的官能當下與神的心智合而為一，以致我在神內，神在我內共運作、同進退。但聖人認為，這種超性狀態不常常持續（《靈歌》26．11）。反之，當人尚存活於世，他的一切官能，不論是本性官能，或超性的靈官能，都還沒有達到絕對完美，仍然會時而生活在本性的狀態中，並且可犯缺點（《靈歌》26．18）。例如：理智會陷於不成全的欲望、意志會追求不成全的意願、記憶會受無用想像的干擾、人會被四種激情（希望、喜樂、悲哀、恐懼）所左右等等（《靈歌》26．18）。換言之，「當下結合」不持續，在「當下結合」以外，人的所有官能仍有瑕疵、尚待改進，人還沒有達到來世的絕對圓滿。

正因為人仍有其「自然／本性狀態」（natural state），仍是一「具有肉身的個體存有」（incarnate being），為此，聖十字若望建議我們，不要完全放棄推理默想（speculative meditation），因為它可時而派上用場，到底人不是純靈，也不恆常地處於默觀狀態中（《焰》3．33）。

7）對全福神見的展望

當人尚生活在世上，即使最成全的默觀，仍不是人生命的絕對圓滿（《靈歌》22．4），惟有來世的「全福神見」（beatific vision）才會讓人獲得最終極的憩息（《靈歌》36．40；《焰》2．32）。為此，十字若望指示：人須揭去三層薄紗——世物、感性、現世生命——始能德備功全，臻於究竟（《焰》1．29－34）；這終極的究竟，聖十字若望也稱之為「祕密的第十梯階」（《夜》2．20．5），也是最後的梯階。

8）默觀是現世最高程度的知識

人在默觀中所孕育的「愛的知識」，尤其在成全的默觀所實現者（《焰》3．49），為十字若望而言，乃是人現世所能成就的最高知識，他說：「（人）先前的認識，甚至世上所有的知識，和這認識相比，完全是無知。」（《靈歌》26．13）。為此，馬里旦（Jacques Maritain, 1882–1973）在其名著《知識的等級》一書中，以聖十字若望所談的默觀為研究對象，並寫道：「（默觀）帶給人類在現世中所能達致的最高程度之知。」㉖就知識的等級上來說，僅次於末世的「全福神見」而已。

六、綜合說明

A.默觀核心義鳥瞰

分析至此，我們可以為聖十字若望的默觀理論作一個綜合的說明。我們扣緊十字若望的核心定義：**默觀是為祕密的人神間愛的知識，維繫著意志與理智的互動**；從中分別三個面向來作辨悉：

首先，**默觀牽涉意志與理智的互動**：理智不缺乏意志的干預來接受或排斥任何事物；在本性的運作中，通常是理智首先發動求知傾向，渴求認識初遇的對象，意志繼而因其好惡，直接干預人的認知；當意志以積極正面的心態來迎接一個對象，尤其當對方是一位具備心靈位格的主體，則容許人以愛的眼光去透視對方。在超性的運作中，人的意志則在對上主產生愛的掛念中，進入默觀，而理智則尚未接受煉淨，無法取得智慧的光照，但意志與理智會互

26. Jacques Maritain，*The Degree of Knowledge*（New York: Scribner, 1959）, p.383, “（Contemplation） brings the human being to the highest degree of knowledge accessible here below. “

相牽引，意志對神的愛，將會讓理智產生洞察，而在人神間愛的知識上邁進。

進而，**默觀是為人神間愛的知識**：知識有許多層面，惟獨藉愛而獲致的洞察，不停留於表面，而直指本心；人對神愈懷著湛深的愛，就愈引領人在愛中認識上主，而在默觀中邁進於愛的知識。人藉領受三個徵兆：對己之思辯推理不再管用、對物之有形事象乏味、對神有愛的牽掛，則須響應神的引領而進入默觀。在其中，意志與理智的互動，時而「各自為政」，時而「彼此吻合」、時而「互為因果」；在較低程度的默觀中，通常意志與理智「各自為政」，多半是意志點燃愛火，而理智處於黑暗，但有時是理智獲得光照，而意志處於乾燥。較高程度的默觀，則較常是意志與理智間在運作上、互相牽動、「互為因果」，即愛引致更豐盛的知識，知識產生更進一步的愛。在成全的默觀上，意志與理智通常「彼此吻合」，即人靈在愛中認知，也在認知中熱愛；意志在充滿愛火中蘊含光照，而理智在獲得智慧之光中、浸潤於愛火，以致人在神內被愛的光照浸透。

再者，**默觀是祕密的、神祕的，較消極地蘊含著煉淨、較積極地蘊含著結合**。默觀是「神祕的」（mystical），寓意著默觀經驗是「黑暗而普遍的」（dark & general）；它是「黑暗的」，牽涉著官能之本性運作的吊銷，好讓其超性運作得以釋放，而達致「明心見性」；它是「普遍的」，意即在其中，小我已被大我所銷鎔、時間已被永恆所取代、空間已被全在所統攝。默觀作為神祕修行，牽涉一段煉淨的過程，其中計有主動的感官之夜、主動的心靈之夜、被動的感官之夜、被動的心靈之夜；其主動面，意謂人在修行上有其責任分擔；其被動面，意謂神修工程須有神的力量介入，人不能揠苗助長。默觀的煉淨面指向其更積極的意義——人神的「結合」，而默觀所指往的最高理想是「神婚」，在其中，人透過湛深地分享神的生命，而致被「神化」，造就玄同彼我、天人合一的境界，展望著最終極的全福之臨現。默觀的整個過程，類比著進入夜晚，歷經黃昏、深夜、而邁向黎明，展望著圓滿的白晝，其中歷程，可藉下頁圖示意：

B. 聖人默觀理論成就檢討

末了，看來我們仍須澄清以下的一個疑問：既然聖十字若望不是第一個人討論默觀，那麼，他在這議題上究竟有什麼個人的特色與貢獻、足以給我們深遠的啟發和激勵？藉著這個問題的帶動，我們在此把聖人著作的特殊心得歸納為八個檢討要點：

1. 述論旨則承先啟後
2. 言功能則心意均衡
3. 闡默觀則主被兼顧
4. 釋煉淨則消積兼容
5. 談結合則始終貫徹
6. 論指導則智圓行方
7. 講靈修則顯密兼備
8. 賞行文則美善兼收

茲嘗試把這八個要點逐一解釋如下：

1. 述論旨則承先啟後

十字若望是主耶穌的忠實門徒與密友，浸潤在慈母教會的培育中，不論其理論與實踐都

聖十字若望的默觀過程簡圖

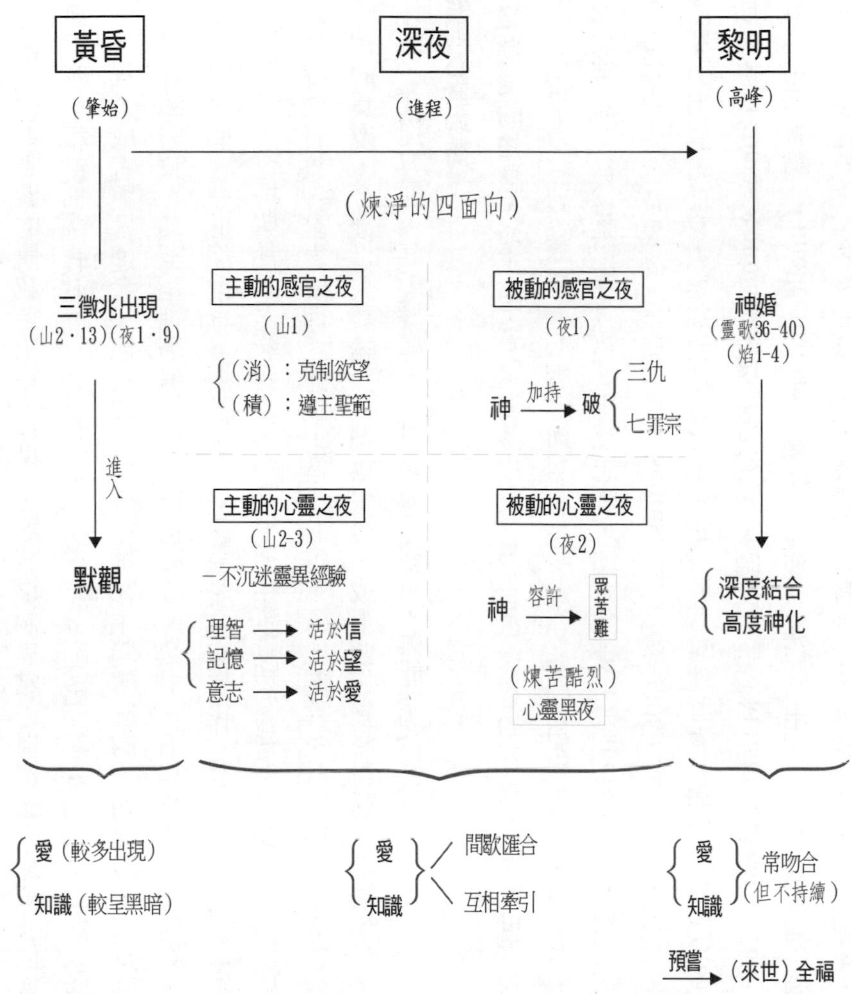

吻合教會傳統的大方向。如同聖奧斯定，他以默觀為人神間在神祕冥合中所孕育的愛的知識㉗。聖十字若望發揮對默觀的體認，始終未曾片刻離開這個焦點；但這並不意謂著他就此蕭規曹隨、毫無創意，相反地，我們仍可看見其承先啟後、推陳出新。在神祕默觀的論題上，十字若望是一位集大成者與啟迪者，他吸收了中世紀神祕主義傳統的一切優點，深具系統條理地將之發揮得淋漓盡致，甚至鉅細靡遺，堪為後世取法與徵引。論其思考的周延度、可謂盛況空前；論其引述的寬闊度、則是兼容並蓄；其論著多次提及托名戴奧尼修斯（Pseudo-Dionysius）、奧斯定、多瑪斯等名家要義，也不厭煩地在新舊約聖經上引經據典，以作支柱，以致他不單做到持之有故、言之成理，還加上個人心得、深入闡釋；其在靈修學與神哲學上的造詣是劃時代的貢獻，今後世人談論西方神祕主義，或東西方靈修對話，都缺少不了參照十字若望的作品，在這方面，其影響之大，可謂歷久彌新，難能望其項背。

2. 言功能則心意均衡

論默觀之為愛的知識，聖十字若望尤其扣緊著意志與理智的互動。難能可貴的是：他能在論述的比重上，同時兼顧「心智」與「意志」兩功能的角色，使之各如其分，不失之偏頗。在他之前，教會中曾有較著重意志者，如方濟會（Franciscan）的聖文德（St. Bonaventura, 1221–1274）及思高（John Duns Scotus, ca. 1265–1308）等，史稱之為「主意志論」（voluntarism）型態，把意志抬高到理智之上；也有較著重理智者，如道明會（Dominican）的聖多瑪斯（St. Thomas Aquinas, 1225–1274）及大師艾克哈（Meister Eckhart, 1260–1327）等，史稱之為「主理智論」（intellectualism）潮流，視理智運作高出意志。姑且不論這兩派主張的得失如何，至少在聖十字若望的著作上，我們可以看到一份兩者比重均衡的穩健，及兼

27. St. Augustine, *Enarration in Psalm cxxxv.8*。

容並蓄的包涵，真不愧為集百家之大成的智者與聖者，值得我們取法與傳頌。

3. 闡默觀則主被兼顧

聖十字若望談默觀，尚且把其中的主動面與被動面交待清楚，指出人在默觀的歷程上有其「有為」與「無為」兩面向。「主動／有為」面，是人在某程度上須藉努力而自修，否則不進則退；但默觀的化工有其「被動／無為」面，有待上主處理，人只能預備自己而不可揠苗助長，固然妥善的預備可容許神順利地完成其灌注。為此，聖十字若望的看法是全面而週延的，換言之，他是主動面與被動面兼顧，因而免卻了神修歷史上過於主動或過於被動的兩個極端。

4. 釋煉淨則消積兼容

聖十字若望談默觀，強調其為一煉淨過程，即人為了達到與神結合的目標，須先放下對神以外一切事物的執著；聖人在煉淨的前提上，用語激烈而徹底，但並不過分，即他並不是純消極地只為標榜割捨而割捨，他只想指出：當人捨本逐末地以世物為偶像時，才須有割捨行動，以求撥亂反正地愛天主在萬有之上；繼而，當人開始踏上靈修路途時，可藉世物作為踏腳石，藉此邁向上主；其後，當人在主內成全地神化，則可用主的目光去珍視萬物，從萬物中體證神的臨在。十字若望以「黑夜」為比喻，寓意著煉淨有其消極面，即去執、割捨、痛苦與幽暗，但也蘊含著積極面，即信、望、愛之愈發湛深，「黎明」曙光的愈發臨近，全福團圓的愈發在望。為此，面對「黑夜」，我們所應有的態度不是氣餒，而是堅定與振奮。

5. 談結合則始終貫徹

十字若望論默觀，以結合於神為宗旨，其中所經歷的修行過程，包括開始、前進、完成三階段，被命名為「煉、明、合」三路。聖人在各階段的勸諭是一貫的：即時機成熟須當機立斷，放下默想，專注於愛的凝視，直至完全被神的愛所銷鎔，以與祂化為一體；我們儘管朝向這目標而勉力，不執著，不助長，甚至不去細心分辨歷程的進度，而直截向著成全默觀的神化境界邁進。總之，為了要獲得高度的成全，切勿拘泥於中途的過站，甚至要輕忽各類的靈異經驗，以免阻礙進步；這是他在「結合」的前提上一貫的主張。

6. 論指導則智圓行方

國人敬仰賢德之士，有時會以「智欲圓而行欲方」一語來讚賞。此語也恰好是聖十字若望在靈修指導上的寫照。聖人身教與言教皆卓越；他不單以方正的行實來給我們立芳表，且以圓熟的智慧來循循善誘，而以下的一些教誨足以呈現其睿智：

其一，聖人提出開始默觀的三徵兆，藉此勸我們當機立論，從推理默想轉進到單純收心，好能在愛的凝視下接受神的帶動；這樣，人一方面可避免欲速不達的困惑，另一方面可及時配合神的灌注。此可謂恰到好處。

其二，聖人勸勉我們，不論默觀的進境如何，不必也不應全然拋棄推理默想。人到底仍在旅途的階段，尚未抵達天鄉。為此，人一方面須戒慎努力，以防後退，另一方面須因時制宜，以免浪費時間。到底，人即使處在成全的默觀，也並非持續地活於「當下結合」，他仍須在「本性意識」狀態下處世，如此一來，推理默想可偶而派得上用場，用以延續愛火。此可謂穩健的建議。

其三，聖人以「黑夜」為喻，象徵煉淨，指示人須經歷感官與心靈的主動和被動之夜，以達「黎明」的曙光。他並不意謂著我們須活於死寂，到底人不可能無了期地缺少愛火而不變節；聖人所標榜的只是，人須藉煉淨脫去羈絆，因而能更自由地投奔上主，也讓上主因應人的自由來完成祂的化工。為此，他在破執上的徹底，反而凸顯其對總目標的積極邁進，也讓我們明瞭：靈修尚且有個人的責任分擔，不能不勞而獲；結合與煉淨誠屬一體兩面，相輔相成；酷烈的鍛鍊，反而讓我們爐火純清。此可謂至理名言。

其四，他敬告作神師者須明智與熱誠兼備、精修與經驗兼容，才不至於誤人子弟，否則將變成盲者之一，誤人誤己（《山》．序．3–7；2．18．6–7；2．22．18–19；《焰》3．30–66）。此可謂愛之深、責之切。

上述的指引皆足以表現聖人的明慧，其著作也不愧為靈修寶藏。

7. 講靈修則顯密兼備

再者，聖人之靈修與踐行，同時適用於顯修者與隱修者，也同樣適用於修道人與在俗教友；其《愛的活焰》就是為一位寡婦（Doña Ana del Mercado y Peñalosa）而寫的。可想而知，聖人欲藉此表示：每人在心靈的最深處都是一個獨居者，惟有自己與神可以進入其中；藉著神的感召，我們有任務把「孤獨」（loneliness）轉化為「見獨」（enlightenment）（借用莊子《大宗師》「朝徹而後能見獨」一語）。

人若未能在靈的最深處與神邂逅和結合，則其他層面上的操勞與忙碌皆屬枉然。光是外在的事功，畢竟不足以給你帶來聖化世界的成果；而最平凡的行動，結合著神的恩寵，卻保有點鐵成金的效用。一位聖者的禱告，比起一百個半冷不熱的宣教士，更能為世界點燃起愛火。一個缺乏內修的人，無力從靈性面上改造世界，其理論與實踐也流於淺薄。人惟有在默觀中獲得神化，始可有力量把神分施給世人，讓周遭的人、地、事、物因著你與神親密的友誼而脫胎換骨，徹底轉化。教會中傳教主保有二：其一是走遍半個地球的傳教士聖方濟十沙勿略（St. Francis Xavier, S.J. 1506–1552）；其二是深居隱修院，只活了廿四歲的聖女小德蘭（St. Thérèse de Lisieux, OCD, 1873–1897）；默觀與宗徒事業的關連，於此可窺其詳。

8. 賞行文則美善兼收

欣賞聖人的著作，則發現其中哲學、神學、靈修學、文學兼而有之；其詩篇的精巧鍊達與感人肺腑，尤被譽為西班牙詩壇的第一把交椅，時至今日，尚無人能出其右。此點表示：文學真正的價值，不首要地在乎文筆上的刻意求功，而在乎文學心靈的湛深體會。西方哲人，自柏拉圖（Plato, 427–347 B.C.）至聖多瑪斯，都體認到「一」、「真」、「善」、「美」等超越屬性（transcendental attributes）之互通互換，以致斐然的「美」，蘊含著濃烈的「愛」、崇高的「真」、純粹的「一」、全然的「善」。而聖十字若望文學之美，也在於其深厚的靈修基礎，其與達文西（Leonardo da Vinci, 1452–1519）和米開蘭基羅（Michelangelo, 1475–1564）在藝術創作前的齋戒沐浴及湛深禱告，同出一轍，以致「不鳴則已，一鳴驚人」，比起凡俗文章的巧言令色，或靡靡之音的無病呻吟，真有天淵之別。

附帶值得一提的是：自近代以降，科學精神抬頭，物質文明發達之際，心靈文明相形之下，備受冷落，致使世人在靈性久渴之餘，轉而求助於迷幻藥物，或靈異法術，企圖與超自然界溝通，而各種新興宗教也應運而生。然而，聆聽了聖十字若望在默觀修行上的指引，我們情不自禁地要追問：既然已有聖賢的前輩，如聖十字若望等，曾身體力行地經歷「煉淨」而臻至「神化」，並提供心靈地圖，指引後學登上聖德高峰，那麼，我們又何苦捨近求遠，竟至耳朵發癢，愛聽新奇的話，任意選擇導師（《弟茂德後書》四3）？況且聖十字若望的學理，尚有其歷久彌新之處，可容許聖艾笛．思坦引用當代現象學來發揮㉘。這無疑向我們宣示：古典並不意謂著陳舊落伍，而意謂著經得起時間的考驗而永垂不朽，可在不同的年代，藉不同的語言和體系一再闡述，讓世人可重複得沾教益。我們若能細心聆聽聖人的訓誨，在靈修上可收事半功倍之效。

28. 參閱註22

第五章

心堡與神婚——與聖女大德蘭懇談默觀

我們的靈魂如同一座城堡，
全然由鑽石，或非常明亮的水晶造成的，
其中有許多房間，
就像天堂上有許多的住所。（《城堡》1·1·1）

神婚即將完成；
神把人帶進第七重住所。（《城堡》7·2·3）

一、引言：兩段情誼，一類默觀

夜幕低垂，萬籟俱寂，繁星點點，倒映江河之上，陪伴母子倆疲憊的身影；他們已錯過最後的一班航渡，只好在靠岸的旅舍宿夜。閒來無事，憑窗眺望，近觀花圃，秉燭夜談；言談間，欣然忘懷時空，心靈猶如超脫自我的藩籬，雙雙匯入絕對精神的律動，共振天籟的綸音。過後不久，母親即撒手塵寰，兒子卻把經歷寫成動人的章句，流露於《懺悔錄》①，使世人永誌不忘聖婦莫尼加（St. Monica, 332–387）與聖奧斯定的一夕談。

大約過了十二個世紀，另一齣類似的戲碼，推陳出新地上演。此次，我們瞥見情同姊弟的一對聖者，雖血緣不同，性別差異，卻聚首於同一修會內，分享著彼此默觀的心得；欣逢聖三慶典，兩人正在切磋其中的奧祕，談話間，竟不自禁地心凝形釋，與萬化冥合，雙雙忘懷在聖三大愛的洪流中。事後，前者驚嘆道：「總不能向（十字）若望神父談及天主，他馬上會神魂超拔，並惹得別人一起出神。」②日後各自著述，聖人用意象手法把神祕冥合描繪成天使的利箭穿心（《焰》2．9）③，聖女則以實際的經驗，兌現其中的震撼（《自傳》29．3）④，讓世人都意會到聖女大德蘭與聖十字若望在默觀經驗與理論上的互相印證。有趣的是：十字若望說的天使是色辣芬（Seraphim）⑤，意謂著熾烈的愛火，而大德蘭邂逅的天使卻是革魯賓（Cherubim）⑥寓意著明慧的知識，合起來恰好相應了奧斯定的定義：默觀是為人對神的愛與知識⑦。

莫尼加與奧斯定間的母子之情，以及大德蘭與十字若望間的同道之誼，兩者間儘管有著不少差異，到底吻合了以下的共同點：

▼都呈現出人神間的冥合

1. St. Augustine, *Confessions*, Book Nine, Chapter Ten.
2. *The Collected Works of St. John of the Cross.* Translated by Kieran Kavanaugh & Otilio Rodriguez, with introductions by Kieran Kavanaugh.（Washington, D.C.：ICS,1979）General Introduction, p. 30。
3. 大德蘭成書在先，而十字若望按聖女的經驗來寓意。況且，聖人曾是聖女的神師，親自聆聽過到聖女對此經驗的訴心。
4. 聖女因此深湛的經驗而有勇氣改革聖衣會。

▼都牽涉了團體成員的分享

▼都凸顯出默觀之為愛的知識

兩段情誼，縱貫了多少個世代，橫跨了幾重疆界，卻體證著同類的默觀，藉此向我們提示：基督信徒既以人神間的愛與知識作為默觀的核心義，則不論古今中外，或男女老少，只須配合著基督的恩寵，皆可邁上默觀的途徑，臻至化境。

聖十字若望既浸潤於慈母教會的培育，他自然地吻合著傳統的大方向，也把默觀定義為祕密的愛的知識⑧。作為同道的知交與夥伴，聖女大德蘭也相應地有著同樣的認證，只是在相同的體認下，仍不抹煞其個人的特色，以致我們可以與聖女做進一步的懇談。

二、與聖女大德蘭懇談默觀

大德蘭不曾刻意地為默觀下定義，然而她的行文當中，卻透露了這樣的一份訊息：

▼默觀是為灌注的祈禱，牽涉著一段進展的歷程。

茲闡釋如下。

A. 默觀是祈禱

大德蘭從祈禱的前提談默觀（《全德》16．3－6）。祈禱意謂著人神的溝通（《自傳》8．5）；好的祈禱常是人轉念向神，與神融通，而致彼此在愛中契合；不論是「口禱」(vocal prayer)，或「心禱」(mental prayer)，都須以這份愛的會晤為依歸（《全德》30．5），即以心智注視神，和祂晤談，重點不在乎想得更多，而在乎愛得更多（《城堡》4．

5. 色辣芬（Seraphim），又譯「熾愛者天使」，希伯來文原意為「造火者／傳熱者」。參閱《依撒意亞先知書》六2–6。
6. 革魯賓（Cherubim），又譯智慧者天使，希伯來文原意為「滿是知識」。參閱《創世紀》三24；《出谷紀》廿五18–22，卅七6–9／。《戶籍紀》七89；《聖詠》十八10，八十1，九九16。
7. St. Augustine，*Enarration in Psalm CXXXV. 8.*聖十字若望也沿用此定義，參閱註8。
8. 聖十字若望，《愛的活焰》3·49。

1·7）；誠心的口禱，也可以引領人進入默觀（《全德》30·5－7）。口禱／心禱之有異於默觀，只在於前兩者是人力所能及，而後者則是神的賜予，借用神修學的辭彙，口、心禱是「自修的」（acquired），而默觀是「灌注的」（infused）。

B. 默觀是灌注的祈禱

「灌注」一辭，蘊含著「超性」（supernatural）與被動（passive）兩個意義。首先，默觀是「超性的」，即以神的作為基礎，由神所帶動，是為神純粹的賜予；再者，默觀是「被動的」，即人無從干預或控制，充其量只能做好準備，而不能「揠苗助長」（《自傳》廿二標題；《城堡》6·7·7）。人可以在其能力範圍內，事先預備好身心，努力破執持戒、進德修業、全心投奔上主（《城堡》5·2·1），至於神是否給予這份恩賜？什麼時候給予？給什麼人？給多少？全都出自神的自由與上智，人無法強求（《自傳》34·11）。誠然，上主比我們更愛我們，更渴望給我們充沛的恩惠，但人為的疏忽也會左右神的化工；為此，大德蘭認為，活在罪惡中的人靈獲得默觀的機率不大，然而，神可以為鼓勵一個無德的靈魂轉化，而賜予默觀（《全德》16·8）。至於有人畢生努力而始終未達者，聖女的勸勉是：你的勤奮不會是白費的，神將在天國賞報你（《全德》17·7），到底唯有神才知道怎樣的安排是最適當的。

C. 默觀牽涉一段進展歷程

大德蘭論默觀，其特色除了在於強調它是灌注的祈禱外，並且標榜其為一進展的歷程，牽涉著多個過站。為她而言，只以「煉路、明路和合路」（purgative way、illuminative way、unitive way）三者來寓意靈修的開始、前進與完成，則難免失諸籠統，不足以交待其中的細節。固然，眾人秉賦不同、性格各異，以致修行有快慢，開悟有頓漸，工夫有出入，不能一概而論；到底她以其過來人的經驗，仍可方便地劃分一些地標，以供後學者參考⑨，容許我們來聆聽她陳述的默觀歷程，及其中蘊含的各階段。

三、與聖女大德蘭懇談默觀歷程

大德蘭對默觀途徑的論述，在不同的著作上雖然略有出入，而且過站與過站間的分際也沒有絕對一貫，甚至在細節上，時而呈現微差，到底這並不妨礙其對整體大方向的掌握。我們可從其重要的名著如《自傳》、《全德之路》、《靈心城堡》等等，整理出一條理路，其中的脈絡可率先標示如下：

A. **默觀的前奏**（prelude to contemplation）
   1. 心禱（mental prayer／meditation）
   2. 口禱（vocal prayer）

B. **收心祈禱**（prayer of active recollection）

C. **寧靜祈禱**（prayer of quiet／*oración de quietud*）
   1. 灌注收心（infused recollection）
   2. 寧靜正境（quiet proper）
   3. 官能睡眠（sleep of the faculties／*sueño de las potencias*）

9. 聖女大德蘭，*Spiritual Testimonies* 59 · 1："I beg your Reverence to realize that in all things I say it is not my intention to think I am stating them correctly, for I could be mistaken. But what I can certify is that I shall not mention anything I have not sometimes, or many times, experienced." 英譯文取自*The Collected Works of St.Teresa of Avila*. Translated by Kieran Kavanaugh & Otilio Rodriguez。

D. 結合祈禱（prayer of union）

1. 純粹結合（simple union）

2. 超拔結合（ecstatic union）

▼濃烈結合（intense union）

▼出神（rapture）

▼心靈飛越（flight of the spirit）

3. 轉化結合（transforming union）

茲按部就班地把上述項目逐一作出陳述與闡釋。

A.默觀的前奏：心禱與口禱

在進入默觀以前，人所能做的預備工夫是進行心禱與口禱。

1.心禱

心禱又名默想，是人主動地藉思辯推理來反思聖經的一端道理，或藉想像來複製並推演主基督的某個奧跡，藉此置身於耶穌生平行實的景象中，因而和主耶穌邂逅，從觀看、晤談，而引發起對上主的一份愛意（《自傳》11－12）。大德蘭還提示：想像耶穌就在你的心內，經歷著祂的一件行實，而你要設想如同好友相會般地向祂傾訴心曲，也聆聽祂的勸勉，甚至以愛的凝視來享受彼此的臨在（《自傳》9－10 & 22）。誠然，默想始於理智的思考，而終於意志的愛慕；理智運用推理，想像進行觀賞，到了一定的程度後，人須在適當時機打開內心，與主溝通；到底理智的思辯，或想像的推想，都只是為了與主相遇，好讓意志有足夠的機緣來點燃起愛火，在心智的覺醒中激發愛的火花（《城堡》4．1．6；6．7．7）。如先前所提過的，大德蘭強調：推理默想的重點不在於想得多，而在於愛得多；在愛方面，我們的最終目的並不在於獲得大安慰，而更是在一切事上取悅上主（《城堡》4．1．7）。如果人能勤於修習默禱，進而與主會晤，形成習慣，將為自己預備適當的身心，以迎接上主進一步的眷顧。

退一步說，如果初學者不太適應推理默想的話，他仍可以藉「口禱」的管道來進入精修。

2. 口禱

「口禱」意謂著緩慢地誦念一端經文，如天主經、聖母經等。在誦念中，藉著理智的思維而企圖引動意志去接觸吾主，並去愛慕祂。大德蘭以天主經為例（《全德》26），叮嚀我們在誦念禱文中，不忘心存那位教導這經文的吾主耶穌，邀請祂到我們的心裡來，和祂相聚。在自己情緒歡愉時，融入祂復活的光榮中，在情緒低落時，則置身於祂的苦難聖死中，從而以個人的話語，向祂訴說自己的困惑，並聆聽祂所吐露的心聲。你將發現祂是如此地愛你，鼓勵你，給你助祐，以致是你最親密的知友。對大德蘭而言，一份好的口禱，誠然與好的心禱分別不大，兩者都牽涉了理智的反思，並藉思維而推動著意志的愛意。反正在靈修的起步上，初學者總擺脫不了心智的本性運作。若口禱只徒然鏗鏘有聲，心不在焉，則不算是祈禱；祈禱必須是人神間心靈的相應與融通（《城堡》1．1．7）。一份好的口禱或心禱，讓人形成習慣，留守在主基督的臨在下，久而久之，可穩妥地導向默觀的坦途。不過，在默想和默觀之間，則有「收心祈禱」作為中介。

B.收心祈禱

大德蘭對「收心」（recollection／*recogimiento*）一辭，在不同的作品中，略有意義上的微差：她在《自傳》十四至十五章把「收心祈禱」和「寧靜祈禱」混為一談；但在《全德之路》廿八至廿九章卻視之為仍是「主動的」、「自修的」祈禱；及至在《靈心城堡》（4．3．8）中，則以之為輕微的「寧靜祈禱」。為了方便整理起見，於此權宜地採《全德之路》的解釋，但仍企圖兼顧《自傳》與《靈心城堡》的脈絡。

按《全德之路》廿八章，大德蘭強調「口禱」仍可導向默觀。以「天主經」為例，誦念「我們的天父」時，存想哪裡有天父，哪裡就是天國，而天父也臨在於我心內。為此，我不必跑到外面尋找祂，只須回到心靈深處，即可發現祂就在那裡。大德蘭引用聖奧斯定《懺悔錄》10．27的話佐證：奧氏在外尋覓神，最後卻在自己內找到祂。如果人常能致力於收心斂神，專注於存想在自己內的天主，即使是在口禱中，也能快速地使理智與其他官能收斂，達到與神同在（《全德》28．2－4）。固然，「收心」有不同的程度，開始時，身心會不適應而分心走意，如果能持之以恆，心靈自會逐漸地習慣。到時，只須意志發號施令，其他官能就可迅速凝聚（《全德》28．7），所獲神益也顯而易見，你將能把這份友誼的親密（intimacy）持續至整天，甚至更久（《全德》29）。

於此，修行「收心祈禱」所須注意的事項是（《全德》28－29）：

▼常感念在自己心內的神

▼把自己交托給上主，並擺脫對其他世物的執著

▼在一切事上，持守對吾主的臨在

10.　《自傳1》4–15；《全德》31–33；《城堡》4。

11.　《城堡》4·1·4。*gustos*或說是*gustos de Dios*（《城堡》4·2·2）。Kavanaugh & Rodriguez的英譯本譯為“spiritual delight”。*contentos*或謂*consuelos espirituales*，Kavanaugh & Rodriguez譯為“consolations”。參閱Kavanaugh & Rodriguez英譯《聖女大德蘭全集》卷二，ICS,1980，《城堡》4·1·4，317頁；註1，407頁。

「收心祈禱」的修行讓我們獲得下列的效用（《全德》28）：

▼使自己更敏於掌控感官

▼更易於點燃對神的愛火

▼更穩妥地讓人進階到「寧靜祈禱」。

C. 寧靜祈禱

對大德蘭來說，寧靜祈禱⑩是默觀明顯的開始。狹義的默觀須是「超性的」（supernatural），即直接植根於上主；它必須是「灌注的」（infused），即由神所賜予的；它必須是「被動的」（passive），即人力所不能強求的。嚴格地說，「寧靜祈禱」應該寓意為「半被動的」（semi-passive），即人的本性官能尚未全然地被吊銷，他仍有若干本性的能力去響應，甚至干預神的作為。「寧靜祈禱」分不同的濃度，可方便地劃分為三個時分：

1. 灌注收心（infused recollection）
2. 寧靜正境
3. 官能睡眠

茲分別說明如下：

1. 灌注收心

辨別「灌注收心」與先前「自修收心」（acquired recollection）在於一個核心判準——靈悅⑪（*gustos*／spiritual delight）——的始現。靈悅，有別於一般的欣慰（*contentos*／consolations）

11. Trueman Dicken則譯*gustos*為infused consolations，而把*contentos*譯為sensible pleasures，原因是*contentos*可藉內外感官的管道而獲得。參閱E. W. Trueman Dicken，*The Crucible of Love*：*A Study of the Mysticism of St. Teresa of Jesus and St. John of the Cross*（New York：Sheed & Ward，1963）, p.193。

a）欣慰與靈悅的初步辨識

「欣慰」可藉由勤習默想與修德而獲致，並經由意識本性的官能（包括內、外感官，與心靈的三個官能：理智、意志和記憶的普通運作）而引申，其中的感受，就如同承受產業、好友重逢、事業有成，或發現失散的親人仍健在的那份欣喜（《城堡》4．1．4）。反之，「靈悅」則是藉由神直接灌注給人；人可在無預警下被神所吸引與觸動（《城堡》4．3．4），心靈被動地靜止，意志的「愛」已然覺醒，在神的帶動下充滿深入的感動與憩息，只是理智無從理解其來龍去脈而已。此時，靈魂已不想任何其他的事物，只一心愛著吾主，並在愛中認出祂來（《全德》30．5）。神主動地撫平了我的官能、肅靜了我的靈魂，讓我預嚐了天國的甜蜜（《全德》30．6）。心禱與默觀的界線在此模糊掉，而「靈悅」成了介於「自修的收心」與「灌注的收心」之間的轉捩。換言之，「欣慰」始於人本性而止於神；「靈悅」始於神而止於人性的感動（《城堡》4．1．4）。

按大德蘭較細緻的描述，「欣慰」並不能開闊我的心懷（not expand the heart），反倒把它壓縮一些（constrain it a little），而且引申某些輕微的副作用。由於它是由激情所導致，使得我流出一些焦慮的淚（《城堡》4．1．5）。例如：我因默想耶穌苦難而痛哭不止，竟招致頭痛，不過卻讓我終止於神（《城堡》4．1．6）。反之，「靈悅」是打從心底裡湧溢而出的喜悅，讓人心曠神怡，整個內外都深受感動，甚至深入骨髓⑫；其中的微妙細膩（delicate），誠非人力所能複製（《城堡》4．2．6），它叫人身心振作，甚至連原有的頭痛也消失無蹤（《城堡》4．1．11）。

12.　聖女大德蘭，《默思《雅歌》》（Meditation on the Song of Songs）（4·2）。

b）在靈悅中，所有官能呈現的特徵

在「靈悅」湧現的當兒，人的意識官能會有以下的表現：

(1) 意志（will）被神得著，而凝注於上主（《城堡》4．3．4），憩息於上主（《城堡》4．3．8），並在若干程度上翕合上主的意志（《城堡》4．2．8）。

(2) 理智（intellect）暫時靜止了它的思辯，但並未被吊銷（《城堡》4．3．4），只是措手不及，而不知如何是好，也不明瞭其中的來龍去脈⑬，甚至可分心走意（《城堡》4．3．8），不與意志的步伐同進退。

(3) 想像力（imagination）雖然沒有被吊銷，但派不上用場（《城堡》4．3．3）。

(4) 外感官（exterior senses）已被上主輕輕地收斂，類似箭豬的捲縮，或烏龜的內縮一般（《城堡》4．3．3），所有的外感官既不被吊銷，也不專注於外物，只想保持寧靜，但看來感官與外物似乎已對人失去了控制（《城堡》4．3．1），人靈好似恢復了所失去的自主。況且，意志因接近了神而心曠神怡，感官也間接地獲得振作，肉體上的某些疾苦，如頭痛等，也因而得以消除（《城堡》4．1．11；3．12）。

c）對靈修所導致的效用

「靈悅」的出現，對人在靈修方面有以下的正面效用：

(1) 祈禱更深入：大德蘭說，人在「靈悅」中所獲得的感動，有如噴泉般從內心湧溢而出，但尚未造成河水泛濫，不過這已比先前自挖水道，再用水車灌溉的方式來得便捷（《城堡》4．3．8－9）。

13. 《全德》30．5；《城堡》4．3．4。

(2) 更遠離罪惡：與其說人害怕下地獄，不如說他更愛上主，更害怕得罪天主。
(3) 更有信心在神內喜悅。
(4) 不再害怕做補贖，或失去健康，或接受考驗。
(5) 信德更為活躍，知道自己是為神的緣故接受考驗。
(6) 更渴望為主服務。
(7) 更認識自己的虛無。
(8) 視世間快慰如塵土。
(9) 日進於德，只是仍有可能後退。

d）大德蘭的建議

為讓人穩妥地經歷「靈悅」這一份轉捩點的恩惠，聖女大德蘭有這樣的建議：

體認前「勿助長」

當時機尚未出現，切勿揠苗助長（《城堡》3．4－6）。要點是：

第一，不要完全停止推理默想，否則非但徒勞無功，還讓自己陷進更大的神枯。

第二，不要強求「靜止」，因為「心平氣和」不是用費大力氣的方式得到的；除非神使我「專注入迷」，否則我不懂得如何「靜止」。倒不如放下自己，一心交托給上主。

第三，不要強制自己停止想像，否則適得其反，激發更多的想像。

第四，忘卻個人的神慰，多轉念神的榮光。

體認中「無為」

在體認中，若愈少思考，愈少欲望，則愈能讓神成就其化工（《城堡》4．3．5）。為此，我們所須正視的事項有三：

其一，讓神來帶動意志（《城堡》4．3．7）；

其二，意志只須接受喜悅、傾訴愛語（《城堡》4．3．7），並憩息於神（《城堡》4．3．8）。

其三，理智不主動運作，也不必計較去理解其中的實況（《城堡》4．3．4）。

體認後「處順」

人一旦獲得這份體認後，他除了接受與感恩外（《城堡》4．3．4），仍須「安時處順」。意思是：

其一，以愛心把自己交給上主，一心順從祂的安排；

其二，在今後的祈禱上順其自然，即在不妨礙神的帶動下，可收心則收心，可默想則默想，我並不須完全放棄默想（《城堡》4．3．8），只須適度為之即可。反正大德蘭的一貫教誨是：人即使進入了高程度的默觀。也不必全然放棄默想，更不應離棄對主基督至聖人性的感念。因為推理的思辯是一回事，以愛凝視奧跡中的基督，又是另一回事⑮。

勿鬆懈

人在此階段仍可退步，為此我們仍須努力靈修，不可鬆懈（《城堡》4．3．9），尤須小心免陷於得罪天主的機會，到底你仍只是靈修上的嬰孩而已，而魔

15.（《城堡》6・7・5–10）。參閱（《自傳》8・5–8；9・4；10・1；22）。

鬼會更努力地爭取、折磨你（《城堡》4．3．10）。

慎防混淆體弱的迷惘

大德蘭還給我們作了這樣的提示（《城堡》4．3．11－13）：一些天生體弱的人，在經歷嚴厲的補贖及守夜祈禱後，會因體質孱弱而精神恍惚，使人誤以為他受神感動；其實當事人在感官上並沒有什麼感覺，對神也沒有什麼大的感動。誠然，真正源自神的經驗，會讓心靈體認到神的接近，雖然並不持久，但不會造成人靈的虛弱。反之，人若發現自己身心衰弱，須告知長上，而長上則應該給予足夠的睡眠和飲食，使之恢復健康。

在聆聽了聖女對「灌注收心」的分析後，我們可進而體會其進一步的深化——「寧靜正境」。

2. 寧靜正境

大德蘭以「灌注收心」為輕微的「寧靜祈禱」，以「寧靜正境」為濃密的「灌注收心」（《城堡》4．3．8）；其中只意謂著程度上的深淺，而非性質上的差異。「寧靜祈禱」，又名「靈悅於神的祈禱」（*oración de los gustos de Dios*／prayer of spiritual delight of God）（《城堡》4．2．2）。顧名思義，就是神把人放在祂的親臨下，使之獲享安寧，人受到神的吸引而沉靜，整個地被浸潤於喜悅與平安之中，此時，人靈別無他求，只醉心於愛的凝視（《全德》31．2－3）。這份寧靜有時可持續一兩天，但它來去自如，是人所不能掌控的（《全德》31．4）。

至於所有的意識官能在此時的情況，它們整體地是凝聚收斂的，但未入眠，也沒有被吊

16.　（《全德》23，24，38，31）；（《城堡》4．1–3）；（《自傳》14–15）。

銷，只是各官能進展不同步而已（《自傳》14．2）。神首先佔據人的「意志」，繼而影響其他官能，直至所有官能都處在神的薰陶下為止。換言之，意志是首先受到感動而充滿著對神的愛；當它成了愛的俘擄，偶而也會伴隨著神枯⑯。這要按照神對人的個別引導而定，神自有其上智的安排，是人所不能勉強的。至於心靈的其他兩個官能（亦即理智和記憶），甚至內、外感官，它們仍是自由的，只是在開始時對意志幫不上忙，也不便干擾，以免弄巧成拙⑰。記憶和想像如果要提供圖像，會自覺欲速則不達⑱，倒不如讓意志獨處於愛的安寧中，而意志本身也只能像稅吏般地謙讓，不敢抬頭（《自傳》15．9）。理智尤其心猿意馬，分心走意，為此，大德蘭的建議是：不必在意理智，當它是個瘋子即可（《全德》31．8）。不過，理智偶而也會和意志和諧一致，處在愛的光照中（《全德》31．8）。只是這並不是一般的思辯理解而已：其實瑪爾大（Martha）與瑪利亞（Mary）角色是可以配合的⑲。

大德蘭還從「辨別神類」（discernment）的前提上分辨三種能有的來源：

其一，出自神——凡出自神的感動，其肇始就類比著火花，即使微弱，人仍能認得出神的蹤跡。再者，它來去自如，人有所不能助長，否則反而輕易地熄滅它。反之，若謙卑辭讓，交付給神，則愈容許火花日漸增長，終至成為燎原大火（《自傳》15．4）。

其二，出自自己——人若企圖用己力來延續或複製，會是徒勞無功的，要不然就是粗淺的暢快，且迅速消逝，留下一份神枯（《自傳》15．9）。

其三，出自魔鬼——來自魔鬼的仿冒，會給人帶來困惑，讓人失去謙遜，它並不給理智帶來光照或真理的一貫性，相反的，其所給予的就只是謊言（《自傳》15．10）。

在體會了聖女大德蘭對「寧靜正境」的說法後，我們可進而聆聽其對「官能睡眠」的分

17.　（《自傳》14．3）；（《全德》31．3）。
18.　（《自傳》14．3；15．6）；（《全德》31．3）。
19.　（《全德》31．5）；（《自傳》17．4）。

析。

3. 官能睡眠

「官能睡眠」，大德蘭在《自傳》中，以它為「澆灌花園的第三級」（《自傳》16－17）。顧名思義，「官能睡眠」一辭，意謂著所有的官能深受神的吸引而專注於神，以致對日常生活心不在焉，人須費力地分心，才能料理事務⑳。但所有的官能只是「睡眠」，而未被吊銷，在日常的事務上，它們無法順暢地運作，理智也無從理解要如何運作，然而意志所領受的靈悅，卻遠超過「寧靜正境」。

在某種意義下，它可以被看作是介於「寧靜祈禱」和「結合祈禱」間的一個灰色地帶，以致學者專家對它的定位分成兩種意見。其一認為它已是「結合祈禱」的入門，持這意見的人計有Poulain、Hoonaert、Gardeil等；其二認為它還只是「寧靜祈禱」的深化，持此見解者有St. Francis de Sales、Tanquerey、Garrigou－Lagrange等㉑。

按大德蘭個人在《自傳》給予的提示，我們察覺以下兩個重點：

其一，大德蘭認為，「官能睡眠」在本質上看來，無異於「寧靜祈禱」（《自傳》17．4），只是在程度上更湛深、更卓越而已（《自傳》16．2）。

其二，「官能睡眠」本身雖已相當接近「結合祈禱」，但尚未達到正式與天主「結合」的狀態。那就是說，人靈的官能雖在相當程度上專注於神，且在效用上相當吻合神意，但並未因而失卻其自主而不能運作（《自傳》16．3）。

有鑑於大德蘭上述兩點提示，我們贊同第二派學者的說法，以「官能睡眠」為「寧靜正境」的深化。

20.　（《自傳》16 · 2–3；17 · 7）。

21.　這是Fr. Ermanno的整理。參閱Fr. Ermanno OCD，“The Degrees of Teresian Prayer”，in *St. Teresa of Avila.* Ed. by Fr. Thomas & Fr. Gabriel OCD 。(Westminster：Newman Press, 1963)，p. 91, note 54, p. 102。

較細緻地說，此階段的特徵有下列幾點值得強調：

修德方面——人靈會發覺，自己在德行方面的路途自然而然地增長，尤在謙虛上長進，清楚地意識到，若沒有神的助祐，我們什麼也不能做（《自傳》17．3、8）。

官能運作方面——不同的官能仍未能匯合起來而形成一體的共振，它們各自有不同步的演繹；我們可分別地對各官能作以下的分析：

意志：人的意志湛深地翕合於上主，為上主而悅樂。神已相當程度上得著人的意志，讓它能專注並凝神，在神內愉悅（《自傳》17．4－5）。

理智：理智比先前有較多時間和意志同步，能藉著專注於神而獲得光照，只是它並非思辯性的理解，而是從愛中孕育直覺；換言之，神也在相當程度上得著人的理智，只是尚未徹底地與它吻合而已（《自傳》17．5）。不過，它可直覺地吐露出巧妙的詩句，來表達對神的愛慕，超出一般思辯智巧所能達到的程度（《自傳》16．4）。只是此時的理智仍是自由的，仍可自主地處理世務及行愛德（《自傳》17．4）。

記憶：在心靈的三個官能中，記憶看來是最難馴服的，它仍然是自由而放蕩不羈（《自傳》17．4－6），雖然它願意提供先前的意像作為協助，但卻愈幫愈忙，甚至連理智也不知如何處理它。為此，大德蘭的建議是：把它當作瘋子，而不必理會它，惟有神才懂得如何靜止它（《自傳》17．7）。

想像：內感官方面，想像是緊密地連貫著記憶，也染有記憶那份自由與放蕩，人靈也對它束手無策（《自傳》17．6），而它與記憶一起，既不能助益，也無力為害（《自傳》17．6）。大德蘭的意思是：想像與記憶已無力做大的干擾，因為它們無法集中於一事物，只有

22.　（《自傳》18．2）；（《城堡》5．1–4）.

23.　（《自傳》18．1；10–13）。在「結合祈禱」出現以前，靈魂尚且意識到世界，其普通官能尚未全然被吊銷，感官尚知覺到其寂靜，理智也理解其在世上，類比著園丁對花園還有些作為（《自傳》18．1）。但當人一旦進入「結合祈禱」，則類比著天雨傾盆，天水已浸透了園地，園丁全然溼透，且處在被動的狀態下（《自傳》19．1）。

點像小飛蛾似地，在夜間飛舞，惹人生厭而已（《自傳》17．6）。

外感官：外感官會間接地受到意志成功的影響，而在肉體上有所感觸，並分享著靈魂的喜悅（《自傳》17．8）。

簡括地說，所有的官能尚未聯合一致，接受神的徹底的薰陶。但已相當接近「結合祈禱」的門限，大德蘭在此給予的建議是：把自己完全交付給神，由祂來帶領（《自傳》17．2），好讓我們能跨越這門限，進入「結合祈禱」的境界。

D. 結合祈禱

於此，我們進入了西方基督宗教神祕主義的核心經驗——人神的「結合」（union），大德蘭稱之為「結合祈禱」（prayer of union）[22]，在其中，神已全然佔據了人的心靈，人神彼此在愛中心心相印，神在愛的灌注中，使人官能的普通運作暫時吊銷，並處在被動的狀態下[23]。神祕結合本身具有不同程度的深淺[24]，在大德蘭的體認下，劃分為三個重要階段，於《靈心城堡》中稱為「第五、六、七住所」，學者專家[25]順序命名為：

▼單純結合（simple union）

▼超拔結合（ecstatic union）

▼轉化結合（transforming union）

茲分別述說如下。

1．單純結合

大德蘭分別以a）本義；b）功能；c）效果；d）心態；e）建議等前提來討論「單

24. （《城堡》5·1·2），大德蘭還用男女戀愛的歷程做類比，人神間的戀愛也有其1）邂逅；2）交換禮物；3）牽手交往；4）訂婚；5）結婚。以前三者寓意「第三重住所」，以後二者分別意謂「第六、七重住所」。（《城堡》5·4·4）

25. 參閱Fr. Ermanno OCD, “*The Degrees of Teresian Prayer*”, p. 93；Fr. Gabriel, “*St. Teresa of Jesus and St. John of the Cross*”, pp. 58–64, in *St. Teresa of Avila*. Ed. by Fr. Thomas & Fr. Gabriel OCD 。（Westminster：Newman Press, 1963）。

純結合」。

a）本義

凡源自上主的「單純結合」，其核心義在於人神間的「結合」（《自傳》18・3）。其中蘊含著下列的特徵：

(1) 默觀者在其心靈深處（《自傳》20・1），體證到人在神內，神在人內，兩者合而為一（《城堡》5・1・9）。

(2) 這份經驗常在無預警的狀態下發生（《自傳》18・9），類比著突如其來的傾盆大雨，人靈整個地被神所浸透（《自傳》19・1）。

(3) 人在其中所獲致的喜悅、滿足與平安，遠超過世間世物所能提供的程度；相較之下，世福顯得粗淺，而人神結合的滿足卻深入骨髓，直透心底，終生難忘㉖。

(4) 人靈十分確定自己與神結合，而毫不懷疑這份經驗是否來自惡魔，因為魔鬼在此無法干預，也無法仿冒其中的崇高與湛深（《城堡》5・1・5、9）。如果人還存有半點疑惑，則表示它極可能不是出自好的根源（《城堡》5・1・5）。

(5) 這種祈禱不論持續多久，都不會對人造成傷害或產生任何的副作用，反而叫人身心感到憩息與振作（《自傳》18・11）。

(6) 人靈難以抗拒這份經驗的降臨，雖然他仍可有絲毫的力量去拒絕（《自傳》20・3）。

(7) 到底這份經驗並不持續（《自傳》18・9），它通常不超過半小時（《城堡》5・1・9；2・7）；人不論如何珍惜它，也無法保留，因為神是來去自如的

26. （《城堡》5・1・6、9、10）。

(8) 人神的結合，類比著男女的戀愛歷程，有其不同程度的深淺，而「單純結合」並不是最湛深的程度（《城堡》5．1．2、12；5．4．4）。

(9) 結合經驗牽涉意識的轉變，即所有官能的普通運作暫時被吊銷㉗，與超越運作之呈現，其中究竟，可較細緻地述說如下。

b）功能

意識官能的超越運作會有以下的表現：

(1) 意志充滿著對神的感動與愛火㉘。在此時，人靈的一切官能中是以意志最受神觸動，意志在被觸動的剎那，其他的官能也往往會暫時休止；不過，這種休止狀態並不持久，它們很快會回來干擾意志（《自傳》18．2）。意志融入神的愛火，安享其中的甘飴，而不想接受任何詢問與思考，只想沐浴在神的陽光下，因為它在愛的光芒中已認識了上主㉙。

(2) 理智的普通思辯功能已暫時停止運作㉚，它在開始時較處在暗昧中，不知所措，因而不知其所以然㉛，不過也時而會與意志同步，在愛中獲得智慧的光照（《自傳》19．2；18．3）。

(3) 記憶的情況與理智類似，起初只有意志受神的感動，而記憶本身會不知所措，但後來會與理智和意志一起獲得愉悅（《自傳》18．13）。

(4) 想像作為內感官功能，在結合祈禱中通常停止活動，但它並不是持久地被吊銷，它會與記憶一起在短促的時間內反過來干擾意志（《自傳》18．13）。

27.　（《自傳》18·1）；（《城堡》5·1·4）。
28.　（《自傳》18，10 ，12，13）；（《城堡》5·1·4）
29.　聖女大德蘭，《默思《雅歌》》5·4；6·4。（Kieran Kavanaugh & Otilio Rodriguez英譯本：249頁、252頁）
30　（《自傳》18·3）；（《城堡》5·1·4）。
31.　（《自傳》18，10，14）；*Spiritual Teatimonies* 59·6，Kieran Kavanaugh & Otilio Rodriguez英譯本356頁。

(5) 外感官的普通功能已暫時被吊銷㉜，但這並不意謂著人已失去知覺（《城堡》5・1・5），他仍意識到靈魂尚處在肉身內，只是手腳不能輕易地活動而已㉝，所有的外感官被動地閉上，即使張開，眼睛也視而不見，耳朵會聽而不聞㉞。

c）效果

凡經歷過「單純結合祈禱」的人，他會獲得以下的效果：

(1) 終生難忘——人只須經歷一次，即印象深刻，歷久不能磨滅（《城堡》5・1・9，10），因為神已在人靈上烙印（《城堡》5・2・12）。

(2) 正面效應——結合的經驗給身心帶來正面的效應：在身體上，先前的不適會因而有好轉（《自傳》18・11）；在心靈上，人會獲得憩息與振作（《自傳》18・11），即使今後會引致更深的對神之渴慕（《城堡》5・2・10）。

(3) 修德精進——人在修德行的路途上會更精進，其中尤在愛德、信德、謙虛等德行上表現出來。

d）心態

人靈一旦體認到與上主的結合，他在心態上的轉變，可從下列的面向上被察覺：

(1) 對神——人靈一方面會更懇切地渴慕神（《城堡》5・2・12），另一方面又自覺尚未徹底地與神合一，使得內心出現一份愛的傷感㊱。

(2) 對己——人靈會為了更愛上主，而渴願受苦、作補贖、靜處（《城堡》5・2・7），並在接受考驗中，不失卻內心的深度平安（《城堡》5・2・10）。

(3) 對人——他會在愛主的前提上更愛鄰人（《城堡》5・3・7－12），想要與別人

32. （《自傳》18・1）；（《城堡》5・1・4）。
33. （《自傳》18・10）；（《城堡》5・1・4）。
34. （《自傳》18・1）；（《城堡》5・1・4，5）。
35. 《默思《雅歌》》6，11，13。
36. *Spiritual Teatimonies* 59・17–18。

分享神的恩寵（《自傳》19．3），並渴願他人能更認識主，也因為得悉他人冒犯了上主，而深感傷痛（《城堡》5．2．7）。

(4) 對世——人靈已死於世界（《城堡》5．2．7），不再貪戀世俗（《城堡》5．2．8），且有離世歸主的渴願（《城堡》5．2．10）。

e）建議

在「單純結合」的前提上，大德蘭所給予的建議是：

(1) 在諸事上翕合主旨——「結合」經驗既是來自上主的灌注，人固然不能助長，但仍可以妥善地預備自己（《城堡》5．2．1）。自我預備意謂著去除自私、不對世俗有亂情、勉力祈禱、實行克己、服從長上等（《城堡》5．2．6），好讓人可順利地從主動的（active）、自修的（acquired）「翕合主旨」（union with God's will）上（《城堡》5．3．3 & 5），轉化成被動的（passive）、灌注的（infused）「結合祈禱」（prayer of union）（《城堡》5．3．3 & 5）），以至於死於自己，活於天主（《城堡》5．3．5），類比著春蠶消逝，蝴蝶出現一般（《城堡》5．4．2）。

(2) 更勉力愛主愛人——在自我預備中，尤須在愛主、愛人二事上翕合主旨（《城堡》5．3．7），因為神只要求這兩件事。一方面我們可從更愛人，得知自己是否更愛主（《城堡》5．3．8），另一方面，成全地愛人是以愛主作根基（《城堡》5．3．9），我們須以基督作表樣，祂為世人而死於十字架上（《城堡》5．3．12）。

(3) 祈禱方法保持彈性——在祈禱方面，即使我們已達到「結合祈禱」的地步，大德蘭仍主張我們在方法上保持彈性。她類比地說：園丁須隨時準備以先前的方式來灌溉園地，因為「結合」經驗並不持續。為此，假如一種祈禱方式不靈光，我們就須以另一種方式來替換，以免浪費精力與時間（《自傳》18．9）。

(4) 慎防魔鬼攻擊——魔鬼會極力阻止我們前進，因為牠知道神可透過建樹一個人，如聖依納爵（St. Ignatius Loyola），而使許多人得救（《城堡》5．4．6）。況且，沒有人可絕對保證自己安全，連猶達斯（Judas）如此地接近耶穌，也失落了（《城堡》5．4．7），我們不可不慎。在此，大德蘭提出以下的兩個問題：其一是，如果人誠心承行主旨，他又如何能被欺騙呢？其二是，魔鬼欺騙我們是如何得逞的呢？（《城堡》5．4．7）大德蘭針對第一個問題的回應是：魔鬼可從小事上著手，叫人為自己著想一點而開始鬆懈，因而使人導致理智判斷的逐漸暗昧。總之，魔鬼會以假善的名義來混淆是非，叫人逐步遠離天主的旨意。在第二個問題上，大德蘭回應說：魔鬼既無孔不入，善於找出人的弱點來加以攻擊。她說：這或許是神容許牠如此做，以考驗我們。況且，人在開始時跌倒，總比日後跌倒為妙，因為後來會有更多人，因為你的跌倒而跌倒（《城堡》5．4．8）。

(5) 戒慎而努力修德——人須戒慎、努力、謙虛修德與祈禱（《自傳》19．3－4），要事事仰賴神，而不要信任自己（《城堡》5．4．9）。誠然。神修有如逆水行舟，不進則退，人目前仍有後退的可能。為此，要在神的助祐下，勉力日進於德。大德蘭尤提醒我們：如果發現自己在愛德上不增長，這是一個警訊，人不可不慎（《城堡》5．4．10）。

在探討了「單純結合」的內涵後，我們可進而討論「超拔結合」這一議題。

2. 超拔結合

《靈心城堡》中，大德蘭以「第六重住所」來稱謂「超拔結合」這一階段，並且用了十一章的篇幅加以描述，還以「神魂超拔」（ecstasy）一辭作為關鍵詞（《城堡》6．4．2）。希臘文 *ek-stasis* 意謂著「外溢出來」（standing out），在神祕結合的脈絡上，寓意著靈的濃烈結合，甚至外溢在肉體上，而顯其異狀，如容光煥發、五傷印證、肉體騰空等等，被外人所察覺（《自傳》20．1）。從人神戀愛的角度言，此階段又被稱為「靈性訂婚」（spiritual betrothal），為下一階段的「神婚」（spiritual marriage）作準備㊲。為了要讓人成為純潔無瑕的淨配，神特別給人一段最徹底的煉淨，其中蘊含著極度的身心煎熬，與濃烈的愛戀情傷㊳。這段煉淨過程將持續地進行，直至人靈完全神化為止。較細緻地說，我們可分別地扣緊其消極面——激烈的煉苦，與其積極面——濃烈結合，以及其他相關的事項逐一說明。

a）消極面：激烈的煉苦

為預備我們穩妥地踏進「神婚」這一地步，上主會首先容許我們經歷各種內外極度痛苦的考驗。雖然煉苦的名目眾多，到底，大德蘭以過來人的身分，設法從最小的考驗說起，藉此作一排序如下（《城堡》6．1．3–15）：

(1) 非議——別人的各種閒言閒語、搬弄事非，會接踵而來。它們可來自敵人，也可出自朋友；而朋友的批評、離棄與中傷，更令人感到椎心刺痛（《城堡》6．1．3）。

37.　（《城堡》5·4·4–5；6·4·4）。
38.　（《城堡》6·11）；（《自傳》29·13）。

(2) 稱讚——別人的讚賞，會比斥罵能引致更大的折磨，理由是（《城堡》6．1．4）：

i）人靈至少開始自覺貧乏，以致難以忍受讚美；

ii）人漸漸更體認惟有上主才是全善的，於是轉而讚美神；

iii）深切體會到，若別人因我而獲得造就，那只是因了神引用我作為器皿而已。

iv）於是，人事事尋求天主的光榮，超過為自己保留讚譽。

(3) 疾病——神也容許重病的發生，甚至准許劇烈的痛楚。看來這是世上最嚴酷的外在考驗，它能使人身心受創。為此，有人寧願一下子致命（martyrdom），而不願接受長期的劇痛。然而，神的苦架不會超過我們所能背負的程度，祂會賜給我們忍耐去承擔（《城堡》6．1．6）。

(4) 神師的質疑——神師或許因過於疑慮，以為這些經驗源自邪靈或個人的抑鬱，致使當事人千言萬語，無從辯解（《城堡》6．1．8－9）。

(5) 有被神遺棄的感覺——個人處在心靈的黑夜中，求救無門。甚至有被神捨棄的感覺，類比著地獄般的失落。人自覺無能為力，不論做口禱或心禱，或引用任何普通官能，也無濟於事。神藉此讓人明白：若沒有神的助祐，自己什麼也不能做（《城堡》6．1．9－13）。

(6) 在人群中孤立無援——個人無從與人溝通，其苦悶、煩惱得不到諒解。與人談話，甚至壓抑不住雙方的反感。在此，大德蘭的建議是：不如權宜地找些外務操作，例如愛德活動等，來做緩和，並祈盼天主的援助（《城堡》6．1．13）。

(7)　魔鬼的攻擊——魔鬼會盡全力從外撻伐和干擾，但牠只能在天主容許的範圍內行事（《城堡》6．1．14）。

各種煉苦不勝枚舉，但大德蘭強調：更多的痛苦，若與神的恩寵相較，那簡直是微不足道，不值得說是考驗，因為神恩寵的浩瀚是無可比擬的，這些只是我們要進入「神婚」前的煉淨而已（《城堡》6．1．15）。況且，從積極面看這一階段，那是人神間極具震撼的濃烈結合。

b）積極面：濃烈結合

這階段也滿溢著濃烈超拔結合經驗，以致感官與靈三司的普通官能全然地被吊銷，個人已不再察覺外在時空的轉移，只一心專注於上主。在「超拔結合」的前提下，大德蘭凸顯了三種型態（或許可以說是三個不同的濃烈程度），分別被命名為：

⑴濃烈結合；⑵出神；⑶心靈飛越

茲一一述說如下：

⑴　濃烈結合

按大德蘭的描述（《城堡》6．2．1－8），這份經驗是人在無預警下發生。例如，人可在口禱中，甚至在日常的操作中，身心並未主動地收斂時，卻突如其來地被神所吸引（《城堡》6．2．2 & 8），以致出現下列的特徵：

i）普通官能的休止——人的一切普通官能，包括內外感官的普通運作，及靈三司的思辯運作，都一下全被吊銷（《城堡》6．2．2－4），如同莊子所言之「形如槁木，心若死灰」㊴。

39.　《莊子．齊物論》：「形固可使如槁木，而心固可使如死灰乎？」《莊子．知北遊》：「形若槁骸，心若死灰。」

ii）超越意識的覺醒——心靈的超越意識突然被神所喚醒；即神在我心靈內最深密、最核心之住處中，把我叫醒（《城堡》6．2．2 & 8）。而這份覺醒是極度湛深與細膩，在深密的程度上超過先前能有的「靈悅」。

iii）戰慄與欣悅——這突如其來的經驗，會一下子使人感到驚懼；但這份戰慄會轉而為喜悅，因為人感受到神的細膩與輕柔（《城堡》6．2．2 & 8）。

iv）意志的戀慕與情傷——人意志一方面因接觸到神而燃燒著愛火，另一方面，又因其接觸尚未圓滿，而對神產生更大的渴慕與情傷（《城堡》6．2．2－4）。

v）理智的空靈明覺——理智此時清晰地直覺到神，並毫不懷疑自己會受騙，深知魔鬼無法仿冒其中的深厚與細緻（《城堡》6．2．3 & 5－6）。大德蘭強調：人若對此有絲毫的疑惑，即表示其經驗並非來自神。（《城堡》6．2．7）

vi）不持續——然而，這份經驗也只是曇花一現，本身並不持續，人也無法控制它的去留（《城堡》6．2．4）。

vii）不執著於世物——人一旦嘗到這份經驗，他會更堅決地渴願為主受苦，更不執著於世物（《城堡》6．2．5 & 6）。

於此，值得一提的是：先前所曾分析過的「單純結合」（simple union），與此處所談的「濃烈結合」，兩者在相較之下，可被體會出其中的異同。就其「同」而言，至少有下列六點可被強調：即兩者都體證到人神間的「結合」、都發自心靈深處、都在無預警下出現、都讓人免於疑惑、都叫人終生難忘、也都激勵人日進於德。若就其「異」而言，則有下列數點值得凸顯：

其一是有關普通官能被吊銷的程度：人在「單純結合」中，其普通意識的官能尚未徹底地被吊銷，只是肉身幾乎難以動彈而已。反之，在「濃烈結合」，其普通官能，包括內外感官與靈三司的思辯運作，都徹底地休止，人靈已暫時神移至上主的懷抱。

其二是有關超越官能的運作狀況：人在「單純結合」中，其意志的愛火較多被觸發，而理智的光照則較未能與意志同步。反之，「濃烈結合」中，意志的愛火與理智的光照則較多吻合。

其三是有關意識轉變上的速度：「單純結合」，相較地來得較緩和漸進，以致大德蘭並未標榜其中的驚恐。反之，「濃烈結合」在湧現時，卻來得如此地突然，以致人靈起初會驚惶失措，再而轉為欣喜。

「濃烈結合」中，普通官能的徹底休止，與超越經驗的突然冒出，本身已構成一份「神魂超拔」，反正，大德蘭把休止（suspension）、神移（transport）等現象看成「神魂超拔」的要素（《自傳》18．7），而若望神父（Fr. John of Jesus Mary，OCD）也將大德蘭的論點做了這樣的詮釋：神魂超拔寓意著人靈對神的一份深度的悠然神往，其中蘊含著感官的休止，與愛的神移。誠然，當人被神得著而不自主時，其心智就如同敞開的神祕孔道一般，吸納了所渴慕的至善，把神深藏於心坎。或更好說，那敞開的心靈已神移至神的懷抱，讓祂來充滿自己，並與祂連繫一致，一起融入同一份愛的洪流，此之謂神魂超拔㊵。大德蘭還解釋說：神魂超拔也意謂著神協助人靈出離感官，否則其現世生命會承受不住震撼。況且，某些人甚至

40. Fr. John of Jesus Mary, OCD, *Mystical Theology*（Bruxelles：Editions MTH Soumillion，1999），p. 52，p. 57。

連「寧靜祈禱」也已足夠置他於死地，為此，神有必要暫時吊銷其肉體的普通官能，以免發生意外（《城堡》6．4．2）。

濃烈的人神結合，可演繹為更激烈的「出神」。

⑵ 出神（rapture）凸顯神魂超拔的更激烈狀態：即心智被神帶走時，其肉體會停止呼吸，身手冰冷，表面看似暫時的死亡（《城堡》6．4．13）。他除了「形如槁木，心若心灰」外，尚有以下的現象被察覺：

i）無預警下被觸發——「出神」狀態甚至可以不在祈禱中發生；個人可因某些機緣而有感觸，例如：看到聖像、聽到聖樂、想及某字句而轉念向神，聽聞有關神的言辭而深受感動，或是神突然在心內點燃起愛火等等。凡此種種，不勝枚舉（《城堡》6．4．3）。

ii）愛火熾烈——人的意志充滿著愛火，且愈發熾烈（《城堡》6．4．14）。

iii）明心見性——人的理智直覺到極深的光照，且從未如此清明地覺醒（《城堡》6．4．3–4）。他不必用思辯或圖像，而能直截地瞭悟神的真理。人先前即使並未談論過神的奧祕，至此也會深深地明晰、信仰並敬拜神（《城堡》6．4．6）。人如同被邀請至奧而巴公爵夫人（Duchess of Alba）的寶庫似的，一下子看到稀世奇珍而目不暇給，事後只能籠統地述說其豐富經驗。類比地，人在出神中，瞥見部分神的王國，而目瞪口呆，事後發覺人的言語無法充分地說出其中無可比擬的輝煌（《城堡》6．4．8–9）。

iv）神力往上牽引——人體會到自己被神強力地往上拉拔，致使心靈如同老鷹般，向高處飛翔，影響所及，甚至連肉體也可因而騰空提昇起來（《自傳》20．3），看來這是「出神」的典型現象。

v）相關現象——神也可能給予人靈有關天國祕密的「啟示」（revelation），或「想像的神見」（imagination vision），或「理智的神見」（intellectual vision）等相關經驗，叫人終身難忘[41]在出神中，人的外感官雖然不參與任何活動，但事後，人仍可引用感官圖像作類比，談論所獲得的「想像神見」（《城堡》6．4．5）；至於「理智神見」的內容，即使它比「想像的神見」更難用意象來交待，到底仍可在某程度上，以象徵說法來類比（《城堡》6．4．5）。

vi）不持續——在出神中，人不再意識時間的流溢，但到底這份經驗並不持續。以普通經驗的時間體會來衡量，它也只是曇花一現而已（《城堡》6．4．13）。

vii）效用——雖然出神的經驗並不持續，不過，它讓人得到以下的顯著效果：

人出神後不久，意志仍保持著熱烈的愛火，而理智也因明心見性而歎為觀止，久久不能自己（《城堡》6．4．14）。

當人完全恢復普通官能的運作之後，他不論對神、對己、對世的心態，都一再獲得更新。**對神**：他比以前更渴慕神（《城堡》6．4．15），更對神國有強烈的思鄉感（《城堡》6．11）。**對己**：人愈渴願為主的緣故而受苦受難，接受補贖（《城堡》6．4．15），也愈因體會神的崇高而自我謙下（《自傳》

41.　（《城堡》6・4・5）；（《自傳》21・12），容後討論。

21．12）。附帶地說，如果他是在公共場所出神，他會因眾目睽睽而羞愧，一方面是他不願曝光，另一方面也可能是自己謙虛不足，老是在意別人的觀感（《城堡》6．4．15）。**對世**：人因接觸神國的美好而視世物如同糞土（《城堡》6．4．9），但並不因而厭世避世，反而更積極入世，以渡眾生（《自傳》21．10）。**對靈修**：人靈因愛得多而獲得更新，其眾多過犯也被赦免（《城堡》6．4．3），他從此更穩走聖德的道路（《自傳》21．8），也更能以愛心投入世務（《自傳》21．10）。

viii）仍可失落——人靈並不因獲得出神而絕對安全，他仍可跌倒失落，為此不可不慎，並須全心依賴上主的助祐（《城堡》6．4．12）。

若把「濃烈結合」與「出神」相較，固然兩者都被放在「神魂超拔」的名目下，且意義相通（《自傳》18．7），因為它們都蘊含著「休止」、「神移」、「天人間愛的深繫」等要素；然而，在本質相同的前提下，它們仍在程度或型態上顯其差異。大德蘭以燒紅的鐵做類比：「結合」類比火鐵交融，而「出神」卻像溶鐵隨火飛舞，往上爆裂，甚至噴射出來㊷。那就是說，「結合的經驗」，不論自始至終，都兌現在心靈的深處，人仍停留在地上，即使手足難以動彈（《自傳》20．1 & 3）；反之，「出神」則是靈魂似乎不再賦予肉體生命，心神被神拉拔，以致連身體也時而呈現騰空狀態（《自傳》20．3）。在此，Fr. Theophilus 替大德蘭詮釋：神魂超拔是更濃烈結合，而神魂超拔狹義化為出神，則是其更湛深的程度，為此，「出神」不是神祕經驗的附屬現象，所附屬的只是肉身的反應而已㊸。

42. （《自傳》18・2）；*Spiritual Testimonies* 59・11。
43. Fr. Theophilus, OCD, "Mystical Ecstasy according to St. Teresa", in *St. Teresa of Avila*：*Studies in her Life*、*Doctrine & Times.* Edited by Frs. Thomas & Gabriel（Westminster, Maryland：The Newman Press, 1963, p. 143。

在體會了「出神」經驗的義蘊後，我們可進而聆聽大德蘭對「心靈飛越」的描述。

(3) 心靈飛越

「心靈飛越」，可簡稱「靈飛」。按大德蘭的體認，「出神」與「靈飛」，兩者仍實質地相同（substantially the same），而經驗地相異（experientially different）（《城堡》6．5．1）。就「本質」上的「同」而言，不論是「出神」或「靈飛」，它們都是人神間深度的結合，且在結合中牽涉著普通官能的「休止」(suspension)，及靈官能的「神移」(transport)，其中蘊含著意志的熱愛與理智的光照。但從「感受」上說，雖然兩者都在無預警下，受到神力對人靈的往上拉拔[44]。畢竟，人在「出神」中，是慢慢地死於外物而活於天主，以致肉體漸漸地往上提昇；反之，「靈飛」卻是突然高速地向上飛越，靈的「高層部分」彷彿迅速地被捲離肉身，一下子被帶到神的境界[45]。初次獲得「靈飛」經驗的人會驚惶失措（《城堡》6．5．1＆12），人靈無從做任何的抗拒，且愈抗拒則情況愈糟（《城堡》6．5．2）。在此，大德蘭的建議是：須鼓起勇氣地投降、信任並接納神（《城堡》6．5．1＆12），而不必為來源問題擔心。原因是：它不可能出自魔鬼的仿冒，或個人的想像（《城堡》6．5．9－10）；況且，我們可從果中推因，發現驚惶後所帶來的卻是深度的平安、喜樂與前所未有的光照（《城堡》6．5．7），而且對其經驗終生難忘，且在德行上突飛猛進（《自傳》21．8＆10），再者，我們尚可從三個面向看出其深奧的效果：

其一，對神——人靈更深刻地瞭悟神的偉大。

44.　（《自傳》18·2）；（《自傳》20·3）；（《城堡》6·5·9）。
45.　（《城堡》6·5·1&7&12）；*Spiritual Testimonies* 59·9。

其二，對己——他更謙虛地體認自己的渺小。

其三，對世——他更不執著世物，只用它們來服務神。

在此，我們仍須交待有關「專注凝神」（absorption）與「神魂超拔」（ecstasy）的差異。大德蘭曾在《建院記》第六章㊻中提醒我們，不要混淆這兩者。「凝神」意謂著個人主動地凝神專注於一物，以達到感官的休止與內心的靜定；「出神」則意謂著被動地被神帶出，離開普通的意識，達到與神結合。其中主要的差異是（《建院》6．4–6）：

其一，主動與被動：

▼「凝神」是人主動的作為，出自個人的修行。

▼「出神」則是人被動的接受，肇因於神的推動。

其二，長時與短時：

▼「凝神」是人可決定其入定時間的長短，必要時閉關多日，因而招致傷身，日後須接受治療。

▼「出神」不由人來助長，而由神來處理，以致其經驗不能持續，但出神是在普通官能被吊銷下進行，它並不傷及身體。

其三，無德與有德：

▼「凝神」導致感官的休止，但不見得使人增進德行；

▼「出神」使意志增進愛火，使理智獲得光照，在德行上更精進，更謙虛，更愛主愛人。

總之，大德蘭特別標榜「出神」的「一因一果」：

46. St. Teresa of Avila, *The Book of her Foundations*, ch. 6, in *The Collected Works of St. Teresa of Avila* Vol. 3. Trans. by Kieran Kavanaugh & Otilio Rodrigues（Washington, D.C.：ICS,1985），pp. 124–133。

▼因：根源於神（Divine origin）

▼果：人靈聖化（Sanctification）

並以此「一因一果」來與「凝神」分辨開來。她積極正視「超拔結合」，但不主張用「凝神」技巧，她甚至用「愚蠢」（stupidity／*abotabiento*）一辭來貶抑後者（《自傳》12．5），原因是後者的來源並非出自神（《自傳》12；22）。她強調「出神」留給靈魂的聖化是「凝神」所無，「凝神」有的只是身體的疲勞（《建院》6．14）。Fr. Theophilus 也以大德蘭的這個提示來分辨「純正的神祕超拔」（genuine mystical ecstasy）與「本性的超拔休止」（natural ecstatic suspension）㊼。

c）相關議題：珍惜基督的人性

與「神魂超拔」有密切關連的議題，除了「濃烈結合」、「出神」、「靈飛」之外，還有「想像的神見」（imaginative vision）、「理智的神見」（intellectual vision）、「祕密／啟示」（secret／revelations）、神聽（locution）等相關現象，大德蘭在《靈心城堡》的「第六重住所」中加以討論；於此，因篇幅所限，只留待下回分解。然在眾多相關議題中，其中對「珍惜基督的人性」這個論點上，尤值得我們再三深思。

大德蘭一貫的教誨是：無論你在默觀的程度上有多高，不論是在「第四重住所」（《城堡》4．1．6－7），或「第六重住所」（《城堡》6．7），都不要放棄親近基督的人性；人到底不是如同天使的純靈，而是肉身的存有者（《自傳》22．10），在不助長而順其自然的情況下，須念茲在茲地存念降生的基督。誠然，去感念基督生平行實常是有助益的，連大聖人，如聖五傷方濟，或聖安道，也念念不忘基督的人性（《自傳》22．5）。如前所述，用理

47.　Fr. Theophilus, OCD, “*Mystical ecstasy according to St. Teresa*”, p. 151

智推理是一回事，存念基督的個體、激出愛的火花，則是另一回事。我們的目的不在於想得更多，而在於愛得更多。然而，愛不在於獲得大安慰，卻在於事事取悅天主（《城堡》4・1・6-7）。存念基督的人性，並不等同於執著形軀世物，而是藉降生的奧跡，讓我們與主連結（《自傳》22・8）。誠然，主耶穌是我們惟一的「道路、真理、生命」（《若望福音》十四6），放棄了基督，等於失落了一切。為此，除非是在神魂超拔中，被神牽引而吊銷了我們的普通官能，否則，如果隨便輕言放棄基督的人性，或遠離聖體聖事，那是多麼的不明智（《城堡》6・7・14）！

末了，在「超拔結合」的前提上言，大德蘭認為：先前所有的重大建議，如勿助長、戒慎努力、謙虛、愛主愛人、找有學問兼有靈修者訴心等㊽，都一概適用，到底我們還是旅途中的人（*homo viator*），可進步，也可跌倒；況且，我們還須要邁進到「第七重住所」——「轉化結合」。

3. 轉化結合

大德蘭《靈心城堡》談「第七住所」（《城堡》7・1・3），意謂人靈已經歷徹底的煉淨，適合做吾主的淨配，以致從「靈性訂婚」邁進到「神婚」（spiritual marriage）。靈修學家引用「轉化結合」（transforming union）、「成全結合」（perfect union）、「神化結合」（divinized union）等名詞來給這個階段命名㊾。按專家們的觀察，大德蘭在撰寫《自傳》時，尚未臻此境界，尚有待後續的交待㊿。顧名思義，此階段的種種命名都在指示人已達到前所未有的冥合，其中的高深，甚至連「第六住所」也有所不及；為此，大德蘭說：即使「第六重」與「第七重住所」間沒有關閉門戶（closed door），到底「第七重住所」尚蘊含若干境界是「第六重住所」尚未

48. （《自傳》22・5–6）；（《城堡》6・8・8；5・1・7–8；6・1・9）。
49. 參閱Fr. Ermanno OCD，"The Degrees of Teresian Prayer" p.98。
50. Kieran Kavanaugh & Otilio Rodrigues在註釋中指出：「當大德蘭寫《自傳》時，她還沒達到自己描述的第七重住所的境界。她在《自傳》中解釋的第四種水的象徵，相稱於第六重住所。」*The Collected Works of St. Teresa of Avila*, Vol.2, *Interior Castle* 4・1・1，註解2，p. 488。

達致的（《城堡》6・4・4）。有關此階段的究竟，大德蘭做了這樣的交待。

a）轉化結合的究竟

「轉化結合」是人現世所能達到的最高結合。固然神內在於一切人，甚至也內在於大罪人，以維持其存有，免於化為烏有[51]，到底，神還用進一步的方式來內在於有寵愛的善靈，以之為聖神的宮殿（《城堡》7・1・5），但本身仍分不同的等級，甚至神祕結合也分不同的湛深程度。如上述，大德蘭以男女戀愛做類比來解釋：「單純結合」類比戀愛中的交往，互相愛慕中仍有其區隔；「超拔結合」類比訂婚，心心相繫中，仍有所保留；「轉化結合」類比結婚，愛者互相給予以致合為一體。「神婚」就是人神間極度湛深的結合，按大德蘭的意象說法，人靈就如同雨水滴進江河般，與神融化在一起，又如同兩支蠟燭般，在燃燒中合併為一，也如同兩扇窗戶所透入的陽光，在室內化作一道光芒一樣（《城堡》7・2・4）。於此，我們可權宜地從其積極面與消極面來對「轉化結合」做一體認如下：

⑴積極面——從積極面而言，「轉化結合」同時寓意著神的湛深臨在與人靈的徹底神化，其中還蘊含著極深度的愛與光照、在人靈核心中極度平安與喜樂中兌現。茲按此數點做一闡述。

i）神的湛深臨在——「轉化結合」是神在人靈的最深處呈現自己，且比先前各階段更充分彰顯其圓滿的存有；其在人內的臨在，不只比以前更徹底，也更持久，更恆常（《城堡》7・1・8－9）。

ii）人的徹底神化——此時，人靈已徹底地被煉淨，以致能藉著深度地分享神而被神化（divinized by participation），如同聖保祿（《格林多人前書》六17）說

51. （《城堡》7・1・3-4）在此，大德蘭懇求我們為罪人的歸化祈禱。

的：那與主結合的，便是與祂成為一神（《城堡》7．2．5）。但這不並意謂著，他被神附身，他反而比以前更自主，只是舉手投足間更翕合神意而已。

iii）極深的愛與光照——人意志的愛火與理智的光照互相吻合，能在清明狀態下愛神，認識神（《城堡》7．2．3 & 6）。外務操作不能打擾其內心的與神湛深的結合（《城堡》7．1．8–9）。他已能用神的眼光觀看世界，以致從中體認神的親在，再者，神因開啟了人的靈眼，以致人不只瞭悟神是「太一」，也體認祂為「三位」（Trinity）（《城堡》7．1．6–7）。

iv）內心常平安喜樂——人在其靈的最核心處常體證神，且在這核心中，常活在平安與喜樂中，外面的紛擾不能打擊其心內的寧靜（《城堡》7．2．7 & 10）。

(2) 消極面——從較消極的面向上做體認，我們將發現「轉化結合」包含以下的特點：

i）少出神——若與前一階段的「超拔結合」相較，則「轉化結合」相對地缺少了很多的「出神」（raptures）現象（《城堡》7．3．12）。原因是人既已脫胎換骨地轉化，甚至肉身的官能也連帶地被神化，以致他整個人，包括靈魂與肉體，可以在日常生活的狀況中結合神，也可以全心做外務工作，而不影響他對神持續的結伴（《城堡》7．1．8）。

ii）本性的狀態未全被超越——他會有短暫的時候活在本性的狀態（natural state）

之下（《城堡》7．4．1），此時的他仍可權宜地做推理默想等修持，也會在本性的狀態中受邪靈干擾與攻擊。上主之所以如此容許，為的是要讓人保持謙虛（《城堡》7．4．1），藉此提醒他，現時尚未絕對地安全，所以仍須戒慎處事[52]。

iii）無預警、勿助長——「轉化結合」的經驗是在沒有預先警告之下發生，人不能控制這經驗的去留（《城堡》7．1．6 & 9）。總之，在這個事上，神仍是主動的掌控者，而人不能助長。

iv）所有官能的互動尚未絕對和諧——人即使進入「轉化結合」的階段，其生命尚未獲得最終極的圓滿，因此，所有官能的互動尚未達到絕對的和諧。首先，在「心靈的官能」（spiritual faculties）方面，大德蘭權宜地分辨「靈」（spirit）與「魂」（soul）二辭（《城堡》7．1．11）。「靈」，寓意著心智的核心，涵括著心智的超越功能，如意志的愛火與理智的光照；「魂」，意謂著心智的普通運作，如理智的思辯推理與意志的情緒好惡。「靈」與「魂」雖同屬一體，到底仍互呈張力，類比著瑪爾大對瑪麗的抱怨一般[53]。「靈」作為心智的核心，常與神密切結合，而「魂」卻未享有同等的待遇，以致尚有互不同步的尷尬。若再把「靈官能」與「感性官能」（sense faculties）雙提並論，則靈所體證的冥合經驗，固然薰陶著人的內外感官，致使肉體也感受到相當程度的安寧與愉悅（《城堡》7．2．6－7 & 10），只是肉身仍不免於疲倦或受干擾，甚

52.　《城堡》7·2·9）；（《城堡》7·4·2）。
53.　（《城堡》7·1·10），參閱（《城堡》7·4·12）.

至仍須進行攻防，與接受考驗（《城堡》7・2・10）。總之，人的一切官能在互動上，仍有若干程度的不協調，不因「轉化結合」的實現而獲得化解。到底，我們仍是在世的「旅人」（*homo viator*），向著最終極的「全福」邁進，仍等待著將來天鄉的大團圓。

b）所導致的效用

在討論「轉化結合」的究竟之同時，大德蘭也不忘歸納出其對人靈所導致的七個效用[54]：

(1) 更忘我——人因著已經投奔到神的懷抱而更忘我，只願在一切事上榮耀神，以上主為自己所有的一切（《城堡》7・3・2）。

(2) 願受苦——人靈會凡事以上主為念，連在渴願受苦中，也以主的旨意為前提。若上主願意，他固然甘願接受，但不執著，也不像過去那樣憂慮（《城堡》7・3・4）。

(3) 在迫害中喜樂——人喜樂地接受一切迫害，甚至不單對迫害者無怨尤，還個別鍾愛憐憫他們，為他們祈禱（《城堡》7・3・5）。

(4) 渴願服事——人雖然不再害怕死亡（《城堡》7・3・7），且渴望離世與主同在（《城堡》7・3・6），但他也極度渴願在世服事神，為神接受考驗，並幫助被釘十字架上的耶穌、一同救世贖世，好能賺得部分的世人歸向主（《城堡》7・3・6）。

(5) 不執著世物——人更不執著世物，即使從事世務，也以服事救靈為前提（《城堡》

54.（《城堡》7・3・1–13）Kieran Kavanaugh & Otilio Rodrigues有這樣的註釋：「大德蘭只列舉前二個效用，其他的則散見於連續不斷的離題旁論和註解中。」*The Collected Works of St. Teresa of Avila,* Vol.2, p. 488，註解1。

7・3・8）。

(6) 不怕魔鬼矇騙——人幾乎不再經驗神枯或內心的困擾，常活在安寧中。他不必害怕，因為這份崇高的恩賜不會被魔鬼的欺騙所抵消或仿冒（《城堡》7・3・10）。雖然神也時而讓他短暫地活在本性的狀態下，受到攻擊，畢竟，這是為了讓人更謙虛、更不自恃而已（《城堡》7・4・1–2）。

(7) 更謙卑——他更體會個人的卑微，更意識到人若失去神的保守與助祐，則自己仍是一無所有。為此，他愈發如同《路加福音》十八章十三節所說的稅吏一般，認識自己的不成全，而低頭禱告說：天主，可憐我這個罪人吧！（《城堡》7・3・14）。

c）建議

末了，面對已達到「神婚」的靈魂，大德蘭的建議是：

(1) 信賴並忠信於神——人不論在默觀的路途上如何出類拔萃，到底仍未絕對地完成。他必須更信賴神的助祐，並在諸事中更忠信於上主，深念惟有藉著神的力量，才可讓自己免於沉淪（《城堡》7・2・9；4・2）。

(2) 戒慎勉力以免後退——正因為自己尚未臻至圓滿，人除了信靠上主外，仍須努力修德祈禱（《城堡》7・4・9），並以主耶穌及諸聖的行實為典範，力求精進，以收近朱者赤之效（《城堡》7・4・10）。換言之，人須戒慎勉力，並記取修德可以不進則退，而撒羅滿王就是前車之鑑（《城堡》7・4・2）。

四、綜合說明

與大德蘭經歷了漫長的懇談後，我們可在此作一綜合的評述。大德蘭論默觀，標榜其為灌注的祈禱，並牽涉一段進展的歷程。默觀以祈禱為前提，祈禱意謂著人神的溝通；灌注一辭寓意著由神主動的帶領，而人不能助長；默觀牽涉一段進展的歷程，先後跨越「前奏」、「收心」、「寧靜」、「結合」等階段，其中尤以「寧靜」與「結合」的祈禱，清楚地彰顯出灌注的特性。「寧靜祈禱」再細分為「灌注收心」、「寧靜正境」、「官能睡眠」三個程度；而「結合祈禱」又細分為「單純結合」、「超拔結合」、「轉化結合」三重辨別；「超拔結合」還再蘊含「濃烈結合」、「出神」、「心靈飛越」三種型態；默觀以「轉化結合」作為高峰，從中孕育人神間的「神婚」。

從「前奏」開始回顧，大德蘭勸勉我們恆心祈禱，先是善意地修行「默想」與「口禱」，不論神枯、神慰，一心持之以恆，從內心深處體會主耶穌的臨在，並彼此互訴心曲；這樣，人很容易進入「收心」，從凝神入定中，體察到「靈悅」的甘飴，並在愛的融通中，讓上主引領心靈沉浸於「寧靜」。於此，神率先點燃其意志的愛火，繼而觸動理智，使之獲得光照，逐漸地，所有普通的官能進入睡眠的沉寂，直至「單純結合」的初現，而逐步地被吊銷，藉此讓心智的超性運作較充份地湧現，進而深化為「超拔結合」，讓靈的官能所體證的愛與知識，觸及內、外的感官，以致出現「出神」、「靈飛」等現象，而人將在高峰上造就「轉化結合」，人在被「神化」當中，不必再藉吊銷感官功能、而仍與神湛深地結合為一。

從各級層的「異」而言，每階段固然各有特色，但就其「同」而言，它們都以人神的「結合」為前提，並環繞著這前提而動態地展現了「結合的深化」、「煉淨的烈化」、「意識的轉化」、「效果的顯化」，與「建議的一貫」等五個項目，可綜合地被鳥瞰如下：

結合的深化——從較積極的觀點上說，默觀的整體歷程展現著人神結合的逐步深化，類比著男女戀愛的進程：從邂逅、交往而至訂婚，終於達到神婚，至此，人徹底地被神得著，而人如同聖保祿（《迦拉達人書》二20）所言：「我生活已不是我生活，而是基督在我內生活。」

煉淨的烈化——從較消極的眼光看，默觀的進展本身充滿著眾多的磨煉、考驗與痛苦。因應著人神結合的逐步深化而更形激烈。人靈被試煉，有如爐中的黃金，經受劇烈的鍛鍊，而得以去蕪存菁，終至爐火純青，及於神化。

意識的轉化——神的逐步得著人，也寓意著人意識官能的逐步轉化。首先是神在人的意志內點燃起愛火，繼而理智逐步地獲得開悟與智慧，再而是內外感官也被牽動著，起而在神魂超拔中顯其容光煥發、肉體騰空等異狀，及至神婚的兌現中，人已整體地被神化，連平日起居，人不單心智上深深地翕合神意，且一舉手，一投足，也如同《論語．第二為政》．第四節所指的「從心所欲，不踰矩」。

效果的顯化——默觀程度愈長進，其正面效果則愈發顯著，分別呈現於下列的六個面向上：

對神：人愈來愈深入地對神孕育著愛與知識。在愛方面，雙方逐漸從戀人演進而為淨配。知識方面，人先從愛的冥合中體認神是「太一」，終於從愛的融通上證得神是三位格的團體之愛，這並不是思辯上的推論而已，尚且是實際的智的體證。**對人**：人以愛上主作為基礎，愈來愈深愛著世人，不單愛人類的整體，尚且還個別地深愛每一個與他相遇的人，甚至為迫害他的人祈禱。**對世：**人愈發不執著世物，還從視世物如同塵土，進而轉化成以神的目光珍愛萬物，證得萬物為神的化工。**對魔：**人即使愈受惡魔攻擊與干擾，他卻愈能辨別神類，愈懂得識破邪靈的矇騙。**對己：**人愈死於自己，愈活於天主。**對靈修：**人在愈深入結合神當中，也愈獲得聖化，表現在諸德行上，並在轉化結合的高峰上充分地被神化。

總之，默觀給予人的效果是積極正面的：人因著默觀的延長，而愈發在各面向上獲得更充沛、更浩大的恩寵。然而，大德蘭所給予的建言是貫徹始終的。

建議的一貫——在每一個進程上，大德蘭都給予若干建議，固然其中某些要點是較針對個別層級而提出來討論的，但整體地說，她還有許多勸言適用於所有的階段，那就是：須戒慎修德、全心依賴神的助祐、謙卑自下、努力施行愛德、勿揠苗助長、勿全然放棄推理默想等。而在貫徹的勸言中，尤其是以「保持基督的至聖人性」這一重點上，彰顯出大德蘭的終極關懷。

誠然，大德蘭的默觀始終環繞在耶穌基督的人性上展開。既然上主藉降生奧跡來親近人，人也須藉「人而天主」的耶穌來投奔神，並在神的懷抱內體證「聖三一」的奧祕。基督作為降生的聖言，在人靈內與人一起祈禱，啟示自己為淨配並在人身上複製其苦難聖死，藉此完成愛的結合。大德蘭式的祈禱是：從「克修」（asceticism）走向「神祕」（mysticism），從「默想」（meditation）走向「默觀」（contemplation），藉基督冥合天道，融入「太一」，以體證「聖三一」，其祈禱是「基督中心」（Christocentric），也是「聖三型態」（Trinitarian），為此，本質地是基督信徒的祈禱。

末了，值得一再強調的是：大德蘭的默觀與歷程固然有其個別的體認，到底仍浸潤在慈母聖教會的大洪流當中，吻合著基督宗教神祕默觀的大方向，以至不單可與全盛期的聖者，如聖十字若望等互相印證，甚至可與前期教父如聖奧斯定等先後輝映，共同以人神間愛的知識作為默觀的核心，藉此而向你、我標榜：不論任何時空，不論上智下愚，或男女老少，只要翕合著神的旨意，與順應著神的帶動，戒慎精進，恆心不懈，皆可成聖成賢，在與天主結合的道路上出神入化。

第六章

熾愛與明慧——

聖十字若望與聖女大德蘭對默觀的共同體認

我當靈魂被神的愛燃燒著，…她感覺如同被一位「熾愛者天使」（Seraphim）以充滿愛火的利箭或標槍所襲擊。——聖十字若望．《愛的活焰》2．9

神願我看見以下的異象：那細小…標緻…容光煥發…充滿火焰的…「明慧者天使」（Cherubim）…手持著金色標槍，尖端似點燃著星星之火，…多次穿越我心，甚至深入我內，…讓我全然地燃燒著對神的大愛。——聖女大德蘭．《自傳》29．13①

談及聖女大德蘭與聖十字若望在世的情誼，從一五六二年的邂逅起，至一五八二年大德蘭的辭世止，飛逝的十五年中，十字若望曾作過大德蘭的神師，並在一五六八年的亞味拉

1. Seraphim，中譯為色辣芬、或熾愛者天使，希伯來原意為「造火者、傳熱者」。參閱《依撒意亞先知書》六2–6。Cherubim，中譯為革魯賓、或明慧者天使，希伯來原意為「滿是知識」。參閱《創世紀》三24。兩者合起來，可意象地寓意著默觀之為愛的知識、神祕地冥合於神的熾愛與明慧之中。
2. St. John of the Cross, *The Spiritual Canticle* , 13· 7, in Kavanaugh & Rodriguez, (trans.) *The Collected Works of St. John of the Cross*,p. 460, "This would be an apt place to treat of the different kinds of raptures, ecstasies, and other elevations and flights of the soul···But···my

（Avila），彼此有過一段較長的相處時日，可以在靈修上交換心得。他們日後即使聚少離多，仍妨礙不了兩者間心靈的連繫，並已雙雙匯入神的大愛內而共同邁進。他們間雖不曾留下任何通訊記錄讓我們緬懷，到底也隱藏不了其相互間的敬重與共勉。一方面，十字若望強調大德蘭的著作補足了自己的言論②，另一方面，大德蘭也承認他們在靈修上的互相請益③，以致當我們對照兩人在默觀理論上的論著，不難發現兩者間互相闡發與互為印證。為方便比較二聖的心得，茲讓我們首先分別為他們的默觀論點作撮要如下。

一、二聖默觀理論鳥瞰

A. 聖女大德蘭所體證的默觀要義

聖女大德蘭對默觀的體認，可方便地被濃縮為一句話：默觀是灌注的祈禱、牽涉著一段進展的歷程④。

1. 默觀是祈禱

首先，默觀是祈禱；我們須在祈禱的前提上理解默觀（《全德》16・3－6）。祈禱的核心義在於人神間心對心的交往、融通、而至結合（《自傳》8・5）。

2. 默觀是灌注的祈禱

作為祈禱而言，默觀主要是「灌注的祈禱」。「灌注」一辭，意謂著由神帶動而達致靈性上的融合，人可做好配合的準備，但無法「揠苗助長」（《自傳》34・11；《城堡》6・7・7）。

intention is only to give a brief explanation of these stanzas, such a discussion will have to be left for someone who knows how to treat the matter better than I. Then too, the blessed Teresa of Jesus, our Mother, left writings about these spiritual matters that are admirably done…"／「這裡是合宜之處，談論種種不同的神魂超拔、出神和其他靈魂的舉揚和飛翔…可是…我只有意扼要地解釋這些詩節，像那樣的論述，必須留待比我更善於講論的人。此外，我們的榮福會母耶穌・德蘭姆姆，留下的有關這些神修事理的著作，其論述令人讚賞…」

3. 默觀牽涉著進展的歷程

默觀有其進展，牽涉著多個過站如下：

a）前奏：心禱、口禱

人藉「心禱」（《自傳》11－12）與「口禱」（《全德》30・5－7）作前奏，用以熟悉聖經奧跡與吾主言行，藉此愈發認識神的心意，並與祂作更深入的交往。

b）收心祈禱

深密的往還，讓人的意志漸而安於對神作純粹的愛的凝視，不必多經思辯推理，而能聚焦於心內的吾主，以與和祂會晤，這是人力尚且能達致的祈禱，被稱為主動的收心祈禱（prayer of active recollection）（《全德》28－29）。

c）寧靜祈禱

人若能努力持之以恆，則可轉而進入「寧靜祈禱」，在其中，神「灌注」的力量愈來愈彰顯，其本身可分三個重要階段，即灌注收心、寧靜正境與官能睡眠三者，茲簡述如下：

i）灌注收心

人從主動收心（active recollection）轉捩至「灌注收心」（infused recollection），其徵兆在於「靈悅」（*gustos*／spiritual delight）的始現。有別於一般的「欣慰」（*contentos*／consolations）（《城堡》4・1・4）。欣慰可經由一般心禱／口禱的途徑獲致，類比好友久別重逢之歡喜；但是「靈悅」卻是由神直接的灌注，人在無預警的狀態下被神碰觸，而心靈因而獲得感動，這份靈的觸動，開始時雖然微弱，但仍能被我們辨認出來（《城堡》4・1・11），如同小羊兒辨認出牧羊人的

3. St. Teresa of Avila, *The Book of Her Foundation*, 13・5, in Kavanaugh & Rodriguez, (trans.) *The Collected Works of St Teresa of Avila*, vol. III, pp. 162–163, " I went with Fray John of the Cross to the foundation of Valladolid… there was an opportunity to teach Father John of the Cross about our way of life… He was so good that I , at least, could have learned much more from him than he from me."

呼聲，這呼聲無法被他人仿冒。「靈悅」作為神灌注的明顯徵兆，讓人跨過一個門檻，而進入狹義的默觀地帶，是為「寧靜祈禱」範圍內的前哨。

ii）寧靜正境

「灌注收心」深化而為「寧靜正境」，其中基本上是程度上的深化，而非本質上的異動。人靈深度凝斂，心神醉心於對神的愛慕與凝視（《全德》31．2－3），其感動甚至可持續一兩天而不止息，只是它來去自如，人不能掌控（《全德》31．4）。人日常的普通意識收斂，但未被吊銷，偶而也會伴隨著神枯（《城堡》4．1－3），乃至於理智分心走意，不常與意志的愛火同進退（《全德》31．8），即使愛與光照也有彼此吻合的時刻。

iii）官能睡眠

「寧靜正境」可進一步深化而為「官能睡眠」（《城堡》5．1－4）。顧名思義，意謂著眾官能深受神的吸引而專注於神，即使普通官能尚未被吊銷，也至少近似睡眠，對日常生活心不在焉，時而須費力分心來料理俗務（《自傳》16．2－3；17．7）。意志所領受的「靈悅」，遠超過「寧靜正境」本身，它雖然本質地無異於「寧靜祈禱」（《自傳》17．4），卻已愈發接近「結合祈禱」（《自傳》16．2－3）

a）結合祈禱

「結合祈禱」本身讓我們處於默觀的核心事象——人神相愛中彼此結合而玄同彼我，其中蘊含著不同程度的深淺，被大德蘭劃分為三個主要的階段，即「單純結合」、「超拔結合」、

4.　聖女大德蘭曾為其個人的默觀經驗簡要地勾勒出一個脈絡，可濃縮為我們在此所賦予的定義；參閱St. Teresa of Avila, *Spiritual Testimonies*, No. 59（Seville, 1576），"The Degrees of Infused Prayer", in *The Collected Works of St Teresa of Avila*, Vol. I, pp. 355-361.
此外，Fr. Ermanno也曾為大德蘭的默觀理論作了一個提綱挈領的介紹，參閱Fr. Ermanno, OCD, "The Degrees of Teresian Prayer", in *St. Teresa of Avila: Studies in her Life, Doctrine and Times*. Ed. by Fr. Thomas & Fr. Gabriel（Westminster: Newman Press, 1963）, pp. 77-103

「轉化結合」三者：

i）**單純結合**（simple union）**：**意謂著默觀者在心靈深處，體證到人在神內，神在人內，兩者合而為一（《自傳》20·1；《城堡》5·1·9）；人靈在無預警下突然被神所浸透（《自傳》18·9；19·1），且牽涉到意識上的轉變，即普通官能的暫時被神吊銷（《自傳》18·1；《城堡》5·1·4），以免人身心因經驗的震撼而受到損傷。普通官能的沉寂，卻容許超越意識的湧現，乃至於在愛中喚醒智的直覺，直指神的本心。而人神結合可愈發濃烈，而演變成超拔結合。

ii）**超拔結合：**人神結合之濃烈，影響所及，甚至連身體也呈顯異狀，如容光煥發、五傷印記、肉體騰空等等（《自傳》20·（《城堡》5·4·4–5；6·4·4），類比男女間的海誓山盟，至死不渝。大德蘭還從中凸顯了三種型態如下：

①濃烈結合（intense union）——它不單意謂著普通官能的被吊銷、超越意識的被顯發，且意志的愛火與理智的光照，還比先前有更多吻合的機會，共同綻放「愛的知識」（loving – knowledge），直探超越界的隱微，人起初的惶恐，會轉而為強烈的欣悅，在神往中與神融入同一份愛的洪流，此謂「神魂超拔」（ecstasy）（《自傳》18·7）。濃烈的神魂超拔，可表現而為「出神」。

②出神（rapture）——它意謂著普通官能停止運作下，心智被神的力量往上牽引，致使肉體騰空地提昇起來（《自傳》20·3）。人的意志充滿著愛的烈焰（《城堡》6·4·14），理智也獲得湛深的光照（《城堡》6·4·3–4）。出神經驗並不持續，到底人神間的親密融合會鼓勵著人革面洗心，努力走成德

之路（《自傳》21・8）。愛的「出神」又可兌現為「心靈飛越」。

③ 心靈飛越（flight of the spirit）——「出神」與「心靈飛越」，實質地相同，而經驗地相異。就實質之「同」而言，它們都是人神間深度的冥合，牽涉著普通官能的休止，與超越意識的湧現，但從經驗之「異」而言，在心智的被往上拉拔的感受上，「心靈飛越」要比「出神」來得更突然、更快速、更叫人驚駭（《城堡》6・5・1 & 2）；為此，大德蘭建議有此經驗的人須鼓起勇氣，全心信賴吾主，而不必為來源的問題擔心，因為魔鬼無法仿冒其中的崇高與愛的光照（《城堡》6・5・7–10）。

大德蘭在「超拔結合」的前提上，除了標榜著「結合的濃烈」外，尚強調其中的「煉淨」（purgation）的愈發激烈；神為幫助人靈變得更純全，將容許他經歷各式各樣的痛苦磨練（《城堡》6・1・1–15），直至爐火純青為止，得以臻至「轉化結合」的高峰。

iii）**轉化結合**（transforming union）：又名「神化結合」（divinized union），意謂著人靈已經歷徹底的煉淨，個體已臻於「神化」（divinized, deified）；人在高度的成全中已與神心靈結合無間，被稱為「神婚」，是為人現世所能達致的最高結合程度（《城堡》7・1・5），人靈就如同雨水滴進江河般地與神的精神匯合，而不分彼我（《城堡》7・2・4），人不單在普通意識與日常操作中深深地結合著神，甚至連一舉手、一投足之間，無不翕合主旨（《城堡》7・2・5）。

聖女大德蘭所體證的默觀歷程，可用以下圖表作撮要：

a. 默觀的前奏（prelude to contemplation）

心禱（mental prayer／meditation）

口禱（vocal prayer）

b. 收心祈禱（prayer of active recollection）

c. 寧靜祈禱（prayer of quiet）

灌注收心（infused recollection）

寧靜正境（quiet proper）

官能睡眠（sleep of the faculties）

d. 結合祈禱（prayer of union）

純粹結合（simple union）

超拔結合（ecstatic union）

▶濃烈結合（intense union）

▶出神（rapture）

▶心靈飛越（flight of the spirit）

e. 轉化結合（transforming union）

在瞥見了聖女大德蘭所描述的默觀內蘊後，茲讓我們轉而鳥瞰聖十字若望所體證的默觀要義。

B. 聖十字若望所體證的默觀要義

作為大德蘭的同道與夥伴，十字若望相應地對默觀有以下的體認：

默觀是人神間祕密的愛的知識，維繫著意志與理智的互動⑤。

我們可從這定義中分辨下列的三重義蘊：

1. 默觀維繫著意志與理智的互動
2. 默觀是為人神間愛的知識之發展歷程
3. 默觀是神祕經驗，涵括著煉淨與結合

茲分述如下。

1. 默觀維繫著意志與理智的互動

默觀是人心智上的體證，牽涉著意志（will）與理智（intellect）間的互動（《山》3．16）。意志作為意欲能力，會牽涉著理智的認知。從超性運作的萌生上，意志首先點燃起對神的愛火，理智會隨後配合而獲得靈性上的光照。在較初期的默觀中，意志較多浸潤於愛，而理智在尚未煉淨的狀態下較多處於暗昧（《夜》2．13．3）。在較進階的情況下，則意志與理智會互相牽引，在愛慕中引申超性智慧，也在智的光照中增進愛火（《夜》2．12．7；2．13．1－3）。在較成全的默觀中，則意志的愛與理智的光照經常吻合，活出對神的「愛的知識」（《夜》2．12．6；《靈歌》27．5）。

2. 默觀是為人神間愛的知識之發展歷程

默觀意謂著人神間的相戀。它一方面是人渴慕著神，如同麋鹿渴慕著水泉；另一方面是神尋找著人，如同牧者在尋覓著亡羊，以致十字若望說道：「如果靈在尋求天主，天主更是在尋找靈魂。」（《焰》3．29）誠然，人對神的嚮往，與神對人的呼喚，是同一回事的兩面；神在人心內播下嚮慕的種子，好讓人在追求祂而得著祂。《靈歌》以愛侶相愛作意象，

5. 聖十字若望主要是在《愛的活焰》3．49 中作出這樣的定義。他也在《山》2．8．6和《夜》1．10．6作出定義。

來描述人神間的相戀：《愛的活焰》更刻意地描繪人神戀愛成熟而臻至「神婚」的境地。聖十字若望還採用傳統所分辨的「煉路、明路、合路」來寓意人神邂逅、熱愛，而至結合的歷程（《靈歌》．主題1－2），並且標榜默觀是「祕密的」（secret），即「神祕的」（mystical）經驗，以「煉淨」（purgation）與「結合」（union）為其中的一體兩面。

3. 默觀是神祕經驗，涵括著煉淨與結合

聖十字若望論默觀，多次稱之為「祕密的」經驗（《山》2．8．6；《夜》1．10．6；《靈歌》27．5；39．13；《焰》3．49），並且把「祕密」一辭連貫至「神祕」一義，強調默觀為「神祕神學」（mystical theology）（《夜》2．17．2），其中牽涉著意識的轉變：

a）**意識的轉變**

十字若望談神祕神學，指出默觀中意識的轉變蘊含著「黑暗」（dark）與「普遍」（general）兩個特性（《山》2．10．4）：

i）**黑暗**一辭，一方面消極地意指本性官能暫被吊銷，另一方面積極地凸顯超性官能的剎那展露，以致體證到神的愛與智慧。

ii）**普遍**一辭，意謂著超出小我而融入神的大我，並且超越一般時空權限，以與永恆而全在的上主契合。

十字若望尚以「煉淨」與「結合」二辭來道破默觀的究竟。

b）**煉淨**

從「煉淨」面體會默觀，它意謂著人經歷不同層面的鍛鍊，以邁向徹底的轉化，其中劃分四個面向如下：

1）主動的感官之夜（active night of the senses）（《山》1）

2）主動的心靈之夜（active night of the spirit）（《山》2–3）

3）被動的感官之夜（passive night of the senses）（《夜》1）

4）被動的心靈之夜（passive night of the spirit）（《夜》2）

其中的骨幹可提綱挈領地標示如下：

1）主動的感官之夜

a）其消極義在克制情欲、以防微杜漸

b）其積極義在遵主聖範、以步履芳蹤

2）主動的心靈之夜

a）其消極義在揚棄對靈異經驗的執迷

b）其積極義在惟獨活於信、望、愛三超德

3）被動的感官之夜

a）其消極義在於神給人克勝三仇、破七罪宗

b）其積極義在於引領人從推理默想轉入默觀

4）被動的心靈之夜

a）消極地滌淨各種不成全

b）積極地讓人靈爐火純青

簡言之，「主動」一辭意謂著人本性能力所能及的克修（asceticism），「被動」一辭則意謂著人力有所不逮、而須經由神力協助的滌淨。默觀程度愈初步，則主動之夜比重愈多

（《山》1．1．2－3）；反之，默觀程度愈湛深，則被動之夜比重愈激烈，尤其是心靈的被動之夜，會愈發白熱化地彰顯其煉苦，直至人靈徹底被煉淨為止（《夜》2．9．3）；煉淨愈徹底，則結合愈圓滿。

c）結合

如果「煉淨」一辭反映默觀的消極面，則「結合」一辭就彰顯其積極面。默觀的目標在乎與神在愛中愈深入結合，好比男女相戀而終於步上紅毯。聖十字若望尤在「結合」的前提上標榜其中的「神訂婚」（《靈歌》14－15）與「神婚」（《靈歌》22．3）。「神訂婚」類比著愛侶的海誓山盟，其愛之濃烈甚而引申「出神」現象（《靈歌》14－15．17；《夜》2．1），人靈在強烈的戀慕當中，連帶地影響及身體的普通官能不單被吊銷，外表有時甚至呈現容光煥發，或離地昇空的狀態：然而，這並不是究極的現象，尚有更崇高的「神婚」有待兌現。「神婚」寓意著人在經歷了徹底的煉淨而臻至與神同化，被稱為「藉分享而達致的神化」（divinization by participation）（《山》3．2．8；《靈歌》22．3；39．6；《焰》1．9），其本性官能不必被吊銷而仍與神結合無間（《夜》2．1．2）。「神婚」是默觀者在現世所能達到的最高境界；聖十字若望以陽光充滿潔淨的玻璃為喻（《山》2．5．6－7），人靈如同澄明而一塵不染的玻璃般，在徹底被煉淨後，已全然地被神如同太陽般的光和熱所浸透，人神彼此結合為一而沒有任何阻攔，即使人的個體性並不因此而被抹煞掉，到底他已與神心意相通、情意相連（《夜》2．4．2；《靈歌》38．3；《焰》2．34），事事翕合主旨，以致一舉手、一投足，無不在神的親在下進行。他惟一的期待是：揭去所餘的三層薄紗——世物、感性、現世生命，好去展望來世中所要臻至的「全福」（《焰》

1·29－34)。

聖十字若望所討論的默觀之來龍去脈，可藉下頁圖示意：

在走馬看花地分述了二聖的默觀理論後，我們可進而替他們作個比較研究。我們可分別從四個重點上反思，它們是：「本質上的吻合」、「細節上的互補」、「連合中的啟發」、「相融中的差別」；茲分述如下。

二、本質上的吻合

我們所指的「本質」（essences）或「大原則」（main principles），意謂著二聖在默觀經驗上所標榜的本質核心、所提示的大方向、所致力的總目標、與所繪劃的整體脈絡。在對默觀本質的論述上，十字若望作為神哲學家而言，比較擅長於理論體系的鋪陳，以致較能精準明確地勾勒出其中的基本藍圖。換言之，十字若望在大原則的演繹上看來比較週延與具條理，我們可以用他的系統作根據點，來對照大德蘭在這方面的言論。如此一來，我們不難發現兩者間在大前提方面，基本上擁有以下的共通點，即都同意

A. 默觀維繫著意志與理智的互動
B. 默觀是為人神間愛的知識之發展歷程
C. 默觀是神祕經驗、涵括著煉淨與結合

A. 默觀維繫著意志與理智的互動

默觀固然以人神間愛的結合為其深層義，到底它仍不失為一份意識上的體證，以致須藉

聖十字若望的默觀過程簡圖

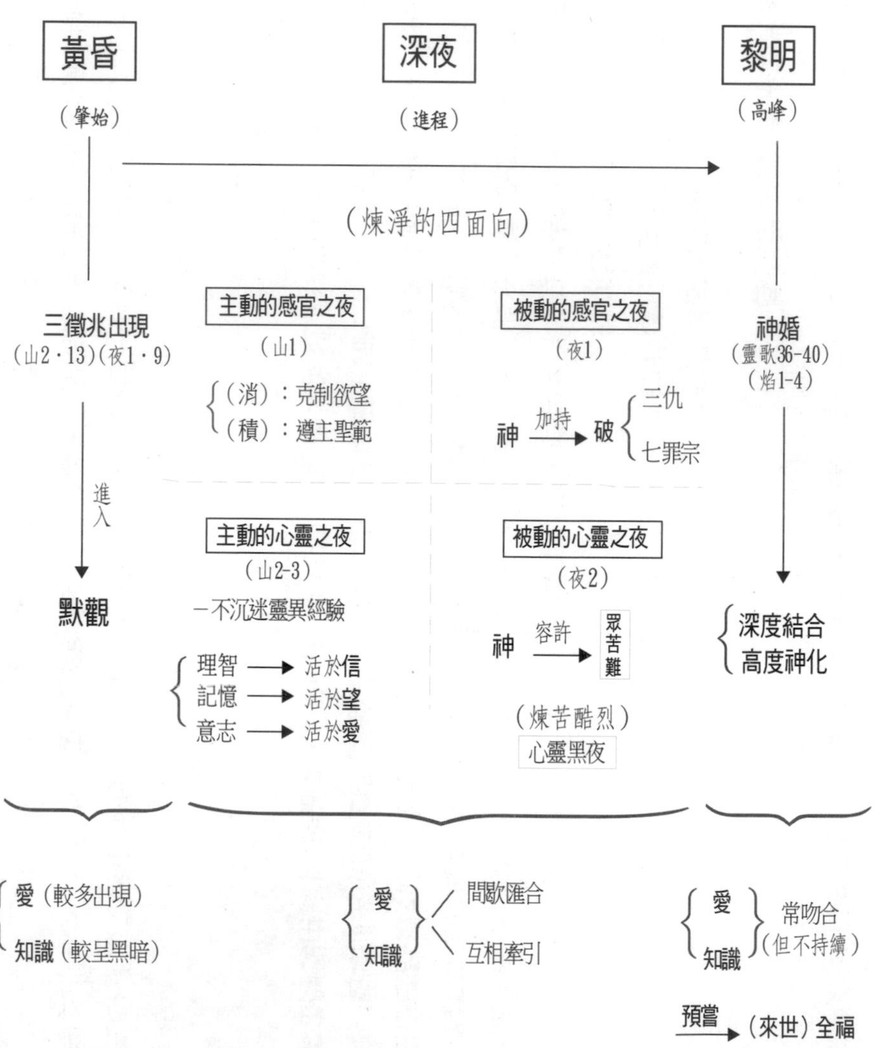

知識論立場來被論述；為此，我們聆聽到大德蘭與十字若望都異口同聲地強調：默觀是為意志與理智的互動。

聖十字若望論默觀，他一方面在《黑夜》（1·10·6）內凸顯其為意志所獲得的愛的灌注，另一方面又在《攀登加爾默羅山》（2·8·6）與《靈歌》（27·5；39·12）中定義其為理智的更高知識，後來更在《愛的活焰》（3·49）上綜合地把它描繪為意志與理智間的相輔相成。

聖女大德蘭談默觀，她起初尚且在《自傳》（10·1；17·4-5）中較側重在意志上體認默觀為愛的引動；但自從其與聖十字若望相識並分享心得後，則顯著地注意到靈修生命的「智性面」（intellectual aspect），以致在《靈心城堡》中多次流露著默觀中意志與理智的互相牽引和配合（例如：《城堡》4·3·4；6·2·2-6；6·4·3-14）。

較細致地說，從默觀歷程的進展上言，大德蘭與十字若望談意志與理智的互動，都同意以下的幾個要點：

其一，在較低程度的默觀中，意志的愛火要比理智的光照來得顯著，因為在初階中，理智尚未被煉淨以致較呈暗昧（《城堡》4·3·4 & 8；《夜》2·13·3）。

其二，在較進階的默觀中，意志與理智有較多機會互相牽引，以致意志的愛火引發更多理智的光照，而理智的光照也反過來增進更多意志的愛火（《自傳》17·4-5；《夜》2·12·7）。

其三，在高程度的默觀中，意志與理智在運作上常彼此吻合，致使默觀者常浸潤在「愛的知識中」（《城堡》6·2·2-6；7·2·3 & 6；《靈歌》26·5；26·11 & 16）。

附帶地值得一提的是，默觀這議題曾出現兩派主張，即有所謂「主理智論」與「主意志論」的張力：它們不必然互相矛盾，但因各有偏重，而容易各走極端。「主理智論」較強調默觀之為心智意識的認證，而非純粹的意欲衝力，以致有傾向把理智看作為較優勝的官能、凌駕在意志之上。道明會學派（Dominican school）中如聖多瑪斯、及大師艾克哈等就較有此傾向，以致我們閱讀到多瑪斯如此的評語：人到底無法去愛自己所不認識的事物（*Sum. Theo.* I–II, Q.27, a.2, ad.3）。反之，「主意志論」則較偏重意志在默觀中的角色，以意志的愛欲帶動著理智的認識，以致有傾向把意志看作為較重要的官能而高出於理智之上。方濟會學派（Franciscan school）中如聖文德及思高等，就較有這種趨勢，以致我們聆聽到聖文德如此的話語：默觀精神不在於一般的認知，而在於甘飴與愛的體會（*De Septem donis Spiritus Sancti*）我們甚至發現，聖衣會部分神修學家也有受到這學派的影響，例如：若望神父（Fr. John of Jesus Mary, OCD）的《神祕神學》，就強調著意志在默觀中的優越性⑥。

然而，反觀聖女大德蘭和聖十字若望的見解，我們卻接觸到一份圓融的並重，只不過他們強調處於初階默觀時、意志的愛火較先被觸發而已，但到底默觀的理想是在於意志與理智的充分配合而孕育人神間愛的知識。

B. 默觀是為人神間愛的知識之發展歷程

從人神相戀的前提上談默觀，我們可權宜地劃分三個要點來做檢討，它們是：

1. 默觀是為人神間的相戀
2. 人對神戀慕得愈深純，則愈認知神
3. 人神間愛的知識有其發展歷程

6. F. John of Jesus Mary, OCD, *Mystical Theology*（Bruxelles: Editions MTH Soumillion, 1999）, p. 19, “This natural nobility of charity explains why the will , in which it resides, gets, to lofty heights the intellect cannot reach, ⋯..And the gift of wisdom which fosters the intellect does not raise it to the loftiness of charity, because of the obscurity of faith which veils divine truths in this life.’（cf. also pp.9, 17, 20, 32, 37）.

茲分別闡釋如下。

1. 默觀是為人神間的相戀

從默觀議題上作體認，大德蘭與十字若望都採用相同的意象——男女相戀的經歷——來描述人神間相愛的歷程。

在《靈心城堡》內，大德蘭固然不止一次地、以男女戀愛而步入紅毯為意象、來刻劃默觀中人神相戀（例如《城堡》5．2．12；5．4．4）；十字若望也不遑多讓，他整部《靈歌》就是以一首情詩作前導，標題為「靈魂和淨配新郎的對詠詩歌」，分別以「新娘」和「新郎」的名義，來展現人神間相互的呼喚與愛慕，藉此演繹多段詩句，還以「神訂婚」和「神婚」作其中的高潮，其書就以此詩篇的眾段落為根據，逐一加以闡釋。此外，聖人在《愛的活焰》中，也延續了《靈歌》的宗旨，繼續描繪「神訂婚」與「神婚」的究竟。

以男女相戀作類比來意謂默觀，這並非是一件偶然的作為，它至少指出人是被召喚來與神相愛，而人間最轟轟烈烈的愛，莫過於男女間的相戀。退一步說，在聖經的啟示中，不論是舊約或新約，談及人神關係，曾以不同的意象來作比喻，其中較突出的，計有「主僕之誼」、「父子之情」、及「朋友之愛」三者，而「朋友之愛」當中，尤以男女相戀最具震撼力；相較於男女戀情，其他的類比總透露著某種程度的隔閡。

首先，在「主僕關係」上⑦，僕人自覺無法高攀，他即使給主人效勞，也只能說：「我是無用的僕人，我只做了我份內的事而已。」（《路加福音》十七10）

繼而，在「父子關係」上，我們固然有所謂父慈子孝的甜蜜，父親可向兒子說：「我家中的一切都是你的。」（《路加福音》十五31）兒子也可親密地稱呼一聲：「阿爸！父啊！」

7. 舊約較多用「主僕之誼」來繪劃人神關係，例如：古經稱梅瑟、達味、撒羅滿等為忠僕；新約人物也時而以奴婢來自我比況，例如：聖母瑪利亞就回應：「主之婢女在此，按祢的話成就於我吧！」（《路加福音》一38）。

《羅馬人書》八15），到底兒子總覺得父親的心境尚有某個界限未能被跨越。

但當主耶穌跟我們說：「我不再稱你們為僕人，因為僕人不知道他主人所做的事。」（《若望福音》十五15）又說：「不是你們揀選了我，而是我揀選了你們，並派你們去結果實，去結常存的果實。」（《若望福音》十五16）此時，吾主已呼召我們與神進入友愛的關係。誠然，在「朋友關係」中，尤其是男女的愛侶關係中，更能充分地呈現出愛的互相吸引，以至身心合一。神在啟示中尤凸顯男女相戀的震撼，《雅歌》就以此意象來道破人神的相愛。聖十字若望之《靈歌》也以此作為藍本來發揮人神間戀愛，而大德蘭也藉著註解《雅歌》來探討人神之愛[8]。二聖的作為無疑給我們作見證說：神既然如此懇切地對我們作愛的呼喚，我們對神也須以作神的淨配為目標，並以在心靈上徹底轉化、與神合一、作為最高理想。

附帶地值得一提的是：若問及男性的靈是否適合以「新娘」、「淨配」、「神婚」的意象來自況，聖十字若望的作法正好給我們這樣的回應：人面對著神，所有人靈都凸顯了其女性面；換言之，人在與神結合中，都呈現出女性的柔順與接納（receptivity）。就連軍人出身的聖依納爵他在標榜著作耶穌的勇兵之時，仍會在被神觸動的剎那間、感動得痛哭流涕、如同仕女的情傷一般，藉此而凸顯出連最剛強的男靈，也有其女性面。總之，在默觀的前提上，自我體認為神的淨配、這並不是女性神祕家的專利，它也是男性神祕家的特權。換句話說，「淨配神修」適用於所有人，包括男人、女人。

在凸顯了大德蘭和十字若望所共同體認之「人神相戀」的纏綿後，我們可進而體會其中所涵括的認知面。

8. Cf. *Meditations on the Song of Songs,* in Kavanaugh & Rodriguez,（trans.）*The Collected Works of St Teresa of Avila*, vol. III, pp. 207–260.

2. 人對神戀慕得愈深純，則愈認知神

神無限地愛著我們每一個人，祂的「愛」充滿著「真知」，其「愛」與「真」同是神存有的超越屬性。反之，人對神戀慕得愈深純，則愈能造就「愛的知識」。借用佛洛姆《愛的藝術》之語：「知識有許多層面，惟獨藉愛而獲致的洞察不停留在表面，而直指本心。」⑨而謝勒（Max Scheler, 1874-1928）也說：「真愛開啟人的靈眼，讓我們發現被愛者的更高價值。它容許人有洞察，而不叫人盲目。」⑩凡對愛有深入體會的哲人，會用不同的方式表達愛蘊含靈智上的領悟，叫人深入愛者心靈深處來體會愛侶的思言行為，這份直指本心的直覺，不單適用於人際關係，也適用於人神戀愛關係上。

我們先前已強調了大德蘭和十字若望都共同主張「意志與理智並重、愛和知識兼容」，他們都異口同聲地指出默觀中的愛火與光照彼此牽動，以致智慧會隨藉默觀的進階而愈發彰顯。總之，他們在體證默觀之為「人神相戀」中，不忘其中的認知面。

提及默觀之認知面，也許我們已察覺到這樣的一個現象：基督宗教以外的靈修學派，有相當大的比率在側重神祕冥合的智慧義，以致「見道」（enlightenment）、「光照」（illumination）等辭層出不窮地充塞在東方靈修學說之中。例如：佛家（以唯識宗作其中的一個代表）稱圓滿的佛之見道為「大圓鏡智」，以之為「無上正等正覺」。此外，道家（以《莊子．大宗師》為例）談體道與得道，也有所謂「朝徹而後見獨」一語；「見獨」亦即「見道」，即扣緊心智面來談明心見性，雖然莊子亦不缺乏人神交往的提示，以致有「上與造物者遊」、「獨與天地精神往來」（《莊子．雜篇．天下》）等語，到底神的觀念在莊子學說中並未如此地明顯，而莊子也並未刻意地以男女戀愛之意象、來類比人神間的冥合。

9 Erich Fromm, *The Art of Loving* （ New York: Bantam, 1956）, p.24, "There are many layers of knowledge; the knowledge which is an aspect of love is one which does not stay at the periphery, but penetrates to the core. "

10. Max Scheler, *The Nature of Sympathy* （ New Heaven: Yale University Press, 1954 ）, p. 157, " ….true love opens our spiritual eyes to ever – higher values in the object loved. It enables them to see and does not blind them……"

反顧以大德蘭和十字若望為代表的基督宗教靈修，則我們可清楚地確認，人所嚮往的最高實體，是那具備靈性位格的絕對心靈——神，而人與最高本體的結合，不單蘊含著更高智慧的孕育，它更標榜著人神相愛所兌現的「愛的知識」。人在愛慕神、結合神當中，體證到神的心智，以及神所眷顧的宇宙奧祕。為此，高程度默觀所造就的智慧，是在人神相愛中實現，其中的愛與知識，實屬同一個完型，互相牽引與維繫，在神祕高峰中，彼此吻合。如此一來，人神相戀所成就的愛的知識，誠然有其進展的歷程。

3. 人神間愛的知識有其發展歷程

大德蘭和十字若望談論默觀的進展，一方面仍然配合著傳統的說法，以之為經歷「煉路、明路、合路」三階段、而達致生命的轉化（《自傳》22．1－2；《靈歌》．主題．1－2），另一方面也扣緊「男女相戀」的意象，來寓意人神相戀的經歷，而致有所謂邂逅、情傷、神訂婚、神婚等辭彙（《城堡》5．4．4；《靈歌》．全書）。

除此之外，他們也分別採用一些較具個人特色的詞語來作類比。為大德蘭言，默觀祈禱的演進，也好比四種灌溉園地方式的改良（《自傳》11－21），及七重心堡的重重深入（《城堡》．全書）。反之，為十字若望言，默觀的提昇，有如登山之臨高必自卑（《山》1．13．10－11），或入夜所經歷的黃昏、黑夜、黎明之進程（《山》1．2．5）。

但無論如何，他們在闡述默觀進展歷程的當兒，也至少吻合在下列兩個要點之上：

其一，默觀的進展有其主動面與被動面

其被動面在於勿揠苗助長

其主動面在於仍努力不懈

其二，默觀的進展也有其消極面和積極面

其消極面在於割捨破執

其積極面在於對主——唯主至上

對物——在主內愛萬物

對己——信靠主而不信靠自己

進一步說，默觀作為愛的知識之進展，須在神祕經驗的前提下被體會，其中還以「煉淨」與「結合」為其一體兩面。

C. 默觀是神祕經驗、涵括著煉淨與結合

從「默觀是神祕經驗、涵括著煉淨與結合」這議題上體會大德蘭與十字若望兩者間的貫通，我們可凸顯以下的三個重點：

1. 默觀是為神祕經驗
2. 默觀之神祕義，較消極地涵括著煉淨義
3. 默觀之神祕義，較積極地涵括著結合義

茲分述如下。

1. 默觀是為神祕經驗

「神祕」（the mystical）一字，語源於希臘文之 *mysterion*（奧祕）一辭，其動詞 *myo*、*myein*，原意為「閉目」、「隱閉」，引申為「普通意識」（ordinary consciousness）的幽蔽，與

「超越意識」（extra-ordinary consciousness）的冒出，以與道冥合，而達致明心見性。把「神祕」這語辭套在大德蘭與十字若望的傳統上看，我們獲得這樣的體認。

當十字若望把默觀定義為「祕密的愛的知識」之時，他把「祕密」（secret）一辭闡釋為「神祕神學」（mystical theology），並說：「默觀為神祕神學，神學家稱之為祕密的智慧，……經由愛灌注給靈魂……」（《夜》2．17．2）言下之意是：默觀牽涉意識的轉變，它使人在「超越意識」中結合神，並體證神的愛與智慧。

同樣地，大德蘭談默觀祈禱，以之為「灌注的祈禱」，而非「自修的祈禱」（《自傳》22標題；靈修見證／*Spiritaual Testimony* 59．3），並凸顯其為「超性的」、「被動的」，牽涉著「意識的漸次轉變」（gradual altered states of consciousness）；那就是說：

——默觀是「超性的」，即植根自神，直接由神所賜予（《城堡》4．3．1）；

——默觀是「被動的」，即人力只能預備而無法「揠苗助長」（《城堡》6．7．7）；

——默觀牽涉著「意識的漸次轉變」（《城堡》4－7），即普通意識之逐步被吊銷，以讓超性意識的愈發湧現，好能在熱愛神當中獲得超性的智慧光照。

總之，大德蘭與十字若望兩人即使採用不同的辭彙來陳述，到底吻合在同一份意義上，即兩者都以默觀為人神溝通的神祕經驗，而非純粹普通意識狀態下的祈禱。再者，他們還從神祕經驗的前提上，凸顯默觀中的「煉淨」義與「結合」義。

2. 默觀之神祕義，較消極地涵括著煉淨義

從較消極的面向上談默觀，大德蘭與十字若望都彰顯了其中的煉淨義。

十字若望以《黑夜》作標題，來強調默觀進境上的破執歷程，其中包括感官和心靈方面的主動與被動之夜。

大德蘭撰寫《靈心城堡》，也在各重住所中描繪不同階段的煉淨，尤以第六重住所所凸顯的身心煎熬最為激烈。

總之，兩位聖人都異口同聲地指出：人唯有從徹底的煉淨中始臻至人神結合的化境。

3. 默觀之神祕義，較積極地涵括著結合義

從較積極的面向上談默觀，大德蘭與十字若望都彰顯了其中的結合義。他們都以男女相戀的苦樂與進境，來刻劃人神間的邂逅、戀慕、神訂婚、神婚等階段；此等意象正好告訴我們，默觀之積極目標在乎人神的結合。

綜合地看默觀的神祕義，大德蘭與十字若望都並非純消極地指點出煉淨的幽暗而已，他們尚且在論述中強調煉淨與結合的相輔相成，即人須在煉淨的痛苦中，體證人神間在結合歷程上的邁進。

為兩位聖人而言，煉淨與結合誠然是神祕默觀的一體兩面，在其中，我們可體會到以下的一個核心重點：人與神之間在存有等級上的懸殊；這份懸殊是為「俗」與「聖」、「卑」與「尊」、「不成全」與「成全」、「有限者」與「無限者」之間的天淵之別。人單憑一己之力，是無法高攀至神的圓善，也無法與神圓滿地結合；人須藉由神的協助與提拔，始能破除一總的不成全，如同真金須經受爐火的鍛鍊，始能達至純金一般。神為了讓人獲得靈性上的提升，祂須主動地插手，把人眾多的不成全加以清除與滌淨；如此一來，神不得不忍痛地帶給我們諸多苦難與磨練，讓我們在痛不欲生當中，脫胎換骨，使我們完成純人力所無法達致的

徹底煉淨；為此，難怪聖女大德蘭也時而抱怨說：祢下手得如此重，怪不得祢的朋友如此稀少！

我們也許會附帶地追問：神既然願意出手相助來煉淨我們。那麼，又為何這麼少人在默觀上達到高程度的結合？真福瑪利尤震神父曾借助這一問題的帶動，而在大德蘭（《自傳》11．1）與十字若望（《焰》2．27）內找到答案，他一語帶過地說：大德蘭與十字若望的共同回應是——我們缺乏慷慨⑪。言下之意是：神見到我們還不能忍受那激烈的煉淨，以致不便隨意傷及我們，以免我們因灰心喪志而裹足不前，為此，我們所須反心自問的是：我們能否慷慨到足以接受激烈的煉苦？我們是否熱切地渴願為愛主愛人的緣故，背負十字架步隨吾主的芳蹤？聖女佳琳（St. Catherine of Siena）曾在神見中見到主耶穌一手持著花冠，一手持著刺冠來詢問：妳願意選擇哪一個？這份抉擇，就連神也尊重我們的選取！

至此，我們可歸納地說，談及大德蘭與十字若望在默觀理論與行實上的一致性，他們在以下的大原則上彼此吻合，即他們都贊同

——默觀維繫著意志與理智的互動

——默觀是為人神間愛的知識之發展歷程

——默觀是神祕經驗，涵括著煉淨與結合

在上述的大原則上，二聖的理論與實踐都呈現著湛深的和諧，在互相闡發中共同營造出一個貫通的體系。

二聖除了在大原則上彼此吻合外，他們尚且在細節上互相補足。

11. P. Marie- Eugéne OCD, *I Want to See God* :（*A practical synthesis of Carmelite Spirituality,* vol. 1）, Trans. by Sr. M. Verda Clare, CSC （Allen, Texas: Christian Classics, a Division of RCL, 1953）, pp.488–489.

三、細節上的互補

簡單地說，我們先前從聖十字若望的義理鋪陳上，統攝聖女大德蘭的論點，而讓雙方共呈大原則的吻合。於此，我們也可方便地立基於大德蘭的經驗描述，來配合十字若望的提示，而讓兩者同顯默觀細節上的互補。

較細緻地說，聖十字若望因其士林神哲學訓練的背景，而長於理論分析，可以為我們刻劃出默觀的大原則，而其義理體系有其普遍性，足以統攝聖女大德蘭的心得，而一起呈現默觀大前提的一致與和諧。反之，大德蘭因其個人豐富而湛深的實際經驗，以致精於具體事例的描繪，可以為我們交待默觀歷程眾階段的細節實況，並從中指點出微差與特徵，也提供相應的建議與教導；即使大德蘭的論著，基本上，是以其個人的經歷為藍本，到底基於「人同此心，心同此理」的緣故，而彰顯出相當程度的一致性，幾乎可以放諸四海皆準，以致可以用來印證十字若望在靈修理論上的提示；當我們立基於人德蘭的修行脈絡，來融貫十字若望論點的指引，則不難發現兩人在默觀靈修教導上不單彼此吻合，而且還共同在踐行的細節上，呈現出互相補足的情況如下。

A. 默觀的前奏——默想

談及靈修的起步，大德蘭和十字若望固然都指出：我們須先以普通經驗的祈禱——默想（meditation），包括心禱、口禱——來作默觀的前奏，甚至在達致默觀後，仍不要全然放棄推理默想，以免因默觀的不持續而浪費時間；然而，比對兩人對「默想」議題的討論，大德蘭交待得較詳盡，而十字若望相對地顯得簡約。

十字若望對默想著墨不多，只一語帶過地以之為引用圖像作思辯推理（《山》2．12．3），原因是：

其一，他認為這方面的良好論述已汗牛充棟，自己不必多費唇舌，

其二，他所關懷的，主要是如何進入默觀，而非如何滯留於默想，

其三，他標榜破執割捨，超越各過站，包括初學者的默想事功⑫。

相較地，大德蘭則在「默想」的議題上作詳細的教誨，例如：《自傳》11－13的灌溉心園第一式、《靈心城堡》第一至第三重住所的靈修建議、《全德之路》27－42的「天主經」闡釋等，比比皆是，而她指導的重點常是：

其一，祈禱在乎與主在愛中會晤，

其二，好的口禱無異於好的心禱，皆止於愛的凝視，

其三，目標不在乎想得多，而在乎愛得多，思辯推理只為炙熱意志以擦出愛火而已。

總之，在「默想」的訓誨上，大德蘭大大地補充了十字若望的不足。

B.從默想至默觀間的轉捩

繼而，至於靈修者如何從默想轉捩至默觀這一關鍵的時份，大德蘭的交待比較曖昧，不如十字若望的明確。

在《全德之路》中，大德蘭固然提到默禱可單純化而成為「（主動）收心祈禱」（prayer of active recollection）（《全德》28－29），相應著十字若望所指謂的「（自修的）默觀」

12. 這是賈培爾神父（Fr. Gabriel, OCD）所整理出來的理由。Fr. Gabriel, OCD, “St. Teresa of Jesus and St. John of the Cross: A Study in Similarities and Contrasts”, in *St. Teresa of Avila: Studies in her Life, Doctrine and Times*, Ed. by Fr. Thomas and Fr. Gabriel, （Westminster: Newman Press, 1963）, p.59.

（acquired contemplation），只不過她並未詳細地提供關於這份轉捩的時機與徵兆。

反之，十字若望卻先後在《山》（2．13）與《夜》（1．9）兩個地方細緻地討論了人從推理默想轉捩至默觀的三個徵兆。按《山》（2．13）的排列，這三個徵兆是：

其一，對己——對個人的思辯活動感到枯燥

其二，對物——對有形事物之圖像感到乏味

其的，對主——對上主有愛的意會

三個徵兆齊備，人始可放下默想而開始默觀。

至於《夜》（1．9）的排列順序，則以《山》的第一徵兆作為最後一個徵兆，而把《山》的第二、三徵兆所述說的「對上主有愛的意會（loving awareness）」（《山》2．13．4）調整為對「上主有愛的牽掛（loving solicitude）」（《夜》1．9．3）。這樣的微差，至少可引申兩種詮釋：

第一種詮釋是：《山》所指的「對上主有愛的意會」，看來較站在明路立場來體認前進者的安寧——在信任神當中保持愛的嚮慕；而《黑夜》所指的「對上主有愛的牽掛」，看來較站在煉路立場來描述初學者的疑慮——懷疑自己能有的不忠而招致神的遠離。

第二種詮釋則是：《山》卷二是處在「主動心靈之夜」的脈絡上立論，而《夜》卷一則處於「被動感官之夜」的議題下作探討，看來基本上都是明路的不同向度；況且，在「靈修愈進展則愈被動」的前提下，《夜》的提示未必意謂著靈修階段的初步。

上述兩種詮釋，固然各有其理據可堅持，但如果我們把大德蘭的「（主動）收心祈禱」這論點加進來一併考量的話，我們能有的洞察是：「（主動）收心／（自修）默觀」是一個準備，向著「（灌注）收心／（灌注）默觀」開放的時分，本身是一個灰色地帶，有其模稜兩可的地方可爭議，但「（主動）收心」仍以「自修」成份居多，而「灌注」成份尚未顯著，所以基本上不算是狹義的明路。

然而，無論如何，大德蘭在這焦點上仍有其一定的貢獻。從大德蘭的心得上看，「（主動）收心」的法門在於單純以愛來凝視著心內的吾主，以致自己可不假外求，而只須返回心靈深處即可與神邂逅。這份對心內的主做愛的專注深具效果，容易引領人跨越門限，從自修默觀轉捩至灌注默觀。

C. 從自修默觀至灌注默觀的轉捩

人從自修默觀轉捩至灌注默觀時，究竟有何徵兆可被覺知？有關這個問題，聖十字若望並沒有作明確的回應，反而聖女大德蘭卻做出了顯然的交待。

用大德蘭的辭彙，灌注默觀始於「（灌注）收心祈禱」，屬於「寧靜祈禱」的前哨，其中以「靈悅」（*gustos*／spiritual delights）的經驗作為印記（《城堡》4．1．4）。按《靈心城堡》第四重住所的闡述，大德蘭在此分辨「欣慰」（*contentos*）與「靈悅」兩者：「欣慰」屬一般普通意識狀態下的欣喜，藉由勤習默想修德而獲致，個中感受，有如好友久別重逢那份喜悅；反之，「靈悅」則藉由神直接灌注給人的感動（《城堡》4．3．4），在神的帶動下，深被觸動，而感到憩息。起初即使感受微弱，也深入骨髓，其中的細膩，非人力所能複製（《城堡》4．2．6），它叫人身心振作，甚至連原有的身體不適或頭痛，也因而消失無蹤（《城堡》4．1．11）；「靈悅」的出現，還帶給人靈修上的正面效應，如祈禱更深入、更遠離罪惡、更日進於德、更愛主愛人等等，只是人仍有後退可能，不能因此而鬆懈（《城堡》4·3·8–9）。

反顧十字若望的著作，他並沒有如同大德蘭般做如此明確的說明；其中的原因可能有二：

其一，他可能認為大德蘭已如此地述說過，他已不必重複；

其二，神引領個別的人可用不盡相同的方式來指導，不能一概而論地以大德蘭的經驗來作藍本。

然而，話須說回來，大德蘭所標榜的「靈悅」經驗，即使雖只是她個人的體證，到底仍有參考價值，藉以印證一己的灌注感受。

D. 灌注默觀的進階

狹義的默觀，固然具備「超性的」、「灌注的」、「被動的」等特性，到底仍有其由淺入深的進展階段。有關灌注默觀的進階，聖十字若望交待得比較籠統，而聖女大德蘭卻相對地顯得詳盡。

聖十字若望只按照傳統的分法，把靈修歷程分為煉路、明路與合路（《靈歌》·主題1–2），而沒有指示清楚灌注默觀在明路、合路中的細節。

反之，聖女大德蘭在《靈心城堡》的第四至第七重住所上，把灌注默觀分辨為「半被動」（semi–passive）的「寧靜祈禱」，以及「全被動」（passive）的「結合祈禱」，再從「寧靜祈禱」中劃分「灌注收心」、「寧靜正境」、「官能睡眠」的三度漸進深化，也從「結合祈禱」中辨別「單純結合」、「超拔結合」、「轉化結合」的三個進程；其中重重演進，層次分明，叫人一覽無遺。

按照十字若望個人的解釋，他之所以在默觀進階劃分上籠統，主要是由於大德蘭論著在先，且已交待詳盡，以致自己不必重複（《靈歌》13．7）。

然而，在「超拔結合」和「轉化結合」的議題上，二聖都平分秋色地各有其細緻的說明如下。

E. 有關超拔結合——神訂婚

人一旦進入「結合祈禱」，他即在意識的超越轉化中體證到人在神內、神在人內，兩者合而為一（《城堡》5．1．9）。「結合祈禱」從「單純結合」深化而為「超拔結合」，「超拔結合」意謂著人與神結合當中，其結合的濃烈，影響到肉體而呈現神魂超拔如容光煥發、五傷印記、肉體騰空等現象（《自傳》20．1），被大德蘭和十字若望一同稱為「神訂婚」（《城堡》5．4．4－5；6．4．4；《靈歌》14－15；《夜》2．1），類比男女的山盟海誓。

在「超拔結合」的描述上，大德蘭和十字若望聯合起來有這樣的互補：大德蘭從中分辨「濃烈結合」、「出神」、「心靈飛越」三種型態（《自傳》18．7；20．1 & 3；《城堡》6．5．1 & 12），而十字若望還加添了一種，稱之為「骨骼脫節」（dislocation of bones）（《靈歌》13．4；14－15．18－19）。嚴格地說，此四者並不是本質上的不同，而是表現型態上的差異，以燒紅的鐵作類比，此四者的差別在於：

——「濃烈結合」好比火鐵交融（《自傳》18．2；20．1 & 3）

——「出神」好比溶鐵隨火飛舞（《自傳》18．2；20．3；*Spiritual Testimonies* 59, 11）

——「心靈飛越」好比溶鐵往上噴射（《自傳》18．2；20．3；《城堡》6．5．9）

——「骨骼脫節」好比溶鐵爆裂，到處散開（《靈歌》14–15．19）

就本質上的相同而言，大德蘭和十字若望至少都贊同以下的幾個前提：

其一，「超拔結合」在冥合上主方面，比「單純結合」更為湛深濃烈，為此，「神魂超拔」不是神祕經驗的附屬現象，所附屬的只是肉體反應的型態而已（《城堡》6．4．2；《靈歌》14–15）；

其二，「超拔結合」寓意著普通官能的暫時被吊銷；神為了保護人的肉身，而讓其普通官能暫時休止，以免因震撼而受損害（《城堡》6．2．2–4；《靈歌》14–15．9）；

其三，「超拔結合」雖然濃烈，仍然並非人神結合之最圓滿現象，尚有「轉化結合」——「神婚」作為人神現世結合能有的高峰（《城堡》5．4．4–5；6．4．4；《夜》2．1．2；《靈歌》14–15．30；《焰》3．24）。

F. 有關轉化結合——神婚

「轉化結合」意謂著人靈經歷徹底的煉淨，適合成為吾主的淨配，而與神達致極度湛深的結合，被稱為「神婚」，類比著男女戀愛成熟，步入紅毯，在愛中結合為一。人靈在徹底的轉化下已臻「神化」之境（《城堡》7．2．5；《山》3．2．8；《靈歌》22．3；

39．6；《焰》1．9）；大德蘭以雨水滴入江河為喻（《城堡》7．2．4）、十字若望以明淨玻璃被陽光充滿為比況（《山》2．5．6－7）、來類比其中的究竟。此時，人可不必經受普通官能的吊銷，而能較持續地與神結合（《城堡》7．3．12；7．1．8；《靈歌》26．11；35．6；37．6；《焰》2．34），以致一舉手，一投足之間，無不翕合主旨，做到「從心所欲，不踰矩」（借用《論語》為政第二篇語）

有關「轉化結合——神婚」的論述，聖十字若望尤在《愛的活焰》一書中，以此作為全書的主題；至於聖女大德蘭，她雖然遲至《靈心城堡》的第七重住所始作出交待，而且還只用了四個篇章來談論，然尚且不失其精要，可與十字若望的陳述互相輝映。

總之，二聖不單經歷了同一類默觀，而且還在互相印證下、呈現著細節上的互補，合起來讓我們獲得一個更詳盡的進階劃分。其中的過站細節，可藉下圖示意。

在檢討了聖女大德蘭與聖十字若望所闡述之默觀歷程細節上的互補後，我們可進而反思，此二系統在本質上吻合與細節上互補的情況下，所引申出來的啟發作用。

四、連合中的啟發

有關聖女大德蘭與聖十字若望默觀論所能共同引申的啟發，我們或許可借用一篇武俠小說——梁羽生的《萍踪俠影錄》——的一個情節來類比：一位祖師爺創立了兩套劍法，分別傳授給一男一女，他們事先都不知道另一人的招數迥異於自己。這兩套劍法分別是完整的系統，但合起來卻彼此互濟，威力無窮，以致有所謂的「雙劍合璧、天下無敵」。……

類比地，神振興了那專注默觀的聖衣會，事先分別訓練了聖女大德蘭和聖十字若望，讓大德蘭富於實際經驗，而十字若望精於理論鋪陳，各自的著述分別是完整的體系，但合起來卻互相闡發，以致讓我們察覺到它們是「一加一大於二」！合觀二聖的理論與實踐，默觀團體的共融意識會昭然若揭，比單獨分述來得明朗。二聖因感召相同，互相切磋，而情通理契，不單帶動了志同道合的會士一起邁進，而且還培植了不少後進繼續勉力。影響所及，豐沛地惠益了整個教會，甚至澤及眾生，共同指向末世圓滿的大團圓。有關「默觀之共融義」，它至少可落實在三個向度來闡述，亦即：A.團體向度、B.使徒向度、C.友誼向度。茲分述如下。

A.團體向度

默觀有其「團體向度」，因著大德蘭和十字若望的互動與共融而進一步獲得彰顯。他們在分享默觀心得當中、在參與團體祈禱中、在向會士們作靈修指導中，已為默觀活動呈現其團體義的印記；他們身體力行地見證著——個別默觀者的靈修不離團體的支撐。於此，為了較細緻地掌握這團體向度的深義，茲引用三個重點來發揮：

1.共修不抹煞獨修
2.個人在團體中共融
3.修會向教會開放

茲分述如下。

1.共修不抹煞獨修

個人靈修固然需要團體的支持，然而，默觀者最終仍須個人獨自邂逅神，團體其他成員

<table>
<tr><th>默觀歷程細節互補</th><th>聖女大德蘭</th><th>聖十字若望</th></tr>
<tr><td>前奏</td><td>口禱／心禱</td><td>推理默想
主動感官之夜</td></tr>
<tr><td>從推理默想至自修默觀</td><td></td><td>三徵兆</td></tr>
<tr><td>自修默觀</td><td>（主動）收心祈禱</td><td rowspan="3">主動感官之夜
主動心靈之夜
被動感官之夜
被動心靈之夜</td></tr>
<tr><td>從自修默觀至灌注默觀</td><td>靈悅出現</td></tr>
<tr><td>灌注默觀與進階</td><td>寧靜祈禱
包括：
灌注收心
寧靜正鏡
官能睡眠
單純結合祈禱</td></tr>
<tr><td>神訂婚</td><td>超拔結合祈禱
煉火激烈</td><td>出神
被動心靈之夜烈化</td></tr>
<tr><td>神婚</td><td>轉化結合祈禱</td><td>分享的神化</td></tr>
<tr><td>末世全福</td><td></td><td>全福神視</td></tr>
</table>

14. 巴諦思著，台灣加爾默羅隱修會譯，《聖女大德蘭的神恩——加爾默羅隱修會的祖產》（台北：光啟，2000），頁 47。

15. 《歐瑟亞（Hosea）先知書》二16：「我要誘導她，我要帶領她進入曠野，與她談心。」參閱《加爾默羅山至聖榮福童貞瑪利亞赤足隱修會會規與會憲》（新竹縣：芎林加爾默羅聖衣會隱修院，2006）頁 68-69。

只能從旁協助，而不能替代；換言之，共修不抹煞獨修，「祈禱的共融向度並非意指沒有個人的祈禱。」⑭為此，我們聆聽到大德蘭與十字若望的共同訓誨——共修中活出獨修的「曠野」⑮。

大德蘭說：「（加爾默羅修女）不只成為隱修女，也要成為曠野的獨修者。」（《全德》13．6）「妳們知道我們的至尊天主陛下所教導的，應在獨居中祈禱。」（《全德》24．4）「為了接近心內的天主，我們必須脫離一切事物。」（《全德》29．5）

同樣地，十字若望也說：「愛者不被尋獲，除非我獨處，……並在靜獨中。……」他還引用《雅歌》八1之言以佐證：「誰會把你給予我，……好讓我單獨尋獲你……並把我的愛融貫於你。」（《夜》2．14．1）

如果神尚且從人群中辨認出我來，如同主耶穌從人群中辨認出患血漏病的婦人（《瑪竇福音》九20－22），及躲在樹上的匝凱（《路加福音》十九5），那麼，我就不該把自己隱沒在團體中而遺忘自我，相反地，我須在共修中找時候與神獨處，以能一旦「朝徹而後見獨」（借用《莊子．大宗師》）。臻至「獨與天地精神往來」（借用《莊子．雜篇．天下》⑯。另一方面，團體也不該如同一頭怪獸般地，以「整體」（Totality）的壓力來扼殺個人的「無限潛力」（infinity）⑰，而須容許個人在團體中茁壯，並在團體中共融。

2. 個人在團體中共融

談及個體在團體中共融，《若望壹書》3如此地說：「我們將所見所聞的傳報給你們，為使你們也和我們相通；原來我們同父和祂的子耶穌基督是相通的。」其中的「相通」（*koinonia*）一辭，尤能傳遞出個體在團體中的彼此相愛、相伴、相通，而至共融之義蘊，並

16. 參閱拙作〈獨與天地精神往來——與莊子對談神祕經驗知識論〉《第三個千禧年哲學的展望——基督宗教與中華文化交談——會議論文集》丁福寧主編，（台北：輔大出版社，2002），頁107-156。
17. 借用列維納斯《整體與無限》的主題來發揮。參閱Emmanuel Levinas, *Totality and Infinity: an Essay on Exteriority.* Trans. By Alphonso Lingis（Pittsburgh：Duquesne University Press, 1969）。

可恰當地展現出默觀者在團體共融的精神。有關「默觀」與「團體共融」的關連，大德蘭與十字若望二聖雖然尚未對此作系統的論述，到底從他們在默觀分享上的榜樣，以及他們對團體的關懷，我們至少可從字裏行間體認出以下的提示。

聖女大德蘭十分在意、修道者個人至少須扣緊兩個角度來與團體連結，以利默觀的進展。其一，從修道院人數的適度上，考量團體須如何扶持個體在默觀上共同邁進。茲引用巴諦思（Fr. Michelangelo Batiz, OCD）之言作詮譯：

> 人數眾多的團體幾乎不可能保有適度的熱誠，度互相共融的生活，聖德蘭於是決定，必須是小小的團體。……從她寫給哥哥羅列卓（Lorenzo）的信中顯然可見：「她們將只有十五位，而且人數絕不該增加」。……這使我們明瞭她腦海中新團體的理想：這個團體必須是以*koinonia*（相通）作為生活的基本因素。⑱

其二，感念昔日加爾默羅隱士的芳表，以延續修會原初特有的神恩——共修中活出「曠野」。在諸聖相通功（communion of saints）的前提下，大德蘭的團體向度還包括同會前世紀的前輩。借用結構主義的辭彙說：團體有其「共時性角度」（synchronic dimension）與「貫時性角度」（diachronic dimension）；「共時性」意謂一事物當下與周遭事物的牽連。「貫時性」則意謂著一事物的歷史傳承。修道人的團體，除了在物理形軀上當下與周遭人地事物有所牽連外，尚且在精神上與古聖先賢遙契，以致大德蘭在《全德之路》11．4中叮嚀我們「效法古時聖父們的隱士生活」⑲，而柯文諾（Kavanaugh）對此也替大德蘭詮譯：大德蘭的團體，

18. 巴諦思，《聖女大德蘭的神恩》，頁 37。巴諦思還指出《會憲》中，她對這事有所規定。參閱《會規與會憲1990》頁103–104。
19. 「⋯..Holy Fathers of the past, those hermits whose lives we aim to imitate⋯ 」（*Way of Perfection* 11·4）
20. "*The Way of Perfection* – Introduction", in *The Collected Works of St.Teresa of Avila*. Volume II, p. 26, 「這個聚在一起度祈禱生活的婦女團體，也可在加爾默羅會的會規精神中找到支持。古時的隱修士在加爾默羅山上度著嚴厲的獨居和默觀生活，成為鼓舞這個小團體的典

在加爾默羅會規精神的引導下，聚合而度祈禱生活，並以同會古聖隱士的靜獨與默觀的芳表作感召⑳。

總之，不論是「共時性角度」抑或是「貫時性角度」，大德蘭的理想是一貫的：她體認到默觀者須有團體的支持，共同邁進於德㉑。

如果我們能從大德蘭的言論上聆聽到較積極的說法，則也可相對應地從十字若望的論點中體察到較消極的面向，好讓我們從二聖的互補上對團體生活有一更周延的探討。從積極面向上說，團體是默觀者的支柱；從消極的面向上說，它可以提供不同的障礙來考驗我們對神的忠誠。聖十字若望在《戒慎篇》（*The Precautions*）一文中，曾分別站在「世俗、魔鬼、肉身」三仇的焦點來檢討修道者在團體中所應戒慎的事項㉒：

其一，世俗精神為一好管閒事的精神，當它滲入修會團體內，個人會因好奇心作祟而窺探別人的隱私、搬弄是非、在口舌上傷愛德。為對治此等弊病，十字若望的建言是：勿對團體中人的言行見怪，勿對所見所聞作胡思亂想；即使你活在天使群中，你也不一定理解他們的本性；即使你處在魔鬼行伍，你只須存念於上主；當記取修道團體不缺乏絆腳石，就如同聖者不缺乏魔鬼的干擾一般（《戒慎》8－9）。

其二，魔鬼的傲慢誠然是謙虛的敵人；為對治其詭計，會士一方面須謙虛地服從長上，視他為天主的在世代表，另一方面須勉力欣賞同會會士的優點，渴願他們在一切事上優先於自己（《戒慎》12－13）。

其三，肉身的私慾偏情、好逸惡勞，須被鞭撻；為克勝自我，須視自己如同有待琢磨的雕石，視團體成員為進行雕琢的藝術家，勉力接納他們在思、言、行為上的責難，藉此讓個

範。」（《全德》‧導論）"This community…..come together to live a life of prayer….in the spirit of the Carmelite rule. The hermits of the past who had spent their days in rugged solitude and contemplation on Mt. Carmel were to be the group's inspiration."

21. 《自傳》7‧22，「……在有關事奉天主的事上，那些服事祂的人，這麼地軟弱無力，他們必須互相成為盾牌，好使他們前進……。」

22. *The Collected Works of St. John of the Cross*. Translated by Kieran Kavanaugh & Otilio Rodriguez, with introductions by Kieran Kavanaugh, pp.656–661。

人在修德上去蕪存菁，達於化境（《戒慎》15）。

上述的叮嚀，都以「唯主至上」作優先考量，讓團體不至於成為默觀的絆腳石；苟能在上述建言上妥善處理，則絆腳石可轉變成提昇的石階；反之，苟不能在上述事項上戒慎，則無法克勝一切險惡，也難以獲得心靈上的平安。

總之，默觀有其團體面，而大德蘭與十字若望的共同啟發，讓我們更能體會團體生活的共時性與貫時性，以及它的積極面與消極面，致使個人能隱妥地融入修會團體，並向教會大家庭開放。

3. 修會向教會開放

修會團體並非封閉的團體，而是與教會大家庭連結的團體；修會引申自教會，也須以教會基本精神為依歸，只是修會以個別方式來發揚教會神恩，好讓教會大團體顯得更多姿多采，而大德蘭與十字若望，都直接或間接地從默觀祈禱的前提上，談到與教會的連繫。

大德蘭《全德之路》開宗明義就勸勉同會會士，在默觀祈禱中，尤為教會之宣道者與學者祈禱（《全德》1．2），而她眼見當時教會因遭遇各式各樣的衝擊而深表關懷（《全德》1．5）；借用柯文諾神父的詮釋：大德蘭雖然並不如同聖佳琳（St. Catherine of Siena）或聖瑪加利大（St. Margaret Mary）一般地直接獲得有關教會的啟示，到底她會因著對信仰的維護，而仰望著教會的興旺，也虛心地聆聽教會和聖經的指引[23]。她是如此地關愛教會，以致在臨終時說：「我是教會的女兒。」意思是我以教會女兒的名義死去[24]。

至於十字若望方面，在其靈修著作中，也多次流露著對教會的關注。他引用《瑪竇福音》（十八20）語——**當二、三個人因我的名聚在一起祈禱，我也與你們同在**——藉此凸顯祈禱

23. Kieran Kavanaugh, *The Way of Perfection*: Introduction" ,in *The Collected Works of St.Teresa of Avila*, V. II, p. 20.
24. 《聖女大德蘭臨終行實錄》芎林加爾默羅聖衣會隱修院編譯（新竹縣，芎林：聖衣會隱修院，2005）頁 22。巴諦思，《聖女大德蘭的神恩》，頁 10，「會母生命存有的深處感到她真的屬於教會。她的全部神修理論反映出這個原則，……她的臨終之言：我以教會女兒的名義逝世……。」

的教會面（《山》2．22．11）。他列舉不同的例子，如伯多祿之受保祿的責備（《山》2．22．14）、壞先知（如巴郎Balaam等）之受信徒團體的指正（《山》2．22．15）、以及個人靈異經驗之受神師（作教會代表）的印證（《山》2．22．16）等等，來標示人神交往的教會義。此外，他在討論不同的超性經驗，也不忘以教會作為衡量的判準，例如：

——談及梅瑟、厄里亞、保祿之享有「理智神見」，十字若望就強調，神見是以教會作為前提，來給予特恩並委以重任（《山》2．24．3）；

——談及私人「啟示」《迦拉達人書》，十字若望就強調它須以教會的訓誨作為評量的依歸（《山》2．27．3），他還引述保祿的話：「無論誰，即使是我們，或是從天上降下的一位天使，若給你們宣講的福音，與我們給你們宣講的福音不同，當受詛咒。」（《迦》一8）藉以標榜此主旨；

——談及私人「神諭」（locution），十字若望也強調以教會的訓言作為考量與印證的基礎（《山》2．29．12）。

總之，十字若望的一貫主張是：個人的超性神恩，須不與慈母教會的教誨相抵觸；它須為教會的發展效勞，而不是作教會的絆腳石（《山》3．31．7）。而大德蘭與十字若望的共同見證是：「每一個祈禱都是教會的祈禱。」[25]每一種祈禱方法，都為教會的共融而設。祈禱有其團體面，開放所及，不單遍及普世教會，而且還指向教外人士，好讓教會的使徒向度（apostolic perspective）——把福音傳到世界各角落——獲得蓬勃發展。

B. 使徒向度

25.　巴諦思，《聖女大德蘭的神恩》，頁14。

提及默觀的使徒向度，我們或許可借用瑪利尤震神父的一段話語來作為引發討論的動機：

> 有關使徒的陶成一事，聖女大德蘭很少在著作中提及，而聖十字若望在這方面的論述更是鳳毛麟角。他們所強調的重心反而是在於默觀及其所引發的愛。……這兩位心靈導師在作品上的這一份欠缺，須藉由其生平表現及其宣道熱誠來填補。……「愛」孕育成全的使徒，……也唯有藉內修所引發的熱切愛火始讓使徒事業蓬勃興旺㉖。

字裏行間，這段話可給予我們以下的啟發：

1.默觀引發宣道的原動力
2.靈修史見證著默觀與宣道的關連
3.二聖在個別行實上所彰顯的默觀精神和使徒熱誠
4.從二聖的團體意識體證使徒心靈
5.缺乏內修之宣道所呈現的無力感

茲把其中能有的思緒闡釋如下：

1. 默觀引發宣道的原動力

為有基督宗教信仰的人而言，凡奉主耶穌基督之名向上主祈求，會獲得神的垂聽（《若望福音》十五16）；當個人為福音廣傳的意向祈禱，會在「諸聖相通功」的前提下，從神方面獲得浩大的力量，讓使徒福傳的功業得以推行。

關於祈禱對福傳所引發的效力，我們可從主基督的行實中得到體會：主耶穌的一生，

26. P. Marie–Eugéne, OCD, *I Am A Daughter of the Church. A Practical Synthesis of Carmelite Spirituality*, V. II. Trans. By Sr. M. Verda Clare, C.S.C.（Allen, Texas: Christian Classics, A Division of RCL, 1955）, p. 226.上述中文為筆者的意譯。

多半是在隱居中度過，其三十年的生涯藉潛修默觀而養精蓄銳，為自己最後三年的公開生活作準備；進而在宣道之始，先在曠野齋戒祈禱四十天，作為宣道的前奏（《瑪竇福音》四1－2；《路加福音》四1－3）；之後，每當祂向群眾宣講福音後，也往往會馬上退隱在幽靜的角落，徹夜祈禱（《馬爾谷福音》一35；《若望福音》六15），藉此以身作則，提示宣道者不忘持續地與上主保持聯絡；祈禱與宣道的密切關連，於此可見一斑。作為人而天主的耶穌，祂雖然時時刻刻與天父連結，到底祂願意樹立表樣，給我們指出──宣道的力量出自內修祈禱，而湛深的默觀更能為我們釋放龐大的神能，足以撼動人心歸向上主。

從祈禱作福傳的原動力這前提體會默觀，則大德蘭與十字若望二聖都共同見證著默觀之為湛深的祈禱，在神能的灌注下，綻放出湛深的愛與知識。其所發顯的「愛」，一方面足以炙熱宣道者的心火，另一方面足以感化聽眾，讓他們從鐵石心腸中轉化為血肉之心。而默觀所孕育的「知識」，也足以讓宣道者道破上天的奧祕，讓冷淡者警醒，讓迷失者回心轉意，讓外道者皈依聖道。

大德蘭指出：默觀的深度與愛鄰人的深度成正比例（《城堡》5．3．7－8），默觀以愛作為試金石，當人愈在默觀中深密地結合上主，他愈會更深入地愛著鄰人，愈渴願他們藉聆聽福音而得救，愈渴望見到他們同歸於神的羊棧（《城堡》5．2．7；5．3．7－12；《自傳》19．3）。此外，大德蘭也曾多次以瑪爾大和瑪利亞（Martha & Mary）的主題為喻，以暗示默觀與使徒事功間的張力和融貫（《全德》31．5；《自傳》17．4；《城堡》7．1．10；7．4．12）。凡此總總，她只欲藉此表達：「加爾默羅會的祈禱是使徒的祈禱──繼續基督的救世使命。……德蘭修會的默觀生活是走向天主，代表全人類而行動，經常……和天主的旨意結合，使天主經由我們拯救世人。」㉗而西方靈修史也正好見證著默觀祈禱與宣道使命的關連。

2. 靈修史見證著默觀與宣道的關連

當我們放眼至整個西方靈修發展史來看默觀與福傳，我們看到了這樣的一個演繹的全景：

在教會的初期，信徒們在充滿聖神的感召下，都熱衷於使徒精神，為拓展地上的神國而努力宣道，且不因迫害與教難而終止。

其後，當教會略具規模之際，部分信徒有感於基督化生活可因沾染世俗精神、而陷於被塵世同化的危機；為此，有部分信眾遠離城鄉，轉往曠野中隱居獨修，藉此專務默觀，以保持與神的深密會晤。他們並非為避世而避世，而在乎保持基督化聖愛的熱誠，為使徒事業祈禱，以給世界點燃愛火。

然而，曠野獨修到底仍需要團體的支持，於是獨修者傾向於聚合互動、守望相助，而隱修團體遂應運而生，志同道合之士可在團體中互相扶持、共同邁進，在隱修的團體生活中，仍念念不忘為使徒功業的廣揚而祝禱。

再而，環境變遷，教會因了實際宣教的需要，遂有顯修團體修會的問世。顯修修會像方濟會、道明會等如雨後春筍般地湧現。耶穌會、贖主會等也相繼產生。顯修的特質在於度一混合生活，祈禱與宣教並重，即一方面保持曠野的內修精神，另一方面卻活躍地在塵世間努力奔跑，以拓展神的國度。顯修團體在主動地入世進行傳教事業當中，仍不忘明定個人的默禱、省察、退省、共禱時間，以讓傳教士在致力宣道中，仍保持與神密切的聯繫。在此，我

27. 巴諦思，《聖女大德蘭的神恩》，頁152-153。

們瞥見了一事實：神修人入世愈深，則其默禱神功就安排得愈嚴謹，藉此讓我們體會獨修、共修、隱修、顯修、使徒精神等因素的彼此牽連與融貫。換言之，我們需要單獨與主相會的時刻，也須獲得團體的支撐，並把愛傳開去，將天國喜訊與普世分享，以致獨修的深度，不與宣道的熱誠相左，反而相輔相成。

時至今日，我們尚且見到瑪利尤震神父所創立的「生命之母」，該團體以聖衣會的曠野精神來配合主動的使徒事功：成員們除了致力於默觀外，仍不忘為福傳而奔跑，也在活躍的宣道中，不忘用長時間作退省。這樣的演繹正好向我們指出：顯修並不與隱修衝突，而可彼此融貫。慈母教會一併栽培與鼓勵各式各樣的修道聖召。它們都共同見證著神國的多姿多采，在「諸聖相通功」的前提下，一起展望著同一份「爾國臨格」之理想的實現。

3. 二聖在個別行實上所彰顯的默觀精神和使徒熱誠

當我們從靈修史的背景中，聚焦至大德蘭與十字若望二聖所改革的聖衣會，我們尚且體會到這樣的一件事實：在大德蘭與十字若望的年代裡，顯修修會早已出現，大德蘭的好友當中，不缺乏方濟會士、道明會士、耶穌會士，然而，大德蘭卻受到上主的感召，改革聖衣會，使之回復昔日隱修的嚴規，延續古聖先賢對默觀之專務。此外，十字若望與大德蘭相遇之前，尚且有志轉往加杜仙修會（Carthusian）過隱修生活。這一切都向我們提示：神願意顯修與隱修並存，祂需要隱修聖召的繼續存在，以向世人見證默觀生活的重要性。可是，話須說回來，如果我們因大德蘭與十字若望之已臻至默觀高峰，而只把他們列為默觀者行列的話，我們恐怕忽略了事實上他們同時也過著極為活躍的生活，不單東奔西跑地改革修會，也不斷地從事靈修指導，從中散發著一份使徒的熱誠：

——大德蘭在教誨同會會士默觀之途當中，仍不忘關心美洲傳教事宜㉘；她也曾說過：靈魂一方面嫉妒曠野的默觀者，另一方面嫉妒遠方的傳教士（《城堡》6．6．3）。

——至於十字若望，為他立傳的人如此地見證：「他的神修生活包含全部完整的因素：默觀、團體生活、教導、操作、獨居和展望遠方傳教。」㉙

總之，即使從他們的作品中，我們不容易窺探其宣道的熱誠，至少可從他們的行實裡，體會出默觀精神與使徒精神的配合。

4. 從二聖的團體意識體證使徒心靈

二聖既致力於默觀，又熱衷於宣道的當兒，共同開出一個既重祈禱內修，又重傳教使命的修會團體．表現在他們一起改革的聖衣會內。身為該會的會父母，一方面為本會團體保留了先賢之默觀與使徒兼具的印證㉚，另一方面也感召了今後同會會士為傳教士代禱的熱切。有關此點，我們可借用聖女小德蘭（St. Thérèse de Lisieux, OCD）的生平行實為例：

聖女小德蘭身為聖衣會修女，在陶成上深受大德蘭及十字若望的訓誨所雕琢。她在修會中只活到二十四歲即離世。她足不出戶，卻念念不忘熱切為傳教事業祈禱，終於被冊封為聖女，並與走遍半個地球的耶穌會宣道士聖方濟沙勿略（St. Francis Xavier, S.J.），同被尊奉為傳教區主保。小德蘭的臨終遺言是：「我願在天堂上耗盡時光幫助世人，沛降玫瑰花雨和恩寵給世人。……在教會的心中，我的聖召是愛。」㉛為此，巴諦思詮釋道：「聖女小德蘭圓滿地活出她的加爾默羅會聖召，她因此而成為一個傳教士，她成為愛。」㉜誠然，教會所認可的各種修道形式都是「默觀」與「宣道」互通，只是調配方式不同，而各在其崗位上取得

28. 同上，頁47。
29. Frederico Ruiz, OCD著，台灣加爾默羅隱修會譯，《聖十字若望的生平與教導》（台北：上智，2000年）頁2。
30. “the new life they （ the Carmelite ） undertook in keeping the Primitive Rule was predominantly contemplative, but the active apostolate was by no means absent.” Kieran Kavanaugh, “General Introduction” in *The Collected Works of St John of the Cross*, p. 19.

均衡而已。

總之，默觀不與使徒使命相左，相反地，使徒的熱誠與力量來自默觀祈禱，這是大德蘭與十字若望二聖藉其所改革的聖衣會團體所透顯的訊息，而聖女小德蘭的行實是這份訊息的具體落實。

5. 缺乏內修之宣道所呈現的無力感

或許從一個較消極的面向，我們可述說同一份真理：凡缺乏祈禱內修的傳道工作，其所呈現的無力感是如何地沉重！

於此，茲借用人類學家兼巫師的卡斯塔尼達（Carlos Castaneda, 1925–1998）陳述的一段經歷來作討論的開端：卡氏因人類學田野研究的緣故，邂逅印第安人巫師唐望（Don Juan），並在他的門下接受修行訓練。有一天，作家Sam Keen探訪卡氏而追問：個人修行固然可引致自我生命的轉化，但不一定給社會帶來福利，為此，個人修行與改造世界兩者如何協調？卡氏在回應中引述了這樣的一段經歷㉝：

卡氏曾與其師唐望在路過亞利桑那州土桑市（Tucson）時，遇到有人以「環保及反越戰」為題，向廣大的群眾演講；其中有位講者，他那邊講邊抽菸的模樣，唐望看在眼裡有感而發地說：如果他連自己的身體都這樣戕害，我怎能想像他會真正關心別人的身心！言下之意是：當個人缺乏內修深度，他怎有力量去感化他人、造福社會？

類比地，我們可把話題轉向宣道工作一事；一個缺乏祈禱內修的傳教士，他哪裏還有心火去勸化他人、聖化世界！當人不藉著祈禱來與神連接，他哪裏有能力去專務轉化世界的工程。《瑪竇福音》五13說：「你們是地上的鹽，鹽若失了味，可用什麼使它再鹹呢？」《若望

31. 巴諦思，《聖女大德蘭的神恩》，頁153。
32. 同上。
33. Sam Keen, “Sorcer's Apprentice” in *Seeing Castaneda*, ed. by D.C. Noel（New York: Putnam's Son, 1976）p. 92。

福音》十五5又說：「我是葡萄樹，你們是枝條；那住在我內，我也住在他內的，他就結許多的果實，因為離了我，你們什麼也不能做。」凡不藉祈禱內修而從上主內取得力量者，則無力從事宣道。

我們可再拿聖安道（St. Anthony of Padua, 1195–1231，也譯作聖安多尼）的行實作例證：聖人平日專務祈禱而默默無聞，但在一次晉鐸禮儀中，由於團體中沒有人事先準備好講道，聖人遂臨時受命而站上講台，誰知不鳴則已，一鳴驚人，聽眾都因他的話語而深受感動。聖人平日藉由祈禱而與上主深密結合，以致能在講道中釋放龐大的勸化力量，讓人舉心向上。究其實，在聖人的同伴當中，其中並不缺乏有學問、有口才之士，他們所缺乏的只是聖安道的聖德，以致沒有心火與勇氣去宣講福音。聖安道的表樣為他們可說是當頭棒喝。

退一步說，並不是每一個人都實際地有機會去遠方傳教，或因宣道而致命，但每一個人都可以在自己的崗位上，修行默觀祈禱、與主晤談，從中獲取浩大的勸化力量，在諸聖相通功的前提下，熱心地為傳教事業祈禱，讓宣道士的事功得以承行。因為，一位宣道者的成功，除了與他個人的修維有著密切的關係外，其他人的代禱也功不可沒；我們不能因隱修者的足不出戶，而抹煞其幕後的精神援助，聖女小德蘭就是一個有力的例子。

在先後凸顯了默觀的團體面向與使徒面向後，我們尚能在聖女大德蘭與聖十字若望的默觀共修中瞥見其中友誼的向度。

C. 友誼向度

聖女大德蘭在《自傳》（7．20）中說：「為此，我勸告那些修行祈禱的人，至少在開始時，要結交朋友，和其他有相同興趣的人交往。……一個靈魂單獨地處在這麼多的危險當中，這是個大不幸……。」聖女的意思是：默觀是一項艱巨的任務，它更需要友誼的支持；而大德蘭與十字若望之間的交往，正好見證了這一事實。

1. 默觀與友誼

大德蘭和十字若望不曾給我們留下任何彼此間的書信往來，十字若望甚至在死前數小時，還吩咐在旁的修士，把大德蘭寫給他的信全都燒掉㉞；然而，這並不妨礙我們肯定二聖間深厚的友誼，也不妨礙我們得悉他們在切磋默觀上的共通與互補。他們的表樣顯示：默觀有其友誼向度值得我們重視，我們可從默觀的前提下聆聽二聖對靈性友誼的看法。

2. 二聖在默觀前提下對靈性友誼的提示

聖十字若望在《黑夜》（1．4．7）談論「破七罪宗」之「迷色」上指出，純靈性友誼能增進人對神的愛，並促使雙方在靈性面上共同成長發展，他如此地說：

> 有的人在精神上對某些人會有情意好感，但這往往源自色慾，而非來自靈性。這個色慾的根源可以辨識出來，即如果在回想起這份情感時，對天主的記憶和愛沒有增加，反而得到良心的內疚。如果這情感增加，天主的愛也隨之增加，或如果回想起天主的愛，和回想這個情感一樣多，或如果這情感使靈魂渴望天主，一方的愛增加，另一方也增加，那麼，這個情感是純靈性的。……可是，當這個愛來自我所說的感官的罪時，則有相反的效果，因為一方增加，另一方就會減少，而且記憶也減少。

值得一提的是：這段文字使聖女小德蘭深受感動，而把原文抄錄，夾在她的彌撒經本中，以供勵志㉟。

34. 巴諦思，《聖女大德蘭的神恩》，頁55–56。

此外聖女大德蘭對靈性友誼這議題也有著細緻的論述。她在《全德之路》一書（第4、6、7及9章）中，肯定純靈性友誼對靈修的助力，並把友誼分成三類：即a）「感性的」（sensual）；b）「感性與靈性並存的」（spiritual-sensual）；c）「靈性的」（spiritual）：

a）感性的友誼：指牽涉著感性需求的交往，可導致合法的婚姻生活，但為發貞潔願的修道人而言，並不恰當（《全德》7．2）。

b）靈性與感性並存的友誼：人在踏上神修的歷程而尚未臻至成全以前，我們一方面以成全的愛作為最高理想，另一方面則尚且不得不依賴感性事物作為進階的踏腳石。為此，尚在靈修旅途當中的人，他們所邂逅的良朋好友，多半是屬於「靈性與感性並存」的友誼（《全德》4．12），好比親人間的情誼一般，其中的靈性友愛尚且與本性的同理心糾纏不清；固然它可對靈修產生鼓勵作用，到底我們須與志同道合之士為伍，互相扶持，只是其中仍免不了潛在的危機；我們須戒慎，並求主助祐，使之更純全，否則可後退為純感性的友誼，甚至結黨營私而排斥他人（《全德》4）。

這份危機甚至可能出現在個人與神師之間的互動上，為此，大德蘭的建議是：作長上的須容許其團體成員在接受神修指導上，不侷限在一個神師身上（《全德》5．4），神修人可另外請教一位既靈性又有學問的導師（《全德》5．4）。若間於靈修與學問之間，二者不可兼得，則可退而聆聽有學問之士（《全德》4．14；5．2），以獲取明智的引導，而不致陷

35. Marie-Eugéne, *I Am A Daughter of the Church*, p. 266.

於昏蔽。總之，在靈性與感性並存的友誼上，大德蘭的簡潔建言是：戒慎地面對它（《全德》7·7），對上主及長上坦誠而服從指導（《全德》7·7），勉力以愛主作為第一優先，並以純靈性的友誼作最高的理想。

c）靈性的友誼

大德蘭勸勉我們，要以純靈性的友愛作為最高的理想，其中以主耶穌基督的表樣作為效法的最高典範，她說：「寶貴的愛啊！這愛效法的是愛情的統帥——耶穌，我們的至善！」（《全德》6·9）

言下之意：主耶穌推心置腹，毫無保留地愛了祂的友人，並「愛他們到底」（《若望福音》十三1）。誠然，「人若為自己的朋友捨掉性命，再沒有比這更大的愛情了。」（《若望福音》十五13）主耶穌所愛的友人，包括男、女、老、幼；祂愛那位被稱為「主所愛的門徒」——若望，甚至讓若望斜倚在懷裏，追問祂，是誰將要出賣祂（《若望福音》十三21-25）；祂愛瑪麗，甚至親自到伯大尼家庭內，讓瑪利坐在祂跟前聆聽教益（《路加福音》十38-42）；在親人當中，祂對母親尤敬愛有加，甚至只為了她的一句「沒有酒了」，就提前顯了祂的第一個奇跡（《若望福音》二1-12）；祂以我們為友（《若望福音》十五15），愛了我們每一個人，祂不單為我們捨棄生命，死在十字架上，讓我們獲得救贖，祂尚且在臨死前，讓聖母瑪利亞作了我們的母親（《若望福音》十九26-27），好使我們今後不再是孤兒（《若望福音》十四18），而有基督作為好友，有聖父作父神，有聖神作伴，也有聖母作母親。祂甚至這樣地回應聖女佳琳的一句問話：「如果世上只有妳一人得救，我也會只為妳一人而受盡所有的苦難，並被釘在十字架上。」可見祂並不是只空泛地愛一群人類而已，而是個別地愛了我們每一個人，以致個別地為愛我個人而捨生致命。

以主耶穌作榜樣，我們可從消極與積極兩面，來體會純全的靈性友愛：

從消極面看：靈性友愛意謂著為顧全被愛者的自由，而將自己置生死於度外，如同耶穌面對捉拿祂的人時，說：「你們既然找我，就讓這些人（i.e. 我的友人）去吧！」（《若望福音》十八8）

從積極面看：愛者在不惜犧牲自己中，只希望對方獲得救贖、造就、提昇，以致超凡入聖；福音中的各主題如「亡羊」、「失錢」、「浪子」等比喻（《路加福音》十三1－32）、罪婦的歸化（《路加福音》七36－50）、婦罪的赦免（《若望福音》八3－11），甚而，撒瑪黎亞婦人與主的邂逅等，都在在地指向吾主「燃燒自己、照亮別人」的大愛。

凡「遵主聖範」而達致「神化的聖者」，其所發顯的靈性友愛，也相應地有著以下的特點，這些是大德蘭歸納出來的：

其一，**以唯主至上作為友愛的先決條件**——一個能以純全靈性之愛去愛其友人者，必然以愛天主在萬之上作為愛人的基礎（《全德》6．4－9；7．4）；他在深深地愛著「受造個體」的當兒，會自然而然地舉心歸向「造物主」（《全德》6．4）；他在被愛的愉悅當中，也不忘把所獲得的愛奉獻給上主，並且懇請上主回報對方所給予的愛。總之，屬靈的愛者懂得「唯主至上」的分寸，而不會停滯在人間的愛，以致忘卻了吾主（《全德》6．4）。

其二，**屬靈友愛中之愛主與愛人不彼此排拒**——在純靈性友愛的前提下，愛主與愛人的尺度成正比例，愈能深入地愛神的人，會愈湛深地愛其友人，大德蘭並以愛人的深淺，作為愛主的試金石（《城堡》5．3．7－12；《自傳》19．3）。換言之，能以愛主為第一優先

36. "*The Way of Perfection*", in *The Collected Works of St.Teresa of Avila.* Volume II, pp.23−64：「這裡要注意的是：當我們渴望獲愛於某人時，總是或多或少在尋求我們自己的利益或滿足，然而，這些成全的人已將世俗能給的一切美好安適賤踏在腳底，即便或說他們也渴求慰藉，他們不能忍受遠離天主，或不談論天主。」（《全德》6·6）

37. "*The Way of Perfection*", in *The Collected Works of St.Teresa of Avila.* Volume II, p. 64：「我卻說他們確實在愛，且愛得更多，更純真，更熱烈，更有益於人，總之，這才是愛。這些靈魂往往是施予比領受多。」（《全德》6·7）

的愛者，就能在主內愛一個「你」，也能在「你」內愛上主。

其三，**愛更在乎施予並渴願對方提昇**——大德蘭分別從消極面與積極面透露其對屬靈友愛的體認：

從較消極面上言，屬靈之愛的目標不在乎從「你」身上獲得好處以安慰「我」，否則這會把愛貶抑為「慾」㊱；相反地，愛是珍惜被愛者那獨一無二的個體本身，並鞠躬盡瘁地為所愛的人盡心奉獻，即愛更在於施予而不計較獲取㊲。

從較積極面上言，愛是一份祝福，渴願「你」獲得造就而致生命提昇，在品德上更聖化、更肖似上主。大德蘭在《全德之路》（6．8－9；7．1）一書中，如此地描述：

愛者會因著被愛者的後退而傷感，

會因著被愛者的進步而喜悅㊳；

「我」會因著「你」的後退而傷感，因為在「道不同，不相為謀」的前提下，我害怕「天國」與「地獄」的殊途，而阻隔了我們間的團聚㊴；

「我」會因著「你」的進步而喜悅，因為我們可共同邁進於德，終至於在至聖聖三內彼此合而為一㊵。

其四，**靈性的愛不排斥感性，但接受理性的誘導**——再者，大德蘭體會到純潔的靈性友愛，並不意謂著對人性的感情麻木，相反地，靈性的愛並不排斥感性面向，我固然欣賞「你」的美貌風采，我會陶醉在你的接受愛與還愛，我也會在愛中充滿著感情上的喜悅與哀愁（《全德》6．7－8），只不過我會從你的外表中注視你那獨一無二的心靈，也會從你的心靈深處捕捉到天主的臨在㊶；況且，在發乎情的當兒，我的理性會隨即意會你所面對的苦

38. "*The Way of Perfection*", in *The Collected Works of St.Teresa of Avila.* Volume II, p. 65：「除非看見那人有所進步，否則不會滿意。然而，如果見到那人進步後，卻又後退，則使他感到生命毫無樂趣。」（《全德》7·1）

39. "*The Way of Perfection*", in *The Collected Works of St.Teresa of Avila.* Volume II, p. 65：「他們明白，自己並非和另一人合一的，而二人繼續彼此相愛是不可能的事。因為當生命告終時，如果另一方沒有遵守天主的誡命，這愛必會隨之結束，他們也明白，如果另一方不愛天主，二人必會走向不同的結局。」（《全德》6·8）

樂，也警醒其中能有的考驗，而讓我懂得舉心向上，為你轉禱（《全德》7·3），並以神作為愛的最終目標㊷。

其五，**愛個別的個體而不至退化為私交**——在友愛的前提下，大德蘭提及「私交」（particular friendship）這回事（《全德》4·6；7·8）。為大德蘭言，愛「個別」（particular）的個體，並不等同於「私交」。純淨健全而屬靈地愛著個別的個體，並不排斥愛者去愛其他鄰人，反而讓愛傳開去，擴及更大的圈子。反之，「私交」意謂著少數人封閉在狹窄的圈子內，不能開放至團體的其他成員，甚至結黨營私，在言行上傷愛德，這是大德蘭所忌諱的。為此，她規劃每一會院的人數不超過十三人（《全德》4·7），以免團體過於龐大，而無法顧及所有成員的密切往還與互相扶持。

總括來說，大德蘭勉勵我們往最純淨的靈性友愛這理想發展，並有感地說：能被純靈性的聖者所愛是多麼幸福的一回事（《全德》7·4）。它能讓被愛者因而獲得靈性上的造就與提昇，就如同妓女阿多莎（Adonza）被唐·吉訶德（Don Quixote）所珍愛，而提昇為聖潔的杜莘妮兒（Dulcinea）一般。誠然，歷史上不乏成功的靈性友愛，而大德蘭與十字若望間的情誼，促使他們在默觀上雙雙邁進，並讓我們從他們的著作與行實中獲得教益。

至此，我們須一再強調，如果單獨地閱讀大德蘭或十字若望的作品，雖然我們可以個別地窺探到默觀中的團體面、使徒面、及友誼面，只是它們較容易被讀者所忽略而已。但若把二聖的著作合併起來觀看，加上兩者在靈修言行上的互補，他們會共同地更明顯透露出默觀修行所蘊含的「兼善天下」之宏願，而不只止於「獨善己身」的方隅而已。為此，二聖的共同見證尤其珍貴，值得我們再三體會。

40. "*The Way of Perfection*", in *The Collected Works of St.Teresa of Avila.* Volume II, p. 66：「如我所說的，這是全然無私的愛，他的全部渴望和切盼是看見那靈魂有豐盈的天上福祐。」（《全德》7·1）
在此值得一提的是：大德蘭對靈性愛的湛深反思，基本上相應了當代存在現象學家們如Marcel、Scheler、Robert Johann等哲人對「愛」的看法，參閱拙作《愛、恨、與死亡——一個現代哲的探索》（台北：商務，1997）頁 40–41, 212–219。

41. "*The Way of Perfection*", in *The Collected Works of St.Teresa of Avila.* Volume II, p. 64：「確實，

在先後從二聖默觀論的吻合、互補與啟發後，所剩下來的項目是：這兩套理論在相融中的差別。

五、相融中的差別

大德蘭與十字若望雖然在默觀理論與實踐上相融而互補，到底他們是兩個個體在體認默觀，會因個別不同的因素而呈現差別；就如同十字若望所說：「凡所領受的全是按照領受者的模式而領受。」（《夜》1・4・2）言下之意是：默觀即使只有一類──亦即皆是神愛與知識的灌注，到底神不抹煞領受者個體的特質來賦予其恩寵，以致不同的默觀者因個別的狀況不同──包括先天的氣質與後天的培育等差別──而在兌現默觀上呈現微妙的特色，我們可從下列的細則上體會大德蘭與十字若望間的迥異。

A. 默觀歷程分段上的微差

二聖在各階段的分際上，各自有其看法．我們可從以下的追問中得悉其中的張力：

1. 默觀何時開始？

▼為十字若望言：默觀始於「自修默觀」

▼為大德蘭言：默觀始於「灌注收心」

十字若望指出：人須接觸到「三徵兆」（《山》2・13；《夜》1・9）始可進入「默觀」。此時，人可主動地停留在「愛的專注」（loving attention）中；這仍然是純「自修」的時分，但為十字若望而言，它已是默觀的開始。專家們稱此時分為「自修默觀」㊸，相當於大

人們愛眼所見，迷耳所聞，但是，他們所見的是恆久的事物。如果這些人愛，他們會超越肉軀形體，把眼睛注視在靈魂上，看靈魂內有何堪愛處……他們清楚知道，如果它不是深愛天主，且有天主的福祐，這是不可能的。」（《全德》6・8）

42 “*The Way of Perfection*”, in *The Collected Works of St.Teresa of Avila.* Volume II, p. 66：「雖然本性的軟弱立刻有所感受，理智隨即思量，這些試煉是否對所愛之靈魂有所助益，是否增進其德行，靈魂又是如何接受考驗；他祈求天主，使所愛的人能在各樣試煉中，忍耐並立功勞。」（《全德》7・3）

德蘭所謂的「主動收心」。

反之，大德蘭以「灌注收心」為正式進入默觀之時段（《城堡》4·1）為她而言，「默觀」意謂著「灌注的祈禱」，它須含有灌注的成份——即由神主動賜予，而人無法助長。

2. 合路何時開始？

▼為大德蘭言：合路始於「單純結合」

▼為十字若望言：須至「神化」始算合路

大德蘭談「結合祈禱」，以「單純結合」開始（《自傳》18·3；《城堡》5·1·9），歷經「超拔結合」，而達致「轉化結合」，其中雖然程度有分深淺，到底都被歸納在「結合祈禱」的名目下（《城堡》5-7）。顧名思義，合路意謂著始於「單純結合」，至「轉化結合」而達高潮。「轉化結合」相當於十字若望所指的「神化」。

反之，為十字若望而言，即使「神訂婚」的「出神」現象，意謂著「超拔結合」的指標，到底也只被列入明路的高階（《靈歌》13-15；《夜》2·1）。如此看來，十字若望所指的合路，要遲至「神化」狀態的出現，才算處於合路的正境（《山》3·2·8；《靈歌》22·3；26·4；39·6；《焰》1·9·3·79）。

3. 明路起訖於何時？

▼為十字若望言：明路起於「自修默觀」訖於「神訂婚」

▼為大德蘭言：明路起於「灌注收心」訖於「官能睡眠」

十字若望談「三徵兆」（《山》2·13；《夜》1·9），是分別在「主動心靈之夜」[44]及「被動感官之夜」[45]二時分上討論進入「自修默觀」的時機；此二時分已超出了純煉路

43. 參閱Giovanni Battista Scaramelli, S.J.（1687-1752）, *A Handbook of Mystical Theology*. Trans. by D.H.S. Nicholson（Berwick, Maine: Ibis Press, 2005）, pp. 3-4.
44. 這是《山》卷二、三的主題。
45. 這是《夜》卷一的主題。

的「主動感官之夜」的階段㊻，即使十字若望沒有絕對明確指出明路在什麼時候開始，到底從其思維脈絡上推斷，他至少暗示明路應開始於人響應「三徵兆」的提點，而進入「自修默觀」的這個時候。至於明路終止的時分，按十字若望的交待，人須至「神化」階段，才算進入合路，就連「神訂婚」的「出神」狀態，也只算是明路的高階現象（《靈歌》13－15；《夜》2．1）。為此，為十字若望而言，明路起於「自修默觀」而訖於「神訂婚」。

反之，大德蘭的看法是：人須進入「灌注收心」時、才不再是純粹的「初學者」㊼。換言之，人須在正式進入「灌注默觀」的階段，才算進入明路。為此，為大德蘭而言，明路主要是「寧靜祈禱」的三階段（《城堡》4），包括「灌注收心」、「寧靜正境」、「官能睡眠」。

有關二聖在默觀階段分際上之差異，我們可方便地引用以下的圖表來呈現其中的張力：

我們可藉此質疑道：上述的差別會不會釀成彼此間理論與實踐上的矛盾？我們會如此地回應：二聖對默觀階段的分際固然意見不一，但看來那只是小差距而已，並不影響大方向的融和。誠然階段與階段間的分辨本身就有其模稜兩可的地方，這並不值得我們去斤斤計較，甚至大德蘭在不同的作品中，也各自呈現歷程分段上的若干張力，連她自己都不太在意其中的參差不齊，也叫我們不必為此而煩惱，不如讓我們轉而考量二聖對「神化」境界的象徵說法。

B.神化象徵說法上的微差

「神化」的內在狀況該如何象徵？

▼十字若望以神化結合類比著玻璃被陽光充滿

▼大德蘭則以神化結合類比著雨水之滴進江河

46. 專家們如Trueman Dicken把十字若望的「主動感官之夜」看成為主要是煉路的階段，而其他階段如「被動感官之夜」、「主動心靈之夜」則屬明路及以後的處境。Cf. E.W. Trueman Dicken, *The Crucible of Love: A Study of the Mysticism of St. Teresa of Jesus and St. John of the Cross* （New York: Sheed & Ward, 1963）, p. 480。

47. Trueman Dicken, *Crucible*, p. 196詮釋「初學者」階段為《靈心城堡》之「第一」至「第三重住所」。

從本質義上說，二聖都異口同聲地指出：「神化」意謂著人靈徹底地被神所充滿，人經歷深度煉淨後，藉分享神，而致生命脫胎換骨地轉化（《城堡》7．1．3；《焰》1．9），「與神結合，與祂成為一神」（《格林多人前書》六17），以致我生活，不再是我活著，而是主基督生活在我們內（《迦拉達人書》二20）。

然而，在採用象徵說法上，二聖分別用以下的意象來示意：

十字若望以神化結合類比著潔淨無瑕的玻璃被陽光所充滿；玻璃在被太陽的光與熱所徹底滲透中，仍保有其個體存在（《山》2．5．6－7）。

反之，大德蘭則以神化結合類比著雨水之滴進江河，與河水合成一體，再分不出彼此（《城堡》7．2．4）。

借用齊那（R.C. Zaehner）的分類㊽，聖十字若望的象徵說法是典型的「有神論」（theistic）神祕主義的描繪——人神「結合」（union）而不抹煞人的個體存有；反之，聖女大德蘭的意象陳述則較接近「一元論」（monistic）神祕主義的刻劃——人的小我匯入存有大我中而與之同化，是為「合一」（unity），在「合一」中，人個體如同雨水般消失在浩瀚的絕

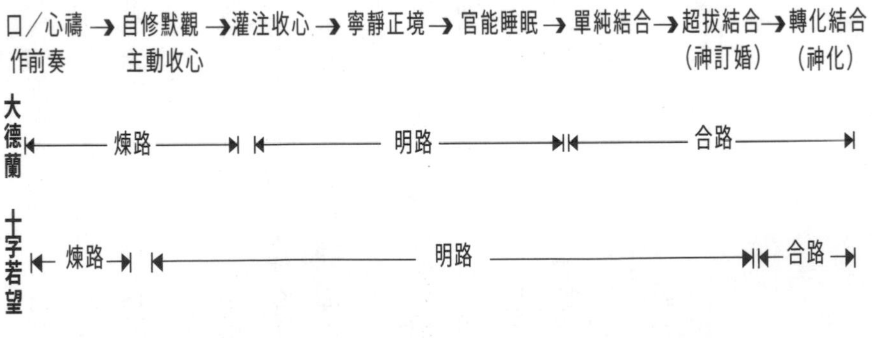

口／心禱 → 自修默觀 → 灌注收心 → 寧靜正境 → 官能睡眠 → 單純結合 → 超拔結合 → 轉化結合
作前奏　自修默觀：主動收心　超拔結合：（神訂婚）　轉化結合：（神化）

大德蘭：|← 煉路 →|← 明路 →|← 合路 →|

十字若望：|← 煉路 →|← 明路 →|← 合路 →|

48. R. C. *Zaehner, Mysticism: Sacred and Profane——An Inquiry into some Varieties of Praeternatural Experience* (London: Oxford University Press, reprinted 1978), ch. VIII: Monism Versus Theism, pp.153–174; ch. IX: Theism Versus Monism, pp.175–197.

對本體內、而銷溶淨盡。

於此，我們的推斷是：單就大德蘭的「雨水融入河水而化作一體」之比喻，它固然具有一元論的色彩，但我們不應因此而斷章取義地說：大德蘭是一元論者㊾；到底，象徵類比須連同整體義理架構脈絡來被衡量。顯然地，大德蘭屬於有神論者神祕學的行伍，她的比喻也須被套在有神論的前提來評估。在有神論的體證下，人神的融通是互相「結合」，而不抹煞人的個體，只是人充分地被神充滿而超越了彼我的對立而已。在這大前提上，大德蘭的比喻只意謂著神對人心靈的徹底滲透，以及人在神內獲致神化，而不寓意著個我的泯滅。因此，在「神化」境界上的體證，兩位聖者是在見證著同一事實，我們不應因類比上的差異、而扭曲其中的吻合與和諧。

總之，站在理論、實踐、甚至在象徵說法等面向上，來觀看二聖的差別，它們是對比而非背反、微差而非矛盾㊿。

C.寫作技巧方式上的異別

我們既已先後比對了二聖在「默觀歷程分段」與「神化象徵說法」的微差，至此可進而考量二人在「寫作技巧」上的差異。在經歷了前二者的檢討後，我們可能會覺得「寫作技巧」一問題就相對地顯得次要，因為前二者至少直接牽涉默觀經驗的「內容」（content），而「寫作技巧」則較屬表達經驗的「形式」（form），較為是文學探討的議題。但站在「默觀」的前提上看，它仍有其討論的價值，原因是：畢竟文字的運用，展現了神祕家所欲吐露的心聲；默觀者在體證終極境界後，回復普通意識狀態之時，他仍須引用一般人的語言文字

49.　一元論者在標榜絕對存有中，並不凸顯其靈性位格面；反之，有神論者則以一有靈性位格意識的神作為萬有的最後宗向。

50.　Fr. Gabriel, “St. Teresa of Jesus and St. John of the Cross: A Study in Similarities and Constrasts”, in *St. Teresa of Avila*. Ed. by Fr. Thomas & Fr. Gabriel OCD 。(Westminster：Newman Press, 1963) p. 70, “They are contrasted, yet their life's work and characters interwined.”

來述說其經歷，以致其論述仍免不了呈現個別文化風采與個人寫作特色。換句話說，神祕家在寫作當時，並不全然實際地處在默觀狀態，他至少不會在神魂超拔當兒完成論著，即使日後演進至「神化結合」，他仍不得不使用一般人所懂悟的語言，通常他是在普通經驗的狀態下，反思先前的神祕經驗，再加以記述而已。姑且不論個人所體證的最高本體經驗是否與其他人相同，事實上，不同的人事後的論述仍不得不受制於一己的文化背景、團體際遇、學術修養、生理心理、個人氣質等內外因素的維繫，而在作品的成果表現上、因人而異、各有特色。有見於此，我們可分別從「方法進路」、「文筆風格」、「訓誨方式」，甚至「性別」、「氣質」、「環境」等前提上，給大德蘭與十字若望作比較，以凸顯其中的多采多姿。茲首先考量他們在寫作上的方法進路一事：

1. 方法進路

方法論（methodology）之被強調，是較為近世的事。近代哲人為了更徹底地找出穩當的出發點，以企圖妥實地演繹周延的體系，而注重思考方法的運用。相對地看，先前的古典哲人較關懷宇宙人生的課題，對思維方法反而沒有如此迫切地標榜。這並不意謂著他們行文雜亂無章，相反地，古人也講究法度，以致蘇格拉底有所謂的「辯證法」、亞里斯多德有所謂的正確「邏輯思考」等等，只是他們沒有把方法作為考量的核心而已，而是「非正題地」（unthematically）在哲理思維中隱晦著自己的法度。不過，我們仍然可以用近代哲學的眼光，來追究前人所採用的方法，好能把古聖先賢隱然引用的進路，加以「顯題化地」（thematically）整理，因而達到貫連古今的懇談。從「方法論」的觀點上看十字若望與大德蘭的作品，我們可有以下的體會。

51. 「超驗」（transcendental）一辭，出自康德《純粹理性批判》之導論I, A:11-14, B:25-28。它意謂著注意力的轉向，即我不首先注意知識中之客體對象，而首先注意認知主體的認知結構、官能與活動。中譯「超」「驗」兩字，寓意著我企圖「超」越客體經「驗」事物，轉向那使經驗成為可能之「先驗」（*a priori*）根據——即主體之心靈意識結構。較詳細的解釋，參閱拙作《知識論（二）——近世思潮》（台北：五南，2000年），頁35-45。

聖十字若望因其士林神哲學的陶成背景，以致在鋪陳事理上，側重理性思考，與系統條理，處處追溯事物本質，事事凸顯核心原則。聖人尤受多瑪斯影響，能從知識論角度上扣緊人的心靈結構，從中分門別類地探討每一意識官能的超性運作。從近代哲學辭彙上說，其進路主要屬「超驗法」（transcendental method）[51]，即率先追問人在神祕經驗中的意識狀態，藉此逆覺個人的超性官能與運作、被體證的境界、及所獲得的效用等等，並且企圖在分析上做到條理分明、循序漸進的地步。

反觀聖女大德蘭，她不曾接受正規的士林哲學訓練，但因她出身顯貴，才質過人，教育程度良好，文學修養充分，加上個人對人神關係體會敏銳，以致能把神祕經驗各階層的究竟作深入描繪，使讀者們為之動容。用現代哲方法論的觀點看，她所採的進路主要屬「存在現象學」（existential phenomenology）分析[52]，即對所體驗的默觀經歷與境界，站在第一身立場來作就事論事的描述，附以象徵方式來作輔助，藉此讓讀者參與懇談，從中獲得洞察。

嚴格地說，此二方法並不互相衝突，反而彼此融貫、相得益彰。各人只在闡釋與角度上各有偏重而已；十字若望較注重超越自我意識的運作，而大德蘭則更在意於所呈現的神祕現象。十字若望更刻意於系統原則的鋪陳，而大德蘭更著眼於個別現象的描述，以致綜合起來觀看，十字若望理論架構上的周延，可因大德蘭現象描繪上的湛深，而讓默觀祈禱的論述獲得博大精深兼備的充實。

2. 文筆風格

誠然，「方法進路」與「文筆風格」互相維繫，論及其一，多少牽涉其二。從文筆風格上談論二聖的差別，我們會有以下的體會。

52.　「現象學」（phenomenology）一辭，語源自希臘文之*phainomenon*（現象）與*logos*，寓意著反回事物的現象本身，以作就事論事的論述。其創始人為胡塞爾（ Edmund Husserl，女1869–1938）。胡氏之後，多位現象學家如謝勒（ Max Scheler，1874–1928 ）、馬賽爾（Gabriel Marcel，1889–1973）等，尚採「存在現象學」（existential phenomenology）進路。「存在」（existential）一辭，主要意謂著以第一身分位格參與並「活透」（living –through）　事物，以同情心態融入其中，以達致物我融通，從而碰觸一事物之底蘊，並在「玄同彼我」的體會下，對這事物作出描述。

聖十字若望因其神哲學訓練的緣故，以致立論深入，思路精闢，章節環環相扣，議題首尾一貫；其文風因而整體地呈現一份嚴肅、冷靜、平正、周延；然而，在他的抽象推理中，仍掩蓋不住內心對神的熱愛；抽絲剝繭的脈絡考究中，仍蘊含著情詩的骨幹，洋溢著愛的活焰。總括地看聖人的文筆，他是理性而不缺乏熱情，擅長邏輯推理、而仍穩立於湛深的體會。

反觀聖女大德蘭，她雖然沒有如同十字若望般的接受正規神哲學訓練，到底她本著一份橫溢的文學天份，配合了深厚的感情和敏銳的心智，一旦發而為文，則表現為文筆圓潤，語氣感人；論事敘物，細緻而不拘一格，不受制於條理規範，但說起來卻頭頭是道，充滿著明慧的建議；說理敘事，語多比喻象徵，深具啟發潛力，讓讀者每每獲得弦外之音；其行文有如慈母般的叮嚀，論點不厭煩重複，也不太顧慮思路先後的不全一致；語氣柔中帶剛，溫潤而不失其方正。

綜合兩人的文筆風格，或許我們可瞥見以下的對比：

▼聖十字若望長於理性分析
▼聖女大德蘭精於象徵說法
▼聖十字若望致力於追溯事物本質，並把握事理的大原則
▼聖女大德蘭扣緊對現象的描述，並鋪陳其中的表裏精粗
▼聖十字若望說理大刀闊斧，細節精簡

▼聖女大德蘭道事細節繁多，兼容並蓄
▼聖十字若望所示藍圖傾向於見林不見樹
▼聖女大德蘭所展歷程傾向於見樹不見林
▼聖十字若望文筆剛中帶柔，有父性的嚴正
▼聖女大德蘭文筆柔中帶剛，如母性的叮嚀

簡括地說，兩者都因深湛的默觀經驗而孕育詩人的美感，只是當他們把「詩心」轉化為散文文體時，則十字若望以抽象原理見稱，表現為平靜方正的文體；大德蘭則以意象鋪陳見勝，表現為圓潤溫馨的風格。此等說法或許可以遙遠地提點出他們的文風特性。

3. 訓誨方式

再者，大凡靈修作品，作者的「方法進路」、「文筆風格」與「訓誨方式」是三者合一，互相蘊含，彼此貫串的，談及前兩者，必不能忘卻後者的表現。二聖的著作，既有其靈修指導的目標，為此，他們作品上所展現的方法進路與文筆風格，都與訓誨指導拉上關係。那就是說，他們為了要讓弟子們獲得聖德的提昇，以致盡心竭力地把心得表達清楚，而所表達的「內容」，自然地流露了各自所特有的「訓誨方式」，呈現出如此的微妙差異。

首先，聖十字若望因長於抽象思考與邏輯條理，以致事事追溯其核心本質與究極原則；如此的特質，也透過其行文而反映在其靈修指導的方式上，表現為扣緊大原則，而要求弟子破除障礙，放棄執著，對準最終目標邁進。其膾炙人口的比喻是：小鳥須斬斷繫絲，始能展翼高飛（《山》1．11．4）。他的訓誨堅決而徹底，有父性的嚴肅，但方正中仍不失其體諒，即使他正視黑夜，標榜煉淨，仍在強調放下迷執之同時，表現出一份對人性軟弱的深度同情，及對神的仰賴。

反觀聖女大德蘭，她因精於現象舖陳和象徵說法，以致論述起來無微不至，兼容並蓄；發而為文，遂顯得情意豐富，事事包容，在靈修指導上有母性的溫柔，雖不忘最終目標，到底體諒人性的軟弱，而提供多重考量；例如：她會建議說，默想做不成沒關係，還有口禱可以嘗試（《全德》26．2）；只不過她會在同情的了解當中，仍不向鬆懈妥協。

綜合地觀看二聖的訓誨方式，我們所獲得的比對是

▼聖十字若望秉持大原則而去蕪存菁
▼聖女大德蘭從細節入手而兼容並蓄
▼聖十字若望果斷中體諒
▼聖女大德蘭體諒中果斷
▼聖十字若望有父性的方正，雖然嚴中有慈
▼聖女大德蘭有母性的圓潤，卻是慈中有嚴
▼聖十字若望的精神是：割捨迷執，始得登山
▼聖女大德蘭的鼓勵是：神在心堡，不必遠求

到底二聖最後宗向仍然是唯主至上，只有在愛主的前提上割捨次善，也在愛主的成全上

擁抱萬物。

六、綜合說明

靈修史有幸寫下大德蘭與十字若望結伴成聖的一頁，見證了二聖藉著著述給世人留下寶貴的指引。

若分別地聆聽他們的體證，大德蘭以默觀為灌注的祈禱，牽涉著進展的歷程，其中包括「收心祈禱」、「寧靜祈禱」、「結合祈禱」眾階段。反之，十字若望則以默觀為人神間祕密的愛的知識，維繫著意志與理智的互動，其中尚且蘊含著「煉淨」與「結合」的進展。

綜合起來，二聖的教誨形成一個更龐大的整體；在其中，我們察覺到的面向計有：「本質上的吻合」、「細節上的互補」、「連合中的啟發」、以及「相融中的差別」。

本質上的吻合：二聖論默觀，都贊同

▼默觀維繫著意志與理智的互動

▼默觀是人神間愛的知識之進展

▼默觀是神祕經驗，涵括著煉淨與結合

所謂「默觀維繫著意志與理智的互動」，那是指二官能在超越運作中，以意志對神的熱愛，率先被觸發，但理智隨而獲得開悟，造就愛與知識的吻合。

所謂「默觀是人神間愛的知識之進展」，那就是說，在默觀的較初期，意志的愛火較具領導地位，但理智的光照會隨著進階而增強，直至成全階段中、兩官能吻合、而孕育湛深的愛的知識。

所謂「默觀是神祕經驗，涵括著煉淨與結合」，它寓意著其為神能的灌注，在人的配合

下，導致意識的逐步轉變，並且牽涉了感官與心靈上、各種主動與被動的煉淨，藉此邁向人靈的神化結合。

細節上的互補：二聖談論默觀，除了在大原則、大方向的吻合外，尚且在細節上互有增補如下。

▼ 口禱、心禱上的論述，大德蘭的詳細，彌補了十字若望的簡略；

▼ 進入默觀的三徵兆，由十字若望提供，以補足大德蘭所未及凸顯的時機；

▼ 「靈悅」的始現，大德蘭又替十字若望強調了「自修默觀」與「灌注默觀」的轉捩；

關於灌注默觀的進階，大德蘭與十字若望的論點互相闡發；大德蘭所分辨的收心祈禱、寧靜祈禱與結合祈禱，在相當的程度上，光照了十字若望所繪劃的感官與心靈上的主動與被動之夜。；

▼ 在神訂婚的議題上，大德蘭與十字若望都深入描繪了神魂超拔的現象，並在陳述其不同型態上互有增補；

▼ 談及神婚，二聖都對人靈的「神化」現象作了湛深的詮釋；

▼ 至於默觀所指望的全福神視，則由十字若望作了畫龍點睛的提示。

連合中的啟發：兩聖的默觀靈修，除了含本質上的吻合與細節上的互補外，連合起來，尚且有類比「雙劍合璧、威力無窮」的潛質，能發揮出單獨所隱藏而容易被忽略的功效，其中尤給默觀強調了社會際性的意義，能分別從「團體向度」、「使徒向度」及「友誼向度」上透顯。

其「團體向度」給我們指示：

▼共修不抹煞獨修
▼個人在團體中共融
▼修會向教會開放，甚至向世界開放
以致「默觀者」蘊含「使徒」的宣道使命
▼默觀給予使徒以宣道的原動力
其「使徒向度」給世人作如此的見證：
▼靈修史標榜了默觀與宣道的密切關連
▼二聖的行實共同彰顯了默觀精神與使徒熱誠
其「友誼向度」尤給予默觀者作出團結友愛的鼓勵：
▼默觀者須與志同道合之士為友，藉此互相扶持
▼勉力從感性友誼發展為靈性友誼
▼在愛主至上的前提下，愛友人而不致結黨營私

相融中的差別：兩套默觀理論固然在連合中啟發了其團體人際面向，到底仍掩蓋不住其相融中的差別，我們尤可從「內容」與「形式」兩個向度上看出端倪：

「內容」方面：二聖對默觀歷程的分段，尤其在「煉路」、「明路」、「合路」的分界上，略有出入；此外，二者談人靈的「神化」，在意象描述上，也各有特色，然其中的小差距，並不因而釀成矛盾，反而見證了階段分際及象徵說法等問題之有模稜兩可的地方，我們除了須加上個人的印證外，仍須把不同的系統放在更大的整體脈絡上，以體會其中的「和而不同」。

「形式」方面：我們尚且可以在二聖的行文上分辨兩者的微妙差異，不論是「方法進

路」、「文筆風格」或「訓誨方式」，我們都可藉近代哲學的借鏡，而瞥見聖十字若望的「超驗反思」，與聖女大德蘭的「存在現象學」，並體會十字若望之長於抽象推理，以及大德蘭之精於現象描述與象徵類比，也見證到前者的父性方正而不失其體諒，以及後者的母性圓潤而不失其果斷。

分析至此，我們固然尚可以在更多面向（如「性別」、「氣質」、「環境」等因素）上繼續為二聖的默觀理論作比較，由於篇幅、精力與時間所限，我們唯有安於目前所達致的成果。於此，我們或許可借用賈培爾神父的話作結語：

> 當神創造原初正義狀態下的男女，祂的計劃原本是意願他們在各階層上，尤在靈性面上彼此滿全；人可在二聖之內見到神計劃的實現。在對加爾默羅兩位大聖作任何估量時，有一基本事實須記取在心：他們互相補足，這事首先適用在二者的性格上，再而適用於他們的作品中……。53
>
> ……他們著書立說，都首要地為了一實踐目的，那就是為了指導善意的靈魂走向與神結合的高峰。他們都各自以其所熟悉的方式，循循善誘，也以他們認為最恰當的語言來表達其教誨。如此一來，他們相互配合，但並未出於任何預先的安排54。

53. Fr. Gabriel, *"St. Teresa of Jesus and St. John of the Cross: A Study in Similarities and Constrasts"*, p. 34.
54. 同上，p.40。

第三部

愛與詩心

第七章 愛的情傷與美的昇華——與聖十字若望愍談詩心

神攝走了詩人的心智，
使他擔任起代言人的專務。
是上蒼、而不是恍神的咏詩者、
在向塵世吟諷著美輪美奐的篇章。

——柏拉圖〈伊昂篇〉534cd

柏拉圖的名句，也許可以借用來詮釋聖十字若望的詩心。

聖十字若望給西方神祕主義掀起了前所未有的高潮，也為世人寫下了美感洋溢的詩篇，以致他不單被嘉許為古典神祕主義者的典範，且被冠上了西班牙第一詩人的美譽。聖人不曾正題地站在美學立場來探討神祕經驗的內蘊，卻在神化結合（Divinized Union）的頂峰上點化出美的究竟，並透顯於其詩的字裡行間。……

壹、美與神祕默觀的連貫

聖人如此地流露出〈愛的活焰〉之第四詩節：

何其可愛柔輕！
爾醒於我心！
幽隱爾獨居，
爾之甜蜜噓氣，
幸福光榮滿溢，
何其溫柔，爾以愛情瀰漫我心頭！

聖人進而在同名的鉅著《愛的活焰》註釋四詩節時，為我們譜下若干扣人心弦的剖析，茲節錄數語如下：

是天主在靈魂內的覺醒（4・2）。……這個覺醒…包含如此的偉大、王權、光榮和親密的甘飴。靈魂彷彿覺得世上所有的香液和花朵，完全都被混合、攪動和搖動，散發出甜蜜的芳香（4・4）。萬物…全都展示著它們的存有、能力、可愛和恩寵的美麗。…覺醒在這裡有一個明顯的歡愉：靈魂是藉著天主認識受造物，而不是藉著受造物認識天主（4・5）。靈魂只要一眼瞥見，在天主內天主是什麼，以及在萬有內天主是什麼，正如人在王宮開門的一剎那，一眼望見住在王宮內的君王，及君王所作的事（4・7）。

較圓融地（synthetically）說，此詩節寓意著人與神相戀而被神化，以致神在人內、人在神內覺醒，並體證到萬有在神內所展現的整體之美。

較分析地（analytically）說，此詩節給我們展示了三個向度①如下：

其一是、型器之美（ontic beauty）

萬物在神內展現著和諧美緻

其二是、感知之美（cognitive beauty）

心智在默觀中憩息愉悅

其三是、存有學之美（ontological beauty）

人／神臻至神婚的轉化

圓熟地覺醒到美的究極

茲讓我們依循著上述的三重向度來挖掘聖人詩心所體證的底蘊。

一、型器之美

如上引，聖十字若望在《焰》4．5提示著萬物之在神內散發其美緻，並強調人在經歷心靈高度的淨化當中、尤對此有湛深的覺醒。作為相互的比對與印證，我們也可在聖人其他詩篇和註釋中凸顯出類似的應和。例如：其〈靈歌〉第五詩節就如此地詠嘆：

祂傾下千般恩寵，
匆匆路過樹叢；
且對之垂視凝望，

1. 茲借用海德格（Martin Heidegger）《存有與時間》的辭彙，以「型器」（ontic）一辭來寓意世間事物；以「存有學」（ontological）一辭來意謂那「寂然不動、感而遂通」的天道。沈清松《物理學之後》（台北：牛頓，1987），頁 135–160也採用此三分法。

獨以其形像，

替萬物穿上美麗衣裳。

聖人再在同名著作《靈歌》5．1－4中闡釋如下：受造物…向靈魂顯示天主的崇偉和…卓絕。萬物…留下天主的形跡（5．1）。…整個世界滿盈天主的恩寵（5．2）。…透過受造物，我們能追蹤天主的崇偉、大能、智慧和其他的天主屬性（5．3）。…創世紀上如此說：「天主看了祂所造的一切，認為樣樣都很好。」（《創世紀》一31）。天主注視萬物時，不只通傳本性的存有與恩寵，並且以唯一聖子的形像，賜與超性的存有，替萬物穿上美麗的衣裳（5．4）。

固然，聖人還會從逆反方向上指示世物美的炫惑：人們執迷其間，心神可捨本逐末地疏遠上主。《攀登加爾默羅山》（3．2．1－2）就有這樣的話語：

至於本性的美好事物，…如果人歡樂於這一切，…卻沒有感謝天主，…即是虛空和受騙，如撒羅滿所說的：姿色是騙人的，美麗是虛空的。（《箴言》卅一30）（3．21．1）…那麼，神修人在這個虛空的快樂上，應該使他的意志受淨化，置之於黑暗。（3．21．2）…

為此，聖人在《黑夜》2．10就以火燒溼木為喻來叮嚀：

靈魂之被煉淨，…就像…木頭焚化成為火，火的行動是…除掉所有的水份和溼氣，逐漸地燒黑木頭，…最後，…使木頭如同火一樣的美麗，…散發熱力，…發光照耀（2．10．1）。在神化靈魂之前，這火煉淨靈魂內所有的相反特質，…導致黑暗和隱晦

（2·10·2）。⋯智者說，一切美物都伴她而臨於靈魂（《智慧書》七11），⋯沒有這個煉淨，靈魂無法領受這神光，得到智慧的甜蜜和愉悅（2·10·4）。⋯

聖人的言下之意是：人須經歷身心的煉淨，以去其迷執，藉此釋放個人眼界上應有的清淨，來正視萬物本有的美好。

姑勿論我們是從「正」或「反」之面向來體會萬物，聖十字若望總是處在最高視域上肯定萬事萬物原初或終極的美，只是他所追溯的最終目標並不在於世物，以致並不額外費神去問及何謂世物「型器之美」，也不刻意質詢受造物如何浮現其美。

然而話須說回來，即使聖十字若望未曾刻意地分析「型器之美」的細節，到底其用辭如*gracia*（含恩典、魅力、優雅、姿色⋯等義）、或*donaire*（含靈巧、灑脫、文雅、優美⋯等義）[2]，至少相應著美學名家們所牽涉的辭彙。當我們聚焦在十字若望的體證之際，也可順便聆聽西方歷代思想家在說法上的補充。於此、茲率先以「完整/integrity」、「和諧/Harmony」、「光輝/Clarity」三辭作為切入的關鍵，以探索「型器之美」的底蘊[3]。

（一）完整

在《愛的活焰》4·4中，聖十字若望提示：宇宙萬物在神的帶動下，形成一個完美無缺整一，類比著那具有向心力的王子般地、帶動著滿朝文武邁向和合一致的步伐[4]。大宇宙整體律動之美是如此，小宇宙個體的存有又何嘗不是如此！所謂「原璧」就是美，個別存有者的「完整」（being intact）本身就是一份美，表現著完整無損狀態下的殊緻。為此、聖人又

2. 參閱聖衣會2012年中譯文《攀登加爾默羅山》3·21·1，276頁、註56 & 57。
3. 聖多瑪斯就以此三辭之義來闡釋「型器之美」。St. Thomas Aquinas, *Summa Theologiae* Ia, Q. 39, a. 8, "For beauty includes three conditions, *integrity* or perception, since those things which are impaired are by the very fact ugly; *due proportion or harmony*; and lastly, *brightness or clarity,* whence things are called beautiful which have a bright color." 英譯文採自Fathers of the English Dominican Province之譯本（New York: Benziger Brothers, Inc. 1947）.

以〈靈歌〉第卅九詩節「樹林與其靈巧秀麗」一偏語來寓意：宇宙內的每一個體都是神的化工，類比著森林中每一顆樹都顯其秀麗；個別存有者既是神的傑作，則無物不美。從神創化每物的肇始，到一個人的皈依，再到萬事萬物終極圓滿的復歸，我們都體認到存在物在完整狀態下所透顯的美——神原初心意所賦予物的完整（Integrity）。於是、聖人解釋說：「上天下地一切的受造物，不只從天主得到恩寵、智慧和美麗，且顯自身的智慧、秩序、高雅和其他受造物的和諧關係。」（《靈歌》39．11）

有關「完整」之謂美，西方自古以來，就有不少哲人響應著這一論點：

昔者，柏拉圖在〈西比亞士第一篇〉（"*Hippias Major*"，290^{b-c}）就以費迪雅士（Pheidias）雕塑雅典娜（Athena）神像為例，來提示自然物好比藝術作品；藝術品在大師的巧手完工之時，鬼斧神工地展現創作者所賦予的完整性，類比地、自然物在成長發展當下，恰到好處地顯露理型界所賦予的完整狀態，並以此凸顯其為美。

繼而，亞里士多德《詩學》（*Poetics*, 1449^{a}32–34）則從反面角度來提示：喜劇主題滑稽而「屬醜的一種」；其下文雖因失佚而未及讓讀者聆聽到亞氏實際的解釋，到底我們可隨之而作如此的聯想：喜劇之為「醜」，蓋因其為「丑」，藉此取笑世態的扭曲、變形與失衡，來反面地暗寓「美」所具備的完整歸一與充沛。究其實、「醜」並不脫離「美」的前提來被體認，如同「惡」不脫離「善」的前提來被領會、或「虛無」不脫離「存有」的前提來被凸顯一般。

其後，聖多瑪斯在《神學大全》（*Summa Theologiae Ia*, Q39, a. 8）尚且給予一個較綜合的說法：「美」以「完整」作為其條件之一；被欣賞的個體在其固定範圍內充份展現其應有之

4. *The Collected Works of St. John of the Cross*, trans. by Kavanaugh & Rodriguez, p. 644, "He bears upon his shoulders…upholding them all, …（and） all things seem to move in unison."《焰》4．4，此英譯句看來相當傳神。

工整而不呈現缺陷，若有所欠缺，則在該欠缺上被認為是醜⑤。

總之、聖十字若望一脈相承地延續了前人的洞察，以「完整」作為器物之美的一個特性。「完整」消極地意謂著未經破損，積極地意謂著成熟的盛況、或歷盡艱辛而仍保持其風貌，或透過復歸而達致其重生與更新。

然而，器物之為美，不單是因了其為「完整」而已，尚且是在其完整中呈現著「和諧」（Harmony）。

（二）和諧

我們聆聽到聖十字若望對《愛的活焰》第四詩節作如此的闡釋：

> 神以大能的話語支撐著萬有，萬物看來都在和諧中運動（4．4）。…在神性生命內受造萬物充溢著存有與和諧，…嶄新地顯示給靈魂。（4．6）

我們也聆聽到聖人對《靈歌》卅九詩節作如此的註解：

> 上天下地一切的受造物，…顯露自身的智慧、秩序、高雅和與其他受造物的和諧關係。這樣我們發現低級受造物之間，及高級受造物之間的和諧，也發現高級和低級受造物之間的和諧，認識這些和諧的關係，使靈魂極為靈巧和歡愉（39．11）。

從其文氣脈絡上作體認，聖人所引用的「和諧」一辭，誠然意謂著器物在成份上之比例恰當、適切均勻，以致在整體上透顯著一份法度翕合、諧協一致。較細緻地說，若剋就個別事物而言、「和諧」一辭寓意著與件成份恰當、結構適中；進而、剋就團體事物而言，則意謂著成員井然有序、比對均衡，在相互呼應中形成一個諧協翕和的整體。

5. 參閱註3。

如此的釋義，已層出不窮地展現在歷代名家的話語中：

柏拉圖之〈費里勃斯〉（"*Philebus*", 64^{e}6–7）就曾指器物在均勻和合尺度中呈現其美；也在〈西比亞士第一篇〉（"*Hippias Major*", 293^{e}）內提示「恰當性」（the a ppropriate / *to prepon*）作為一物之為美一個條件，還以費迪雅士（Phedias）所雕的雅典娜像之恰到好處（Fitness）與勻稱（290d）為例來說明；且在〈格而齊亞〉（"*Gorgias*", 503e–506e, 507e–508a）中標榜美物之蘊含著和諧與秩序。

隨後，亞里士多德在《形上學》（*Metaphysics*, 1078a36–b1）強調事物之美就好比數學之合乎格律與對稱，有著形式上的秩序和均衡；並在《詩學》（*Poetics*, 1450b40–41; 1451a4）中指示美之為合乎尺度而大小適中。

再而，多瑪斯在闡釋亞氏倫理（*Exposition of Aristotle's Ethicss* IV, lect. 8, n. 738）及註釋郎巴弟（Peter Lombard）神學句語（*On the Sentences* 1,31, 2, 1）中，把「美」解釋為「體積適當」（due size），並以漂亮女人的發展成熟、體積適當者為美（beautiful / *pulchrum*），而只以小女孩的小而精緻者為標緻（Pretty / *formosi*）。

總之，當聖十字若望凸顯著器物之在和諧中呈現適中比例之際，他已遙契著古典哲人們對美的反思。

然而、型器事物之為美，尚且從「和諧」中彰顯其「光輝」（clarity / brilliance）。

（三）光輝

聖十字若望解釋〈愛的活焰〉第四詩節時說：「他（覺醒的靈魂）彷彿看到所有受造物

的德能、實體、成全和恩寵都灼燃輝耀，剎那之間作出相同的行動。」（《焰》4．4）

聖人在〈靈魂樂於藉信而認識神〉的第五詩節中詠唱：「祂的光輝永不暗淡，世物的每點亮光都根源自祂，雖然現時仍是夜。」⑥

「灼燃輝耀」、「光輝」、「明亮」等辭，在投射著極為豐富的涵義：

較圓融地說，造化的光采，沿出自神的華麗，萬物在神內閃耀著美的輝煌，被覺醒的靈魂所體證。

較分析地說，「光輝」之辭，透過聖人的活用，正好展現著「共時性」（synchronic）與「貫時性」（diachronic）兩重面向：

「共時性」地說，它兼備著「表」、「裡」兩層義：

其「表層義」意謂著萬物外表光鮮亮麗。

其「裡層義」意謂其亮麗的外表、正深層地透顯其內裡的理想原型。

「貫時性」地說，它寓意著「起」、「承」、「結」之歷程：

起——一物被創造之始，已具備神所賦予的原初模式，凡神所思考與原創的、必然美好。

承——一物按神所構想的形式邁進，即使經歷起伏升沉，到底不全忘失其理想目標。

結——萬物幾經艱苦，終要達成圓滿的光華，回歸神的懷抱，被覺醒的靈魂所參悟。

6. "*Song of the Soul that Rejoices in Knowing God through Faith*", Stanza 5: "Its clarity is never darkened, And I know that every light has come from it, Although it is night. *The Collected Works of St. John of the Cross*, trans. by Kavanaugh & O. Rodriguez, p. 723.

7. 參閱註3。

8. "All the substantial essences of beings are caused out of the beautiful. For, every essence is either a simple form or gets its perfection through form. Now, form is a certain irradiation coming forth from the first brilliance. Of cause, brilliance belongs to the rational character of beauty, …" 英譯文採自 *The Pocket Aquinas.* Edited by Vernon J. Bourke（New York: Pocket Books, 1960）, pp. 274–275.

9. "Species or beauty has a likeness to the property of the Son（of the Trinity）. For beauty includes three conditions, *integrity...; harmony...; &...clarity*.... The third（of these conditions）agrees with the property of the Son, as the Word, which is the light and splendor of the intellect, as Damascene

美之為「光輝」的義蘊，至少可以上溯至多瑪斯的見解。

多瑪斯從「光輝」（Claritas）一辭上、分辨「色澤之美」與「形式之美」兩個層次：

色澤之美——它表層地意謂著個體光輝潤澤，康健充盈（*Sum. Theo.* Ia, Q. 39, a. 8）⑦。

形式之美——表層的光采豐潤、在透顯其理想模式的臻至（*Exposition of Dionysius on the Divine Names*, ch. 4, lect. 5-6）⑧。

有趣的是，多瑪斯承認此論點取法自聖奧斯定的著作（*Sum. Theo.* Ia, Q. 39, a. 8）⑨。聖奧斯定《論三位一體》（*De Trinitate* vi, 11），以第二位聖子之為「聖言」（The Word），具備神的睿智，永恆地思維宇宙萬物的理想典型；萬物是按著神心中的理型而受造，以致無物不美；即使世界因了原祖的墮落而沉淪，到底在一總的失落與破損當中，仍掩蓋不住原型的光輝，以致奧氏肯定：醜惡只是美善的缺如而已⑩。

奧斯定則轉折地承認這想法得力自新柏拉圖主義者——普羅提諾——的言論⑪。

普羅提諾身兼神祕家與哲學家兩重身份，尤以「美」作為探討專題⑫。他在《九章集》（*The Enneads*, I, 6, 2）就從「形式」（Forms）向度著手討論：當一物完整歸一地展示自己，則美已蘊藏其中，因為它透顯著創造者的理想；例如：雕刻家巧手地完成其作品，則雕像分享了創作者心目中的理想形式，而美就從完成的藝術品中湧現。同樣地、自然物分享了神心目中的理想典型，而在成熟的均勻中閃耀其美。普羅提諾尚且指出：與其說「美」意謂著「均勻」（symmetry）本身，不如說「美」意謂著「那透顯出均勻的持有者」（that which irradiates symmetry）（*The Enneads*, VI, 7, 22）⑬；他的意思是：事物之美，更在於其為形式的乘載者，而活生者之美，更高出於仳生者之軀殼，皆因生活的魂魄更

says（*De Fide Orthod.* III. 3）. Augustine alludes to the same when he says（*De Trinitate* VI, 11）: As the perfect Word, not wanting in anything, and so to speak, the art of the omnipotent God, etc."　英譯文來源如上述註3。

10. 聖奧斯定在不同的著作中有相同的論點，例如：*The City of God,* XI, 16–18; XII 7–8; *Confessions* VII, 13, *On Free Will*, III, 24–26; II, 17, 46, etc.
11. Augustine, *Confessions*, VII, 20.
12. Plotinus, *The Enneads,* I, 6, 1–9; II, 9, 16; III, 5, 1; V, 8, 8–11; VI, 2, 18; VI, 7, 22, etc.
13. "We have to recognize that beauty is that which irradiates symmetry rather than symmetry itself…"　英譯文採自Plotinus, *The Enneads.* Translated by Stephen MacKenna（New York: Pantheon Books, revised edition 1969）, p. 579.

肖似那流溢宇宙萬物的至善者，保有天道的更高形式⑭。

固然、普羅提諾作為新柏拉圖主義者，其論點尚遙契著柏拉圖談美的眾多言論⑮，於此不另詳述。…

上述的追溯，多少可讓我們瞥見聖十字若望在「型器之美」的前提上、有著古典美學理論的支撐。

二、感知之美

「型器之美」的前提到底是較站在「客體面」來分析器物美的特質；然而、為作更週延的探討，我們仍須轉向「主體面」來談論「美的感知」。換言之、主體在覺醒到對象物之美當下，會孕育一份欣喜和憩息，簡稱「美感」。聖十字若望在《焰》4就如此說：

> 天主在靈魂內覺醒，在輕柔和愛中產生。…天主在他內噓氣，…傳達給靈魂幸福、光榮（4．2）。…這個覺醒的甜蜜…令我歡愉（4．3）。…覺醒在這裡有一個明顯的歡愉：靈魂是藉著天主認識受造物，而不是藉著受造物認識天主（4．5）。…靈魂從本性直觀的睡眠中被推動與覺醒，達到超性的直觀（4．6）。…靈魂在天主內經驗到輕柔和愛，…萬物在天主內合一。這歡愉是強烈的（4．12）。…在那清醒中，…靈魂感到一股奇異非凡的喜悅歡愉（4．16）。

14. Plotinus, *The Enneads* VI, 7, 22, "Why else is there more of the glory of beauty upon the living and only some faint trace of it upon the dead though the face yet retains all its fullness and symmetry? … It is that the one is more nearly what we are looking for, and this because there is soul there, because there is more of the Idea of The Good, because there is some glow of the light of The Good and this illumination awakens and lift the soul and all that goes with it, so that the whole man is won over to goodness and in the fullest measure stirred to life."
15. Plato, "*Hippias Major*" 287–297; "*Gorgias*" 503–506; "*Symposium*" 209–212; "*Philebus*" 64, etc.
16. Thomas Aquinas, *Sum. Theo.* I–II, Q. 27, a. 1, ad. 3, "…the notion of the beautiful is that which calms the desire, by being seen or known. Consequently those senses chiefly regard the beautiful, which are the most cognitive, viz., sight and hearing, as ministering to reason; …the beautiful is something pleasant to apprehend." 英譯文採自Father of the English Dominican Province版本。Cf. 註四。

固然，聖十字若望此處是指人在神祕轉化下所意識的「美感」，到底，在日常生活狀態中，我們仍可有相當程度上的類比；主體透過觀賞事物之美當兒，仍不免多少沾染到身心上欣悅與陶醉。作為士林哲學的傳人，聖十字若望的體證、很貼近聖多瑪斯的詮釋。

多瑪斯涵括「感性」與「悟性」二層面來闡述「感知之美」：

其一、感性功能上的安和——人尤容易透過視覺與聽覺而萌生美感；當人在接觸到一件稱心寫意的美物之時，自會從中獲得渴求上的滿足與憩息⑯。

其二、悟性功能上的愉悅——固然、人的美感尚不限止於感官知覺，它還牽涉到悟性功能上的體會；美物吸引著悟性功能（包括理智和意志），使之在領悟中獲得愉悅⑰。

多瑪斯還藉此強調「美」與「善」的密切連繫：二者隸屬同一個個體，只是角度各有差異而已；可欲之謂「善」，可欣賞之謂「美」；兩者實體地一致、而邏輯地相異⑱。誠然、多瑪斯此論點已與亞里士多德的說法若合符節。

亞里士多德一方面指出「美」是令人愉快的「善」，以致「美」實質地（substantially）無異於「善」（*Rhetoric* 1366^{a}33–6）；另一方面又指出：「善」以欲求為主題，而「美」則以靜賞為要旨，以致二者又邏輯地（logically）有別（*Metaphysics* 1078a31–2）。

再者，提及「美感」之為安於凝視一物而喜悅，柏拉圖還可配合地作補充：當人靜觀一物而悠然神往，他已不再理會此物是否有實際用途與否（"*Hippias Major*" 290^{e}–291^{d}; "*Gorgias*" 474^{d-e}），他已超出了功利的前提，而滿足於靜賞和欣悅⑲。

17. Thomas Aquinas, *Sum. Theo.* Ia, Q. 5, a. 4, ad. 1, "…beauty relates to the cognitive faculty; for beautiful things are those which please when seen." 英譯文採自Father of the English Dominican Province版本，如上註。

18. Thomas Aquinas, *Sum. Theo.* Ia, Q. 5, a. 4, ad. 1, "Beauty and goodness in a thing are identical fundamentally; for they are based upon the same thing, namely, the form; … But they differ logically, for goodness properly relates to the appetite（goodness being what all things desire）; … On the other hand, beauty relates to the cognitive faculty; for beautiful things are those which please when seen."

19. 茲借用尤煌傑、劉千美兩位教授之言來補足：「我們可以用整體綜合的態度來看一個事物，不為任何名利，只是純粹地為它所吸引而陷入深沈的凝神觀照（contemplation）之中。」〔尤煌傑，〈藝術價值——美〉，《哲學概論》鄔昆如主編（台北：五南，2003），頁481.〕「美感愉悅是一種無所待於利的滿足感（disinterested satisfaction）。」〔劉千美，〈美學與藝術哲學〉，《哲學概論》沈清松主編（台北：五南，2002），頁413.〕

美感之為凝神觀照一事，更被馬賽爾發揮得淋漓盡致。馬賽爾引用維梅爾（Johannes Vermeer）的名畫「台夫特一景」（*The View of Delft*）為例來給「默觀」現象作描述：藝術家陶醉於山村人物之美，發而為創作靈感，造就了不朽的佳作⑳。於此，馬賽爾體會到「默觀」一詞至少蘊含著「觀看」（looking）、「分享」（Participation）、「內斂」（Ingatherness）三重義：

首先、默觀是深程度的觀看（looking）——「默觀」一詞以「觀看」作語根㉑，意謂著人超越了日常的觀望或學術的考察，而以投入的心境來邂逅被欣賞者㉒。

再者、默觀是深程度的分享（participation）——人不再以旁觀的目光來客化對方，而以敞開的心懷來迎接對方，讓彼此參與雙方豐富的蘊藏，以致在共鳴中同化㉓。

還有、默觀是深程度的內斂（ingatherness）——主體重拾散佚的心神，把主客對立的隔閡轉化為物我交融的感通，從而昇華為心靈的內靜㉔。

作為深程度的「觀看」、「分享」、與「內斂」，「默觀」讓人產生三重效用如下：

其一是、心的歸化（conversion）——人藉凝斂而融入「被默觀者」，致使心靈出現脫胎換骨的提昇與淨化，不單對世物開發共情的關懷，還激發起那股潛伏的創新力，以達致對自我與他人的諒解和造就㉕。

其二是、美的景仰（admiration）——相應的心態容許「被默觀者」以嶄新的面貌來展現其美好，致使「默觀者」在欣賞當中深感幸福，在沉醉中不勝歡愉㉖。

其三是、愛的冥合（union）——「被默觀者」已碰觸到「默觀者」的心靈深處，彼此激盪起深度的交融；就如同老農夫之心繫其耕地㉗，老海員之念念不忘其海洋㉘一般，「被

20. Gabriel Marcel, *The Mystery of Being,* Vol. I, *Reflection and Mystery.* Trans. by G. S. Fraser (Chicago: Henri Regnery, 1951), pp. 135–136.
21. Marcel, *The Mystery of Being,* I, p. 125.
22. Marcel, *The Mystery of Being,* I, pp. 125–126.
23. Marcel, *The Mystery of Being,* I, p. 127.
25. Marcel, *The Mystery of Being,* I, pp. 129–132.
26. Marcel, *The Mystery of Being,* I, p. 135.

默觀者」已成了「默觀者」生命的一部份，一起融化於同一的洪流內。這份銘心刻骨的愛慕，尤在人際關係上顯其白熱化；愛侶在互相欣賞與祝福當兒，雙雙匯入愛的出神中，以致「愛」與「美」在「默觀」的凝斂下成了同一的原型㉙。

至此，我們已獲悉眾哲人對「美感」的看法（包括柏拉圖、亞里士多德、多瑪斯和馬賽爾的洞察），並聚焦在聖十字若望的體證下而達致融匯貫通。

三、存有學之美

固然，我們曉得：聖十字若望所體證的美，並不停滯於世間的人地事物上，尚且直達神的境界來默觀其中的「至美」。其《靈歌》第十一詩節就如此地吟咏：

請顯示祢的親臨，
願看見祢及祢的美麗
致我於死地；
若非祢的真像和親臨，
不能治好相思病情（11．1）。

他還為這詩節作如下的註釋：

靈魂⋯請求心愛的主顯示的這個親臨⋯非常卓然高貴，致使靈魂感到其中有個隱藏的無限，天主從中通傳給她些微近於明晰的瞥見，窺探祂的神性美麗（11．4）。⋯靈魂敢這樣說，願看見祢及祢的美麗致我於死

27. Marcel, *The Mystery of Being,* I, p. 115.
28. Marcel, *The Mystery of Being,* I, p. 116.
29. Marcel, *The Mystery of Being,* I, p. 127. 有關馬賽爾對「愛與美」的進一步引介，參閱拙作《愛、恨與死亡——一個現代哲學的探索》（台北：台灣商務，1997），第十一章：〈愛與美：與馬賽爾懇談〉，頁354–374.

地，是正確的，因為她知道，在她看見這個美的瞬間必會出神，且被吞沒於此美麗之中，並在這同一的美麗中被神化，使之美化有如這個美的本身，又被致富和備妥如同這個美。（11．10）…要知道，非等到相愛的人彼此相似，使其中之一在另一位內變化形像，愛絕不會達到完美的地步（11．12）。

《靈歌》的第十一詩節和解釋，或許可藉「正」、「反」、「合」的辯證來鋪敘。

其「正題」義是：靈魂一旦嚐到神的甜美，即會萬死不辭地渴慕祂；若不達到目的，則心神永無息止，以致導引一「反題」如下。

其「反題」義是：以神的「至美」作前提，則萬物之美都顯得如此遜色、以致不值得執迷，如同《山》1．4–5所指：

世物之「真」、較之於「至真」、則簡直是「偽」；
世物之「善」、較之於「至善」、則簡直是「惡」；
世物之「美」、較之於「至美」、則簡直是「醜」。

「正」、「反」辯證之帶動，容許我們正視一「合」題。

其「合題」義是：靈魂經歷充份煉淨而在神內轉化，恰似潔亮的玻璃一般地透顯著陽光的輝耀（《焰》3．77），以致有相應的心態來見證「神在萬物內、萬物在神內」的整體美（《焰》4．7）。

究其實、在美學史上、聖十字若望已不是第一人作如此的描繪，柏拉圖尚且在說法上與之呼應：

柏拉圖〈饗宴篇〉（"*Symposium*" 203^{b}–204^{a}）以「愛欲」（Eros）作為象徵，意謂著人有一股渴求美善的動力，不滿足於有限事物的美，而指往至高之美。在提昇的過程中，人靈先落實於經驗上的個別美物，並從中體會其美的型相（"*Symposium*" 209^{e}–210^{b}），再默觀靈魂的美、以及靈性事理之美（"*Symposium*" 210$^{b–d}$），進而躍昇至眾美物型相的總根源——「至美」（"*Symposium*" 211$^{a–b}$）；祂不生不滅，不增不減，完整和諧，為一切美物所分享；世間一般美物則有生滅增減，唯有「至美」永恆常在、亙古如一。

作為柏拉圖的傳人，普羅提諾更在神祕經驗的參悟上、給柏拉圖作相應的詮釋：

人在陶醉與愉悅於美景良辰、山川草木、人間溫情當中，也體認到被欣賞的美物與欣賞者間相連相繫的「近似」（affinity），甚至體會到自己與萬物都在分享著美的典型，以神聖的淵源作為最後的歸屬（*Ennead* I, 6, 2），而內心的愛慕之情，尚直截地被體證為對唯一至美者的戀慕（*Ennead* III, 5, 1），他藉較低層次與較暗淡的美者身上，舉目遙契那崇高、絕對、而終極的至美本身（*Enneads* I, 6, 7; VI, 2, 18; V, 8, 8–10）。如此一來，人從凝視感性之美中躍昇至默觀無限的至美（*Enneads* I, 6, 8–9; II, 9, 16）；人在冥合至美者之際，他也超凡入聖地成為（Becomes）「美」，以致在個體上透顯出美的神性。此時、萬物之美已成了他攀升的梯階，他已不必再倚仗它們的扶持，因為他已歸返其所來自的淵源（*Enneads* V, 7, 11）。

回顧地說，我們先後從「型器」、「感知」、「存有學」三向度來企圖點化「美物」、「美感」、「至美」之特性與連貫，並聆聽聖十字若望從神祕默觀眼光所給予的提示，也勾連了古今眾哲人的體會，且融滙於聖十字若望詩詞的發揮下。茲藉下頁圖作撮要：

於此、我們不禁追問：聖人如何透過「詩心」的感觸而孕育其「神祕經驗」與「美的體證」？

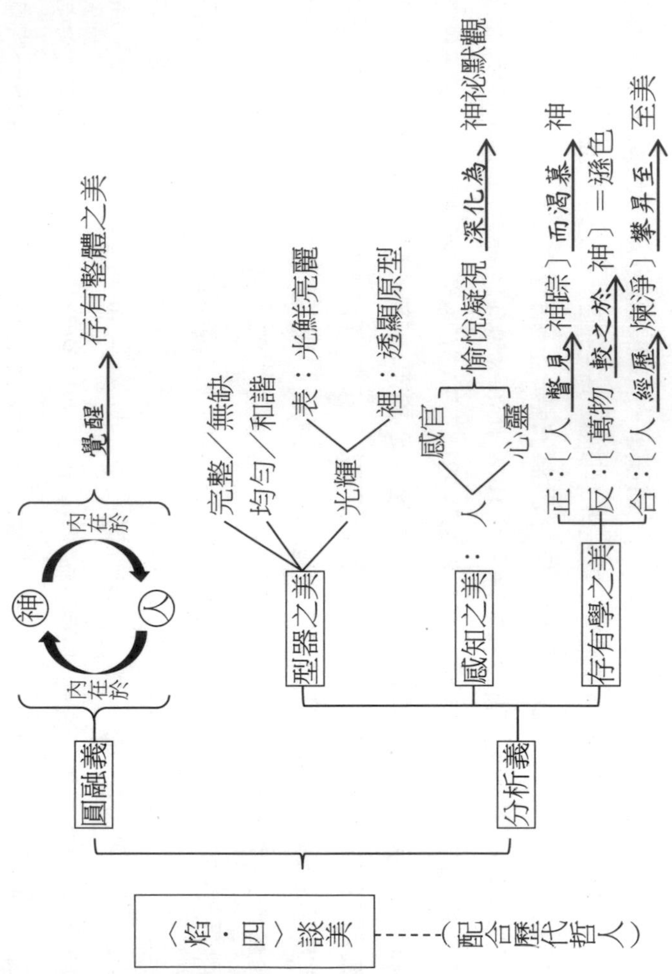
〈焰・四〉談美
（配合歷代哲人）
圓融義
神
人
內在於
內在於
覺醒
存有整體之美
分析義
型器之美
完整／無缺
均勻／和諧
光輝
表：光鮮亮麗
裡：透顯原型
感知之美：
人
感官
心靈
愉悅凝視
深化為
神祕默觀
存有學之美
正：〔人
瞥見
神踪〕
而渴慕
神
反：〔萬物
較之於
神〕＝遜色
合：〔人
經歷
煉淨〕
攀昇至
至美

貳、聖十字若望的詩心——以亞氏《詩學》的提示作指引

為聖十字若望而言，其「詩心」、「神祕經驗」、與「美的體證」是屬同一個整體的不同面向。聖十字若望先天地擁有詩人的秉賦，加上後天的鍛鍊，而造就我們所認識的詩人神祕家。誠然、品格高尚的詩人，會體證到美的深度；而崇高的神祕經驗，也讓他瞥見美的超凡；當我們落實在詩人兼神祕家的聖者身上，則美感洋溢的句語，會躍然於筆觸和吟諷之間，深深地打動著讀者的心坎，讓他警覺到那至高的視域。於此，為方便容許我們體會「詩心」、「神祕經驗」、「美的體證」三者在聖十字若望身上的配合，茲讓我們首先對「詩心」的涵義略作反思如下。

一、詩心

較籠統地說，詩人那份敏於吟詠的才智、心思、旨趣以及與詩相關的技能，可泛稱為「詩心」（poetic spirit）。在西方古典文化的沿流中，前人起初並不特別引用確定的名辭來稱謂「詩」；例如：荷馬（Homer, 8th c. B.C.）稱之為 *aoidē*，意謂「詩歌」；柏拉圖用 *mousikē* 一辭來泛指「詩」、「音樂」、甚至「說故事」等才藝（"*Republic*" II, 376^{e}）；自亞里士多德開始，*poiesis* 之為「詩」之名字逐漸被醞釀，至公元前五世紀而大致落實[30]。

（一）、從亞氏對 *poiesis* 一辭的體認說起

古希臘字 *poiesis*（英譯 poetry；中譯「詩」），原意為「創造活動／activity of creating」、「製造活動／activity of making」、或「出產活動／activity of producing」、連貫著 *poiein*（主動

30. Cf. 亞里士多德著，陳中梅譯注，《詩學／*Peri Poiētikēs*》（台北：台灣商務，2001年），頁278.

／to act, action）一辭，以與*paschein*（被動／passion）義相對應。亞里士多德還在「應用」的前提上分辨「實踐之知／practical knowledge」與「製作之知／productive knowledge」。「實踐之知／praktike episteme」意謂倫理實踐，凸顯「道德行為／prattein」面；「製作之知／*poiētikē episteme*」則寓意著工藝製作，強調「創作活動／poiein」面，意義與「技藝／*technē*」一辭大致相通，然狹義的「製作技藝／*poiētikē technē par excellence*」則專指「詩學／*Poetics*」㉛而言；亞里士多德還著專書《詩學／*Peri Poiētikēs*》來為之闡釋，只不過其分析內容尚遍及「悲劇／tragedy」、「音樂／Music」、「史詩／epic」等而已。如此說來，詩人是*poiētes*（製作者）、一首詩是*poiēma*（製成品）。古希臘人不喜用*graphein*（書寫）一辭來意謂吟詩，而喜用*poiein*（製作）一辭來交待，即以詩的創作類比著鞋匠之做鞋一般，因應著及手的原料、按若干原則的規範、再憑個人的才藝來產生製品㉜；換言之，詩人在創作的剎那，會因應先天、後天的才藝、再從既有的語言文化上，孕育出前所未有的創意、甚至震古鑠今的絕響。

亞氏*poiētikē*一辭，較側重「時間面」（即凸顯情節推演）之藝術創作，如戲劇、史詩、舞蹈、音樂等，而較不理會「空間面」（即凸顯顏色形象）之技藝，如繪畫、雕刻等。他又從中劃分三種媒介（means），它們是「節奏／rhythm」、「語言／language」、「音調／tune」三者（*Poetics* I, 1447^{a-b}）㉝；此三辭雖然在理論上意義彼此有分別，然而在實際操作上卻往往互相勾連，甚至糾纏不清；茲權宜地給它們略釋如下：

節奏／*rhuthmos*——此辭概指「步伐」、「節拍」；其含義甚廣，不單牽涉「舞蹈」的快慢，且關連著「音調」的拍子，甚至連繫著「語言」的「度量」（metron，複數metra），如單字、字數、句數、節數之長短、緩急、以形成「音步」等㉞。

31. Cf. F. E. Peters, *Greek Philosophical Terms: a Historical Lexicon*（New York: New York University Press, 1967）, p. 162.
32. Cf. 亞氏《詩學》、陳中梅中譯，頁 28–29.
33. 在亞氏之前，柏拉圖也曾合併討論此三者。例如：在 "*Republic*" III, 398c–d，柏氏以「歌／*melos*」由「語言／*logos*」、「音調／*harmonia*」和「節奏／*rhuthmos*」組成。他又在 "*Laws*" II, 669a–b提及藝術評論牽涉此三項目，以界定藝術創作的優劣。
34. 一種節奏可以一再重複與伸展。詩人從某種節奏中取出若干音步，形成詩格。例如，六音步長短短格是從「長短短」這一節奏內切分出來的「部分」。參閱亞氏《詩學》、陳中梅譯注，頁 50, 註9, 及頁 33, 註25.

語言／*logos*——此辭廣義言文字、話語及其運用，方便地被分辨為「非格律文／Prose」、與「格律文／verse」。「非格律文」意謂無特別修飾之話語，如散文、歷史記述、哲學論著、蘇格拉底式對話錄（Socratic Dialogues）、古希臘擬劇（mimes）等㉟。「格律文」則寓意著韻文，蘊含著對偶、駢儷、押韻，適應著字數、句數、行數之特定規則而形成詩格，如抒情詩（lyrics）、史詩（epics）、輓歌（elegies）、悲劇（tragedy）等㊱。

音調／*harmonia*——此辭與*melodia*字義相通，泛指人聲的語音（voice）、平仄、聲韻、清濁、抑揚、頓挫等，並遍及器樂的聲響（Sound）、音色，涵括著音量的大小、頻率的高低、旋律的流曳、對位的諧協與對比等，故還牽涉了樂曲的「調」，近似國樂的「宮、商、角、徵、羽」㊲。

亞氏進一步按三媒介的分合而展陳出若干能有的狀況如下（*Poetics* I, $1447^{a}23$–$^{b}29$）：

剋就「節奏」而言，則展現「舞蹈」；

剋就「語言」而不講究「節奏」，則展現「非格律文」如「蘇格拉底式對話」、「擬劇」等；

剋就「語言」加「節奏」而言，則展現「格律文」如「輓歌」、「史詩」等；

剋就「節奏」加「音調」而言，則展現「器樂」之演奏；

剋就「節奏」加「語言」加「音調」而言，則展現「抒情詩」、「悲劇」、「喜劇」等。

目前我們最關注之焦點是：那由「語言」加上「節奏」的「格律文」，亦即狹義的詩作，並追問：什麼是「詩」的本質？

35. 索弗榮（*Sōphron*約公元前470−400年）以對話形式描寫人們的日常生活，名為「擬劇／mimes／mimos」。參閱亞氏《詩學》、陳中梅譯注，頁 33, 註28.

36. 關於「抒情詩」通常指用豎琴伴奏的詩，稱為*lurikos*，英譯Lyric，既可指「豎琴的」，亦可指「抒情的」。至於「輓歌／*elegoi*」，初期多為描寫戰爭或戰鬥生活的詩歌，後有用來詠懷往事及哀悼死難者。Cf. 陳中梅譯注《詩學》，頁30, 註11 & 頁 34, 註31.

37. 參閱亞氏《詩學》、陳中梅譯注，頁31−32, 註17.

(二)、追尋詩的本質義

固然亞氏並沒有狹義地為「詩」正名或下定義㊳，到底上述的提示已足夠啟發我們去作進一步的整理。茲讓我們扣緊詩的形式（form）與內容（Content）來考量，以企圖釐定一個較為充份的定義。

1、詩的形式面

如上述，詩是「格律文」，涵括著「語言」與「節奏」的組合，字句講究「格」與「律」。「格」者、標準也；「律」者、約束也。凡行文接受平仄、音韻、字句、行數等一定準則的各重限制者，是為蘊含格律體裁之作。換言之，單從形式面來估量，亞氏指出詩首要地以有「節奏」的「語言」來作媒介，以造就接受若干規範的行文，讓人讀來琅琅上口；此外、它次要地不排斥入樂，即以配合樂曲而凸顯「音調」、以形成歌謠，即使「音調」並非其核心或必要的因素而已。

然而、話須說回來，有部份缺乏格律範圍的文字可以蘊含「詩意」，（如國內之現代詩）；反之、用韻文形式改寫的作品不一定就意謂著「詩」之為「詩」本身，以致我們須進一步地從詩的內容來反省。

2、詩的內容面

亞氏即使沒有狹義地定義詩是什麼，他至少從內容面指出詩不是什麼。

(1)詩不是什麼

亞氏分別指出：詩不等同於歷史，也不等同於哲學。

38. 亞氏《詩學》第1章，1447a–b，「有一種藝術僅以語言摹仿，所用的是無音樂伴奏的話語或格律文（或混用詩格，或單用一種詩格），此種藝術至今沒有名稱。」（陳中梅中譯，頁27）。
39. "Hence poetry is something more philosophic and of graver import than history, since its statements are of the nature *rather of universals,* whereas those of history are singulars." Aristotle, *Poetics*, IX, 1451b5–6. Translated by I. Bywater, in *The Collected Works of Aristotle.* Edited by Jonathan Barnes (New Jersey: Princeton University Press, 1984), Volume Two, p.

a. 詩不等同於歷史

詩有別於歷史記載（*Poetics* IX, 1451a–b），兩者相較，會呈現以下的差異：

　歷史關涉個別史實，詩則放眼普遍意象，此其一。

　歷史記錄已發生的事，詩則描述可發生的事，此其二。

為此，即使把希羅多德（Herodotus，約公元前482–425年）的作品改寫成格律體裁，它仍然是歷史（*Poetics* IX, 1451^{b}1–4）；反之，史詩（epic）即使取材於歷史，其旨只作概然表述、以詠其志。

　亞氏所欲強調的是：詩比歷史更具哲學意味、更蘊含深遠意旨（*Poetics* IX, 1451^{b}5–8）。然而，這並不意謂著詩等同於哲學。

b. 詩不等同於哲學

　固然詩比歷史更接近哲學，因為詩與哲學的陳述都具普遍涵義；但我們並不容就此輕易地把二者劃上等號。亞氏把荷馬和恩培多克勒（Empedocles，約公元前493–433年）二人相較而指出：雖然兩者都用格律體裁來行文，到底荷馬仍是詩人，而恩培多克勒仍是自然哲學家（*Poetics* I, 1447^{b}17–19）。他又提示：詩的陳述「毋寧」（rather）具有普遍性質（*Poetics* IX, 1451^{b}5–9）㊴。言下之意是：哲學直截追問事物之本質，藉此為它下準確定義；反之，詩較以個別具體之物來作比況，藉此間接地暗示事物之隱義。換句話說，哲學旨在說理；詩卻旨在諷喻。哲學追根究底，為給真理作精確推論；詩作有感而發，對潛伏的真相只點到即止。

　總之，詩有其核心意義是哲學與歷史所無。那麼，詩的核心義是什麼？

2323. 被強調部份出自本文筆者。
Frederick Copleston著，傅佩榮譯，《西洋哲學史（一）：希臘與羅馬》（台北：黎明文化事業公司，1986），第三十三章：〈亞里士多德的美學〉，二、（五），頁 459,「亞氏曾說，詩的陳述『毋寧』具有普遍性質，這句話值得注意。因為它似乎表示：詩的對象並不是抽象的共相（或普遍物）；換言之，詩不是哲學。因此亞氏批評以訓誨為日的的詩，因為在詩中用到哲學體系，無異於以詩的形式寫哲學；這樣不能算是創作詩篇。」

（2）詩是什麼

亞氏雖然未刻意地為詩下定義，到底他提出了若干關鍵詞來讓我們正視，其中尤以 *mimesis*（摹仿）一辭最受注目。

a. 詩之為 *mimesis*

亞氏在《詩學》第一章即開宗明義地說：

> 史詩的編製、悲劇、喜劇…這一切總的說來都是摹仿。…正如有人…用色彩和形態摹仿，…而另一些人則借助聲音來達到同樣的目的一樣，上文提及的藝術都憑借節奏、話語和音調進行摹仿。…有一種藝術僅以語言摹仿，所用的是無音樂伴奏的話語或格律文…，此種藝術至今沒有名稱㊵。

亞氏的意思是：藝術創作首要地是 *mimesis*（摹仿）的活動，其中包括詩文、戲劇、歌曲、器樂、圖畫、雕刻等，牽涉面廣闊，而 *mimesis* 一辭意義豐富。

i）語源學考究

從語源學追溯，*mimesis* 語根 *mi* 或 *mim*，意謂「轉化」、「蒙騙」等，名詞 *mimos*（複數 *mimoi*）、最早可能指謂西西里地區的一種擬劇，其辭派生為動詞 mimeisthai，再演繹為動名詞 *mimesis*，與 *mimema*（再現）一辭相通，然 *mimesis* 較意謂摹擬活動，而 *mimema* 則較意指人物的摹擬或器物的複製品㊶。概言之，*mimesis* 一辭難以用一個適當翻譯詞來揭盡所有涵義，它有摹仿、再現、複製、扮演、表象、重構、甚至象徵等義，意義豐富，牽涉面寬廣，須按個別篇章文義來作具體落實。

40. *Poetics*, I, $1447^{a}14$–$1447^{b}1$. 中譯文採自陳中梅譯注，頁 27.
41. 亞氏《詩學》，陳中梅譯注，附錄（四）：<Mim sis>, 頁 206.
42. 「作詩的需要，作品應高於原型，…如宙克西斯畫中的人物，…藝術家應該對原型有所加工。」（陳中梅中譯，頁 180）。

ii）亞氏較之於柏氏對 *mimesis* 一辭的運用

在古典哲學上，用此辭而聞名於世者，當數柏拉圖和亞里士多德。然一般史家都認為：柏拉圖較傾向於凸顯其負面義、而亞氏則反是。柏拉圖以藝術品摹仿實物，而實物則摹仿理型，以致藝術品是摹仿中的摹仿，離真理相隔更遠（"*Republic*" X, 596–597）。反之、亞里士多德則持更積極的態度，以藝術作品在摹仿中更能突出普遍深義（*Poetics* IX, 1451^{b}），價值尚且媲美於原型（*Poetics* XXV, 1461^{b}10–13）㊷。

換言之，柏氏較之於亞氏，*mimesis* 一辭的用法有其同與異。其同者在於二人皆認為藝術世界摹仿真實世界。其異者在於柏氏以藝術品比現象物更遠離真理，而亞氏則秉持藝術摹仿是突顯真實面的有效途徑。亞氏以藝術創作並非徒然如實照抄而已，而是藉摹擬手法來作「比、興」。

iii）詩比哲、史更富「比、興」

如前述、亞氏指詩比歷史更「哲學」，也比哲學更「歷史」，因為它一方面比歷史更能吐露普遍深義，另一方面又比哲學更敏於比況、而不至失諸虛玄。如此說來，他已隱然對詩的本質作了一點積極的提示——詩借用個別具體事例來寓意普遍抽象義涵；換言之，詩比哲、史更富含「比、興」。茲用劉勰《文心雕龍．比興篇》語：「比者，附也；興者，起也。附理者切類以指事，起情者依微以擬議。」即使詩人也引用「賦」體以直言物事㊸，然其首要目標只在乎「鋪采攡文、體物寫志」㊹，而不在乎口誅筆伐、說理施教；也就是說，詩比哲、史更懂

43. 鍾嶸〈詩品．上〉：「故詩有三義焉：一曰興、二曰比、三曰賦。文已盡而義有餘，興也；因物喻志，比也；直書其事，寓言寫物，賦也。」
44. 劉勰《文心雕龍．詮賦篇》

得運用意象來帶出弦外之音，以致亞氏言詩之為「摹仿」當兒，誠然在標榜其象徵活動。

iv）*Mimesis* 在詩作中更意謂象徵活動

於此，呂格爾（Paul Ricoeur, 1913–2005）可進而給亞氏論點作補充；按呂氏《惡的象徵》㊺之提示，「象徵／Symbol」意謂一「表層義／Literal Meaning」導引出一「潛伏義／Latent Meaning」。例如：「汙點」作為「象徵」而言，以「某物被汙染」為表層義、來遙指「靈性罪業」這潛伏義；換言之，它以被汙染物作類比、來讓世人體會所隱含的罪業義；而表層義與潛伏義間的連繫，無從徹底地藉思辯推理方式來全然被釐清。

呂氏又指出：「象徵／Symbol」與「寓言／Allegory」相似，但彼此有別。「寓言」先有一意義，再套用一意象來示意；「象徵」則反是。例如：寓言家事先想及「驕兵必敗」這寓意，再套用「龜兔賽跑」這意象來表達；然所套用的意象並非不可或缺，讀者可「得意而忘象」。反之，象徵則是自發性的創造，人事先並未刻意要求用某事象來作類比；例如：亞當夏娃失樂園的故事意義深遠而面向多重，內涵豐富而取之不盡，是為進入一奧祕的不二法門，它不容隨意被棄置或忽略，否則真義會因而一併地被忘失與消除。

誠然，「象徵」與「寓言」間的張力，較之於「比」與「興」之間的拉鋸，兩套辭彙即使並非互相絕對地等同，至少意義有著相當程度的重疊。中國古人謂「比顯而興隱」；「比」徒然因物比況，意義淺近，易觸類旁通；反之，「興」則是

45. Paul Ricoeur, *Symbolism of Evil* (Boston: Beacon Press, 1967), pp. 14–18.

「言已盡而義有餘」，不容藉詮譯而揭盡㊻。總之，中西兩套術語都寓意著詩人之善用意象來取意，以致 *mimesis* 一辭一旦落實於詩學藝術之上，則更凸顯其中象物擬事功用。

v）*Mimesis* 之象徵手法至少涵括象物與擬事二者

於此，艾迪·思坦在「象徵」一辭之上尚且給予這樣的澄清：「象徵」一方面透過「象物」、另一方面透過「擬事」、來作比況，藉此呈現能有的深義㊼：

所謂「象物」，即從器物的顯義上、表象出所引發的隱義。例如：馬致遠〈天淨沙：秋思〉從「枯藤老樹昏鴉、小橋流水人家、古道西風瘦馬、夕陽西下」等物象，來點出「斷腸人在天涯」。

所謂「擬事」，即從「史事」的始末上、帶引出發人深省的奧理。例如：杜甫〈閣夜〉以「臥龍躍馬終黃土」一語，來提示「人事音書漫寂寥」的深義。即以諸葛亮和公孫述此二人之盛衰興亡作借鏡，來詠懷人事音信的虛幻與世間事物的無常。

綜合上述的分析，*mimesis* 一辭一旦落實於詩作，則表現其象徵活動，藉象物擬事技巧作比況，以容許深層義的浮現。亞氏對詩作所意指的本質義，除了彰顯出 *mimesis* 一辭外，尚且以 *katharsis*（滌淨）作為另一關鍵詞。

b）詩之為 *katharsis*

Katharsis 繼 *mimesis* 一辭而為另一相當耀眼的詞語。在《詩學》（VI,1449^{b}）中，亞氏以悲劇透過語言、節奏、音調的翕和，而在觀眾身上引發出憐憫與恐懼，藉此達致情感上的疏導與滌淨。

46. 劉勰《文心雕龍·比興篇》：「詩文弘奧，包韞六義，毛公述傳，獨標興體，豈不以風通而賦同，比顯而興隱哉！」參閱上述註44。
47. Edith Stein, *The Science of the Cross: A Study of St. John of the Cross*. Translated by Hilda Graef（London: Burns & Oates, 1960）, pp. 25–27. 艾笛思坦的說法，旨在凸顯聖十字若望詩作的以自然現象之「夜／Noche」來寓意神祕修行之「夜」，並以救恩史的「十字架／Cruz」來提點靈修者去複製基督之「苦難、聖死、後活」的奧跡；此等論點容後討論。

i）語源學考究

Katharsis，其動詞*kathairō*語根義指「純淨」，甚至「修剪」，意謂消極地去除無用有害的部份，以求積極地臻至整理恢復原初的純潔與清淨。希臘詞*kathairein*（*kathairō*的現在時不定式），大概沿出自閃米特詞*qtr*，寓意著宗教禮儀之熏煙㊽；而名詞*katharsis*以-*sis*作結尾，凸顯其為行動或過程之意。

ii）*Katharsis*一辭所指涉的範圍

*Katharsis*一辭的應用面寬廣，涵括著醫學、哲學、宗教等範圍。究其實，古希臘人較從圓融眼光來看待眾學理，以它們彼此連貫與重疊，而非如此地壁壘分明，以致阿斯克勒庇俄斯（*Asklēpios*）可以既是醫聖、又是宗教領袖。然若較從分析角度體認，我們可分別地從醫學、哲學、宗教靈修三方面來作檢視。

從「**醫學**」面看，公元前五世紀時，*katharsis*一辭已用來泛言醫治手段，其對治範圍涵括「身、心、靈」三層面。

「**身**」方面：醫學家希珀克拉忒斯（*Hippokratēs*）早已提示人體任何成分積蓄過量即導致病變，而須疏導多餘部分，以免影響整體。亞里士多德既出身醫學世家，自然熟悉其中道理㊾。

「**心**」方面：古希臘人又懂得用「順勢療法／Homoeopathy」來對治情緒、免使失控；柏拉圖（"*Republic*" 560[d]; "*Laws*" 790[c]–791[b]）就曾剋就「宗教狂熱／*enthousiasmos*」等症狀來談情緒疏導。為此，亞氏《詩學》（VI,1449[b]）談悲劇之引發憐憫與恐懼以求滌淨昇華，其說自有所本。

48. Walter Burkert, *Greek Religion.* Translated by John Raffan（Cambridge / Massachusetts: Harvard University Press, 1985）, p. 76. 參閱陳中梅譯注亞氏《詩學》，頁230–231.

49. 亞氏論著，*katharsis*一辭常含醫學或生理學的「淨化」或近似的意義。Cf. *Physics* 2, 3, 194[b]36; *History of Animals* 6, 18, 572[b]30ff; *Generation of Animals* 1, 19, 727[a]14, [b]14ff; *Metaphysics* 5, 2, 1013[b]1.

「**靈**」方面：按伊安比利科斯（Iamblichus）《畢達哥拉斯傳／*Vita Pythagorae*》110之記載：畢氏學派採用音樂來淨化心靈，使之翕合大宇宙頻率。為此、亞里士多德（*Politics* 8, 7, 1341^{b}–1342^{a}）也談某種音樂之為心靈療法。

固然 *katharsis* 一辭不限止於醫療，它尚且擴及哲學。

從「**哲學**」面看，我們瞥見其多方面的應用，包括認知面、道德面、政教面等。

認知面：蘇格拉底以「辯駁」（Interrogation／*elenkhos*）本身為一份「淨化」活動，因為它不僅掃除愚昧、糾正謬誤，尚且開發心智、增進智慧（Cf. Plato, "*Sophists*" 226^{a}–230^{d}）。亞氏既為蘇氏再傳弟子，自然不會對此說陌生。

道德面：柏拉圖談「節制／*sophrosyne*」等德行，會引用 *katharsis* 一辭來論述（"*Phaedo*" 67$^{c–d}$, 69$^{c–d}$, 114c; "*Republic*" 431^{e}, 432^{a}, 433^{d}），即把「淨化」活動引申至道德實踐立場來考量，以提示去惡行善、改邪歸正的義蘊。為此，亞氏倫理學談「滌淨」[50]，就不單有醫療義，而且還意謂著倫理踐行之道。

政教面：柏拉圖談節制淨滌，不單牽涉個人的道德實踐而已，尚且兼顧社會政教之安和樂利，為求移風易俗、民德歸厚（"*Republic*" 10, 606^{a}; "*Laws*" 7, 790$^{c–e}$）。同樣地、亞氏《政治學》既從政制面談論「滌淨」（8, 7, 1341^{b}–1342^{a}），也自然包含政治社會教化意味。

固然，*katharsis* 一辭用法，尚且涵括宗教靈修面。

從「**宗教**」面看，*katharsis* 一辭被放在天人交往的層面來被考量。在此、我們體認到靈修進境的三面向或時份：

消極面：去除迷執昏蔽的障礙

50. *Nicomachean Ethics* 2, 6, 1106^{b}16–23; 7, 12, 1152^{b}31–34; 7, 14, 1154^{b}17–19.

積極面：邁上修業進德的歷程

冥合面：達致與道冥合的頂峰

古希臘眾奧祕宗教（mystery religions）如俄耳斐烏斯（Orpheus）團體、以至畢達哥拉斯成員等、都大同小異地在上述三面向上互相輝映：

俄氏團體藉刻苦節制，來讓靈魂從肉體的牢獄中獲得釋放，以回復心靈的清淨，好能邁進於德、仰合天道。

畢氏成員也標榜克己修身、靜坐冥想，藉音樂旋律的帶動來讓心靈吻合上天的頻率（*Iamblichus, Vita Pythagorae* 137）。

蘇格拉底、柏拉圖浸潤在奧祕宗教的氛圍下，也談靈性淨化（“*Phaedo*” 67^{c-d}, 69^{c-d}, 114^{c}）以與上天融合（“*Theaetetus*” 176^{a}）。

亞里士多德即使在行文上淡化了宗教色彩，到底仍在字裡行間透露了奧祕靈修的語氣如「纏迷／*katokōkhimoi*」、「聖樂」（*Politics* 8, 7, $1342^{a}8$–9）、「成為不朽」（Nicomachean Ethics 1177^{b}）等。

iii）亞氏《詩學》*katharsis* 一辭所給予的啟發

Katharsis 一辭既然有這麼寬廣而豐富的義涵，那麼、亞氏引用此辭時的核心範圍在那？換言之，在 *katharsis* 一辭的眾多面向中、那一個（或那一些）才是亞氏所欲在《詩學》中呈現的首要意義？有關這樣的追問，就如同羅斯（W. D. Ross）所指，學者們的見解極為多元而繁浩，蒐集起來可累積成一個圖書館[51]。大致上、這些意見可籠統地被歸納為兩個主要項目；其一是「倫理解

51. W. D. Ross, *Aristotle: A Complete Exposition of His Works and Thought*（Ohio: Meridian Books, 1959, 3rd printing 1961）, p. 273.
52. 亞氏《政治學》8, 7, 1341b39表明他要在論詩的著作裡解決*katharsis*一辭之義；但此論點並未在現存的《詩學》中被瞥見。一般學者認為這一部份已隨《詩學》卷二論喜劇的段落一起佚失。參閱亞氏《詩學》陳中梅譯注引言頁9 & 頁19註27。
53. John Milton, “Preface” to *Samson Agonistes*, “Tragedy, as it was anciently composed, hath been ever held the gravest, moralist, and most profitable of all other poems; therefore said by Aristotle to be of power, by raising pity and fear, or terror, to purge the mind of those and such-like passions;

釋」，以十八世紀德國劇作家萊辛（Gotthold Ephraim Lessing）之《漢堡劇評／*Hamburgische Dramaturgie*》為代表；其二是「醫療解釋」，以巴內斯（Jacob Bernays）於一八五七年發表的 *Zwei Abhandlugen über Aristotelische Theorie des Drama* 為典範。只不過亞氏並未留下足夠的資料來讓我們確認其核心用意[52]，但卻給予我們多方面的啟發，尤其是宗教靈修面的「革面洗心、皈依正道、冥合天心」這一條思路，足以讓我們把「詩作」連貫至「神祕經驗」，甚至聯想起那身為詩人兼神祕家的聖十字若望。

說到底，上述有關 *katharsis* 的眾面向看來並非彼此排斥，而是互相連繫、可共同融匯為一。這正是英國大文豪密爾頓（John Milton）的較圓融看法；他在《力士參孫／*Samson Agonistes*》的〈序言〉中指出：亞氏《詩學》談 *katharsis*，兼含醫療、倫理等意義[53]。密爾頓尚且在字裡行間點出一個思考方向——「淨化」即「美化」[54]；這是亞氏在提示詩作本質義時所欲言又止而又未及盡述的一個要點。

c. 詩引發自美感

亞氏談 *mimesis* 與 *katharsis*，卻沒有正題地處理「詩」與「美」的連繫，但非正題地吐露了以下的一些訊息。

i）亞氏談詩與美

亞氏在詩與美的關連方面，曾碰觸到下列三點：

① 被述說者之美

亞氏談悲劇之美，提示它如同活物一般，本身蘊含著「整一」、「秩序」、

that is to temper or reduce them to just measure with a kind of delight stirred up by reading or seeing those passions well imitated. Nor is Nature herself wanting in her own effects to make good his assertion, for so, in physick, things of melancholick hue and quality are used against melancholy, sour against sour, salt to remove salt humours."

54. 密爾頓隱然提示：情緒疏導引致一份（美感）愉悅；此點被哈維．戈爾德斯坦（Harvey Goldstein）所明言：*Katharsis*意謂一個提煉過程，其原料「憐憫」和「恐懼」、透過「提煉」的篩選，凸顯出審美價值，給觀眾一份美的享受。Harvey Goldstein, "Mimesis and Catharsis Reexamined" in *Journal of Aesthetics and Art Criticism* 24 (1996), pp. 567–577.

「均勻」、「體積適中」等美的特質，只是詩人所取材的原初史料之美尚未被點化、而有待被點化而已（*Poetics* VII, 1450^{b}–1451^{a}）。

② 述說者之點化

詩人有能力在被摹擬對象上、藉個人的美感、而點化其中的美緻。亞氏以詩人的創作、類比著畫家的人物素描，貴在把其中的美好面凸顯出來（*Poetics* XV, 1454^{b}7–13; XXV, 1461^{b}10–13）。

③ 聆聽者之感動

亞氏還一再地提示：詩人自己在備受感動之餘，不單藉此點化了被描述者之美，尚且能在聆聽者身上複製出詩人所沾得的美感（*Poetics* IV, 1448^{b}8–9; VI, 1449^{b}26–29; XIV, 1453^{b}12–13）。

ii）詩人引發及傳遞美感的能耐

是什麼能耐讓詩人在感動中捕捉事物的美、再引起聽眾的共鳴？即使亞氏沒有正題地處理這問題，至少在字裡行間提示了詩人的「努力」與「天賦」二者。

有關詩人的努力，亞氏一貫的態度是：任何才能、（包括作詩）、都有其後天加工而致熟練的因素；凡經受鍛鍊而造就的技藝（*technē*），會在生命中形成習慣，類比著修德而培養的習性（*hexis*）一般，使人敏於踐行而發皆中節（*Nicomachean Ethics*, 1103^{a}14–17; 1105^{a}26–34; 1105^{b}19ff）。詩人所須後天地努力進修的面向，計有「形式面」與「內容面」：

形式面的努力：詩詞既是韻文、要求格律工整，詩人就須學習格律規則，接受操練，否則無從掌握作詩的技巧。

內容面的努力：詩詞即使有其即興成份，到底往往牽涉歷史典故、天文地理、山川草木等事項，若不博聞強記，則無以為詩。

為此，詩人是有其一技之長，被荷馬歸入「製作者／*dēmiourgoi*」之行列，如同醫生、工匠一般，用自己的本領來為民眾服務（Homer, *Odyssey* 17, 383–385）。劉勰《文心．神思》也因而說：「積學以儲寶，酌理以富才，研閱以窮照，馴致以懌辭，然後使玄解之宰，尋聲律而定墨；獨照之匠，闚意象而運斤。」

然而，亞氏並不否定詩人先天的秉賦。有關詩人的天賦，亞氏一再地以荷馬的出類拔萃為例（*Poetics* VIII, 1451a23–24; XXIII, 1459^{a}30–35; XXIV, 1460^{a}5–11, etc.），強調傑出詩人不單技巧純熟，尚且是天才、非學而得之。亞氏提示詩人秉賦，其論點可方便地從靈功能的三重運作——理智、記憶力、意志——上被體會[55]：

理智方面，優質的詩人有其敏銳的洞察力，能從事物身上把握意象來作引喻；也懂得從典故中選材，緊湊適中而恰到好處；這份能耐，無法藉師從而學來（*Poetics* XXII, 1459^{a}4–8）。

記憶力方面，詩人記性驚人，一方面能從大量辭彙中遊走自如、而不著痕跡，另一方面也能從浩繁的文物中適當取材，而各如其份（*Poetics* XXII, 1459^{a}4–8）；無怪乎詩歌「*Mousikē*／繆斯」的母親名叫「*Mnēmosunē*／記憶」[56]。

意志方面，詩人內心熾熱，敏於感觸，一旦搖蕩性情，乃至於出神忘我，引發字字珠璣，讓聽眾無不動容；這是一般感情枯竭、麻木不仁者所望塵莫及。為此、亞氏指詩人是天資聰穎與感情狂熱的組合（*Poetics* XVII, 1455^{a}30–34）。

55. 雖然亞氏並未對靈功能作三分法，但我們既以聖十字若望為懇談對象，就不妨引用亞氏心得來配合十字若望分法。關於聖人靈功能分辨，參閱其《攀登加爾默羅山》卷二、卷三。
56. 參閱陳中梅譯注亞氏《詩學》，頁293，註78。

此三功能隸屬同一位詩人，凝聚著同一份詩心，一旦發揮作用，則應物斯感，感物吟志，形諸舞詠。

iii）詩被催成的剎那

詩人優厚的天份，加上後天的加工，遂在美感被觸動的剎那，從所浸潤的語文當中，製作扣人心弦的詩篇。即使亞氏未及反思詩人孕育詩句一瞬間的內在光景，到底因其以詩之為「創作／*poiētikē*」一事，以致當代語言哲學得以把握其中要領。

有關詩被催成的剎那，梅露龐蒂（Maurice Merleau-Ponty, 1908-1961）有這樣的體會：與其說詩人在有所感觸後、才忙著找尋適當的字句來表達心志，不如說人在既有的語文上，創造出嶄新的意境。梅氏《知覺現象學》分辨「講話中的字／Word in the Speaking ／ La parole parlante」與「已被講的字／Spoken Word ／ *La parole parlée*」二者[57]。

後者（已被講的字／La parole parlée）意謂一文化所擁有的語言，其字義已被表達，沈澱在文本或遺跡中，可從字典上被查閱。

前者（講話中的字／La parole parlante）則意謂著字義正在生產之際，要在詩人的感觸下成形；此時、意義並不先於語言的表達，而是在字辭上冒出前所未有的涵義。詩人並不脫離所浸潤的文字來思考，也不是事先想好一首詩的內容，再藉語言來發表。相反地、他是在實現一思想，在句子的流露中呈現。在創作的剎那，語言與思想是一致的（identical），是為同一回事的兩面；思想是語言的主體面，語言是思想的形軀面[58]。

我們可藉類比的方式來說明詩的創作：文字好比畫板上的顏料、或樂器所蘊含的音響。

57. Maurice Merleau-Ponty, *Phenomenology of Perception* （London & Henley: Routledge & Kegan Paul, 1962）, p. 197.
58. Merleau-Ponty, *Phenomenology of Perception*, p. 178.

剋就顏料本身不足以提供圖畫的意義；
剋就樂器本身不足以提供音樂的意義；
剋就文字本身不足以提供詩詞的意義。
藝術家須用原初的顏料來製造畫意；
作曲家須用原初的音響來創作旋律；
詠詩者須用原初的文字來孕育靈感。
圖畫的意義內在於顏料的運作中；
樂曲的意義內在於音響的搖曳中；
詩篇的意義內在於文字的抒展中。

詩人在文字中醞釀思考，也在語言中轉化語意。思想在語詞的交匯中脫穎而出，靈感在文字的輾轉下應運而生。詩人並不在詠詩前思考，甚至不在吟詩中思考，他的詩句就是他的思考[59]。

人能超越所投入的言說而製造新意，詩人能駕御所降孕的語文來展現創新力。就在受感觸的瞬昔，他那純熟的技藝，響應著語詞的飛舞，配合著節奏的律動，就此振盪出美得叫人出神的縷思，鑄下令人動容的字句。在這驚鴻一瞥的揮灑間，思想蘊含在語言內，思想不離語言，思想不異於語言，思想就是語言。此之謂神思[60]，在詩人的精工妙筆下被留住而永垂不朽。

3. 連貫亞氏四因說來落實詩的定義

亞氏《詩學》追溯詩的本質義，先後接觸到一系列關鍵詞如「*logos*／語言」、「*rhuthmos*

59. Merleau-Ponty, *Phenomenology of Perception*, pp. 179–180.
60. 劉勰《文心雕龍．神思第二十六》：「故寂然凝慮，思接千載；悄焉動容，視通萬里；吟詠之間，吐納珠玉之聲；眉睫之前，卷舒風雲之色。」

／節奏」、「*mimesis*／摹仿」、「*katharsis*／滌淨」等，也環繞著「*kalos*／美」的體認而展示詩人靈感的兌現。這一系列辭彙多少提示我們去串連亞氏《形上學》四因說[61]來作聯想：詩以語言、節奏作行文的「形式因」；以世物、史事作摹擬的「質料因」；以滌淨身、心、靈、而致移風易俗、上體天心作為提昇的「目的因」；以詩人、美的感應和吟詠作為孕育詩句的「動力因」。

換言之、詩可被套在四因說的架構來展現其脈絡：

在形式因的前提下，詩是文學創作，蘊含格律體裁而可以入樂，故以 *logos*、*rhuthmos*、*harmonia* 等字作基本語。

在質料因的背景下，詩以世物、史事作為原初材料，讓詩人去擬事象物、形成象徵、進行比興，而致標榜 *mimesis* 作核心辭。

在目的因的示意下，詩詞雖不以說教為旨、卻以詠懷為志，吟諷間達致淨化個人與社會，讓民德歸厚、翕合天道，致使 *katharsis* 一辭得以被凸顯。

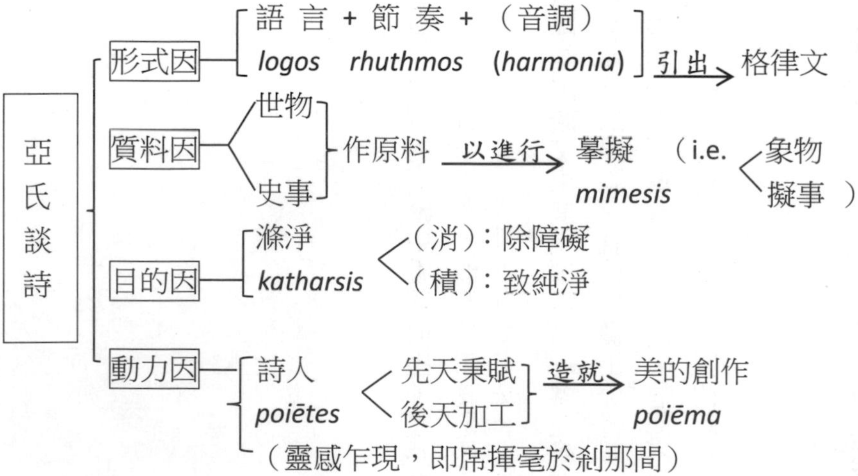

亞氏談詩

- 形式因——語 言 + 節 奏 + （音調） / *logos* *rhuthmos* (*harmonia*) ——引出→ 格律文
- 質料因——世物 / 史事 ——作原料 ——以進行→ 摹擬 *mimesis* （i.e. 象物 / 擬事 ）
- 目的因——滌淨 *katharsis* ——（消）：除障礙 / （積）：致純淨
- 動力因——詩人 *poiētes* ——先天秉賦 / 後天加工 ——造就→ 美的創作 *poiēma*
  （靈感乍現，即席揮毫於剎那間）

61. Aristotle, *Metaphysics* V, 2, 1013a24–1014a25. 初步引介參閱沈清松《物理之後：形上學的發展》（台北：牛頓，1987），頁 109–114.

在動力因的指引下，詩人的靈感成了一股吟詠的動力，環繞著*kalos*一義而展開，寓意著詠詩者的努力及天份都是重要因素。

如此一來，詩可被定義為蘊含格律體裁的文學創作，在詩人美感的帶動下、而取材世間物事來作摹擬對象，藉此陶冶個體與群體性情而臻至昇華的目標。其中涵義，茲藉右頁圖示意：

揮筆至此、我們或許已具備較充份的背景去檢討聖十字若望的詩心。

二、藉亞氏《詩學》觀點檢討聖十字若望詩心

當我們落實在聖十字若望的詩作來進行反思之際，也許會碰觸到以下的兩重體會：

其一是、要研究聖人的著作，須優先處理他的「詩」；

其二是、要探討聖人的詩，須同時正視他的「人」。

關於第一點，聖人的長篇論著，皆引申自他的詩；讀者們是因為讀到他的詩才要求他作注解，而致聖人才演繹其四本鉅著[62]。為此、若不率先掌握他的詩，則其神祕學精髓也恐被失之交臂。

關於第二點，讀者一旦探討聖人的詩，就發覺有必要追溯他的生平行實、人格氣質，藉此內在地扣緊他的詩心來複製詩中的感受[63]。

固然我們礙於篇幅所限、未能細緻交待聖人的生平行實，到底仍可借助亞氏《詩學》的提示，而把聖人的詩心聚焦在其（一）詩作的昇華、（二）詩學的陶成、（三）天賦的卓越、（四）摹擬的深義等重點來作評估。

62　西班牙文之聖十字若望全集以其詩作為第一順序。Kavanaugh英譯1991年再版也仿照西文之編排。這等於間接告訴我們：從聖人詩作入手研究是理所當然的步驟。

63. Gerald Brenan和Colin Thompson都因著專注聖人的詩而自覺必須敘述其生平，以體認其活的見證。Gerald Brenan, *Saint John of the Cross: His Life and Poetry*（Cambridge: Cambridge University Press, 1973）. Colin Thompson, *The Poet and the Mystic: A Study of Cántico Espiritual of San Juan de la Cruz*（London: Oxford University Press, 1977）.

（一）詩作的昇華

為因應「*katharsis*／滌淨」目標作考量，我們在此指出：聖人不單談主動與被動的「黑夜」之淨化，且因上應天道而體證極緻之美。我們既已從美的三重向度——型器之美、感知之美、存有學之美——作過分析，於此從略。

（二）詩學的陶成

站在「*logos*／語文」、「*rhuthmos*／節奏」、「*harmonia*／音調」等形式面問及聖人詩文的陶成，我們能給予的提示是：聖人青少年期已開始接受紮實的古典文學訓練，其師盡是名重一時的人物，加上聖人挑燈夜讀的苦學，早已在學術上打下深厚的基礎㊹。

（三）天賦的卓越

凡感受「*kalos*／美」而衍生創作動力的藝術家，其天份自是不可或缺的一環。在這方面，聖十字若望深具藝術氣質與秉賦，他多才多藝，除了吟詩之外，尚涵括雕刻、繪畫、和音樂。**雕刻方面**，按當時人的見證，聖人在營建第一批革新聖衣會女修院時，往往在空餘時間來木刻製作十字架㊺。**繪畫方面**，目前仍殘存一些小畫、素描；其中最受注目的是現藏於亞味拉降生隱院（the Convent of the Incarnation in Avila）內的一幅基督懸在十字架上的苦像㊻。**音樂方面**，他常歌唱，愛好作曲，按其旅途同伴的報導，每當他一離開市鎮、就會即興寫譜作樂，以文詞和旋律來表現心靈深處的情感㊼。固然、在眾多才藝上、聖人最善於賦詩；詩作方面，其心情之敏銳、感受之深厚，可拿詩人卡羅斯·穆西安諾（Carlos Murciano）

64. 有關於聖人早年受訓情形，參閱Kieran Kavanaugh, "*General Introduction*", in *The Collected Works of St. John of the Cross*, pp. 16–18.
65. *Vida y obras de San Juan de la Cruz*, 4ª edición. Por Crisógono de Jesús, OCD（Madrid: La Editorial Católica, S. A., 1960）, pp. 83–84, 87. J. C. Nieto, *Mystic, Rebel, Saint: A Study of St. John of the Cross*（Genève: Droz, 1979）, p. 101.
66. Vida y obras, pp. 114–115; René Huyghe, "The Christ of St. John of the Cross" in *The Three*

之言來形容：「此人外皮是灰燼，內臟是烈焰。」⑱他行文造句、拿捏得當，配合意境、天衣無縫；難能可貴的是：當其意象巧用在神祕經驗當兒，竟是如此地渾然天成，毫無矯揉造作，簡直是鬼斧神工、登峰造極，讓讀者在感動中自然而然地舉心向上，獲得美的淨化。如此的造詣，雖然部份地得力於後天的努力、與靈修的超卓，到底這仍多半是由於先天的秉賦所致，非純粹藉師從學來。無怪乎柯文諾神父譽之為西班牙最崇高的詩人⑲。

然而、在聖人的詩心上、最值得我們留意的、應該是其詩句所摹擬的事象及其中所蘊含的深義。

（四）摹擬的深義

詩人善於「*mimesis*／摹仿」，能「近取諸身、遠取諸物」，把山川草木、史事典故等原初質料，在摹擬中化作靈巧的意象。聖十字若望既是一位傑出的詩人，其意象的運用是為得心應手的自然流露，並不刻意求工。這種現象不單呈現在他的詩作上，甚至出現在其非格律文的著作中，例如：

——小鳥不先掙脫細線，不能展翼高飛；
靈魂執著於世物，達不到神性結合（《山》1·11·4）。

——神視之靈光乍現如同閃電，在黑夜中掠過，
照亮長空，瞬間復歸於幽暗（《山》2·24·5）。

——凡放棄機會的人，就如同讓小鳥從掌握中飛走，
一去不復回（《光與愛的話語》29）。

Mystics, ed. by Bruno de Jésus Marie, OCD（New York: Sheed & Ward, 1949, reprinted 1952），pp. 96-98; J. C. Nieto, *Mystic, Rebel, Saint*, pp. 81, 105-106.

67. Frederico Ruiz, OCD 著，台灣加爾默羅隱修會譯《聖十字若望的生平與教導》（台北：上智，2000年），頁 68.

68. Ruiz,《聖｜字若望的生平與教導》，頁 49.

69. Kieran Kavanaugh, *"Introduction to the Poetry"*, in *The Collected Works of St. John of the Cross*, p. 709.

——在生命的黃昏，你將在愛中接受審察（《光與愛的話語》57）。

此等警句，俯拾即是；其意象的精闢，可謂絲絲入扣。若扣緊其詩作來考量其中的意象，則最受注目的要算是「愛侶的相戀」、「黑夜」、「烈焰」三者，分別吐露在〈靈歌〉、〈黑夜〉、〈愛的活焰〉的脈絡中。

〈靈歌〉以愛侶的戀慕為經，以景物的鋪陳為緯，編織出人神間相愛的「起」、「承」、「合」之歷程，並引用舊約《雅歌》的典故，來繪畫「愛者的黝黑」（《雅歌》1：5／〈靈歌〉33）、「雄鹿的隱遁」（《雅歌》2：17－3：3／〈靈歌〉1）、「鴿子的眼神」（《雅歌》1：15，5：11／〈靈歌〉13 & 34）等意象，推陳出新中尤透露靈魂思慕上主的情傷與淒美。全詩構思於托利多（Toledo）被囚的日子，但眾詩節卻斷續地在不同的時候出現，其間還夾雜著〈黑夜〉的構思與撰寫，藉此間接地提示著二詩意境的牽連[70]。

〈黑夜〉以黃昏、夜靜、黎明的意象為主軸，穿梳著愛者的安枕與柔眠，隱晦著愛、苦、與滌淨，遙契著吾主的受難、聖死、與復活，相應著修行者的煉淨、冥契與昇華[71]。〈靈歌〉與〈黑夜〉所指望的轉化與圓滿，要在〈愛的活焰〉中呈現其高潮[72]。

〈愛的活焰〉凸顯烈焰、燒灼的意象，來象徵愛的熾熱。愛者恰如受試煉的黃金，在成全的愛中與火焰溶冶一爐，在燃燒中化作一體。字裡行間，提示著「神化結合」所臻致的爐火純青。〈靈歌〉不下四十詩節，〈黑夜〉尚含八詩節，卻要等待〈愛的活焰〉四詩節的問世、來畫下《雅歌》所造就的完美句點：「愛情猛如死亡，⋯它的焰是火焰，⋯洪流不能熄滅愛情，江河不能將它沖去，⋯」（《雅歌》6：6－7／思高本譯文）

70. 〈靈歌〉的前三十一詩節寫於1578年。〈黑夜〉寫於1579至81年間。〈靈歌〉之第三十二至三十九詩節則完成於1582至85年間。參閱Kavanaugh, "General Introduction" in *The Collected Works of St. John of the Cross*, pp. 33–34.

71. 艾笛思坦（Edith Stein）指〈黑夜〉一詩以自然現象——黃昏、黑夜、黎明，來配合歷史事跡——基督與信徒的十字架之路。E. Stein, *Science of the Cross*, pp. 25–27.（參閱註48）。

72. 〈愛的活焰〉寫於1585年，在〈靈歌〉完成的那年。

參、從愛的情傷到美的昇華——以聖十字若望三首詩的意境落實

聖十字若望是為了給〈靈歌〉、〈黑夜〉、〈愛的活焰〉這三首詩作註而寫下他的四部長篇鉅著，這形同暗示我們去用「愛」、「夜」、「焰」三意象來串連起一個主題——人與神戀愛、經歷「黃昏、黑夜與黎明」，要在紅紅烈火中轉化，展望「全福」的團圓。詩既是美的創作，而作者又是神祕家，我們更有理由把其詩的主題放在美的前提來體會下列三重比對：

一、淒美與完美

德國詩人賀德齡（Johann C. Friedrich Hölderlin, 1770–1843）曾在其作品中透露了詩人美感的辯證[73]：

「正」——詩人比平常人更親近大自然；

「反」——這份親近叫他倍感「存在的孤立」；

「合」——這份「親近」與「孤立」間的張力，隱然寓意著詩心對「絕對的美」的嚮慕。

「正」——**詩人對大自然的親近**

詩人在感受上比一般人敏銳、更容易與事物玄同彼我，與大自然產生內心的共鳴，在默默觀賞萬有中與之融合為一，把感受化作靈秀的詩句，讓讀者也沾得美緻的感動。

「反」——**詩人的存在孤立感**

然而、甚至連詩人也不常活在美的融洽內；短暫的美感與出神，就如同閃電的瞬間掠過，消失在夜空的幽暗中，而帶來深度的「鄉愁」，痛入骨髓地刺傷詩人的心坎。

「合」——**詩心隱然嚮往至美**

深藏在詩心的傷感（poetic melancholy），卻是一股對準無限之美的嚮慕，「恰如麋鹿切慕

73. Johann C. F. Hölderlin, Menon's Lament for Diotima. Cf. Ladislaus Boros, *The Moment of Truth: Mysterium Mortis*.（*London:Burns & Oates*, 1965; paperback edition 1969）, p. 66. 參閱拙作〈死亡的一剎那——一個超驗法的探索〉，《哲學與文化》第廿四卷第六、七期合訂本，1997年6月，頁532–533.

溪水，我的心切慕祢」（《聖詠》42）。詩是思鄉的語言，向著無限境界開放，渴望與至美的彼岸冥合。

詩人的鄉愁，在聖十字若望的〈靈歌〉中表現得淋漓盡致。詩心上達天心，化作淒美的嚮慕：「祢隱藏在那裡？心愛的，留下我獨自嘆息，祢宛如雄鹿飛逝，於創傷我之後；我追隨呼喚，卻杳無蹤跡。」（〈靈歌〉1）「為何祢創傷此心，卻不醫治？偷取了我的心，又怎的留它如此？為何不帶走這顆祢偷去的心？」（〈靈歌〉9）作為過來人、聖女大德蘭在這方面作了有力的印證：靈魂一旦嚐到神的甘飴，會更為飢渴思慕，心情如同蜜蠟的烙印，傷痕永不磨滅（《靈心城堡》5．2．12）。

相對於〈靈歌〉的淒美，〈愛的活焰〉卻展現一份完美：「**何其可愛柔輕！爾醒於我心！幽隱爾獨居；爾之甜蜜噓氣，幸福光榮溢滿，何其溫柔，爾以愛情濔我心頭！**」（〈焰〉4）人在愛內轉化，化作分享的神，舉手投足之間，也與神心情契合無間，臻至人世最高程度的冥合。

然而，甚至在神婚的境界，尚有其未絕對成全的隔閡，靈魂仍須等待「**撕破此紗甜蜜相遇**」（〈焰〉1）展望來世的「全福」（《靈歌》26．11；《夜》2．20．5）。我們除了從聖人的詩體會一份鄉愁與全福的張力外，尚且也領略到其中優美與壯美的對比。

二、優美與壯美

英國哲人包爾克（Edmund Burke, 1729–1797）在《崇高與美緻》（*On the Sublime and the*

Beautiful，1756）一書分辨「壯美」與「優美」二者，相應著姚姬傳[74]〈復魯絜非書〉所指之「陽剛」與「陰柔」之美：

> 自諸子而降，其為文無有弗偏者。其得於陽與剛之美者，則其文如霆如電，如長風之出谷，如崇山峻崖，如決大河，如奔騏驥；其光也如杲日，如火，如金鏐鐵；其於人也如憑高視遠，如君而朝萬眾，如鼓萬勇士而戰之。其得於陰與柔之美者，則其為文如升初日，如清風，如雲，如霞，如煙，如幽林曲澗，如淪，如漾，如珠玉之輝，如鴻鵠之鳴而入寥闊；其於人也漻乎其如歎，邈乎其如有思，喚乎其如喜，愀乎其如悲。觀其文，諷其音，則為文者之性情，形狀舉以殊焉。

剋就聖十字若望詩句的表現，每多陰柔優雅之緻；然言及其對神之體會，則壯美與優美兼備。〈靈歌〉14詩節彰顯神之崇高：「我的愛人是綿綿的崇山峻嶺，孤寂的森林幽谷。」對其30詩節呈現神之雅緻：「花兒朵朵，翡翠片片，清涼早晨細挑選，我倆同來編花圈。」對神的體證，聖人尤凸顯人對聖域所同時感受的「戰慄」（*mysterium tremendum*）與「陶醉」（*mysterium fascinosum*）（借用奧圖（Rudolf Otto, 1869–1937）*The Idea of the Holy*（1917）之語）。合併其對〈靈歌〉與〈愛的活焰〉之註解，我們則聆聽到如此的分享：人尚未達致最高程度的轉化以前，與神交往，則神壯美的震撼、往往會凌駕於神優美的溫馨之上（《靈歌》14–15，17–18）；但當靈魂已在「神婚」中被「神化」，則會同時安享於神的雄壯與柔情（《焰》4．2–7 & 11–12），以致一方面能用《聖詠》19首之「乾坤揭主榮，碧穹布化工」來讚嘆神的宏偉，另一方面又能用《依撒意亞先知書》（42：3）之「已壓破的蘆葦、他不

74. 姚鼐，字姬傳，清朝桐城派集大成者。

折斷，將熄滅的燈心、他不吹滅」來誦讚神的細膩。

當〈靈歌〉與〈愛的活焰〉配合了〈黑夜〉的意境，我們尚可尖銳化和白熱化地藉「垂暮之美」與「昇華之美」的拉鋸來引申出以下的一條思路。

三、垂暮之美與昇華之美

川端康成（1899–1972）在〈臨終之眼〉一文指示，對藝術家而言，其在「藝術達到登峰造極之境，都會展現臨終之眼。」他在形容芥川龍之介的將死時透露：「對一個心境靜如修行僧『冰一般透澈』的人來說，線香的燃燒聽來猶如祝融之聲，而香灰掉落，竟如落雷般響在耳際。」⑮他還引用芥川死前〈給某舊友手記〉之語：「自然之所以如此美麗，是因為映入我這種人的臨終之眼的緣故。」字裡行間，至少隱然地給我們帶出如此的訊息：詩人面臨生命極限的谷底，尚且藉詩句來綻放垂暮之美，並展望彼岸美的昇華，以致給予我們一個基台去體會聖十字若望〈黑夜〉所提示的意象。

於此，後期海德格（Martin Heidegger, 1884–1976）對詩學的反省值得我們聆聽：詩人的鬱結，尚且有賴哲人的疏解；詩人讓言語棲居回原初的懷抱，哲人讓真理從幽蔽中揭露；沒有詩人的惆悵，我們回不到深淵的源處；缺乏哲人的慧眼，我們揭不開存有的面紗⑯。感謝上主讓聖十字若望兼備詩人與哲人的秉賦，能以哲人的智慧，來點化詩人的傷感。若把〈黑夜〉一詩的意象，按照《攀登加爾默羅山》和《黑夜》兩本鉅著來釐清，則可窺見其中的象徵，正好糾纏著三個層面的律動：

①自然作為過程所刻畫的黃昏、黑夜與黎明；

75. 川端康成〈臨終之眼〉，刊於陳恆嘉譯《十一月的憂鬱》（台北：圓神，1987年）。
76. 這是海德格在後期研究詩學累積的心得；參閱Martin Heidegger, *Poetry, Language, Thought*. Translated by Albert Hofstadter （New York: Harper Colophon Books, 1975）. Martin Heidegger, *On the Way to Language*. Translated by Peter Hertz （New York: Harper & Row, 1982）.

②吾主作為情郎所經歷的苦難、聖死與復活；
③靈魂作為愛卿所走過的滌淨、傷逝與昇華。

自然的黃昏、黑夜、黎明

聖人是大自然的好友。〈黑夜〉的象徵幾乎全來自親身經驗。某非赤足加爾默羅會士貝拉斯各（Velasco），寫了一本若望的哥哥方濟各的傳記，書中敘述每逢夏日黃昏，若望有時去廣闊田野，祈禱一、二個小時，躺臥在地上，注視天空。他的哥哥也多次陪伴著他。他愛大自然，愛夜晚和夜空的星星，無疑地根植於童年經驗⑰。

聖人既然從小已習慣沐浴於自然的夜空，以致「黑夜」是順手拈來而又得心應手的意象。作為自然現象來說，「黑夜」並不是「對象」（object）、而是「氛圍」（milieu），使周遭的景物籠罩在暗昧的虛寂中，讓人的存在（外在）境遇地備受恐嚇、（內在）功能地備受牽制，不過也給大地驅散了喧與擾、而帶來寧與靜。如此的意象，容易讓我們從物理世界之夜、跳躍到心靈世界之夜，領會到自然界之「黃昏、黑夜、黎明」，可象徵著靈修上的「煉路、明路、合路」⑱，標榜著割捨、傷痛、滌淨。

有趣的是，十字若望的詩句尤強調晚間優於白日、黑夜勝於黎明：

——「如此導引，遠勝午日光明。」（〈黑夜〉4）

——「啊！領導之夜，啊！可愛更勝黎明之夜。」（〈黑夜〉5）

若要道破其中奧祕，我們尚須把「夜」的意境、連貫至「愛」的甘苦而一併考量：

——「沒有其他光明和引領，除祂焚灼我心靈。」（〈黑夜〉3）

——「啊！結合之夜，兩情相親，神化卿卿似君卿。」（〈黑夜〉5）

77. Frederico Ruiz, OCD 著，台灣加爾默羅隱修會譯《聖十字若望的生平與教導》（台北：上智，2000年），頁69.

78. Cf. Edith *Stein, Science of the Cross,* pp. 25–26.

「愛」牽涉著「愛者」與「被愛者」兩個主體；我們須追溯這兩個主體——吾主與靈魂——在相愛中「黑夜」之心路歷程。

吾主的苦難、聖死、復活

古希臘神話的神在嫉妒人，因為人可以因著愛（例如：英雄Perseus／佩耳修斯深愛著公主Andromeda／安德羅墨達）而有勇氣面對危險、痛苦、傷害，甚至不惜犧牲自己，以致赴湯蹈火、在所不辭；反之，希臘的神沒有死亡，不能受苦，無所謂有勇氣，更談不上藉犧牲來彰顯自己的愛。時至上古哲學之末，普羅提諾則體會到愛要求付出，以至神——「太一」（Ultimate One）——傾瀉了自己，流出萬物，讓人在還愛中回歸本源，但未想到基督宗教的神竟然因了愛而降生成人：「祂雖具有天主的形體，並沒有以自己與天主同等，為應當把持不捨的，卻使自己空虛，取了奴僕的形體，與人相似，形狀也一見如人；祂貶抑自己，聽命至死，且死在十字架上。」（《斐理伯人書》2：6–8）「祂既然愛了世上屬於自己的人，就愛他們到底。」（《若望福音》13：1）「人若為自己的朋友捨掉性命，再沒有比這更大的愛情了。」（《若望福音》15：13）祂說：「一粒麥子如果不落在地裡死了，仍只是一粒；如果死了，纔結出許多子粒來。」（《若望福音》12：24）「當我從地上被舉起來時，便要吸引眾人來歸向我。」（《若望福音》12：32）在主耶穌身上，我們接觸到深情的天主，邂逅到一位甘願為愛付出一切、甚至自己生命的愛者。

誠然，吾主在世也經歷其「黑夜」，祂說：「現在我心神煩亂，我可以說什麼呢？我說：父啊！救我脫離這時辰罷？但正是為此，我纔到了這時辰。」（《若望福音》12：27）在山園的晚禱中也說：「父啊！祢如果願意，請給我免去這杯罷！但不要隨我的意願，惟照祢的意願成就罷！」……祂在極度恐慌中，祈禱越發懇切；祂的汗如同血珠滴在地上（《路加福音》22：42-44）。及至聖身懸在十字架上也喊出：「我的天主，我的天主！祢為什麼捨棄了我？」（《瑪竇福音》27：46）

這份愛的苦杯，深深地打動了聖十字若望的心坎，他既取名「十字若望」，就是渴願與吾主一起背負十字架來還愛於祂，並延續他在世的救贖工程，如同保祿宗徒所言：「如今我（保祿）在為你們受苦，反覺高興，因為這樣我可在我的肉身上，為基督的身體——教會，補充基督的苦難所欠缺的。」（《哥羅森人書》1：24）聖人更深深明白主耶穌這的一句話：「不論誰，若不背著自己的十字架，在我後面走，不能做我的門徒。」（《路加福音》14：27）也就是說，作為吾主的愛者，靈魂的十字架之路，也是成德之路，人經歷痛苦、滌淨，而達致生命的昇華，如同保祿宗徒所說：「如果我們藉著同祂相似的死亡，已與祂結合，也要藉著同祂相似的復活與祂結合。」（《羅馬人書》6：5）「所以，如果我們與基督同死，我們相信也要與祂同生。」（《羅馬人書》6：8）

靈魂的滌淨、傷逝、昇華

愛就是要求與她的對象結合。人與神相戀，靈魂渴願與神合而為一。

1. 滌淨

可是，若要在世上達致人神間圓滿的結合，其前提是：靈魂須經歷徹底的煉淨而被「神化」（Being Divinized），造就「分享的神」（Divinization by Participation）（《山》3．2．8；《靈歌》22．3；39．6；《焰》1．9）。誠然，人的不成全、相較於神的完美，兩者之間的距離過於懸殊；要達致「神化」，靈魂則須邁上一段激烈的「淨化」過程，而煉淨的面向，剋就《攀登加爾默羅山》和《黑夜》的闡釋，涵括「主動的感官之夜」、「主動的心靈之夜」、「被動的感官之夜」、「被動的心靈之夜」四者。尤其在被動之夜上看，我們愈察覺到神主動的參與和協助，好讓靈魂完成這份艱鉅的任務，相應著《焰》3．28的話：「如果一個人在尋找天主，他心愛的主更是在尋找他。」

2. 傷逝

在愛與煉淨的歷程中，如果我們曉得從「望德」的眼光來觀看，會更能體認聖人對〈黑夜〉所欣賞的美。他之所以珍惜黑夜更優於白晝（〈黑夜〉4）、甘嚐夜苦更勝於黎明（〈黑夜〉5），原因是他更領略到「希望」的淒美，也在愛與希望中沾得一份遠景

——活在希望中，就是尚處在幽暗中[79]；

——處在黑夜沉淵的靈魂，會更尖銳化地迎向所渴望的光芒；

——詩人鄉愁的懇切，更牽動還鄉的團聚；

——經歷湛深的情傷，更能珍惜結合的圓滿。

再者，〈黑夜〉第八詩節是一段相當耐人尋味的句語：

捨棄自己又相忘；
垂枕頰面依君郎；
萬事休；離己遠走，
拋卻俗塵，
相忘百合花層。

語中提示靈魂在愛中忘卻自己；他只注意到自己的愛人，且願意為愛人作出犧牲。誠然，

79. 有關「希望」進一步的引介，參閱拙作《愛、恨與死亡》（台北：商務，1997），第十三章：〈希望形上學導論——馬賽爾《旅途之人》釋義〉頁432–478。

80. *Vida y obras de San Juan de la Cruz*, 4ª edición. Por Crisógono de Jesús, OCD （Madrid: La Editorial Católica, S. A., 1960）, pp. 337–8.（英譯）Crisógono de Jesús, *The Life of St. John of the Cross* （London: Longmans, 1958）, p. 268. Federico Ruiz《聖十字若望的生平與教導》（台北：上智，2000），p. 47。

愛要求與愛者心靈認同，吾主以十字架苦路來救贖所愛的我們；聖人渴願以痛苦犧牲來與愛者基督看齊。…

當聖人在基督背負十字架的畫像前聆聽到吾主的問語：「你願意獲得什麼作為你侍奉我的報酬？」他毫不躊躇地回應：「主，願為你而受苦及被輕視！」[80]

言下之意是：我願藉個人的憂苦來翕合您的憂苦，好讓我在愛的苦痛中相似您，也讓您的黑夜有一個愛侶陪伴，使您的苦路走得不孤寂。我的苦難微不足道，但接合起您的大愛，卻可延續您的救贖工程。我只渴望在您愛的工程上、因我微弱的配合、而走得更順暢。我的名字既然叫「十字若望」，就願我為愛您和您所愛的世人而背負這名字所蘊含的聖召[81]。

3. 昇華

愛與犧牲就是如此地吊詭！

馬賽爾意會：當父親為救溺水的兒子而自我犧牲，他不再為自己保留什麼，卻潛意識地相信父子倆尚會在愛中保持著超越個體的連繫，而兒子的獲救要成了一己喜樂的泉源[82]。

狄更斯（Charles Dickens, 1812–1870）寫《雙城記》（*A Tale of Two Cities*），描述愛者辛尼（Sydney）深愛著露西（Lucie），以致毅然代替她的丈夫查理（Charles）上斷頭台；他踏進監獄、步入囚車、走上刑台，再沒有為自己保留什麼，仍在心底裡為愛人祝福；個人的犧牲、可換來愛人的幸福與圓滿；內心混雜著情傷與喜悅，愛的垂暮、帶來愛的昇華，赴死的路程卻牽動著心坎的一份歡愉、安祥與寧靜。

如果「美感」意謂著內心無所待於利的憩息，那麼、愛的昇華無異於美的昇華，我們最終可以在絕對圓滿的「一」、「真」、「善」、「美」的本體內尋獲「愛」的位置。「天主是愛」

81. J. C. Nieto, *Mystic, Rebel, Saint*（Genève: Droz, 1979）, p. 81: Nieto以此神諭（Locution）為聖十字若望理想的投射、聖召的回應；聖人之內心感召及修道理想、在乎效法苦難的基督，背負基督的十字架，為愛而延續吾主的救世工程。Cf. *Paul, Colossians* 1: 24。

82. Gabriel Marcel, *The Mystery of Being, Vol. II: Faith & Reality*（Chicago: Henri Regnery, 1951）, p. 168.

《若望福音》一，4：8；4：16）在無限永恆的界線上、「愛」與「美」是同一個存有的不同屬性，圓融地在一體中彼此吻合，以致生活在愛中的人，也生活在美的境界中。愛的情傷與犧牲，指向美的昇華，以致我們毫不遲疑地說：誠摯的愛者就是本真的美者，在聖十字若望的詩心內透顯。

聖十字若望欲用神哲學的體系來詮釋〈黑夜〉的詩境，但他只分析了前二詩節；其哲思成了未竟之志。

艾笛思坦企圖用《十字架的科學》[83]來交待聖十字若望〈黑夜〉的哲思，她也尚未完成，就以身殉道。

這似乎在寓意著：

——黃昏、黑夜、黎明；

——苦難、聖死、復活；

——滌淨、傷逝、昇華。

其中的奧祕，

無從徹底用哲學言語來釐清，

卻可用詩的吟諷來歌誦。

海德格的提示有其理緻：

真理的面紗由哲人來揭露；但存有的底蘊須由詩人來探測。

其中來龍去脈，茲引用下頁圖作提示：

結語

83. 閱第四章註釋20。

引：

聖十字若望的詩心給我們作這樣的指

基督徒的靈修，意謂著

——與上主談一場轟轟烈烈的戀愛！

——用生命來創造美輪美奐的靈歌！

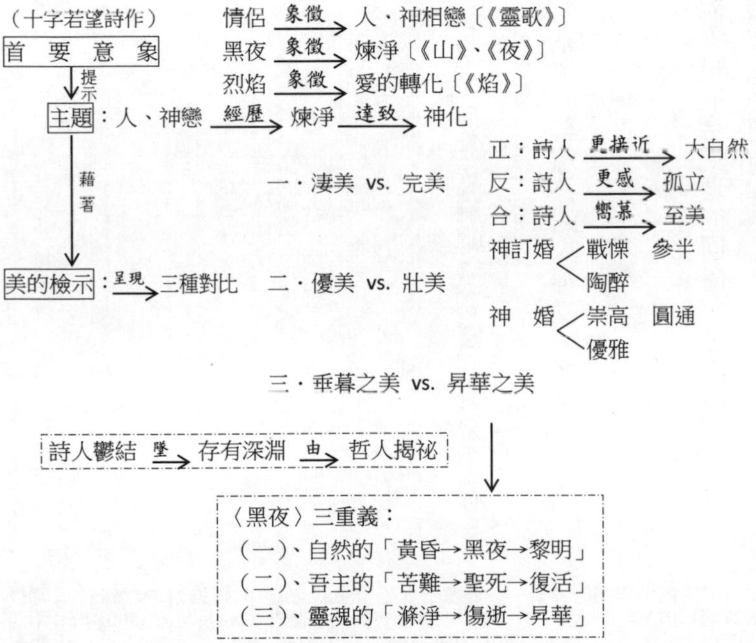

（十字若望詩作）

首要意象：
- 情侶 —象徵→ 人、神相戀〔《靈歌》〕
- 黑夜 —象徵→ 煉淨〔《山》、《夜》〕
- 烈焰 —象徵→ 愛的轉化〔《焰》〕

↓ 提示

主題：人、神戀 —經歷→ 煉淨 —達致→ 神化

↓ 藉著

美的檢示：—呈現→ 三種對比

一．淒美 vs. 完美
- 正：詩人 —更接近→ 大自然
- 反：詩人 —更感→ 孤立
- 合：詩人 —嚮慕→ 至美

二．優美 vs. 壯美
- 神訂婚：戰慄、陶醉　參半
- 神　婚：崇高、優雅　圓通

三．垂暮之美 vs. 昇華之美

詩人鬱結 —墜→ 存有深淵 —由→ 哲人揭祕

↓

〈黑夜〉三重義：
（一）、自然的「黃昏→黑夜→黎明」
（二）、吾主的「苦難→聖死→復活」
（三）、靈魂的「滌淨→傷逝→昇華」

第八章

詩心與神操——

聖十字若望和聖依納爵的精神交匯

——在詩被催成的剎那間，聖十字若望如何從意識轉變和靈感凝聚中讓詩作脫穎而出①？

——其詩心的悸動，是否得力於聖依納爵．羅耀拉的《神操》②？

為容許這份提問（Status Quaestionis）能獲得較合情理的回應，茲讓我們藉以下的一個實例來作指引，好讓其中的懸疑可順利地迎刃而解③。

1. 本文是為拙作〈愛的情傷與美的昇華——與聖十字若望懇談詩心〉的延續；前文曾刊於《輔仁宗教研究》第27期（2013年秋），頁 127-184, 也曾發表於《慶祝聖女大德蘭誕生500週年：中西思想中的天心與人心——天主教密契論與中華靈修國際學術研討會（論文集）》輔仁大學天主教研修學士學位學程主辦，西班牙Universidad Mystica合辦，于斌樞機主教天主教人才培育基金贊助，2013年5月25日，輔仁大學百鍊廳。上文文中曾描述詩人在詩被催成剎那間之神思運作，然尚未聚焦在聖十字若望身上來作較具體的體會；本文企圖對這一遺缺作一補足。我們欲在此嘗試從十字若望成詩剎那中、企圖凸顯「愛的情傷與美的昇華」之心境。
2. 聖十字若望早年在文學、詩學、及靈修方面之培育，主要出自耶穌會士所創辦之公學院，以致此一提問並非無理取鬧、或有意穿鑿附會。
3. 聖依納爵（St. Ignatius of Loyola, 1491-1556）所著《神操》（*Spiritual Exercises*）中譯文主要參閱王昌祉神父譯本（台中：光啟，1960年四月再版）。

壹、從聖十字若望成詩剎那的一個實例說起

按基索干諾神父（Crisógono de Jesús, OCD）給聖十字若望所撰寫的生平傳記④，聖人某天在修道院內注視著牆壁上所陳列的一幅油畫，構圖取材自《依撒意亞先知書》5：1－2的意象⑤，畫中展現著一個窄酒池，在其上懸著一串結實纍纍的葡萄，液汁流溢、魚貫而出，象徵著吾主耶穌基督聖身之懸在十字架上，為愛而傾流著聖血，聖人在凝視時感動得出神，頓時容光煥發，口中念念有詞地吟詠出一首詩作，尚且情不自禁地擁抱著旁邊的巨大苦架，夾雜著修女們聽不懂的拉丁語⑥。……

固然，以聖人的天份來說，吟詩為他而言並不是一件難事，他在任何時候都可以創作詩歌，連平日在旅途上、在閒談中、在靜默時份、在舉手投足之間、都輕而易舉地引發靈感，以致口若懸河地吐露出動人的詩句⑦。但上述的事件卻是一個扣人心弦的例子，牽涉著聖人與吾主在意象上的邂逅，引動著出神的感觸、和詩句的綻放；我們可方便地採用它來追踪和構想聖人成詩剎那間的內心光景。

初步地作體會，我們首先也許會因聖人對基督的深情、以及其對吾主苦難聖死的感傷而動容。固然、活在基督宗教濃厚、家庭信仰熱誠的氛圍下，聖人自幼即培養出對吾主及聖母的深情，遇事悲天憫人、感物情傷；然而，有待正視而不容忽略的重點是：聖人在青少年就學期間，尤獲得耶穌會公學院在文學及靈修上的訓練，深受聖依納爵《神操》精神的影響，以致讓我們瞥見詩心與神操間的交匯。

4. *Vida y Obras de San Juan de la Cruz*, 4ª edición. Por Crisógono de Jesús, OCD （Madrid: La Editorial Católica, S. A., 1960）, p. 336.
（英譯）：*The Life of St. John of the Cross*. Translated by Kathleen Pond （London: Longmans, 1958）, p. 267.
5. Cf. Matthew 21: 33; Mark 12:1, Luke 20:9.
6. 尼日圖（Nieto）猜測聖人此經驗可能是導致其日後所繪畫的著名苦像圖的一個近因。Cf. José C. Nieto, *Mystic, Rebel, Saint: a Study of St. John of the Cross* （Genève: Droz, 1979）, p. 83, n. 15; p. 101.
7. Cf. Frederico Ruiz, OCD著，台灣加爾默羅聖衣會譯《聖十字若望的生平與教導》（台北：上智，2000年），頁 68–70.

貳、聖十字若望詩心與聖依納爵神操的交匯

按尼日圖（José C. Nieto）的檢討⑧，聖十字若望之所以對被釘基督的史事和意象深有感觸，則聖依納爵《神操》的薰陶是功不可沒；他說：

在其宗教想像方面，（聖十字若望）他那份對被釘基督的鮮明活現之印象，概得力於耶穌會士對其早年所給予的培育訓練。若望無疑地曾曝露於依納爵《神操》的一端話語，它鼓勵著人去致力默想及感懷的操練⑨，……

尼日圖在此凸顯了依納爵《神操》第一週第53節的話：

設想釘在十字架上的吾主耶穌臨在我面前；因而我向祂對禱。我詢問祂：怎麼祂原是造物主，卻降生成人，竟然到了這般地步；祂原是永遠的生命，卻受了暫世的死亡，甚且是為著我的罪，而這般地死亡！我又察看我自己，查問我：以前為耶穌做了什麼？現今為耶穌做的什麼？將來為耶穌該做什麼？我眼看祂這樣的釘在十字架上，仔細推究（我心中）所發生的種種（善情善念）⑩。

尼日圖還指出：這份以基督聖身懸在十字架上的想像來作為默想題材之訓練，在聖十字若望的生命中遂成為一股強勁的動力⑪，推動著他去愛慕並效法苦難的基督。

為了進一步地交待聖十字若望與聖依納爵間的連繫，看來我們須在此走馬看花地環繞依納爵《神操》來作一點點提示。

8. Nieto, *Mystic, Rebel, Saint*, pp. 83–84, 101–102.
9. Nieto, *Mystic, Rebel, Saint*, p. 101. 譯句由本文筆者翻譯。
10. 中譯文採自聖依納爵著，王昌祉譯，《神操》（台中：光啟，1960再版），頁32.
11. Nieto, *Mystic, Rebel, Saint*, p. 101, “This training of the imagination, which had Christ on the cross as its object of meditation, became almost a compulsive force in John's life.”

一、依納爵《神操》鳥瞰

概略地說，《神操》原是為退省指南，本身分為四個主要部份，被稱為「四週」。（固然「一週」可有其彈性、不必然須涵括七日時光，但整個操練會在三十天內完成。）《神操》「第一週」致力於全人的悔改皈依，引導退省者革面洗心、棄惡遷善。「第二週」著眼於默想基督生平，包括吾主的降生、隱居、宣導等行實，讓神修人存念吾主、聆聽聖道、並步履芳踪。「第三週」則專注於瞻想耶穌的苦難聖死，藉此點燃起對基督更大的愛火，渴願與之同甘共苦。「第四週」則伸延至基督的復活，企圖和主耶穌一起邁向生命的昇華，並展望末世的圓滿。整部《神操》以基督奧跡為核心，其中穿插著對前途的抉擇、辨別神類、省察方式、默想方法等分別作介紹和指引，為使靈修者獲得生命全盤的修復和整頓，以企圖臻於深度的轉化。

《神操》是聖依納爵個人靈修經驗的成果與演繹，是為耶穌會士靈修的依據；其影響之深遠，不單維繫著耶穌會本身，而且還薰陶著今後聖教會神、哲學及靈修神學的走向，貢獻浩大。值得一提的是：依納爵本人是第一個履行《神操》的過來人，只不過他在基督的帶領下，其首先所經歷的卻是《神操》「第二週」初所展示的基督君王之呼召，召喚他去作神國的勇兵。

二、作擴展基督神國的勇兵

依納爵出身西班牙巴斯克貴族世家，身經百戰，只因被炮彈所傷而須退居休養。養傷期間，閒來無事，卻意外地閱讀了耶穌傳和聖人傳記，進而對基督孕育一份深情，立志要當祂的身先士卒，為擴展神國而効勞；如《神操》「第二週」〈神國瞻想〉（§§91–100）所指：

〔瞻想〕一位世上的君王的號召，〔可以〕幫助〔我們〕瞻想永遠的君王〔耶穌基督〕的生活（§91）。…君王…說：「…跟我來，…吃我吃的飯，飲我飲的水，穿我穿的衣，…分擔我的勞苦，將來也分享我的勝利。」（§93）…（靈魂回禱：）「吁！萬物的永遠主宰，我依賴您的恩寵，您的助佑，在您的無窮的美善前，並在您的光榮的母親和天朝眾位聖人聖女的鑒察下，我奉獻我自己，…祇須更能奉事您，…我切望效法您擔受一切侮辱，一切譴責，一切貧窮，（§98）…。

聖依納爵這份鞠躬無瘁、至死不渝的精忠，使接受《神操》導引的退省者深受激勵。依納爵還在《神操》「第一週」之始就馬上教導退省者向被釘的基督作愛的對話（§53）⑫。

三、靈魂與被釘的基督之對話

《神操》「第一週」第一次操練的題目被命名為〈三種罪默想〉（§§45–54），並以靈魂向被釘基督的對禱作結尾（§53）。「三種罪」意謂著

——墮落天使的罪：因叛逆而陷入魔道（§50）

——亞當夏娃的罪：因違命而人類沉淪（§51）

——地獄亡靈的罪：因大罪而永久失落（§52）

尾隨的「對禱」（§53）在乎感念吾主對一己的救贖洪恩。

若把注意力轉移至聖十字若望身上，則三種罪的默想為他而言、已非純粹的理論而已，而是真實的體認；十字若望早年就曾遭遇邪靈的襲擊⑬；青少年期也深切體會世罪的業力

12. 參閱註10。
13. 幼年的若望（1546年）隨母親和長兄在*Medina del Campo*之旅途上，路過小湖，水面上突然浮現一個醜陋的怪物衝向若望，卻因若望藉著劃十字聖號而頓時倒退消失。聖十字若望日後還成為有名的驅魔人。參閱中譯本《攀登加爾默羅山》十字若望著，台灣加爾默羅修會譯（台北：星火文化，2013年），〈導讀1：聖十字若望純愛的一生與著作〉，加爾默羅修女執筆，頁 345。
14. 年約十六、七，若望在降生醫院——一照顧性病患者的慈善醫院中服務，眼見病人肉身潰爛的情況，深深體會世罪所導致的後果。參閱註13、〈導讀1〉，頁 339。

⑭；至於其對基督被釘的鮮明印象，尼日圖就指出：聖人常繪畫吾主的苦像圖，又常雕刻十字架⑮，其行為表現多少反映了其內心對基督苦難的認同。

如此說來，我們可企圖推測《神操》第53節對聖十字若望內心所產生的迴響。茲節錄杜達明神父（Timothy Doody, S.J.）對《神操》此節所作的默想心得以供借鏡⑯：

——加爾瓦略山上的呼聲——

「你是誰？」路過者在問。

「我是天主子，神的唯一聖子，與聖父同性同體，和祂一起創造天地。」

路過者瞻望被釘在十字架上的人，祂頭戴茨冠，傷痕纍纍，身體嚴重扭曲，模樣極其淒慘！⋯⋯

「你只見到我外在的劇痛，只看到我被穿透的手、被牢固的腳、粗糙的鐵釘、鞭撻過的傷痕⋯⋯

「卻未洞察我內心的思緒——我因苦難為你贏得天國而喜樂！

「我服從至死，為彌補你曾有的叛逆；我被釘死，為給你帶來贖罪；我以死亡來賺取你的救援；這是我喜樂的所在！」

「可是，祢既是天地的主宰，為何要如同死囚般地被淩虐？是什麼緣故把祢帶到世上來？難道祢不知道這是涕泣之谷？祢不是本來就與天父一起同享無限福樂嗎！」

「對！我沒有你仍是圓滿成全，但你沒有我卻無法美滿幸福！

「難道你沒有體會到你身上背負著罪的枷鎖，唯有我的恩寵才能化解！

15. Nieto, *Mystic, Rebel, Saint*, p. 101, "This training of the imagination, which had Christ on the cross as its object of meditation, became almost a compulsive force in John's life. Teresa and many other witnesses testify to the fact that John was continuously drawing pictures of Christ on the cross, making crosses shaped out of wood or carving crucifixes." *Cf. Vida y obras*, pp. 83–84, 87.

16. Timothy F. Doody, S. J., *Iñigo: An Eighty-day Retreat according to The Spiritual Exercises of St. Ignatius* （Hong Kong: South China Photo-Process Printing Co. ltd., 1977）, p. 78.

「我固然大可不必用我的鮮血來染紅這份洪恩，可是你將不敢嘗試相信我那寬宏的大愛，你將不敢謀求我誠懇的友誼。

「如果有需要，我甘願只為你一人而再次受苦受難、被釘在十字架上死！我是愛的天主，為拯救你而虛空自己。」

杜神父的默想心得可謂感人肺腑；凡履行過或聆聽過《神操》的人，多少會如同上文的默想心得一般地因應著其中第53節對禱的感召而引發相應的撼動；聖十字若望不會是例外，以其詩心的敏銳、情感的深厚，自然會對基督的愛與死亡感慨萬千，起而心凝形釋、匯入大愛的洪流內、而與吾主的精神同化。

參、十字若望在感懷苦架大愛中的神魂超拔

如此說來，有了《神操》的默禱訓練作前導，則十字若望日後在面對基督苦難的意象圖而感動出神就不會叫我們感到意外。固然、默觀中的神魂超拔，主要是由神所主導，人無法揠苗助長；但靈魂的配合也不可或缺，十字若望在誠意正心的靈修下，念念不忘吾主的救贖洪恩，心靈湛深地契合天道，容易接受上主的感動，剎那間意識轉化，心智的一般功能暫被吊銷，卻朗現出超越的熾愛與明慧，呈現容光煥發、肉體騰空等附屬現象。我們可附帶地說，一般詩人的感動、與神祕家的凝斂，兩者間即使會有其若干差距，到底可在某程度上獲得連貫，以致詩心和神祕經驗能在聖十字若望身上吻合為一。

十字若望在感動出神的剎那，看來有以下的心境可被凸顯：

其一是、**感懷基督的大愛**——聖人深切體會：主耶穌「既然愛了世上屬於自己的人，就

愛他們到底。」（《若望福音》13：1）「人若為自己的朋友捨掉性命，再沒有比這更大的愛情了。」（《若望福音》15：13）聖人愛主至深而在精神上與之結合為一，但仍感生死殊途而彼此仍然兩相阻隔。…

其二是、**體會愛者間在連繫中的阻隔**——聖人認同聖奧思定之言：摯友恰如兩個身體的同一個靈魂，一人的死意謂著另一人的半個殞落，生者因生命殘缺而痛不欲生，但又唯恐連剩下的餘半也隨之泯滅（Augustine, *Confessions*, Bk. IV, ch. 6）。

其三是、**內心泛起一份矛盾的爭扎**——聖人一方面有《靈歌》第一詩節對愛主的渴慕與追求，另一方面又有延續基督苦難救贖的宏願，如同在背十字架基督圖像前的剖白般⑰，類比著保祿宗徒的心聲：「生活原是基督，死亡乃是利益。…我正夾在兩者之間：我渴望解脫而與基督同在一起；…但…必要為你們眾人存留於世，為使你們在信德上得到進展和喜樂。…」（《斐理伯人書》1：21－25）

其四是、**情傷化作詩的靈感**——詩人的感觸，往往是靈感的泉源，他本能地把內心的境遇、化為創作的衝勁，而致孕育不朽的詩篇。…

肆、剎那間的神思靈動與詩的被摧成

聖人對吾主的摯愛與情傷，發而為詩的靈感，類比著達味（David）對約納堂（Jonathan）之死的哀悼與詠嘆。聖經如此地稱道二人的友愛：「約納堂的心與達味的心很相契；約納堂愛他如愛自己一樣。…約納堂脫下自己穿的外氅，連軍裝，帶刀劍，甚至弓和腰帶，都給了

17. 十字若望擔任塞谷維亞（Segovia）院長時（1588），有一次在修院的一幅基督背負十字架圖像前祈禱，聆聽到吾主在問：「你願意獲得什麼作為你侍奉我的報酬？」若望回答：「主，願為你而受苦及被輕視。」*Vida y obras*, pp. 337–8。

達味。」(《撒慕爾紀上》18:1-5)達味在聽聞約納堂的噩耗,悲慟的歎息湧現為千古傳頌的絕唱(《撒慕爾紀下》1:19-27):

以色列的榮華,倒在你的高岡上;
英雄怎會陣亡!
……
對傷者的血、英雄的脂油,
約納堂的弓總不後轉。
……其神速過鷹,勇猛勝獅。
……
英雄怎會在戰鬥中陣亡!
哎,約納堂!對你的死,我極度哀痛!
我的兄弟約納堂、我為你萬分悲痛!
你愛我之情、何等甜蜜!
你對我的愛,勝於婦女之愛⑱。
英雄怎會陣亡!戰爭的武器怎會喪亡!

達味在感傷約納堂之死的同時,其詩的句語也一併地湧現、以致真情流露而字字珠璣;如梅露龐蒂所提示:有天份的詩人並不事先有意念、再忙著找字句來表達,相反地,他的詩就是他的思維,其句子就是其詩心的形體,以致娓娓道來,無不感人肺

18. 拉丁文本補上一句:「母親怎麼愛她的獨子,我也怎樣愛你!」(中譯文採自思高本)
19. Maurice Merleau-Ponty, *Phenomenology of Perception* (London & Henley: Routledge & Kegan Paul, 1962), pp. 178-180, 197.
20. 劉勰〈神思〉:「人之稟才,遲速異分,…相如含筆而腐毫,揚雄輟翰而驚夢,…雖有巨文,亦思之緩也。」
21. 天賦與努力合併使詩人成功。劉勰〈神思〉:「機敏故造次而成功,慮疑故愈久而致績。難易雖殊,並資博練。…博而能一,亦有助乎心力矣。」
22. 英譯本及西班牙原文,參閱*The Collected Works of St. John of the Cross*. Translated by Kieran Kavanaugh & Otilio Rodriguez (Washington, D. C.: Institute of Carmelite Studies Publications, 1979), pp. 720-721。

腑⑲。固然、並不是所有詩人都能藉瞬間的靈動而即席揮毫⑳，但兼備天份與力學的才子如達味和十字若望等，則可在任何時分吟詩咏句而得心應手㉑，更何況十字若望的詩歌往往是在感動的出神中獲得靈感，配合其對吾主的深情，連貫著其先天的秉賦、與後天的技藝，加上其高超的聖德，以致字句渾然天成、高雅聖潔、美不勝收。

聖十字若望的詩總可被綜合於一個共同的主題——對吾主一往情深而發出愛的呼喚，即在愛主的感懷中渴慕心靈的超昇，以與愛者圓滿冥合。有見及此，即使我們無從確定聖人在瞥見基督苦難意象圖這事例中所吟詠的句子，到底以下的一首詩歌可派得上用場：

〈靈魂渴慕上主之詠歎〉㉒

我活著、但不活在我內，
我有如此的盼望：
唯因我尚未死去而渴慕著死亡。

1、我不再在我內生活，
我不能缺少神而活著，
沒有了祂和我同在，
生命將何等難熬？
她將是千般的死亡，

我們之所以特別採用此詩作範本，原因是它尤能聚焦在人對神之愛的情傷上而發揮得淋漓盡致，甚至比〈靈歌〉第一詩節還來得徹底。附帶地值得一提的是：聖十字若望的心靈摯友、聖女大德蘭、也寫了一首類似的詩作，其在內容與字句上誠然是與聖十字若望此詩配合得天衣無縫；聖女這首詩命名為 "*Vivo Sin Vivir En Mi*" 英譯名為 "*Aspirations towards Eternal Life*"（Translated by Adrian J. Cooney, OCD） in *The Collected Works of St. Teresa of Avila*, Vol. III. Translated by Kavanaugh & Rodriguez.（Washington, D. C.: ICS Publications, 1985）, pp. 375-376。
關於聖女此詩的中譯文，參閱趙雅博神父譯〈永生的希望〉，收錄在聖師大德蘭著，趙博雅譯，《全德之路與金言》（台北：慈幼，1986年初版，1991年再版），頁 233-234.。

渴望著真生命的兌現，
我因了尚未死去而瀕死著。

2、我活在此生
簡直生不如死，
為此我持續地死著
直至與您同活；
我主，請垂聽我：
我不渴慕此生，
我因了尚未死去而瀕死著。

3、當我不與您同在，
生命將何等無奈，
難道不是承受著
最悲澀的死亡煎熬？
我可憐自己、
因為我活得渡日如年，
我因了尚未死去而瀕死著。

4、游魚脫水
終獲解脫：
牠所忍受的消逝，
終於在死亡中休止，
還有什麼寂滅可比擬
我這可悲的一生？
我愈活就愈被拖累在瀕死中。

5、我企圖尋獲憩息、
仰望著聖事中的您，
反而察覺更大的情傷：
我不能完全地享有您。
一切事都成了折磨、
我既不能如願地享見您，
我因了尚未死去而瀕死著。

6、主，如果我欣喜

在盼望享見您，
然卻見到我可以失去您，
那將倍增我的悲哀。
活在這恐懼中
而又在渴望中嚮慕，
我因了尚未死去而瀕死著。

7、請從這死亡中解救我，
我主，也賜給我生命；
請不要綑綁我，
這束縛何其劇烈；
看我如何渴望享見您；
我是如此徹底地哀慟，
我因了尚未死去而瀕死著。

8、我將為求死而吶喊，
悲痛著我的生活，
我須滯留在此

我現時活著，只因了我尚未死去？
我真誠地說：
啊，我主，那將奈何、
唯因了我的罪業。

我們或許會這樣追問：聖人既然已湛深地與心愛的主精神結合，內心本應充滿喜悅才對，他為何尚在詩中表現得如此哀傷？

固然、無人會置疑聖人在神祕結合中所體證的喜悅和美感，只不過其中的吊詭是：靈魂愈深入結合於上主，就愈進一步意會到目前的尚未臻至圓滿，也愈無止息地嚮慕與主徹底同在，即渴望來世的「全福神視」（beatific vision）；換言之，現世的神祕冥合不論程度有多崇高，到底仍是「霧裡看花，終隔一層」。為此，聖十字若望在〈靈歌〉第一詩節就以愛人如同雄鹿的遁逃來凸顯其中的失落，也在〈愛的活焰〉第一詩節以三層薄紗的阻隔來寓意其中的惆悵。

作為過來人、聖女大德蘭在《靈心城堡》中道出了相應的見證：

靈魂達致默觀的「第六重住所」，深受著崇高的神恩，內心反而承受著更激烈的情傷；她更意識到人神間的懸殊，更在嚮慕中感受其中的「仰之彌高、鑽之彌深。」（《城堡》6．11．1）靈魂偶爾想及自己死亡的延遲，心底裡也傷痛得如利箭穿心（6．11．2），類比著煉獄中的渴望（6．11．3），人可能會因了這份強烈的渴慕而致死（6．11．4）；在神的大愛面前，則人間的情愛、連天使的友愛、也相對地黯然失色；靈魂就如同火燒而達不到水源般的難熬（6・11・5）。這份痛苦固然有其滌淨的效果，讓人在經歷煉淨後進入「第七重住所」，而靈魂尚且珍惜並樂意為神的緣故而接受這份劇痛；只是這份痛苦的瀕死，其劇烈的程度並不遜於實際的死亡（6・11・6）。甚至當靈魂成功地進入「第七重住所」之時，人靈誠然如同雨水滴進江河般地與神化作一體（7・2・4），到底只要是現世生命一息尚存，則靈魂始終尚未達致來世究極的圓滿，以致大德蘭引用《聖保祿宗徒至斐理人書》1：21－23之語意：生活是基督，死亡是賺取，二者不知如何取捨（7・2・5）；即使人神間湛深冥合無疑地有其使靈魂狂喜與安寧的地方（7・2・6），到底仍掩蓋不住連帶而來的傷感。

十字若望與大德蘭的相互印證，讓我們尖銳化地意識到人世間愛的吊詭。簡言之，人是天主的肖像（《創世紀》1：27），而天主是愛（《若望壹書》4：8），天主的內在生命是一個圓滿的團體之愛，以致祂是聖三[23]；人的個體生命類比地是一團體生命[24]，作為神的肖像而言，人間的愛有其超越面，只不過她仍蘊含著若干的不圓滿，就連人、神間現世之愛也呈現其尚未被逾越的限度。

這份情傷的底蘊，可權宜地從三個進點被領略：

其一是、天主聖三之為愛的典型

其二是、人際間愛的類比

其三是、人神之愛在現世中的超越與限制

其一、天主聖三之為愛的典型

23. Thomas J. Norris, *The Trinity–Life of God, Hope for Humanity: Towards a Theology of Communion* (New York: New City Press, 2009), p. 159, "The life of God has revealed his life as the life of love. And since God is love, He is Trinity."

24. Gabriel Marcel, *Homo Viator: Introduction to a Metaphysic of Hope* (New York: Harper Torchbook, 1962), p. 61, "…I form with myself a real community, an *us:* it is…only on this condition that I have my active share as a centre of intelligence, of love and of creation."

25. 古典神學傳統中以愛來詮釋三者，其中較有名的篇章計有St. Augustine, *De Trinitate,* VI & IX; 和St. Thomas Aquinas, *Summa Theologiae*, Ia, Q. 37. 其中細節，於此從略；目前我們只企圖勾勒一個基本輪廓而已。

古典神學的一個模式、在於凸顯聖三之為愛的典型㉕：

> 神的內在生命是為一愛的團體生命。
>
> 自無始之始，神全然地接受自己、愛著自己，這份愛是如此地徹底，以致在全然自我接納當中、以自己為全然被愛的肖像。
>
> 作為全然的愛者，神凸顯自己為賦予愛的聖父。作為全然的被愛者，這肖像也凸顯自己為還愛的聖子。聖父和聖子之相愛是如此地徹底，以致祂們是一體，一個天主。
>
> 聖父和聖子在相愛中也如此地珍惜和肯定彼此，以致祂們又圓滿地彰顯自己為成全而不同的位格，各自分明而不破壞完整的合一。
>
> 聖父和聖子在愛與還愛當中共發為完美的愛的融和，這份共發的愛是如此地充盈，以致自己成就為另一完整的位格——護慰者聖神，融入一體的神性中，位格分明而又無礙於全然的合一。如此說來，天主的內在生命是為一個愛的團體，沒有主客的對立，卻有團體的共融。
>
> 愛既意謂著施與和分享，三位一體的天主在愛的融和裡付出自己，化育萬物，以致上至九品天使，下至宇宙微塵，都包容在神的大愛內。在上主的造化中，尤以人作為神的肖像，彰顯於人際間愛的往還。

其二、**人際間愛的類比**

人際間的愛類比著聖三的大愛。愛立基於自我接納；我因為愛自己、欣賞自己，以致我也有力量愛你、欣賞你。我在愛中與自己交友，並在自己內建立一個友愛的「我

值得一提的是：作為神的愛人而言，聖十字若望和聖女大德蘭都深深體會聖三之為愛的根基，以致曾在聖三節中藉分享心得而雙雙為愛而出神。Cf. Kieran Kavanaugh, "*General Introduction*" in *The Collected Works of St. John of the Cross*. Trans. by Kieran Kavanaugh & Otilio Rodriguez（Washington, D. C.: ICS, 1979）, p. 30.

此外，聖十字若望對聖奧思定論聖三的理論並不陌生，例如，他在《山》卷二和卷三就引用奧氏靈功能三分（記憶力、理智、意志）之說。有關奧氏及多瑪斯聖三論之引介，參閱Edmund Hill, *The Mystical of the Trinity*（London: Geoffrey Chapman, 1985）, chs. 7–15, pp. 65–151.

26. Marcel, *Homo Viator*, p. 61. 參閱本章註24。
27. Marcel, *Homo Viator,* p. 131.

們」[26]。我愈能與自己交友，則愈能與別人交友，自愛是愛他人的先驗根據，自愛使愛他人成為可能[27]。

人一旦能夠自愛和愛他人，則純全的愛可蘊含著一份「忘我」，愛者為被愛者奉獻自己而忘卻自我，愛者在愛對方如此之深，致使不暇考慮到自己，甚至甘願為對方犧牲而在所不惜[28]。為此，多瑪斯學派分別以「愛的物理觀」（Physical Conception of Love）和「愛的出神觀」（Ecstatic Conception of Love）來道破其中的吊詭[29]：前者意謂一切的愛植根於自愛；後者則意謂純全的愛蘊含著跳出自己，為所愛的人犧牲而忘卻自己。

人際間尤以情人的相戀作為愛的典型，在其中我們可體察到以下的現象：

首先，更豐盛完型的開拓——愛侶的心靈在相愛的共鳴中愈體察被愛者的心思與感受，以致在相當程度上克服了疏離和孤立，而共同開拓一個新的完型，彼此融合在愛的整一中[30]。

再者，個體位格的互相肯定——愛不單讓雙方心靈融合為一，且在翕合中肯定彼此，以被愛者為獨一無二、不容取代的「你」，也藉此體認自己為與「你」融通的「我」；「我們」在珍惜和參與彼此的存有中愈凸顯個別的個體位格，並在相互的臨現中體現湛深的施與受，以此形成彼此喜樂的泉源[31]。

還有，愛充滿創新力——愛充溢著創生力量，單從生理面言，夫妻相愛而孕育子女。但創新力尚且在心靈面上發顯其潛能，容許相愛者在人格上更臻成熟增長，在備受肯定中展現其潛質，使生命活得更為充實豐盈，以致「生育力／Procreativity」只是「創新力／Creativity」的象徵而已[32]。愛的申延，擴展為「老吾老以及人之老，幼吾幼以及人之幼」。愛從心生，仁及禽木，以致「泛愛萬物，天地一體」。

28. Gabriel Marcel, *The Mystery of Being,* Vol. II: Faith & Reality（Chicago: Henry Regnery, 1951）, p. 109.
29. Joseph Donceel, *Philosophical Anthropology*（New York: Sheed & Ward, 1967）, p. 319.
30. Rollo May, *Love and Will*（New York: Norton & Co., 1969; 8th Laurel Printing, 1984）, p. 310.
31. Rollo May, *Love and Will*, pp. 310–311.
32. Rollo May, *Love and Will*, p. 311.

然而，人間的愛儘管有其超越面，到底仍有其無法被跨越的限制；只要現世一息尚存，則沒有任何世事是絕對地十全十美，連人世間的愛也不例外：

首先，愛者們在愛的融通中無法徹底地合一——相愛的人在彼此分享對方生命底蘊當兒，仍同時體會某種傷感：愛者意識到自己未能完全揚棄自我的藩籬以與對方徹底翕合；兩者愈深入融和，就愈察覺彼此間的分辨；我們意欲全然結合，但無從銷溶兩個截然不同的個我；我們渴願不再彼此見外，卻始終未能全然圓滿地融為一體㉝。

再者，愛者的主體性仍可因時日的消磨而被貶抑——「我、你關係」（I-Thou Relationship）的融貫可因日久的庸碌擾攘而被淡化為「我、他關係」（I-He／She Relationship），甚至被約化為「我、它關係」（I-It Relationship）㉞。愛的「是／讓自由」（Being, Letting-Be）仍可轉換為「含有與擁有」（Having as Implication & Possession），把對方客化為條件或工具㉟。

此外，愛的範圍仍未能無限量擴展——愛固然要求施與和開放，擴及普世人類，達於地極每一個角落，縱貫古往今來，甚至惠及眾生、仁及萬物；可是、愛的開拓總受制於人的軟弱與限度。我充其量只能接觸部份的人地事物，甚至所能邂逅的鄰人也未必投緣，以致吾主那份「彼此相愛」的勸諭不必然盡善盡美地被履行。

總之，聖三大愛所圓滿地呈現的一體融貫、彼此肯定、和共發開放，到底尚未能成全地落實在人世間的往還中。人間的愛雖然有其超越面，奈何仍免不了其侷限與紕漏，甚至連人、神間的相戀也有其尚未來得及被突破的限制。

33. Rollo May, *Love and Will*, p. 310, "Probably in love-making there is always some element of sadness··· This sadness comes from the reminder that we have not succeeded absolutely in losing our separateness; ···none of us ever overcomes his loneliness completely."

34. Martin Buber, *I and Thou*. Translated by Walter Kaufmann (Edinburgh: T. & T. Clark, 1971), pp. 66,

35. Gabriel Marcel, *Being and Having* (New York: Harper, reprinted 1965), pp. 155-174.·

其三、人神之愛在現世中的超越與限制

固然、吾主是最忠誠的摯友；祂自起初既已愛了我們，就愛我們到底（《若望福音》十三1）；與其說人在尋找神，不如說神更在尋找人（《焰》3．28）；神在人心內播下渴慕的種子，讓人在尋找中得獲祂㊱。但神仍須按人靈的實況來與人邂逅。

誠然、人有眾多的瓶頸、以致在愛方面追不上神的腳步，為此、人神相戀仍有眾多障礙有待清理。

較從共時性角度說，人神冥合，人靈愛得愈濃蜜，愈在出神的狂喜中沾上一份劇烈的傷感，在倍增嚮慕當中渴望全福的兌現。

若從貫時性角度考量，人邁向神祕結合的路途上經歷煉、明、合三路的分際，每一階段各有其進境與桎梏：開始者愉悅於神能的吸引，卻落寞於神蹤的隱祕（〈靈歌〉1）；前進者愈體會神愛的光和熱，則愈幽蔽於黑夜的昧與寒（《山》2；《夜》2）；結合者臻至於神婚的盛況，卻難奈於三重薄紗的阻隔（〈焰〉1）。這一切的一切，都叫靈魂在欣喜的成長中、仍缺乏究極的圓滿。

對照聖依納爵的思路，《神操》也展現相應的脈絡：「第一週」提示靈魂的革面洗心，從懺悔的熱淚中體會上主的寬恕仁厚，卻因而更驚懼於聖域的「仰之彌高」與「鑽之彌深」；「第二週」引領人靈嚮應神國的號召，靈修者鼓舞於基督的生平行實，卻自歎未能全然地配合吾主的足跡；「第三週」讓靈魂在愛的翕合中存念耶穌的苦難，在傷痛中渴願延續基督的苦架救贖，卻又深感力不從心、腳步遲緩，以致須在「第四週」藉瞻想復活奧跡來展望末世的完成。總之，《神操》所指示的歷程，適當地跟聖十字若望理論一起配合教會傳統靈修的

36. Marcel, Being & Having, pp. 208–209。

大方向，不單彼此互補，而且共同勾勒出一個更週延的體系。

小結：至此、我們可適時對上文脈絡做一個概括的回顧。本文開宗明義地提問聖十字若望在成詩剎那間的詩心狀況，也附帶地質詢其詩心走向跟聖依納爵《神操》的牽連。我們落實在其成詩的一個實例，從中發現十字若望思緒的梗概；即他主要以扣緊主耶穌基督的十字架來作為靈感的泉源；而聖人對十字聖架的懸念可追溯至其早年所接受的耶穌會公學院訓練。耶穌會士自聖依納爵開始，即標榜基督的十字架御道，勸諭退省者藉默想來在一己生命中複製吾主的生平言行、苦難聖死、而至復活昇天。在其中，聖十字若望尤感動於主基督對世人的大愛，也情傷於自己的尚未臻至完成；誠然，作為天主的肖像、人的愛具體而微地類比聖三團體的愛，只是人在愛之深切中仍未如同神一般地徹底，以致尤在情傷中渴求與上主徹底地合一。這份愛的情傷與昇華，卻給十字若望帶來泉湧般的神思，容許他創作美感洋溢的詩篇，也讓他為神祕經驗寫下發人深省的鉅著，使普世人類都沾得其教益，其中的推波助瀾，則依納爵《神操》

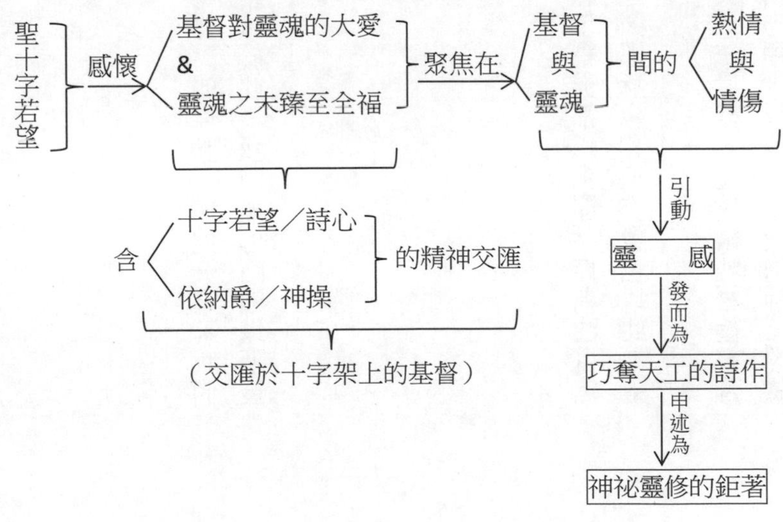

的循循善誘誠然有其不可磨滅的功動。一言以蔽之，聖十字若望和聖依納爵的精神交匯，就交匯於懸在十字架上的耶穌基督。

其中的來龍去脈，可藉前頁下圖示意：

伍、聖十字若望與聖依納爵靈修精神合觀

我們既已從聖十字若望詩心的運作上、瞥見聖依納爵《神操》的律動，如此一來，我們可推而廣之、連帶地嘗試體會聖衣會和耶穌會靈修脈絡的連繫。於此、我們尤可凸顯以下幾點來體察：

其一、以十字架上的基督作為靈修核心

其二、默想與默觀間的連貫與間斷

其三、顯修與隱修間的交錯與互補

一、以十字架上的基督作為靈修核心

從靈修核心上考量，上述的分析已讓我們意會十字若望和依納爵都以主耶穌作為注目焦點，尤繞著基督的十字架救贖來建構其修行課題；擴而充之，耶穌會和聖衣會也以此為靈修核心。

一方面，聖十字若望一生就以吾主的苦難聖死作為靜觀與效法目標，他持續地藉繪畫苦像和雕刻十字架來呈現其旨趣，也取名「十字若望」以彰顯其志願，以致所領受的神祕經驗都聚焦在十字架苦路之上，連詩歌和論著都與這一主題拉上密切關係。作為赤足聖衣會的會父、十字若望的感召成了加爾默羅修會成員的理想。

另一方面、聖依納爵受基督神國的號召，並將所累積的靈修經驗收錄於《神操》一書之內，其中的「四週」內容都環繞著主耶穌的一生而展開。週二至週四均以基督的言行、苦難、復活作為瞻想對象，甚至週一之第一次默想也率先以懸在十字架上的基督作為懇談主角。再者，聖依納爵將其所創立之修會命名為「耶穌會」，其會士尚且念念不忘以「基督的靈魂」（"*Anima Christi*"）之禱詞自勉，其中內容不乏基督苦難、聖死、寶血、傷痕等辭彙㊲，在「愈顯主榮／*Ad Majoram Dei Gloriam*」中尚且以踐履救主的苦架為御道，而依納爵的精神，也是耶穌會的精神。

綜合二者的走向，我們更深入體會十字若望與依納爵間的緊密連繫，也一併體認聖衣會和耶穌會的連貫：青少年期的若望因接受耶穌會士的文、史、哲、神學之訓練，已熟悉依納爵《神操》精神，其中對十字架基督的專注，尤在十字若望心中烙印，終生不忘救主的大愛，進而體會聖三之圓滿之愛的合一。

固然，沒有人會否認：基督宗教就是以主耶穌的十字架救贖作為信仰指標；保祿宗徒早已在《格林多人前書》強調基督徒以基督十字架為榮（《格林多人前書》1：17－25），而教會眾靈修學派也維繫著這核心而演繹其修行步伐。

然而，話仍須說回來，論及陶成的貢獻而言，耶穌會精神對十字若望靈修的引介與開悟誠然是既深且廣；依納爵《神操》對青年若望心靈的善導最為直截；如果我們願意承認人之青少年培育對一個人一生的影響是最為明顯的話，則耶穌會對十字若望所給予的教誨、包括身教與言教、誠然功不可沒。推而廣之，十字若望作為赤足聖衣會的會父、讓赤足聖衣會靈修也帶有耶穌會靈修的精神。

37.. 此禱文被安置在《神操》的首頁內。參閱中譯本，頁 1:「基督的靈魂，求你聖化我！基督的身體，求你拯救我！基督的血，求你酣暢我！基督肋旁的水，求你洗滌我！基督的苦難，求你堅勵我！啊！好耶穌，求你俯聽我！在你的聖傷中隱藏我！切勿讓我離開你！在狡惡的仇敵前保護我！在我死的時候召喚我！更命令我來見你，庶幾偕同你的諸聖讚美你，直到永遠無窮。亞孟。」

聖十字望受依納爵《神操》影響的地方，不單在十字架敬禮上備受薰陶，且在「推理默想／Discursive Meditation」的運用上深受啟發，它尚且被十字若望強調為進入「默觀／Contemplation」的門徑與前奏。

二、默想與默觀間的連貫與間斷

概括地介定「默想」與「默觀」二者的義涵，我們可率先權宜地指謂「默想」之為人在普通意識狀態下的默禱，包括靜思聖經奧跡、存念個別經文義理、反省教會神哲學理路，藉此引發善情而舉心向上，以與上主及天朝神聖訴心往還。「默想」一詞尤多次被聖依納爵採用來指謂人主動運用日常意識運作，包括靈三司（理智、意志、記憶力）、外五官、想像力等本性思維、來協助個人進入禱告心態與氛圍，以與吾主心智相通，按部就班地藉思辯推理（Discursion, Speculation）而企圖擦出對上主的愛火，以能熱誠地和上蒼神交密談，並在善情的感動下立志棄舊從新、追隨吾主、翕合神之救世工程。上文靈魂與被釘十字架的基督之對談就是一個實例可供體會（《神操》§53）。

反之，「默觀」則概括地寓意著超越意識（Extraordinary Consciousness）狀態下的冥合天道（Mystical Union with the Transcendent）。它意謂著身、心、靈在沉潛中被上主灌注而得以和天界精神契合。「默觀」牽涉著意識的轉變、智慧的增長、愛火的烈化，以致聖十字若望把它定義為「祕密的愛的知識」（《焰》3．49）。

較從貫時性角度（Diachronic Dimension）考量，「默觀」意謂從普通經驗的祈禱漸次進入神祕經驗祈禱的歷程，在這過程中、「默想」至少是由本性狀態（natural state）進入超性意識（supernatural consciousness）的一個前奏與環節。

談及默想與默觀間的斷與續，聖十字若望有以下的幾個論點值得我們正視：

其一是、推理默想在十字若望年代早已流行

其二是、終止默想而進入默觀有其三徵兆

其三是、連高階默觀也不絕對與默想絕緣

茲分述如下：

（一）推理默想在十字若望年代早已流行

如果「推理默想」廣義地意謂「總藉本性意識運作而達致的默禱，那麼、其方法門徑就不是由聖依納爵所獨創，也不是《神操》內容的專利。不過，依納爵《神操》談「默想」，至少有其系統化的效用；換言之，依納爵在默想方法的鋪陳上，把早已存在的禱告神功加以條理化，以便指導有志修道的人靈。在這方面，《神操》誠然在默禱的推行上做出其偉大的貢獻。

依納爵生在十字若望之先，而十字若望在世之時，依納爵《神操》及其默想法早已因耶穌會士的宣揚而流行於教會團體，以致當十字若望提及推理默想，他只對它一語帶過而已，而不準備多所著墨（《山》2．12．3），即只在想像力的前提上略述之為以圖像作推理，以喚起人靈對聖經奧跡或教會道理的存念及踐履；到底，推理工夫只是途徑，而不是目標，祈禱目標在乎翕合上主，如聖女大德蘭所強調：祈禱不在於想得多、而在於愛得多（《城堡》4．1．7）；人一旦藉默想而培養出對上主的愛火，則須適時聚焦在吾主身上，和祂心神契合，把時間填滿在對吾主愛的凝注中。在此、十字若望進而提出從默想過渡到默觀所呈現的三徵兆。

（二）終止默想而進入默觀有其三徵兆

十字若望分別在《攀登加爾默羅山》（2．13）和《夜》（1．9）中提到一個轉捩的時機：當以下的三個徵兆出現，神修人須適時暫別默想而進入默觀；此三徵兆是：

對思辯運作乏味，

對感性物象沒趣，

對神有愛的介懷㊳。

十字若望並且強調：此三徵兆須完全齊備始可考慮放下默想而開始默觀；若缺乏其中之一、二，則可能意謂著個人身體不適、或情緒不穩等緣故而已；三者俱備，始可出發。此時份的初階默觀，被神修家們稱為「自修默觀」，意謂著人靈只專心於凝視神、的臨在，而不企圖強作推理，以免干擾人神邂逅的寧靜。起初、神主動的「灌注／Infused」化工並不顯著，而人也無從揠苗助長，唯有靜候神的帶領。當人靈安於神所給予的各種煉淨後，他會一旦撥雲見天而邁向更高階的境地。然而、甚至連高階默觀也不意謂著與默想徹底地斷裂。

（三）高階默觀不絕對意謂與默想絕緣

如前述、默觀一詞貫時性地寓意著一個進程，從初階至高階間可分若干階段㊴。姑無論專家們如何對此作分辨，到底整個歷程尚且展現著「結合的深化」、「煉淨的烈化」、「意識的轉化」、「效果的顯化」等特徵，其中快慢不一、頓漸因人而異。然而，在默觀由淺入深的路途上，「默想」的本性運作即使愈來逾減退，到底仍不全然絕跡。靈修人在初階上常遇善情的枯竭、與凝神的桎礙；在這些際遇中、人靈可權宜地引用一般默想來企圖點燃愛火，藉

38. 參閱本書第四章、第五章及第六章。
39. 有關這方面進一步的引介，請參見本書第四章。

此善渡祈禱時刻。反之，靈魂即使臻至神婚的深度轉化，他仍然可有餘地活在本性意識狀態之下（《靈歌》26．18），仍可因應若干需要而偶爾進行日常的默想活動（《焰》3．33）。換言之，默想不必然全被輕忽，人仍可酌量按情況所須而偶一為之；反正靈修者只須仍活於世上，則人神結合的程度尚未圓滿，而有待不同靈修活動的互補（《靈歌》22．4）。

此外，當十字若望把默想視作為進入默觀的前奏，這並不意謂著依納爵靈修只止於默想而已。究其實，《神操》尚且畫龍點睛地安排了〈默觀聖愛／contemplation for obtaining love〉這一環節（§§230–237）來作為全套退省過程的休止符，其中提示我們在存念神所給予的一切恩寵中激發熱情而舉心向上，把自己浸潤在神的大愛中。言下之意是：默想的最終目標、在乎與神在愛中合一；此環節既以「默觀」作為標題，其本質至為明顯：靈修在於人神冥合，始能有力量作耶穌的勇兵、去延續基督的救世工程，至少我們可從聖依納爵本人身體力行的表現上得悉這一意向。從他平日對上主念茲在茲中流淚滿襟，及在彌撒聖祭中感動出神等表現，足以向我們見證說，其靈修方法容許人進入默觀。固然，依納爵《神操》對默觀著墨不多，其重點多在闡釋各種默想方法。如此一來，我們可因而引發以下的一個問題，《神操》之重默想，這是否意謂著：耶穌會靈修較屬「顯修」路線、而聖衣會靈修則專屬「隱修」蹊徑？

三、顯修與隱修間的交錯與互補

從一個較概括的眼光上察看耶穌會和聖衣會的靈修走向，我們一方面體會彼此間的交錯，另一方面又得見兩者間的互補。

（一）兩套靈修間的交錯

從上述對祈禱方式的反省看來，我們獲悉：單就靈修步伐而言，「默想」與「默觀」祈禱彼此間就有其連貫與間斷。圓融地說，二者間相互交錯混和，時而糾纏不清，時而互相接替。默觀須以默想作前奏；默觀一旦出現，默想須適時引退，但不必全然斷裂，靈修人可權宜地一再引用；甚至連高階默觀者也不必徹底放棄默想。二者間靈修在運用上的交錯互纏於此可見一斑。

再者，剋就靈修效果上看，耶穌會和聖衣會兩套靈修法所分別孕育出來的聖賢，在成果上都可以呈現相通的特長。一方面，那標榜宗徒熱誠的耶穌會，其行伍中就不乏高超的默觀者；例如：初學修士聖達尼老（St. Stanislaus Koska）向來就以默觀出神聞名；至於耶穌會第三任總會長聖方濟各．博日亞（St. Francis Borgia），其默觀成就的高妙、就連聖女大德蘭也讚不絕口（《自傳》24．3）。另一方面，那強調默觀精神的聖衣會，也可容許瑪利尤震神父的振臂一呼，以聖衣會精神來開創入世修行組織——生命之母在俗團體（Notre-Dame de Vie），藉此顯示：聖衣會默觀理想並不是隱修士的專利，而耶穌會的宗徒熱誠也不單由顯修會所獨攬。

當聖依納爵歸化之初，他就有志欲前往聖地潛修，只因天主的指引，始回過頭來鑽研學問，與志同道合的學者如聖方濟各沙勿略等一起創立耶穌會。反之，當聖女大德蘭改革聖衣會回歸隱修當兒，內心仍念念不忘為傳教士海外宣道工作而禱告，並且因對隱修和傳教同時熱衷而深感無所適從（《城堡》6．6．3）。這些例子都表示使徒與隱士可互相混和，可在同一人的血液中併發而出。

可是、話須說回來，難道顯修與隱修二者就此可混為一談而不分彼此嗎？如果兩者全無分界，教會又何須分別孕育兩類不同的靈修？如此一來，我們仍須進而討論耶穌會與聖衣會兩套靈修間的互補。

（二）兩套靈修間的互補

於此、我們可權宜地聚焦在「加杜仙隱修會」來作為反思的一個議題。

耶穌會有這樣的一個規定：假如一位耶穌會士體會自己有隱修的強烈傾向，他可不告而別地直接前往加杜仙會修道；只要他在那裡持之以恆而終其一生，他就一輩子是加杜仙會士。反之，假如發現自己不適應，他又可自行離開，而自動地恢復耶穌會會士身份。耶穌會士就可如此地自由進出二修會而沒有任何阻撓。這樣的處理方式深具意義，它向我們表示：顯修與隱修兩者到底有其區分，一個人不方便同時二者兼得，雖然這並不必然意謂著顧此失彼。

此外、當聖十字若望進入那尚未革新的聖衣會之初，他在失望中體會自己那份隱修的強烈意願，以致欲改入加杜仙修會，後來只因了聖女大德蘭的勸勉，才打消了這個念頭，轉而對聖衣會進行改革，結果成了赤足聖衣會的會父。這件事實容易使我們作這樣的聯想：年青的十字若望受教於耶穌會士，一方面，耶穌會已為他開啟大門，只因了若望自己的隱修嚮慕而須另作打算而已。另一方面、耶穌會對顯修與隱修間抉擇的拿捏手法對青年的若望不無影響，十字若望當初之欲轉入加杜仙會可說事出有因。

耶穌會與聖衣會就如此這般地和加杜仙會扯上關係，也直接或間接地向世人提示：顯修與隱修二者到底有其分際，不能因兩套靈修的相通而混為一談。誠然、教會中有志修道的人，其內心同時湧現宗教徒熱誠和隱修嚮慕者不在少數，但現世只能分工合作、以求相得益彰。使徒要靠隱士的代禱來獲得傳道力量，隱士要靠使徒的踐行來滿全宣教宏願，兩者在諸聖相通功的前提下配合無間。

綜合地看耶穌會和聖衣會兩套靈修，它們並不意謂著「殊」途同歸，而是「同」途同歸，只是實錢上各有偏重而已，好能共同為神國編織出更龐大週延的體系。它們是「同」途，意謂著基督徒靈修只有一條途徑——即主耶穌所說：「我是道路、真理、生命。」（《若望福音》14：6）信徒所走的道路是基督十字架御道，藉基督而融入聖三愛的大家庭內。

結語

神在教會極為動盪的世紀裡讓耶穌會及赤足加爾默羅修會先後興起，進而互相輝映，藉此顯示神對世人的關愛和指引，並為末世終極圓滿鋪滿，展望愛的大團圓。

第九章

從《天階體系》到《靈歌》——
托名狄奧尼修斯與聖十字若望的理論交融①

「煉路、明路、合路」三辭，其出處源遠流長，不容易確定最早的引用者和書目，但以托名狄奧尼修斯之《天階體系》和聖十字若望之《靈歌》最受注目，而兩部作品，各有特色，即使因年代隔閡而在辭意上出現若干張力，到底掩蓋不住其中更深層的諧協，以致綜合起來，會讓讀者體會靈修義的更豐富義涵，並從中多所獲益。

為閱讀聖十字若望《靈歌》的讀者而言，也許會自然而然地聯想起兩部名著：其一是，舊約聖經的《雅歌》，其二是，托名狄奧尼修斯（Pseudo-Dionysius）的《天階體系》②。

舊約《雅歌》所寫活的景與物，不論是麋鹿的遁逃、鴿子的媚眼、花草樹木的美緻、山河大地的壯麗、甚而新郎新娘的互喚，都無不推陳出新地一再重現於聖十字若望《靈歌》的吟詠中。

1. 本文首度發表於輔大宗教學系主辦「2015年慶祝聖女大德蘭誕生500週年國際學術研討會」（2015年12月11日），並刊於星火文化2015年出版之聖十字若望《靈歌》中譯新本篇末作為導讀。
2. 有關托名狄奧尼修斯原作，本文主要參閱英譯 *Pseudo-Dionysius : The Complete Works* . Translated by Colm Luibhead , *Classics of Western Spirituality* (New York : Paulist Press , 1987). 中譯文句，參照托名狄奧尼修斯著，包利民譯《神祕神學》（香港：漢語基督教文化研究所，1996） 其中涵括：《論聖名／*On Divine Names*》，以下簡稱《聖名》。
《神祕神學／*Mystical Theology*》，以下簡稱《神祕》。
《天階體系／*Celestial Hierarchy*》，以下簡稱《天階》。
《教階體系／*Ecclesiastical Hierarchy*》，以下簡稱《教階》。
《書信集／*Letters*》，以下簡稱《書信》。

然而，《雅歌》所諷誦的人、神相戀，卻進一步地在《靈歌》中鋪陳為一段跨越「邂逅、訂婚、神婚」的經歷，相應著狄氏《天階體系》所劃分的「煉路、明路、合路」…十字若望闡述《靈歌》主題上說：

> 這些詩節是從一個人開始起步事奉天主寫起，繼續寫到他抵達成全的圓滿極境——神婚。詩節中論及三個神修階段或道路（即煉路、明路、合路），…（《靈歌》〈主題〉．1）

此數語響應著狄氏《天階體系》的提示：

> 每一位理性存在者，無論是天界的還是人間的，都有自己的一套上、中、下秩序和力量，…都分有那潔淨之上的潔淨、那超豐足的光，那在一切完全之先的完全；…（《天階》10．3）

誠然，《天階體系》不曾以男女纏綿的意象來描述天人之愛，而《雅歌》也不明顯以漸次進階的方式來交代相戀始末，十字若望《靈歌》卻把二者接合得如此地天衣無縫，致使讀者在細讀之下無不為之動容。我們在陶醉於聖人詩句的搖曳之際，也不妨放眼於其繪畫的靈修歷程。

壹、十字若望《靈歌》脈絡鳥瞰

《靈歌》一詩以愛侶的戀慕為經，以景物的鋪陳為緯，編織出人神間相愛的「起」、「承」、「結」，並引用舊約《雅歌》的辭彙，來「繪畫愛者的黝黑」（《雅歌》1：5／《靈歌》33）、「雄鹿的隱遁」（《雅歌》2：17－3：3／《靈歌》1）、「鴿子的眼神」（《雅歌

1：15－5：11／《靈歌》13 & 34）等意象，沿用典故中九吐露靈魂思慕上主的情傷與淒美。

在聖人神思妙筆的揮灑下，《靈歌》一詩尚給我們描繪神修者的心境與經歷，其中分辨三個階段：

第1至12詩節陳述初階情狀，被名為「煉路」，意謂滌淨罪疚、革面洗心。

第13至21詩節則交代進階境況，取名為「明路」，意即修業進德，迎向光明。

自第22詩節起，進而鋪陳成全究竟，命名為「合路」是為人神在世結合的高峰，唯有來生全福境界始能有更崇高圓滿的突破。

一、煉路

按聖人同名著作的闡釋，我們可提綱挈領地體會若干要點如下：

（一）感召與覺醒

第一詩節自起始即流露一份感嘆：

祢隱藏在那裡？
心愛的，留下我獨自嘆息，
祢宛如雄鹿飛逝，
於創傷我之後；
我追隨呼喚；卻杳無蹤跡（〈靈歌〉1）

〈靈歌〉第一詩節在字裡行間有這樣的暗示：人進入靈修之初，是由於神的感召與人靈的覺醒；神碰觸人靈，使她刹那間感受到神的甘飴；她在充滿感動中渴望追隨神的芳蹤，熱衷於投奔向祂。換言之，靈修之路、同時牽涉神的邀請、與人的回應；靈修不純是個人單方面的努力，更是神的恩賜與助祐。

（二）隱遁與尋蹤

然而，超越的甜蜜，卻如同曇花一現般瞬即消逝，留下個人的落寞與惆悵。誠然，當人靈一旦品嚐到神的慰藉，則沒有任何事物可與之比擬；人靈切慕透過各方面的人、地、事、物來追蹤祂。為此，〈靈歌〉第2詩節如此地說：

牧羊人，你們去，
越過羊棧登高岡，
如蒙寵遇，看見
我最心愛的，
請對祂說，我生病、痛苦、欲絕。

（三）滌淨與割捨

進而、人靈開始洗心革面、痛改前非，勉力去除先前的陋習，而邁上一段艱辛的煉淨，如〈靈歌〉第三詩節所言：

尋找我的愛，
我要奔向高山和水崖，
花兒不摘取，
野獸不怕懼，

我要越過勇士和邊際。

人在起步跟隨神蹤之始，尤倍感上主的聖潔、與自己的不肖，從自慚形穢中深自嘆息，如在太陽底下、我是黑的，因為太陽曬黑了我（cf.《雅歌》1：5／《靈歌》33）

（四）懸殊與虔信

隨著，第四至第十一詩節就直接或間接地從美的眼光欣賞世物，先後遊走於山河大地、花間草木、鳥獸遊蹤，它們都在一定程度上反映出造物主的美善，以致第五詩節有云：

他傾下千般恩寵，
獨以其形象，
替萬物穿上美麗衣裳。

然而，受造物一旦與造物主相較，則顯得如此地遜色，致使人靈在面對其中的懸殊而倍感神傷，轉而切慕超越的至美，且在第十一詩節中深自詠歎道：

請顯示祢的親臨，
願看見祢及祢的美麗
致我於死地；
若非祢的真像和親臨
不能治好相思病情。

至此，人靈終於意會到：唯有舉心向上，生活於對上主的凝念，以信德的眼光來前進，這才是更穩妥的做法，為此，第十二詩節強調：

啊！宛如水晶的清泉！
若在你的銀輝水面，
突然凝視
我渴望的双眼，
將速描於我深深心田！

總之，〈靈歌〉第一至十二詩節繪畫了靈修煉路的大略。

一、明路

煉路的初步淨化，讓人靈日進於德，人神關係漸入佳境，修行步伐愈見精勤，此之謂明路的進程，〈靈歌〉以第十三至二十一詩節來做交代。在此期間，愛的出神，可不時出現，而奇恩異寵也蔚為奇觀，然而靈性的波動也相對地顯得激烈，其中涵括：

（一）光與焰的交替（13詩節）
（二）愛與慾的對峙（14－15詩節）
（三）聖與俗的拉鋸（16－17詩節）
（四）感官與心靈的黑夜（18－21詩節）；

茲概述其中境況如下：

（一）光與焰的交替

為十字若望而言，靈修者進入默觀，其理智和意志的交互運作可有三種不同的配合：

一，理智獲光照，意志卻枯燥無味（《夜》2．17．12；《焰》3．49）

二，理智處於黑暗，意志卻充滿愛火（《夜》2·12·7；《靈歌》26·8）

三，理智獲得光照，意志也充滿愛火（《夜》2·13·2）

這三種形態，可表列如下：

在較低程度的默觀，第二種形態比較常見。

在較高程度的默觀，第三種形態比較頻密。

理由是：除非理智經受煉淨，否則不能接受赤裸而被動的知識，靈魂在全煉淨之前，其在獲得超性知識的觸動比較少，愛的激情反而比較多，因為意志不須徹底煉淨即可感受對上主的愛火（《夜》2·13·3）

基於上述的理由，聖十字若望遂在《靈歌》第十三詩節的註釋上指出：

靈魂…被吸引更靠近祂，…更強烈地經驗天主不在的真空，…只要天主沒有從祂自己通傳某些超性的神光，對她而言天主是無法忍受的黑暗（《靈歌》13·1）

當靈魂表現強烈的愛情渴望和熱情期間，心愛的主時常貞潔、體貼又懷著強 烈的愛情拜訪新娘（《靈歌》13·2）

在妳卓越而急速的默觀、灼燃的愛情、深度的單純中…，崇高認識的時刻尚未來到，在我通信給你的這個神魂超拔中，妳要適應這較卑微的認識（《靈歌》13·8）

	一	二	三
理智（intellect）	光照（light）	黑暗（dark）	光照（light）
意志（will）	枯燥（dry）	愛火（love）	愛火（love）

此等語句出現在《靈歌》對第十三詩節的註釋上，正好交代明路較低程度默觀的狀態，藉此強調理智的光照和意志的愛焰兩者步伐的不一致；默觀的肇始寓意著意志的愛火較多被觸動，而理智的靈光卻相對地顯得較為疏落，雖然情況隨後會有所改變。

（二）愛與慾的對峙

靈魂在經歷一番磨練後，終於獲得主愛的垂顧，她在出神中體會神的湛深臨在，也獲得更多助力去敏捷地修德立功。聖人稱此際遇為神訂婚，他的意思是：出神狀態雖屬次要現象，但所蘊含的愛之冥合卻是神祕經驗的顯著因素；為此，聖人在第十四詩節作這樣的提示：

> 心靈的飛翔，指示一崇高境界和愛的結合，……這境界稱為……靈性訂婚。……天主把自身的崇偉事蹟通傳給靈魂，以崇偉和尊貴美化她，以恩賜和德行裝飾她，給她穿上天主的知識和榮耀（《靈歌》14–15．2）

再者，靈魂尚且能在愛的熾熱中多次領受神聖的光照、超越普通思辨智巧的瞭悟，聖人遂能繼續詮釋道：

> 由於靈魂在天主內看見這些美妙的新奇事物，及奇異奧妙的知識（與普通知識相差甚遠），她稱之為「奇異奧妙的海島」（《靈歌》14–15．8）

然而，神訂婚的高妙，並不能因而阻止感官情慾的干擾，或邪魔的突擊，以致聖人有如此的叮嚀：

> 這個寧靜指的只是高級部分（非等到抵達神婚以後，感官部分從來不會完全失去惡習留

下的碎屑，⋯）⋯靈魂仍會遭遇心愛主的隱退，及感官和魔鬼的騷擾與苦惱（《靈歌》14–15．30）

（三）聖與俗的拉鋸

俗世的感官情慾、和邪靈的威逼利誘，此起彼落地困擾著神修者；靈魂深感卑弱，唯有求助於吾主和天使。聖人如此說：

魔鬼深懷惡意，⋯使出一切詭計加以騷擾，⋯從感官的慾望討取便宜，⋯在想像中製造許多形象。⋯非等到主派來祂的天使，這些騷擾不是單憑一己之力能夠解除的。⋯靈魂向天主尋求⋯恩惠，並求天使⋯協助她擊敗魔鬼。（《靈歌》16．2）

此時，上主有時還似乎隱而不顯，如同沉睡於風浪中的基督一樣，靈魂在憂苦之餘，更懇切祈求神眷念，以克服神枯；聖人指出：

靈魂在這裡做二件事：第一，她藉繼續不斷的祈禱和虔敬，關閉神枯的門戶，⋯第二，她祈求聖神，⋯支持並增強她對新郎的愛情，⋯引導靈魂深入內在的德行修煉（《靈歌》17．2）

（四）感官與心靈的黑夜

靈魂在修行中所經歷的試煉，可被濃縮為「黑夜」一辭，其中尚可細分為「主動的感官之夜」、「主動的心靈之夜」、「被動的感官之夜」、「被動的心靈之夜」四者（《山》與《夜》全書）茲以圖表示意如下：

感官包括：眼、耳、鼻、舌、身「外五官」和想像力、幻想力「內二官」，心靈涵括意志、理智、記憶力「三司」，各有其「主動」與「被動」的煉淨；「主動」意謂人能藉本性的能力而作克修，「被動」則意謂經由神的力量來施行洗滌，人只能配合，而不能助長（《山》1·13·1）

大致上說，默觀程度愈初步，則主動之夜的比率愈頻繁（《山》1·1·2-3）；反之，默觀程度愈湛深，則被動之夜比重就愈激烈，尤其是心靈的被動之夜，會愈來愈白熱化，直至人靈徹底地煉淨為止（《夜》2·9·3）

聖人在《靈歌》對第十八至二十一詩節所給予的闡釋雖不及《攀登加爾默羅山》與《黑夜》來得詳盡，但至少也約略地對感官和心靈之夜作了一些提點；感官之面，聖人說：

> 她（新娘）瞭悟（新郎給的）這個幸福能被騷擾，…她請求下層的官能和感官的作用與行動靜息，不要越過感官範圍的界線，干擾或騷動上層的心靈部分。（《靈歌》18·3）

再者，聖人也直接或間接地提及心靈之夜：

> 由於（靈魂）其虛弱境況，感官部分不能忍受一個靈性的豐沛通傳而不昏迷。因此使心靈受苦又被折磨（《靈歌》9·1）。

誠然，當人的靈修程度愈高，則愈被動，相對地，神的作為愈活躍。要知道，人神之間的距離太懸殊，如果神不主動地協助人靈，人光靠己力是無法達成與上主冥合的地步。上主把人靈帶至「黑夜」，叫她學習離棄一切感官與心靈上的迷戀與執著，甚至學習跳出自我中心，好能「死於自己，活於天主」。尤其是被動的心靈之夜，它是一個非常痛苦的煉淨階段，有如黑夜中見不到光明一般叫人難受，然而，這是一個無可避免的過程，上主是純神，人如果要接近上主，必先離棄一切執著。這一段黑夜究竟需要延長多久，則視個人的需要而定。一旦成功地渡過這一個階段後，會達到與上主心靈的高度契合。

從明路過渡到合路，意謂著人靈已經歷了主動和被動的煉淨，去除了一總的不成全，感官和心靈的一總功能都和諧一致，完全順從正直理性的領導，藉此全然翕合上主的心智與意願，適合徹底成為吾主的新娘。聖人在《靈歌》第二十和二十一詩節的註解上如此說：

> 新郎——天主聖子——在這二首詩節中，賜給靈魂新娘平安和寧靜的產業，藉下層部分和上層部分的和諧一致，潔淨她的一切不成全，把本性的官能和動機帶到理性的管理下，……新郎阻止和命令幻覺和想像的無益飄蕩，……祂使理智管理先前頗使靈魂憂煩的二個本性能力，憤怒和慾望。還有，在今世可能的範圍內，祂成全（記憶、理智和意志）三官能的相關對象。甚至，祂阻止和命令（快樂、希望、怕懼和悲傷）四情緒，從現在開始，要受理智的安撫和管理（《靈歌》20–21．4）。

人靈經歷了徹底的煉淨，遂達成「神婚」，在主內獲致「神化」，聖人稱之為合路。

三、合路

聖人說：「神婚是（靈魂）在心愛主內的全然神化。⋯這是今生中能達成的最高境界。」（《靈歌》22．3）吾主（新郎）殷勤地向靈魂顯示自己的奧祕，讓被愛者（新娘）充分分享自己的生命（《靈歌》23．1）；靈魂所獲得的湛深喜悅，誠非普通話語所能言詮，況且，其在受寵幸的甜蜜神醉中尚且有其延續性，「有時是一天或二天，或許多天，雖然不是經常以相同的強度，因為其強與弱不在靈魂的能力範圍內。」（《靈歌》25．8）

神婚的境界，寓意著人靈在此世能和天主達致現世所能達致的最崇高結合，只有來世的「全福」始可超越它。為此，聖人說：

> 靈魂在天主內的神化中，天主以神妙的光榮通傳祂自己。在此神化中，二者化為一體，如同窗子和陽光的結合，或碳和火的結合，或星光和陽光的結合。但此結合不如來世的那樣實質和完美。（《靈歌》26．4）

至此，人靈已全然由神的心智所帶領，即使這並不妨礙其個體的行動自由，到底她是「從心所欲、不踰矩。」（借用《論語．為政．四》之語）如同聖十字若望所言：

天主親自單獨地在靈魂內工作，且通傳祂自己，沒有天使的介入，也沒有本性能力的介入；⋯無論外感官、內感官或所有的受造物，甚至連靈魂本身，能作的少之又少。不是靈魂本性的才能和工作，或勤勞的蒙超性大恩，而是天主獨自賜予她的（《靈歌》35．6）。

總之，〈靈歌〉第二十二至三十五詩節交代合路究竟，提示成全的人靈在徹底被神化當中與天主成為一體，如保祿宗徒所指：「那與主結合的，便是與祂成為一神。」（《格林多人前書》6：17／cf.《靈歌》22．3）人靈在被神化當中仍不失去其個別位格，即使她已在舉手投足之間完全吻合神的心意，如同保祿所言：「我生活，不是自我生活，而是基督在我內生活。」（《迦拉達人書》2：20／cf.《靈歌》22．6）

四、展望全福

作為尾聲，〈靈歌〉第三十六至四十詩節主要闡述合路中人對來世全福的展望；提綱挈領地說，聖人在此凸顯了四個重點如下：

（一）合路中人仍有進展的餘地（36-37詩節）

（二）愛與智唯有到來生始得圓滿（38詩節）

（三）合路意謂全福的預嚐（39詩節）

（四）合路中人得蒙五種祝福（40詩節）

茲分述如下：

（一）合路中人仍有進展的餘地

達至合路的聖者仍有進展的餘地，即其對神的愛與知識並沒有停頓，只要她一息尚存，則有增無己，因為其所結合的神是無限的美善，以致她所浸潤的氛圍不可限量。為此，聖人提示：

> 天主上智和知識的叢林，如此深奧和無限，無論靈魂獲知多少，她常能更深入地探入。其叢林無限無量，其富饒無法理解。（《靈歌》36．10）

聖人又說：

基督好像一座豐富的礦山，蘊含許多寶藏穴洞，無論人們如何深入發掘，總不能窮其底蘊。（《靈歌》37．4）

……於是靈魂熱切渴望進入這些基督的洞穴，為能完全被吸收、神化，並沉醉於這些奧祕智慧的愛內，且在心愛主的胸懷內隱藏她自己。（《靈歌》37．5）

（二）愛與智唯有到來生始得圓滿

人即使已臻至合路，到底靈魂對神的愛和認知仍然有所進展，其永不息止的切慕，唯有到達來世的全福狀態始獲得徹底的憩息。聖人強調：

在今世，藉著靈魂在天主內的神化，即使他的愛是極大的，仍不能與天主對她的完美愛情平等，她渴望顯明的榮福神化，她將在此榮福中達到這平等。（《靈歌》38．3）

在來世全福的狀態中，愛和意志將出現這樣的局面：

靈魂的意志在那時要成為天主的意志，所以她的愛也將成為天主的愛。靈魂的意志在那裡並沒有被毀滅，而是堅定地結合於天主意志的力量，……二者意志如此相結合，致使只有一個意志和愛。（《靈歌》38．3）

至於認知和理智方面，聖人也做類似的提示：

在那永恆之日，天主預定靈魂享受榮福，……（那）是眼所未見，耳所未聞，人心所未想到的（《格林多人前書》二9）如同聖保祿宗徒所說的。依撒意亞也說：「主，除祢以外，眼睛從未見過，祢之如此行事，等等」（《依撒意亞先知書》六四3）（《靈歌》38．6）

（三）合路意謂全福的預嚐

合路中人既已擴充了源自神的恩寵，並響應了神的召喚，她已在主內成為「分享的神」，如同伯多祿宗徒所指：「成為有分於天主性體的人。」（《伯多祿後書》1：5）在現世達成聖果的人，其所享有的幸福與愉悅，即使尚未能與全福相比，到底是全福的預嚐，為此，十字若望說：

> 由於靈魂和天主的實體結合，靈魂藉著在天主內，偕同天主，完成榮福聖三的工程，靈魂將分享天主自身。雖然此一分享將在來世圓滿完成，當靈魂仍在此塵世達到成全之境時，…這靈魂…正預嚐且預見其形跡。（《靈歌》39．6）

（四）合路中人得蒙五種祝福

凡臻至合路的靈魂，她至少得蒙五種祝福如下（《靈歌》40．1）：

①靈魂已超脫萬物：人不再受世物所羈絆，而可「物物而不物於物」，且自由自在地「隨心所欲、不踰矩」。

②魔鬼已被征服而遁逃：靈魂已獲得凱旋勝利，以致魔鬼不敢再來干擾。

③情緒與慾望已被馴服：一總意欲情念無不聽命於平正理性的指揮下，以致個體整體和諧一致，有如〈中庸〉所指：「喜、怒、哀、樂之未發謂之中，發而皆中節謂之和。…致中和，天地位焉，萬物育焉。」

④感官脫胎換骨地淨化
⑤心智得心應手地順暢
④和⑤祝福意謂感官與心智和平共存，各安其份，合作無間。

概括地說，《靈歌》全詩構思於聖人在托利多被囚的日子③，眾詩節卻斷續地在不同的時候下筆書寫，詩中的句子即使並非一下子就被造就，但其靈感卻是首尾一貫，主題以愛侶的相戀，來象徵人神的「邂逅、訂婚、神婚」；全詩長達四十詩節，可被劃分為「煉路、明路、合路」三個段落：

「煉路」涵括第一至十二詩節，描繪靈修者初嚐聖愛感召而心靈覺醒，起而追尋神踪，卻落寞於神跡的隱遁，然這份感召足以讓她洗心革面，痛改前非，滌淨中飢渴慕義，割捨迷執，深感塵世和聖界間的懸殊，進而舉心向上、活於信德。

「明路」以第十三至二十一詩節來做交代，陳述靈修人日進於德多得神益，而所獲的奇恩異寵，尤以神魂超拔，為愛主而出神這一環節，被寓為神訂婚。其受上主的提拔誠屬蔚為奇觀，然心靈的動盪、也相對地顯得激烈，其中尚包括「光與焰的交替」、「愛與慾的對峙」、「聖與俗的拉鋸」、「感官與心靈的黑夜」，直至一總不成全被壓服為止。

「合路」藉第二十二至四十詩節的吟詠而反覆提示成全者的神化結合，並引用陽光與玻璃一體、烈火與烘碳交融等意象，來寓意神婚的達致，和五重祝福的湧現。人靈逍遙於天地之間，隨心所欲而不踰矩，是為人間修行的頂峰，唯有全福的圓滿始能超過其界限；人在展望來世的切慕中，其愛與智尚有增無已地擴充，直至離世與主同在為止。

全詩的來龍去脈，可方便地藉下圖示意：

3. 參見《攀登加爾默羅山》導讀2，第379頁。

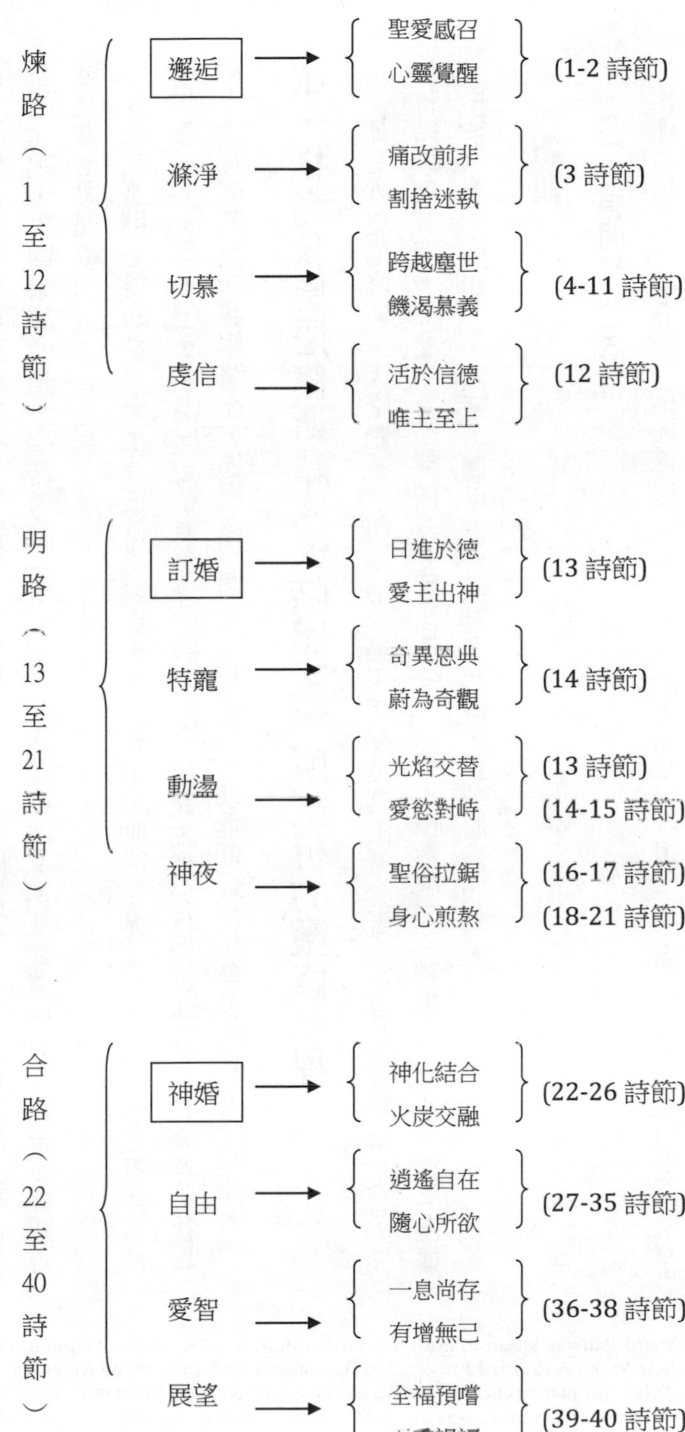
煉路（1至12詩節）
邂逅
聖愛感召
心靈覺醒
(1-2 詩節)
滌淨
痛改前非
割捨迷執
(3 詩節)
切慕
跨越塵世
饑渴慕義
(4-11 詩節)
虔信
活於信德
唯主至上
(12 詩節)
明路（13至21詩節）
訂婚
日進於德
愛主出神
(13 詩節)
特寵
奇異恩典
蔚為奇觀
(14 詩節)
動盪
光焰交替
愛慾對峙
(13 詩節)
(14-15 詩節)
神夜
聖俗拉鋸
身心煎熬
(16-17 詩節)
(18-21 詩節)
合路（22至40詩節）
神婚
神化結合
火炭交融
(22-26 詩節)
自由
逍遙自在
隨心所欲
(27-35 詩節)
愛智
一息尚存
有增無已
(36-38 詩節)
展望
全福預嚐
五重祝福
(39-40 詩節)

誠然，任何歷程都有其「起、承、結」，靈修蹊徑也不例外，以致有所謂「煉路、明路、合路」。天主教神修學上能在這方面集其大成者，固然缺少不了聖十字若望《靈歌》一書；若問及這說法的起源，看來它源遠流長，似難確定地指出一個確定的日子與創始人[4]；然而，開始作其有條理的鋪敘者，應數托名狄奧尼修斯的《天階體系》；我們藉聆聽狄奧尼修斯的述說，再回來配合聖十字若望的《靈歌》，在雙題並論下，靈修進境的來龍去脈會顯得更為整全與細緻。

在此值得一提的是：十字若望並非對狄氏著作無知，他往往提及狄氏之言，尤對其「否定神學／Negative Theology」說法有深深的認同[5]。如此說來，我們可穩妥地先後考量狄氏和十字若望所談的靈修路徑，進而做一個全盤的檢討，以體會靈智存有者回歸本源的征途。

貳、托名狄奧尼修斯藉《天階體系》所剖析的靈修歷程

托名狄奧尼修斯《天階體系》明顯地談論天使學及其階層分野，但骨子裡卻暗示著人間修行階段與究竟。標題中「階層體系／hierarchy」一辭，由希臘文「神聖／*hieros*」與「源頭／*arche*」二字所組合，寓意著體系之有其神聖起源，並分層級序列。

一、概說

（一）有關狄氏三分法

顧名思義，靈界蘊含神聖秩序，溢出自神的本源，按階層高下而各分不同的靈智狀態，在超昇中愈發與神聖源頭肖似（《天階》3．1）。同等級天使物以類聚，儕儕一堂，互相扶

4. Bernard Patricia McGinn, *Early Christian Mystics : The Divine Vision of the Spiritual Masters* （New York : A Crossroad Book , 2003） , chapter 9 : ” Unknowing Knowing—Dionysius “ , p.182, “This triple pattern of purification , illumination , and perfection of union , which appeared earlier in Origen and Evagrius , was to remain one of the most common ways to understand the mystical itinerary .“ 按包利民中譯本提示：「作者承認，對九個《聖經》中的名字進行三組安排…，是由哈爾羅修斯（Hierotheus）先做出的。」《神祕神學》頁115 , note 44 , 以致應是五世紀產物。
5. Cf.《山》2．8．6；《夜》2．5．3；《靈歌》14–15．16；《焰》3–49。

持，上下溝通，一起努力邁進；而等級愈高，愈近似神，愈能協助較低層次躍升；天界靈體就此動態地愈趨圓滿，愈發認同於神，愈與祂融合為一。

這提升歷程可劃分為三大等級，各細分三小品位，共計九品天使，寓意著靈智體進昇之三大層次，命名為「煉路、明路、合路」（《天階》10，3）；此等分法。適用於天界與人間。較廣義地說，數字「三」意謂「眾多」，象徵大全之數[6]。較狹義地說，狄氏喜用「三」之數字來提示神聖界域。

有關等級三分之說，看來我們須在此權宜地從一個較寬濶的幅度來透視狄氏作品。狄氏全集，除了若干書信外，為首的計有《論聖名／*On Divine Names*》一書，站在肯定神學（positive／cataphic theology）立場，借用世間事物之美善，來稱謂神之美善。繼而，狄氏藉《神祕神學／*Mystical Theology*》一書，來凸顯其否定神學（nagative／apophatic theology）取向，強調神之不可名言（ineffability），沒有任何辭彙可充分道出神的究竟；人唯有在超越名相知識之緘默中攀升，使得以冥合神那超越言說的奧祕，這是《教階體系／*Ecclesiastical Hierarchy*》和《天階體系／*Celestial Hierarchy*》所要帶出的訊息[7]。如此一來，全部作品呈現了一個「三合一結構／Triadic Structure」，寓意著萬物「溢出／*Exitus*」自神，始終要「回歸／*Reditus*」於神，藉著無言的「超昇／Anagogy」來往上邁進，經歷「煉、明、合」三路，以投奔那「三一神源／Triune Thearchy」。

（二）有關象徵說法

狄氏三分法富含象徵意義，他自己甚至提示：連聖經也往往採用象徵說法來陳述，因為人缺乏直截洞悉靈性奧蹟的能力，以致須用間接方式來述說（《天階》2，2）；然而象徵

6. 例如，空間分「長、寬、高」三度，時間分「過去、現在、將來」，歷程分「起、承、結」，等級分「上、中、下」等。Aristotle, *Du Ciel* , 268a 11–13 , "For , as the Pythagoreans say , the universe and all that is in it is determined by the number three , since beginning and middle and end give the number of the universe , and the number they give is the triad . "
7. 《教階體系》談教會禮儀（Liturgy）和聖統制，《天階體系》談九品天使，都牽涉較低階層超昇至上主的歷程。

語言有其限度，未必能暢所欲言，致使人在陳述與理解尚須經歷一個辯證如下（《天階》2．3）：

正：先用自然界事物做類比，例如、天使有翅膀，其行疾如飛；

反：自然界事象不能充分表達神聖奧祕；

合：象徵語句可刺激聯想，讓人藉此躍昇至靈性玄觀。

總之，以物理意象作為梯階，有助於讀者攀登至超性奧理，只不過我們不可執著於形象字句，以免捨本逐末，誤失天機。

（三）有關九品天使之名

談及九品天使之名，其沿出自新舊約聖經的不同章節，只是聖經並沒有給它們刻意排序而已，況且某些名字尚用來稱謂黑暗勢力，此點容後討論，茲率先把名次及出處表列如下：

上	Seraphim	**熾愛者天使**	《依撒意亞先知書》6:2-6
	Cherubim	**明慧者天使**	《厄則克耳先知書》28:14,16；《創世紀》3:24
	Thrones	**上座者天使**	《哥羅森人書》1:16
中	Dominations	**宰制者天使**	《哥羅森人書》1:16；《弗所人書》1:21；《伯多祿前書》3:22
	Authorities	**掌權者天使**	《厄弗所人書》1:21
	Powers	**異能者天使**	《哥羅森人書》1:16；2:10;《厄弗所人書》1:21；《伯多祿前書》3:22
下	Sovereignties	**率領者天使**	《哥羅森人書》1:16；2:10；《厄弗所人書》1:21；3:10
	Archangels	**總領天使**	《得撒洛尼人前書》4:16
	Angels	**天使**	《伯多祿前書》3:22

二、天階層級個別檢視

天階體系中處最高層級者有三：熾愛者天使、明慧者天使、上座者天使。此上三品最親近天主，永遠環繞著天主，毫無中介地與祂結合，沒有任何存有者比他們更肖似神，也沒有任何眾生比他們更直截接受最原初啟示（《天階》6．2）。

（一）上三品天使

①熾愛者天使

上三品為首者乃熾愛者天使，命名「色辣芬／*Seraphim*」。⑧按希伯來文義，意謂造火者、傳熱者，即充滿愛火，被神寵愛與還愛於神，並把愛普及眾生靈，以至宇宙萬物。狄氏說：

「色辣芬」之名確實表示一種永恆地環繞神聖者的運行，滲透暖熱，一種從不出錯、從不終止的運動滿溢熱量，…他們公開而無減損地保有他們得到的光和給出光明的能力。它意味著驅逐與消除昏暗陰影的能力（《天階》7．1）。

②明慧者天使

上三品居中者乃明慧者天使，命名「革魯賓／*Cherubim*」⑨，寓意著充滿知識。顧名思義，意謂從全然地認同上主中一併獲得其智慧，以致聰敏地瞭悟神的心意與作為，包括其創世、贖世、眷顧世人及萬物等一總知識。為此，狄氏說：

「革魯賓」之名意謂著認知和看見上帝的力量，接受祂的光的最大恩賜與觀照原始力量之中神聖榮光的力量，充滿帶來智慧的恩賜（《天階》7．1）。

8.　Seraphim 又譯名色辣芬，此名出現於《依撒意亞先知書》 6:2–6。

9.　Cherubim 又譯名基路伯，此名源出於舊約聖經多處，計有《創世紀》 3:24；《出谷紀》 25:18–22，37:6–9；《戶籍紀》7:89；《聖詠》18:10，80:1，99:16。

③上座者天使

上品中居第三位置者乃上座者天使，具名「最崇高的寶座」（Thrones）⑩，蘊含尊貴高尚、眼光凝仰、以上主為追隨的最高目標等意涵，以致狄氏解釋道：

這一稱號表明⋯對一切塵世缺陷的超越，⋯他們朝向極項上昇，⋯並全然專注地，永遠地保留在真正的最高者面前。⋯完全適宜於接受神聖的巡視（《天階》7·1）。

總括前三品天使的共性，他們最能彰顯的特徵有三，即「潔淨、光明、完全」三者（《天階》7·2－3）：

*潔淨——一塵不染、聖潔無瑕

他們⋯是徹底「潔淨的」，⋯沒有任何塵世缺點和一切汙染，⋯完全超出了一切弱點和一切較低的神聖級別。⋯他們不知道任何趨向低下事物的減損，⋯他們擁有永不動搖、永不變動和全無侵染的基礎。（《天階》7·2）

*光明——明鑒洞照、智慧超凡

他們也是「觀照的」，⋯他們充滿著超出任何知識的超級光芒，⋯不是通過在形式中反映上帝的工作的神聖形象，而是通過真正地靠近祂，最先分有從祂發出的聖光的知識。（《天階》7·2）

*完全——完美無缺、恆久成全

10. 上座者天使之名出自新約《哥羅森人書》1:16，按包利民中譯 頁117，註 49：「雖然基路伯可擔任寶座（詩80:1，99:1），和合本《歌羅西書》一章16節把「寶座」（亦譯「有位的」）描寫成天界存在者之一種。」

11 *e.g. I Cor.* 15:24；Col. 2:15；Eph.6:11–12 . C. Leslie Mitton , *The New Century Bible Commentary : Ephesians* (London : Manshall , Morgan & Scott Publ. Ltd , 1973), Eph. 1:21, p.72 , "⋯ here at (Eph.) 1:21 they are listed as rule (archai) , authority (exousiai) , power (dynameis) and dominion

> 他們是「完全的」，…因為他們有最先和最高的聖潔化，…直接從上帝本身受指導，有被直接提昇至上帝的能力，…他們僅次於完全和永久的純淨。（《天階》7．1）

（二）中三品天使

按照狄氏之排列，中三品天使計有「宰制者天使／Dominations」、「掌權者天使／Authorities」、「異能者天使／Powers」三者。究其實，此等名字是保祿宗徒採自當時所盛傳的有關靈界鬼神的稱號，其中若干名稱尚且用來稱謂黑暗權勢⑪，保祿並不對他們作嚴格區分，只強調靈界眾勢力都拜倒在基督的權限下而已⑫。

④宰制者天使

宰制者天使，希臘文為*kyriotēs*，拉丁文譯稱作*dominatio*，英譯計有Domination／Dominion／Lordship等，意謂主治者；狄氏釋：

> 「主治者」…它自由、不為塵世傾向所束縛，不嚮往任何處於粗鄙統治的暴君的不相似的品行。…它仁慈地、…接受那主治者的相似物。它拒絕空洞的外表，徹底回歸向真正的主（《天階》8．1）。

言下之意，他不以力服人，卻以德服眾，能力足以管治萬民，才德足以凌駕四方。

⑤掌權者天使

掌杖者，希臘文為*exousiai*，意謂足具權威。狄氏釋：

> 「掌權者」的稱號，指的是…豪邁而不可撼動的勇氣。…拋棄一切疏懶與軟弱，…有力地提昇自己去模仿上帝。…有力地向祂回歸（《天階》8．1）。

(*kyriotēs*). These correspond very closely to those named in Col. 1:16-dominion , principalities , authorities , and thrones-although in that context they are not specifically charaterised as evil ."

12. Mitton, *Ephesians*, p.72 , "All these are somewhat imprecise terms and it is futile to try to draw any sharp distinction between them ."

換言之，他勇毅精勤，排除萬難，向掌權者天主效法，努力往本源回歸，並藉此凸顯其權威，足以作眾生楷模。

⑥異能者天使

異能者，希臘文為*dynameis*，拉丁文譯作virtus，英譯Power／Dynamism／Virtue，意謂活力充沛、德能兼備；狄氏釋：

> 他們能以和諧不亂的方式接受上帝，並表明天界和理性的權威的本序本性。…並且充滿善心地把低於他們的等級與他們一道向上提昇。（《天階》8．1）

按狄氏的體會，異能者的德能，尤在於其有條不紊、先後有序，並敏於作上承下達的中介者，以扶持後進、共同提昇。

更廣義地說，中品級天使既處於居中地位，自然一方面接受上品級天使的協助，另一方面又提攜下品級天使的超昇，好能一起努力達至最終的完成。為此，狄氏解釋：

> 最先的理性完善、照亮、潔淨較低級別者，使後者通過他們而被提昇，…第二級的存在者通過第一級的存在者而從上帝接受啟示。（《天階》8．2）

（三）下三品天使

談及最末等級之天使，狄氏也給他們劃分三品：「率領者天使／Sovereignties」、「總領天使／Archangels」、「天使／Angels」。

⑦率領者天使

「率領者」，希臘文為*archai*，拉丁文譯為*principatus*，英譯計有Sovereignties／Principalities／Rulers等，寓意著「首領」；狄氏釋：

「天界首領」指那些擁有與上帝相像的君王般的領導權，…並像王一樣領導其他人朝向祂。（《天階》9．1）

⑧總領天使

「總領天使」，希臘文是*archangelos*，拉丁文譯作*archangelus*，寓意著「天使長」；狄氏釋：

天使長…居中。…他們與最聖潔的首領級和聖潔的天使級交通著，…向自己的超越原則（泉源）回歸，…對由前面的力量所得到的神聖啟示進行解說…，大方地把這些告訴天使，並通過天使而告訴我們。（《天階》9．2）

⑨天使

「天使」，拉丁文*angelus*轉捩自希臘文之*angelos*，蓋「七十賢士譯本」（LXX）用此辭來翻譯希伯來文之*mal'ak*，意謂「使者／Messenger」。狄氏釋：

天使結束了天界理性的全部等級排列。在所有天界存在者中，他們擁有的天使品性最少。他們與我們最近。…這一等級更專注於啟示工作，而且與世界更近。…首領、天使長和天使的啟示等級在他們自身中統治著人的階層體系，以便使向上帝的提昇與回歸、交通與統一能根據合宜的秩序而發生。（《天階》9．2）

三、天階層級綜合檢討

綜合地談論九品天使所象徵的深層義，《天階體系》一書即使明文地論述天界靈體的階級分野，究其實在暗寓世人修行的要旨和經歷，其中尤向我們提示以下的一些重點。

（二）等級意謂動態修行

如上述，「階層體系／Hierarchy」一辭綜合自「神聖／*hieros*」與「源頭／*arche*」二字，意指萬物「溢出／*exitus*」自神聖源頭，終須「回歸／*reditus*」一己之根，以完成愛的大團圓。含心智意識的天使與人尤凸顯一段修行歷程，以與神聖本源結合。我們可較細緻地分三點來陳述，它們是：

1、等級有分高低

2、等級高低意謂動態轉化

3、轉化目標指向至善根源

茲分述如下：

1、等級有分高低

靈智存有者，不論是天使或人，在靈格上有分上、中、下序列與德能（《天階》10．3）。換言之，靈智者在靈性修維上有分高下，以致在品位上有分尊卑。

2、等級高低意謂動態轉化

靈智者品位之高低，乃以至善之神作為最終判準；愈肖似神，則等級愈高（《天階》3．1），愈敏捷地提昇（《天階》10．3）。這意謂著階層體系並非為一套靜態境況（Not Static States），而是為一套動態轉化（Dynamic Transformation）；「轉化」一辭可正面地意謂著提昇，負面地暗寓著退步的可能。

3、轉化目標指向至善根源

靈智者上、中、下品位之分辨，在活躍變動中蘊含昇降，以最終目標——至高上主——作為究極依歸。靈智者努力修行，經歷煉路、明路、合路，以祈與聖潔根源合一。

（二）上品天使綜合寓意

繼而，上三品天使之名可啟發眾多聯想如下：

1、眾德以愛為先

最上品天使即色辣芬／Seraphim，原意為造火者、傳熱者，象徵熾愛，被安置於眾天使之先，意謂「愛」為諸德之首，保祿宗徒以之為一切法律的滿全（《羅馬人書》13：8－10）；若徒有諸德而無愛，則百行皆缺乏價值；信、望、愛三超德尚且以愛為最大（《格林多人前書》13：1－13）。從較消極面說，愛有滌淨作用，足以消除很多罪過：罪婦眾罪都蒙赦免，因為她愛的多（《路加福音》7：47）。從較積極面說，愛使人更肖似天主，因為天主是愛（《若望壹書》4：8）。

2、熾愛與明慧相輔相成、但分先後

再者，色辣芬與革魯賓／Cherubim之名綜合起來，意義既深且廣。革魯賓凸顯著智慧義。《天階》5．1指出：「高級別者擁有在下者所擁有的光明與力量。」若把色辣芬和革魯賓相提並論，至少給我們投擲出三個重點如下：

①愛蘊含知識：真誠的愛並非意謂著盲目，而意謂著更深度的知識。《創世紀》稱男女愛的結合為認識對方（《創世紀》4：1；19：8）。歷代哲人都在這方面提出其證言；例如，佛洛姆（Erich Fromm）於其《愛的藝術》提示：「知識有許多層面，唯獨藉愛而獲致的洞察不停留在表面，而直指本心。」⑬此外，謝勒（Max Scheler）也說：「真愛開啟人的靈

13. Erich Fromm, *The Art of Loving* (New York : Bantam, 1956), p.24 , "There are many layers of knowledge , the knowledge which is an aspect of love is one which does not stay at the periphery , but penetrates to the core ."

眼，讓我們發現被愛者的更高價值。它容許人有洞察，而不叫人盲目。」⑭

②愛超越知識：色辣芬與革魯賓名列前茅、數一數二；然以色辣芬排名先於革魯賓，寓意著以愛為優先。保祿宗徒強調：「我若…明白一切奧祕和各種知識，…但我若沒有愛，我什麼也不算。」（《格林多人前書》13：2）此外，巴斯噶（Blaise Pascal）於其《沉思錄》又說：「心有其理性，為理性所不識。」⑮此等話語都在見證：愛超越知識，知識須在愛的前提下始取得其完整性。換言之，熾愛與明慧相輔相成，然以愛為重。

③愛與知識是我們少數能帶進天國的財寶：固然，話須說回來，愛與知識即使排名有分先後，到底綜合起來都是最值得我們追求的價值；況且，天主同是愛與智慧，凡生活在愛中的人，就是生活在天主內，且在主內獲得智慧；以吾主作為嚮往的最終目標，自然重視愛與知識⑯。按雷蒙・穆迪（Raymond A. Moody, Jr.）的研究，於其《死後的世界》詳述，有過瀕死經驗的人們，都會異口同聲地強調：此生的要務就是須力恆不懈地行愛與求知，唯有它們是能讓人帶回靈界的珍寶。⑰

3、上三品天使的圓融啟發

上三品級者尚剩「上座者天使／Thrones」。其被強調為位於「上座」，崇高超越，與色辣芬、革魯賓同列上品而位居第三，不失其明愛與慧心，以致能穩占寶座，得以親近天主。以「上座者」為借鏡，我們所獲得的啟發是：所謂「近朱者赤」，愈接近神，愈肖似祂，愈不走回頭路（《天階》7．2）。

「熾愛者」、「明慧者」、「上座者」合起來，寓意著靈修愈以上主為馬首是瞻，

14. Max Scheler, *The Nature of Sympathy* (New York :Yale Univ., 1954), p.157 , "… true love opens our eyes to ever–higher values in the object loved. It enables them to see and does not blind them ."

15. Blaise Pascal, Pensées , §277 , in *European Philosophers from Descartes to Nietzsche* (New York : Random House , 1960) , p.124 , "The heart has its reasons , which reason does not know."

16. Raymond A.Moody, *Reflections On Life After Life* (New York : Bantam, 1977, pp.94–97, " I gather from the tone of the persons who reported these (near–death) experiences that the kind of love they have in mind is… *agape* , … an overflowing , spontaneous , unmotivated kind of love … given to others regardless of their fault .…My impression from listening to stories of near–death experiences is that kind of knowledge people mean has more to do with theoretical and factual kinds of things (i.e., *episteme*), … knowledge of basic things , causes of things … that hold the universe together , … deeper knowledge … related to the soul , … wisdom (*sophia*) , … *sophia* and 'wisdom' alike

愈浸潤於愛與知識，則進步愈神速，後退機會愈少。狄氏說：

第一組永遠環繞著上帝、…毫無中介地與上帝統一。許多翅膀的（《依撒意亞先知書》6：2），…稱為「革魯賓」和「色辣芬」的天使。…直接環繞著上帝，享有…最大親近。…沒有任何存在者比他們更與神聖者相像，或更直接地從上帝接受最初的啟示。（《天階》6．2）

第一等級的天使比別的天使更多地擁有火的力量和被傾注於他們的聖潔智慧。在神聖光照之下對最高者的知識以及總結於「寶座」一詞中的表明他們接受上帝的特別力量的那種能力。（《天階》13．3）

（三）中品天使綜合寓意

繼而，中三品天使分別以「宰制者／Dominations」、「掌權者／Authorities」、「異能者／Powers」為名。顧名思義，尤凸顯其充滿權威，肖似著萬軍上主的威能；狄氏同時標榜其能力之在於慈愛，如同上主在廣施仁愛中流露出其聖潔莊嚴一般，使人既受「吸引／mysterium fascinosum」、又蒙「戰慄／mysterium tremensdum」⑱。總之，中三品天使在這方面反映著神的尊威，中品天使的威能也不在於以力服人，而在於以德服眾。換言之，他們的存有寓意著神聖威能不在霸凌，而在仁愛寬厚。…

1、愛與寬恕比任何力量更大

有關掌權者不以殘暴而以寬仁來凸顯其力量一事，看來《論語》對此有相應的

have… an ethical dimension as well as a factual one . The wise man … would not only possess knowledge but would be able to apply it in a morally accumulation of knowledge .”

17. Raymond A. *Moody , Life After Life : the Investigation of a Phenomenon—Survival of Bodily Death* （New York :Bantam , 1975）, pp.92–93 ,“Almost everyone has stressed the importance in this life of trying to cultivate love for others .… In addition , many others have emphasized the importance of seeking knowledge .… No matter how old you are , don't stop learning . …For this is a process , I gather , that goes on for eternity .”

18. 茲借用奧圖（Rudolf Otto），*The Idea of the Holy* ,1917之辭彙。

發揮；例如：

導之以政，齊之以刑；民免而無恥。
導之以德，齊之以禮；有恥且格（〈為政〉．三）。
子為政，焉用殺？子欲善，而民善矣。
君子之德風，小人之德草；草上之風必偃（〈顏淵〉．十九）。
因民之所利而利之，斯不亦惠而不費乎？
擇可勞而勞之，又誰怨？欲仁而得仁，又焉貪？
君子無眾寡，無小大，無敢慢；斯不亦泰而不驕乎？
君子正其衣冠，尊其瞻視；儼然人望畏之；斯不亦威而不猛乎（〈堯曰〉．二）？

再者，「寬恕仁愛之為真正德能」一議題，也容易讓人聯想起先前謝勒對尼采的辯駁：

——尼采指 { 愛只是記恨的伸延，
寬恕只是奴隸性的屈服； }

猶太人打不過仇敵，{ 遂轉悲憤為仁愛，
化報復為寬恕： }

此等表現，都只是卑弱、恐懼、無能的表徵而已⑲。——對此，謝勒的駁斥是：
寬恕仁愛才是真正強者的德行！
這意謂著勇於包容、富於慈愛，
不管能否反擊，絕不以暴易暴，唯有強者能為之⑳。

19. 原著發表於1887年。英譯本參閱 Friedrich Nietzsche, *Towards a Genealogy of Morals*（New York : Anchor Books , 1956）, part I , sec. 8 , 10 , 14

20. 原著發表於1912年。英譯本參閱Max Scheler , *Ressentiment*（New York : Free Press of Glencoe , 1961）, pp.43–45 , 72–73 .

2、藉中品級天使體會愛的雙面向度

此外，中品級天使的位置，尤尖銳化地凸顯其「中介」意義；狄氏在不同章節中多次強調這一點，例如：

下面一級級存在者通過他們的上級的中介，而依次接受自己的一份聖潔光芒。…他們充滿善意地把他們的下級別者盡量提昇為自己的平輩。他們毫無怨言地告知下級他們自己領受到的榮光，使下級能向更下一級者傳遞這光。這樣，在每一層次上，在先者都向後來者傳送他接受到的一切聖光，聖光便按上帝所意願的比例傳遍一切存在者（《天階》13．3）。

中品級天使所凸顯的「中介」義——傳遞與接受，無疑給我們提示了愛的雙面向度——施與和接受。愛一方意謂著無條件的施與，另一方面又意謂著被愛的接受；羅樂梅（Rollo May）對此有精闢的見解：「徒能施而不能受，則形同控制；徒能受而不能施，則無從將愛內化於生命。」㉑

藉中品級天使體會修行的昇沉

中三品天使，位居天界靈性團體的中央，既無上三品天使的便捷，又有下三品天使的趨促；尤給我們更迫切凸顯修行的危機意識：即修身寓意「動態轉變」，須「正視目標」，而「避免沉淪」，與「努力提昇」。

所謂「動態轉變」，它意謂只暫處當下境況，而心存更高嚮往。

所謂「正視目標」，它意謂切勿自以為是，而以主寵為究極力量。

所謂「避免沉淪、努力提昇」它意謂修行如同逆水行舟，不進則退，以致須仰賴主恩，而敬慎處事。

21. Rollo May, *Love and Will*（New York : Norton , reprinted 1984）, p.311 ,“ If you cannot receive, your giving will be a domination of the partner . Conversely , if you cannot give , your receiving , will leave you empty. ”

（四）下品天使綜合寓意

談及最末三品天使之名稱，我們可能多少體會到其中的吊詭，「率領者天使」、「總領天使」、「天使」三者，綜合了「領導」與「聽令」二事，也就是凸顯了「發號施令」和「執行命令」的一體兩面，寓意著能執行命令，就有資格發號施令。換言之，領導人貴在謙下服侍他人。

1、非以役人，乃役於人

末三品天使尤以履行使命來反映其品格的清高；此點讓我們聯想起福音的話：

誰若願意在你們中成為大的，就當作你們的僕役；誰若願意在你們中為首，就當作你們的奴僕。就如人子來不是受服事，而是服事人，並交出自己的生命，為大眾作贖價。（《瑪竇福音》20：26–28）

主耶穌還以給宗徒們洗腳來強調這一重點（《若望福音》13：13–18）。

2、愛貴在踐行

再者，下三品天使的特色既在於履行使命，這無疑地給我們提示出愛之貴在踐行；即愛與其在乎說中聽的話，不如說更在於實踐愛德，身體力行地廣施慈愛。聖依納爵《神操》（§230）就有這樣的一句名言：「愛更是在工作中，不只在言語中。」㉒一份忘我的愛，無形中讓施者與受者都獲得造就。當母親忘我地為子女付出，她無形中把自己塑造成慈母，也給子女帶來建樹。同樣地，天使們也樂於在愛中協助我們，雖然他們並不為求什麼回報，到底在他們施愛中，以及我們在樂於接受愛中，雙方都藉此而在生命中獲得提昇。茲借用魏斯醫生（Dr. Brian L. Weiss）的話語來作一補充：

22. 聖依納爵著，王昌祉譯《神操》（台中：光啟，1960再版），《聖愛瞻想》（預誌），頁101.

知性知識⋯必要催化劑就是行為實踐。沒有行動，觀念就會萎縮、褪色。智慧是很慢才能得到的，⋯容易吸收的知性知識，必須藉實踐轉化為情緒的、或潛意識的⋯，一旦轉化好了，這種印象就是永久的㉓。

言下之意：徒然懂得愛的意義，不足以造就為愛者，人仍須藉愛的實踐來把愛內化於己，類比著藉實踐來把知性知識轉化為智慧；究其實，愛與智慧互相維繫，恰如色辣芬和革魯賓互相關連一樣。

（五）人可加入天階體系

至此，我們尚可多加一個重點：人可藉修德成聖，而加入天使的行伍，以與他們一起投奔上主。狄氏說：

我應該對天使的階層體系獻上一曲讚美歌。

我以超越此世界的目光凝視《聖經》所歸屬於它的聖潔形式，以便我可借助這些神祕的表現而被提昇至它們神聖的單純性。（《天階》4・1）

看來狄氏欲作這樣的暗示：天階體系並不必然是天使們的專利，人只須恆心修德，活於愛中，以上主為嚮往的最終目標，那麼，你將與天使們看齊，跟他們一起同聚愛的大團圓。反之，你也可因罪業深重而與邪魔為伍。

昔者，厄則克耳先知弔提洛王（King of Tyre）哀歌中就曾如此地詠歎（《厄則克耳先知書》28：14–16）：

我曾立你為革魯賓，作光耀的守衛，在天主的聖山上，

23.　魏斯著，譚智華譯《前世今生／*Many Lives, Many Masters*》（台北；張老師，1992），頁182.

在烈火的石中往來。從你受造之日起，你的行為原是齊全的，
直到你犯了罪之時。因你生意興隆，你就充滿了欺壓，犯了重罪，
因此我從天主的山上將你趕走，從烈火石中將你這作守衛的革魯賓剷除。

言下之意：人可因聖德超卓而置身於天使行列，位居上品，也可因惡貫滿盈而從天使的隊伍中墜落，難以自拔。況且，人身難得，既可快捷進步，也可迅速沉淪，務須兢兢業業，仰賴主寵，接受天使們協助，以勉力提昇。

茲引用下頁圖表作撮要：

參、《天階體系》與《靈歌》的綜合論述

先後聆聽了十字若望《靈歌》和狄氏《天階體系》的個別鋪陳後，我們也許會在這兩篇風格迴異、內容參差的名著中感到有點眼花撩亂，即使深明它們都在企圖交代靈修歷程的起、承、結，並提點各階段的特色和理想，到底掩蓋不住其中能有的異同，茲給它們做一綜合反思如下。

一、表面的張力

兩書年代不同，筆者各異，表面張力，自是在所難免，茲作若干提點如下。

（一）有關煉路、明路、合路的稱號

煉路、明路、合路之名，先於二書而早已面世，卻在二書中奉為經典，一路走來，逐漸演變成靈修過站的既定稱謂。究其實，二書所描繪的內蘊，在涵義上未必完全一致。

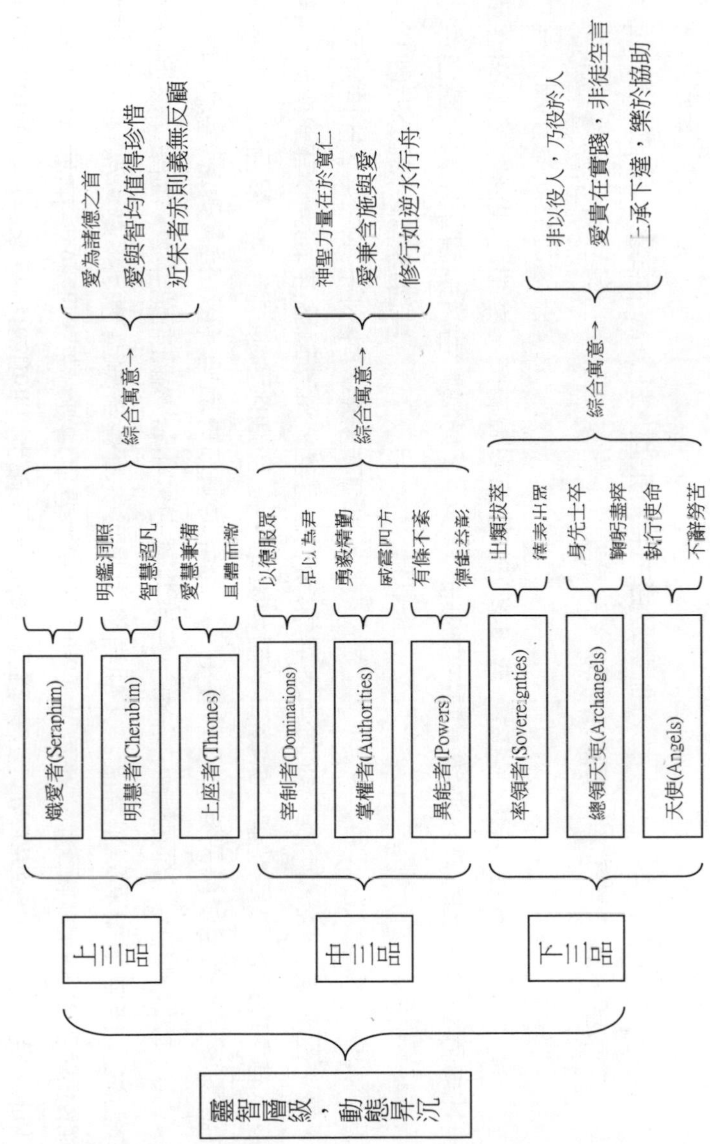
靈智層級，動態昇沉
上三品
熾愛者(Seraphim)
明慧者(Cherubim)
明鑑洞照
智慧超凡
上座者(Thrones)
愛慧兼備
具體而微
綜合寓意→
愛為諸德之首
愛與智均值得珍惜
近朱者赤則義無反顧
中三品
宰制者(Dominations)
以德服眾
足以為君
掌權者(Authorities)
勇毅精勤
威震四方
異能者(Powers)
有條不紊
德能益彰
綜合寓意→
神聖力量在於寬仁
愛兼含施與愛
修行如逆水行舟
下三品
率領者(Sovereignties)
出類拔萃
德表出眾
總領天使(Archangels)
身先士卒
鞠躬盡瘁
天使(Angels)
執行使命
不辭勞苦
綜合寓意→
非以役人，乃役於人
愛貴在實踐，非徒空言
上承下達，樂於協助

《天階》（10：3）以靈智者「都分有那潔淨之上的潔淨，那超豐足的光，那在一切完全之先的完全。」狄氏之意是：靈智者溢出於神（*exitus*），保有潔淨（purification）、光照（illumination）、完成（perfection）的潛能，以致能回歸本源（*Reditus*）；「煉、明、合」三辭同時蘊含共時性（synchronic）與貫時性（diachronic）二向度：共時性地，它們意謂靈智者正在開發之潛能，按修為的高低而享有不同等級的煉淨、光明和完美；貫時性地，它們意謂靈智者的修行過程，以初階活躍於滌淨、中階臻於明心見性、高階陶醉於深度冥合。

反之，《靈歌》（主題）則偏重於貫時性向度；十字若望以煉路之為初學者的滌除罪疚、割捨迷執，以明路之為進階者的空靈明　、奇恩異寵，以合路之為完成者的結合於神、達於巔峰。他雖不排除共時性的潛能義，卻側重於貫時性的歷程義。為此，在「煉、明、合」三辭意的交代上，狄氏比十字若望要來得周延。

（二）天階與人間的對比

我們閱讀《天階體系》和《靈歌》二書，至少在比對天界與人世當兒，多少體會天上與人間的落差、動與靜的懸殊、主僕與愛侶的分辨等異別，茲逐一交代如下：

1、天上與人間的落差

首先，讀者不會錯置二書的視域，《天階體系》談天使團體，《靈歌》講人間修行；雖然《天階》不忘提示其論述相應人士，到底並非正題的話語。

2、動與靜的懸殊

再者，《天階》指出靈界序列動態昇沉、不進則退；《靈歌》則展望天鄉圓滿，靜候息勞歸主，止於永安。一動一靜，分別互見。

3、主僕與愛侶的分辨

此外，《天階》申述靈界之愛，以「主僕型態」出之，天使是神的使者，效命於主，連革魯賓也遵令防守樂園（《創世紀》3：24）。反之，《靈歌》闡釋天人之愛，卻以「愛侶型態」來歌頌，從邂逅及至神婚，新娘備受寵幸，為天使所豔羨。

此等張力，不勝枚舉，雖不構成背反矛盾，到底讓比較者疲於協調其中節拍上的分歧。

（三）「本性」、「超性」二概念的義理演繹

上述的某些張力或許可以歸究到二書年代背景的不同，以致在義理上出現若干落差。

首先，狄氏處在五世紀年代，基本上深受新柏拉圖主義和希臘教父思想薰陶，著重動態觀點看萬物，倚助神的提拔，天助自助，往更高層次邁進，以致「本性／Natural」與「超性／Supernatural」二面向一體圓融、互不對立。

反之，十字若望處在十六世紀的西班牙，宗教裁判（Inquisition）之風熾盛，排除異端之舉雷厲風行，在教義上談生死，被限定在「萬民四末」——死亡、審判、天堂、地獄——的框架上立論，尤對「本性」、「超性」間的懸殊做嚴格區分。

於此，我們可方便地藉追溯「本性」與「超性」二概念的義理發展，來探索《天階》和《靈歌》二書間張力的內在緣由。

從歷史發展的眼光看「本性」與「超性」二概念的對比，公元十六世紀可以說是一個分水嶺：十六世紀以前，「本性」與「超性」是同一回事的兩面；自十六世紀開始，它們則變成兩個不同的層面。茲對這一演繹做一追蹤如下：

1、本性界與超性界二辭有其久遠的歷史淵源

我們可從古希臘與羅馬世界（Greco–Roman World）的背景說起。

(1)古希臘、羅馬世界

有關上古西方文化談「本性」與「超性」二義，我們瞥見：

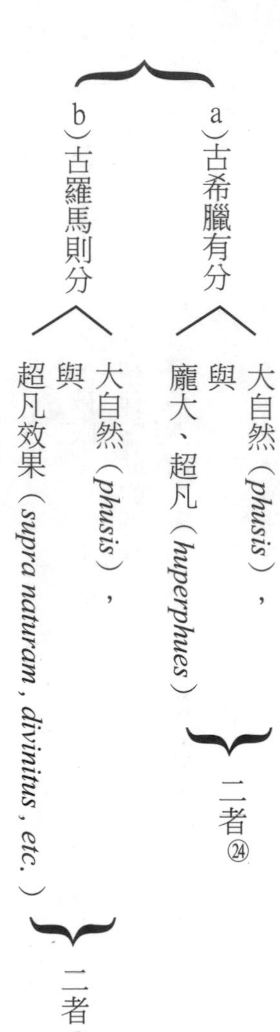

然而，我們並未從中看出「本性」與「超性」是有關連的字，那就是說，兩者不見得是彼此對立，也不見得是兩個獨立的存在層面。

(2)教父時代

時至教父年代（Patristic Period），眾哲賢㉖談救恩史，都異口同聲地把「創造／Creation」與「救贖／redemption」相提並論，以它們為上主同一份作為的兩面、或同一個救恩史的兩個時份，以致被創造的「大自然／nature」，蘊含著救贖與聖化的「超性面／supernatural aspect」㉗；也就是說，為教父們，尤其是希臘教父，浸潤在新柏拉圖主義與基督精神的對話，無不以「本性」、「超性」之為一體兩面、互相融貫；而托名狄奧尼修斯的作品，就是經由這年代的薰陶而孕育的成果，無怪乎他也在標榜世界的

24. *Phusis*為名詞，意義多元，最普遍的字義是「大自然」。*Huperphues*是形容詞，其副詞是*huperphuos*，意謂「奇異地、神奇地」。*Phusis*與*huperphues*二者意義並不對立。Cf. G.W.H. Lampe, *A Patristic–Greek Lexikon*（Oxford : Oxford University Press, 1961）, p.1441.

25. 拉丁文*natura*是希臘文*phusis*的翻譯。至於「超凡」一義，在多位古羅馬學者如Cicero, Tacitus, Seneca等，他們引用*divinitus, supra naturam, excedens*等辭，意謂超乎尋常的效果；然在古羅馬學人中，並不遇見形容詞如*supernaturale*、或副詞如*supernaturaliter*等字。Cf. J.P.Kenny, "Supernatural" in *New Catholic Encyclopedia* vol.13（New York : McGraw–Hill, 1967）, p.812. Cf. Henri de Lubac, "Remargues sur l'histoire du mot surnaturel" dans *Nouvelle Revue Theologique* 61,（1934）, p.226.

「溢出／*Exitus*」與「回歸／*Reditus*」為同一歷程的兩極㉘。

(3)以多瑪斯為代表的十三世紀

十三世紀是為士林哲學蓬勃的年代，學者們仍沿襲自教父以來的大方向，以「本性」和「超性」之為一體兩面，配合無間；用聖多瑪斯作為代表，他主張人本性主要是向著上主開放，擁有一股動力推駛著人心去渴慕上主，永不息止地超越一切世物，而至少隱然地在嚮往著神，唯有在投奔到神的懷抱內始獲得絕對的憩息㉙，為此，人本性地就有其「溢出」與「回歸」兩面向；「本性」不是純粹地本性，「本性」蘊含「超性」；「本性」與「超性」是為同一事實的兩面㉚。

2、二界斷裂的來龍去脈

然而，「本性」與「超性」二義的融貫，在漫長的歷史傳承中，卻漸漸變質，至十六世紀而演繹成兩界斷裂的畸形狀態。其中的因由可被交代如下。

首先，在聖奧斯定的反思下，萬物在受造物之初都是聖善的，為神所鍾悅（*De Civitate Dei* 11,17），這論點固然依隨著傳統的大方向。然而，在進一步反省人類的墮落時，他卻標榜原祖的犯罪導致人性的敗壞，不能以己力接觸超性界，須藉神的救贖來獲救㉛。這種說法徒然給人一個錯覺：以為原罪以後，人性被貶抑成純粹本性，失去超性成份，無法從本性中發顯潛力來自拔。

b）奧坎的推波助瀾

時至十四世紀，奧坎（William Ockham，1285–1349）出而為「唯名論者／Nominalists」的代表人物。奧氏談「人性／Humanity」，以之為「人之所以為人／Man

26. Cf. Boethius , Cassiodorus , Isidore of Seville , Hugh of St. Victor （*Didascalion*） , etc.
27. Cf. W.Lossky , *In the Image and Likeness of God* （New York : St. Vladimir's Seminary Press , 1947）.
28. Pseudo–Dionysius, *Divine Names* 4 , 4–35；5 , 10.
29. Thomas Aquinas, *Summa Theologiae* I–II , 3 , 8 .
30. Cf. Henri de Lubac , *Augustinianism and Modern Theology*（London : Geoffrey Chapman, 1969）, p.196 .
31. *Confessiones* 3 , 7；Enchiridion 40；*De moribus ecclesiae Catholicae* 2 , 2 , 2 , etc .

in so far as he is man」[32]，又說：上主以其「絕對能力」，可以創造只有純粹本性的人，與聖寵可以沒有關連；換言之，神能力有分「絕對能力／*potentia absoluta*」與「一般能力／*potentia ordinata*」，後者意謂神在日常狀態下於自然現象和一般恩寵中的實際表現。如此一來，他無形中又給人錯覺，以為神的超越表現是純屬超性層面的事理，與本性狀態無關。

c）文藝復興與自然主義

及至十六世紀的文藝復興期（Renaissance），學界對「本性、超性」的對比有新的觀點：人的世界是目前我們所能經驗的世界，知識起自經驗，世間孕育一系列科學如醫學、天文學、物理學等，其進步一日千里；至於天國的事，不是科學家們所要關心的對象。也就是說，「啟蒙／Enlightenment」思潮以自然主義掛帥，超越界事理被認為是遙不可及，以致處在日常生活的世人不欲理會，也不暇兼顧[33]。

（2）、十六世紀神學的轉向

十六世紀神學家響應文藝復興期的新人觀，

以「人性」之為純粹人的本性，

以「超性」之為「外在因素／／the Superadded」，純粹外在於人性。

聖寵等超性事理只是從外面加諸於人，並不發自人的本性。為此，「本性」、「超性」成了兩個對立的概念，甚至知識也分「本性知識／natural knowledge」與「信仰知識／knowledge of faith」，後者由啟示得來。

這批神學家中，可以卡耶登（Cajetan，詳名 Thomas de Vio Caietanus，1468–1534）作代表。

32. William Ockham , *Summa totius logicae* 1 , 8 .
33. Cf. Jan H. Walgrave, O.P., *Geloof en theologie in de crisis*（Kasterlee : De Vroente , 1966）, pp.137–147 .

卡耶登在閱讀到聖多瑪斯《神學大全I–II, Q.1, a.1》的一句話：「人對上主有自然渴求。」覺得有點不順眼；但多瑪斯是既定權威，其文句不容駁斥或修正；於是卡耶登遂給予註解道：人本性只渴望世上的事，至於多瑪斯所指的「對上主的渴求」，那只是「被動潛能／obediential potentiality」而已，須等待上主的引動始能有力量投奔上主；換言之，人只被動地服從神的牽引，其潛能只是服從的潛能㉞。

如此一來，在卡耶登的詮釋下，「本性」、「超性」已不再是同一事物的兩面，而是兩個不同的存在層面，彼此對立、互相見外；「超性」本身超離了「本性」，只從外加諸於「本性」之上㉟。

聖十字若望生於十六世紀，看來他至少在措辭上沾染了當時神學語言的若干色彩。

（四）、聖十字若望因措辭而引發的張力

沒有人會懷疑聖十字若望是聖多瑪斯的傳人，深得多瑪斯神哲學的神髓。然而，聖十字若望在用語上卻逃避不了十六世紀的色彩。

1. 措辭上的多重比對

聖人至少在有意無意之間把「本性」與「超性」二辭對立起來看待，以致行文呈現多重比對如下：

⑴「下」比對「上」——「超性的就是說超越本性之上；因而本性必然處於其下。」（《山》2．4．2）

⑵「感性」比對「靈性」——「如果是屬靈的，感觀必無法領悟。」（《山》2．17．5）

⑶「本性之光」比對「超性真理」——「信德使我們相信天主啟示的真理，這真理超越本性的所有光明」（《山》2．3．1）

34. Cajetan , *Commentarium in Summam Sti. Thomae* , Prima secundae qu. 1 , a , 1 , n. 9. Obediential Potentiality意謂「純被動狀態／Mere Passive Disposition」、「純接受狀態／Mere Receptivity」。
35. de Lubac , *Augustinianism and Modern Theology* , p.188 .

(4)「主動」比對「被動」——「理智其能力指導本性的知識；……當我們的主願意時，能把理智帶進超性的行動。」（《山》2．3．1）

上述寥寥數語，至少流露著十六世紀神學的若干口吻。但話總須說回來，固然行文與內容互為表裏，然而作者仍可引用當時術語來創造個人思想，以致單執著文詞的外貌，容易給人錯覺。如此一來，以五世紀的狄氏作品來比較十六世紀十字若望的文章，多少會導致若干表面張力。

2.《天階》與《靈歌》二書行文的拉鋸

回顧上述所列舉的一些出入，《天階》與《靈歌》兩書至少互相糾纏在

——「煉、明、合」三路之共時性與貫時性義的偏重

——天界與人間的落差

——動與靜的殊異

——主僕與愛侶的辨別

於此，我們尚可剋就「本性」與「超性」二辭的對峙，來進一步凸顯《天階》和《靈歌》二書的三重拉鋸，

其一是、天助自助比對聽候提拔

其二是、一體圓融比對上下懸殊

其三是、再上層樓比對修成正果

茲申述如下。

(1)天助自助比對靜候提拔

拔。

狄氏標榜靈智者天助自助，「溢出」自神，嚮往著神，勉勵提昇，「回歸」太一。

十字若望強調靈修愈高、愈趨被動；神祕恩寵、非能揠苗助長，唯靠神的施予，靜候提

⑵一體圓融比對上下懸殊

為狄氏言，「溢出」與「回歸」一體兩面，「本性」和「超性」一體圓融；「本性」蘊含「超性」，「超性」在本性中閃耀。

為十字若望言，「本性、超性」，上下懸殊，人須割捨迷執，藉信德生活。

⑶再上層樓比對修成正果

狄氏指謂天階體系，層層昇進，不因處在靈界而一勞永逸。

十字若望卻意謂若撕破三層薄紗（《焰》1．29），歸返天鄉，則功德圓滿。

凡此總總，足以給人一份年代隔閡、語句分歧的困擾。

然而，話須說回來，狄氏與十字若望之間即使在行文上呈現若干表面的張力，到底卻掩蓋不住《天階》與《靈歌》這兩份著作的深層諧協。

二、深層的諧協

究其實，狄氏和十字若望的作品有著更多深層的諧協，不因年代的阻隔而有所轉移。我們可借助下列的提示來佐證。

（一）、默觀之為黑暗之光

十字若望曾有四次㊱引用狄氏「默觀之為黑暗之光」一語㊲來指出灌注默觀超越一般智巧所能理解，也無從透過日常語言來充分道破。在這重點上，十字若望和狄氏的意見是一致

的。

（二）、「煉、明、合」三辭既寓意理想也闡釋進階和成就

有關「煉路、明路、合路」三辭，即使狄氏和十字若望二人說法各有偏重，到底並不抹煞兩者的共識，即它們圓融地指謂——潔淨、光明、冥合——在靈修蹊徑上

既是初階者的理想

也是進階者的歷程

更是成全者的成就

（三）、默觀之為祕密的愛的知識

當十字若望認同狄氏「默觀之為黑暗之光」的當兒，也一併地翕合了後者所默認的默觀定義——默觀之為祕密的愛的知識，維繫著理智和意志二者。

十字若望說：

天主經由這個默觀傾注自己給靈魂，⋯同時傳達了光和愛，這是超性之愛的認識，⋯因為那光同時也激起愛；⋯如聖狄奧尼修斯說的，對理智而言，是黑暗的光明。⋯由於天主是神性的光和愛，在通傳給自己的靈魂時，祂等量地以認識和愛傳達給⋯理智和意志。（《焰》3．49）

（四）、「聖化」意謂「神化」

狄氏和十字若望都異口同聲地提示：靈修的最終境界在於「神化／Divinization」，及與主狄氏說：「成聖就在於盡可能與上帝相像以及與上帝統一。⋯階層體系⋯由盡最大可能與『一』相像的完全和『一』本身的聖靈鼓舞的分有所構成。」（《教階》1．3）

36. 《山》2．8．6；《夜》2．5．3；《靈歌》14–15，16；《焰》3．49.
37. 托名狄奧尼修斯《神祕神學》C．1# 1 :PG3，999．

十字若望說：「（靈魂）越過本性的界線，進入天主的境界，…在天主內神化了。…如同聖保祿說的：凡與天主結合的，便是與祂成為一神（《格林多人前書》六17）。」（《山》3．2．8）

上述的提示都是基督宗教信理和靈修的基本論點。在這些論點上一致，則表面的張力就顯得很次要。

三、合觀的豐益

《天階》與《靈歌》的合觀，誠然是難能可貴的對談；對談的宗旨並不在乎說服對方，也不在乎指出誰對誰錯，而在乎分享與融通，從理論交流中讓彼此都變得更為豐益、更有內涵㊳。若從靈修的前提上聆聽狄氏和十字若望的聯合教誨，我們可以獲得一個更為豐富的完型如下。

（一）靈修初階

修道之初，類似下三品天使一樣，貴在實務，踐行愛德，盡忠職守，身體力行地進入主動的感性與心靈之夜，受教於德高望重的神師，也甘作後學的守護天使，好能一起進步，往上提昇。

（二）靈修中階

修行步伐，漸入佳境，空靈明覺，威能顯赫，此時更應虛懷若谷，上承下達，接受指導，提攜後進，樂於從「施」與「受」當中共同提昇，也敬慎領受感官和心靈的被動之夜，勿執

38. Gabriel Marcel , *The Mystery of Being , Vol. I , Reflection & Mystery* （Indiana : Gateway Editions, 1950）, p.74 , " …a discussion about ideas in which both the conversationalists are so interested in their topic that each forgets about himself , … The very soul of such discussions is the joy of communicating , not necessarily the joy of finding that one's views agree with another's , … Truth is at once what the two conversationalists… are aware of striving towards…" *Ibid.*" it offers spiritual nourishment… , and they in their turn help on the growth of what one might call its spiritual substance . "

著標奇立異經驗，反而須活於信、望、愛三超德。

（三）靈修高階

修行之巔，有如上三品天使一般，熾愛、明慧兼備，得獲上座，仰合天道，義無反顧，臻至從心所欲不踰矩。然三重薄紗尚未撕破，則不可自以為是，因為連革魯賓也可下墜沉淪㊴，連撒羅滿也會辜負聖恩㊵，連路濟弗爾也會如同晨星殞落、陷入魔道㊶。為此，誰敢自負自誇，鬆懈放縱！

這是我們能從狄奧尼修斯和聖十字若望所獲得的共同開示，願與同儕們分享；至於《天階體系》與《靈歌》的綜合看法，可藉下頁圖來作撮要：

39. 《厄則克耳先知書》28:14–16 .
40. 聖女大德蘭《城堡》7・4・2
41. Isaiah 14:12 ,"How did you come to fall from the heavens, Morning Star, Son of Dawn ?"拉丁文聖經（Vulgate）以「晨星／Morning Star」譯名為「路濟弗爾／Lucifer」。Luke 10:18 ," He（Jesus） said to them , 'I watched Satan fall like lightning from heaven "

《天階體系》&《靈歌》的邂逅

表面的張力

(一)、煉、明、合（三路）
- 狄氏強調→共時義
- 若望標榜→貫時義

(二)、
- 狄氏:天階體系，動態昇沉
- 若望:人神相戀，靜候天鄉

(三)、本性 Vs. 超性
- 狄氏謂→一體兩面
- 若望謂→上下懸殊

(四)、措辭拉鋸
- 年代差異
- (十六世紀作分水嶺)

深層的諧協

(一)、煉、明、合（三路）
- 既寓意理想
- 又闡釋進階

(二)、默觀 之為→ 黑暗之光

(三)、默觀 之為→ 祕密的愛的知識

(四)、聖化 意謂→ 神化

(深層諧協既如此基本，則表面張力顯得次要)

合觀的豐益

（對話 不在乎辯駁 而在乎分享）

(一)、靈修初階
- 實踐使命，專務愛德
- 進入感性、心靈主動之夜

(二)、靈修中階
- 以恆毅、寬仁活出→權威、異能
- 接受感性、心靈被動之夜

(三)、靈修高階
- 愛慧兼備，得獲上座
- 薄紗待破，莫負聖恩

第十章 大德蘭和十字若望所心儀的《雅歌》

西方神祕主義論及人神之愛，都多少牽涉到舊約《雅歌》的主題與象徵。在神祕冥合的高峰上，我們尚且聆聽到大德蘭《默思〈雅歌〉》和十字若望《靈歌》的間奏與和鳴。我們為此把《雅歌》、《默思》、《靈歌》三者綜合起來沉思，盼能浸潤在屬天綸音的律動下獲致身、心、靈的諧協、啟發與進境。

在《雅歌》面前，大德蘭和十字若望都不介意自己的作品只充當配角而已！

兩段叩人心弦的紀實

聖女大德蘭曾為《雅歌》文義作了部分詮釋，卻礙於神師神父狄耶各（Diego de Yanguas, O.P.）的疑慮，命令她把手稿燒掉；聖女就毫不猶豫地馬上把其心血結晶往火堆裏丟去，翰墨瞬間化為灰燼；所幸先前曾有手稿意外地流落他方而作品得以倖存①。

另外、聖十字若望曾遭受同門弟兄幽禁、鞭打，關閉在暗無天日的斗室內三餐不繼，卻在萬般苦難中細心推敲了以《雅歌》為藍本的《靈歌》詩句，待逃出生天後，即

1. Kieran Kavanaugh, OCD, "Meditations on *the Song of Songs: Introduction*" in *The Collected Works of St. Teresa of Avila*, Volume Two. Translated by Kieran Kavanaugh and Otilio Rodrigues （Washington, D.C.：I C S Publications, 1980）, pp.211–212, "…though Teresa wrote her Meditations with the approval of her confessor （Jerome Gratian）, a later confessor, upon hearing of the existence of so daring a work, became frightened.…this later confessor thought it a dangerous novelty for a woman to write on t*he Song of Songs* and, 'moved with the zeal, by the words of St. Paul that women should be silent in the Church,' ordered Teresa to burn it.…at the moment Teresa was told to do so, she threw the book in the fire.…this cautious director was the Dominican preacher, theologian, and writer, Diego de Yanguas. But since the incident took place as late as 1580, copies of these meditations were already in circulation and carefully guarded by persons who valued them as spiritual treasures."

根據所思內容演繹成一部靈修鉅著②。

大德蘭即使不懂拉丁文，也至少從日課及靈修書籍中接觸到《雅歌》文句、而為之醉心傾慕。

反之、十字若望是神哲學家，熟稔經文脈絡，對《雅歌》文句從善如流，運用起來得心應手。

大德蘭雖只在《雅歌》第一、二章上著墨反思，但愛主之情仍洋溢於字裏行間。反之，十字若望《靈歌》雖非直截收錄《雅歌》內文，但不論措詞造句、意象造型，都相應著《雅歌》意境而發揮。

《雅歌》為何帶給二聖如此大的震撼、致使他們持續地歌頌其中的義蘊？為求進一步體會二聖心得，我們須率先回到《雅歌》原文脈絡來請益。

二聖所心儀的《雅歌》

二聖所心儀的《雅歌》，被命名為「歌中之歌」（*Songs of Songs*），署名「所羅門（撒羅滿）的歌」（《雅歌》一1）。《雅歌》是否出自所羅門之手，至今尚無定論③；只是其行文用句，有相當程度的一致性，但內容每有重複，其中部份富南國色彩，部份則多北國風光，遂有若干學人推測其成書年代可能是在選民充軍後期之作，以致其在傳承補充上有時地先後的區分④。但當考據家發現昆蘭死海卷留有四份《雅歌》殘篇之時，則對於太晚的日期選擇提出質疑。

以現有的形式作考量，至少說明它是以一首或一系列早期詩歌為基礎，經過經年

2. Kieran Kavanaugh, OCD, “Introduction to *the Spiritual Canticle*”, in *The Collected Works of St. John of the Cross*. Translated by Kieran Kavanaugh and Otilio Rodriguez. (Washington, D.C. : I C S Publications, 1979), pp.398–399, “Admitting that St. John of the Cross invests his living mystical experiences in poetic figures and symbols, one might query whether these figures are wholly original. …more than any other works, the inspired text of *the Canticle of Canticles* served as a source. It provided the theme and the pastoral surroundings. St. John's years of reflection upon these. “strange figures and likenesses' of Solomon's Song enabled him to make them his own and put them to use according to his need, weaving them in a personal way into new patterns. …Fray, John began fashioning the verses in his mind in the prison of Toledo, and later, with the writing materials supplied by his sympathizing jailer, jotted down thirty–one stanzas.”

累月的編輯而完成者。整首詩歌主旨明確，主題完整，作品首尾一貫，很可能根源於所羅門時代，歷經王國分裂而被保存下來，間中或許參雜著補充資料⑤。凡此種種，不一而足。

昔者、主耶穌在世時也閱讀了和我們同一樣的舊約聖經，祂強調經上的話絕不能廢去（《瑪竇福音》五17－19），其中當然包括了《雅歌》的言辭；新約聖經眾多比喻，有為數不少沿自《雅歌》，例如：「活水的井」（《若望福音》四10－11）、「蒙頭的女人」（《格林多人前書》十一5－6）、「寶貴的出產」（《雅各伯書》五7）、「仁義的果子」（《斐理伯人書》一11）、「倒出來的香膏」（《若望福音》十4－5，27）、「沒有瑕疵的新婦」（《厄弗所人書》五27）、「永不止息的愛」（《格林多人前書》十三8）、「如死一般堅強的愛」（《若望福音》十五13）。況且、《雅歌》最核心的暗寓，尚且是神與人之間的彼此相愛，其能享譽「歌中之歌」的尊榮，於此可見一斑。

說來有趣，《雅歌》整首詩歌，除了【八7】有少許可能映射神的稱號外，則從頭到尾都沒有一句話提到神的名字，所描述的都是男女之間的戀曲，以述說一段深蜜的情事——國王和村姑的邂逅、戀愛、暫別、婚宴、結合、危機、復歸。

在舊約的脈絡內，神有很多時是自比為丈夫，而以色列則比作祂的配偶，例如：《何西阿書》⑥，只是選民往往不守婦道、多次不忠；反而是上主卻始終不離不棄，在責備中仍追尋她、得回她、又重複地失去她。妻子在不斷的出軌中仍深受上主的愛慕，持續地一再把她帶回家。

時至新約，情況仍然相若：基督是新郎，教會是新婦；新郎持續的貞誠、卻換來娘子多次的放蕩；只是祂仍在尋覓她，呼喚她，直至新約的篇末，我們才聆聽到新娘渴望新郎的快

3. 楊森（Robert Jenson）著，羅敏珍譯，《解經講道注釋叢書18：雅歌》（台南市：台灣教會公報社，2012），頁5，「『所羅門的』在此並不一定是提及作者權之歸屬，它也有可能是一種尊敬地『獻給所羅門』或是『關於所羅門』，或是『採用所羅門的風格』，或是尚有其他理由。」
4. Otto Eissfeldt, *The Old Testament: An Introduction*. Translated by Peter R. Ackroyd（Oxford: Basil Blackwell, 1974）, p.490.

來，終至團圓結局。總之，聖經自始至終都是一篇愛情故事，以《雅歌》作為其中的典型。《雅歌》內容雖非平鋪直敘，然從韻文的潤飾下，我們仍依稀聆聽到一段唯美的戀情：全詩共分八章，以「愛情的期待」作起始（一2～二7），以「婚禮慶典」作核心（三6～五1），以「愛情的復歸」作結尾（六2～八14），穿插著兩段「失落與尋見」作為間奏（二8～三5；五2～六10），整首詩歌畫龍點睛地以「愛的禮讚」二節作為高峰（八6～7）。

從形式上考量，《雅歌》蘊含一個同心圓形般的「交錯配列結構／Chiastic Structure」如下頁圖：

假如我們無法在此逐字逐句地替《雅歌》作注釋的話，也許可以退而求其次地選擇較具代表性的段落作徵引，以收舉一反三之效。茲選取第二幕「失落與尋見」而至「復歸」的歷程作反思，即從《雅歌》五2至八7此一分段入手來把握《雅歌》的宗旨與神韻，藉此以簡馭繁地揭開《雅歌》一詩的整體義⑦。

失落與尋見

《雅歌》五2－8是如此地敘述（譯文採自思高本）：

2我身雖睡，我心卻醒；聽，我的愛人在敲門。我的妹妹，我的愛卿，我的鴿子，我的
完人，請給我開門！我的頭上滿了露水，我的髮辮滿了露珠。3我已脫下長衣，怎能再
穿！我已洗了腳，怎能再污！4我的愛人從門口中伸進手來，我的五內大為感動。5我
起來給我的愛人開門，一摸門閂，我的手就滴下沒藥，手指滴下純正的沒藥。6我給

5. 卡洛德（G. Lloyd Carr）著，潘秋松譯，《丁道爾舊約聖經註釋：雅歌》（新北市、新店：校園書房出版社，1994初版，2013年8月POD版），頁13–14.
6. 天主教聖經譯為《歐瑟亞書》。
7. 有關《雅歌》進一步的引介，參閱本書附錄〈愛的禮讚——《雅歌》釋義〉，首度發表於《新世紀宗教研究》第十八卷第一期2019年9月，頁1–62.

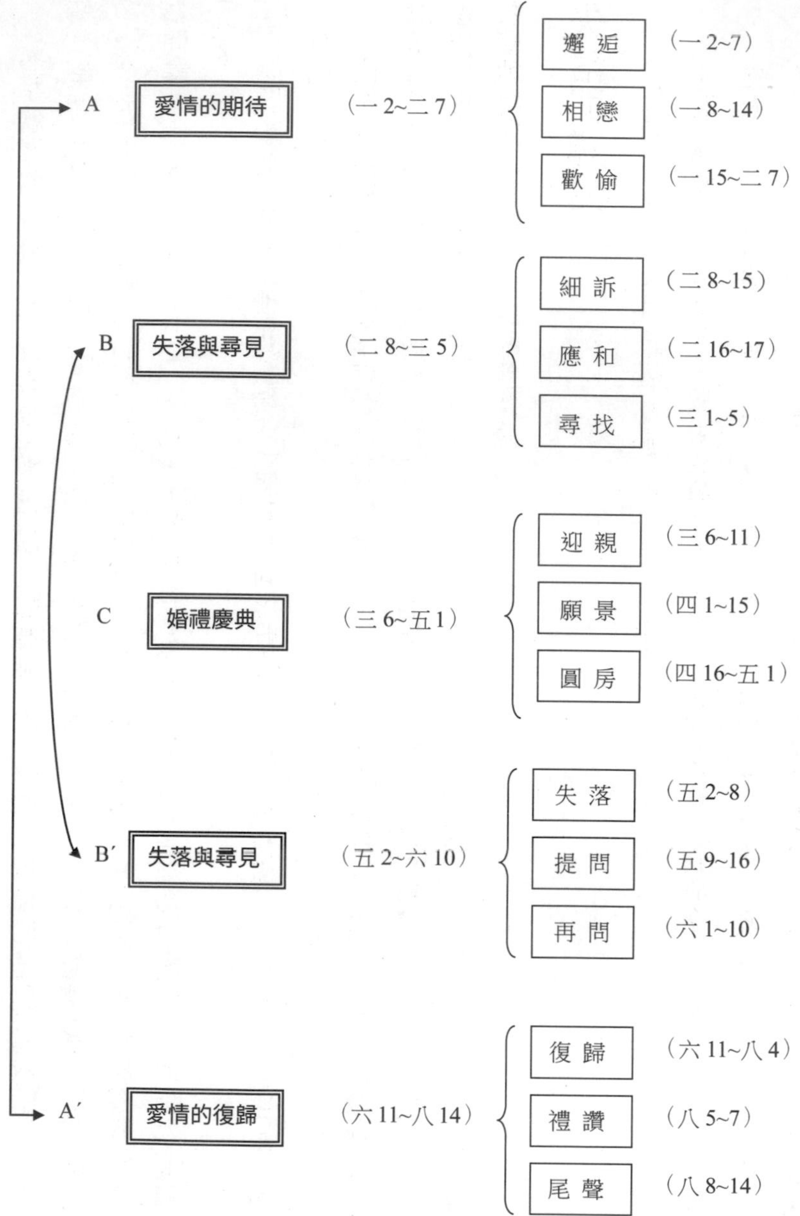

8. F. Delitzsch, *Commentary on the Song of Songs and Ecclesiastes*（Edinburgh：T.&T. Clark, 1885）; C. Seerveld, The Greatest Song（Palos Heights, Il.：Trinity Pennyasheet Press, 1967）.
9. 艾朗賽著，毛衛東等譯，〈天地情歌——雅歌解析〉《雅歌——從天到地的愛歌》（桃園：提比哩亞出版社，2005），頁83。
10. S. C. Glickman, 'The Unity of the Song of Solomon', unpublished Th. D. Thesis, Dallas Theological Seminary, 1974; Summary in S.C. Glickman, *A Song for Lovers*（IVP/USA, 1976）, pp.60–65, 182–185. Cf. 卡洛德《丁道爾舊約聖經註釋：雅歌》，頁155。

我的愛人開了門，我的愛人卻轉身走了；一見他走了，我好不傷心。我尋覓，卻沒有找著；我呼喚，他卻不答應。7巡行城市的守衛遇見了我，打傷了我；看守城牆的人，奪去了我身上的外衣。8耶路撒冷女郎！你們若遇見了我的愛人，你們要告訴他什麼？我懇求你們告訴他：「我因愛成疾。」

這段落相應著《雅歌》二8～三5的一幕，戀人間又出現離別與尋覓；此次卻直截處在婚宴之夜，以致有部份學者解釋為夢境或回憶，因為節奏來得太突兀，況且女生身體尚在昏睡而心仍清醒，那豈不是作夢嗎！⑧

值得提及的插曲是：良人從門孔裏伸進手來，再而娘子兩手則沾染了沒藥，香液滴在門閂上；按艾朗賽（H. A. Ironside）的考究：古代近東有一習俗，門鎖被安裝在室內，門上挖有一小孔，容許外人把手連同鎖匙伸進小洞內從裏面開鎖；假如戀人來訪而察覺愛者不在，或有不便接待，就會在門閂上塗抹了香膏，或留下一束鮮花來示意⑨。如此看來，良人本可自行開鎖入內，只礙於心上人的倦意而作罷，唯有門閂留香而黯然離去。

另有部份學人則從中讀出婚姻關係出現危機的暗示：葛立克曼（S.C Glickman）指《雅歌》五2－3是良人被佳偶拒絕的寫照，以致彼此關係埋下裂痕⑩；我們也許可以借語源考據來看出端倪：文中的「手／*yā*」，在希伯來文，其與「紀念碑」、「柱子」是為同一個字，迦南祭儀以此辭寓意男性生殖器官，而「門孔／*hôr*」也就此相關地代表著女性的相對名詞；二辭並列，意謂著親密接觸的委婉說法，在烏加列文學和昆蘭文獻時有類似的表現，容易被中東古人察覺⑪。如此一來，《雅歌》五2－8是隱晦著婚姻生活不和諧的跡象，有待互相諒解。誠然《雅歌》詞句往往有性事方面的寓意，以致猶太選民避免讓未成年子女提早閱讀此詩⑫。

11. Cf. 卡洛德《丁道爾舊約聖經註釋：雅歌》，頁155–161。
12. 「雅歌…這卷書從頭到尾都沒有明顯提到屬靈的事，加上對男女之間的性愛描述生動。這表示教會的兒童主日學通常不會講這卷書！」大衛鮑森（David Pawson），《舊約縱覽／ Unlocking the Bible: Old Testament》劉如青、許惠珺譯（台北：校園書房，2016），頁395。但鮑森繼續說：「如果男女都是神造的，祂要男女能夠墜入愛河，結為夫婦，那麼男女之間的愛也是好的。…性愛這件事是神的主意，…」《舊約縱覽》，頁397。

《雅歌》經歷長時間的演繹與體會，時至中世紀，神學家尚且把《雅歌》二8－三5和五2－8理喻為神祕經歷的起伏：靈修者因缺乏成全的愛而引致人神間的疏離，須謀求煉淨而復歸；十字若望的《黑夜》是這方面的典型。

女生對愛郎的嚮慕

接下來《雅歌》五9藉由詩歌班向新娘唱出以下的問句：

> 9你這女中極美麗的啊！你的愛人有什麼勝過其他的愛人？你的愛人有什麼勝過其他的愛人，致使你這樣懇求我們？

女生於是就此吐露了她對愛郎的傾慕如下（五10－16）：

> 10我的愛人，皎潔紅潤，超越萬人。11他的頭顱金碧輝煌，他的髮辮有如棕枝，淒黑有
> 如烏鴉。12他的眼睛，有如站在溪畔的鵓鴿的眼；他的牙齒在奶中洗過，按在牙床上。
> 13他的兩頰有如香花畦；又如芳草台；他的嘴唇有如百合花，滴流純正的沒藥。14他的
> 手臂有如金管，鑲有塔爾史士寶石；他的軀幹是一塊象牙，鑲有碧玉。15他的兩腿像一
> 對大理石柱，置於純金座上；他的容貌彷彿黎巴嫩，壯麗如同香柏樹。16他滿面香甜，
> 全然可愛。耶路撒冷的女郎！這就是我的愛人，這就是我的良友。

對於描寫愛人形體之美，自古以來，近東情歌極為普遍，但多半限於描述女性，很少涉及男性體態美⑬，以致《雅歌》此處的行文備受矚目。女生的稱讚，彷如指向米高朗基羅的

13. 埃及情歌偶爾有提及男人的俊美，但為數不及談論女性美的數量。Cf. W. K. Simpson, *The Literature of Ancient Egypt: An Anthology of Stories, Instructions and Poetry.*（New York: Yale University Press, 1973）, pp.304–316.
14. JB=Jerusalem Bible
15. NEB=New English Bible

大衛像而強調：我的愛人好比這般地俊美。

　　女生首先籠統地對心上人做整體的讚賞，譽他為「皎潔紅潤，超越萬人」（五10）「皎潔」、希伯來文 *ṣaḥ*，分別被譯作「白」（和合本）、「光鮮」（JB）⑭、「亮麗」（NEB）⑮；此辭在舊約只出現四次⑯，意謂「眩目的」、或「微微地發亮的」。至於「紅潤」一辭，希伯來形容詞 *dôm*，多半意指膚色青春健康，似源自名詞 *'adām*（亞當、人），寓意著有男子氣概，超越萬人。

　　繼而，女孩細緻地從上而下打量愛人的多項優點與特色：

　　其一、「**頭顱金碧輝煌**」（五11）：此處所指的「頭顱」，主要在描述臉部的容光煥發、與輪廓造型的優美。希伯來文 *pāz*，傳統譯法是「純金」，近代辭典有將之等同為「橄欖石」，一種具有淡淡青黃色的水晶；為此，「金碧輝煌」是傳神的用語，尤凸顯其繽紛的色彩，陪襯著堂堂的相貌。

　　其二、「**髮辮有如棕枝，漆黑有如烏鴉**」（五11）：希伯來文 *taltallîm*，LXX以 *elatai* 一字出之，思高本譯為「有如棕枝」，和合本譯為「厚密纍垂」，AV⑰則譯作「像灌木一般地茂密」。此辭在舊約只出現在這裏。大致上意謂著頭髮像波浪一般地茂密修長，光鮮而具有彈性，加上「如同烏鴉般的漆黑」，遂與「金碧輝煌的滿臉相映成趣」。

　　其三、「**眼睛有如站在溪畔的鵓鴿的眼**」（五12）：《雅歌》一15也談到「眼如（*yônâ*）鴿子」，但此處卻在 *yônâ* 這辭上附加了希伯來文 *k*，有暗示鳥之「疾飛」狀，似在寓意著眼光敏捷銳利，能在一瞬間對周遭事物瞭若指掌、直透隱微。「溪」，希伯來文 *ăpîq*，有譯作泉（RSV⑱）、河（AV）、小川（NEB）、池塘（JB），皆與弱水有關，而 *ăpîq* 所用的字根有「圍

16. 除《雅歌》五10之外，只出現在《耶利米／Jeremiah》即天主教聖經《耶肋米亞先知書》四11，《以賽亞／ Isaiah》即天主教聖經《依撒意亞先知書》十八4和三十二4。
17. AV=Authorized Verson，此指King James Bible。
18. RSV=Revised Standard Version

起來」的涵意，看來欲在描述鴿子之棲息溪旁，來影射眼神之秋波靜處，柔情似水；配合著先前「疾飛」之狀，則一動一靜意謂著雙眸一方面深藏眼窩而神色若定，另一方面卻明察秋毫而徹視無間，無人能逃出其洞悉。如果眼睛是靈魂之窗的話，其眼神誠然在透顯著愛郎慈愛與聰慧兼備、溫婉與莊重兼融。

其四、「**牙齒在奶中洗過，按在牙床上**」（五12）：思高本以外，其他譯文如和合本、JB、RSV等並未明確指認五12b在描述「牙齒」，因其原文有模稜兩可的地方。按照思高本之考量，《雅歌》五12全節是在兼談「眼睛」與「牙齒」；自古以來，兩者相提並論，並非罕見；此所謂「明眸皓齒，相得益彰」；《詩經．衛風．碩人》之「巧笑倩兮，美目盼兮」就是一例。況且上下文皆一節同時兼顧兩物，更增加其可信程度；又「牙齒在奶中洗過」一語，相應著《創世紀》四十九12：「他（猶大）的牙齒因乳而變白。」是在稱讚著美齒的潔白如雪、光鮮亮麗，如此詮釋不無道理。至於「按在牙床上」之「按／*millē't*」字，舊約聖經只出現在此處，眾多譯本、包括RSV、NIV⑲、AV、IA⑳以及和合本等，都屬意此辭此等同於*millu'ā*，意即「鑲嵌」；即潔齒如同明珠寶玉、鑲嵌在牙床上，看起來整齊有序，巧奪天工。

其五、「**兩頰有如香花畦，又如芳草台**」（五13）：有關「兩頰」一辭，和合本譯作「兩腮」；按JB的注釋，指面頰兩旁處較下方長鬍子的部位。若把此小節對應著《雅歌》五11來體會，先前之五11較注重臉色之紅潤，而此處則集中在氣息上的散發，以「花」「草」之馨香來比喻，以「畦」「台」之範囿作圈點；總之，不論是色彩或嗅覺，都給感官方面一份心曠神怡的感受。

19. NIV=New International Version
20. IA=International Authorized Version

其六、「嘴唇有如百合花，滴流純正的沒藥」（五13）：以百合花來形容嘴唇，可讓我們同時聯想到《雅歌》二1和四3兩節：二1是女生自況為「谷中的百合」，謙稱自己只是曠野的花朵而已，男生則以她為「荊棘中的百合」來回應，譽其秀麗超越群芳。四3是男生以「一縷紅線」來描述女生的朱唇（*midbār*），溫潤而純出自然。此處（五13）則是女生轉過來以「百合花」來讚賞男生的嘴唇，言下之意，應是陶醉於其曠達溫雅，不用修飾而渾然天成。接下來的「滴流純正的沒藥」一語，是否在指愛郎傾訴著甜蜜的話語？抑或在暗示親吻的意像（cf.一2）？此處則留下空間讓人猜想。

其七、「手臂有如金管，鑲有塔爾史士寶石」（五14）：「手臂」，希伯來文*yād*，以複數形式出現，和合本遂譯為「兩手」。按《耶利米書》三十八12之提示，此辭可泛指手臂的任何部位，包括手、臂與腋。「金管／*g^{e}lîlê zāha*」，希伯來文*g^{e}lî*在舊約出現四次[21]，意義籠統，可指「圓筒」和「金手鐲」。在其上「鑲嵌／*mala*」著「寶石」；希伯來文*taršiš*，思高本和JB譯為「塔爾史士寶石／Jewels of Tarshish」，和合本譯「水蒼玉」，AV、ASV[22]「綠寶玉」、NIV「橄欖石」、NEB「黃寶石」；taršiš乃西班牙古名之一，以致思高本與JB譯法可能指西班牙寶石；譯法分歧，但均蘊含金碧輝煌色彩。

其八、「軀幹是一塊象牙，鑲有碧玉」（五14）：思高本所指的「軀幹」，希伯來文是*mēʿeh*，和合本譯為「身體」，JB、AV、NEB都譯作「腹部」；所伴隨的修飾語「牙／*šēn*」（cf.四2，六6），和合本與RSV以之為精雕細琢的象牙，NIV、AV還指它呈現擦亮潤澤的光華；參閱《以西結書》廿七15所提及的*qarnôt šēn*（牙齒的角），意指作為商品交易之用的「象牙、烏木」。思高本所形容的「鑲有碧玉」，和合本譯為「周圍鑲嵌藍寶石」；希伯

21. 其他三次是：《列王記上》同天主教聖經《列王紀上》六34，《以斯帖》同天主教聖經《艾斯德爾傳》一6，《以賽亞書》九1。
22. ASV=American Standard Version

來文 *ālap*，除了指謂「鑲嵌」外，尚可譯作「包著」（AV、NEB）、「飾以」（NIV）、「覆蓋」（JB）。至於「碧玉」或「藍寶石」這辭，希伯來文 *sapîr*，LXX 作 *sappheiros*，看來不是現代人所指的「藍寶石」，而是一種藍色的剛玉，是為淡藍色的「天青石」（NEB）。按卡洛德（G. Lloyd Carr）的補充：

> 「天青石」——鈉鋁矽石，一種比較柔軟、耐久的礦物。真正的藍寶石在古代近東並不常見，而天青石卻很盛行。想要將這個描述字義化會導致可笑的結果，如德里慈（Delitzsch）「在白色皮膚底下分歧的藍色血管」。這整個段落純粹是詩歌體裁的修辭誇張法㉓。

其九、「兩腿像一對大理石柱，置於純金座上」（五15）：此處以石柱比喻雙腿，大有踏實穩重、屹立不搖的態勢。材質方面，不論是「大理石」（思高本）、「白玉石」（和合本）、抑或「雪花石膏/alabaster」（RSV、JB），都呈現其光滑晶瑩、雪白如玉，配之以藉由純金打造的基底托座，更是光芒閃耀、燦爛奪目，簡直是俊男雕像，力與美兼備。

其十、「容貌彷彿黎巴嫩、壯麗如同香柏樹」（五15）：「容貌」、和合本譯作「形狀」，NEB則以「儀表」譯之，整體地透顯出一份儀容出眾、輪廓鮮明之相狀，「壯麗」、希伯來文 *bahûr*，和合本譯作「佳美」，NEB以「尊貴」一辭譯之，一起描繪出愛人的品貌優秀、體態壯偉、氣質尊高，以致優美與壯美兼備，雅緻與尊榮兼容，尤以「黎巴嫩」與「香柏樹」來比況，誠然耐人尋味；究其實「黎巴嫩」和「香柏樹」意義彼此關連：「黎巴嫩」山區以盛產「香柏樹」聞名，「香柏樹/Cedar」，希伯來文 *'erez*，所羅門特別用以作為聖殿建材之一，因而有尊貴之譽。「黎巴嫩」一名，希伯來字根 *lābēn*，意謂「變白、香粉」（cf.三6），峭壁

23. 卡洛德，《丁道爾舊約聖經註釋：雅歌》，頁173; cf. Delitzsch, op. cit., p.105.

灰白，萬仞懸崖，配之以茂林豐盛，異常壯觀。

接著，《雅歌》五16繼續說：「他滿面（*hikkô*）香甜，全然可愛。」希伯來文hikkô，可泛指「上顎」，甚至「臉部」。和合本譯作「口」，溯源於LXX的譯法。出人意表的是：當女子從頭到腳地描繪了男生的體態美後，卻轉過來提示了一句反順序的交待，轉回到頭部去；《他爾根》引申為「上顎」所帶出話語，蘊含智慧的馨香；NRSV㉔濃縮地譯作「話語」，意味著湛深的思維，發而為智慧之言，綜合地強調：男生的優點尚有其言詞的智慧，超出純粹外表的俊逸，以致女生畫龍點睛地說：「…這是我的良人，這是我的朋友。」（五16b），字裏行間透露了良人不單是丈夫而已，且是終身為伴的知己，值得聆聽與效法，如果配偶同時又是摯交的話，那是多麼幸福的一回事。

男子對愛卿的欣賞

所幸被尋覓的愛郎終於現身，並對應地描述女生的美緻以表現其愛慕；有關《雅歌》七1-9這一段經文，眾多釋經者把它分為兩首詩：七1-5在前，七6-9隨後。楊森（Robert Jenson）則認為無論分開或合併，本身影響不大，都在描述女子的體美而已㉕。只是1-9節率先由腳到頭地盤點女孩的身材，而6-9則集中在女生的心胸作寫照。若比對先前（五10-16）對俊男的描繪，五10-16是從上到下打量，再轉回頭部來鑑賞，至於七1-9則反方向地從腳到頭來素描，再往下返回胸襟來對美女加以雕琢；兩者往復的不同，富饒趣味。茲扣緊七1-9這段落來聆聽男生對愛卿的讚美：

「歸來，歸來！叔拉米特！歸來，歸來！讓我們看看你！你們要看叔拉米特什麼？看她在兩隊伍中舞蹈。2公主！妳的腳穿上涼鞋是多麼美麗！3你的雙腿，圓潤似玉，是藝術家手中的傑作。你的肚臍，有如圓樽，總不缺少調香的美酒。你的肚腹，有如一堆麥粒，周圍有百合花圍繞。4你的兩個乳房，猶如羚羊一對孿生的小羚羊。5你的頸項，猶如象牙寶塔。你的兩眼，好似赫市朋城巴特辣賓城門旁的池塘。你的鼻子，彷彿黎巴嫩山上面對大馬士革的高塔。6你的頭顱聳立，好像加爾默爾山。你頭上的髮辮有如紫錦。君王就為這鬈髮所迷。7極可愛的，悅人心意的女郎，你是多麼美麗，多麼可愛！8你的身材修長如同棕櫚樹，你的乳房猶如棕櫚樹上的兩串果實。9我決意要攀上棕櫚樹，摘取樹上的果實。你的乳房，的確像兩串葡萄；你噓氣芬芳，實如蘋果的香味。
（思高本）

《雅歌》七1率先提到她所穿的舞鞋，好讓我們開始注意她的足部，然後、視線從下再往上移動，以致呈現如下的序列：

其一、**兩腿**——希伯來文 *yāraḵ* 所注重的部位是上半段多肉的大腿。「兩腿圓潤似玉／*hammûqē yᵉrēkayik*」，NEB和JB則提示雙腿蘊含優美曲線、造型勻稱，彷如「藝術家手中的傑作」。「藝術家／*ʾāmmān*」作為名詞，舊約只出現在這裏，但作為動詞 *ʾāmam*（本真、忠心）則相當普遍，欲意謂作品深具個人風格與水準，表現特出。

其二、**肚臍**——希伯來文 *šōrr*，在舊約中出現三次；其他二次分別在《箴言》三8（指「身體」）和《以西結書》十六4（指臍帶），譯意不一。但阿拉伯文 *sirr* 是用來指「祕密」的部位，在這方面學者們意見分歧，一方面德里慈以此譯法為「下流」而「未經慎重考慮」㉖，

26 Delitzsch, *Commentary on the Song of Songs and Ecclesiastes*, p.123.

另一方面格萊德希爾（Tom Gledhill）則認同地說：「本段經文的描述是由下往上的：大腿、肚臍、腹部，在語源學上，希伯來文似乎與阿拉伯文中『祕密』這個字有關，所以這個字可能意指她的私密部位，也就是她的『山谷』。」㉗再者，賴斯（D. Lys）主張字根*šr*的意義為山谷，即有待耕種之地，以此作為性交的委婉說法㉘。此處以「圓樽」來取像（和合本譯「圓杯」），希伯來文*aggan hassa har*，LXX譯為*kratēr*，含兩個或四個把手的金杯或陶杯，形狀精緻適中，內載有調和的美酒；格萊德希爾指「『如圓杯不缺調和的酒』被視為暗指性行為，所以少年看著她的身體，且自然而然地在腦海中充滿著性愛的思想。」㉙

其三、肚腹——希伯來文*beten*較指下腹部，尤提示子宮部位；此處並非意謂內在器官，而意指可見的表面，其上閃耀著細小麥粒，蘊含著黃褐色光澤。按黃朱倫的詮釋：「佳偶苗條的腰部或身材，…肚腹有美麗的線條，且光滑美麗，…『一堆麥子』大概是強調它優雅的曲線或它濃厚黃褐的色澤。這一堆麥子周圍圍繞著美麗芬芳的百合花，…」㉚「百合花」在《雅歌》的多個場景中都帶有親密的意涵（五13，六3），愛卿的臨在讓男生充滿喜悅。

其四、雙乳——《雅歌》七3是四5首二行的複述：新娘的兩乳，彷若百合叢中吃草或歇息的雙生瞪羚和小鹿，勻稱精緻，充滿魅力，讓讀者感受到一份羞怯與溫馨。

其五、頸項——《雅歌》一10提及女生頸項裝飾著珠寶項鍊；四4則讚美它高聳有如大衛的敵樓（Citadel of David）；此處卻稱讚它如同象牙寶塔（Ivory Tower），膚色光滑潤澤，皙白彷如象牙，矗立恰似寶塔。

其六、眼睛——《雅歌》一15和四1等處將美女的眼睛比擬為淡紫色帶灰的鴿子眼，這裏則一語雙關地以其「眼／*ʿayin*」之為水源，且被喻為深而澄澈的「水池／*b*^{e}*rekô*」。格萊德希爾註：「希實本／*Heshbô*（思高本譯「赫市朋」）的水池：是在岩石上人工開鑿出來的蓄水池。這畫面令人聯想到平靜、靜止、安寧以及深度，凝視平靜且清澈的水池，讓人陷入沉思並專注，少年想要看透愛人神祕的性格。」[31]格氏又提及「巴特拉併門／*Gate of Bath-ra^{b}'bim*」（思高本譯「巴特辣賓門」），意指「眾人之女」或「貴族之女」，寓意著愛卿氣質高貴，為眾人所景仰[32]。

其七、鼻子——《雅歌》七4把女生的鼻子比喻為黎巴嫩的高塔，高聳入雲，居高臨下，朝向大馬士革，藉此寓意佳人鼻子筆挺，給予人一份崇高氣質的感受。「黎巴嫩／Lebanon」從希伯來文字根 *lāḇēn*（變白、香粉）衍生而來，此字根也引申出其他詞義，如「乳香／*l^{e}bônâ*」等；顧名思義，意謂佳偶的鼻子不單筆直，且既白皙又芳香。

其八、頭部——容光煥發的頭部和臉龐，如同「加爾默爾山／Mount Carmel」（和合本譯迦密山）一般地宏偉；「迦爾默爾／迦密」，希伯來文 *carmîl*，意即「深紅色」，與下一行詩的「紫黑色」平行，即以迦密山的「深紅色」、來比對女郎秀髮的「紫黑色」，以凸顯色彩方面的艷麗。

其九、秀髮——女生平滑烏黑的秀髮，閃動著紫色的光澤；髮絡繫了愛人的心，讓他拜倒在其媚惑的纏繞下，仿如「參孫／Samson」（《士師記／*Judges*》十六13）和「押沙龍／Absalom」（《撒慕爾下》／*IISamuel* 十四26，十八9）似地因了髮絲的飄揚而身陷羅網，全然被擄獲。希伯來文 *barhāṭîm*，思高本譯「鬈髮」，和合本譯「下垂的髮絡」；字根義含奔跑流動之態勢，如同引起波紋的水流一般惹人陶醉。

其十、身材——希伯來文 *qômâ*，意謂「身量」，來自動詞「升起」、「站立」；女孩婷婷

31. 格萊德希爾《雅歌——愛的詩篇》，頁290-291。
32. *Ibid.*, 頁291，「巴特·拉併門可能是希實本的城門，……離蓄水池最近…，巴特拉併意指『眾人之女』或『貴族之女』。」

玉立，被比作「棕樹／*tāmār, phoenix dactylifera*」，棕櫚高而修長，形狀典雅。又其兩乳被比擬成一串纍纍的「葡萄」。卡洛德註：「這幅圖畫並不是有許多的乳房，像以弗所的亞底米（Artemis）塑像一樣，也不在於它們的尺寸，像從以實各谷而來需要兩個人扛抬的那『串』葡萄一樣（《民數記》十三23－24），而是那暗黑色的果子所提供的『甜味』」。㉝從整體外表上看，詩人以女生身量的修長比作枝葉茂密的棕櫚，又以雙乳的豐甜恰似纍纍下垂的葡萄；希伯來文 sansinnim 同時涵括「枝葉茂密」和「纍纍下垂」兩義，也把二比喻緊緊連結在一起，以反映愛郎心情的深深被征服。七7「極可愛／*ʼahăbāh*」的，望文生義，意謂著一份穩定、茁壯和成熟的情侶關係；誠然，親密關係和相戀成熟，在程度上成正比例，情感越熾烈，肌膚之親愈顯著。詩中尚提及愛卿的「氣息／*ʼap*」、「馨香／*rîah*」，有如蘋果般的芬芳，佳偶口腔所吐露的「密語／*hikēk*」彷如上好美酒的怡人。

為對應男生的一系列讚美，女子回答說：「你的口腔滴流美酒，直流入我口內，直流到我唇齒間。」（七10）字裏行間，表示自己不單接受愛人的親吻，而且還樂意接納情人所給予的心意，反映在涎液的吸納中，這無疑在揭露女方在愛的施與受方面的熾烈與專情。

說來有趣，男女雙方在互相的鑑賞中，形成強烈的對比；男生是從上而下地被打量，再返回頭部，以凸顯其思考的清晰和談吐的聰敏。反之、女生則是由下而上地被觀察，再回轉到雙乳所在的胸襟，以暗寓其愛心的衷情；換言之，男方外形的陽剛，配合其靈性的明慧，而女方體質的陰柔，蘊藏著內心的熾愛。再者，兩段對身體的描述，都以委婉但毫不忌諱的方式來提及其生殖器官，字裏行間，並不以之為汙穢，反而以欣賞的眼光來稱讚。如此一來，容易使讀者引申以下的一系列思維。

33. 卡洛德，《丁道爾舊約聖經註釋：雅歌》，頁198－199。

五、反思

①兩性關係的互補

兩段描述畫龍點睛地凸顯：男人最可貴的優點不在於外形的俊俏，而更在於其內裏的睿智，和配合在愛中所孕育的洞察。女人最出眾的美好，也不在於形軀的亮麗，而更在於愛心的專情。男生有其愛情與哲思作其二元。女生卻以愛情作為她的一切，而在愛中萌發著超準的直覺，時而比推理還獨到。再者，男生與女生並非以無性的方式來面對世界，而以一己健全的身體與性別來邂逅人、地、事、物，以作合宜的融貫。「他／她」同時是「成肉體的靈」（Incarnate Spirit），和「被靈化的肉」（Spiritual Flesh），透顯在個別的性別中。

《雅歌》既然已被放進聖經，我們就順理成章地從聖經的眼光來解讀，從而想及《創世記》一27-28之言：「27神就照著自己的形像造人、乃是照著祂的形像造男造女。28神就賜福給他們，又對他們說：要生養眾多、遍滿地面、治理這地…」（和合本）。凡神所創造的都是好的，祂所造的人分男與分女，兩者合一、才是神完整的肖像（*Imago Dei*）；他們互補、互相吸引、合成一體，透顯出與神美滿的肖像，生生不息的創新力遂從男女聚合中彰顯。

推而廣之，世間的受造物都具備神的踪影[34]，分陰與分陽，是為形上真理；遙遠至太空微塵，渺小如原初分子，都負荷著正負兩極，陰陽相交，萬物創生，藉此彰顯至高本體的創生力。

②從人作為神的肖像反思神的內在生命

男女配合而為神的肖像，男女相愛反映著神之為愛的本體，在愛中凸顯其創生力，這正好相應著《周易繫辭下傳五》所言之：「**天地絪縕，萬物化醇，男女構精，萬物化生。**」[35]

34. 聖文德（St. Bonaventura）謂物理事物是神的「痕跡／ *Vestigium*」，人是神的「肖像／ *Imago*」，天使是神的「肖似／ *Similitudo*」。Cf. *Sermo* Ⅳ, in *Opera Omnia,* Vol. V, p.567; Bonaventura, *Opera Omnia*, 10 Vols.（Quaracchi : Ex Typographia Collegii S. Bonaventura, 1882-1902）.
35. 朱熹註：「絪縕，交密之狀。醇，謂厚而凝也。」

也相應著《周易繫辭上傳五》之「一陰一陽之謂道，繼之者善也，成之者性也。」㊱以《創世記》一27-28「神按自己的形像造男造女」這事象作為反思神內在生命的出發點，我們可有如下的啟發：

自無始之始，神的存有就是一個愛的團體，

神全然地愛與接納自己的體性，內含著父性面與母性面；

其父性面凸顯著神的陽剛、尊嚴、公正、果斷、勇毅、睿智，以致有所謂「乾坤揭主榮，碧穹布化工。朝朝宣宏旨，夜夜傳微衷。默默無一語，教在不言中。周行遍大地，妙音送長風。」（吳經熊譯《聖詠》十九）

其母性面則透顯神的陰柔、悲憫、體察、寬恕、忠誠、慈愛，以致經上說「婦人焉能忘記他吃奶的嬰孩，不憐恤他所生的兒子，即或有忘記的，我卻不忘記你。」（《以賽亞書》四十九15（和合本））

在神內、其父性面和母性面是如此圓滿地合一，以致祂們是一體，一個天主。

神的父性面和母親面分別是如此地完美無缺，以致祂們各自是自主的「位格」，分別是為聖父和聖神，聖父是化生萬物的創造者，聖神是保育萬物的護慰者。

聖父聖神，互愛互通，互為其根，生天生地，停育群品，但凡乎萌庶類，都反映著神的踪影。

神並非二元對立，而是團體互愛，自無始之始，父神就在愛中孕育了其首生子——聖子，以作為聖父最完美的肖像；祂是聖父所生，而非聖父所造，與聖父同性同體，萬物是藉著祂而受造。

36. 朱熹註：「繼，言其發也。善，謂化育之功，陽之事也。成，言其具也。性，謂物之所受，言物之生則有性。而各具是道也，陰之事也。」

聖子是如此完美地體現神的美善，以致祂和聖父及聖神是為一體，一個天主；祂又是如此圓滿地享有神的性份，以致祂是自主的「位格」，與聖父、聖神三位一體，無大無小，無先無後，亙古常存，自是有的。

祂為了救贖人類，遂因聖神降孕，生於瑪利亞之童身。祂道成肉身，透顯著父的圓滿，以致祂說：「誰看見了我，就是看見了父。」（《若望福音》十四9）

祂悲天憫人，慈愛有加，以致「壓迫的蘆葦，祂不折斷；將殘的燈火，祂不吹熄」（《瑪竇福音》十二20）。但生而為男，到底無從徹底呈現神的母性面。

然而、在降生奧跡中，天使向瑪利亞說：「聖神要臨於你，至高者的能力要庇蔭你，因為那要誕生的聖者，將稱為天主的兒子。」（《路加福音》一35）聖神既臨在於聖母，以致聖母是為貞潔、賢淑、慈愛的最高典範，她雖然不是聖神，卻充分彰顯著聖神完美的母性，這就連降生為人的主耶穌基督也無從恰當地呈現，以致我們不必另找榜樣來描述聖神女性的德能。

總之、聖父、聖子、聖神，

一體圓融、鼎足而三，

無分大小、無分先後，

萬古長存、亙古常新。

神既是愛，而愛又要求分施，遂因愛而化育眾生、創生萬物，孕育人類，好去分享神的美善，人不單肖似神，且被神看重為神：「我親自說過；你們都是神。」（《聖詠》八十二6；《若望福音》十34）神祕家體證自己在融入於神的當兒，被神所浸透，與神合一，即使仍不失卻自己的個體意識；人尚且在神內領受了為人的聖召：「因為我上主是你們的天主，你們該表現為聖潔的，你們應是聖的，因為我是聖的。」（《肋未紀》十一44）「所以你們應當是成全的，如同你們的天父是成全的一樣。」（《瑪竇福音》五48）

從聖經的脈絡看《雅歌》，我們看到新郎新娘的互愛最肖似聖三團體；男女在相愛中是如此地彼此投向，以致聚合為一體，如同「兩個身體融合成一個心靈」一般（奧斯定《懺悔錄》IV, vi）㊲。此外，雙方在相愛中又是如此地彼此珍惜，以致愈看重彼此完整的位格，且在愛中參與了神的創生力，孕育兒女，世代綿延。只不過人到底尚未徹底追上神的完美，以致在相愛中仍自覺某程度的隔閡，在愛的歷程可進可退，甚至退而把一個「你」約化為一個「他/她」或「它」（M. Buber, I and Thou, I）㊳，把愛扭曲成仇恨或冷漠，把理性扭曲成非理性，導向整體的崩壞。

若把《雅歌》放入靈修脈絡來體會，神祕學家如聖女大德蘭和聖十字若望就會借用男女戀愛而至結合的歷程來描述人神間的邂逅，並以人靈寓意為神的淨配。這意象為女性靈修者而言，並不會構成困擾；但為男性修行人來說，可能帶來某程度上的尷尬。然而、以《雅歌》作為人神相戀的意象，神作為新郎，則人靈便取得了新娘的份位。在神眼前，人靈便以女生的順服來自喻，甚至男生也不必介意以神的淨配自居。如果人是神的肖像，而神的存在蘊含

其男性面與女性面，那麼、人也不例外；只是當一個人生而為男，其女性面遂部分地隱藏，卻不全然絕跡，雖然較不彰顯出來。榮格（Carl Gustav Jung）就以*Anima*、*Animus*二辭來稱謂每人的心底蘊藏，而《周易》談「太極」，也云「易有太極，是生兩儀」，兩儀之中，陰中有陽，陽中有陰，為此，古今中外之言有其共通之處，值得互相借鏡。而大德蘭和十字

37. St. Augustine, *Confessions*,（London : Sheed & Ward, 1943）, p.68.
38. Martin Buber, *I and Thou*（Edinburgh: T.&T. Clark, reprinted 1971）, First Part, pp.53–85.

若望也順理成章地以「神婚」來寓意靈修的高峰。

至此、看來這是一個適當時機讓我們把話題轉回十字若望和大德蘭方面去作反思。

③十字若望《靈歌》與舊約《雅歌》的懇談

《雅歌》感人至深，《靈歌》也不遑多讓。若把聖十字若望的《靈歌》來與舊約《雅歌》作一比對，在相提並論的前提下，我們將瞥見其中的同、異與應和。

四個共同點

（一）同屬長篇詩歌體裁

有關舊約《雅歌》，我們即使不絕對確定它是一首抑或多首詩歌的組合，到底它有其條理脈絡，形構成完整的詩篇。至於十字若望《靈歌》的韻文部分，也屬長篇詩歌，有其起、承、結，並且首尾一貫。

（二）同在歌頌男女情愛

剋就以《雅歌》與《靈歌》的表層義，它們都顯然地繪畫著男女戀人的相愛歷程與對話，並以新娘、新郎互稱。

（三）詩句的感情洋溢

在其長篇的詠唱中，二者皆綺麗動人、感情洋溢，配之以田野風光、山河壯闊，陪襯著花木鳥獸、人物對答，優美壯美兼備，組合成佳美絕倫的詩畫。

（四）新娘新郎對唱中，新娘的篇幅占多數

兩篇詩歌都聚焦在女生的詠唱；《雅歌》方面，不論寫景敘情，都很能融入女性感懷而暢所欲言，以致部分釋經者推測作者（或主編）可能是女性。至於十字若望《靈歌》，雖然作者是男性隱士，但因以人神往還比作配偶關係，以致能設身處地自我投入為「淨配」，絲絲入扣地用女生心境來抒發靈魂對上主的嚮慕。然而、兩首詩篇到底都是獨立的作品，彼此有其差異可申述。

六個差別

（一）行文架構

《雅歌》採用了一個同心圓式的交錯配列結構（A→B→C→B、→A、）來營造情節的迴旋。十字若望《靈歌》則引用直線型的「起、承、結」來交待「煉、明、合」三路的靈修歷程。

（二）人、神之戀

《雅歌》雖牽涉舊約聖經文物作為背景，被信眾譽為靈性戀曲，到底它並沒有明言交待人、神間的相戀，所描述的皆是男女情事。十字若望則以其同名鉅著（《靈歌》）來明顯解釋人、神相戀之經歷，以新郎新娘之情愛作寓意。

（三）關於作者

十字若望《靈歌》是一人之作；舊約《雅歌》即使可源自一人，但看來已經過歷代的演繹、再輯錄而成。

（四）性愛意象

《雅歌》以委婉方式吐露性愛意象，時而直截，時而矜持，但為古代近東百姓而言是容易被體會。相較之下，十字若望《靈歌》則含蓄得多，充其量只借用《雅歌》的一些親蜜詞彙，如：美酒、花床、蘋果樹下、愛人的手臂與胸膛等提點來比況，以抒發人、神間愛的臨現。

（五）團體伴唱

《雅歌》部分曲詞交由詩歌班來伴唱，藉此貫串起情侶間的細訴，並助長氣氛的營造；伴唱中有耶京女子們的讚頌，有婚宴嘉賓們的祝賀，有皇母、岳娘、兄舅的提詞，穿插著儀仗隊的威武、宮廷女眷的臨現、牧羊人的出沒、更夫的喝斥等等。反觀十字若望《靈歌》，除了牧羊人的路過和花間鳥獸的留痕外，並未明列團隊的伴唱，有的純粹是新娘與新郎的互相呼喚。

（六）時地背景

《雅歌》有中東情詩和神話傳說作借鏡，來陪襯起猶太地區的山川園林、風土文物。相較之下、十字若望《靈歌》固然有花間田野作背景，但缺乏中東城鄉的姿彩，即使有提及草木鳥獸的踪跡、和香料美酒的名目，到底並未確認屬那時地之土產。

兩部作品之應和

可是話須說回來，我們即使可以進一步列舉彼此更多的差別，到底無法否認十字若望《靈歌》深受著《雅歌》的影響與啟發，以致我們仍可探討二者互相應和的地方。

十字若望《靈歌》因對舊約《雅歌》有所取法，以致在形軀面、意象面、心性面等向度都和《雅歌》相映成趣，備受矚目。

（二）愛的意象面

若以動、植、外景、個別物的形象來比擬情侶間的顧盼，率先引人注意的圖像應是「鴿子」和「幼鹿」的互稱。

1、鴿子

男生在《雅歌》以鴿子的清純來暱稱佳偶說：「我那在岩石縫中、在懸崖隱處的鴿子！請讓我看到你的面貌，聽見你的聲音，因為你的聲音柔和可愛，你的面貌美麗動人。」（《雅歌》二14思高本）此處所指的「巖鴿／Columba Livia」，常被譽為「愛情鳥」、喜歡在峭壁裂縫築巢，象徵著少女的羞怯矜持，仍情不自禁。《雅歌》尚有兩處提及鴿子柔情的眼，半隱蔽在面紗的後面，份外惹人憐愛（《雅歌》一15；四1）。此外，《雅歌》五2和六9也以鴿子的純潔無瑕來寓意愛卿人格的完美，並稱之為「完人」。《雅歌》五12則反過來聆聽到女生提及愛人的眼睛如同「鴿子」，從雙眸中閃耀著柔情與溫厚。

緊隨著《雅歌》的節奏，十字若望〈靈歌〉也提及新娘彷如羞怯的鴿子，獨處在岩石縫中；〈靈歌〉三十四和三十五詩節藉新郎之口詠唱：

> 潔白的小鴿子，口啣樹枝飛回方舟；小小的斑鳩，已在翠綠的河堤旁，找到了傾心渴慕的良伴。她孤居獨處，孤寂縈繞已築窩巢；孤寂中唯有愛人獨自引導，且在孤寂中、因她的愛而創傷。

字裏行間、十字若望欲以「鴿子」的形象來道出神所欲在人靈內看到的美好品德如下：

⑴純潔——「鴿子」的潔白，象徵著靈魂所應有的純潔無瑕，如同福音書上所說的「明智如蛇、純樸如同鴿子」（《瑪竇福音》十16），以致天主聖神也以之為有形之象（《瑪竇福

音》三16）。十字若望遂注釋說：「神稱靈魂為『潔白的小鴿子』，係因領受在天主內尋獲的恩寵，賦予靈魂潔白和純潔。」（《靈歌》34．4）

⑵安和——「鴿子口啣樹枝飛回方舟」一語，意象出自《創世紀》八11的典故，以鴿子作為平安和平的帶訊者。十字若望說：「新郎比喻新娘為諾厄方舟的鴿子，…啣著橄欖樹枝飛回來，這是勝利，…凱旋歸來，…靈魂的小鴿子，現在不僅飛回天主的方舟，純潔和潔白，而且甚至帶回來報酬與和平的樹枝，…」（《靈歌》34．4）

⑶忠信——古人習慣以飛鴿傳訊；鴿子千里識途，風雨無阻，始終不渝地把心意傳達，讓人不禁聯想到衷情與忠信的表徵。

⑷柔情——所謂「斑鳩已在翠綠的河堤旁，找到傾心渴慕的良伴。」斑鳩向來有「愛情鳥」之譽，聖人說：「據說斑鳩是這樣的：當牠找不到自己的伴時，青綠的枝頭上，祂不棲息，清澈涼爽的水，牠也不喝，直到尋獲她的新郎，達到完全的滿足為止。」（《靈歌》34．5）

⑸靜獨——十字若望〈靈歌〉詩節第三十五言道：「她孤居獨處，孤寂縈繞已築窩巢；孤寂中唯有愛人獨自引導，且在孤寂中因她的愛而創傷。」聖人借鴿子獨處此意象來解釋靈修歷程的步驟如下：

a）從基本信德起步：先定下心來，以信德的眼光專注於主，按部就班地靜心履行日常功課，不標奇立異，不好高騖遠，以免弄巧反拙（《靈歌》12．4）。

b）勿揠苗助長：用較積極的向度說，當時機尚未成熟，勿揠苗助長，勿妄顧勸言而越階進修，以免得不償失（《靈歌》13．8）。

c）適時割捨：當時機成熟，則須適時割捨，放下先前慣常的較屬感性和推理的默想，以免停滯於蔽執、裹足不前（《靈歌》13．2）。

d）入於靜篤：神會按著人靈的忠信與熱忱程度而引領她更進一步「致虛極、守靜篤」，到達更高程度的默觀（《靈歌》39．9）。

繼而、不論是《雅歌》或《靈歌》，當男生暱稱女生之為「鴿子」之際，就多少讓人聯想到女生對男生所稱謂之「幼鹿」，以致二辭成了互相串連之表象，提及其一、必想到其二。

2、幼鹿

《雅歌》喜歡用「幼鹿」的形象來描寫男生，例如：「我的愛人、彷彿羚羊（Gazelle），宛如幼鹿（Young Stag）。」（《雅歌》二9思高本）又「我的愛人，願你仿效盟約山上的羚羊幼鹿，向我歸來。」（《雅歌》二17思高本）十字若望緊隨著《雅歌》的步伐，在其〈靈歌〉第一詩節率先相仿地詠嘆：「祢宛如雄鹿（Stag）飛逝，於創傷我之後；我追隨呼喚，確杳無蹤跡。」

在引用「雄鹿」意象當兒，十字若望看來欲凸顯兩個面向如下：

其一是、抒發人靈對神的渴慕與尋踪，

其二是、描述神對人靈的熱愛與叮囑。

在第二個面向上，聖人以〈靈歌〉第十三詩節來傳意：「歸來，鴿子，受傷的雄鹿、開始出現在高崗上，因妳飛翔的微風，取得舒暢。」聖人的解釋是：「我（上主）是妳所尋覓的，因愛而受傷的祂；我宛如雄鹿被妳的愛創傷，開始在妳的崇高默觀中，向妳啟示我自己，在妳默觀的愛中，愉悅舒暢，心曠神怡。」（《靈歌》13．2）然而，「從妳執意達到真實地擁有我的崇高飛翔中，『歸來』，（因為）達到這麼崇高認識的時刻尚未來到，妳要適應這個較卑微的認識。」（《靈歌》13．8）言下之意是：固然我（上主）也渴願把自己完全顯示給妳，但當時機尚未成熟之際，或妳尚未準備妥善之前，請勿揠苗助長，以免承受不了我顯現的巨大壓力，為此，請暫時安於以較卑微的方式與我接觸，等待將來到達「全福」的時日，我們終將徹底同聚。

3、狐狸

除了引用「鴿子」和「幼鹿」的形象之外，十字若望尚採納《雅歌》的另一動物作為意象：那作為干擾者的「狐狸」。

《雅歌》二15謂：「請你們為我們捕捉狐狸，捕捉毀壞葡萄園的小狐狸。」（思高本）

十字若望《靈歌》第十六詩節相應地說：「幫我們抓狐狸，因為葡萄園正花開繁密，……」聖人把花園視作靈修的場地，把狐狸看作阻礙靈修進境的邪惡勢力，須懇求吾主的助祐。十字若望尚且把邪魔命名為「亞米納達／*Aminadab*」，他在〈靈歌〉第四十詩節談靈修進展至「神婚」，邪靈退卻，遂說：「悄無所見，亞米納達也沒有出現；城垣平靜安靜，觀望諸水，騎兵降臨。」「亞米納達」一辭也採自《雅歌》六12原文：「不知不覺，我的熱忱催促我登上了我民主上的御駕。」（思高本）

《雅歌》六12是全詩最難解的一節，思高本意指此語出自新娘，她受著自己熱情的推動，登上了主上的御駕，奔馳到新郎那裏。希伯來原文謂：「*lo' yada'ti napši samteni markebot 'ammi nadib.*」希臘文（LXX）拉丁文（Vulgate）英譯為「My soul did not know it had made of me the chariots of *Aminadab*.」㊴希伯來文句末字*'ammi nadib*㊵被LXX和Vulgate理解為人名

39. 英譯引自André La Cocque, "*The Shulamite*", in André La Cocque and Paul Ricoeur, *Thinking Biblically : Exegetical and Hermeneutical Studies.* Translated by David Pellauer.（Chicago and London : The University of Chicago Press, 1998）, p,257.
40. *'am* 意謂「民眾／People」；*nadib*意指「尊貴／noble」cf. La Cocque, "*The Shulamite*", p.257.

Aminadab，此人名曾多次在舊約聖經出現，如《撒母耳上》七1；《歷代志上》十三7等㊶；作為人名而言，其義並不壞，只是十字若望用它作為魔鬼的別號而已，此舉頗耐人尋味。杜西乃（N. H. Tur-Sinai）把《雅歌》六12譯為「I do not know myself（so great is my joy），there, you will give me your myrrh, O daughter of noble parent.」㊷十字若望談神祕經驗中的「因愛而狂喜」、「以致無可名言」，也常用類似的說法，例如：

「除了這些受造物以萬千的寵惠，使我領悟祢，而創傷我之外，人感受到有個『我不知是什麼』的，仍有待傾訴，…」（《靈歌》7．9）

「而且不僅當花朵開放時，你能在這些聖善的靈魂上看到這般光景，還有通常他們自身帶著『一種我不知是什麼』的莊嚴和高貴，…」（《靈歌》17．7）

「靈魂說，她『不復知曉任何事』，係因暢飲了那個神性的智慧後，人不能認識以下的真理；…」（《靈歌》26．13）

總之，不論是《靈歌》或《雅歌》，即使辭義曖昧，到底不失其啟發性，令人回味不已。

以動物作意象來烘托愛情，除了有鴿子、雄鹿、狐狸之外，尚且可以找到其他動物形象來作應和，例如：獅子（〈靈歌〉20；《雅歌》四8）、夜鶯（〈靈歌〉39；《雅歌》三10－14）、羊群（〈靈歌〉2；《雅歌》一7－8）等等，凡此種種，不勝枚舉。

除了以動物作意象以外，《雅歌》和《靈歌》尚且引用植物來陪襯，例如：錦床花開（〈靈歌〉24；《雅歌》一15，二1）、蘋果樹蔭（〈靈歌〉22；《雅歌》三）、石榴美果（〈靈歌〉37；《雅歌》四13）等等，讓讀者悠然神往。

此外，二詩也時而列舉溫馨地帶來營造氣氛，例如：清泉流水（〈靈歌〉12；《雅歌》

41. 較詳細的出處，cf. La Cocque, "*The Shulamite*", pp.257–258.
42. N.H. Tur–Sinai, *Ha–lasbôn weba–sepher*, Vol.2 （Jerusalem: Bialik Institute, 1950）, pp.385f. Cf. La Cocque, "*The Shulamite*", p.258, note 62.

一10）、山岩洞穴（〈靈歌〉37；《雅歌》二13－14）、純美酒室（〈靈歌〉26；《雅歌》二4、八2、五6）等等，也讓讀者陶醉。二詩甚至提出饒富意義的物件來點綴，例如：刻印（〈靈歌〉32；《雅歌》八6）、美酒（〈靈歌〉25；《雅歌》五1）等，讓讀者印象深刻，致使人們不得不承認兩份作品的緊密連繫。

（二）愛的形軀面

兩首詩篇都不單用外物意象來詮釋愛情，也直截涉及愛人的形軀、行動、與表情，藉此凸顯愛侶內心的互相嚮慕。在這方面、十字若望〈靈歌〉緊隨著《雅歌》的節奏來演繹，茲列舉以下數則來佐證：

1、勿喚醒愛人的安睡

十字若望〈靈歌〉第二十一詩節這樣說：「切勿碰觸這道牆，好使新娘睡入平安的夢鄉。」並注釋道：

「牆」，意指平安的柵欄，及德行和成全的圍牆，靈魂因此而被圍繞和防護（《靈歌》21．18）。

這就是，好使她更享有愉悅的風味，這是來自她在心愛主內享受的寧靜和溫柔。⋯她可以每一次，或隨時願意時，自由地享受這愛的溫柔睡眠（《靈歌》21．19）

聖人是緊隨著《雅歌》三5等句子來發揮，《雅歌》曾不止一次地說，「耶路撒冷女郎，我指著田野的小鹿和牝鹿驅逐妳們，不要驚醒，不要喚醒我的愛，讓她自便吧！」（《雅歌》二7，三5，八4）《雅歌》文句意謂新郎體貼地讓愛卿安躺，為防止外在環境煩喧的干擾，以免她返回現實光景，打岔了正在享受的愛情美夢。

2、在愛人的手臂裏

十字若望〈靈歌〉對愛撫、擁抱等親密行為的描述，即使在語氣上較《雅歌》為含蓄，到底仍隱藏不住其模仿之意，有時甚至直截提示文句的出處，雖然他會把句子解釋為人神相戀的剖白。例如：〈靈歌〉22：「新娘……愉悅地憩息、頸項斜倚，在愛人的甜蜜手臂裏。」聖人指語意沿自《雅歌》八1－3等句，在提示人靈達致「神婚」的愉悅；他解釋道：「天主已是靈魂的力量和甜蜜，在其中、她受到庇護和保護，避開所有的壞事，且享受所有的幸福。」（《靈歌》22．8）

《雅歌》八1－3原句是：

1萬望你是我的兄弟，吮過我母親的乳房，好叫我在外邊遇見你時，能親吻你，而不致受人輕視。2我要引領你走進我母親的家，進入懷孕我者的內室；給你喝調香的美酒，石榴的甘釀。3他的左手在我頭下，他的右手緊抱著我。

此段文句的顯義是：但願我們至親如同兄妹，致使旁人不會見怪我們所外露的親蜜表現，好能在娘家內室安享你臂膊的擁抱。句子寓意著新娘和新郎的修好，達致身心結合的高峰，藉此為「愛情猛如死亡，妒愛頑如陰府」等名句（《雅歌》八6－7）作前奏。

3、把胸懷獻給愛人

在另一處，十字若望〈靈歌〉也以《雅歌》為藍本，來述說戀人間身體的接觸：〈靈歌〉27詠曰：「在那裏，祂給我祂的胸懷；在那裏，祂教我愉悅的知識；我將自己獻給祂，完全沒有保留地，在那裏，我許諾作祂的新娘。」

聖人在此（27．2）引述他所模擬的《雅歌》七11－13：「我轉向我的愛人，他也轉向我。來！我的愛人！我們往田野去，在鄉間一起過夜；清晨起來，我們到葡萄園去，看看葡萄是否發芽，花朵是否怒放，石榴樹是否開花；在那裏，我要將我的胸懷獻給你。」

聖人詮釋說：「將一個人的胸懷給另一人，就是把他的愛和友誼給他，…向他揭露秘密。」（《靈歌》27．24）又說：「天主教她的愉悅知識，是…隱祕知識，神修人稱為默觀，經由愛而來的「知識」。」（《靈歌》27．25）總總，「靈魂陶醉在天主內，完全委順於天主，…在她內，永遠不要與天主無關的事物。」（《靈歌》27．6）

4、秀髮與頸項

十字若望〈靈歌〉即使缺少了如《雅歌》般的對男女身體的詳細描述，到底仍不乏對身體個別部位的提及，以呈現相互的傾慕。聖人〈靈歌〉第三十一詩節就談到新娘的秀髮和頸項如下：

細思量，一絲秀髮頸上飛揚，凝視髮絲飄頸項，著迷神往，因我一眼祢受創。

按聖人的解釋：「細思量，就是對所看的對象，以非常特別的注意和尊重去注視。」（31．4）「天主思量，…珍視所思量的對象。」（31．5）關於「凝視髮絲飄頸項，著迷神往」之語，凸顯了新郎對娘子的著迷；聖人再以「低處飛翔的小鳥、迷住高空的老鷹」作比喻，來寓意天主被靈魂所吸引，以至屈尊降貴，降臨人間，與人共處（《靈歌》31．8）。至於「因我一眼祢受創」一語，聖人作了如此的解釋：『眼』，意指信德，她說只用『一眼』，使『祂受創』，因為，…看到新娘純一的忠信時，新郎著迷神往，…那麼，她信德的一眼，則是這麼緊密地俘虜祂，以致造成一個愛的傷口。」（《靈歌》31．9）

聖人再以《雅歌》四9來與自己的句子相提並論：

在《雅歌》中，新郎說的是同樣的一絲秀髮和一眼，他對新娘說：「我的妹妹！妳創傷了我的心，以妳的一眼和頸上的一絲秀髮，創傷了我的心。」……靈魂在本詩節中說到：「一眼」和「一絲秀髮」，因為這指示她與天主的結合，按照理智及意志；因為眼睛象徵的信德，歸屬理智，而（髮絲象徵的）愛，歸屬意志，……她非常珍視天主因她的愛而滿足和著迷（《靈歌》31．10）。

5、膚色黝黑卻很秀麗

繼而，《雅歌》有一個句子也讓十字若望產生興趣：《雅歌》一5-6詠嘆道：「我雖黝黑，卻很秀麗；……請不要怪我黑，是太陽曬黑了我。」這句子很受讀者們注目，很惹作曲家喜愛，也很被神祕家青睞，因為它可引起我們多方面的想像，例如：靈修者雖明瞭自己遠不及上主的光彩，到底仍自覺不失其可愛之處，值得自我珍惜；又我雖然諸多的不成全，但仍不失其坦承純真，值得神的顧盼等等……十字若望念念不忘這句子，以致在〈靈歌〉第三十三詩節作出模擬說：

請不要輕視我，若從前祢見我黝黑，現在祢能細細端詳我，因為祢已注視了我，賦予我美麗和寵惠。

十字若望還替詩節解釋如下：

天主的注視賦予靈魂四種益處，就是：使她潔淨，給她恩寵，使她富裕，給她光照；這就好像太陽放射光輝，使大地乾淨、溫暖、美麗和燦爛。……不過，……靈魂卻不該因此而忘記先前的罪過，第一，為了不致常常陷於自負；第二，為了常有感謝的理由；第三，為了更有信心接受更多的恩惠。（33．1）

這就相應了主耶穌所說的：「我是葡萄樹，你們是枝條；那住在我內，我也住在他內的，他就結許多果實，因為離了我，你們什麼也不能做。」（《若望福音》十五．5）總之，十字若望所欲傳達的訊息是：「靈魂將她的可憐歸於自己，將所擁有的所有幸福歸於心愛主。」（《靈歌》33．2）

（三）愛的心性面

在愛的前提下，若直截涉及心智、意欲、情緒（i.e.知、情、意）的感觸者，可方便地總歸為「愛的心性面」，以與其「意象面」和「形軀面」作辨別，即使三者實際上彼此糾纏不清。在這項目下尤值得我們回味再三者，可有以下數則：

1、因愛成疾

《雅歌》二5：「請你們用葡萄乾來補養我，用蘋果來甦醒我，因為我因愛成疾。」

《雅歌》五8：「耶路撒冷女郎！你若遇見了我的愛人，你們要告訴他什麼？我懇求你們告訴他：『我因愛成疾。』」

相應地，十字若望《靈歌》也出現類似的句子：

〈靈歌〉2：「牧羊人，你們去，越過羊棧登高岡，如蒙寵遇，看見我最心愛的，請對祂說，我生病、痛苦、欲絕。」

〈靈歌〉9：「為何祢創傷此心，卻不醫治？偷取了我的心，又怎的留它如此？為何不帶走這顆祢偷去的心？」

兩首詩歌的表層義固然都在描述愛侶的相思成疾；然在神祕家眼中，卻深化為人神間的互相思慕而引致的傷痛。十字若望〈靈歌〉從第一詩節至第十一詩節，都反複地強調人對神的

「因愛成疾」；他意指靈魂在初次深刻地邂逅神後，發現除了神以外，再沒有其它任何人、地、事、物可以替代神，也沒有任何世物足以彌補內心那股超越圓滿的嚮往，相反地，凡間任何的美善、只徒然更湛深地觸發人對神的無限傾慕，而心靈的空缺、唯有神自己始能圓滿填補。十字若望說：「除非心愛主親臨，並親眼看見祂，什麼也治不好靈魂的『病／*dolencia*。』」（《靈歌》6．2）西班牙文*dolencia*此辭，可同時翻譯為「疾病」和「痛苦」，若放在「愛」的脈絡來體會，其中的涵義不言而喻。

2、苦樂相隨的弔詭

不論是《雅歌》或〈靈歌〉，我們雖然都聆聽到愛別離的傷痛，但歌辭仍洋溢著喜樂的句子，尤在戀人邂逅、相聚、相逢的時光，配合著鳥語花香、山川草木的美緻，不時流露著愛的甜蜜。例如：

《雅歌》一4：「君王，願你引我進你的內室；我們都要因你歡樂踴躍，讚嘆你那甜於酒的愛撫。」

十字若望〈靈歌〉22：「新娘已進入殷切渴慕的怡心花園，她愉悅地憩息，頸項斜倚在愛人的甜蜜手臂裏。」

字裏行間，我們體會苦樂相隨的弔詭；人間愛侶的悲喜交雜，在神祕家眼中則進一步閃耀著崇高的超越渴慕，指向「全福」。「愛的悲傷」看似比「愛的歡樂」更給人深刻的印象，但在「愛的圓滿」的指望下，卻是混合在一起的完型，綜合形成為熔冶一爐的整體。當人仍在追尋，或瀕於失去一份珍寶，就愈發覺得它的可貴，愈在苦與樂當中懷念不已。聖人為此在《靈歌》九3解釋道：「一個愛人愈被創傷，得到愈多的回報——，（神）已經創傷她的心，卻沒有以了結她的生命治好她。因為這些愛的創傷這麼甜蜜，又這麼愉悅，如果沒有達到死亡，是不會滿足的；然而，它們是這麼的愉悅，靈魂希望受其創傷，直到了結生命。」

3、愛情強烈如同死亡

在「愛」的前提下，十字若望雖然沒有把「愛與死亡」作為全詩的主題，他只強調成全的聖者會以死亡作為跳板、以達致來生的「全福」。到底他仍把「愛」與「死亡」二辭作了多次的連結，藉此提示愛情好比死亡般地強烈，例如：

〈靈歌〉7：「所有自由逍遙的，向我傳述萬千寵惠；更創傷我，致死我…」聖人解釋道：「這個愛的死亡，是經由對天主神性至高認識的一個接觸，在靈魂內造成的，…她留在愛的瀕死中，當她不能因愛而死時，她更是瀕臨死亡。此愛被稱為焦急無耐的愛。」（《靈歌》7．4）

〈靈歌〉8：「生命哪！妳生非所在，又怎堪忍耐？妳身負箭傷，瀕臨死亡，因而徹悟妳的心愛。」聖人的解釋是：「從心愛主通傳給妳的崇偉之愛，所導致的傷口，單就其本身而言，已足以了結妳的生命，這一切猛烈地把妳留在愛的受傷中，所以，妳感受和領悟天主多少，從那致命的愛中，妳得到的接觸和創傷也會有多少。」（《靈歌》8．2）

〈靈歌〉11：「請揭示祢的親臨，願看見祢及祢的美麗致我於死地；若非祢的形象和親臨，不能治好相思病情。」聖人又解釋道：「對那愛的靈魂來說，死亡不能說是痛苦的，因為在其中，她尋獲所有愛的甜蜜和歡愉。想到死亡，不能是悲傷，因為在其中，她同時尋獲喜樂，…開始她的所有福祐。她視死亡為朋友和新郎，念及死亡，她歡樂有如她的訂婚和結婚之日。…」（《靈歌》11．10）

為神祕學家而言，十字若望的體會，正好相應了《雅歌》八6－7所刻畫的高潮：

> 請將我有如印璽，放在你的心上，有如印璽，放在你肩上，因為愛情猛如死亡，妒愛頑如陰府；它的焰是火焰，是上主的火焰。洪流不能熄滅愛情，江河不能將它沖去，如有人獻出全副家產想購買愛情，必受人輕視。

談及「愛與死亡」二辭的牽連，十字若望《靈歌》曾作多次的闡述，但舊約《雅歌》卻只此一次地在八6－7中出現，然卻展現了全詩的高峰，因為它點出了愛的本質，而不僅是情意的描繪而已。顯然地，發言的人物是女生，聆聽者是男生，但情侶的身影卻從台前慢慢地隱沒過去，取而代之的是原作者對愛的核心義之反思，作者尚且把「愛」設置在一系列強有力的勁敵眼前，與死亡、陰府、洪水、江河較勁而勝出。

(一) 印璽與戳記

詩中謂：把「戳記」印在「心」上，把「印璽」帶在「肩」上。

少女分別提到「心」與「肩」，寓意著兩者的關係不僅止於外在的肢體連結而已，尚且深入內裏的心坎，達致不可磨滅的一體。

「印璽」(戳記)同一字義出現兩次，以凸顯述說者對此辭的重視。「印記」代表公開可見的身分和所有權，尤其在彼此相屬的前提下更顯其莊嚴神聖。印璽的攜帶，與戳記的蓋印，至少給予我們以下的三重義：

其一、身分證明——印璽意謂個人身份的宣示，必要時拿出來做一己身分的證明，或作符節以取信於對方。

其二、歸屬權限——證書上所蓋的印確定人與物的歸屬權。在婚姻證書上蓋印寓意著新人彼此的相屬。

其三、自由範圍——印璽的授受也標榜著對某人地事物的自由運用與規劃。縣官走馬上任，接受印璽管治一地。

格萊德希爾在此有其饒富意義的提示[43]：希伯來文*yād*一辭，可泛指手臂的任何部位，包括肩、臂、手指，為此，與其想像手臂上套上含印章的臂鐲（例如《雅歌》五14），倒不如認為它是手指上套上婚戒，如同法老給約瑟帶上戒指印章一般（《創世記》四十一42）；如此一來，印記在此可解釋為定情婚戒以作信物，類比《申命記》六6－8所闡明的印記和親蜜關係，它記在心上，繫在手上，戴在額上作為盟誓。

（二）愛情與妒愛

繼而，我們聆聽到這樣的兩行詩：「愛情猛如死亡，妒愛頑如陰府。」其所凸顯的「愛情」與「妒愛」二辭，誠然是一體兩面；作為「正面義／the obverse」的「愛情／*āhăb*」[44]，意謂著我如此地珍愛你那獨一無二的「存有個體本身」（being as Ipseity）[45]，以至無從再去接納另一個人來代替你；我也只有在你那不容取代的「存有個體本身」這前提下，喜歡那附屬在你身上的依附品質（being as taleity）[46]、如美貌、聰明、才智等，即使你日後音容改變或損毀，也不妨礙我對你原有的愛。

反之，作為「背面義／the reverse」的「妒愛／*qinah*」[47]，它意謂我對你的愛是如此的熱烈，以至容不下你移情別戀或濫情地讓他人來分享你。「妒愛」就是愛人對所愛者那份排他性的熱烈，即無法容忍他人用偷情、奪愛方式來占有你。

43. 格萊德希爾，《雅歌》，頁320–321。卡洛德也有相同的見解，cf. 卡洛德，《丁道爾舊約聖經註釋：雅歌》，頁171 & 208。

44. 按格萊德希爾，《雅歌》，頁323–324的心得：*'āhăb*這字根在雅歌出現十七次，總是用來形容戀人間的熱愛，然而它也適用於較抽象的概念，例如：友誼及忠誠〔e.g. 大衛和約拿單（《撒上》十八1–3）〕、〔路得和拿俄米（《得》四15）〕，婚姻之愛〔e.g.以撒和利百加 （《創世紀》二十四67）〕、人神之愛〔上主與其選民之盟約《申命記》十15）〕、甚至異性間之吸引和愛戀〔e.g.參孫對大利拉（《士》十六4，15）〕。希臘LXX譯本把它翻譯成*agapaō*及其名詞*agape*; 在新約遂演繹成慷慨地自我奉獻之愛，對接受者不求回報或不計代價。而希臘字eros則特指性愛。如此的對照，看來無法充分詮釋愛情的複雜與豐盈的本質義，到底文字並未能十全十美地反映事實本身。

45. Ipseity取意自拉丁文之ipse，即「如是個體。」cf, Robert Johann, *The Meaning of Love* （Westminster: Newman Press, 1959）, p.25.

固然，愛有多種形式來兌現，例如：君臣之愛、父子之愛、兄弟之愛、朋友之愛；惟獨夫妻之愛有其排他性是其他各種愛所無㊽。父母是如此地愛子女，以至願意他們獨立自主，離開自己而去創業；朋友是如此地要好，以至歡迎彼此擴充知己的人脈來凝聚出更大的友愛團體；唯獨夫妻或戀人關係要求彼此在婚約上貞忠於對方，以至身心一體。

接下來，我們要從「愛」延續至「死亡」這議題。

（三）死亡與陰府

從語源上探討，希伯來文môt簡潔地被翻譯成「死亡」，它也是一個迦南神祇的名字，他和生殖神巴力（*Baal*）互相較勁；當巴力戰勝，則五穀豐收、人丁興旺；當死神莫特（Môt）打贏，則萬物荒蕪、屍橫遍野。此外，舊約聖經又常常將「死亡」和「陰府／*Sheol*」二辭放在一起㊾，如《何西阿書》十三14和《詩篇》十八5等，合併地視為對人類不利的境地，且常常與猛暴的洪流惡水聯想起來㊿。

有語源學和神話作反思的背景，我們可進而對「愛」與「死亡」的關連作以下的思索。

（四）愛與死亡

真愛不畏懼死亡的考驗，死亡澄清了愛情的貞忠。為有愛的靈魂而言，死亡並不是一個陌生的領域，在接受死亡當中，戀人只不過是進入他們所熟識的內室而已51。愛與死亡，至少吻合在一個共同點上：那就是——我不再為自己保留什

46.　「附屬性質」(being as taleity)：taleity一字，取意自拉丁文之*talis*，即「性質」，有別於那個整體的存有。Cf. Johann, *The Meaning of Love*, p.24.

47.　希伯來文*qinah*，NEB譯為「激情」，和合本譯為「妒恨」，思高本譯為「妒愛」。卡洛德認為不宜光是按消極的「嫉妒」、「吃醋」的方式來理解；卡洛德，《丁道爾舊約聖經註釋：雅歌》，頁209。毋寧是斷言夫妻間在愛之身心合一前提下所呈現的一份排他性，不容忍第三者參與。黃朱倫，《天道聖經註釋：雅歌》（香港：天道書樓，1997）， 頁300：肯定思高本對「妒愛」的翻譯最為恰當。

48.　Erich Fromm, *The Art of Loving* （ New York: Bantam, 1956）, P.46, "Erotic love…is exclusive, but, it loves in the other person all of mankind, all that is alive. It is exclusive only in the sense that I can fusemyself fully and intensely with one in person only."

49.　*Sheol*可譯為「陰間」或「墳墓」，寓意著死之所歸的境地，被擬人化為貪婪地擄掠人類的權勢。Cf. 楊森（Jenson），《解經講道注釋叢書18：雅歌》，頁135。

50.　Cf.格萊德希爾，《雅歌》，頁327-328。

麼！站在愛的觀點上說：愛就是一份死亡，愛者在忘我的付出中置生死於道外；站在死亡的角度上言，死亡是純愛的構成因素，它使愛的徹底給予成為可能。傳說希臘古神因確知自己的不死而對愛情感到乏味[52]；反之，凡間兒女卻在熱愛中傷感自身的易逝[53]。為此，愛之誠摯，經常背負著死亡的陰影；愛之狂喜，往往伴隨著傷逝的暗潮。愛與死亡，二者如影隨形，相依相生。以致主耶穌也慨歎道：最大的愛，沒有超過為朋友而犧牲性命這種愛（《若望福音》十五13）

（五）勇猛與頑強

《雅歌》八6名句「愛情猛如死亡，妒愛頑如陰府。」其中的「猛」與「頑」的呼應也值得我們留意。「猛」，希伯來文 *'az*，在《雅歌》只此一次地出現，但常在舊約其他地方展露，按卡洛德註釋：「(*'az*)指無法抵抗的攻擊者，或不會動搖的防衛者。」[54]若要愛者進攻，他會無堅不摧；若要愛者防衛，他會不動如山。

至於「頑」一辭，希伯來文 qašeh，也只此一次地出現在《雅歌》，雖然在舊約卻出現三十四次，一般意謂「堅硬」、「頑固」，相對著「柔軟」或「軟弱」而凸顯其「不屈服」義。

「猛」與「頑」二辭綜合起來，至少彰顯了愛的兩重義：

其一是，愛意謂著義無反顧，視死如歸；

其二是，愛克勝死亡，化作不朽。

《雅歌》八6－7接續下來的話足以對第二重義作印證：

51. Ladislaus Boros, *The Moment of Truth : Mysterium Mortis* (London : Burns & Oates, 1965; paperback edition, 2nd impression,1969), p.47, "The best love-stories end in death, and this is no accident. Love is, of course, and remains the triumph over death, but that is not because it abolishes death, but because it is itself death. Only in death is the total surrender that is love's possible, for only in death can we be exposed completely and without reserve. That is why lovers go so simply and unconcernedly to their death, for they are not entering a strange country, they are going into the inner chamber of love."
52. *Rollo May, Love and Will* (New York: Norton & Co., 1969; 8th Laurel printing, 1984), p.101, "This is one of the reasons, mythologically speaking, why the love affairs among the immortal gods on Mt.Olympus are so insipid and boring. The loves of Zeus and Juno are completely uninteresting until they involve a mortal,⋯,"
53. *Ibid.*, p.100, "In Common human experience, this relationship between death and love is perhaps

（六）烈焰與洪流

思高本譯：「它的焰是火焰，是上主的火焰。洪流不能熄滅愛情，江河不能將它沖去，…」（八6－7）其意是：愛火猛烈，尤勝於洪水；愛情不絕，尤勝於死亡的下限。愛禁得起死亡的考驗而永續長存。

有關希伯來文*rešep*，思高本譯「火焰」，和合本譯「火焰的電光」，它同時也可譯作「火箭」（cf.《詩篇》七十六3），佐克勒（Otto Zockler）為此解釋道：「愛像熊熊烈焰的火箭射入人的心，而證實其無可抗拒的能力和不能熄滅的強烈。」[55]再者，它可當作動詞使用，NIV、NEB遂譯為「爆出」，意謂電光爆出或火箭冒出。此外，作為專有名詞而言，則指迦南神話之戰神或瘟疫神，格萊德希爾遂引發這樣的聯想：「這個比喻的重點是在強調當愛情的箭射中人們時，那種霎那間的電光石火深具震撼。邱比特的箭常射在我們最想不到的地方，在最不恰當的時間；受害者從來不會被事先告知，但卻突如其來地被迫中獎，…以至於他的生命全然改觀，…並且在霎那間改變了他看事情的角度。」[56]

至於希伯來文*šalhebetyâ*一語，字尾*yâ*看來似隱祕著「上主／*Yahweh*」之名，以致思高本譯為「上主的火燄」，和合本譯作「耶和華的烈焰」；不過，這樣的譯法並不利於申述希伯來文一個慣常用法：它慣常被用來呼喚出一個「最」義（superlative sense），一個最高級的字詞，一種最超絕的比較，來表達最強烈的愛、最異乎尋常的火焰；為此，RSV把*šalhebetyâ*譯為「最猛烈的火焰」，NIV譯作「至強大的火焰」，NEB則譯「比任何火焰更厲害」，而釋經學家瑪西亞·福克（Marcia Falk）也譯之為「最熾烈焰且聖潔的愛火。」[57]

most clear to people when they have children. A man may have thought very little about death—and prided himself on his 'bravery'—until he becomes a father. Then he finds in his love for his children an experience of vulnerability to death.…"

54. 卡洛德，《丁道爾舊約聖經註釋：雅歌》，頁209。
55. Otto Zockler, *The Song of Solomon, Lange's Commentary* (Grand Rapids: Zondervan Publishing House, 1978) p.128. 中譯文出自曾立煌，《歌中之歌—愛的樂章》（香港：宣道出版社，1993），頁175。
56. 格萊德希爾《雅歌——愛的詩篇》，頁328。
57. Marcia Falk, *Love Lyrics from the Bible: A Translation and Literary Study of the Song of Songs* (Scotland: Almond Press, 1982), p.131.

其上文下語所欲帶出的意義是：愛火一旦「爆出」，則至為猛烈，甚至連「洪流／*mayîm*」也不能將它熄滅，連「江河／*nehārôt*」也不能將它沖去；「洪流」一辭，在舊約中出現多次，尤在《詩篇》中散見各篇[58]，呼應著混亂不息的巨大殺傷力。《雅歌》八7將火與水並列，並使用「熄滅」這動詞，以表現愛情的堅不可摧，即使水能淹沒任何火焰，但卻沒有敵對力量足以熄滅愛火。愛情會遭受各種考驗，但會藉由磨難而變得更為純淨、剛強、勇毅。愛情不屈不撓，連死亡也不能將它泯滅，連陰府也不能將它牽制，以致馬賽爾因而吐露出他的名句——去愛一個人，就等於對他說：您永遠不會死[59]。

（七）真愛與家財

《雅歌》八7接續下來的句子是：「**如有人獻出全副家產想購買愛情，必受人輕視。**」意思是：愛情無價，無法用金錢來交換，能夠藉金錢買賣的愛就不是真正的愛，因為愛情不是商品。人不能透過禮物或諂媚而得到愛者的貞誠與忠信，若企圖用這樣的方式來進行的人，只會惹來對方的鄙視。

附帶地值得一提的是：《雅歌》八6-7的語句，很能與《以賽亞書》四十三2之言辭相彷彿[60]，兩段經文都蘊含著「水」、「江河」、「火」、「火焰」和「淹沒」。只不過後者在乎強調：人們在經歷痛苦與磨難之後，新天新地將帶來和平與安寧，人神間的愛情將進入嶄新的境地。

> **當你由水中經過時，我必與你在一起；當你渡河時，河水不得淹沒你；當你在火中走過時，你不致烙傷，火焰也燒不著你。**（思高本）

《雅歌》與《靈歌》間的懇談，不單讓我們瞥見其中的同、異與應和，且給予我們充沛的

58. 例如：《詩篇／Psalm》二十九3、三十二6、七十七19、九十三4、一七23、一四四7。
59. Gabriel Marcel, "*La mort de demain*" in *Les trios pieces* (Paris: Plon, 1931), p.161.
60. 這是格萊德希爾的體會。cf.格萊德希爾《雅歌——愛的詩篇》，頁331。

啟發和回味。

十字若望《靈歌》的內容，固然是因應著《雅歌》的感召而得以發揮，到底偉大的詩篇也可以在有所依據中脫穎而出。然而、我們不能說十字若望旨在模擬而缺乏創新，相反地，聖人也從中引述了個人豐富的靈修經驗作訓誨，足以為世人所取法。況且、兩首詩篇各自是獨立的作品，只是十字若望有幸浸潤在《雅歌》的恩澤而得以推陳出新，他甚至因為能用神祕學家的眼光來體會愛，以致能步武《雅歌》的後塵來造就另一份傳誦千古的鉅著。

分析至此，我們可適時把注意力從十字若望《靈歌》轉移至聖女大德蘭對《雅歌》的默思。

聖女大德蘭對《雅歌》的默思

《默思〈雅歌〉*Meditations on the Song of Songs*》一書，是西方靈修學史上破天荒地首次由一位女性聖師——聖女大德蘭——所執筆，即使內容談不上是《雅歌》原文的詮釋，到底它是一份閱讀心得，配合了個人的靈修經驗，而流傳下來形成為一部神修寶庫；即使所牽涉的《雅歌》文句，只限止在其第一、二章的部分段落而已，到底聖女卻藉此點化出西方神祕主義的核心精髓——人、神的相戀與結合，也環繞著這前提而繪畫出靈修實踐所能跨越的進展歷程與險境。

一、大德蘭主要涉獵的《雅歌》原句

在探討大德蘭的核心反思以前，茲讓我們率先交待聖女所反複面對的兩段《雅歌》原文，

其一是《雅歌》一2－3，其二是二3－5[61]：

願君以熱吻與我接吻，因為你的愛撫甜於美酒。你的香氣芬芳怡人，你的令名香液四射，為此少女都愛慕你。（《雅歌》一2–3思高本）

「你的愛撫／*dôdîm*」一語，LXX譯作「你的胸膛（*dadayîm*）」，希伯來文*dôdîm*一辭本身在指強烈性愛的愛情，其和「胸膛」都簡單地寫成*ddm*；「胸膛」是由「乳頭／*dad*」（單數）一字引申，「兩乳頭」作為「雙數字」則為*dadayîm*，富性愛意象，以致思高本貼切地譯作「愛撫」。

《雅歌》一2以「酒」象徵愛的亢奮，以美酒配合甜蜜的親吻，來鋪陳新娘對郎君的戀慕。

繼而、大德蘭又落實在《雅歌》二3－5來沉思

3 我的愛人在少年中，有如森林中的一棵蘋果樹；我愛坐在他的蔭下，他的果實令我滿口香甜。4 他引我進入酒室，他插在我身上的旗幟是愛情。5 請你用葡萄乾來補養我，用蘋果來甦醒我，因為我因愛成疾。（思高本）

愛人被比作蘋果樹，女孩熱愛坐在他的蔭下，以直喻其欣喜於愛者的庇護。《雅歌》二4把「愛」與「酒」雙提並論，寓意了愛侶相處的陶醉。至於「他插在我身上的旗幟是愛情」一語，「旗幟／*dgl*」看來至少蘊含三重義：其一、我屬於他，「旗幟」的飄揚標示著領土的歸屬；其二、他標示著愛，愛郎可能在旌旗上寫著「我愛你」；其三、他深情地是注視我，希伯來文*dgl*作為動詞意謂注視，哥笛斯（R.Gordis）遂把此句譯作「他在愛中（『含情默默』地）看著我」[62]。

61. 聖女只偶爾提及《雅歌》二16、四7、六3,10、八4，但並非重點所在，於此從略。
62. R. Gordis, *"The root ḍgl in the Song of Songs"*, *Journal of Biblical Literature*, 88 (1969), p.81&pp.203f. 中文譯句引自卡洛德《丁道爾舊約聖經註釋：雅歌》，頁103。

接著，《雅歌》二5蘊含兩個動詞——「補養」和「甦醒」，也涵括兩個名詞——「葡萄乾」和「蘋果」。動詞方面，其一、「補養我／*samm*^{e}*kûm*」，它除了有「供養」之義外，其字根通常有「接觸」義，如《利未記》一4及三2所凸顯的「把手放在祭品上」；其二、「甦醒我／*app*^{e}*dûm*」，它除了有「提神」之義外，尚有「伸出」、「鋪蓋」義（cf.《約伯書》十七13，四十一30）。名詞方面，「葡萄乾」和「葡萄餅」，在《舊約》只出現四次[63]，其中《以賽亞書》和《何西阿書》以異教祭祀背景出之，影射《耶利米》四十四18－19之天后（伊西塔）生殖祭儀，以葡萄餅形似女性生殖器官，富含性愛象徵；至於名詞「蘋果」，古代中東民眾認為其有催情性質[64]。上述動詞和名詞配合，遂產生了其「表層義」和「裏層義」；表層義明指：「請你們用葡萄乾來補養我，用蘋果來甦醒我，因為我因愛成疾。」（思高本）裏層義則提示：「我熱烈渴望與愛人結合，以至於出神。」

扣緊著《雅歌》這兩段詩詞，大德蘭遂引申了一系列的默思。

二、大德蘭《默思〈雅歌〉》的行文架構

大德蘭《默思〈雅歌〉》全書分七章，其「序文」和第一章基本上是引語，以提出聖女的寫作動機和宗旨。在「序文」中她承認自己不懂拉丁文，無從閱讀《雅歌》拉丁文／Vulgate譯本；可是每當在日課或靈修書籍中接觸到《雅歌》引句之際，不論是拉丁文或西班牙文，聖女內心總是充滿著喜悅與感動，其明悟也同時體會到眾多豐富的靈感，以致渴願與志同道合的人分享。

再者，大德蘭因著對《雅歌》一2所提及的「親吻」深有所感，遂強調「親吻」是愛侶

63. 《撒母耳記下》六19；《雅歌》二5；《以賽亞書》十六7；《何西阿書》三1。
64. Cf. T. H. Gaster, *Myth, Legend and Custom in the Old Testament* (New York: Harper & Row, 1969), p.811.

間所呈現的「平安」和「友愛」的徵兆[65]；她藉此在《默思〈雅歌〉》第二與第三章談「平安」義，再在第四至第七章談「友愛」義，並以《雅歌》二3~5作輔助來演繹人、神之愛的經歷，綜合起來涵括以下的行文架構：

三、默思《雅歌》的內容演繹

《默思》一書因應上述的行文架構而演繹其內容脈絡。聖女首先落實在「平安」的議題作討論，繼而轉向人神「友愛」之義作發揮。

（一）大德蘭對平安義所作的探討

在進入較細緻地討論大德蘭所默思的「平安」義以前，看來我們必須略為交待若干基本面向如下。

在「平安」的議題上，聖女分辨了「偽平安／false peace」與「真平安／true peace」二者。簡言之，「真平安」意謂

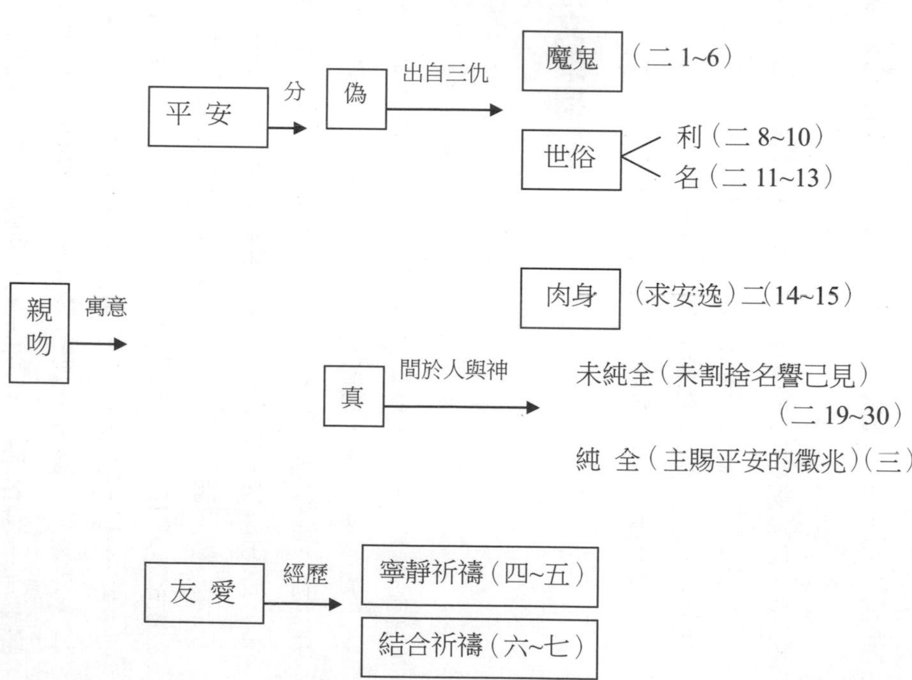

65. St. Teresa of Avila, *Meditations on the Song of Songs, in The Collected Works of St. Teresa of Avila*, Volume 2. Translated by Kieran Kavanaugh & Otilio Rodriguez （Washington, D.C. : ICS Publications, 1980）, p.221, "Obviously a kiss is the sign of great peace and friendship among two persons." （chapter 1:10）

人與上主交往中所導致的心安理得；反之，「偽平安」則主要針對在行為上「鬆懈」的人所引致暗含毒害的安逸。而「鬆懈」一辭、又與「心窄／scruple」之義相抗衡；「心窄」意謂內心因過度焦慮害怕觸犯過錯，以致終日忐忑不安，惟恐得罪上主，終至陷於憂鬱。於此、大德蘭並不在於談論這種矯枉過正的苦惱[66]，她會在《建院記》第七章中另作處理[67]。大德蘭在《默思〈雅歌〉》所欲探討的事項是有關那些走向另一極端的人，他們在小缺失上輕忽大意，而不自覺地往嚴重過失的方向陷溺，終至麻木不仁，卻安於自己危殆的處境。大德蘭尚且落實在三仇——魔鬼、世俗、肉身——三焦點上帶出「偽平安」的來龍去脈。

（二）由魔鬼所提供的麻醉

1、偽平安

a）重罪人的沉醉

大德蘭先由罪業深重的罪人著手討論（《默思》二1）：凡習慣於沉溺在罪行中的人，他們在犯罪前往往預嚐到誘惑的興緻，在進行中又沉醉在惡行所帶來的快感，多次過後不論後悔與否到底已積習難改，對道德良心的責備無動於衷，或置之不理；此等人等於與魔鬼為友，魔鬼自然放任他們而不會打擊他們，反而給他們一些甜蜜讓其持續沉湎下去[68]。我們可附帶地借用依納爵《神操》在「辨別神類」（§314）上所給予的提示[69]：

> **對於那些習慣犯大罪的人，仇敵通常直接用種種表面的快樂引誘他**

66. Teresa of Avila, *Meditations on the Song of Songs,* chapter 2: 6, pp.224–225.
67. St. Teresa of Avila, *The Book of her Foundations, in The Collected Works of St. Teresa of Avila,* Volume 3.Translated by K. Kavanaugh and O. Rodriguez（Washington, D.C. : ICS Publications, 1985）, pp.134–139.（中譯）《聖女大德蘭的建院記》加爾默羅聖衣會譯（台北：星火文化，2017年），頁74–79。聖依納爵《神操》（St. Ignatius Loyola, *Spiritual Exercises*）談「辨別神類」有涉及「心窄／ Scruple」這問題。Cf. 「辨別多疑的注意點」，345–351節。聖依納爵著《神操》王昌祉譯（台中：光啟，1960），頁161–163。《神操新譯本》剛斯註釋（台北：光啟，2011），頁162–164。
68. Theresa of Avila, *Meditations on the Song of Songs*, Ch.2:1, p.222, "When such persons of the world remain quiet, while going about in serious sin, and so tranquil about their vices,…their peace, you have read, is a sign that they and the devil are friends. While they live, the devil does not wage war against them.…the devil…gives them delight in their pleasure and they would return to their friendship with him,…"
69. George E. Ganss, S.J. *The Spiritual Exercises of Saint Ignatius: A Translation and Commentary*（1992）.（中譯文）剛斯註釋，《神操新譯本》鄭兆沅譯（台北：光啟出版社，2011），sec.314, 頁152。

們。仇敵使他們想像感官的歡愉和快樂，好能把他們牢牢扣住，並使他們更加沉溺在罪過及惡習中。

但對這些人，善神採取相反的行徑，透過他們良好的道德判斷，激起他們良心的懊悔。

大德蘭固然知道她的主要的讀者並非十惡不赦的罪犯，但她仍以大罪人的光景作前奏，讓我們迷途知返、有所警惕；因為修道者群中也會因怠惰而受到邪靈麻醉以致往下沉淪。

b）修道人的鬆懈

i）在小事上不嚴守會規、忽視神長訓誨

當一位修女長時間在小事上鬆懈，毫不在意會規的勸諭，其習以為常的安心並不是一件好事，魔鬼會引領她陷進千百種邪惡而不自覺；又例如她輕忽長上教牧的訓令，雖非罪大惡極，但仍是一份疏失。人在小事上不戒慎，將會在較嚴重的事項上麻木，魔鬼會滿心喜悅，樂於見到這位姐妹逐步怠惰，成不了偉業。

ii）疏於祈禱（二3）

當人輕忽祈禱神功，你將減弱了上天的助祐，導致無力履行會規的指導，並遭遇眾多的干擾和誘惑，到底我們不是天使，缺少天使般的潔淨精微，遭受邪惡勢力的阻撓是意料中事，人們往往透過靈的戰爭而取勝與進步。反之，如果我們見到某位姐妹平日安靜無事，沒有任何靈性方面的爭鬥，這反倒使大德蘭感到狐疑，暗自追問她是否已對能有的過失毫無感應而自以為是！

大德蘭在此並不包括那些已臻至高度成全的默觀者（即《靈心城堡》所指的踏進第七重住所的合路人），即使仍有退步的可能，但他們已死於世俗，而魔鬼已被擊退，以致獲得上主所給予的深度平安。但達致這階段以前，靈修者必會遭遇眾多磨難，包括邪靈的攻伐。

iii）不力求從慣犯的小罪中改善（二5）

再者，凡對同一小罪習以為常而無動於衷者，等於同魔鬼妥協。大德蘭以我們被針的刺痛為比喻，正常人會因不耐刺痛而警覺；當神修人愈成全，愈會對小過犯敏感而懺悔。反之，鬆懈的人疏於防範，魔鬼也藉安心來讓他繼續麻木以虛渡時日。

除了邪靈的安撫以外，大德蘭尚提及世俗的虛榮。

（2）由世俗所提供的名利

為談論世俗所能給予的虛偽平安，大德蘭主要分辨「利」與「名」二者：

a）利（二8–10）

世俗人賺得豐厚錢財，他偶爾佈施一下，又避免作奸犯科，就以為已盡了本分，他並未考慮到自己只是神的管家而已，將來尚且要向主人交帳。若所得有剩餘而又遲疑去援助貧苦大眾，這樣應如何給神交代？言下之意，大德蘭在暗中引用《路加福音》十二16–21之貪財的富人，只顧自我安頓而忘卻死之將至。為此，修會中人應該慶幸藉神貧聖願而免於為世間錢財操心，並以此體會為神的恩賜。如果世間富豪也明瞭此點，他們就不會如此安心地生活下去。大德蘭勉勵同會姐妹安貧樂道，滿足於神所給予的。

b）名（二11–13）

至於名聲一事，修道人雖然沒享有世俗之子所爭取的聲譽，但仍須提防別人的讚美：以你們為聖德超卓之士。小心這是由魔鬼所暗示的話語，引誘你們驕傲自大，以為自己高人一等。須謹記世人先前如何對待主耶穌：群眾在聖枝主日向耶穌高唱「賀三納」，卻在聖星期五大喊「釘死他！」大德蘭提示：別人的讚美有時不懷好意，類比猶達斯（Judas）的親吻，在虛偽的示愛中出賣了耶穌；聖女還勸勉我們勿忘記個人先前是罪人而謙卑自下。吾主尚且自己「非以役人、乃役於人」（《馬爾谷福音》十45，「凡高舉自己的，必被貶抑；凡貶抑自己的，必被高舉。」（《路加福音》十四11）人即使盡了責，也不應邀功圖賞，而應說：「我們是無用的僕人，我們不過作了我們應做的事。」（《路加福音》十七10）

繼魔鬼和世俗所提供的虛榮外，大德蘭也談到肉身的逸樂。

（3）肉身所安享的逸樂（二14－15）

世間的福祿可吸引人的肉體傾向安逸，藉身體的舒暢來謀求康泰。大德蘭勸勉我們多聯想吾主耶穌基督在世時所遭受的一切艱辛，以及聖人列傳所記載的諸聖的磨難，藉此讓我們念茲在茲，走十字架的道路，而非酣睡怠惰、吃喝玩樂，以致心廣體胖但靈性軟弱。再者，人也有可能借生病作藉口而尋找舒適，懶於克己齋戒；在這點上，我們須懇求吾主給予光照，也與長上和神師商議，找出明智適當的作法，以免過猶不及（二15）。

概括地說，「三仇」之義可以作較廣義的方式來理解：大德蘭所指的「魔鬼」，亦即來自靈界一股阻礙人為善去惡的邪惡勢力；「世俗」、意指不受基督精神規範下的俗世氛圍；「肉身」、則指不按道德良心而只隨波逐流地以食色之性來生活的肉身狀態。而此三者的根源和所導致的虛浮安逸可彼此混合，互相糾纏，都給人設下陷阱，讓他走進生命的沉淪。

2、真平安

當我們從邪靈、俗世、肉情的捆綁中轉而皈依上主，會在主內體會一股深度的寧靜平安，這是三仇所無從給予的神慰。大德蘭以《雅歌》一2新郎的親吻為喻（二16），提示唯有吾主的安慰始能解救人靈的超越渴慕，體會內心真正的平安與憩息，如同奧斯定《懺悔錄》

一1所言：「主，祢是為了祢的緣故而創造我，我的心除非安息在祢懷中，否則將尋找不到安息。」

換句話說，大德蘭所提示的「真平安」，意謂著因痛改前非、革面洗心、修德行善、遵主聖範，而在主內獲致心靈的釋懷與平安；其心安理得的愉悅和深度，遠非任何浮華世福所可比擬。茲借用依納爵《神操》「辨別神類」規則二（§315）之言作補充：

> 對於那些勤勉清除自己的罪，努力侍奉我們的主天主，堅決前進的人，神類的推動與規則一（§314）所述恰好相反。這時惡神的特質是使這些人良心不安，憂愁苦悶，並且設置種種阻礙，使他們不能前進。
>
> 善神的作為則是激起他們的勇氣、力量、安慰、淚水、光照和寧靜，減輕負擔，消除所有障礙，使他們在善事中向前邁進。（剛斯本）

然而，話須說回來；神所賜予的平安不論是如何深遠超凡，到底我們卻會因應著個人修身程度的高下，而在感受上有強弱之分，或透徹與不透徹之別，以致大德蘭權宜地分辨「不純全的平安」與「純全的平安」二者。

a）不純全的平安

人矢志修身，克己復禮，歸向吾主，開始時常在主內得享和平愉悅，以致獲得鼓勵離棄淺薄世福。然而，上主的神慰來去不定，不由人來操控，人無法揠苗助長，人在修德向善的途徑上，時而舉步維艱，往往未見顯著成效與進境。看來我們須首先考量自己是否在若干程度上仍與三仇妥協。大德蘭尤為我們列出以下值得省察的事項：

i）勿過於自恃而未全心信靠主

人去惡行善，自以為有足夠力量前進，而不虛心謙遜地依賴神的加持，神會給我們機緣體會自己的卑弱，也時而收回先前的神慰，讓我在暗昧中感到乏力；聖女提醒我們是否在辦告解之時常向神父訴說同樣的過失？（二17）希望不是如此，但卻如同保祿所言：「我所願意的善，我不去行；而我所不願意的惡，我卻去作。…我願意為善的時候，總有邪惡依附著我。…我發覺在我的肢體內，另有一條法律，與我理智所贊同的法律交戰，并把我擄去，叫我隸屬於那在我肢體內的罪惡的法律。」（《羅馬人書》七19－23）在這種情況下，我們須全心信靠主的助佑，主耶穌說：「我是葡萄樹，你們是枝條；…離了我，你們什麼也不能作。」（《若望福音》十五5）離了主，我們不單無力行善，就甚至連一個善念也不能發⑩。

於此、保祿之言值得深思：「除了我的軟弱外，我沒有可誇耀的。」（《格林多人後書》十二6）又說：「（上主）在身體上給了我一根刺，就是撒殫的使者來拳擊我，免得我過於高舉自己。關於這事，我曾三次求主使它脫離我；但主對我說：『有我的恩寵為你夠了，因為我的德能在軟弱中纔全顯出來。』為此，我為基督的緣故，喜歡在軟弱中，…因為我幾時軟弱，正是我有能力的時候。」（《格林多人後書》十二7－10）

然而、這並不意謂著光信靠主而自己毫無作為！

ii）信靠吾主而仍須有個人的責任分擔

人信靠主而行事，仍須全力以赴，好像一切皆全出於己力，但把成果交給主，好像一切皆由祂而造就。換句話說，我們須有自己的責任分擔，須戒慎處事；大致上、大德蘭的意思是：皈依後、勿再向三仇讓步，在主的庇蔭下努力改惡遷善，勿以惡小而為之，勿以善小而不為：

70. Teresa of Avila, *Meditations on the Song of Songs*, ch.2 : 18, p.230, “In prayer you must ask help from the Lord, for we of ourselves can do little; rather, we add faults instead of taking them away.”

α）勿以惡小而為之：愈在小過上沉湎，愈積習難改。人愈在小過失上鬆懈，愈會向重罪前進（二20）；愈流於安逸、冷淡，就愈逐步分不清大小罪的差別（二21）

β）勿以善小而不為：愈從小善上做起，愈集腋成裘。勉力神形佈施，不為名利（二24）；專務祈禱，履行補贖（二30），如此一來，上主賜予的平安，將愈發充沛（二30）。

大德蘭尚且叮嚀兩件事：即勸勉我們容忍惡評、割捨己見。

iii）容忍惡評

人矢志修德，較容易為主而捨棄家財、世物、舒適生活，但仍放不下個人的聲譽，一旦受到毀謗與惡評，則難以甘之如飴地接受，以致拖曳地背負著十字架走路（二26）。如果你誠心愛慕吾主及其十字架，則會覺得這擔子是輕便的。如果你早已離棄世俗，又何須因一句重傷的言語而困擾（二27）！古聖若瑟被誣陷調戲女主人而收監入獄（《創世紀》三十九7－20），所幸獲得上主的眷顧，後來竟成為埃及宰相。誠然別人的毀謗誣蔑層出不窮，連主耶穌也受盡屈辱而死，我們作門徒的也須有心理準備接受。

iv）割捨己見

人即使不再在意別人的惡評，到底仍很難捨離個人意願。過修道生活的人，往往在聽從合法長上之命而翕合天主聖意。其基本精神在於不再固執己見，而透過與省長溝通來共同尋找神的旨意。那就是說，遭遇疑難問題，除勉力祈禱外，尚須與長上、神師、有德之朋友商談，來獲取上天的光照。不論是修道人或平信徒，務求與才智德行兼備之師友陪伴，以免

「滿招損」，而可「謙受益」（二25）。大德蘭本人的經歷可作反省借鏡：

聖女大德蘭撰寫《默思〈雅歌〉》一書，事先曾獲得神師古嵐清神父[71]的許可才下筆，好讓同會修女們分享心得；不幸另一位神師狄耶各神父礙於受保祿（《格林多人前書》十四34）的影響，認為女人不適宜在教會公開發言，更遑論註解《雅歌》，遂命她把紙本燒掉，聖女果然唯命是從。所幸同會修女早已抄寫了部分手稿外傳，而至少局部地保留了此書的內容。誠然，修會長上的命令可以出差錯，但除非所命有違道德和十誡，否則錯不在屬下自己。屬下若能為愛主的緣故而服從，且經過禱告與溝通，上主會替我們撥亂反正，或作更妥善的安排。（亞巴郎祭獻愛子依撒格（《創世紀》二十二1－19）此事就是發人深省的一例。）

至此、大德蘭所叮嚀的事項，較屬修德前進而尚未成全者所能遇到的平安和困惑，混合著光照和暗昧，經歷著主的慰藉和管教；聖女期望人們在聆聽和履行中接受教益。

隨著、大德蘭要論述有關邁向成全者所體證之純全的平安。

b）純全的平安

純全的平安連貫著純全的愛；人與神情通理契、心心相印，以致在思言行為上都肖似上主，在舉手投足之間都透顯著神的步伐（三1），如同聖保祿所言：「**我生活，已不是自我生活，而是基督在我內生活。**」（《迦拉達人書》二20）能翕合主旨，自然心安理得；人在活出神的形像當中，不再為苦難而惶恐，甚至置生死於度外，為愛而鞠躬盡瘁。最大的愛就是：「**人若為自己的朋友捨掉性命，再沒有比這更大的愛情了。**」（《若望福音》十五13）

71. 古嵐清神父（Jerome Gratian）的相關事蹟，請參見《聖女大德蘭的建院記》附錄B 痛心的史實。

有關為愛以致視死如歸、而內心仍享有深度平安者，大德蘭為我們列舉了以下的三個徵兆（三2）：

其一、輕看世物，視之如同糞土；

其二、看透個人虛榮心，不再尋求一己的名利；

其三、不再以任何事為樂，唯一取悅主。

邁向成全的人以愛主愛人為第一優先，以致能安然接受犧牲，但這並非妄顧安危而不考慮得失，他仍須量力而為而衡量時勢，並在禱告中考量個人的軟弱（三3－5）。上主會因應人性的軟弱與對祂的依靠而給予力量，讓他堅強起來作出勇毅的事（三6）；吾主喜歡在軟弱而謙卑自下的人身上彰顯神能。當軟弱的人全心依靠上主而去幹出英豪的事之際，他不必害怕魔鬼暗示自己先前的過犯（三7）；究其實、「她的很多罪都被赦免了，因為她愛的多。」（cf.《路加福音》七47）「你的信德救了你，平安回去吧！」（《路加福音》七50）

大德蘭舉了兩個例子以茲佐證：

例一：聖保林．諾拉（St. Paulinus of Nola, 354–431）有鑑於一寡婦的兒子被回教徒（摩爾人／the Moors）擄去，遂憤然以己身作交換，以贖回其子。聖人是一位主教；他事先自然想及自己的安危而心生懼怕，也顧慮其牧職下之信眾，但為愛主愛人的緣故，毅然完成此任務，讓母子團聚，日後聖人獲釋且日進於德（三4－5）。

例二：方濟各會士亞豐索（Alonso de Cordobilla），隸屬於聖伯鐸亞干大（St. Peter of Alcantara, 1499–1562）團體之一員，與大德蘭相識；一天往訪大德蘭，哭訴地告知自己受主愛之感觸而欲以己身來贖回一位被擄者，唯因久未獲得長上准許，且受眾人勸阻而未能成行。後來終於得獲總省長允諾，遂從Cádiz乘船出發，即將到達目的地之前卻蒙主寵召，卒於直布羅陀（Gibraltar），時年一五六六年十月廿八日（三8）。

此二例的共通點是：聖者為愛主愛人而有所感動、欲作犧牲奉獻，並經歷熱切祈禱求指引，也考量情況得失，而仍在主內獲得平安與勇毅。

於是，大德蘭給予如此的勸諭：

> 讓我們懇求吾主賜予如同《雅歌》之新娘般傾慕吾主，全心奉獻自己，以獲取心靈的平安（三9）。勿忘省察祈禱（三10），「免陷於誘惑。心神固然切願，但肉體卻軟弱。」（《馬爾谷福音》十四38）聖賢並非毫無驚恐，殉道者在苦難中也有感觸，連主耶穌的人性也有怕懼的一面（三11），以致連在山園祈禱中也說：「我的心靈憂悶得要死。」（《瑪竇福音》二十六38），甚至「汗如同血珠滴在地上。」（《路加福音》二十二44）主耶穌以身作則，祈禱後勇毅赴死；我們也應該效法追隨，謙卑自下，熱切祈禱，以求指引與勇毅，把一切交給主。究其實，人若沒有主的加持，自是無能為力；人到底是血肉之軀，若純靠己力，誰能在患難中站立得住（三12）！為此，在祈求吾主中，尤以朝拜聖體，善領聖餐為尚，藉此增強信、望、愛，而慎勿把它變成循例而粗心大意，習以為常（三13）。

在討論了「平安／peace」義的來龍去脈之後，大德蘭遂轉向至「友愛／friendship」義這議題作探討。

二、大德蘭對人、神「友愛」義所作的探討

大德蘭《默思〈雅歌〉》自第四章起即開始暢談人神間的「友誼」關係，更好說，她要申

述人神戀愛的發展歷程，亦即致力集中於神祕默觀的重要脈絡；為大德蘭而言，默觀是灌注的祈禱，本身牽涉著一段進展過程[72]。（編按，為使讀者順利進展至大德蘭論《雅歌》的默觀，在此撮要說明之）

1、默觀的要素

上述此操作性的定義可被拆解為以下的要素來加以申述。

（1）、默觀／Contemplation——拉丁文*contemplātiō*一辭，意謂著察視、持續注目；原初義意指預言家在占卦前騰出空間，以便觀察；引申為修行人身處靜觀之所，經過持續的專注的功夫，培養虛靜心態，好能靜觀超越界域。基督宗教靈修傳統遂定義之為「對神之單純直覺的凝視，以致在聖愛中孕育出空靈明覺」[73]。

（2）、默觀是祈禱——作為一份祈禱，默觀是人對神的凝視，孕育心對心的交往、融通、而至結合（《自傳》8．5）。人和神晤談，重點不在乎想得更多，而在乎愛得更多（《城堡》4．1．7）。

（3）、默觀是灌注的祈禱——作為祈禱而言，默觀主要是「灌注的祈禱／infused prayer」，「灌注」一辭，意謂著由神帶動而達致靈性上的融合，人可做好配合的準備，但無法「揠苗助長」（《自傳》三十四11；《城堡》6．7．7）。

（4）、默觀牽涉著一段進展的歷程——默觀有其進展，牽涉著多個過站如下：

a）前奏：心禱、口禱

人藉「心禱／Mental Prayer」（《自傳》十一－十二）與「口禱／vocal prayer」（《全德》三十5－7）做前奏，用以熟悉聖經的奧跡與吾主言行，藉此愈發認識神的心意，並與祂做更深入的交往。

72. 為較細緻的引述，參閱本書第二部各章。
73. A. Tanqueray, *The Spiritual Life: a Treatise on Ascetical and Mystical Theology*（Tournai：Desclee, 1930）, p.649. 為作進一步引介，參閱本書第四章。

b）收心祈禱

深密的往還，讓人的意志漸而安於對神做純粹的愛的凝視，不必多經思辨推理，而能聚焦於心內的吾主，以和祂會晤，這是人力尚且能達致的祈禱，被稱為「主動的收心祈禱／prayer of active recollection」（《全德》28－29）。

c）寧靜祈禱

人若能努力持之以恆，則可轉而進入「寧靜祈禱／prayer of quiet」，在其中，神「灌注」的力量愈來愈彰顯，其本身可分三個重要階段，即「灌注收心／infused recollection」、「寧靜正境／quiet proper」與「功能睡眠／sleep of the faculties」三者，茲簡述如下：

i）灌注收心

人從「主動收心」轉捩至「灌注收心」，其徵兆在於「靈悅／spiritual delight／*gustos*」的始現，有別於一般的「欣慰／consolations」（《城堡》4．1．4），「欣慰」可經由一般心禱、口禱的途徑獲致，但「靈悅」卻是由神直接的灌注，人在無預警的狀態下被神碰觸，心靈因而獲得感動，這份靈的觸動，開始時雖然微弱，但仍能被我們辨認出來（《城堡》4．1．11），如同小羊兒辨認出牧羊人的呼聲，這呼聲無法被他人仿冒。

ii）寧靜正境

「灌注收心」深化而為「寧靜正境／quiet proper」，它是程度上的深化，而非本質上的異動。人靈深度凝斂，心神醉心於對神的愛慕與凝視，（《全德》

三十一2－3），其感動甚至可持續一兩天而不止息、只是它來去自如，人不能掌控（《全德》31．4），人日常的普通意識收斂，但未被吊銷，偶爾也會伴隨著神枯（《城堡》4．1－3）、乃至於理智分心走意，不常與意志的愛火同進退（《全德》31．8），即使愛與光照也有彼此吻合的時刻。

iii）功能睡眠

「寧靜正境」可進一步深化而為「功能睡眠／sleep of the faculties」（《城堡》五1－4）。顧名思義，意謂著眾意識功能深受神的吸引而專注於神，即使普通功能尚未被吊銷，也至少近似睡眠，對日常生活心不在焉，時而需費力分心來料理俗務（《自傳》16．2－3；17．7）。意志所領受的「靈悅」，遠超過「寧靜正境」本身，它雖然本質地無異於「寧靜祈禱」（《自傳》17．4），卻已愈發接近「結合祈禱」（《自傳》16．2－3）。

d）結合祈禱

「結合祈禱／prayer of union」本身讓我們處於默觀的核心事象——人神相愛中彼此結合而玄同彼我，其中蘊含著不同程度的深淺，被大德蘭劃分為三個主要的階段，即「單純結合／Simple Union」、「超拔結合／ecstatic union」、「轉化結合／transforming union」三者：

i）單純結合意謂著默觀者在心靈深處，體證到人在神內，神在人內，兩者合而為一（《自傳》20．1；《城堡》5．1．9）；人靈在無預警下突然被神所浸透（《自傳》18．9；十九1），且牽涉到意識上的轉變，即普通功能的暫時被神吊銷（《自傳》18．1；《城堡》5．1．4），以免人身心因經驗的震撼而受到損傷。普通功能的沈寂，卻容許超越意識的湧現，乃至於在愛中喚醒智的直覺，直指神的本心。而人神結合可愈發濃烈，而演變成超拔結合。

ii）超拔結合

人神結合之濃烈，影響所及，甚至連身體也呈現異狀，如容光煥發、五傷印記、肉體騰空等等（《自傳》20．1），被稱為「神訂婚／spiritual betrothal」（《城堡》5．4．4–5；6．4．4），類比男女間的海誓山盟，至死不渝。大德蘭還從中凸顯了三種型態如下：

α）濃烈結合／intense union——它不單意謂著普通功能的被吊銷、超越意識的被開發，且意志的愛火與理智的光照，還比先前有更多吻合的機會，共同綻放「愛的知識／loving-knowledge」，直探超越界的隱微，人起初的惶恐，會轉而為強烈的欣悅，在神往中與神融入同一份愛的洪流，此謂「神魂超拔／ecstasy」（《自傳》18．7）。濃烈的神魂超拔，可表現而為「出神」。

β）、出神／rapture——它意謂著在普通功能停止運作下，心智被神的力量往上牽引，致使肉體騰空地提昇起來（《自傳》20．3）。人的意志充滿著愛的烈焰（《城堡》6．4．14），理智也獲得湛深的光照（《城堡》6．4．3–4）。出神經驗並不持續，到底人神間的親密融合會鼓勵著人革面洗心，努力走成德之路（《自傳》21．8）。愛的「出神」又可以兌現為「心靈飛越」。

γ）、心靈飛越／flight of the spirit——「出神」與「心靈飛越」，實質地相同，而經驗地相異。就實質之「同」而言，它們都是人神間深度的冥合，牽涉著普通功能的休止，與超越意識的湧現；但從經驗之「異」而言，在心智的被往上拉拔的感受上，「心靈飛越」要比「出神」來得更突然、更快速、更叫人驚駭（《城堡》6．5．1 & 2）；為此，大德蘭建議有此經驗的人須鼓起勇氣，全心信賴吾主，而不必為來源的問題擔心，因為魔鬼無法仿冒其中的崇高與愛的光照。（《城堡》6．5．7–10）。

大德蘭在「超拔結合」的前提上，除了標榜著「結合的濃烈」外，尚強調其中的「煉淨／Purgation」的愈發激烈；神為幫助人靈變得更純全，將容許他經歷各式各樣的痛苦磨練（《城堡》6．1．1~15），直至爐火純青為止，得以臻至「轉化結合」的高峰。

iii）轉化結合

「轉化結合／Transforming Union」，又名「神化結合／divinized union」，意謂著人靈已經歷徹底的煉淨，個體已臻至「神化／divinized, deified」；人在高度的成全中已與神心靈結合無間，被稱為「神婚／spiritual marriage」，是為人現世所能達致的最高結合程度（《城堡》7．5），人靈就如同雨水滴進江河般地與神的精神匯合，而不分彼我（《城堡》7．2．4），人不單在普通意識與日常操作中深深地結合著神，他甚至連一舉手、一投足之間，無不翕和主旨（《城堡》7．2．5）。

在勾勒了大德蘭「默觀」義之大略後，我們可返回《默思〈雅歌〉》正文來繼續申述其中要點。

（三）《默思〈雅歌〉》談寧靜祈禱

大德蘭《默思〈雅歌〉》第四與五章主要落實在「寧靜祈禱」之事象而列出其中的重點如下：

1、靈悅：起自「灌注收心」，充盈於「寧靜正境」，而在「功能睡眠」中達至沸騰。其現象主要在於心靈深處體會到一份深蜜的甘甜，讓靈魂清晰地感受到吾主的親近（四2），它不單是一份賺人熱淚之虔敬，而且是一份無預警的靈觸，彷如芳香的膏油般直滲骨髓，讓人靈喜出望外，不考慮作任何動靜，唯恐干預了其中的福蔭；雖然人尚未失去其普通意識的運作，到底人意會到其功效不出自普通功能的努力。

2、光照

人靈時而獲得真理的啟示，讓人在光照中看清俗世的虛浮，人靈雖然未及瞥見吾主的容貌，到底理解到其真理植根自神，讓人在參悟教益中深感陶醉（四3）。吾主所給予的光照與甘飴，讓人靈如痴如醉，有如《雅歌》一2－3所言之「您的胸膛比酒還甜蜜。」（《默思〈雅歌〉》四4）這份真理的光照，誠然超出了普通智性功能所能領會（四5）。

3、磨練

上主為求靈魂愈發獲得煉淨，遂加給她眾多磨難，好讓她愈能邁向爐火純青的地步；只是靈魂在備受磨鍊中仍能甘之如飴（四7）。大德蘭尚且用保祿之言來勉勵我們：「我實在以為現時的苦楚，與將來在我們身上要顯示的光榮，是不能較量的。」（《羅馬人書》八18）

4、無法助長

人靈所享受的靈悅與光照之灌注，本身是頓漸無常，無從由人力所能操控。它無預警地出現，人無法揠苗助長（五3）。大德蘭以保祿的歸化作類比：保祿無預警地被摔下馬，卻聆聽到吾主的召喚，從此便成了外邦人的使徒（《宗徒大事錄》九3－11）。

5、深度憩息：當靈悅狀態愈趨強烈之際，人靈的一般意識功能遂進入類似睡眠的安逸，人在主的懷抱內愈發安寧憩息（五4），即使靈智的普通功能尚未吊銷，到底已純然忘懷於愛與光照之中享受著甜美，而需要費一番功夫來讓自己分心，否則便無從順利地進行日常的作息，以致大德蘭遂借用《雅歌》二3之言來比喻說：新娘如同在烈日下獲得林蔭的庇護，深自憩息。

在探討了「寧靜祈禱」的要略後，大德蘭進而討論「結合祈禱」。

（四）《默思〈雅歌〉》談結合祈禱

1、神訂婚

《默思〈雅歌〉》暢談「結合祈禱」中「神訂婚」的階段主要是在第六章。聖女自認其靈感來自《雅歌》二4：「他引我進入酒室，他插在我身上的旗幟是愛情。」聖女強調：君王只要找到願意者，祂會毫無保留地把恩寵傾注給她，讓靈魂快速地成長，達致出神入化的地步。大德蘭說她曾親眼目睹這樣的事例（六1），她稱之為「神訂婚」，也在《靈心城堡》中稱為「第六重住所」，其中牽涉了以下的特徵：

（1）恩寵伴隨著眾多考驗

聖女作為過來人、也曾遭受諸般磨練，自覺到其中的沉重，但仍深自慶幸，因為其在煉淨中也獲得莫大的恩賜（六2）。

（2）愛的持續增長

煉淨的烈化，也寓意著愛的持續深化，聖德的提昇，是在不知不覺間造就，人的普通功能難以察覺神在人靈內的化工；況且、修行的層次愈高，神的作為就愈主動，人的作為則相對地愈被動，不論是感性功能、抑或是靈功能（包括理智和記憶力），也無從作出干預，連意志也無從掌握及其愛火的去來（六4）。

（3）愛如同火箭由意志發射直指上主

人靈充滿著愛火，不滿足於滯留在有限的現況，其意志只欲一心指向神，以祂作為愛的最終目標，欲千方百計尋求吾主的愛，以與祂的愛火熔冶一爐，始獲得湛深的憩息（六5）。

（4）愈發淡泊名利

從效用上說，「結合祈禱」能幫助人聖德增進而愈發淡泊名利，對世間功名利祿不感興趣，除非它連結到榮主救靈的事項（六6）。

（5）本性功能無從完全瞭悟上主的華美

即使人在某種程度上可以書寫有關神祕經驗的來龍去脈，到底其內容的深奧與華美，是無從藉智性的一般功能來探測，神的恩賜是如此奇妙，以致連聖母瑪利亞在領報時也無法完全瞭悟上主作為的湛深，否則她就不會追問：「這事如何可能？」（《路加福音》一34－35）。到底她的信德讓她克勝一切疑問。大德蘭強調：當信德干預了理智，就唯有以信德作優先，我們須從聖母身上學習謙遜（六7）。

2、神婚

繼而，在《默思〈雅歌〉》第七章（亦即最後一章）的行文內，大德蘭雖然並未明言她欲提示「結合祈禱」的那一階段，不過從其上文下語的演繹觀察，她看來欲在此作一個壓軸的強調：當「結合祈禱」達致高峰狀態之時，靈魂終於會融洽地調和「默觀」與「宗徒事業」

二者（七3），把「瑪利／Mary」的「靜坐」與「瑪大／Martha」的「服侍」成全地連貫為一（《路加福音》十38－42），把「愛」與「痛苦」甘之如飴地一起承擔（七8），靈魂不再是喝奶水的嬰孩，而可接受更硬的蘋果（七9），可與吾主一起背負苦架，也與吾主一起為愛鄰人而捨生赴義（七5）；看來聖女在描述靈修的高峰——「神婚」，亦即《靈心城堡》所談論的「第七重住所」，在其中，人的自我已如同小雨點一般滴進江河，與神的大我化作一體，是為「轉化結合」的「神化」光景。

於此，大德蘭主要圍繞在《雅歌》二5來作默想。思高本的《雅歌》二5譯文是：「請你們用葡萄乾來補養我，用蘋果來甦醒我，因為我因愛成疾。」大德蘭把「葡萄」理解為「花兒」，她從句子中得到充沛的靈感，其靈感可方便地拆解為三個向度來被體會：

其一是、面對吾主

其二是、面對鄰人

其三是、面對自己

其一、面對吾主——靈魂以上主為馨香的花兒，全然被神吸引而悠然神往、陶醉其中，不願離開（七1）；人對神因愛成疾，在嚮往中恰如瀕死般的懇切（七2）。

其二、面對鄰人——在嚐到吾主的甜蜜當中，靈魂又會如同保祿般產生一份弔詭的心情（《斐理伯人書》一21）：靈魂一方面渴望永遠與主同在，遺忘塵世；但另一方面又想及世人有待自己的關照，以致不宜久留在凝神中以免危及自然生命（七3）；靈魂渴願同時成為瑪利亞與瑪爾大（《路加福音》十38－42），也體證到湛深祈禱的神效也可以惠及遠方的傳教士獲得力量；換言之，「默觀」和「宗徒事業」，並不彼此背反，而是相得益彰（七3）；靈魂也甘願為愛主愛人的緣故而捨棄自己，捨身致命，慷慨赴義（七5）。

其三、面對自己——在與吾主作湛深的會晤當兒，靈魂的感受也類比著撒瑪利亞婦人與耶穌邂逅一般（《若望福音》四4－42），頓感自己的罪業，但不因自慚形穢而退縮，反而欣然聆聽主的訓導，甚至欣喜地返回鄉間給村民傳播喜訊，宣稱自己找到了救主，也引來大堆羣眾與主會面（七6）。再者，大德蘭又借用《雅歌》二5之「蘋果」作反省，寓意靈魂成長到一定程度後，不再如同嬰孩般喝奶，而可接受較硬的蘋果作食物，即可接受更大的艱苦與磨難。大德蘭尚且把主題連貫至《雅歌》八4之「在蘋果樹下你把我舉起來」，暗寓著靈魂將像似耶穌在十字架上的舉揚，人將樂於跟隨吾主同甘共苦（七8），一起背負十字架，讓更多罪人回頭悔改，重獲超性生命（七8）。

雅歌、靈歌到默思雅歌

分析至此，我們可適時地作一總結。《雅歌》談男女間的戀情，一經被納入舊約正典，遂成了人神間相愛的寫照。旋至中世紀基督信仰的氛圍，還被神祕學家引用為神祕冥合的表徵；大德蘭和十字若望就以它作為典範來加以發揮；大德蘭用以作默想題材而闡述靈修點滴；十字若望則依此作楷模而重組其中意象。十字若望勝在繪劃人神相戀的感觸；大德蘭長於撰述「平安」與「友誼」的真諦；二聖行文卻吻合在凸顯靈修歷程的起步、進境與完成。二人雙雙造就了相輔相承的鉅著，讓世人藉此能繼續挖掘《雅歌》的精髓。

若徒然談論舊約《雅歌》，此之為詮釋；

若由《雅歌》延續至十字若望《靈歌》，此之謂演繹；

若從《雅歌》進展為大德蘭《默思〈雅歌〉》，此之謂默想；若把《雅歌》、《默思》、《靈歌》三者混為一談，此之謂再反思和再創造，而所牽涉的篇幅與面向，誠然錯綜複雜得讓人望洋興嘆。

所幸大德蘭和十字若望作品同聲相應、同氣相投；《靈歌》與《默思》又聚焦在《雅歌》身上來傳述人神間愛的結合，讀者看來可因而免去混淆的煩擾。《雅歌》、《靈歌》、《默思》三份作品的綜合雖非一氣呵成，而是幾經轉折；到底從聖經正典伸延為神祕神學，那是自然的發展，處在基督宗教的前提下，信徒們若持續地遊走於《雅歌》、《默思》與《靈歌》的穿梭間，將更能深深體會人神間「邂逅」、「訂婚」、「神婚」的苦、樂與狂喜。

附錄

愛的禮讚——《雅歌》釋義

舊約聖經雅歌在直截吟詠男女情愛中讓歷代信眾深層地體會人、神之愛。全詩共分八章，形式上蘊含一個同心圓般的「交錯配列結構」，以「愛情的期待」作起始（一2－二7），以「婚禮慶典」作核心（三6－五1），以「愛情的復歸」作結尾（六11－八14），穿插著兩段「失落與尋見」作間奏（二8－三5和五2－六10）。整首詩歌畫龍點睛地以「愛的禮讚」二節作為高峰（八6－7），用「印璽」象徵愛侶身心合一，以「愛與死亡」道盡情比金堅、猛如烈焰、尤勝江河、非金錢所能購買。讀者若以敬虔之心聆聽，會深受啟發，以致從人間之愛，舉心而嚮慕天地之大愛。

有一首詩歌，隻字未提及神的名號，所談論的盡是男女情愛，卻躋身聖經的正中央，被舊約選民尊為正典，被新約教會奉為寶庫，被神祕學家譽為楷模。它被命名為《歌中之歌》，署名「所羅門的歌」（《雅歌》一1）。

作品源革：

（《雅歌》是否出自所羅門之手？至今尚無定論。

1. 楊森（Robert Jenson）著，羅敏珍譯，《解經講道注釋叢書18：雅歌》（台南市：台灣教會公報社，2012），「『所羅門的』在此並不一定是提及作者權之歸屬，它也有可能是一種尊敬地『獻給所羅門』或是『關於所羅門』，或是『採用所羅門的風格』，或是尚有其他理由。」
2. *Ibid*., pp.6–7.
3. André LaCocque, "*The Shulamite*", in André LaCocque and Paul Ricoeur, T*hinking Biblically: Exegetical and Hermeneutic Studies.* Translated by David Pellauer（Chicago: The University of Chicago Press, 1998）, pp.240–243.

一、作者歸屬

「所羅門的歌」、這一片語，看來並不必然意謂著作者權的歸屬①，它可以是一種「文學創作」的手法，象徵著男主角之為情聖，類比著唐璜（Don Juan）之為大情人一般。

二、成書年代

雅歌的行文用句、內容語調，娓娓道來，有相當程度的一致性，讓人感受到詩歌大部分內容係出自同一位作者，或由一羣深含默契的編輯所造就，以其主導人物浸潤在舊約正典的經文脈絡，以致不論圖像語句，都深具舊約正典特色②；其中語句婉約溫馨，富女性柔情，遂有部分學者猜測其主編可能是女性③。再者，部分寫景敘物、內容先後重複，其一富南國色彩，其二多北國風光，以致有學者認為其在傳承補充上有時地先後的區分④。

有見及此，遂有部分學人推測其成書年代可能較晚，思高本認為是選民充軍後期的作品。然而、當考據家發現昆蘭死海卷有四份雅歌殘篇之時，則對於太晚的日期選擇提出質疑。

以現有的形式上考量，至少說明它是以一首、或一系列早期的詩歌為基礎，經過經年累月的編輯而完成。整首詩歌主旨明確，主題完整，作品首尾一貫，很可能根源於所羅門時代，歷經王國分裂期間而被保存下來，間中或許參雜著補充資料；凡此種種、不一而足。茲借用卡洛德的詮釋以佐證⑤：

《雅歌》中有足夠的古體（主前第十世紀以前）文法與語言形式的證據——如所謂的「單詞」平行句，一2b-3a，二15，六8等，這是主前第十二與十一世紀之詩歌體的特

4. Otto Eissfeldt, *The Old Testament: An Introduction*. Translated by Peter R. Ackroyd（Oxford: Basil Blackwell, 1974）, p.490.
5. 卡洛德（G. Lloyd Carr）著，潘秋松譯，《丁道爾舊約聖經註釋：雅歌》（新北市、新店：校園書房出版社，1994初版，2013年8月POD版），頁13-14。

徵，關係語助詞出現時是以še來代替較普遍的，*ᵃšer*（在雅歌中只有出現在標題）；與主前第十四世紀或更早之烏加列（Ugaritic）文學作品有許多動詞的對稱——以支持所羅門前後之日期的論證。

固然我們並未忽略部分學者以《雅歌》為晚出之作的辯稱，因為時至主後九〇年，拉比們仍在爭論雅歌之正典地位，致使拉比亞及巴（Aqiba, 50–135）提出了他的名言：

沒有一個以色列人曾經爭論說雅歌是不潔的。因為在世界上沒有一天可以比得上雅歌被賜給以色列人的那一天。所有書卷是聖的，但雅歌是至聖的⑥。

言下之意是：雅歌之所以受到考慮，為的是要重新驗證並肯定其正統位置，因為在希伯來傳統內、從來就沒有人會懷疑其為至聖潔之歌，以致被譽為「歌中之歌」。

三、歌中之歌

拉比亞及巴之名言，誠然相應了希臘教父奧利振（Origen, 185–254）的一段話：

進入聖所之人真是有福，但那進入「聖所中之至聖所」的更是有福。……同樣地，知曉而吟唱聖歌之人真是有福……，那吟唱「歌中之歌」者更是有福⑦。

希伯來語不常用形容詞，若欲形容這是最受享譽之歌者，就會稱之為「歌中之歌」，恰如「至高之王」就被稱為「萬王之王／the King of Kings」、「至高之主」就被稱為「萬主之主／the Lord of Lords」、「至聖之所」就被稱為「聖中之聖／the Holy of the Holies」一般。雅歌之所以被譽為「歌中之歌」，因為它委婉地道出了神對人的大愛，以及人對神的渴慕。

6. *Mishnah, Yadaim*3:5 中譯出自卡洛德，《丁道爾舊約聖經註釋：雅歌》，頁11–12。
7. *Origen, The Song of Songs: Commentary and Homilies.* Translated by R.P.*Laws*on. Ancient Christian Writers, Vol.26 （Westminster, M.D.: Newman,1947）,p.266.
中譯出自楊森，《解經講道注釋叢書18：雅歌》，頁1.。
8. 天主教聖經譯為《歐瑟亞書》。
9. 天主教聖經譯為《默示錄》。

《雅歌》不帶色情而直截地讚美愛人的身體，也表現愛侶的感觸。希伯來人相信：凡神所創造的、都是好的，包括男女間的性與愛（《創世紀》一、二）《雅歌》藉男女之愛而指向聖潔的絕對淵源——神與人之間的戀愛。

在舊約的脈絡內，神往往自比為丈夫，而以色列則比作配偶例如：《何西阿書》⑧，只是選民往往不守婦道、多次不忠，反而是上主始終不離不棄，在責備中仍追尋她、得回她、又重複地失去她。妻子在不斷出軌中，仍深受上主的愛慕，持續地一再把她帶回家。

時至新約，情況仍然相似：基督是新郎，教會是新娘；新郎持續的貞忠、卻換來娘子的多次放蕩；只是祂仍在尋覓她、呼喚她，直至新約的篇末《啟示錄》⑨，我們聆聽到新娘渴望新郎的快來，終至團圓結局。總之，聖經自始至終都是一篇愛情故事，以雅歌作為典型。

雅歌詮釋

雅歌固然主題明確，到底其內容脈絡並非平鋪直敘，而是經過韻文的潤飾：它寫景抒情，迂迴曲折；山巒鳥獸，觸類旁通；附之以花叢草木，田園溪水，穿插著儀仗隊伍，宮廷宴會，繪畫出美不勝收的畫像；初讀起來，恰似一套有待整理的拼圖，留待我們把方塊組合。

一、拼圖待組

細讀詩中的文句，將發現字裏行間、隱晦著一條可供追溯的線索如下⑩：

在北部村莊的山坡地帶，國王（所羅門⑪）添置了一座葡萄園、以供渡假閒居之用，暗中交由一戶農家來看管；其中的老農已經去世，留下妻室子女來繼承田地。其中男丁三、

10. 茲借用大衛鮑森（David Pawson）和艾朗賽（H. A. Ironside）的整理來把故事的來龍去脈作初步拼湊。Cf. 大衛鮑森（David Pawson），《舊約縱覽／ *Unlocking the Bible: Old Testament*》劉如青、許惠珺譯（台北市：米迦勒傳播，2016），頁399-402。
Cf.艾朗賽〈天地情歌——雅歌簡析〉，收錄於艾朗賽等著，毛衛東等譯，《雅歌——從天到地的愛歌》（桃園市：提比哩亞出版社，2005），頁30-33。
11. 天主教聖經譯為撒羅滿。

四，外出謀生；細女（粵語：小女）年幼，須受照顧；長女（書拉密／Shulamite（六13））年紀稍長，須代兄弟管理家園，而致不暇兼顧自己所分受的園地；她平日任勞任怨，修剪樹木，尚且牧放羊羣，曝曬於陽光，以致皮膚黝黑。某天，卻邂逅了一位陌生英俊的牧羊人⑫，彼此一見鍾情，雙雙墜入愛河；只是到頭來男生須因事離去，臨別前答應會回來娶她。她朝思暮想，夢迴牽掛，直至有一天，國王無預警地帶領儀仗隊伍前來迎娶她，她才猛然察覺原來國王就是她日夕思慕的牧羊人；於是有情人終成眷屬，在皇宮舉行婚宴。歡愉中、偶爾夢想先前失落的情況，於是愈珍惜愛的誠摯，愈體會真愛的深宏。

二、形式深究

雅歌雖非平鋪直敘，但亦非雜亂無章。反之，雅歌編排縝密，展現了一個同心圓形（A:B:C:B1:A1）的「交錯配列結構（Chiastic Structure）」如下⑬：

《雅歌》展陳了愛侶相戀而結合的經歷，從中凸顯了一個核心高潮。以一系列的前瞻與回顧來環繞，兌現出一份同心圓式的配置，而不以時間相繼的先後次序做優先考量。這種交錯配列的寫法，在舊約聖經中頗常出現，我們可舉洪水滅世的故事（《創世紀》六10－九19）作例子⑭；雅歌在形式上也是其中的典範⑮。茲依循雅歌的架構脈絡來對其內容作考究。

三、內容深究

《雅歌》蘊含一系列的訴心，環繞著男女主角而演繹，間奏著詩歌班的詠嘆，從中吐露出愛者的期待、渴願、欣悅和焦慮。

12. 附帶地值得一提的是：有部份詮釋者把雅歌的主角分為三人——所羅門、牧羊人、女孩，以牧羊人和女子彼此相愛，而所羅門卻從中攪局、橫刀奪愛；例如：艾瓦德（Ewald）就提出這樣的解釋，卻被艾朗賽（H. A. Ironside）所駁斥，指出這完全不符合聖經正典脈絡。參閱艾朗賽，〈天地情歌——雅歌簡析〉，收錄於艾朗賽等著，毛衛東等譯，《雅歌——從天到地的愛歌》（桃園市：提比哩亞出版社，2005），頁27。
13. Cf. W.H.Shea, “The Chiastic Structure of the Song of Songs”, in *Zeitschrift für die alttestamentliche Wissenschaft* 92, 1980, pp.378–396.

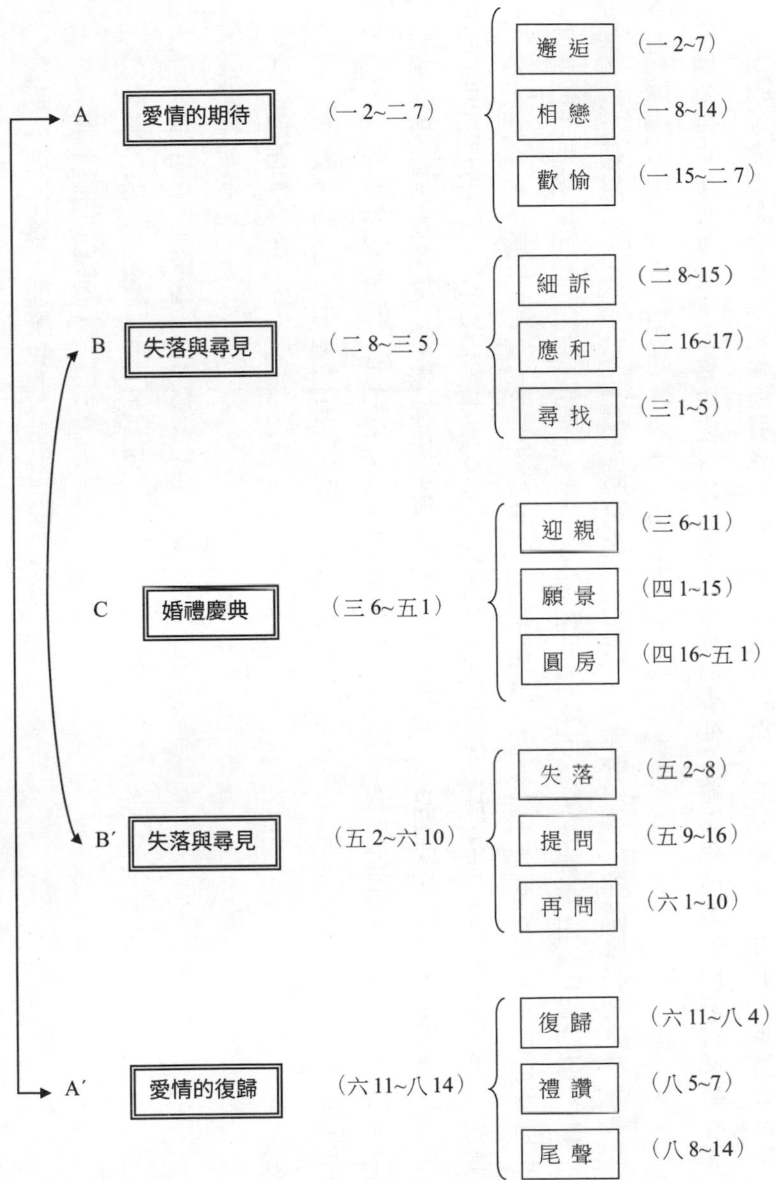

14. Cf. G.J. Wenham, "The Coherence of the Flood Narrative", in *Vetus Testamentum* 23, 1978, pp.336–348.
釋經學者J.C. Exum指出：雅歌的不同段落一起整合成一個首尾一貫的共同體，深含著凝聚力量。

15. Cf. J.C. Exum, "A Literary and Structural Analysis of the Song of Songs", in *Zeitschrift für die alttestamentliche Wissenschaft* 85, 1973, pp.47–79.

(一)愛情的期待(一2–二7)

《雅歌》的序幕，即讓我們分辨出三個分段：

其一是、「邂逅」(一1–7)

其二是、「相戀」(一8–14)

其三是、「歡愉」(一15–二7)

茲闡釋如下：

1、邂逅(一1–7)

在《雅歌》的篇幅中，女主角佔用了詩句的大部分，其名被推定為書拉密(Shulamite/思高本譯作叔拉米特)，希伯來文為*haššûlammît*，只此一次地出現在《雅歌》六13，在舊約也絕無僅有地在此提及。釋經學家無法絕對確定其為人名抑或是地名，JB[16]譯之為「來自Shulam的女子」，它可能就是書念(希伯來文*šûnem*)，位於米吉多西約九哩處(《約書亞記》[17]十九8，《撒母耳上》[18]二十八4；《列王紀下》四8)，大衛[19]最後一位侍女亞比煞(Abishag)即來自此地(《列王紀上》1–3)。作為名字而言，按賀虛伯(H. H. Hirschberg)等學者的反覆討論，認為其字根*šlm*暗寓著「完整」、「完璧」，以純潔無瑕之身奉獻予君王[20]。在開場白中，女孩懇切地詠嘆(一2–4)：

> 願他用口與我親嘴；因你的愛情比酒更美。你的膏油馨香；你的名如同倒出來的香膏，所以眾童女都愛你。願你吸引我，我們就快跑跟隨你。王帶我進入內室，我們必因你歡喜快樂。我們要稱讚你的愛情，勝似稱讚美酒。他們愛你是理所當然的。(和合本)

關於「你的愛情(*dôdîm*)比酒更美」一語，七十賢士本(LXX)譯作「你的胸膛

16. JB=Jerusalem Bible.
17. 天主教聖經譯為《若蘇厄書》。
18. 天主教聖經譯為《撒慕爾紀上》。
19. 天主教聖經譯為達味。
20. H.H.Hirschberg, "Some additional Arabic etymologies in Old Testament lexicography", in *Vetus Testamentum* 11, 1961, p.381.

（*dadayîm*）…」。希伯來文之「愛情」和「胸膛」都簡單地寫成ddm，LXX譯文較有身體接觸的暗示；思高本遂整句譯為「願君以熱吻與我接吻，因為你的愛撫甜於美酒。」讀起來更顯得貼切。

《雅歌》一2以「酒」象徵愛的亢奮；一3以「膏油」來寓意心上人之為高貴的「受膏者／the Anointed One」，無人能與之比擬；一3－4所指謂的「眾童女」，凸顯了貞誠不二的眾心靈都喜愛這位郎君；一4「王帶我進入內室」一句，刻畫著愛侶之渴願在隱密的地方相處；至於「理所當然」這偏詞，AV㉑譯為「正直人」，意指此手潔心清的王者都被眾人所嚮往。總之，不論是「酒」、「膏油」、「內室」或「王」等詞，都直率地表達了愛者心情的誠切。《雅歌》以甜美的親吻和極度的渴望來鋪陳女孩對男生的戀慕。

繼而，女孩靦腆不安地說（一5）：

耶路撒冷的眾女子啊，我雖然黑，卻是秀美，如同基達的帳棚，好像所羅門的幔子。不要因日頭把我曬黑了就輕看我。

女孩稱詩班為「耶路撒冷眾女子」。她自我表白說：曝曬固然使我變得「黝黑」，但卻「黑得發亮」（五11），亮麗得耀眼奪目，比起耶路撒冷京城的淑女也不遑多讓。膚色雖然暗黑得如「基達」牧民的帳棚，其華美卻不遜於所羅門的幕幔。

值得一提的是：思高本把「所羅門的幔子」譯為「撒耳瑪的營幕」，NEB㉒稱之為「*Shalmah*」，JB名之為「*Salmah*」，是為阿拉伯的另一游牧民族，其帳柵也大抵以暗黑毛編織而成。如此說來，基達與撒耳瑪是相提並論之列舉，而不是暗淡與光鮮的比對。女孩隨著說（一6）：

21. AV為Authorized Version，即英王欽定本。

我同母的弟兄向我發怒，他們使我看守葡萄園；我自己的葡萄園卻沒有看守。

女孩自認是農家村姑，替「同母之兄弟」料理其葡萄園，以致無暇兼顧自己的園地。「同母之兄弟」這偏詞滿有意思：作為父權社會的希伯來人，女方受管治不足為奇，但此處只談「母」而不談「父」，且「兄弟」又向女孩「發怒」，原因何在？「同母」是否意謂著「生父」的亡故？而「發怒的兄弟」是否暗寓著女孩的遭受排斥？再者，劇情的演繹又以皇家婚宴作團圓，彷彿是《灰姑娘》的猶太版！讀者誠然難免會有這樣的聯想㉓。女孩繼續說（一7）：

我心所愛的啊，求你告訴我，你在何處牧羊？晌午在何處使羊歇臥？我何必在你同伴的羊群旁邊好像蒙著臉的人呢？

癡情的女孩私下詢問心上人晌午憩羊的蔭處，而迴避由旁人轉告，免得被其他牧者誤疑為蒙臉拉客的妓女（cf.《創世紀》三十八14－23）

2、**相戀**（一8－14）

男生於是反過來安慰她，並細訴其傾慕之言（一8）：

你這女子中極美麗的，妳若不知道，只管跟隨羊群的腳蹤去，把你的山羊牧放在牧人帳柵的旁邊。

男生對女孩之美給予最高的評價，（後來詩班也一再重複男孩的讚美）㉔。為相愛的人而言，總是情人眼裏出西施，恰如莎士比亞《仲夏夜之夢》所寓意的：淘氣的精靈，遍尋鮮花的朝露，與芳草的垂珠，滴在戀人的眼簾裡、好讓他點化出愛侶的皎美㉕。

男生尚且指點她跟從羊群的腳蹤，好去找著他的休憩地；這建議看來與女生的焦慮有所

22.. NEV=New English Version

23. Cf. W.J.Fuerst, The Song of Songs, Cambridge Bible Commentary （Cambridge: CUP, 1975）, p.171.

24. 參閱《雅歌》五9和六1。

25. Cf. William Shakespeare, *Midsummer Night's Dream.* Act 1, Scene 1, 208-213, 232-235; Act 2,Scene 1, 169-172.

牴觸，女生欲躲避他人的誤會，而男生的見解是：如果我們愛得真誠，又何須顧慮別人的取笑！男生接著說（一9-11）：

> 我的佳偶，我將你比法老車上套的駿馬；你的兩頰因髮辮而秀美，你的頸項因珠串而華麗。我們要為你編上金辮，鑲上銀釘。

男生又把心上人比擬成法老戰車的寶馬；和合本譯作「駿馬」，思高本則譯為「牝馬」，因原文名詞屬陰性單數。純粹的良馬是所羅門作王時代由阿拉伯運入，其良種淵源於埃及。古埃及王室戰馬是最令人羨慕的血統，精挑細選、體態勻稱，訓練嚴格，馴良受命。但埃及戰車只選用同性別的雄馬，而不採用「牝馬」，唯恐「牝」與「牡」混合，導致發情而瘋狂，聞說敵人會放出一匹叫春的牝馬作干擾，使來襲的戰馬難以被駕馭而自亂陣腳。有見及此，此處的引喻看來一方面欲凸顯少女的柔情如同「駿馬」般的馴服，另一方面又恰如「牝馬」般地深具吸引，讓異性心動。

男生的讚美間接牽涉了法老戰馬的華美裝扮：轡繩繫以金飾、頸項佩以珠寶，鬃毛編織工整，垂及兩頰，光耀奪目㉖，藉此比擬佳人的盛裝打扮，明豔照人。

就此，愛侶展開了一段互訴心曲的二重唱。女孩說（一12-14）：

> 王正坐席的時候，
> 我的哪噠香膏發出香味（一12）。
> 我以我的良人為一袋沒藥，
> 常在我懷中（一13）。
> 我以我的良人為一棵鳳仙花，
> 在隱基底葡萄園中（一14）。

26. Cf. Y. Yadin, *The Art of Warfare in Biblical Lands* (New York: McGraw Hill, 1963), pp.192-195.

這段話把「王」（一12）和「良人」（一13－14）二詞連接起來，恰好意謂著「王」與「良人」屬同一個人。自己的愛者不一定具王室血統，但「王」的名銜可以借用來指謂心上人。

「王正坐席」一語，JB譯作「王在他自己的房間裏面歇息」，NEB和RSV㉗則譯為「（躺）在他的榻上」，希伯來文的字面義是「周圍的地方」，為此、卡洛德和楊森都認為最好把它理解成「在他自己周圍的環境中」，這樣，可保留原文曖昧的涵意㉘。

女孩提及自己身上的哪噠香膏，「哪噠／nard」，即甘松，取自喜馬拉雅山區的一種植物，稀少而珍貴。女孩又以愛與香氣為話題，來比對男生所懷有的「沒藥」。沒藥是來自南阿拉伯的樹脂膠，有防腐屍身的作用，在固體的狀態下，可放在小香包內貼身配戴；若香膏與沒藥合併，在體溫中溶化，芳香則充溢房間。

女生又把愛人比擬為巴勒斯坦常見的鳳仙花（Henna Blossoms），出現於死海西岸、讓旅客愉悅的隱基底（Engedi）花園，那裡長著葡萄樹和各式各樣的植物，可以用來製作化妝品和香水；就如同法老的寶馬（一9）是最駿美的一樣，來自隱基底的化妝品是最上乘的（一14）。

3、**歡愉**（一15～二7）

男生的回應是：「我的佳偶，你甚美麗！你甚美麗！你的眼好像鴿子眼（歌一15）。」鴿子眼睛帶有紅色光彩，被深灰色的眼皮所潤飾，明亮的雙眸是美人的印記，拉比傳統將美麗的眼睛等同於完美的人格。（參閱《雅歌》二12－14）。他彷彿在提示：飛鷹有著敏銳的雙眼，但愛卿卻擁有清純的目光，如同鴿子般的溫柔，帶來平安的喜訊（參閱《創世紀》

27. RSV=Revised Standard Version
28. 楊森（Robert Jenson），《解經講道注釋叢書18：雅歌》，頁39；卡洛德（G. Lloyd Carr），《丁道爾舊約聖經註釋：雅歌》頁94。

八11）。日後主耶穌接受洗禮，聖神也以鴿子的形象臨現（《路加福音》三22）；而吾主又勸諭信徒須明智如蛇，純潔如同鴿子（《瑪竇福音》十16），這一切都象徵著鴿子的溫文、純潔與良善。

女生隨著補上一段話（一16-17）

我的良人哪，你甚美麗可愛！

我們以青草為床榻（一16），

以香柏樹為房屋的棟樑，

以松樹為椽子（一17）。

女孩承認自己也被情郎的清秀俊俏所吸引，以致渴望有一安寧的地方可與他相處。她欲以青蔥繁茂的草地為床榻，以堅實豐盈的香柏作棟樑，藉此豎起清幽的房屋作居所。於此，「房屋」一詞屬複數式，意謂著屬於他們兩人，是為情侶的樂土，有著陰涼的樹蔭與翠綠芳草作陪伴。

《雅歌》第二章第1與2節分別由女生與男生互相對應：

（女）：我是沙崙的玫瑰花，

是谷中的百合花（二1）。

（男）：我的佳偶在女子中、

好像百合花在荊棘內（二2）。

沙崙（Sharon，英譯較精準的寫法應是the Sharon）意謂「平坦」，它是指西面低海岸的平原，從加爾默羅山（Mt. Carmel）㉙向南伸延，地區潮溼，吸取來自撒瑪利亞山丘的雨量，

29. 編按，思高本譯為加爾默耳山，和合本譯為迦密山。

繁殖著大量不同的野花。《雅歌》二1所指的「玫瑰花」，和合本旁註為水仙花，思高本則乾脆譯之為「原野的水仙」，也有學者稱之為「秋天的番紅花」㉚。至於「谷中的百合花」，卡洛德註：「(它)有六片葉子或六片花瓣的花朵；……它與埃及文和亞喀得文指蓮花或水百合的字同源，可以指延著肥沃的、多水的山谷……生長的任何類似形狀的花朵。」㉛

女孩所說的話，適度的自我比擬為普通的野花，平平無奇，不含香味；男生卻戲謔地用她的圖像來回答：妳是野百合，但妳的美麗卻遠遠超過周遭的荊棘（二2）；其意不在諷刺，而在乎嬉戲與欣賞。進而，女孩說（二3）：

我的良人在男子中，如同蘋果樹在樹林中。我歡歡喜喜坐在他的蔭下，嘗他果子的滋味，覺得甘甜。

良人被比作蘋果樹；在《雅歌》內「蘋果」一詞先後出現在二3、二5、七8和八5，其中的七8尤強調蘋果的氣味芬芳㉜。女孩熱愛坐在他的蔭下，以直喻其欣喜於愛者的庇護。蘋果樹乃常青樹，既能結實累累，又能提供涼蔭，在灼熱的驕陽下，讓被愛者獲得憩息。女孩又說（二4）：

他帶我入筵席所，以愛為旗在我以上。

和合本所譯之「筵席所」，思高本譯為「酒室」，NEB則譯作「酒園」。那擺滿美酒的屋子乃愛情之憩息地；「愛」與「酒」雙提並論，寓意了愛侶相處的陶醉。至於「以愛為旗在我以上」一語，大部分譯本讀作「他在我身上的旗幟是愛情。」（參思高本）「旗幟／*dgl*」在舊約出現了十八次，十三次以名詞呈現，（全數出現在《民數記》）㉝，四次則以動詞方式被提出㉞，但雅歌二4則不太容易被辨別。作為名詞而言，「旗幟」的飄揚標示著領土的歸屬，

30. 戴德生（J. Hudson Taylor）著，毛衛東譯，〈與基督聖潔的聯合與交通〉，收錄於《雅歌——從天到地的愛歌》（桃園市：提比哩雅出版社，2005年），頁437。
31. 卡洛德，《丁道爾舊約聖經註釋：雅歌》，頁99。
32. 卡洛德，《丁道爾舊約聖經註釋：雅歌》，頁100注136，註釋說：「希伯來文字根意為『氣息』或『氣味』。」
33. 《民數記》，天主教聖經譯為《戶籍紀》，參見一52、二2、3、10、17、18、25、31、34，十14、18、22、25。

一方面讓我們體會到「愛人佔據了我心」，另一方面又讓我們聯想到愛郎在旌旗上寫著「我愛您」。若以動詞出之，希伯來文*ḍgl*的單純義為「注視」，哥笛斯（R. Gordis）遂把此句譯作「他在愛中（『含情脈脈』地）看著我」㉟。如此一來，*ḍgl*至少蘊含三重義：其一、我屬於他，其二、他標示著愛，其三、深情地注視我。女孩隨著說（二5~6）：

> 求你們給我葡萄乾增補我力，給我蘋果暢快我心，因我思愛成病。他的左手在我頭下；他的右手將我抱住。

《雅歌》二5此節有兩個動詞——「增補」和「暢快」，也有兩個名詞——「葡萄乾」和「蘋果」。動詞方面，其一、「增補我／*sammᵉkûnî*」，它除了有「供養」之義外，其字根通常有「接觸」義，如《利未記》㊱一4、三2所凸顯的「把手放在祭品上」；其二、「暢快我／*appᵉdûnî*」，它除了有「提神」之義外，尚有「伸出」、「鋪蓋」義（cf.《約伯書》㊲十七13，四十一30）。名詞方面，「葡萄乾」和「葡萄餅」，在舊約只出現四次㊳，其中以賽亞和何西阿以異教祭祀背景出之，影射《耶利米書》四十四18~19之天后（伊西塔）生殖祭儀，以葡萄餅形似女性生殖器官，富含性愛象徵；至於名詞「蘋果」，古代中東民眾認之為有催情性質㊴。上述動詞和名詞配合，遂產生了其表層義和裡層義；表層義明指：「請你們用葡萄乾來補養我，用蘋果來甦醒我，因為我因愛成疾。」（思高本）裡層義則提示：我熱切渴望與愛人結合，以至於出神。女孩再說（二7）：

> 耶路撒冷的眾女子啊，我指著羚羊或田野的母鹿囑咐你們：不要驚動、不要叫醒我所親愛的，等他自己情願。

「羚羊／*ṣᵉbā'ôt*」和「母鹿／*ạyelôt*」，在發音上很接近「萬軍上主／*Yahweh Sabaoth*」，而

34. 《詩篇》二十五；《雅歌》五10，六4、10。
35. R. Gordis, "The root *ḍgl* in the Song of Songs", *Journal of Biblical Literature* 88, 1969, p.81, pp.203f. 中文譯句引自卡洛德，《丁道爾舊約聖經註釋：雅歌》，頁103。
37. 天主教聖經譯為《約伯傳》。
38. 《撒母耳記下》六19；《雅歌》二5；《以賽亞書》十六7；《何西阿書》三1。
39. Cf. T. H. Gaster, *Myth, Legend and Custom in the Old Testament*（New York: Harper&Row, 1969）, p.811.

「囑咐」又可譯作「宣誓」，以致LXX譯：「藉著在場的有力量（*dynamesin*）和大能（*ischysein*）的那位起誓。」LXX把*s*^{e}*bā'ôt*當作「軍旅」或「異能者天使」，也以*ay*^{e}*lôt*寓意「力量」和「協助」之源。後期以色列人在宣誓時，慣常不直截對準上主本身、而指向其附屬物起誓，以示避諱。

思高本把《雅歌》二7這段話認作是出自「新郎」之口，因為末句「讓他情願」之「他」在希伯來文是陰性的「她」。但AV強調講話的人應是女子，因為「愛情」在希伯來文是陰性名詞，原句配以女性的用字「請」，應譯為「請讓她所親愛的自己情願。」NRSV[40]則譯作「直到準備好了，不要叫醒愛，讓其自己情願。」總之，無論翻譯上的文字如何巧弄，其大意尚算清楚，它意指愛者對被愛者的憐惜與珍重，不希望出於勉強，一切順隨本心。第一幕戀曲的大略，可藉下圖示意：

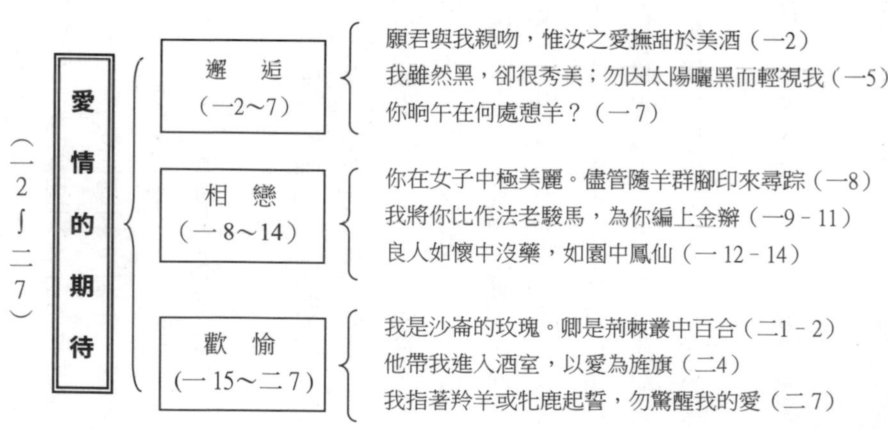

（二）失落與尋見（二8－三5）

接下來的第二部曲在啟幕之初，愛侶仍在對話

40. NRSV=New Revised Standard Version

（二8－17），驟然聽來，像是前一段戀曲的延續，但句子卻出自女生的轉述，並以第三身方式稱呼愛郎（二10）；看來疑是情侶暫別，女孩交替地藉回憶與睡夢而呈現其細訴、傾吐心聲；隨後醒覺，深感失落，遂形單影隻地尋遍大街小巷，直至與愛人重逢為止（三1－5）。其中細節，可權宜地辨別三個分段：其一是、「細訴」（二8－15），其二是、「應和」（二16－17），其三是、「尋找」（三1－5）。

1、**細訴**（二8－15）

女孩率先稱許情郎如同羚羊幼鹿，越山飛躍而來（二8－9），男生繼而邀請她速來作伴（二10）。詩歌隨即展現春光明媚、鳥語花香的畫面（二11－13），也聆聽到愛郎讚賞愛卿之柔情秀美，溫純如鴿子（二14）。

2、**應和**（二15－17）

隨著，對談內容一再呈現花菓留香、鳥獸留痕的描繪（二15－16），以及冬去春來，晨昏交替的景象（二17），最後，傾聽到女孩在思念中盼望愛郎如同羚羊幼鹿越山歸來（二17）。兩段情節，以雅歌二14作為分水嶺。二8與二17句子前後應和，兩相對照；寫景抒情，互相排比，但如鏡湖倒影，次序倒置；若把文義略作濃縮剪裁，其對話比應就如下頁圖所示：

《雅歌》二8－17的對話，以繽紛秀麗的田園風貌，來襯托戀人的倆相繫念，活現一幅浪漫唯美的構圖：寫景抒情，雙得益彰；尤引人注目的是：戀人互相以動物形像來比況。女孩以羚羊幼鹿來類比情郎的充沛活力、與清逸脫俗。男生則以鴿子的清純來暱稱佳偶；所指的巖鴿（Columba Livia），在雅歌出現六次㊶，譬其為「愛情鳥」㊷，喜歡在峭壁裂縫築巢，

41.　《雅歌》一15，二14，四1，五2、12，六9。
42.　卡洛德，《丁道爾舊約聖經註釋：雅歌》，頁115，「牠（巖鴿）在米所波大米的文學作品中與生殖女神伊娜娜有關，在古典題材中則是亞富羅底／維納斯（Aphrodite／Venus）有關。」

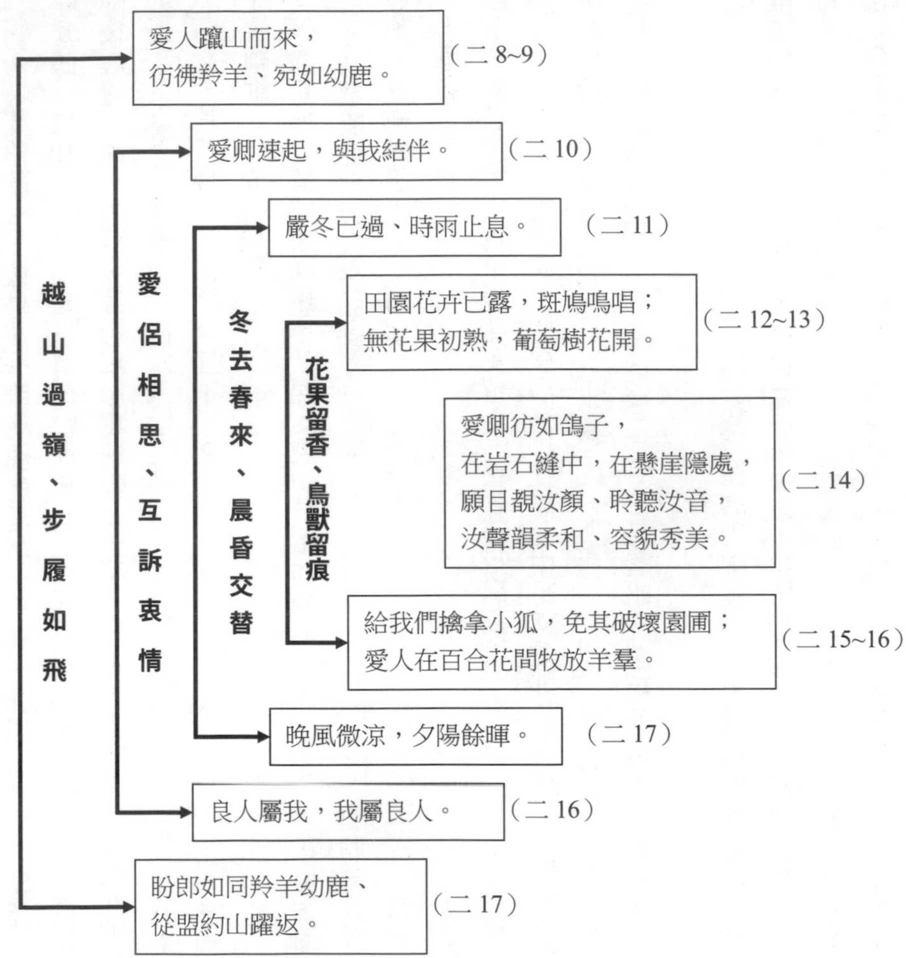
越山過嶺、步履如飛
愛侶相思、互訴衷情
冬去春來、晨昏交替
花果留香、鳥獸留痕
愛人躥山而來，
彷彿羚羊、宛如幼鹿。
（二 8~9）
愛卿速起，與我結伴。
（二 10）
嚴冬已過、時雨止息。
（二 11）
田園花卉已露，斑鳩鳴唱；
無花果初熟，葡萄樹花開。
（二 12~13）
愛卿彷如鴿子，
在岩石縫中，在懸崖隱處，
願目覩汝顏、聆聽汝音，
汝聲韻柔和、容貌秀美。
（二 14）
給我們擒拿小狐，免其破壞園圃；
愛人在百合花間牧放羊羣。
（二 15~16）
晚風微涼，夕陽餘暉。
（二 17）
良人屬我，我屬良人。
（二 16）
盼郎如同羚羊幼鹿、
從盟約山躍返。
（二 17）

象徵著少女之羞怯矜持、仍情不自禁。末句（二17）所指的「山」，和合本與AV譯為「比特山／Bether」，思高本和JB則譯作「盟約山」；看來似沒有一個已知的山在地理位置上可與之符合；此名在舊約出現過四次㊸，其中一次（《創世紀》十五10）談亞伯拉罕㊹「劈開」祭物而建立「盟約」，但這「盟約山」是錫安山，與《雅歌》所論述的地域有其距離。末句（二17）又提及愛人越山跳躍如羚羊幼鹿，但未明言其是否歸來或遠遁。然而、接下來的後段則明示其缺席，被女孩所察覺，以致黯然神傷，出外尋覓。

3、**尋見**（三1－5）

和合本如此地翻譯《雅歌》三1－5：

1我夜間躺臥在床上、尋找我心所愛的，我尋找他、卻尋不見。2我說、我要起來、
遊行城中，在街市上、在寬闊處、尋找我心所愛的。我尋找他、卻尋不見。3城中巡
邏看守的人遇見我，我問他們：「你們看見我心所愛的沒有？」4我剛離開他們、就
遇見我心所愛的，我拉住他、不容他走、領他入我母家、到懷我者的內室。5耶路撒
冷的眾女子阿，我指著羚羊和田野的母鹿，囑咐你們：不要驚動、不要叫醒我所親愛
的，等他自己情願。

作為聖經正典眼光閱讀，我們可從三個層面上立論：

其一是、「表面情節探討」

其二是、「舊約模式反思」

其三是、「新約詮釋再思」

茲按這三重義作出闡述：

43. 它除了出現在《雅歌》二17以外，尚出現在《創世紀》十五10，《耶》三十四18、19.
44. 天主教聖經譯為亞巴郎。

（1）表面情節探討

《雅歌》三1～5文句，看來疑是女生「夢境」的漫遊，不應以邏輯推理來討論情節，它大致上提示：女孩午夜夢迴，驟覺戀人缺席，她備感孤寂，先在室內搜遍每一角落，再出外四處尋蹤；然古城冷清、路途迷惘、加上燈火稀微、倍增愁意；她渺茫地詢問巡更士卒，希望求得蛛絲馬跡，卻一無所獲；失落之餘，卻猛然與愛者欣逢，遂把他緊握不放，帶他返回娘家安歇，並且向詩班重複《雅歌》二7的句語：讓我指著「羚羊或牝鹿」（萬軍或異能者）起誓，慎勿干擾吾愛，任由他自由醒寤，好與我為伍。

文句表層所呈現的核心義是：熱戀中人、都渴望與愛者同在，一日不見、如隔三秋，唯恐離久生疏，帶來情變；但短暫的離別，可使愛火燃燒得更為迫切，讓戀人更珍惜彼此的臨在，意識到對方的不容取代；愛情渴望合一，惟有與愛者聚首，才深感充實與滿足。再者，所謂日有所思、夜有所夢，夢中情境，每每反映著潛意識的繫念，讓當事人自覺心靈深處的隱祕。以此基本義作為牽引，我們不難聯想到舊約正典脈絡下的反思。

（2）舊約模式反思

從舊約觀點來對《雅歌》三1–5作神學反思，則《他爾根／*Targum*》的說法會是一個好例子：

> 當以色列家的人看那……（上帝的臨在）已經離開了他們，他們好像被放逐在黑暗中，像黑夜一般，他們尋找……但是找不著。然後以色列的孩子對彼此說，『我們起來繞著摩西所塔的會遇的帳蓬走吧！……並且（尋找）那離開了我們的神聖的（臨在）。』他們繞著城市，街道和廣場，但找不著。……[45]

45. 中譯文採自楊森（Robert Jenson）著，羅敏珍譯，《解經講道注釋叢書18：雅歌》，頁56。

我們固然不必依從《他爾根》觀點來解讀，但一旦接納雅歌為正典，則如此的領悟是合乎情理的；我們尚可較細緻地凸顯一些焦點如下：

a）上主作為愛的究極宗向

在《雅歌》三1－5這一小段內，少女曾有四次稱呼其情人為「我心所愛的」，此處的「心」，希伯來文為*nepeš*，卡洛德/潘秋松中譯為「魂」，以其有較廣闊的意義㊻，它讓我們聯想到《申命記》六5的話語：「你要盡心、盡性、盡力愛耶和華你的神。」（和合本）（思高本譯為「你當全心、全靈、全力，愛上主你的天主。」）誠然，當你愈熱愛著一個人之時，就愈以親密的稱謂如「親愛的」、「寶貝」等來稱呼他；女孩沒有說出心上人之名，其含蓄意謂著一份敬意，當這份愛尚且結合了高度的崇敬，則愈難指名道姓地命名他，面對尊長者或君王；就有所謂忌諱；至於處在上主的臨現下，舊約子民就以*Adonai*的稱謂來代替*Yahweh*之名，以示尊敬，而神也以「我是」來稱謂自己（《出谷紀》三14），以示上主本體的莫可明言。

b）上主以暫時的隱蔽來作為重逢的契機

以色列子民的墮落沉淪，引來與上主疏離的厄運，終於流放在外，前途渺茫，須藉由先知們的百般勸勉，如同更夫似地叮嚀，始得瞥見希望曙光，重返家園。

c）上主始終是不離不棄的良人

思高本在注釋《雅歌》三1－5文句，就把情節套在選民遷徙與回歸的背景來闡述：以色列子民因其不忠遭受懲罰、流放在外而致心灰意冷，即便後來重歸故里，也提不起勁即刻去重建聖殿，唯有藉悔改的心來再遇良人，始得一鼓作氣，返回「母家」，重築「內室」。

46.　卡洛德著，潘秋松譯，《丁道爾舊約聖經註釋：雅歌》頁121.

（3）新約詮釋再思

繼而，從聖經作為一個整體脈絡上看，則新、舊約文義仍彼此相通，而雅歌三1~5的語句也在新約背景上延續其正典的發揮，以致我們會在人、神相戀的前提上獲得以下的感召：

a）神愛世人

雅歌中的良人，在新約已落實為降生成人的主耶穌基督。

主所愛的門徒（John／若望／約翰）就給我們這樣的提示：

神愛世人，甚至將祂的獨生子賜給他們，叫一切信祂的、不至滅亡，反得永生。……（《約翰福音》三16）

…神就是愛。神差祂獨生子到世間來，使我們藉著祂得生。（《約翰一書》四8-9）

…神愛我們，差祂的兒子、為我們的罪作了挽回祭。（《約翰一書》四10）

…耶穌知道自己離世歸父的時候到了，祂既然愛世間屬自己的人，就愛他們到底。（《約翰福音》十三1）……人為朋友捨命，人的愛心沒有比這個大的。（《約翰福音》十五3）

主耶穌作為人子，也跟世人一起親嚐到「黑夜」的暗昧，祂在山園祈禱中嚐到了苦杯，（《路加福音》二十二42~44）在十字架上喊出：我的神、我的神、為什麼離棄我！（《馬太福音》二十七46）如果連無罪的聖子也為我們經歷「黑夜」，那麼、罪業滿身的我們又怎能拒絕「背負十字架跟隨祂！」（《馬太福音》十38）

47. Origen, *The Song of Songs: Commentary and Homilies*. Trans. R. P. *Laws*on. Ancient Christian Writers, Vol.26.（Westminster, M.D: Newman, 1947）.
48. Gregory of Nyssa, *Commentary on the Song of Songs*. Trans. Casimir McCambley.（Brookline, MA: Hellenic College Press, 1987.）
49. Bernard of Clairvaux, On the Song of Songs. Trans. Kilian Walsh and Irene M. Edmunds. *The Works of Bernard of Clairvaux*, vol.1–4.（Kalamazoo, MI: Cistercian Publications, 1971–1980.

b）旅途之人的黑夜與苦路

作為旅途之人（*Homo Viator*）的我們，為了以愛還愛，一方面愛主至上，另一方面愛人如己，就不惜追隨主耶穌的步履，走上苦路，除了為補贖前罪外，尚且與主一起負担共同救世的宏願，如同使徒保羅所說：「現在我為你們受苦，倒覺歡樂，並且為基督的身體，就是為教會，要在我肉身上補滿基督患難的缺欠。」（《歌羅西書》二24）再者，為尚在世上的我們，即使痛改前非，踏上修德之路，但在與上主徹底結合之前，都尚饑渴慕義地為求得見上主而煎熬，如同聖奧斯定所言：「主，祢是為祢的緣故來創造我，我的心除非安息在祢懷抱內，否則將尋找不到安息。」（Augustine, *Confessions* I, 1）今後的靈修神學家也深有同感。

c）靈修神學談黑夜

教會歷代的靈修學家對修行中的「黑夜」多所著墨，眾多賢士在詮釋《雅歌》也不忘涉獵「神枯」的暗境，聖者們如奧利振（Origen）[47]、額我略（Gregory of Nyssa）[48]、伯納（Bernard of Clairvaux）[49]等在注解《雅歌》都異口同聲地提及「黑夜」的煉淨，指出其部分地由於個人的缺失和不成全，部分地因應上主所給予的鍛鍊和試探，好讓人能痛改前非、修德前進、而達致爐火純青的地步。我們可權宜地以伯納《雅歌講道集》[50]作例子來闡述。伯納提筆寫下一系列道理文集，從《雅歌》一2談渴望愛人的「親吻」開始，一直寫到《雅歌》三1「夜間尋覓愛人」為止，一共花了十八年的功夫，仍未來得及把雅歌詮釋完畢，他衷心地寫道：「你不會尋覓，除非你被（聖言）找著；你不會愛，除非早已被愛。」[51]他又說：

在那裏舒適地倘佯著仰瞻天主，那並非判官、嚴師的地方，卻是新郎的地方，別的我不

50. Sancti Bernardi Abbatis Clarae-Vallenis, *Sermones super Cantica Canticorum*, in *Sancti Bernardi Opera*, 8t. ed. Par J. Leclercq, H-M. Rochais et C.H. Talbot.（Romae: Editiones Cistercienses, 1957-1977）.
51. Sermo 84,5: "Minime prorsus nisi prius quaesita quaereres, sicut nec diligeres nisi dilecta prius" cf.註三七.

知道，但於我來說，這確是新郎的新房，有時我有幸被帶進去。真可惜，機會太罕有了，時限太短暫了！那裏我清楚意識到上主的慈愛臨於敬畏祂的人，從永遠到永遠（詠102：17）。[52]

人為求滌除罪業、遵主聖範，而邁上修行的路途，他將會經歷肉身和心靈的「黑夜」，接受諸般考驗，藉此去蕪存菁，與主契合。JB在引介雅歌，指出雅歌相應基督宗教神祕學家如十字若望等聖賢的體證[53]。此點容後討論。

（三）婚禮慶典（三6－五1）

接下來，《雅歌》三6－五1這一大段是全首詩歌的核心所在，其中尤以四16～五1兩節作為全段的樞紐，整首詩歌的其他情節都只是環繞著這個中心來旋轉而已，因為在此戀愛已發展成婚禮，其中脈絡尚蘊含著三個分段，它們是：

1、「迎親」（三6－11）
2、「願景」（四1－15）
3、「圓房」（四16－五1）

茲分析如下：

1、迎親（三6－11）

三6－11此小段由耶京女子（詩歌班）詠唱，以營造出迎親的喜慶：鄉民在哄動，爭相觀看著一支龐大的儀仗隊在擁護著花車上的新娘；旁觀者在問（三6）：

那從曠野上來、形狀如煙柱、以沒藥和乳香、並商人各樣香粉薰的、是誰呢？

經文並未明言這位從曠野上來的女子是誰，只描述其散發著芬芳的奇香，呈現於宏大豪

52. Sermo 23, 15. 中譯文引自韓大輝〈愛的尋覓：簡介聖伯納的《雅歌講道集》〉，收錄於（香港）《神思：古典基督徒著作（一）》，第七十九期，2008年11月，頁41-42。

53. "Whatever theory of interpretation we adopt we are justified in applying the Song（of Songs）to the mutual love of Christ and his Church or to the union of the individual soul with God. Mystics like St. John of the Cross were wise to use the Song as they did." "Introduction to the Song of Songs", in The Jerusalem Bible（New York: Doubleday & Co., INC., 1966）, p.992.

偉的盛況中。……

「從曠野上來」，此片語頗發人深省；耶路撒冷就像其他古代近東京城一般，處在山巔上，讓旅客「上來」。環繞耶京是一片「曠野」；「曠野」一辭比「沙漠」譯名來得適當，它並非盡然是黃沙遍野的荒漠，而更貼切地指可供牧放羊群的地帶，只是其非久居之地而已。舊約至少約兩百七十次提到這字，意謂著以色列子民出離埃及但未抵達福地以前的四十年旅途光景，讓選民從中鍛鍊成足以征服迦南福地的團體。

「形狀如煙柱」，「煙柱／*tîm^{a}rôt*」一辭，只出現於此處和《約珥書》（*Joel*）之二30或三3，它容易使人聯想到曠野中那引領選民前路的「雲柱／火柱／*ʿammûd*」，象徵著神的臨在。但我們大可不必作如此的聯想，因為同一節詩句尚提及那焚燒的乳香；此外，「香粉」一辭，思高本譯作「香料」，此詞在舊約出現十次，通常被譯為「塵土」，此處可能同指遊行隊伍沙塵滾滾而來，與香氣混合在一起，而「香料」則是經由「商人」高價出售的精品，夾雜起來，好不熱鬧，隊伍中當然缺少不了一位如意郎君。《雅歌》三7還給新郎作了以下的描繪：

看哪、是所羅門的轎。四圍有六十個勇士、都是以色列中的勇士。

「所羅門」之名，可換算為動詞 *šālam*，意謂「使健全或完整」。「平安／*šālôm*」來自此字根。按思高本註，君王所羅門之名被引用於此，在乎給新郎作榮譽尊號，以訴諸其品格高尚。儀仗隊伍，有武士隨行，是中東婚禮常有現象。郎君坐著御轎，威儀十足。

「轎／*miṭṭâ*」，可譯作「牀」（cf.《創世紀》四十七31；《撒慕爾紀下》三31），經常裝飾華麗（cf.《艾斯德爾傳》一6：「金銀的牀榻」；《亞毛斯書》[54]六4：「象牙牀」）。此字

54. 和合本譯為《阿摩斯書》。

與《雅歌》三9之「華轎／'appiryôn」平行，皆暗示其為某種精心設計且輕便的運輸工具。詩句尚提及「以色列」的「六十個勇士」。「以色列」這名字雖只此一次地出現在《雅歌》，卻讓人推測到《雅歌》這首詩應在所羅門駕崩以前寫成的，因為自此以後，南、北分裂，而「以色列」就成了背叛大衛王朝的北國。至於「六十個勇士」，數字上吻合六8的「六十位王后」，兩者是否有關連？則不得而知，下文所交待的只是勇士們驍勇善戰，震懾奸邪：他們：

> 手都持刀、善於爭戰。腰間佩刀、防備夜間有驚慌[55]（三8）。

勇士們護衛著乘坐「華轎」的君王：

> 9所羅門王用利巴嫩[56]木、為自己製造一乘華轎。10轎柱是用銀作的、轎底是用金作的、坐墊是紫色的、其中所鋪的乃是耶路撒冷眾女子的愛情。

「華轎／'appiryôn」一辭，在舊約聖經僅只出現在這一處，語源可能來自烏加列文的*apn*：一種具有兩輪而輕便的轎椅，製作精美，品質上乘，以利巴嫩（Lebanon）香柏樹和柏樹作材料。德里慈（Delitzsch）參照三7與三9所提及的「轎」和「華轎」之比對，而提議說：新娘坐著由轎夫所抬的轎；反之、新郎則乘坐由衛士所推的雙輪轎椅[57]，思高本及JB譯作「寶座／Throne」，看來也反映出同樣的意思。

再者，「華轎」的柱杆鍍銀、轎底鍍金，極盡華美；希伯來文*rᵉpîda*，和合本譯作轎之「底」，思高本則譯作轎之「頂」，近乎JB所譯之「天蓬／Canopy」。若上蓋為「蓬」，則屬金色布料，由銀竿所支撐。至於「坐墊／*merkā*」，採用代表著顯貴的紫色染料所著色，其中所繡的花紋，尤濃縮地充溢著耶京仕女們的愛情，為此、思高本遂綜合地譯之為「銀柱金

55. 「驚慌／*paḥad*」指涉外在危險，如流氓們的打劫、或野獸的攻擊。烏加列文同語源談「一羣野狗或狐狼的威脅。」Cf. M. Dahood, *Psalms, Anchor Bible* vol. 16（New York: Doubleday, 1965）, pp.81f.
56. 思高本譯為黎巴嫩。
57. F. Delitzsch, *Commentary on the Song of Songs and Ecclesiastes*（New York : Clark, 1885）, p.63

頂，紫錦墊褥，中間繡花，是耶路撒冷女子愛情的結晶」。字句頗為精鍊。

接下來的三11這節，由詩歌班唱出了兩個命令：「出去、觀看」：

> 錫安的眾女子阿，你們出去、觀看所羅門王、頭戴冠冕，就是在他婚筵的日子、心中喜樂的時候，他母親給他戴上的。

於此，「錫安眾女子」，正好與前節的「耶路撒冷眾女子」平行，象徵舉國歡騰。她們所要觀看的是頭戴王冠的新郎；根據拉比的材料，按傳統慣例，直至公元七〇年為止，婚禮慶典中的新人都頭戴樹枝冠冕，類比奧林匹克運動會優勝者的月桂花冠[58]，以示喜樂，桂冠可由母親給新郎戴上；場面既屬小登科，而非君王登基，不必經由大司祭加冕。

2、願景（四1－15）

接下來的單元蘊含了兩個小段：（1）新娘的美（四1－7）與（2）新郎的慕念（四8～15）；簡單地說，第一小段以「我的佳偶，你甚美麗…」之語作「起」（四1）與「結」（四7），由新郎藉凝視而描述新娘身體七方面的美。第二小段則環繞「利巴嫩」之名而演繹一系列對句，其中尤凸顯十種植物的奇珍以抒發新郎的慕念。茲分別敘述如下。

（1）新娘的美（四1－7）

《雅歌》四1首先描述了新娘的眼睛與秀髮：

> 我的佳偶，你甚美麗。你甚美麗。你的眼在帕子內好像鴿子眼。你的頭髮如同山羊群、臥在基列山旁。

a）眼睛——《雅歌》一15也曾引用「鴿子」眼睛作意象，只是此處的眼睛卻隱蔽在「帕子」的遮掩下，以凸顯婚禮的特殊裝扮（cf.《創世紀》二十四65；

58. 參閱卡洛德，《丁道爾舊約聖經註釋：雅歌》，頁132，註187，"Pirke de Rabbi Eliezer, ch.16,與Babylonian Talmud, *Soṭa* 49a.
Otto Eissfeldt, The *Old Testament: an Introduction.* Trans by Peter R. Ackroyd（Oxford: Basil Blackwell, 1974）, p.487, "…in *Soṭa* 9, 14 it is mentioned that the crowning of the bridegroom continued until the time when Jerusalem was threatened by Vespasian（A.D. 69）and that of the bride until the invasion by Quietus（A.D. 117）."

二十九23-25）[59]。鴿子象徵純潔無瑕（《馬太福音》十16），適合奉獻為祭品；甚至成為聖三之一的形象。其眼神彷彿透露著一份憂傷，尤其惹人憐愛；其眼光精準敏銳，明慧晶瑩，千里識途，萬里傳訊，風雨無阻，始終不渝，只為把心意傳達，讓人不禁聯想到衷情與忠信的表徵。

b）鬢髮——有關「頭髮」的描述，《雅歌》四1後兩行的句子也在下文六5中重複；新娘秀髮的飄揚，彷若羣羊在遠山移動一般。巴勒斯坦山羊長著黑毛，長而柔軟，羣聚起來，形同波浪，給遠眺者一種漣漪波動的感覺。希伯來文 *šegālšû* 一辭，RSV譯為「移動」，思高本譯為「下來」，和合本則譯作「臥在（基列山）旁」。拉比作品往往意指奔騰的水，順勢而下，從山坡旁傾瀉[60]。基列山／Gilead，即加利利[61]與撒瑪利亞東邊的高原，以高而崎嶇的峭壁聞名。詩人以羣羊轉動，配合峭壁流水，來形容新娘烏黑、柔軟、修長而飄揚的秀髮，可謂十分傳神。

誠然，頭髮是女人的榮耀，我們可從一件事實來間接體會；按《路加福音》七36～50的記載，當婦人以自己的頭髮來擦拭主耶穌的雙腳，她除了表示悔罪、謙卑和愛慕外，尚且意謂著甘願以一己的美麗的、榮耀和生命來服侍主，甚至暗寓著主的聖死與救贖（《約翰福音》十二3-8），以致甘心背負十字架來跟隨主。此點值得我們借題反思。

《雅歌》四2繼續使用羊羣的圖像來比擬新娘的牙齒：

你的牙齒如新剪毛的一羣母羊、洗淨上來，個個都有雙生，沒有一隻喪掉子的。

c）牙齒——女孩的牙齒，有如剛剛剪短了毛的羊羣，經過洗刷乾淨，露出粉紅色的

59. Fuerst, *The Song of Songs, Cambridge Bible Commentary*, pp.184f.
60. JB譯 "…frisking down the slopes of Gilead." 也註道："The Hebrew verb suggests violent movement; the comparison evokes the black waving hair of the bride."
61. 天主教聖經譯為加里肋亞。

皮膚，增添了一股溫暖活潑的光澤。有關「雙生／*tā'am*」一辭，在雅歌只出現在這裏和六6，可譯為「雙配」或「成雙成對」，即每一頭母羊都有一頭羔羊和牠配對，比喻著新娘上顎的每一顆牙齒、都在下顎有另一顆牙齒與之相配，以致呈現均衡和諧的整體。古時代，牙疼的唯一治療，就是把它拔掉；為此、一口完整的牙貝是難得的健康與美緻[62]，兩排牙齒清潔閃亮，上下對稱，明眸皓齒，「巧笑倩兮，美目盼兮」[63]，份外使仰慕者陶醉。況且、口齒伶俐、咬字清晰，聲音如黃鶯出谷，可給美善歌頌，可替真理證道，也可細嚼聖言奧祕；再而、受重傷而不咬牙切齒，反而謹口慎言，言談端正，不出惡語，則幾近成聖（《雅各書》三2），看來諸般屬靈涵意，頗能藉此不斷引申；誠然、身體的部份關係著人的整體；所謂有諸內、形諸外，「莫現乎隱，莫顯乎微。」[64]局部的表現，可透過鑑貌辨色而讓人獲悉全面意義，連「牙齒」也不例外。

為此、所謂唇齒相依，談及「齒」，就自然牽涉到「唇」，甚至擴及「臉龐」，以致《雅歌》四3遂接著說：

你的唇好像一條朱紅線，你的嘴也秀美。你的兩太陽（雙頰）、在帕子內如同一塊石榴。

d）嘴唇——古代近東婦女化粧，很多時用鮮紅色或緋紅色染料塗唇，像似一條朱紅線。（《約書亞書》二18）。「嘴／*midbār*」，JB、NEB 譯作「言語／Words」，LXX 按希伯來字根 *dbr* 而譯為「lalia／言說」；德里慈解釋嘴為「言說的器官」[65]；卡洛德註謂「嘴的慣用辭（希伯來文 *pî*（*k*））只有一個音節，對這裏的詩歌韻律而

62. 按卡洛德，《丁道爾舊約聖經註釋：雅歌》，頁134的詮釋：古代近東母羊並不多產，羊羔存活率也比現代低。《雅歌》此處談羊 母子比對，暗寓女孩牙齒上下顎的整全彌足珍貴，不堪遭受折損。
63. 借用《詩經·衛風·碩人》語。
64. 借用《禮記·中庸》第一章語。
65. Delitzsch, *Commentary on the Song of Songs & Ecclesiastes*, p.73.

言太短了，」⑯以致在此以「言說」作為「嘴」的替代詞。再者、小嘴之為秀美動人，思高本譯作「小口嬌美可愛」，可借意為「嚦嚦鶯聲」，或「言談動聽」，讓人聽之而感到受用，甚至「繞樑三日、不絕於耳」⑰。

e）雙頰——希伯來文 *raqqâ*，和合本譯為「兩太陽」，AV譯為「太陽穴」；思高本和RSV則譯作「雙頰」，將配合LXX所譯之「mylon／面頰」，意義更貼近接下來所引喻的泛紅而平滑的「石榴」表皮兩側。

接續的下一句談到了新娘的頸項；《雅歌》四4如此地描述：

> **你的頸項好像大衛建造收藏軍器的高台，其上懸掛一千盾牌，都是勇士的藤牌。**

f）頸項——世人多時把「意志」比做「頸項」；聖經也多次把「意志」和「頸項」作若干程度的雙提並論。例如：「固執」被斥為「硬頸」⑱，「堅定」被譽為「梗直」⑲。照此類推，為形容新娘的頸項，《雅歌》四4以「大衛的高台」作比擬；「高台」既以王者命名，遂有高聳崇峻的姿態，超凡脫俗的儀表；「高台」既用作防守之地，遂寓意昂首不屈的心志、堅貞不移的情操。然而，「高台／*talpîyôt*」此辭出處未明，辭義尚待釐清。部分學者以它近似亞拉伯文動詞「*tlp*／毀滅」，即武器的毀滅性，遂釋意為「軍械庫」，或「收藏兵器的堡壘」。此外，它又因貼近亞拉伯文動詞「*tlh*／陳列懸掛」，以致NEB屬意指女孩戴著項鍊，珠寶金飾，層層重疊，如同千面「圓盾／*māgēn*」在環繞著樓台一般，顯赫得像勇士們持著「藤牌／*šeleṭ*」、整齊有序，層次分明，輝耀奪目，氣象萬千。

66. 卡洛德，《丁道爾舊約聖經註釋：雅歌》，頁136。
67. 借用《列子・湯問第五（十一）》語，原文為「既去而餘音繞梁欐，三日不絕，左右以其人弗去。」
68. Cf. 《出埃及記》三十三3，5；《耶利米》九26；六10；《民數記》二十七14；《以賽亞書》六三10；《使徒行傳》七51。RSV譯作「Stiff-necked」；和合本譯「硬著頸項」；思高本譯「執拗」。
69. 「精忠」之士為義殉道，毅然引「頸」就戮。

類比《雅歌》四2對牙齒的「勻稱」一般，接下來的四5，在句子上也重複了對稱的均勻，此次所指的是女子的雙乳。

> 你的兩乳、好像百合花中是吃草的一對小鹿，就是母鹿雙生的。

g）雙乳——新娘的兩乳，彷若百合叢中吃草或歇息的雙生瞪羚小鹿，勻稱精緻，如其牙齒一樣地完美珍貴。

隨後，《雅歌》四6把話題轉移至一個耐人尋味的語句：

> 我要往沒藥山和乳香岡去，直等到天起涼風、日影飛去的時候回來。

有別於上述和合本的譯法，思高本把前半句和後半句的次序加以調換如下：

> 趁晚風還未生涼，日影還未消失，我要到沒藥山，上乳香嶺。

思高本尚在註釋中說道：「亦可譯作：『直到白天的風吹起，等待影兒降落了。』」此半句也曾在《雅歌》二17出現過，由女孩子說出。正因如此，驟耳聽來，和合本的譯法、在次序上尤讓人較容易聯想四6乃是出自女孩子之口。為此、德里慈、西爾維德（Seerveld）、李賀曼（Lehrman）[70]將四6歸屬於新娘，因為它雷同二17。但四6在行文上是第一人稱，以致這並不足以作為指證此點的理由，尤其是四6此語是用來結束上文1－5節的思想，理應是新郎話語的小結。

至於「沒藥山」和「乳香岡」二者，我們大可不必確認它們的地理位置，因為「沒藥」和「乳香」並非土產，而是進口的奢侈品；它們在嗅覺上有激發性慾的功能，而「岡／*gib'a*」一辭，又可用來比喻女孩身材的魅力。在古今中東情詩 *wasf* [71]的風格裏，情人會對愛者作具體描述，而《雅歌》四1－5的主題既在乎描述女子身體的美，且從頭部往下移至胸

70. F. Delitzsch, *Commentary on the Song of Songs and Ecclesiastes*（T. & T. Clark, 1885）. C. Seerveld, *The Greatest Song*（Trinity Pennyasheet Press, 1967）.S.M. Lehrman, "The Song of Songs" in A. Cohen（ed.）, *The Five Megilloth*（Soncino Press, 1946）.

71. Roland E. Murphy, "Canticle of Canticles", in *The Jerome Bible Commentary* vol.1（New Jersey: Prentice Hall, 19??）, p.508, "In the present-day love songs of Palestine, such songs are termed a wasf（form the Arabic word 'describe';）

部，為此，楊森推測說：「我們也許可以把這兩座山丘讀作女子性器官的象徵，⋯如果在此只是用兩個形象來說明同一個山丘的話，那麼指的是⋯女性的陰阜（mons veneris）。」不過，他評論說：「這兒講的不是性愛，而完全是在講他所愛的人，是全然美麗的。可能僅僅專注在他所愛的人的身體之美，⋯詩人指的是她主要的性感部位。她是完美無瑕的。」[73]

言下之意是：人體是上天最完美的創造。「神就照著自己的形像造人，乃是照著他的形像造男造女。⋯神看著一切所造的都甚好。」（《創世紀》一27，31）反過來說，當人口出穢語，通常是把最純潔的兩件事——神與性——加以踐踏。

（2）新郎的慕念（四8–15）

《雅歌》四1–7以新娘的美作為描述的焦點；隨之，《雅歌》四8–15則在「利巴嫩」地名的一再出現下凸顯了新郎的願念。在用詞、造句、及思考上，兩小段有其相似的地方，皆蘊含男生對愛卿的讚賞與傾慕，只是前者富南國京華風情，後者則重複提及「利巴嫩」之名而每多北國景點；為此、有部分學者如Otto Eissfeldt等[74]傾向於視此二小段為同一首詩歌的兩地流傳，分別經歷南、北兩個王朝的演繹，終於再由一位「智者」所綜合和潤飾。即便如此、前後兩小段各有特色，前者聚焦在女孩的七種美，後者則列舉十種珍奇植物來襯托男生的慕念；無論是「七」或「十」，皆象徵著一份圓滿。

a）正比型的交錯排列

按Bergant的研讀[75]，她注意到《雅歌》四8蘊含了一份「正比型的」交錯排列[76]，茲藉用楊森/羅敏珍的中譯來顯示如下[77]：

和我從利巴嫩，新婦，

73. *Ibid.*, pp.65-66.
74. Eissfeldt, *Old Testament: An Introduction*, p.490.
75. Dianne Bergant, C.S.A., *The Song of Songs.*（Berit Olam. Collegeville, MN: Liturgical Press, 2001）.
76. 交錯配列的排比，至少可有下列的型態：
其一是「正比型」，或名「合掌型」，意謂上下文意義相仿，類比兩掌的相合；例如：李白《宮中行樂詞》：「玉樓巢翡翠，金殿鎖鴛鴦。其二是「反比型」，意謂前後兩行意義相反或對立，後面之背反往往引出潛藏的更深意義；例如：《約翰/若望福音》十二24：「一粒麥子不落在地裏死了、和我從利巴嫩，來吧！
來吧！從亞瑪拿山頂，
從示尼珥與黑門的山頂，
從獅子的居所，
從豹子的山巒。

前一段、首先以地方副詞——「從」——作開始，而以動詞——「來吧」——作結尾。下一段則以動詞——「來吧」——作開始，再以地方副詞——「從」——接下去，藉此表現了其造句上的藝術技巧：示尼珥（Senir）與黑門（Hermon）同出而異名地稱謂同一座山，而亞瑪拿（Amana）指安提利巴嫩山脈，籠統地可全用利巴嫩地名來涵概，泛指以色列北國山區。神話裏，利巴嫩的山乃是女愛神——以斯塔（Ishtar）或亞斯塔蒂（Astarte）或阿提米司（Artemis）或黛安娜（Diana）——的寶座，其紋章的獸是獅子和豹子。

有關其中的介系詞*min*，一般的譯法是「從」…（從利巴嫩…「從」亞瑪拿山頂…「從」豹子的山巒…）。若這意謂著所羅門在邀請書拉密「從」利巴嫩山區前往耶路撒冷，路途實在遙遠得令人咋舌，倒不如把min一詞解讀為「在…裏面」[78]，即情郎在邀請愛卿一同進入僻靜的地帶以獨享彼此的臨在，藉女愛神作為意象來傳達愛慕之情。如此說法，似更能融入四9–15的整體義。

b）對愛卿回歸的召喚

如果我們體會到利巴嫩諸山和以斯塔有關連的話，也可以從正典眼光把這節的經文解讀為上主在召喚祂的新婦以色列，要她離開淫亂的境地，懺悔地回歸上主；茲借用華茲博士

仍舊是一粒；若是死了，就結出許多子粒來。」（和合本）其三是「方向型」，意即句子串連起來、環環相扣，而指往一個方向；例如：老子《道德經》二十五章：「王法地，地法天，天法道，道法自然。」
其四是「同心圓型」，意謂多重句子環繞著中間一個核心而先後對應，演繹出如同A→B→C→B'→A的狀態；例如：上述《雅歌》二8~17。

77. 楊森（Jenson）／羅敏珍《解經講道注釋叢書18：雅歌》，頁69。此處是按希伯來文的文字順序譯出。和合本和思高本都未用此順序方式翻譯。

78. 卡洛德，《丁道爾舊約聖經註釋：雅歌》頁140。

（Dr. Watts）的感言來凸顯[79]：

祂召我脫離獅子的巢穴，
遠離這滿是野獸和人類的荒蠻世界，
到祂的榮光所住的錫安去，
利巴嫩的美麗不及錫安的一半，
那里沒有猛獸的巢穴，沒有繁華似錦的平原，
沒有世俗的喜樂，也沒有世俗的苦痛，
當基督邀請我的靈魂一同離去時，
沒有一樣會抓住我的雙腳，
令我留戀。

本著愛主之情來回應這節經文，如此的解讀不應算是離題；雅歌的文句就如同一件藝術作品一般，當它被雕琢完成以後，其原初義已溢出了創作者的掌握以外，不同的鑑賞者會因應其不同的時空而孕育嶄新的涵義與體會。

c）新郎對愛卿的陶醉

《雅歌》四9接著說：

我妹子、我新婦、你奪了我的心；你用眼一看，用你項上的一條金鍊、奪了我的心。

「妹子」、「新婦」之詞持續出現在《雅歌》四8－五1中，這並非指謂近親聯婚，而在

79. 艾朗賽，〈天地情歌——雅歌簡析〉，頁67-68。

表達最親密的愛意。「奪了我的心」之語，在強調主動的使役用法，意謂著您偷走了我的心，並使我情不自禁。提到新娘的「眼睛」、「項上的金鍊」等，雖然上一小節已點示出來，只不過前小節在強調女孩的美，此處則凸顯新郎的傾慕，以下數語亦然：

> 10 我妹子、我新婦、你的愛情何其美，你的愛情比酒更美，你膏油的香氣勝過一切香
> 品。11 我新婦、你的嘴唇滴蜜，好像蜂房滴蜜，你的舌下有蜜有奶；你衣服的香氣如利
> 巴嫩的香氣。

四10－11一方面有提及新娘的美態，例如：「愛情」一詞，NEB和LXX譯作「雙乳」，「芳香的膏油」隱喻著皮膚的體香；另一方面更刻劃著男生的傾倒，例如：「比酒更美」、「香氣勝過一切香品」等，都凸顯著新郎的神魂顛倒。再者，「嘴唇滴蜜」寓意著男生對親吻的陶醉；而「舌下有蜜有奶」一語，與其說是在稱讚巴勒斯坦的物產豐富，不如說是暗寓著古代近東情詩所慣用的字眼[80]。「衣服」、希伯來文 *śalmâ*，這個字的用法可衍生為洞房時的牀單，作為「貞潔的憑據」（《申命記》二十二17）。

d）新郎渴願新娘的全然歸屬

接下來的四12句語很耐人尋味：

> 我妹子，我新婦，乃是關鎖的園、禁閉的井、封閉的泉源。

「關鎖」、「禁閉」、「封閉」等辭串連地出現，為的是要一再強調新娘子的純潔無玷，只屬於新郎本人；說來有趣，歐美人士喜歡將花園開放，給大眾享用，而古代近東者則多把園子關閉，以防遭掠奪或損毀；潔淨的水源在遙遠的東方極其珍貴，一旦發現泉源，往往把四周圍起牆來，把井口鎖上，唯獨主人握有鑰匙，以免水源被汙染。昔者希西家從基訓「處女

80. 參閱卡洛德，《丁道爾舊約聖經註釋：雅歌》，頁145。

泉」開鑿水道通往西羅亞池，也將之封固加印，以確保耶路撒冷的供水安全（《列王記下》二十20），而《箴言》五16也採用同樣的圖像來描述丈夫與妻子間的互相擁有。

e）十種奇香異草

繼而，新郎列舉了十種植物來詠嘆（《雅歌》四13-14）：

13你園內所種的結了石榴，有佳美的果子，並鳳仙花與哪噠樹，14有哪噠和番紅花，菖
蒲和桂樹，並各樣乳香木、沒藥，沉香與一切上等的果品。

誠然、除了鳳仙花和菖蒲外，其他的都是外來品種；在一般情況內，不容易把他們全部都栽種在同一個園地裏，倒不如說它們分別象徵著新郎對女生的各種慕念與情動：

i）石榴（Promegranates）——其泛紅色平滑表皮，可寓意著新郎感動於新娘嫩滑的皮膚。又石榴酒在埃及和米所波大米素有催情劑的聲譽，是愛情良藥[81]。

ii）鳳仙花（Henna）——是巴勒斯坦常見的灌木，將其葉壓碎後就產生光亮的橘紅色至黃色的染液，用來染髮或指甲，埃及地方稱之為指甲花，其味芬芳甜美（cf.《雅歌》七11），寓意著愛者相對的甜蜜感受[82]。

iii）哪噠（Nard）——思高本命名為「甘松」，其油脂是為非常昂貴的香膏，取自印度喜馬拉雅山區土生土長的一種植物，稀少而有價值，是深具異國風味的媚藥，讓情人拜倒[83]。

iv）番紅花（Saffron）——是小亞細亞的土產，具乾而粉狀的雌蕊和雄蕊的*Crocus sativus*。一盎司的香料需要由四千朵以上的花來製煉，其中的珍貴可想而知[84]。

v）菖蒲（Calamus）——思高本譯作「丁香」，莖狀物，希伯來文為*qāneh*，含兩類

81. *Ibid.*, 頁136-137.（Cf.《雅歌》四3.）
82. *Ibid.*, 頁95.（Cf.《雅歌》一14.）
83. *Ibid.*, 頁95.（Cf.《雅歌》一12.）
84. *Ibid.*, 頁148.
85. *Ibid.*, 頁148-149.

型，其一是為堅硬直莖的巨大蘆葦，古代近東常用作度量的杖，象徵具權威的標準；其二是所謂的「甜莖」（NEB; *Andropogon aromaticus* 或 *Calamus aromaticus*），有辛辣氣息，可提煉為辣油，也有人將之等同為甘蔗（*Saccharum biflorum* 或 *Saccharum officinarum*），以致給人一份內涵深邃多元的印象[85]。

vi）桂樹（Cinnamon）——思高本稱之為「肉桂」，是錫蘭及亞洲東南方的土產，其樹皮上滴下來的油，成為製作聖膏油成份之一（《出埃及記》三十23-29），也是類似催情劑般的東西（《箴言》七17）。桂（Cassia）（《詩篇》四十五8）是較便宜的替代品；但《雅歌》唯獨正視純正、上等的物品，以凸顯其不容取代、無可比擬的珍貴[86]。

vii）乳香（Frankincense）希伯來文——*lābōna*，是一種琥珀色的樹脂，表面覆以白色粉末。盛產於印度、阿拉伯西南、非洲東北沿岸。乳香是聖膏油成份之一（《出埃及記》三十34），廣泛使用作焚燒的香，供作莊重禮儀之用，象徵聖潔、崇高、屬靈境界等意[87]。

viii）沒藥（Myrrh）——出產自南阿拉伯的一種樹脂膠。傳統上與死亡和死後塗上香料的防腐過程有關。在液體狀態下，就像哪噠一般裝在小瓶子裡使用，也有以固體狀態來裝在香袋內，貼身佩戴。當脂油因著身體溫度而融化，其芳香就會充溢出來，悅己悅人[88]。

ix）沉香（Aloes）——思高本命名為「蘆薈」，希伯來文*'hl*，意謂「芳香的樹」，大多數人將之等同於「鷹木」（*Aquilaria agullocha*）或「檀香木」（*Santalum album*），

85. *Ibid*., 頁148-149.
86. *Ibid*., 頁149.
87. *Ibid*., 頁125-126.（Cf.《雅歌》三6，四6，四14）
88. *Ibid*, 頁95.（Cf.《雅歌》一13.）

來自遠東，通常用來作防蟲的小櫃；這裏比較近似的是*Aloë succotrina*，從紅海南端索科德拉（Socotra）島土產，葉子漿汁具香味，埃及人將它與沒藥一起用，以取其防腐之效，散發出芬芳，讓人聯想到永垂不朽之恆久[89]。

x）與（其他）一切上等的果品——此語意謂尚有各種奇香異草，種類繁多，不勝枚舉[90]。

思高本提示：「13、14兩節記有十種香草，『十』指完全的美德。」楊森也評道：「雅歌對香味和香料很著迷。……這些……在對愛人的讚美……的隱喻，都是為了要指出：這女人是獨特的、罕見的、性感的……。」[91]再者，異香中、有些須經由雨露沾潤來引發馥郁，有些須藉著陽光溫熱來導引芬芳，有些則須遭受壓傷流液始滲溢香緋[92]，凡此種種，分別寓意著意中人在歷盡各種磨練而至臻於成全、德馨遠播，這是情人對愛者所體認到的珍稀、唯一、超凡和美緻。

f）泉源的流向與歸屬

新郎終於用以下的話語作結（四15）：

妳是園中的泉，活水的井，從利巴嫩下來的溪水。

此處希伯來文的「園」是複數的，而「泉」則是單數的[93]，隱含著園地的幅員廣闊，以及泉源的獨一無二；愛者又似井中的活水，活力充沛，取之不盡，如利巴嫩作為約旦河的源頭一般地穿流不息，致使上游山明水秀，綠意盎然。「當封閉的泉源被打開，關鎖的園門閂拔掉後，顯出她多樣的美麗與結實累累。」[94]此等言詞，都實在地提示了情郎對愛卿的讚譽和傾慕。

89. *Ibid*, pp.149-150.
90. 和合本、JB、RSV等把「哪噠」分辨為「哪噠樹」和「哪噠」兩者。思高本則在花果上添加了「玫瑰」一名，「玫瑰」與「番紅花」均屬球莖類植物，可以彼此泛稱，（cf.卡洛德，《丁道爾舊約聖經註釋：雅歌》，頁98）看來眾譯本皆欲具體地湊夠「十」種植物以凸顯一個圓滿數字。
91. 楊森（Jenson）著，《解經講道注釋叢書18：雅歌》，頁74。
92. 艾朗賽，〈天地情歌——雅歌簡析〉，頁74。
93. 卡洛德（G. Lloyd Carr），《丁道爾舊約聖經註釋：雅歌》，頁150。

3、**圓房**（四16－五1）

「婚禮慶典」，從「迎親」（三6－11），而引出「願景」（四1－15），再漸次進入高潮；接下來的兩節經文（四16－五1），分別吐露出

（1）「女生的自獻」
（2）「男生的接納」三者：
（3）「賓客的慶賀」

（1）女生的自獻

《雅歌》四16刻劃了女生強烈的祈願：

北風阿、興起，南風阿、吹來，吹在我的園內，使其中的香氣發出來，願我的良人進入自己的園裏，吃他佳美的果子。

雖然部份釋經學者認為「北風」與「南風」的對比只是平行用語而已[95]，到底尚有不少學人卻從中看出深意[96]：寒風與暖風的交替吹拂，刺激起園子的生長，使香氣愈發芬芳，使果實愈發豐盛；誠然，要結出美果，冬日的寒冷和夏日的和煦都不可或缺；北風的嚴峻與南風的溫熱，輾轉地趨使花果丰茂、枝葉留香：藉此暗寓女生在經歷多種試煉後，終於臻至德慧馨香、美果圓熟。

女子最大的祈願，就是乘風吹拂，帶給愛人香氣，並誘導愛者進入園內，品嚐最精選的果子，盡情佔有和享受專屬於他的園子。

94. *Ibid.*
95. *Ibid.*,頁151, 引彭馬文〔S.N. Kramer, *The Sacred Marriage Rite*（Indiana U.P., 1969）〕見解。
96. 以德里慈〔F. Delitzsch, *Commentary on the Song of Songs and Ecclesiastes*（T.&T. Clark, 1885）〕的詮釋為主，不少學人同意風向的吹拂有其深意，包括楊森，《解經講道注釋叢書18：雅歌》,頁74艾朗賽，〈天地情歌——雅歌簡析〉,頁77-79；戴德生〈與基督聖潔的聯合與交通〉收錄於《雅歌——從天到地的愛歌》（桃園：提比哩雅，2005），頁456。

（2）男生的接納

男生的回應就像新娘所請求一般地充滿喜悅與情願，他如此地表示（五1）：

我妹子、我新婦、我進了我的園中，採了我的沒藥和香料，吃了我的蜜房和蜂蜜，喝了我的酒和奶。

關於「我妹子、我新娘」的組合，在上一次出現中（四12）仍標榜其為「閉鎖的園」，至今已為愛人開啟，讓他進入園內享用其中精美的果實，而他也欣然應允與接納。

RSV和JB將上文四行動詞以現時動態譯之，而和合本和思高本則暗示著過去開始、繼續到現在的動作。兩種譯法對照希伯來原文完成時態而言，都是行得通的[97]；用詞皆蘊含性愛意義。

值得一提的是「蜜房／Honeycomb」一字，希伯來文為*ya ՙar*，其在舊約中出現過五十九次，一般譯作「叢林」，甚至《雅歌》二3也譯為「樹莓」，此處與樹叢拉上關係是有其道理：參閱《撒母爾上》十四26，約拿單以杖深入「蜂房」以吃蜂蜜，而蜂巢隱藏於叢林。近東古詩慣用「蜂蜜」與「叢林」的意象來作委婉說法[98]，其中用意，不言而喻。

（3）賓客的慶賀

《雅歌》五1b接著說：

我的朋友們，請吃，我所親愛的，請喝，且多多的喝。

LXX一份手抄本的註腳說，這些話是由新郎向賓客說的，而部份釋經者也跟隨這說法作先導；德里慈和卡洛德都指出：邀請賓客一親新婦芳澤這特權誠屬不可思議，不如說這份言詞出自賓客之口，鼓勵配偶彼此相伴，旁人只作衷心的慶賀與祝福而已[99]。

97. 參*Hebrew Grammar* by Gesenius & Kautzsch（OUP,1910）, sec. 106, I,m,n.
參閱卡洛德，《丁道爾舊約聖經註釋：雅歌》頁152。
98. W.G. Lambert, "The Problem of the Love Lyrics" in H. Goedicke and J.M.M. Roberts（eds.）*Unity and Diversity*（Johns Hopkins U.P., 1975）, p.113.100.卡洛德，《丁道爾舊約聖經註釋：雅歌》，頁153-154。
99. 卡洛德，《丁道爾舊約聖經註釋：雅歌》,頁153-154。

（四）**失落與尋見**（五2－六10）

婚禮慶典的高潮過後，接下來的卻是一段與第二幕主題（二8－三5）相若的情節：戀人的請求、遭拒、失落、尋覓。

1、**失落**（五2－8）

我身睡臥，我心卻醒。這是我良人的聲音，他敲門說：我的妹子，我的佳偶，我的鴿子，我的完全人，求你給我開門，因我的頭滿了露水，我的頭髮被夜露滴溼。我回答說：我脫了衣裳，怎能再穿上呢？我洗了腳，怎能再玷汙呢？我的良人從門孔裏伸進手來，我便因他動了心。我起來，要給我良人開門；我的兩手滴下沒藥，我的指頭有沒藥汁滴在門閂上。我給我的良人開了門；我的良人卻已轉身走了。他說話的時候，我神不守舍；我尋找他，竟尋不見；我呼叫他，他卻不回答。城中巡邏看守的人遇見我，打了我，傷了我；看守城牆的人奪去我的披肩。耶路撒冷的眾女子阿，我囑咐你們，若遇見我的良人，要告訴他，我因思愛成病。

這段落的情節通常被詮釋為夢境，例如、德里慈就提示：如果女生身體昏睡而心仍清醒，那豈不是在作夢嗎?!到底睡著與清醒並不互存[100]，而急速的節奏與轉換看來也似來得有點突兀。姑無論是否為實情、抑或是夢幻，到底它意味著愛在生命上出現裂痕而謀求恢復。先前是情郎的暫別和疏離，如今則是良人的遭拒與新婦的來不及後悔。

再者、這裏出現一份扣人心弦的對比：

一連串的親密的呼喚：「妹子」、「佳偶」、「完全人」，卻換來一系列的婉拒：「我身睡臥」、「我脫了衣裳」、「我洗了腳」；即使隨即轉變為追悔的修補：「我」起來、「我」開了

100. Delitzsch, *Commentary on the Song of Songs and Ecclesiastes*, p.91.

門、「我」神不守舍的、「我」尋找他。這單元所凸顯的代名詞「我」（希伯來文 *'ani*），巧妙地被採用來引介愛者關係的冷卻：從疲乏、到疏遠、而至失落。

值得提及的插曲是：良人從門孔裏伸進手來，……再而娘子兩手則沾染了沒藥，香液滴在門閂上……；這究竟是怎樣的一回事？按艾朗賽的考究：古代近東有一習俗，門鎖被安裝在室內，但門上挖有一小孔，容許外人把手連同鎖匙伸進小洞內從裏面開鎖；假如戀人來訪而察覺愛者不在、或有不便接待，就會在門閂上塗抹了香膏，或留下一束鮮花來示意[101]。如此看來，良人本可自行開鎖入內，只礙於心上人的倦意而作罷，唯有門閂留香而黯然離去。

情況急轉直下，新婦開始罔然若失，披上披肩、漫無目標地出外尋踪，反被巡邏們誤認為惡女而遭受痛打，遭揭去面紗。誠然、蒙頭象徵著端莊，露臉則被看作是放蕩；從新、舊約立場上體會，可被解讀為選民的不忠、或人靈的冷淡、而招致神的遠離。若純粹從情詩的角度觀之，它反映著愛者心境的敏銳，容不下情人的半點冷漠，否則黯然若失，徒然招致雙方的因愛成疾。

雅歌遂在此處安插了歌詠團——耶京女郎——來作提問，藉此剖露女子心聲：

2、**提問**（五9－16）

耶路撒冷眾女子首先發問：妳的愛人有何獨特之處讓妳如此地傾心?!

你這女子中極美麗的，你的良人比別人的良人有何強處?……（五9）

女生藉此對愛郎的形貌作了詳細的描述（五10－16）：

我的良人、白而且紅，超乎萬人之上。他的頭像至精的金子，他的眼如溪水旁的鴿子眼，……他的身體如同雕刻的象牙、周圍鑲嵌藍寶石。他的腿好像白玉石柱，安在精金

101. 艾朗賽，〈天地情歌——雅歌簡析〉，頁83。

座上，……他的口極其甘甜，全然可愛。…這是我的良人，這是我的朋友。

對於描寫愛人形體之美，自古以來，近東情歌極為普遍，但多半限於描述女性，很少涉及男性體態美[102]，以致《雅歌》此處的行文備受觸目。女生的稱讚，彷如指向米高朗基羅的大衛像而強調：我的愛人好比這般地俊美。

出人意表的是：當女子從頭到腳地描繪了男生的體態美後，卻轉過來提示了一句反順序的話語：「他的口極其甘甜。」（五16／和合本）這是溯源自LXX的譯法；希伯來原文是hikkô，它可容許較寬闊的意涵，可泛指「上顎」，甚至「臉部」，暗寓著深情的親吻；《他爾根》引申為「上顎所帶出的話語」，蘊含智慧的馨香；NRSV濃縮地譯作「話語」，意味著湛深的思維，發而為智慧之言，綜合地強調了男生的優點：即除了深情之外、發而為親吻外，還有純熟的心性、發而為言詞的智慧，超出純粹外形的俊逸。整段行文在煞費苦心地從上而下描述其肢體後，卻逆轉回其「臉部」[103]，為的是什麼？看來答案蘊藏在女生畫龍點睛的一語：「…這是我的良人，這是我的朋友。」（五16b），字裏行間透露了良人不單是丈夫而已，且是終身為伴的知己，值得聆聽與效法。總之，女生對愛人的珍惜，不僅在於景仰其外表的亮麗，更在乎傾慕其心靈的高尚、智慧的超卓、深情的貼心。

3、再問（六1-10）

除了上述的提問和回答外，耶京女郎們尚提出以下的問題：

你這女子中極美麗的，你的良人往何處去了？你的良人轉向何處去了？我們好與你同去尋找他。（六1）

女子的回應是：

102. 埃及情歌偶爾有提及男人的俊美，但為數不及談論女性美之數量。Cf. W. K. Simpson, *The Literature of Ancient Egypt: An Anthology of Stories, Instructions and Poetry* (New York: Yale University Press, 1973), pp.304-316.

103. 思高本譯作「他滿面香甜，全然可愛…」（五16）

我的良人下入自己的園中，到香花畦，在園內牧放羣羊、採百合花。我屬我的良人，我的良人也屬我，他在百合花中牧放羣羊。（六2－3）

究其實、如果「園」是戀人倆慣常出入的場所，她就沒有理由不以它為首要搜尋的去處！比較可能的情況是：她以「園子」來寓意自己的身體，並回想當初彼此在一起的甜蜜剎那，以致重複《雅歌》二16的句子：「良人屬我，我屬良人。」只是此處先言「我屬良人」，再言「良人屬我」，藉此強調甘願奉獻自身，至死不渝。如此的誓言，徹底打動了愛人的心坎，讓他回心轉意，歸來作回應（六4－9）：

我的佳偶阿，你美麗如得撒，秀美如耶路撒冷，威武如展開旌旗的軍隊。求你調轉眼目不看我，因你的眼目使我驚亂。…有六十王后八十妃嬪見了，也讚美他。

在良人心中，佳偶好比名城，有得撒的壯麗，有耶京的雅緻。得撒是北國首任首都（《列王紀上》十四1－20；十六8－26），與南國耶路撒冷齊名[104]，不單園林丰茂，且位居要塞，是戰略重地，使人聯想旌旗威武的軍容，震懾人心；娘子光彩奪目眼神深具魅力，讓愛郎「驚亂」（*rāhab*）[105]，幾乎無法直視其視線，後宮佳麗無與匹敵。

詩歌尚加插一句氣勢萬千的問話（六10）：

那向外觀看如晨光發現，美麗如月亮，皎潔如日頭、威武如展開旌旗軍隊的是誰呢？

問句所要追尋的答案不言而喻，只是我們並不確定誰在發問而已。可能出自詩班，也可能出自良人；而所提及的日、月、星辰、軍隊，都表現了豪氣干雲的盛況，只是在問及「那是誰？」之時，（AV、ASV「她是誰？」）是以陰性形式出之，所欲烘托的不是男生的豪邁，而是女性的莊嚴聖潔、靈氣逼人。

104. 南、北國分裂後，至少是頭五十年，南國（猶大）君王會對北國懷有敵意，似乎不會以得撒作為美麗的明喻，為此卡洛德推論《雅歌》這個部分可能完成於所羅門時代。Cf. 卡洛德，《丁道爾舊約聖經註釋：雅歌》，頁177。

105. *rāhab*一辭，LXX譯為*anapteroō*，意即羽毛起揚，給人鼓舞，恰似孔雀開屏般耀眼亮麗。

（五）愛情的復歸（六11～八14）

雅歌採大團圓作結局，其中情節、可被分辨為三個段落：

1、「復歸」（六11－八14）

2、「禮讚」（八5－7）

3、「尾聲」（八8－14）

由於其中的內容、包括文句和意象、與先前所述有相當程度的重疊，於此、我們只提綱挈領地交待某些情節，而把注意力放在較受關注的部份上，以收畫龍點睛之效。

1、**復歸**（六11－八14）

雅歌陳述女孩再出現在王宮花園內；她說：「我下入核桃園、要看谷中青綠的植物，……」（六11）「核桃園」，希伯來文 *ginnat*，也曾出現在《以斯帖記》一5及七7－8，意指舉行國宴的大內廷園。

《雅歌》七1至10，這段落提示了那些在歡宴中停留數天的賓客，尚觀賞了新娘在眾人前的舞蹈，且與新郎一起稱讚她的體美，只不過這一次是按由下而上的次序來打量她的身材。之後，《雅歌》七11至八4則透露良人和佳偶重新投入身心結合的喜悅，且重複一句：「耶路撒冷的眾女子阿，我囑咐你們，不要驚醒我的愛，等她自己情願。」（八4）

2、**禮讚**（八5－7）

作為上下文的轉捩，《雅歌》八5如此說：

我在蘋果樹下叫醒你，你母親在那裏為你劬勞。……

「叫醒」，希伯來文 *'wr* 語帶陽性字尾，意指佳偶在提示愛郎去藉彼此的慰藉、而醒覺

「重返娘胎」的欣悅，也一併體證愛的真諦。

《雅歌》八6－7則是耳熟能詳的讚曲，被詮釋學家一再論述，因為它在此直截地對愛之本質作出禮讚：

求你將我放在心上如印記，帶在你臂上如戳記，因為愛情如死之堅強，妒恨如陰間之殘忍，所發的電光是火焰的電光，是耶和華的烈焰。愛情、眾水不能熄滅，大水也不能淹沒。若有人拿家中所有的財寶要換愛情，就全被藐視。（和合本）

我們可方便地從以下四個重點來體會：其（1）「印璽與戳記」；其（2）「妒愛與生死」；其（3）「烈焰與洪流」；其（4）「真愛與家財」。茲分述如下：

（1）印璽與戳記

思高本把《雅歌》八6作如此的翻譯：「請將我有如印璽，放在你的心上；有如印璽，放在你肩上。」「印璽」同一字出現兩次，以凸顯述說者對此辭的重視。凡雕刻在石頭或金屬的印章，乃是用來標示財產權或擁有權。按希伯來原文：「你心上」、與「你肩上」，字尾屬陽性，以反映說話者是佳偶，聆聽者是愛郎。女孩子在表示：我們彼此相屬，彼此擁有，請您把我如同戳記般烙印在您心上，如同印璽般攜帶在您肩上，好讓我與您身心合一。印璽的攜帶、與戳記的蓋印，至少給予我們以下的三重義：

a）身份證明——印璽意謂個人身份的宣示，古人鄭重把印章繫在頸項、或綁在臂膊，或放在口袋隨身攜帶，必要時拿出來作一己身份的證明。若須傳遞緊急訊息而未能親自前往者，會讓親信攜帶自己印章來傳訊，以取信於收信者。

b）歸屬權限——證書上所蓋的印確定人與物的歸屬權。在房屋契約上蓋印意謂房產權的擁有。在婚姻證書上蓋印寓意著新人彼此的相屬。

c）自由範圍——印璽的授受也標榜著對某人地事物的自由運用與規劃。縣官走馬上任，接受印璽，意謂著獲得一份管治自由的權利去治理一個縣，權利固然涵括責任。當他離職去任，則把印璽轉交給下一任人選，以讓繼承人延續管治。

如此說來，印璽既是那確立一己身份的信物。女子以自己為印璽綁在愛人臂膊，藉此展示其愛的親臨與同在；她要求愛者將其心意當作為一個隨身攜帶的印璽，一個他是已婚者的身份證明，以在眾人前識別出她與他之為一體，互相融合。

再者，烙印既寓意著歸屬權的兌現，女子謂自己如同印記烙印在愛人心上，即同時意謂：我心有所屬，我屬於您；以及您也屬於我，我們彼此相屬，身心合成一體。換言之，女子要求他把她的愛當作是一個可見的記號，以確立彼此相屬的身份地位。

此外，印璽既表示著自由的規限，女子藉此寓意著雙方在結合中互相自由地分享彼此身心的蘊藏，致使生命顯得更為豐盛，綿延後代，把愛傳開去。

借用馬賽爾的心得：[106]「我屬於你」一語，並不意謂自我約化為被剝削的對象，而意謂自我獻托；我把自己奉獻給你，這並非說：我成為你的奴隸、或成為你的擁有物。它真正的意義是：我自由地把自己交於你手上，我以交付於你作為我個人自由的最好體現，即我透過交付，反而成就了我更充沛的自由。作為回應，我也盼望「你屬於我」；這也並不意謂著你是我的擁有物，可任由我處置；所應意謂的是：我歡迎你成為我的分享者，不單分享我的外在事工，也分享我的內在心境，甚至分享我的「所是」與「所應是」，分享我個體的豐富蘊藏、與我一切的一切。換言之，我不單只奉獻我所擁有的事物（What I Have），我更是奉獻

106. Gabriel Marcel, *Creative Fidelity.* Translated by Robert Rosthal（New York: Noonday Press, 1964）, p.40.

我自己的整個存有（What I Am），那獨一無二的個我自身（Ipseity）。馬賽爾尚在其《形上日記》寫道：愛的奉獻、意謂著愛者把自己連同整個造化奉獻給所愛的你。[107]

茲借用艾朗賽的話作簡括結語：[108]「印記是指某件事情被決定下來。一個人起草了法律文件，然後蓋上印記，就這樣確定下來了。」愛者就此毫無反悔、始終不渝地立下盟誓，好與其所愛的人進入亙古長存、永久不分的結合中，究極地上溯吾主與其所愛的選民進入永世常在、合一無間的連繫中。

（2）妒愛與生死

繼而，我們來到了全首詩最頂峰的句子：

和合本譯為　「愛情如死之堅強，
　　　　　　嫉恨如陰間之殘忍。」

思高本譯為　「愛情猛如死亡，
　　　　　　妒愛頑如陰府。」

楊森謂：「這兩行詩是希伯來詩歌中的經典傑作。」[109]又謂：「在所有的這些經文中，（八6-7）被廣泛地視為雅歌的高潮。」[110]為此，彭馬文（M. H. Pope）特別撰寫了二十餘頁的篇幅來詮釋其中的意義，尚且仍覺得意猶未盡。[111]誠然，恰如海德格所提示：真理的面紗由哲人來揭露；但存有的底蘊須由詩人來探測。凡哲學所言之不盡的地帶，須藉由詩歌的導引來傾訴。[112]

這兩行詩彼此平行，互相連接；每一行詩都凸顯了三個重音字，共同構成一

107. Gabriel Marcel, *Metaphysical Journal.* Translated by Bernard Wall.（Chicago: Henry Regnery, 1950; reprinted 1952）, pp.158-159, "The lover finds in things the wherewithal to render homage to the beloved. The lover offers the world as well as himself to his mistress: 'All this is yours.' "

108. 艾朗賽（H. A. Ironside），〈天地情歌—雅歌簡析〉，《雅歌—從天到地的愛歌》毛衛東等譯（桃園市：提比哩亞出版社，2005），頁91。

109. 楊森（Jenson），《解經講道注釋叢書18：雅歌》，羅敏珍譯（台南市：台灣教會公報社，2012），頁133。

110. *Ibid.*, 頁122.

111. M. H. Pope, Song of Songs, Anchor Bible Vol. 7c（New York: Doubleday, 1977）, pp.210-229, pp.668-678. 但卡洛德（G. Lloyd Carr）認為彭馬文（M. H. Pope）註釋得不中肯，因為他只扣緊喪葬典禮作一聯想，並未寫出愛與死亡的究竟義。參閱卡洛德，《丁道爾舊約聖經註釋：雅歌》，（台北：校園書房，1994），頁207-208, note209。為此，我們不準備採用彭馬文的說法。

份「合掌」型的對句，[113]在其中：

「愛情」和「嫉恨」相互連貫；

「勇猛」與「頑強」互為呼應；

「死亡」及「陰間」彼此烘托。

它們組合起來形成排偶，而不出現背反，一起在說明「情比金堅，至死不渝」之理。茲把上述的義蘊作較細緻的分析如下：

a）愛情和嫉恨的互相連貫

兩行詩所凸顯的「愛情」與「嫉恨」二辭，誠然是一體兩面，屬同一個整體的兩個面向，方便地稱為「正面義／the Obverse」與「背面義／the reverse」。

作為「正面義／the obverse」，戀人間的熱戀（*eros*），意謂著我如此地珍愛你那獨一無二的「個體存有本身」（being as ipseity），[114]以至無從再去接納另一個人來代替你，即我現在已再容不下另一個人來作為讓我情定終生的個體；即使你死去，我也不能停止我對你的愛；我也只有在你那不容取代的「存有個體本身」這前提下，喜歡那附屬在你身上的品質（being as taleity），[115]如美貌、聰明、才智等。即使你日後音容改變或損毀，也不妨礙我對你原有的愛。

反之，作為「背面義／the reverse」的「嫉恨」，希伯來文為*qinah*，它意謂我對你的愛是如此地熱烈，以至容不下你移情別戀或濫情地讓他人來分享你。「嫉恨」（思高本譯作「妒愛」）、就是愛人對所愛者那份排他性的熱烈，即無法容忍他人用偷情、奪愛方式來佔有你。固然，愛有多種形式來兌現，例如：君臣之

112. Cf. Martin Heidegger, *Poetry, Language, Thought. Translated by Albert Hofstadter*（New York: Harper Colophon Books, 1975）. Martin Heidegger, On the Way to Language. Translated by Peter Hertz（New York: Harper & Row, 1982）.

113. 詩學談對句，有所謂「合掌」，即兩行詩意義重複，例如：李白的「玉樓巢翡翠，金殿鎖鴛鴦。」反之，它有別於杜甫的「五更鼓角聲悲壯，三峽星河影動搖。」對句中意義不重複而各有新意。

114. ipseity取意自拉丁文之 *ipse*，即「如是個體」。Robert Johann, *The Meaning of Love*（Westminster: Newman press, 1959）, p.25, "The term of direct love… is loved as being, ens, ipseity—it is loved precisely for its proper and incommunicable subsistence."

115. 附屬性質（being as taleity）；taleity一字，取意自拉丁文之 *talis*，即「性質」，有別於那個體整體的存有。Robert Johann, *The Meaning of Love,* p.24, "If then, desire is said to be functional and abstractive, what is meant is that it looks to being as taleity."
參閱拙作《愛、恨與死亡——一個現代哲學的探索》（台北：商務，1997），頁41。

愛、父子之愛、兄弟之愛、朋友之愛；唯獨夫妻之愛有其排他性是其他各種愛所無。116父母是如此地愛子女，以至願意他們獨立自主、離他們而去創業；朋友是如此地要好、以至歡迎彼此擴充知己的人數來凝聚出更大的友愛團體；唯獨夫妻或戀人關係要求彼此在婚約上貞忠於對方，以至身心一體。

艾朗賽看來說得有理：如果一個丈夫毫不介意其妻與別的男人相處更多，這位丈夫誠然已不再愛他的妻子，夫妻間以身相許之愛情已經消失，117充其量只剩下一份親情或友情而已。追溯至終極境界，艾朗賽尚引申地提及十誡中的第一誡：「**我耶和華你的神是忌邪的神⋯。**」《雅歌》借用男女的相愛來上溯人神間的相愛，神愛世人如此地深切，以致不願看見我們遠離祂的愛，而試圖地在別樣的情感中找尋滿足⋯。118

接下來，我們要從「愛」延續至「死亡」這議題。

b）死亡及陰間的彼此烘托

從語源上探討，希伯來文*môt*簡潔地被翻譯成「死亡」。它也是一個迦南地神祇的名字，他和巴力（*Baal*）——生殖神——互相較勁。*Sheol*可被翻譯為「陰間」或「墳墓」，寓意著死之所歸的境地，被擬人化為貪婪地擄掠人類的權勢。119

再從神話學角度作補充：除了死神莫特（*Môt*）和生殖神巴力（*Baal*）外，尚有瘟疫神瑞薛普（*Rešep*），以及財神瑪門（*Mammon*）；他們都是烏加利祭祀經文中的重要神祇。希伯來文*rešep*原意為「電光／火焰」，位格化而為火光衝天的

116. Erich Fromm, *The Art of Loving*（New York: Bantam, 1956）, p.46, “Erotic love⋯ is exclusive, but, it loves in the other person all of mankind, all that is alive. It is exclusive only in the sense that I can fuse myself fully and intensely with one person only.”
參閱拙作《愛、恨與死亡》，頁53-54。
117. 艾朗賽，〈天地情歌—雅歌簡析〉，頁94。
118. 艾朗賽，〈天地情歌—雅歌簡析〉，頁95。
《何西阿書》(Hosea)具類似的訊息。
119. 楊森(Jenson)，《解經講道注釋叢書18：雅歌》, 頁135. 楊森以雅歌「愛情如死之堅強」一語，乃詩人浸淫在以色列的宗教神話環境而孕育。
120. 參卡洛德，《丁道爾舊約聖經詮釋：雅歌》，頁208, note279；楊森(Jenson)，《解經講道注釋叢書18：雅歌》，頁136。Dianne Bergant, *The Song of Songs*（Berit Olam, Collegeville, MN: Liturgical Press, 2001）, 8:6-7.

瘟疫神。[120] *Mammon*原義為財產，位格化為財神。

《雅歌》八6-7的詩句，牽涉「死亡」、「火焰」、「財富」等辭，行文多少受中東當地神話背景影響而撰述，此點容後討論。

有語源學和神話學作反思起點，我們可進而對「愛」與「死亡」的關連作以下的思索：

i）從文學、傳說、到現實

歌詠愛情的文學作品多以死亡作為終結，難道這只是情節上的巧弄？

《梁、祝》的化蝶，為何如此賺人熱淚？

沙翁《殉情記》，為何如此扣人心弦？

難道愛的熾烈尚須死亡的催化？

難道愛的出神尚須傷逝的伴隨？[121]

傳頌千古的西洋情詩總是吟詠著愛與死亡的環扣，

拉丁語系總不忘貼合愛與死亡二辭的相仿。[122]

俄耳甫斯（Orpheus）欲從冥府領回歐律狄刻（Eurydice）的魂魄、卻功敗垂成；[123]

劉晨、阮肇的仙境奇緣和缺別，徒然讓李商隱詠歎：

「劉郎已恨蓬山遠，更隔蓬山一萬重。」[124]

真實生活中也有具體鮮明的例子讓人緬懷：

蘇軾〈江城子：乙卯正月二十日記夢〉一詞，句子讓讀者黯然神傷。

121. Death, and its ever present possibility makes love, passionate love, more possible. I wonder if we could love passionately, if ecstasy would be possible at all, if we knew we'd never die." From a letter by Abraham Maslow, written while recuperating from a heart attack. Quoted by Rollo May in Rollo May, *Love and Will*（New York: Norton & Co., 1969; 8th Laurel printing, 1984）, p.98.

122. Rollo May, *Love and Will*, p.101, "The relationship between death and love has an impressive history in literature. In Italian writing, there was the frequent play upon the words *amore,* love, with *morte,* death."

123. 參閱拙作《神話與時間》（台北：台灣書店，1997），頁240. Cf. Edith Hamilton, *Mythology*（New York: Mentor Bks., 1953），頁103-105.

124. 參閱拙作《神話與時間》，頁258. 典故出自南北朝宋代劉義慶《幽明錄》；劉晨、阮肇乃東漢人，同入天台山採藥，遇二女子姿容絕妙，遂留住十日，後因掛念家人而下山，赫然發現世上人事已經歷七代時光。李商隱〈無題〉一詩最後二句乃詠歎此事，寓意著愛別離、至死不得相見的哀痛與失落。

蘇軾愛妻王弗亡故後十年，東坡寫下這首詞：

「十年生死兩茫茫，不思量，自難忘。千里孤墳，無處話淒涼。縱使相逢應不識，塵滿面，鬢如霜，夜來幽夢忽還鄉。小軒窗，正梳妝，相顧無言，惟有淚千行。料得年年斷腸處，明月夜，短松崗。」

馬賽爾之父為亡妻立碑，用語讓人肝腸寸斷。[125]

馬賽爾之母於一八九三年十一月十五日病逝，馬氏之父為其愛妻立碑，刻其銘如下：「鮮花在夢裏園中被摘下，指尖尤晃動著愛意；倩影消失得何其急遽，連帶著昔日的巧笑嫣然。彷若降凡自高天的百合，奈何釋出您輕柔的噓氣？難道我們再無緣吸納，那散發自峭壁的芬芳？惟願您至少醒悟追溯，那通往伊甸幽蔽的一隅，…可歎我等雙眸終將垂下，困惑著淚痕的未乾。」

這一切讓人採之不竭、言之不盡的花絮與點滴，多少已足夠給我們見證著愛與死亡的連貫。

ii）愛與死亡的連貫

真愛不畏懼死亡的考驗，
死亡澄清了愛情的貞忠。

125. 該詩法文原文及英譯，參閱Gabriel Marcel, "An Autobiographical Essay" in Paul Schilpp & Lewis Hahn (eds.), *The Philosophy of Gabriel Marcel* (La Salle, Illinois: Open Court, 1984), p.6. 參閱拙作〈有待補足的靈修方塊—馬賽爾與聖女小德蘭的懇談〉《新世紀宗教研究》第十六卷第四期(2018年6月)，頁23-24.

126. Ladislaus Boros, *The Moment of Truth: Mysterium Mortis* (London: Burns & Oates, 1965; Paperback edition, 2nd impression, 1969), p.47, "The best love-stories end in death, and this is no accident. Love is, of course, and remains the triumph over death, but that is not because it abolishes death, but because it is itself death. Only in death is the total surrender that is love's possible, for only in death can we be exposed completely and without reserve. This is why lovers go so simply and unconcernedly to their death, for they are not entering a strange country; they are going into the inner chamber of love."

為有愛的靈魂而言，死亡並不是一個陌生的領域，
在接受死亡當中，戀人只不過是進入他們所熟識的內室而已。(126)
愛與死亡，至少吻合在一個共同點上：那就是——我不再為自己保留什麼！
站在愛的觀點上說：愛就是一份死亡，愛者在忘我的付出中置生死於道外；
站在死亡的角度上說：死亡是純愛的構成因素，它使愛的徹底給予成為可能。
傳說希臘古神因確知自己的不死而對愛情感到乏味；(127)
反之，凡間兒女卻在熱戀中傷感自身的易逝。(128)
為此，愛之誠摯，經常背負著死亡的陰影；
愛之狂喜；往往伴隨著傷逝的暗潮。
愛與死亡，二者如影隨形，相依相生。
以致《雅歌》如此地述說：愛情「猛」如死亡、妒愛「頑」如陰府。(129)
而主耶穌也慨嘆道：最大的愛、沒有超過為朋友而犧牲性命這種愛（《約翰／若望福音》十五13）。
然而，蠶繭消逝、飛蛾出現，愛情透過死亡而獲得昇華；
黑夜退隱，曙光初露，愛者經歷死亡而獲得永恆。
以致羅洛梅說：愛是死亡與不朽的交會點。(130)

127. Rollo May, *Love and Will*, p.101, "This is one of the reasons, mythologically speaking, why the love affairs among the immortal gods on Mt. Olympus are so insipid and boring. The loves of Zeus and Juno are completely uninteresting until they involve a mortal, …"
128. May, *Love and Will*, p.100, "In common human experience, this relationship between death and love is perhaps most clear to people when they have children. A man may have thought very little about death—— and prided himself on his 'bravery' —— until he becomes a father. Then he finds in his love for his children an experience of vulnerability to death: …"
129. 這是思高本對雅歌八6的翻譯；被強調的地方出自筆者；思高本對「猛」與「頑」的譯出較貼近原文意義。此點容後討論。
130. May, *Love and Will*, p.101, "Love is not only enriched by our sense of mortality but constituted by it. Love is the cross-fertilization of mortality and immortality."

「愛」、「死亡」、「永恆」並不是三件截然不同的事，而是同一件事實中的三個不同之角度與時分，藉由「猛」與「頑」二辭而露出其端倪：

c）勇猛與頑強的互為呼應

有關《雅歌》八6名句「愛情猛如死亡，妒愛頑如陰府」；「猛」，希伯來文*'az*，在《雅歌》只一次地出現在此處，但卻常在舊約其他地方展露，意謂著勇猛忠烈，奮不顧身。按卡洛德詮釋：「（*'az*）指無法抵抗的攻擊者，或不會動搖的防衛者。」[131]（例：《士師記》十四18；《民數記》十三28）換言之，若要愛者進攻，他會無堅不摧；若要愛者防衛，他會不動如山；他會鞠躬盡瘁，死而後已。

至於「頑」一辭，希伯來文為*qāšeh*，思高本及NIV譯作「頑（強）」，和合本譯為「殘忍」，JB譯為「無情」。此辭也只此一次地出現在這裏；但在舊約卻出現約三十四次，一般意謂「堅硬」、「頑固」，相對著「柔軟」或「軟弱」而凸顯「不屈服」，為此，思高本和NIV的譯法比較貼切。[132]

「猛」與「頑」二辭綜合起來，至少彰顯了愛的兩重義：

其一是，愛意謂著**義無反顧**、**視死如歸**：

——如前述，愛與死亡的共同點在於不再為自己保留什麼。

其二是，愛**克勝死亡**、**化作不朽**：

——愛是如此地堅定不屈，以致持續綿延，連死亡陰府也無法駕馭她，反而被她克服。

《雅歌》八6－7接續下來的話足夠可以對第二重義作出印證：

（3）烈焰與洪流

131. 卡洛德，《丁道爾舊約聖經註釋：雅歌》，頁209。
132. *Ibid.*

和合本譯：「…所發的電光，是火焰的電光，是耶和華的烈焰。愛情，眾水不能息滅，大水也不能淹沒。」（八6–7）

其意是：愛火猛烈，尤勝於洪水；

愛情不絕，尤勝於死亡的下限。

換言之，愛禁得起死亡的考驗而永續長存。

有關和合本「…火焰的電光（希伯來文 *rešep*），是耶和華的烈焰（希伯來文 *šalhebetyâ*）。」語辭譯法有其可商榷的餘地；按專家們的見解，約可分辨三個面向，方便地被稱為：

邏輯面／logical aspect

文本面／textual aspect

圓融面／synthetic aspect

茲分述如下：

a）邏輯面／logical aspect——推至極致，愛源於神

有部份人士認為，雅歌全詩就唯一、只此一次地在這裏出現「耶和華」的名號，以收畫龍點睛之效，藉此提示一切的愛根源自上主。

例1：戴德生（J. Hudson Taylor）說：「（雅歌）這卷書中出現『耶和華』這個字句的只有這一處。但在這裏怎麼能夠省略呢？因為愛是出於神的，神就是愛。」[133]

例2：巴拿巴說：「我絕對相信『耶和華的烈焰』是指著神說的。…因為（雅歌八）6–7節說的是很極端的愛。」[134]

b）文本面／textual aspect——原文並未直截提到神

133. 戴德生，〈與基督聖潔的聯合與交通〉，《雅歌—從天到地的愛歌》，毛衛東等譯（桃園市：提比哩亞出版社，2005年），頁483。

134. 巴拿巴，〈雅歌默想〉，《雅歌—從天到地的愛歌》，毛衛東等譯（桃園市：提比哩亞出版社，2005年），頁541。

另有部份人士認為，雅歌全詩並沒有直接提及神的名字，八6－7此處所提及的只是愛火的極度地激爆。

例1：大衛鮑森（David Pawson），《舊約綜覽》：「聖經有兩卷書完全沒提到神，《雅歌》是其中一卷（另一卷是《以斯帖記》）。這卷書……對男女之間的性愛描述生動。」[135]

例2：摩爾登（Richard G. Moulton）說：「許多道學先生，唸了（《雅歌》）那愛情到了白熱的境地而發出的愛辭，不禁戰慄震恐。所以冷硬地用不相干的註解來解說它。正如《詩經》中的許多情詩，給歷來的儒者們解釋作懷念君王的愛國詩，一般地失去了詩的原有意義。」[136]

c）圓融面／synthetic aspaect——愛情詩篇、納入正典

究其實，邏輯面與文本面，兩者雖各有所本，卻並不互相衝突，彼此可融合為一，而構成一個週延的看法。

誠然，雅歌因為被放入舊約正典而足以讓我們溯本追源地觸及神，但人可因而忘卻它是昇華自凡間情詩，所吟詠的盡是男女情愛，其中說不盡靈肉纏綿，道不盡悲歡離合，藉此讓我們瞥見人神相戀的究竟。

卡洛德就從釋經觀點作較週延的闡述，他解釋道：[137]

> 「電光／*rešep*」一辭，可當作動詞使用，NIV和NEB遂譯為「爆出」。至於「耶和華的烈焰／*šalhebetyâ*」一語，雖然和合、思高、JB、ASV等譯本將這希伯來字的最後一個音節當作是神的名字「耶和華／雅威[138]」，藉此寓意「愛火源於上主」，不過，這樣的譯法並不利於申述希伯來文一個慣常的用法：它慣常被用來呼喚出一個「最」義superlative sense）、終極義，如「至大至剛」、「最為崇高」等義；即有理由把*šalhebetyâ*譯為「最猛烈的火焰」（RSV）、

135. 大衛鮑森，《舊約綜覽》（台北：米迦勒傳播，2016年），頁541。
136. 摩爾登，〈雅歌文學分析〉，《雅歌一從天到地的愛歌》，毛衛東等譯（桃園市：提比哩亞書版社，2005年），頁133。
137. 卡洛德，《丁道爾舊約聖經註釋：雅歌》，頁209-210。內文較為曲折，茲以較簡潔方式代為撮要。
138. 天主教聖經譯名。

「至強大的火焰」（NIV）、「比任何火焰更厲害」（NEB）；換言之、其上文下語所欲帶出的意義是：愛火一旦「爆出」，則至為強烈，甚至連「洪流／*mayim*」也不能將它熄滅，連「江河／*nehārôt*」也不能將它沖去；也就是說，愛情不屈不撓，連死亡也不能將它泯滅，連陰府也不能將它牽制，相應著馬賽爾的名句——去愛一個人，就等於對他說：您永遠不會死。[139]

（4）真愛與家財

《雅歌》八7接續下來的句子是：

若有人拿家中所有的財寶要換愛情，就全被藐視。（和合本）

卡洛德評：「（這）後半節經文比較不像詩歌體，許多釋經學者認為它是後期添加的，或是訛誤的片斷被增補在第7節。」[140]

姑勿論它是否為後來添加的抑或被誤置的，到底它反映了中東古代一系列神話背景。如前述，猶太民族熟悉近東地區鄰近文化的傳說，聽聞週遭所拜敬的死神莫特（*Môt*）、生殖神巴力（*Baal*）、瘟疫神瑞薛普（*Rešep*）、和財神瑪門（*Mammon*）。《以賽亞》廿八15、18、四三2、四九14–16有提供如此神祇之名；即使財神瑪門並未在希伯來聖經中直截被提及，到底在舊約希臘文（次）經《德訓篇》（*Ecclesiasticus*）四二9出現，在《他爾根》及後期猶太著作上也嘗見；新約中，耶穌教訓我們不能同時事奉兩個主人，並將錢財位格化（cf.《馬太福音》六24；《路加福音》十六9–13）。

為此，當「財富」一辭出現在《雅歌》八7之中，我們會自然地聯想到這神譜所蘊含的一串牽連——生與死的糾纏、繁殖與瘟疫的爭鬥、真愛與財富的對峙。附帶值得一提的是：七十賢士譯本（LXX）把「全副財產」譯作「整個生命」；[141]閱讀起來，起初叫人錯愕，但

139. Gabriel Marcel, "La mort de demain", in *Les trois pièces* （Paris: Plon, 1931）, p.161.
140. 卡洛德，《丁道爾舊約聖經註釋：雅歌》，頁210。

細想之下，到底不至於太令人感到詫異，因為世人「視財如命」者多得很，兩者置換而糾纏不清者，仍是浮世現象。

總之，雅歌所欲標榜的是：即使「所欲有甚於生者，所惡有甚於死者，」[142]「利」不能與「義」相提並論，「愛」不容與「財」互相比擬。愛情無價，無法用金錢來購買；所能用物質交換的就不是愛情本身，愛的本質在於珍惜愛者那獨一無二、不容取代的「個體存有／being as ipseity」，其他依附在這唯一個體的屬性總有消失的一天，不論聰明才智、容顏俊俏、家財萬貫，都不能與「真愛」的永恆不朽相比較。能超越死亡門限的是「愛」，而不是「財」。我們作為靈智者，乃藉著愛來塑造更成全的團體，以愈發肖似並冥合那至愛的終極根源。而至於無窮之世。金錢本身並非邪惡，但終究不能把它帶回天鄉，人更不應成為它的奴隸。凡以財神瑪門為偶像者，就無從徹底參透愛的真諦；人儘管賺得全世界，喪靈，何益！

至此，我們可適時地把思高、和合、NIV、NEB、RSV、JB等譯本加以整理，以及參閱眾專家見解綜合起來，而把《雅歌》八6－7原文重譯如下：

請將我有如戳記、蓋在你的心上，
有如印璽、放在你的肩上；
因為愛情猛如死亡，
妒愛頑如陰府。
電光爆出，愛火熊熊，
比任何火焰更猛烈，

141. *Ibid.*
142. 借用《孟子‧告子上‧十》「魚，我所欲也」一篇之文句。

洪流不能將它熄滅，
江河不能將它沖去。
如有人獻出全副家產想購買愛情，
必受人輕視！

3、**尾聲**（八8－14）

有相當多的釋經學家認為《雅歌》結束於八7，其餘幾節只屬「附錄」而已（cf.JB），在其中拼湊了一些對話以作完結；娘家兄弟提到另有幼妹尚未出嫁而有待照顧（八8），君王則回應：「她若是牆，我們要在其上建造銀塔，她若是門，我們要用香柏木板維護她。」（八9）即表示我會妥善監護她，以確保平安。新娘遂趁機插話說：「我是牆，我兩乳像其上的樓，那時我在他園中像得平安的人。」（八10）言下之意是：較之我妹，我已成熟，堪為賢妻，與夫君平安共處。「平安／*šālôm*」一辭，跟「所羅門／Solomon」、「書拉密／Shulamite」之名諧音，除了寓意著「和平」之外，尚且意謂著「完整」，回應著六13所屬意的「書拉密」之為「完整的人」。此外，所羅門也提及自己所擁有的「葡萄園」（八11－13），暗喻著後宮，在其中尤以愛人之音聲最為動聽。作為結尾，新娘子詠嘆說：「我的良人哪，求你快來，如羚羊或小鹿在香草山上。」（八14）「葡萄園」曾在一6、二3、15被提及，「羚羊」和「小鹿」也曾在二9及19等處出現，而「香草山」則曾在二17、四6，8，10，14、五13等處一再顯露，此等意象的重提，持續地彰顯了快樂伴侶的愛戀與共融，而「快來／*bārah*」一辭，雖在《雅歌》只此一次地出現，但為瞭悟新舊約聖經全書的讀者們，尚且還聯想到主的將臨（*maranatha*），指往終極的大團圓。

結語

《雅歌》以纏綿的愛語瀰漫全詩，以愛侶婚禮慶典作為高峰，以禮讚愛的本質作為終結，穿插著的田園花木、以及山河壯闊，婉約豪邁兼備，讓讀者無不動容。

但在研讀了《雅歌》文本後，或許有部分讀者質疑說：《雅歌》只正題地談論男女情事，即使隱晦著舊約史地，到底不曾提及上主之名，也未曾明確闡述聖典深義，如果我們只按個人的意念來解讀，是否有失公允？有關此疑慮，茲借用呂格爾（Paul Ricoeur）的心得來回應[143]：釋經學家（Exegist）固然會較在意追溯作者及文本的原意，但詮釋學家（Philosopher of Hermeneutics）會進一步重視歷代及各地讀者的反應；讀者會因應個人的時代背景、以及個別心態等因素，而對文本提出新的問題，以致從原作品中導引出嶄新的答案，況且讀者修養等級愈高，愈能從中體會更湛深的意義。誠然、文本一旦完成，其原意已超出了原作者所能操控的範圍；有見及此，呂格爾還建議我們不妨把眼光拉闊到整部聖經的視域來體會雅歌的啟發。聖經首卷《創世紀》一、二章率先提及上主按自己的形象創造男女，讓他們從互補中結合而與上主合作，連同宇宙萬物一起邁向愛的昇華，直指《啟示錄》篇末所詠嘆的「**主，請來**（*maranatha*）」。換言之，雅歌有整部聖經脈絡的支撐，我們就可順理成章地聆聽到雅歌所欲釋出的訊息：凡上主所創造的一切——包括男女間的性愛——都是聖潔的，只要在不被扭曲的前提下，我們可連同上主一起邁向愛的成全，並走往末世的圓滿。

143. Paul Ricoeur, "The Nuptial Metaphor", in André La Cocque and Paul Ricoeur, *Thinking Biblically: Exegetical and Hermeneutical Studies.* Translated by David Pellauer（Chicago: The University of Chicago Press, 1998）, pp.246-263.

國家圖書館出版品預行編目資料

神祕經驗知識論的兩盞明燈：聖女大德蘭及聖十字若望 / 關永中著 – 初版 . -- 臺北市：星火文化，2022.9

面；公分 .（加爾默羅靈修；22）
ISBN 978-986-98715-3-2（平裝）
1.CST：天主教 2.CST：靈修

249.3 110013864

加爾默羅靈修 022

神祕經驗知識論的兩盞明燈：聖女大德蘭及聖十字若望

作　　者／關永中
執行編輯／徐仲秋
封面設計／林雯瑛
內頁排版／ neko
總 編 輯／徐仲秋

出　　版／星火文化有限公司
台北市衡陽路 7 號 8 樓
營運統籌／大是文化有限公司
業務・企劃／業務經理林裕安 業務專員馬絮盈 業務助理李秀蕙
行銷企劃徐千晴 美術編輯林彥君
讀者服務專線：（02）2375-7911 分機 122
24 小時讀者服務傳真：（02）2375-6999

法律顧問／永然聯合法律事務所
香港發行／豐達出版發行有限公司
Rich Publishing & Distribution Ltd
香港柴灣永泰道 70 號柴灣工業城第 2 期 1805 室
Unit 1805, Ph. 2, Chai Wan Ind City, 70 Wing Tai Rd,
Chai Wan, Hong Kong
電話：21726513 傳真：21724355
E-mail：cary@subseasy.com.hk
印　　刷／韋懋實業股份有限公司

■ 2022 年 9 月初版
ISBN 978-986-98715-3-2
Printed in Taiwan
定價 600 元